は　し　が　き

　法人税法は、複雑で多様な企業活動の結果である企業利益に対して、法人税を的確に課税するため幅広くかつ緻密に規定されており、また、増加する海外への投資や海外取引、経済社会のデジタル化・グローバル化の進展、そして、昨今の国際的な産業構造の転換及び GX、DX、経済安全保障への投資など、経済活動の絶え間ない、かつ、急速な変化に対応するために毎年度税制改正が行われています。

　本年もデフレ完全脱退・構造転換に向けたチャンスを逃さぬよう、より多くの方が享受できるように多くの税制改正が行われました。本書は、その幅広く精緻に規定された法人税法を読者の皆様にとって分かりやすいものとするために、法令・通達をはじめ税務訴訟、審判所裁決及び国税庁質疑応答事例など、信頼性のある情報を集約し、分かりやすく解説することを基本方針に掲げ、ここにようやく上梓を迎えました。

　具体的には、重要な情報を的確にできるだけ平易なことばを用い、要所には図表や「CHECK」、「コラム」等を織り交ぜながら、手短に説明することを意識し、法人税法第１条の趣旨にはじまり、条文番号に沿って、制度の趣旨、概要及び適用に当たっての留意点について解説し、さらには法人事業税についても同様に制度の趣旨及び概要のほか、法人税との関連性について前回から更に充実した解説とすることにより、法人税及び法人事業税に関する制度内容の確認から日常の税務実務まで幅広く活用できる構成となっております。

　また、巻末には事項索引や法令索引を掲載するなど、読者の皆様がより便利に利用できるよう工夫を施し、そして、本書が公認会計士、税理士、国税・地方税の税務職員や企業の経理担当者など、税務の現場に携わる方々のお手元の辞書代わりの手引書として活用されることを願い、「ガイドブック」という名称といたしました。本書が皆様のお役に立つことができれば幸いです。

　なお、著者の力量や時間的制約もあり、意図したところが目的どおりに実現されていないと感じられる点もあると思いますが、それらについては、改訂等の際に毎年度の税制改正に併せて補充していきたいと考えております。

　最後に本書の刊行に当たり、多大なご助力、ご支援を賜りました大蔵財務協会の出版編集部の諸氏に厚く御礼申し上げます。

令和６年11月

著　者

《本書を利用するに当たって》

(1) 取り上げた項目及び内容
　本書は、税理士等が法人税、法人事業税についての質問等を受けた際、その場で概要を回答するための参考資料とすることを目的として作成したものです。
　したがって、詳細事項については、再度、条文、通達及び他の参考文献を当たっていただきたい。

(2) 特色
・法人税法第１条にはじまり、条文番号に沿って、制度の趣旨、概要及び適用にあたっての留意点を解説しています。
・解説をより深く理解するための主要裁判例・裁決例及び国税庁質疑応答事例を紹介しています。
・法人事業税に関して制度の趣旨、概要の説明を行うとともに、法人税との関連性について解説しています。
・要所に図表、CHECK 、コラム を織り交ぜ重要な情報をわかりやすく簡潔に解説しています。
・「事項索引」及び「法令索引」を収録することにより、確認項目を即座に検索可能となっています。

《凡　例》

本書における主な引用条文等の略称は次のとおりである。

1　法令

法	法人税法
令	法人税法施行令
規	法人税法施行規則
所法	所得税法
所令	所得税法施行令
通則法	国税通則法
通則令	国税通則法施行令
措法	租税特別措置法
措令	租税特別措置法施行令
措規	租税特別措置法施行規則
電帳法	電子計算機を使用して作成する国税関係帳簿書類の保存方法等の特例に関する法律
実特法	租税条約等の実施に伴う所得税法、法人税法及び地方税法の特例等に関する法律
地法	地方税法
地法令	地方税法施行令
地法規	地方税法施行規則
一般社団財団法	一般社団法人及び一般財団法人に関する法律

2　通達又は通知

基通	法人税基本通達
所基通	所得税基本通達
電帳法通達	電子帳簿保存法取扱通達
措通	租税特別措置法関係通達
耐通	耐用年数の適用等に関する取扱通達
平元直法２－１	消費税法等の施行に伴う法人税の取扱いについて
平元直法６－１	消費税法等の施行に伴う源泉所得税の取扱いについて
県通	地方税法の施行についての取扱について（道府県関係）

3　その他

税資	税務訴訟資料
集民	最高裁判所裁判集民事
民集	最高裁判所民事判例集
訟月	訟務月報
判タ	判例タイムズ
判時	判例時報
原則注解	企業会計原則注解

〈例〉　法人税法第１条第１項第１号イ………法１①一イ

（注）　本書は、令和６年９月１日現在の法令・通達によっている。

〔目　次〕

【第1編　総則】

第1章　通則 …………………………………………………………… 3

第1節　趣旨規定 ……………………………………………………… 3

第2節　定義規定 ……………………………………………………… 3
1　用語の意義 ……………………………………………………… 3
　(1)　国内及び国外　(2)　同族会社　(3)　投資法人　(4)　特定目的会社　(5)　株主等　(6)　資本金等の額　(7)　利益積立金額　(8)　欠損金額　(9)　損金経理　(10)　中間申告書　(11)　確定申告書　(12)　国際最低課税額確定申告書　(13)　退職年金等積立金中間申告書　(14)　退職年金等積立金確定申告書　(15)　期限後申告書　(16)　修正申告書　(17)　青色申告書　(18)　更正請求書　(19)　中間納付額　(20)　更正　(21)　決定　(22)　附帯税　(23)　充当　(24)　還付加算金　(25)　地方税

2　用語の解釈 ……………………………………………………… 8

第2章　納税義務者 …………………………………………………… 9

第1節　納税義務者の類型 …………………………………………… 9
1　内国法人 ………………………………………………………… 9
　(1)　普通法人、協同組合等　(2)　公共法人、公益法人等、人格のない社団等

2　外国法人 ………………………………………………………… 10
　(1)　普通法人　(2)　人格のない社団等

第2節　納税義務の成立と税額確定 ………………………………… 11
1　納税義務の成立 ………………………………………………… 11
2　税額確定 ………………………………………………………… 11

第3章　課税所得の範囲等 …………………………………………… 13

第1節　課税所得の範囲 ……………………………………………… 13
1　内国法人 ………………………………………………………… 13
　(1)　普通法人、協同組合等　(2)　公益法人等、人格のない社団等

2　外国法人 …………………………………………………………………… 13
　　(1) 普通法人　(2) 人格のない社団等

第2節　課税所得の範囲の変更等 …………………………………………… 14
　1　普通法人又は協同組合等が公益法人等に移行する場合の取扱い ……… 14
　2　恒久的施設を有する外国法人が恒久的施設を有しないこととなる場合の取扱い …………………………………………………………………………… 14
　3　恒久的施設を有しない外国法人が恒久的施設を有することとなった場合の取扱い …………………………………………………………………………… 14

第4章　所得の帰属に関する通則 ……………………………………………… 15

第1節　実質所得者課税の原則 ………………………………………………… 15

第2節　信託財産に属する資産等及び帰せられる収益等の帰属 …………… 15

第5章　事業年度等 ……………………………………………………………… 17

第1節　事業年度（原則） ……………………………………………………… 17
　1　法令又は定款等に会計期間の定めがある法人 …………………………… 17
　2　法令又は定款等に会計期間の定めがない法人 …………………………… 17
　　(1) 納税地の所轄税務署長に届け出た会計期間　(2) 納税地の所轄税務署長が指定した会計期間　(3) その他の会計期間

第2節　事業年度（特例） ……………………………………………………… 18

第6章　納税地 …………………………………………………………………… 19

第1節　内国法人 ………………………………………………………………… 19

第2節　外国法人 ………………………………………………………………… 19

第3節　法人課税信託の受託者である個人 …………………………………… 20

第4節　納税地の指定 …………………………………………………………… 21

【第2編　内国法人の法人税】

第1章　各事業年度の所得に対する法人税 …… 25

第1節　課税標準 …… 25

第2節　各事業年度の所得の金額の計算の通則 …… 25
1. 各事業年度の所得の金額 …… 25
2. 確定決算主義と税務調整 …… 26
   (1) 確定決算主義　(2) 税務調整

第3節　益金の額の計算 …… 27
1. 益金の額の計算 …… 27
   (1) 資産の販売　(2) 有償による資産の譲渡又は役務の提供　(3) 無償による資産の譲渡又は役務の提供　(4) 無償による資産の譲受け　(5) 資本等取引以外の取引
2. 収益の額 …… 30
   (1) 概要　(2) 収益の計上単位　(3) 収益の計上時期　(4) 収益の計上額　(5) 現物分配（資本等取引との関係）　(6) 修正の経理　(7) その他
3. 受取配当 …… 38
   (1) 概要　(2) 関連法人株式等に係る負債利子控除額　(3) 短期保有株式等の不適用　(4) 自己株式の取得が予定された株式等の不適用　(5) 外国子会社から受ける配当等の益金不算入
4. みなし配当 …… 41
   (1) 概要　(2) みなし配当と抱合株式
5. 資産の評価益 …… 44
6. 受贈益 …… 44
7. 還付金等の益金不算入 …… 45
   (1) 益金不算入の還付金等の範囲　(2) 外国子会社から受ける配当等に係る外国源泉税等の損金不算入額の減額　(3) 法人税額から控除する外国税額の損金不算入額の減額

第4節　収益等の計上に関する通則 …… 45
1. 棚卸資産の販売に係る収益 …… 45
   (1) 通則　(2) 具体的取扱い
2. 固定資産の販売に係る収益 …… 47
   (1) 通則　(2) 具体的取扱い
3. 役務の提供に係る収益 …… 48

(1) 通則　(2) 一般的な基準　(3) 具体的取扱い
　4　その他の収益 ·· 52
　　(1) 通則　(2) 具体的取扱い

第5節　損金の額の計算 ·· 57
　1　棚卸資産の売上原価等の計算 ·· 58
　　(1) 通則　(2) 棚卸資産の範囲　(3) 棚卸資産の取得価額　(4) 取得価額の特例　(5) 棚卸資産の評価方法　(6) 棚卸資産の評価の方法の選定等　(7) 原価差額の調整　(8) 棚卸資産の強制評価減　(9) 清算中法人等の株式等に係る評価損の損金不算入
　2　減価償却資産の償却費の計算 ·· 68
　　(1) 概要　(2) 償却費と減価償却　(3) 減価償却資産の範囲　(4) 非減価償却資産の範囲　(5) 減価償却資産の取得価額　(6) 減価償却の方法と法人による選定　(7) 減価償却費の計算　(8) 耐用年数と償却率　(9) 償却限度額等　(10) 償却の特例　(11) 資本的支出と修繕費　(12) 除却損失等
　3　繰延資産の償却費の計算 ·· 104
　　(1) 概要　(2) 繰延資産の意義　(3) 繰延資産の範囲　(4) 償却期間　(5) 繰延資産の償却　(6) 明細書の添付　(7) その他
　4　資産の評価損 ·· 111
　　(1) 概要　(2) 物損等の事実又は法的整理の事実が生じた場合　(3) 更生計画認可の決定があった場合　(4) 再生計画認可の決定その他これに準ずる事実が生じた場合　(5) 清算中法人等の株式等に係る評価損の損金不算入
　5　役員給与 ·· 113
　　(1) 役員の範囲　(2) みなし役員　(3) 使用人兼務役員　(4) 役員給与の損金不算入　(5) 過大な役員給与（退職給与以外）の損金不算入　(6) 役員退職給与　(7) 隠蔽又は仮装経理による支給の場合の損金不算入
　6　使用人給与 ··· 133
　　(1) 過大な使用人給与等の額　(2) 使用人賞与の損金算入時期　(3) 出向及び転籍　(4) 出向者に対する退職給与　(5) 転籍者に対する退職給与
　7　寄附金 ··· 141
　　(1) 寄附金の意義　(2) 寄附金の判断基準　(3) 寄附金に関する個別的な取扱い　(4) 寄附金の支出　(5) 寄附金の損金不算入限度額の計算
　8　租税公課 ··· 153
　　(1) 法人税額等の損金不算入　(2) 法人税額から控除する所得税額の損金不算入等　(3) 法人税額から控除する外国税額の損金不算入　(4) 主な租税公課の損金算入及び損金不算入の区分　(5) 租税公課の損金算入時期
　9　圧縮記帳 ··· 157
　　(1) 圧縮記帳の意義　(2) 圧縮記帳の種類　(3) 圧縮記帳の経理方法　(4) 圧縮記帳適用に係る共通要件　(5) 国庫補助金等で取得した固定資産等の圧縮記帳　(6) 工事負担金で取得した固定資産等の圧縮額の損金算入　(7) 保険金等

で取得した固定資産等の圧縮額の損金算入　(8)　収用換地等の場合の課税の特例　(9)　特定資産の買換えの場合の課税の特例　(10)　その他の課税の特例
10　貸倒引当金……………………………………………………………180
　(1)　引当金の意義　(2)　貸倒引当金
11　譲渡制限付株式を対価とする費用等の取扱い…………………………189
　(1)　概要　(2)　給与等課税額が生じない場合のそれら費用の損金不算入　(3)　申告要件
12　新株予約権を対価とする費用の帰属事業年度の特例等………………192
　(1)　概要　(2)　給与等課税事由が生じない場合のそれら費用の損金不算入　(3)　特定新株予約権の消滅による利益の額の益金不算入　(4)　申告要件　(5)　新株予約権発行時の取扱い
13　不正行為等に係る費用等………………………………………………194
　(1)　隠蔽仮装行為に要する費用等の損金不算入　(2)　隠蔽仮装行為に基づく確定申告書の提出等の場合の費用等の損金不算入　(3)　加算税等及び罰課金等を納付した場合の損金不算入　(4)　賄賂等の損金不算入
14　欠損金の繰越し…………………………………………………………197
　(1)　概要　(2)　欠損金額に相当する金額　(3)　申告要件
15　特定株主等によって支配された欠損等法人の欠損金の繰越しの不適用…201
　(1)　概要　(2)　適用事由（法57の2①）　(3)　欠損等法人が発行済株式又は出資の全部又は一部を有する内国法人の残余財産が確定する場合
16　災害による損失金………………………………………………………203
　(1)　災害損失金額の繰越控除　(2)　災害損失特別勘定等の取扱い
17　会社更生等による債務免除等があった場合の欠損金及び解散した場合の欠損金額………………………………………………………………………205
　(1)　会社更生等による債務免除等があった場合の欠損金　(2)　解散した場合の欠損金　(3)　申告要件
18　契約者配当………………………………………………………………207
　(1)　保険会社の契約者配当の損金算入　(2)　協同組合等の事業分量配当等の損金算入
19　交際費……………………………………………………………………208
　(1)　概要　(2)　交際費等の意義　(3)　交際費等の要件　(4)　交際費等の支出の方法　(5)　交際費等の判定
20　保険料……………………………………………………………………214
　(1)　社会保険料　(2)　生命保険料等　(3)　損害保険料等
21　貸倒損失…………………………………………………………………223
　(1)　法律上の貸倒れ（金銭債権の全部又は一部の切捨てをした場合の貸倒れ）　(2)　事実上の貸倒れ（回収不能の金銭債権の貸倒れ）　(3)　形式上の貸倒れ（一定期間取引停止後弁済がない場合等の貸倒れ）
22　借地権の設定等に伴う所得の計算………………………………………230
　(1)　権利金の認定課税　(2)　権利金の認定課税なし　(3)　権利金の認定見合

せ (4) 借地権の設定等により地価が著しく低下する場合の土地等の帳簿価額の一部の損金算入 (5) 更新料を支払った場合の借地権等の帳簿価額の一部の損金算入等 (6) 借地権の譲渡・返還

第6節 利益の額又は損失の額の計算 ················· 237
1 短期売買商品等 ················· 237
(1) 譲渡損益の計上 (2) 事業年度終了の時における評価額 (3) 時価評価損益の計上 (4) 特定自己発行暗号資産に該当しないこととなった場合のみなし譲渡 (5) 暗号資産信用取引に係るみなし決済損益額の計上 (6) 一定の暗号資産を取得した場合の利益額等の計上

2 有価証券 ················· 242
(1) 譲渡損益（通常） (2) 譲渡損益（特殊） (3) 有価証券の空売りの譲渡損益の計算 (4) 有価証券の信用取引又は発行日取引の譲渡損益の計算 (5) 有価証券の空売り等に係る利益相当額又は損失相当額の益金又は損金算入等 (6) 有価証券の区分変更によるみなし譲渡 (7) 売買目的有価証券の評価益又は評価損の益金又は損金算入等

3 デリバティブ取引課税 ················· 253
(1) デリバティブ取引に係る利益相当額又は損失相当額の益金又は損金算入等 (2) デリバティブ取引により資産を取得した場合の益金又は損金算入等

4 ヘッジ処理による利益額又は損失額の計上時期等 ················· 255
(1) 繰延ヘッジ処理による利益額又は損失額の繰延べ (2) 時価ヘッジ処理による売買目的外有価証券の評価益又は評価損の計上

5 外貨建取引の換算等 ················· 259
(1) 外貨建取引の発生時の換算 (2) 先物外国為替契約等がある場合の換算 (3) 外貨建資産等の期末換算差益又は期末換算差損の益金又は損金算入等 (4) 為替予約差額の配分 (5) 短期外貨建資産等に係る為替予約差額の一括計上

6 完全支配関係がある法人の間の取引の損益 ················· 264
(1) 譲渡利益額又は譲渡損失額の繰延べ (2) 繰り延べられた譲渡利益額又は譲渡損失額の計上 (3) 繰り延べられた譲渡利益額又は譲渡損失額の計上（完全支配関係を有しないこととなった場合） (4) 繰り延べられた譲渡利益額又は譲渡損失額の計上（グループ通算制度の開始又は通算グループへの加入・離脱） (5) 譲渡法人の適格合併による解散 (6) 譲渡法人又は譲受法人の通知義務

7 組織再編成に係る所得の金額の計算 ················· 271
(1) 組織再編税制における用語 (2) 適格判定（適格要件） (3) 組織再編成に係る所得の金額の計算の原則 (4) 組織再編成に係る所得の金額の計算の特例

第7節 収益及び費用の帰属事業年度の特例 ················· 289
1 リース譲渡に係る収益及び費用の帰属事業年度 ················· 289
(1) リース取引に係る所得の金額の計算 (2) 延払基準の方法による経理等

2 工事の請負に係る収益及び費用の帰属事業年度 ················· 291

第8節　一般に公正妥当と認められる会計処理の基準 …………………… 292

第9節　資本等取引 …………………………………………………………… 292

第10節　各事業年度の所得の金額の計算の細目 …………………………… 293

第2章　税額の計算 …………………………………………………………… 295

第1節　税額の計算 …………………………………………………………… 295
  1　各事業年度の所得に対する法人税の税率 …………………………… 295
　　(1)　概要　(2)　用語の意義
  2　特定同族会社の特別税率 ……………………………………………… 296
　　(1)　概要　(2)　用語の意義
  3　使途秘匿金の支出がある場合の課税の特例 ………………………… 298
　　(1)　概要　(2)　用語の意義

第2節　税額控除 ……………………………………………………………… 298
  1　所得税額の控除 ………………………………………………………… 298
　　(1)　概要　(2)　配当等に係る所得税額控除
  2　外国税額の控除 ………………………………………………………… 300
　　(1)　概要　(2)　用語の意義
  3　仮装経理に基づく過大申告の場合の更正に伴う法人税額の控除 … 302
　　(1)　概要　(2)　用語の意義
  4　試験研究を行った場合の法人税額の特別控除 ……………………… 304
　　(1)　一般試験研究費の額に係る税額控除制度　(2)　中小企業技術基盤強化税制　(3)　特別試験研究費の額に係る税額控除制度
  5　中小企業者等が機械等を取得した場合の特別償却又は法人税額の特別控除 … 313
  6　給与等の支給額が増加した場合の法人税額の特別控除（賃上げ促進税制）… 315
  7　中小企業者等の雇用者給与等支給額が増加した場合にかかる措置（中小企業者等における賃上げ促進税制）……………………………………… 317
  8　特定法人の継続雇用者給与等支給額が増加した場合にかかる措置 … 319

第3節　申告及び納付 ………………………………………………………… 320
  1　中間申告（前年度実績による予定申告）…………………………… 320
  2　仮決算の申告（仮決算による中間申告）…………………………… 321
  3　中間申告による納付 …………………………………………………… 322
  4　確定申告 ………………………………………………………………… 322
  5　確定申告書の提出期限の延長 ………………………………………… 323

(1)　申請　(2)　利子税
　6　確定申告書の提出期限の延長の特例 ································· 324
　　　(1)　申請　(2)　利子税の特例
　7　電子情報処理組織による申告 ··· 325
　8　確定申告による納付 ·· 325

第4節　還付 ·· 326
　1　所得税額等の還付 ··· 326
　2　中間納付額の還付 ··· 326
　3　欠損金の繰戻し還付 ·· 326
　　　(1)　通常の事業年度の場合　(2)　解散等の事実が生じた事業年度の場合
　4　更正の請求の特例 ··· 328

第3章　グループ通算制度 ·· 329

第1節　グループ通算制度の概要 ·· 329
　1　グループ通算制度とは ·· 329
　2　基本的なしくみ ··· 329
　3　グループ通算制度における用語 ······································ 330

第2節　グループ通算制度の各論（手続関係） ························ 331
　1　通算承認 ··· 331
　　　(1)　申請　(2)　通算承認
　2　通算承認の失効 ·· 334
　3　通算法人の事業年度の特例 ··· 335

第3節　グループ通算制度の各論（所得計算関係） ·················· 335
　1　損益通算 ··· 335
　　　(1)　通算対象欠損金額の損金算入　(2)　通算対象所得金額の益金算入　(3)　遮断措置　(4)　納税者の無用な不利益を回避する場合の全体再計算　(5)　法人税の負担を不当に減少させる結果となると認められる場合の全体再計算
　2　損益通算の対象となる欠損金額の特例（特定資産譲渡等損失相当額の通算対象欠損金額からの除外） ··· 337
　　　(1)　共同で事業を行う場合　(2)　多額の償却費の額が生ずる場合の取扱い
　3　欠損金の通算 ··· 339
　　　(1)　概要　(2)　10年内事業年度ごとの欠損金額の繰越控除額の合計額の計算　(3)　欠損金の通算の遮断措置　(4)　欠損金の通算による全体再計算
　4　特定資産に係る譲渡等損失額の損金不算入 ······················· 343
　　　(1)　対象法人　(2)　要件

5　繰越欠損金額の切捨て ································· 344
　　(1)　時価評価法人の通算開始又は加入前の欠損金額の切捨て　(2)　共同事業性がない場合等の欠損金額の切捨て
　6　通算制度の開始に伴う資産の時価評価損益 ················ 345
　　(1)　対象法人　(2)　時価評価除外法人　(3)　時価評価資産
　7　通算制度の加入に伴う資産の時価評価損益 ················ 348
　　(1)　対象法人　(2)　時価評価除外法人　(3)　時価評価資産

第4章　国際課税 ································· 350

第1節　外国法人の判定と課税関係 ···················· 350
　1　外国法人の判定 ···································· 350
　2　課税関係 ··· 350

第2節　恒久的施設 ································· 353
　1　恒久的施設の区分 ·································· 353
　　(1)　支店 PE　(2)　建設 PE　(3)　代理人 PE
　2　恒久的施設に含まれないもの ························ 354

第3節　国内源泉所得 ······························· 355
　1　恒久的施設帰属所得 ································ 355
　　(1)　PE が果たす機能の範囲　(2)　PE において使用する資産の範囲　(3)　本店等　(4)　内部取引　(5)　その他の状況
　2　国内にある資産の運用又は保有により生ずる所得 ········ 356
　3　国内にある資産の譲渡により生ずる所得 ················ 357
　4　人的役務の提供事業の対価 ·························· 358
　5　不動産の賃貸料等 ·································· 358
　6　債券利子等 ······································· 359
　7　配当等 ··· 359
　8　貸付金の利子 ····································· 359
　9　使用料等 ··· 360
　10　事業の広告宣伝のための賞金 ························ 361
　11　生命保険契約に基づく年金等 ························ 361
　12　定期積金の給付補塡金等 ···························· 361
　13　匿名組合契約等に基づく利益の分配 ·················· 361
　14　その他の所得 ····································· 362

第4節　源泉徴収の対象となる国内源泉所得と源泉徴収税額 ········ 363

第5節 租税条約 ………………………………………………………… 365
1 租税条約の概要 …………………………………………………… 365
2 日本の租税条約の概要 …………………………………………… 365
3 租税条約と国内法の適用関係 …………………………………… 367
(1) 居住者 (2) PE (3) 国内源泉所得 (4) 課税の軽減又は免除

第6節 外国税額控除 …………………………………………………… 367
1 内国法人に対する外国税額控除 ………………………………… 367
(1) 概要 (2) 控除対象外国法人税の額 (3) みなし納付外国法人税 (4) 外国税額控除の対象とならない外国法人税の額 (5) 控除限度額 (6) 国外事業所等帰属所得の計算 (7) その他の国外源泉所得 (8) 控除余裕額・控除限度超過額 (9) その他
2 外国法人に対する外国税額控除 ………………………………… 379

第7節 外国子会社配当益金不算入制度 ……………………………… 379

第8節 外国子会社合算税制 …………………………………………… 380
1 趣旨 ………………………………………………………………… 380
2 概要 ………………………………………………………………… 381

第9節 移転価格税制 …………………………………………………… 381
1 趣旨 ………………………………………………………………… 381
2 概要 ………………………………………………………………… 382
3 国外関連者 ………………………………………………………… 382
4 国外関連取引 ……………………………………………………… 382
5 独立企業間価格 …………………………………………………… 382

第10節 過少資本税制 …………………………………………………… 387
1 趣旨 ………………………………………………………………… 387
2 概要 ………………………………………………………………… 388

第11節 過大支払利子税制 ……………………………………………… 388
1 趣旨 ………………………………………………………………… 388
2 概要 ………………………………………………………………… 388
3 適用免除基準 ……………………………………………………… 389

第5章 公益法人等の税務 ……………………………………………… 391

第1節　収益事業課税 ………………………………………………………… 391
　1　収益事業課税 …………………………………………………………… 391
　　(1) 納税義務と課税所得　(2) 収益事業の範囲
　2　公益法人等の収益事業の開始等の届出 ……………………………… 393
　　(1) 収益事業の開始の届出　(2) 公共法人が収益事業を行う公益法人等に該当することとなった場合の届出　(3) 公共法人又は収益事業を行っていない公益法人等が普通法人又は協同組合等に該当することとなった場合の届出
　3　公益法人等の申告 ……………………………………………………… 394
　　(1) 確定申告書の提出　(2) 添付書類
　4　収益事業の所得の計算 ………………………………………………… 394
　　(1) 区分経理　(2) 費用又は損失の区分経理　(3) みなし寄附金　(4) 低廉譲渡等　(5) 収益事業に属する固定資産の処分損益　(6) 補助金等の収入

第2節　公益法人等の損益計算書等の提出 ………………………………… 396
　　(1) 損益計算書等の提出を要しない公益法人等　(2) 提出期限の特例

第6章　信託税制 …………………………………………………………… 398

第1節　信託と信託税制の概要 ……………………………………………… 398
　1　信託の概要 ……………………………………………………………… 398
　2　信託税制の概要 ………………………………………………………… 398

第2節　信託の意義 …………………………………………………………… 399
　1　受益者等課税信託 ……………………………………………………… 399
　2　集団投資信託 …………………………………………………………… 399
　3　退職年金等信託 ………………………………………………………… 400
　4　特定公益信託等 ………………………………………………………… 400
　5　法人課税信託 …………………………………………………………… 400

第7章　消費税等の経理処理 ……………………………………………… 402

第1節　税込経理方式と税抜経理方式 ……………………………………… 402

第2節　法人税法上の取引価額等の判定 …………………………………… 402

第3節　消費税等の損金・益金算入時期 …………………………………… 403

第4節　適格請求書発行事業者以外の者からの課税仕入れに係る消費税等の処理 ……………………………………………………………………… 404

第5節　控除対象外消費税額等の取扱い …………………………………… 404

第8章　青色申告制度 …………………………………………………… 406

第1節　青色申告制度 ……………………………………………………… 406
　1　青色申告 …………………………………………………………… 406
　2　青色申告の承認の申請 …………………………………………… 406
　3　青色申告法人の帳簿書類 ………………………………………… 407
　4　青色申告の特典 …………………………………………………… 407

第2節　青色申告の承認申請の却下 ……………………………………… 408
　1　却下 ………………………………………………………………… 408
　2　取消し ……………………………………………………………… 409

第9章　電子帳簿保存制度 ……………………………………………… 410

第1節　電子帳簿保存制度の概要 ………………………………………… 410
　1　電子帳簿保存制度とは …………………………………………… 410
　2　用語 ………………………………………………………………… 411
　　(1) 定義　(2) 具体例

第2節　電子帳簿等保存 …………………………………………………… 411
　1　対象となる帳簿及び書類 ………………………………………… 411
　2　電磁的記録による保存を行うための要件 ……………………… 412
　3　優良な電子帳簿の過少申告加算税の軽減措置 ………………… 413
　　(1) 概要　(2) 対象となる国税関係帳簿　(3) 提出が必要な届出　(4) 使用する帳簿ソフトが電子帳簿保存法の「優良な電子帳簿」要件を満たしているかの確認方法

第3節　スキャナ保存 ……………………………………………………… 415
　1　対象となる書類 …………………………………………………… 415
　2　スキャナ保存を行うための要件 ………………………………… 416

第4節　電子取引保存 ··· 417
1　電子取引とは ·· 417
2　電子取引保存を行うための要件 ································ 418
　(1) 検索機能の確保が不要となる場合　(2) 税務職員からのダウンロードの求めに応じる場合において検索機能を確保する方法　(3) 訂正及び削除の防止に関する事務処理規定のひな形について

【第3編　法人事業税】

第1章　通則 ·· 423

第1節　法人事業税の概要 ·· 423

第2節　用語の意義 ·· 423

第3節　事業税の納税義務者等 ···································· 424
1　事業の区分と課税される事業税の種類 ·························· 424
2　事務所又は事業所 ·· 428

第4節　所得の帰属 ·· 429
1　収益の帰属する者が名義人である場合における事業税の納税義務者 ····· 429
2　事業税と信託財産 ·· 429

第5節　非課税の範囲 ·· 429
1　事業税の非課税の範囲 ·· 430
　(1) 人的非課税（公共法人）　(2) 特定事業非課税　(3) 農事組合法人が行う農業に対する非課税
2　法人事業税の非課税所得等の範囲 ······························ 430
　(1) 公益法人等　(2) 人格のない社団等

第6節　事業年度 ·· 431
1　事業年度の意義 ·· 431
2　事業年度の特例 ·· 432

第2章　課税標準及び税率等 ·· 434

第1節　法人の事業税の課税標準 ………………………………………………… 434

第2節　付加価値割の課税標準の計算 …………………………………………… 434
　1　付加価値割の課税標準の算定の方法 ……………………………………… 434
　　(1) 付加価値額　(2) 消費税等の取扱い　(3) ＪＶ等の組合に係る付加価値額
　2　報酬給与額の算定の方法 …………………………………………………… 435
　　(1) 一般の場合（下記(2)以外）　(2) 労働者派遣又は船員派遣の場合
　3　純支払利子の算定の方法 …………………………………………………… 437
　4　純支払賃借料の算定の方法 ………………………………………………… 439
　5　単年度損益の算定の方法 …………………………………………………… 440
　6　この法律の施行地外において事業を行う内国法人の付加価値割の課税標準の
　　算定 ……………………………………………………………………………… 441
　7　収益配分額のうちに報酬給与額の占める割合が高い法人の付加価値割の課税
　　標準の算定（雇用安定控除） ………………………………………………… 442
　8　給与等の支給額が増加した場合の特例（付加価値割における賃上げ促進税
　　制） ……………………………………………………………………………… 442

第3節　資本割の課税標準の計算 ………………………………………………… 444
　1　資本割の課税標準の算定の方法 …………………………………………… 444
　2　特定持株会社の特例 ………………………………………………………… 446
　3　資本金等の額が1,000億円を超える法人の特例 ………………………… 447
　4　この法律の施行地外において事業を行う内国法人等の資本割の課税標準の
　　算定 ……………………………………………………………………………… 447
　　(1) 特定内国法人　(2) 外国法人

第4節　所得割の課税標準の計算 ………………………………………………… 454
　1　所得割の課税標準の算定の方法 …………………………………………… 454
　2　この法律の施行地外において事業を行う内国法人の所得割の課税標準の算定
　　……………………………………………………………………………………… 456

第5節　収入割の課税標準の計算 ………………………………………………… 457
　1　収入割の課税標準の算定の方法 …………………………………………… 457
　2　収入金額課税事業とその他の事業を併せて行う法人の取扱い ………… 459
　3　この法律の施行地外において事業を行う内国法人の収入割の課税標準の算定
　　……………………………………………………………………………………… 459

第6節　外形標準の特例及び課税標準の算定の特例 …………………………… 460

第7節　税率 …………………………………………………………………… 460
1　法人の事業税の標準税率等 ………………………………………………… 461
（1）いわゆる一般の法人の場合　（2）電気供給業（小売電気事業等、発電事業等及び特定卸供給事業を除く。）、導管ガス供給業、保険業及び貿易保険業　（3）電気供給業のうち小売電気事業等、発電事業等及び特定卸供給事業　（4）特定ガス供給業
2　2以上の道府県において事務所又は事業所を設けて事業を行う法人の特例 … 465
3　標準税率を超える税率 ……………………………………………………… 465
4　法人の事業税の税率の適用区分 …………………………………………… 465

第8節　税額控除 ………………………………………………………………… 466
1　仮装経理に基づく過大申告の場合の更正に伴う事業税額の控除及び還付 …… 466
（1）仮装経理事業税額の控除　（2）仮装経理事業税額の還付又は充当の不適用
2　租税条約の実施に係る還付すべき金額の控除 …………………………… 466
3　特定寄附金に係る事業税額の控除（企業版ふるさと納税）……………… 467

第3章　申告納付 ……………………………………………………………… 469

第1節　徴収の方法 ……………………………………………………………… 469

第2節　中間申告を要しない法人の申告納付 ………………………………… 469
1　中間申告を要しない法人の確定申告納付 ………………………………… 469
2　対象法人 ……………………………………………………………………… 469
3　対象事業税 …………………………………………………………………… 470
4　確定申告書の提出期限の延長 ……………………………………………… 470
（1）申請　（2）延滞金
5　確定申告書の提出期限の延長の特例 ……………………………………… 471
（1）申請　（2）延滞金の特例

第3節　中間申告を要する法人等の申告納付 ………………………………… 472
1　事業年度の期間が6月を超える法人等の中間申告納付 ………………… 472
2　みなす申告 …………………………………………………………………… 473
3　災害等による期限の延長に係る中間申告納付の特例 …………………… 473
4　中間申告を要する法人の確定申告納付 …………………………………… 473

第4節　清算中の法人の申告納付 ……………………………………………… 474
1　清算中の法人の各事業年度の申告納付 …………………………………… 474
2　清算中の法人の残余財産確定の日の属する事業年度が終了した場合の申告

納付 ··· 474

第5節　期限後申告及び修正申告納付 ··· 475
1　期限後申告納付 ·· 475
2　修正申告納付 ·· 475
3　法人税に係る更正又は決定による修正申告納付 ································ 475

第6節　更正及び決定 ··· 475
1　法人税の更正又は決定等に伴う所得割の更正又は決定 ·························· 475
　（1）更正　（2）決定　（3）再更正
2　道府県知事の調査による所得割、収入割の更正及び決定 ························ 476
　（1）更正　（2）決定　（3）再更正
3　道府県知事の調査による付加価値割、資本割の更正及び決定 ···················· 477
　（1）更正　（2）決定　（3）再更正

第7節　更正の請求 ·· 477
1　更正の請求 ·· 477
　（1）通常の場合　（2）後発的事由に基づく場合
2　更正の請求の特例 ·· 478
　（1）法人事業税について修正申告の提出又は更正若しくは決定を受けたことに伴う更正の請求　（2）法人税について更正又は決定を受けたことに伴う更正の請求

第8節　2以上の道府県において事務所又は事業所を設けて事業を行う法人（分割法人）の申告納付等 ··· 479
1　納税地 ·· 479
2　分割法人の申告納付等 ·· 480
　（1）概要　（2）分割基準　（3）分割基準となる数値
3　分割法人の更正等 ·· 483
　（1）課税標準額の総額の更正等　（2）更正の請求

第9節　その他 ·· 484
1　地方税関係手続用電子情報処理組織による申告 ·································· 484
2　地方税関係手続用電子情報処理組織による申告が困難である場合の特例 ········ 484
　（1）概要　（2）申請
3　申告書等の様式及び申告納付に関する雑則 ···································· 485

用語索引 ··· 487

法令索引 ··· 495

〔CHECK 目次〕

- －同族関係者の範囲－ ……………………………………………… 4
- －所得税法第15条各号の納税地－ ………………………………… 20
- －課税標準と納税申告書－ ………………………………………… 25
- －「収益として経理したものとみなす」とは－ ………………… 34
- －「価額」又は「通常得べき対価の額」とは－ ………………… 35
- －修正の経理（単なる収益の計上漏れ）－ ……………………… 36
- －自己株式等の取得が予定されている株式等－ ………………… 41
- －履行義務が一定の期間にわたり充足されるもの－ …………… 49
- －取得の範囲－ ……………………………………………………… 62
- －総平均法又は移動平均法の計算における事業年度－ ………… 63
- －法人の区分に応じた設立後とは ………………………………… 65
- －企業会計上の製造原価－ ………………………………………… 66
- －固定資産（法2二十二、令12）－ ……………………………… 70
- －耐用年数省令－ …………………………………………………… 71
- －損金経理をした金額－ …………………………………………… 74
- －中小企業者等の判定－ …………………………………………… 77
- －その使用可能期間が法定耐用年数に比して著しく短くなったこと－ … 95
- －「前払費用」－ …………………………………………………… 105
- －業績連動給与（法34⑤）とは－ ………………………………… 126
- －確定した額を限度としている－ ………………………………… 127
- －業績連動指標の数値が確定した日－ …………………………… 128
- －役員－ ……………………………………………………………… 130
- －補助金返還要否や資産取得の時期により適用関係が異なる－ … 162
- －代替資産の取得－ ………………………………………………… 164
- －工事負担金の交付前に取得した固定資産の圧縮限度額（令82の3）－ … 165
- －保険金等の額が確定する前に取得した代替資産の圧縮限度額－ … 166
- －補償金等の額の範囲－ …………………………………………… 170
- －取得指定期間（やむを得ない事情）－ ………………………… 178
- －法人税法施行令第71条の3第1項の「交付決議時価額」－ … 190
- －法人税の負担を減少させ、又は減少させようとする場合－ … 195
- －10年以内の改正経緯－ …………………………………………… 198
- －50％の金額の経過措置－ ………………………………………… 198
- －1万円以下飲食費－ ……………………………………………… 210
- －養老保険の範囲－ ………………………………………………… 217

- 定期保険及び第三分野保険の範囲 − ……………………………………… 218
- 定期付養老保険等の範囲 − ………………………………………………… 221
- 「相当期間」とは − ………………………………………………………… 225
- 取引の停止（たまたま取引を行った債務者の場合）− …………………… 228
- 借地権慣行が存在しない地域 − …………………………………………… 230
- 土地の更地価額と近傍類地の公示価格等 − ……………………………… 231
- 土地の賃貸をした場合の評価損（借地権設定）− ………………………… 233
- 特例の取扱いがある趣旨 − ………………………………………………… 237
- 帳簿書類への記載（短期売買目的で取得した資産）− …………………… 238
- 帳簿書類への記載（有価証券）− ………………………………………… 245
- デリバティブ取引等に係る利益額又は損失額の範囲 − …………………… 256
- 超過差額の定義 − …………………………………………………………… 257
- 仮装経理に基づく税額控除 − ……………………………………………… 302
- 令和8年4月1日以後に開始する事業年度における税額控除割合（令和6年度税制改正）− ………………………………………………………… 307
- 期日指定（延長の期間）− ………………………………………………… 323
- 年7.3％の割合 − …………………………………………………………… 324
- 一定の事項を記載した申請書 − …………………………………………… 331
- 通算対象欠損金額 − ………………………………………………………… 336
- 通算対象所得金額 − ………………………………………………………… 336
- 一般社団法人の設立 − ……………………………………………………… 350
- 販売業、製造業その他一定の事業 − ……………………………………… 391
- 一般社団法人等の取扱い − ………………………………………………… 393
- 公益社団法人又は公益財団法人の取扱い − ……………………………… 395
- 適格請求書発行事業者以外の者からの課税仕入れ − …………………… 404
- 令和6年度税制改正（外形標準課税対象法人の見直し）− ……………… 426
- 土地又は家屋の意義 − ……………………………………………………… 440
- 外国法人の付加価値額 − …………………………………………………… 441
- 1,000万円以上の法人であるかどうかの判定 − ………………………… 465
- 外国法人の申告期限 − ……………………………………………………… 470
- 延滞金の年7.3％の割合 − ………………………………………………… 472
- 課税標準額の総額 − ………………………………………………………… 480

〔コラム目次〕

- −法人税の納税義務者− ……………………………………………… 9
- −外国会社の登記− …………………………………………………… 10
- −外国（外国政府）− ………………………………………………… 11
- −抽象的租税債務− …………………………………………………… 11
- −主権免税（外国政府の稼得する国内源泉所得）− ……………… 13
- −複雑化した取引で名義と実質の不一致？− ……………………… 15
- −信託法における「信託」− ………………………………………… 16
- −確定した決算− ……………………………………………………… 26
- −「取引」の意義− …………………………………………………… 30
- −収益認識に関する会計基準における収益の認識時期− ………… 30
- −収益認識に関する会計基準「基本原則」− ……………………… 33
- −資本の払戻し「資本剰余金と利益剰余金の双方を原資とする剰余金の配当」− … 43
- −税資（税務訴訟資料）− …………………………………………… 57
- −棚卸資産の意義（会計基準）− …………………………………… 59
- −資産の貸借対照表価額「費用配分の原則」− …………………… 69
- −固定資産の取得の時期− …………………………………………… 70
- −少額の減価償却資産と固定資産税（償却資産）− ……………… 73
- −維持費、補修費、改造費など− …………………………………… 96
- −証拠資料（エビデンス）の保存− ………………………………… 103
- −企業会計上の「繰延資産」− ……………………………………… 104
- −使用人としての職務に従事していること− ……………………… 116
- −実務上の役員退職給与の算定方法例− …………………………… 132
- −出向元法人への寄附金の認定課税− ……………………………… 135
- −負担しないことにつき相当な理由の例− ………………………… 139
- −寄附金の意義− ……………………………………………………… 142
- −親子会社間の業務委託費に係る資料の保存− …………………… 144
- −契約自由の原則− …………………………………………………… 145
- −企業会計における「圧縮記帳」− ………………………………… 159
- −企業会計における「引当金」「貸倒引当金」− ………………… 181
- −刑法第198条（贈賄）− …………………………………………… 197
- −「接待等のために支出する費用」− ……………………………… 211
- −企業会計等における「貸倒損失」− ……………………………… 224
- −貸倒損失の立証責任− ……………………………………………… 227
- −債務者別の管理と経理処理− ……………………………………… 228

- 企業会計における「有価証券」 - 243
- 仮装経理とは - 303
- 新たな国際課税のルール - 389
- 公益を目的とする公益法人等 - 395
- 収益事業課税の基本 - 396
- 白色申告における帳簿書類 - 407
- 外国における恒久的施設(法人事業税の特定内国法人) - 424
- 事業税における鉱物の掘採事業と鉱産税 - 430
- 法人事業税の損金性 - 433
- 付加価値割における利子税及び延滞税の取扱い - 438
- 付加価値割における荷物の保管料の取扱い - 440
- 所得が欠損等で法人税において特別控除を受けない場合の付加価値割における賃上げ促進税制の適用 - 444
- 法人住民税(均等割)の計算における資本金等の額 - 446
- 法人事業税の特別の定めにより法人税と繰越欠損金額が異なる場合の管理 - 456
- 特別法人事業税 - 464
- 分割法人の確定申告書の提出期限の延長 - 479

第1編 総則

第1章 通　則

第1節　趣旨規定

　法人税法第1条では、「法人税について、納税義務者、課税所得等の範囲、税額の計算の方法、申告、納付及び還付の手続並びにその納税義務の適正な履行を確保するため必要な事項を定めるものとする。」という趣旨規定を置いている。

第2節　定義規定

1　用語の意義

　法人税法第2条では、この法令で使用される主要な用語又は一般の用法とは多少違った意味で用いられる用語について、次表のとおり、定義規定を置いている。これらの用語の意義は、次表の該当ページで行う。

（五十音順）

用　語	該当頁	用　語	該当頁	用　語	該当頁
青色申告書	7	繰延資産	104	支配関係	272
外国法人	10	欠損金額	6	資本金等の額	6
確定申告書	7	決定	8	収益事業	10
合併法人	271	減価償却資産	69	修正申告書	7
株式移転完全親法人	272	現物出資法人	272	集団投資信託	16
株式移転完全子法人	272	現物分配法人	272	充当	8
株式交換完全親法人	272	公益法人等	9	証券投資信託	399
株式交換完全子法人	272	恒久的施設	353	人格のない社団等	9
株式交換等	281	公共法人	9	損金経理	6
株式交換等完全親法人	272	公社債投資信託	399	退職年金等積立金確定申告書	7
株式交換等完全子法人	272	更正	7	退職年金等積立金中間申告書	7
株式分配	280	更正請求書	7	棚卸資産	58
株主等	6	合同運用信託	399	地方税	8
完全支配関係	273	国外	4	中間申告書	6
還付加算金	8	国際最低課税額確定申告書	7	中間納付額	7
期限後申告書	7	国内	4	通算親法人	330
協同組合等	9	固定資産	69	通算完全支配関係	331

第1章 通　則

用　　語	該当頁	用　　語	該当頁	用　　語	該当頁
通算子法人	331	適格分社型分割	275	普通法人	9
通算法人	331	投資法人	6	分割型分割	275
適格合併	273	同族会社	4	分割承継法人	271
適格株式移転	283	特定目的会社	6	分割法人	271
適格株式交換等	281	内国法人	9	分社型分割	275
適格株式分配	280	非営利型法人	391	法人課税信託	16
適格現物出資	278	被合併法人	271	役員	113
適格現物分配	280	被現物出資法人	272	有価証券	242
適格分割	275	被現物分配法人	272	利益積立金額	6
適格分割型分割	275	附帯税	8		

(1) 国内及び国外

　国内とは、この法律の施行地をいい（法2一）、国外とは、この法律の施行地外の地域をいう（同条二）。

(2) 同族会社

　次のイからハまでのいずれかに該当する会社をいう（同条十、令4⑤）。
　イ　会社の株主等（その会社が自己の株式又は出資を有する場合のその会社を除く。以下同じ。）の3人以下並びにこれらと特殊の関係にある個人及び法人（以下「同族関係者」という。） **CHECK** がその会社の発行済株式又は出資（その会社が有する自己の株式又は出資を除く。）の総数又は総額の50％を超える数又は金額の株式又は出資を有する場合のその会社
　ロ　会社の株主等の3人以下並びに同族関係者が、その会社の議決権（ **CHECK 2(3)B** ）のいずれかにつきその総数（その議決権を行使することができない株主等が有するその議決権の数を除く。）の100分の50を超える数を有する場合のその会社
　ハ　会社の株主等の3人以下並びに同族関係者が、その会社の株主等（合名会社、合資会社又は合同会社の社員（その会社が業務を執行する社員を定めた場合にあっては、業務を執行する社員）に限る。）の総数の半数を超える数を占める場合のその会社

CHECK　－同族関係者の範囲－

1　特殊の関係のある個人の範囲（令4①）
　　次に掲げる個人をいう。
(1)　株主等の親族
　　ここで親族とは、6親等内の血族、配偶者及び3親等内の姻族をいう（民法

725)。
(2) 株主等と婚姻の届出をしていないが事実上婚姻関係と同様の事情にある者
(3) 個人である株主等の使用人
(4) 上記(1)から(3)までに掲げる者以外の者で個人である株主等から受ける金銭その他の資産によって生計を維持しているもの

◆関連通達◆
・生計を維持しているもの（基通1－3－3）

(5) 上記(2)から(4)までに掲げる者と生計を一にするこれらの者の親族

◆関連通達◆
・生計を一にすること（基通1－3－4）

2　特殊の関係のある法人の範囲（令4②）
次に掲げる法人をいう。
(1) 同族会社であるかどうかを判定しようとする会社の株主等（その会社が自己の株式又は出資を有する場合のその会社を除く。以下「判定会社株主等」という。）の一人（個人である判定会社株主等については、その一人及びこれと上記1の特殊の関係のある個人。）が**他の会社を支配している場合**における当該他の会社
(2) 判定会社株主等の一人及びこれと上記(1)の特殊の関係のある会社が**他の会社を支配している場合**における当該他の会社
(3) 判定会社株主等の一人及びこれと上記(1)(2)の特殊の関係のある会社が**他の会社を支配している場合**における当該他の会社
✓　**他の会社を支配している場合**とは、次に掲げる場合のいずれかに該当する場合をいう（令4③）。
　A　他の会社の発行済株式又は出資（その有する自己の株式又は出資を除く。）の総数又は総額の100分の50を超える数又は金額の株式又は出資を有する場合
　B　他の会社の次に掲げる議決権のいずれかにつき、その総数（議決権を行使することができない株主等が有するその議決権の数を除く。）の100分の50を超える数を有する場合
　　a　事業の全部若しくは重要な部分の譲渡、解散、継続、合併、分割、株式交換、株式移転又は現物出資に関する決議に係る議決権
　　b　役員の選任及び解任に関する決議に係る議決権
　　c　役員の報酬、賞与その他の職務執行の対価として会社が供与する財産上の利益に関する事項についての決議に係る議決権
　　d　剰余金の配当又は利益の配当に関する決議に係る議決権
　C　他の会社の株主等（合名会社、合資会社又は合同会社の社員（他の会社が業務を執行する社員を定めた場合にあっては、業務を執行する社員）に限

第1章 通則

> る。）の総数の半数を超える数を占める場合
>
> ◆関連通達◆
> ・名義株についての株主等の判定（基通1－3－2）
>   　上記の「株主等」は、株主名簿、社員名簿又は定款に記載又は記録されている株主等によるため、その株主等が単なる名義人であって、その株主等以外の者が実際の権利者である場合には、その実際の権利者を株主等とする。
> ・同族会社の判定の基礎となる株主等（基通1－3－5）
>   　同族会社であるかどうかを判定する場合には、必ずしもその株式若しくは出資の所有割合又は議決権の所有割合の大きいものから順にその判定の基礎となる株主等を選定する必要はない。

(3) 投資法人

投資信託及び投資法人に関する法律第2条第12項に規定する投資法人をいう（同条十二の七の三）。

(4) 特定目的会社

資産の流動化に関する法律第2条第3項《定義》に規定する特定目的会社をいう（同条十二の七の四）。

(5) 株主等

株主又は合名会社、合資会社若しくは合同会社の社員その他法人の出資者をいう（同条十四）。

(6) 資本金等の額

法人が株主等から出資を受けた金額として一定の金額をいう（同条十六、令8）。

(7) 利益積立金額

法人の所得の金額で留保している金額として一定の金額をいう（同条十八、令9）。

(8) 欠損金額

各事業年度の所得の金額の計算上その事業年度の損金の額が益金の額を超える場合におけるその超える部分の金額をいう（同条十九）。

(9) 損金経理

法人がその確定した決算において費用又は損失として経理することをいう（同条二十五）。「確定した決算」については26ページ参照。

(10) 中間申告書

法人税法第71条第1項《中間申告》又は同法第144条の3第1項若しくは第2項《中間申告》の規定による申告書をいう（同条三十）。

第2節　定義規定

⑾　確定申告書

　　法人税法第74条第1項《確定申告》又は同法第144条の6第1項若しくは第2項《確定申告》の規定による申告書（その申告書に係る期限後申告書を含む。）をいう（同条三十一）。

⑿　国際最低課税額確定申告書

　　法人税法第82条の6第1項《国際最低課税額に係る確定申告》の規定による申告書（その申告書に係る制限後申告書を含む。）をいう（同条三十一の二）。

⒀　退職年金等積立金中間申告書

　　法人税法第88条《退職年金等積立金に係る中間申告》（同法第145条の5《申告及び納付》において準用する場合を含む。）の規定による申告書（その申告書に係る期限後申告書を含む。）をいう（同条三十二）。

⒁　退職年金等積立金確定申告書

　　法人税法第89条《退職年金等積立金に係る確定申告》（同法第145条の5において準用する場合を含む。）の規定による申告書（その申告書に係る期限後申告書を含む。）をいう（同条三十三）。

⒂　期限後申告書

　　国税通則法第18条第2項《期限後申告》に規定する期限後申告書をいう（同条三十四）。

⒃　修正申告書

　　国税通則法第19条第3項《修正申告》に規定する修正申告書をいう（同条三十五）。

⒄　青色申告書

　　法人税法第121条《青色申告》（同法第146条第1項《青色申告》において準用する場合を含む。）の規定により青色の申告書によって提出する同法第30号から第33号までに掲げる申告書及びこれらの申告書に係る修正申告書をいう（同条三十六）。

⒅　更正請求書

　　国税通則法第23条第3項《更正の請求》に規定する更正請求書をいう（同条三十七）。

⒆　中間納付額

　　法人税法第76条《中間申告による納付》又は同法第144条の9《中間申告による納付》の規定により納付すべき法人税の額（その額につき修正申告書の提出又は更正があった場合には、その申告又は更正後の法人税の額）をいう（同条三十八）。

⒇　更正

　　国税通則法第24条《更正》又は同法第26条《再更正》の規定による更正をいう（同条三十九）。

第1章 通　則

⑵1 決定
　法人税法に特例がある場合を除き、国税通則法第25条《決定》の規定による決定をいう（同条四十）。

⑵2 附帯税
　国税通則法第2条第4号《定義》に規定する附帯税をいう（同条四十一）。

⑵3 充当
　国税通則法第57条第1項《充当》の規定による充当をいう（同条四十二）。

⑵4 還付加算金
　国税通則法第58条第1項《還付加算金》に規定する還付加算金をいう（同条四十三）。

⑵5 地方税
　地方税法第1条第1項第14号《用語》に規定する地方団体の徴収金（都及び特別区のこれに相当する徴収金を含む。）をいう（同条四十四）。

2　用語の解釈

　法律、政令、省令等の規定は、一般的かつ抽象的に規定されており、社会経済において起こりうる全ての場合が規定されているものではなく、また、法令上、使用されている用語も、全てについて具体的な定義規定が設けられているものではない。
　このように立法者が特に意味を解釈せずに用いている文言については、第一に法律用語として法律家の間における周知の意味が付与されていると考え、第二に法律用語として用いられていない文言は通常の国語辞典等でいう意味に解釈することが一般的である。
　ただし、その文理解釈によって、規定の意味内容を明らかにすることが困難な場合には、規定の趣旨目的に照らしてその意味内容を明らかにしなければならない。

【裁判例・裁決例】
・最判平成22年3月2日（民集64巻2号420頁）
　一般に、「期間」とは、ある時点から他の時点までの時間的隔たりといった、時的連続性を持った概念であると解されているから、所得税法施行令第322条にいう「当該支払金額の計算期間」も、当該支払金額の計算の基礎となった期間の初日から末日までという時的連続性を持った概念であると解するのが自然であり、これと異なる解釈を採るべき根拠となる規定は見当たらない。
・東京高判平成14年2月28日（税資252号順号9080）
　税法以外の法分野で用いられている法律用語が税法の規定中に用いられている場合には、法的安定性の見地から、両者は同一の意味内容を有していると解すべきであり、租税に関する法規が、一般私法において使用されていると同一の用語を使用している場合には、通常、一般私法上使用されている概念と同一の意義を有する概念として使用されているものと解するのが相当である。

第2章　納税義務者

第1節　納税義務者の類型

　法人税の**納税義務者**は、**法人**とされており、本店又は主たる事務所の所在地により、次の1及び2の区分とされ、その納税義務等が規定されている。
✓　**納税義務者**とは、納税義務又は租税債務を負担する者をいうとされている。
✓　**法人**とは、自然人以外で法律上権利能力を有するものとして会社法やその他の法律により人格を付与された団体をいうとされている。

> **コラム**　－法人税の納税義務者－
>
> 　法人税の納税義務者については、主に次の基準により内国法人と外国法人に区分される。
> ・設立準拠法主義（法人の設立がどの国の法律に基づくものか。）
> 　→アメリカ、フィリピンなど
> ・本店所在地主義（法人の本店を置いている（又は登録している）国）
> 　→日本など
> ・管理支配地主義（法人の事業が実際に管理支配されている場所）
> 　→シンガポール、マレーシアなど

1　内国法人

　内国法人とは、国内に本店又は主たる事務所を有する法人をいう（法2三）。内国法人は、次のとおり、普通法人、協同組合等、公共法人、公益法人等及び人格のない社団等に分類され、それぞれについて納税義務が規定されている。

(1) 普通法人、協同組合等

　普通法人及び協同組合等（法人税別表第3に掲げる法人をいう。以下同じ。法2七）は、法人税を納める義務がある（法4①）。

(2) 公共法人、公益法人等、人格のない社団等

　公共法人（法人税別表第1に掲げる法人をいう。以下同じ。法2五）は、法人税を納める義務がない（法4②）。
　公益法人等（法人税別表第2に掲げる法人をいう。以下同じ。法2六）及び**人格のない社団等**は、**収益事業**を行う場合にのみ法人税を納める義務がある（法4①ただし書）。
✓　**人格のない社団等**とは、法人税でない社団又は財団で代表者又は管理人の定めが

第2章　納税義務者

あるものをいい（法2八）、法人税法の適用上、法人とみなされる（法3）。
✓　収益事業とは、販売業、製造業その他一定の事業で、継続して事業場を設けて行われるものをいう（法2十三）。詳細は、第2編第5章「収益事業課税」（391ページ）参照のこと。

【裁判例・裁決例】
・最判昭和39年10月15日（民集18巻8号1671頁）
　法人ではない社団が成立するためには、団体としての組織をそなえ、多数決の原則が行なわれ、構成員の変更にかかわらず団体が存続し、その組織において代表の方法、総会の運営、財産の管理等団体としての主要な点が確定していることを要するとされた事例。
・最判平成16年7月13日（集民214号751頁）
　公序良俗に反するねずみ講事業を行う人格のない社団に対する法人税等の増額更正について、人格のない社団の設立要件を充足しているため本件更正が無効であるとはいえないとされた事例。

2　外国法人

　外国法人とは、内国法人以外の法人をいう（法2四）。外国法人は、普通法人及び人格のない社団等に分類され、それぞれについて納税義務が規定されている。

【参考】
　外国法人の判定については、第2編第4章「国際課税」（350ページ）参照のこと。

> **コラム**　－外国会社の登記－
>
> 　外国会社が初めて日本における代表者を定めたときは、3週間以内に、日本の営業所の所在地等において、外国会社の登記をしなければならない（会社法933①、817）。
> 　なお、この登記によって、その外国法人は内国法人に該当するわけではなく、恒久的施設を設けたことになると考えられる。

(1)　普通法人

　普通法人は、法人税法第138条第1項に規定する国内源泉所得（以下「国内源泉所得」という。）を有するときは、法人税を納める義務がある（法4③）。

(2)　人格のない社団等

　人格のない社団等は、国内源泉所得で収益事業を有する場合にのみ法人税を納める義務がある（法4③かっこ書）。

【参考】外国公益法人等の指定の廃止
　外国法人には、公共法人、公益法人等及び協同組合等に該当する法人はない（平20改正法附則11）。

> **コラム　－外国（外国政府）－**
>
> 　外国政府が我が国の税法上法人として取り扱われるか否かについては、税法上、明確な定義が置かれていないが、私法上の概念を借用し、これと同義に解して取り扱うものと考えられる。この考え方に基づくと、外国政府は、民法第35条第1項の規定によって外国法人として取り扱うこととなる。
>
> **民法第35条《外国法人》第1項**
> 　外国法人は、国、国の行政区画及び外国会社を除き、その成立を認許しない。ただし、法律又は条約の規定により認許された外国法人は、この限りでない。

第2節　納税義務の成立と税額確定

1　納税義務の成立

　国税通則法第15条第1項では、国税を納付する義務（以下「納税義務」という。）が成立する場合には、その成立と同時に特別の手続を要しないで納付すべき税額が確定する国税を除き、国税に関する法律の定める手続により、その国税についての納付すべき税額が確定されるものとすると規定されている。
　また、同条第2項では、その納税義務に関して、法人税及び地方法人税については事業年度終了の時に成立すると規定されている。中間申告に係る法人税の納税義務は、事業年度開始の日から6月を経過する時に成立すると規定されている（通則令5六）。

> **コラム　－抽象的租税債務－**
>
> 　課税標準の計算期間である一事業年度が経過して法人税法に定める課税要件を充足すると、法人税に係る抽象的債務が成立するとされている。ただし、このようにして成立した租税債務は、抽象的・客観的な債務であって、直ちに納付又は徴収の対象とはならない（志場喜徳郎ほか共編「国税通則法精解〔令和4年改訂〕」P262、263（大蔵財務協会））。

2　税額確定

イ　国税通則法第16条では、国税についての納付すべき税額の確定の手続については、次の(イ)又は(ロ)のいずれかの方式によるものとし、これらの方式の内容は、それ

第2章 納税義務者

それに掲げるところによると規定されている。
(イ) 申告納税方式
　　納付すべき税額が納税者のする申告により確定することを原則とし、その申告がない場合又はその申告に係る税額の計算が国税に関する法律の規定に従っていなかった場合その他その税額が税務署長の調査したところと異なる場合に限り、税務署長の処分により確定する方式をいう。
(ロ) 賦課課税方式
　　納付すべき税額がもっぱら税務署長の処分により確定する方式をいう。
ロ　法人税に関しては、申告納税方式が採用されており、法人が自ら課税標準、税額等を計算し、その計算したところに基づいてこれらを納税申告書に記載して提出すると、その申告書に記載された税額が確定することとなる。

第3章　課税所得の範囲等

第1節　課税所得の範囲

1　内国法人
内国法人は、その類型ごとに課税所得の範囲が異なる。

(1)　普通法人、協同組合等
普通法人及び協同組合等は、その源泉が国内にあるか国外にあるかを問わず、各事業年度の全ての所得について、各事業年度の所得に対する法人税が課される（法5）。これをいわゆる無制限納税義務者という。

(2)　公益法人等、人格のない社団等
公益法人等及び人格のない社団等は、各事業年度の所得のうち収益事業から生じた所得について、各事業年度の所得に対する法人税が課される（法6）。

2　外国法人
外国法人は、その類型ごとに課税所得の範囲が異なる。

(1)　普通法人
普通法人は、次の法人の区分に応じそれぞれの国内源泉所得に係る所得について、各事業年度の所得に対する法人税が課される（法8①）。
　イ　恒久的施設を有する外国法人（法141一）
　　　各事業年度の次の(イ)又は(ロ)の国内源泉所得
　(イ)　恒久的施設に帰せられるべき所得（法138①一）
　(ロ)　その他の国内源泉所得（法138①二〜六）
　ロ　恒久的施設を有しない外国法人（法141二）
　　　その他の国内源泉所得（法138①二〜六）

(2)　人格のない社団等
人格のない社団等は、国内源泉所得で収益事業を有する場合にのみ法人税が課される（法8②）。

> **コラム**　－主権免税（外国政府の稼得する国内源泉所得）－
>
> 　主権免税とは、外国政府（P11）が日本において稼得する所得のうち、「通常の政府機能のちゅうに含まれる行為に基づくものであり、かつ、産業上又は商業上の利得と観念されないもの」について、相互主義を前提に、免税として取り

> 扱うことをいう。
>   なお、主権免税は自動的に取り扱われるものではなく、日本と相手国政府間での了解によりされるものであることに留意する必要がある。

第2節　課税所得の範囲の変更等

1　普通法人又は協同組合等が公益法人等に移行する場合の取扱い

イ　普通法人又は協同組合等が公益法人等に該当することとなる場合には、その該当することとなる日の前日にその普通法人又は協同組合等が解散したものとみなして、欠損金の繰戻しによる還付（法80④）の規定その他一定の規定を適用する（法10①）。

ロ　普通法人又は協同組合等が公益法人等に該当することとなった場合には、その該当することとなった日にその公益法人等が設立されたものとみなして、次に掲げる規定その他一定の規定を適用する（法10②）。
　(イ)　欠損金の繰越し（法57①）
　(ロ)　会社更生等による債務免除等があった場合の欠損金の損金算入（法59）
　(ハ)　欠損金の繰戻しによる還付（法80）

2　恒久的施設を有する外国法人が恒久的施設を有しないこととなる場合の取扱い

恒久的施設を有する外国法人が恒久的施設を有しないこととなる場合には、その有しないこととなる日にその外国法人が解散したものとみなして、欠損金の繰戻しによる還付（法144の13⑨）の規定その他一定の規定を適用する（法10③）。

3　恒久的施設を有しない外国法人が恒久的施設を有することとなった場合の取扱い

恒久的施設を有しない外国法人が恒久的施設を有することとなった場合（その有することとなった日の属する事業年度前のいずれかの事業年度において恒久的施設を有していた場合に限る。）には、その有することとなった日にその外国法人が設立されたものとみなして、一定の規定を適用する（法10④）。

第4章　所得の帰属に関する通則

第1節　実質所得者課税の原則

　法人税法第11条では、「資産又は事業から生ずる収益の法律上帰属するとみられる者が単なる名義人であって、その収益を享受せず、その者以外の法人がその収益を享受する場合には、その収益は、これを享受する法人に帰属するものとして、この法律の規定を適用する。」と規定している。
　この規定は、資産又は事業から生ずる収益の名義又は形式と実質とが異なる場合には、経済的・実質的な観点から注意深く判断をして事実上これを享受する者の所得として課税するという、いわゆる実質課税の原則を資産又は事業から生ずる収益の帰属者という側面から確認的に明らかにしたものである。

コラム　－複雑化した取引で名義と実質の不一致？－

　通常の場合においては、財産関係の保有名義人又は事業遂行上の名義人が、事業を主宰して、その事業に伴う財産関係を支配し、かつ、事業遂行に伴う損益を負担する関係にあるため、所得を享受する者と名義人とは名実ともに一致する。他方、経済社会においては所得を享受する者と財産保有関係の名義人又は事業遂行上の名義人とは必ずしも一致しない場合もありうる。
　この場合には、一致しない原因を明らかにすることによってはじめて、名義にかかわらずに実質による解決が正当となるのであるが、逆にいえば、反証しない限りは公簿等に記載される名義は実質をも表現するという事実上の推定が働くこととなる。
　ただし、そのような推定が働いたとしても、不一致の原因が明らかにされた場合には、この推定を覆し実質に従って租税法的に法律関係を確定することとなる。

第2節　信託財産に属する資産等及び帰せられる収益等の帰属

　信託は、一般に受託者が受益者のために信託財産を管理・処分を行う制度であり、その信託財産及び収益等の帰属は、第一義的（私法上）には受託者であるとされているが、信託の特殊性から、全ての信託について受託者への帰属とすることは、その経済的実態と一致しないことから、法人税法上は、その**信託の種類**に応じてその帰属者を規定したものである。詳細は、第2編第6章「信託税制」（398ページ）参照。

第4章 所得の帰属に関する通則

✓ **受益者等課税信託**とは、**集団投資信託、退職年金等信託、特定公益信託等**又は**法人課税信託**のいずれにも該当しない信託をいい、財産の管理又は処分を行う一般的な信託がこれに該当する。

　この場合、信託の受益者（受益者としての権利を現に有するものに限る。）は、その信託の信託財産に属する資産及び負債を有するものとみなし、かつ、その信託財産に帰せられる収益及び費用は、その受益者の収益及び費用とみなして、法人税法の規定を適用する（法12①）。

　なお、信託の変更をする権限（軽微な変更をする権限として一定のものを除く。）を現に有し、かつ、その信託の信託財産の給付を受けることとされている者（受益者を除く。）は、受益者とみなされ（法12②）、この信託の変更をする権限には、他の者との合意により信託の変更をすることができる権限が含まれる（令15②）。また、軽微な変更をする権限として一定のものとは、信託の目的に反しないことが明らかである場合に限り信託の変更をすることができる権限をいう（令15①）。

✓ **集団投資信託**とは、合同運用信託、証券投資信託等一定の投資信託及び特定受益証券発行信託（受益証券発行信託のうち一定のもの）をいう（法2二十九）。

✓ **法人課税信託**とは、①受益権を表示する証券を発行する旨の定めのある信託、②受益者が存しない信託、③法人が委託者となる信託で一定のもの、④一定の投資信託、又は⑤特定目的信託をいう（法2二十九の二）。

✓ **退職年金等信託**とは、厚生年金基金契約、確定給付年金資産管理運用契約、適格退職年金契約等に係る信託をいう（法12④一）。

✓ **特定公益信託等**とは、法人税法第37条第6項に規定する特定公益信託及び社債、株式等の振替に関する法律第2条第11項に規定する加入者保護信託をいう（法12④二）。

コラム －信託法における「信託」－

「信託」とは、例えば、次のA又はBの方法により、特定の者が一定の目的（専らその者の利益を図る目的を除く。）に従い財産の管理又は処分及びその目的の達成のために必要な行為をすべきものとすることをいう（信託法2、3）。

A　特定の者との間で、その特定の者に対し財産の譲渡、担保権の設定その他の財産の処分をする旨並びにその特定の者が一定の目的に従い財産の管理又は処分及びその他の当該目的の達成のために必要な行為をすべき旨の契約（信託契約）を締結する方法

B　特定の者に対し財産の譲渡、担保権の設定その他の財産の処分をする旨並びにその特定の者が一定の目的に従い財産の管理又は処分及びその目的の達成のために必要な行為をすべき旨の遺言をする方法

第5章　事業年度等

第1節　事業年度（原則）

1　法令又は定款等に会計期間の定めがある法人
　法人税法における事業年度とは、法人の財産及び損益の計算の単位となる期間（以下「会計期間」という。）で、法令で定めるもの又は定款、寄附行為、規則、規約その他これらに準ずるもの（以下「定款等」という。）に定めるものをいう（法13①）。
　法人がその定款等に定める会計期間を変更し、又はその定款等において新たに会計期間を定めた場合には、遅滞なく、その変更前の会計期間及び変更後の会計期間又はその定めた会計期間を納税地の所轄税務署長に届けなければならない（法15）。

2　法令又は定款等に会計期間の定めがない法人
(1)　納税地の所轄税務署長に届け出た会計期間
　法令又は定款等に会計期間の定めがない法人は、次の法人の区分に応じそれぞれの日以後2か月以内に、会計期間を定めてこれを所轄税務署長に届け出なければならない（法13①②）。
　イ　内国法人
　　(イ)　普通法人、協同組合等　設立の日
　　(ロ)　公益法人等、人格のない社団等　収益事業を開始した日
　　(ハ)　公共法人に該当していた収益事業を行う公益法人等　公益法人等に該当することとなった日
　　(ニ)　公益法人等（非収益事業）に該当していた普通法人又は協同組合等　普通法人又は協同組合等に該当することとなった日
　ロ　外国法人
　　(イ)　恒久的施設を有する外国法人になった日
　　(ロ)　恒久的施設を有しないで法人税法第138条第1項第4号に規定する事業を国内で開始し、若しくは同法第141条第2号に定める国内源泉所得で同項第4号に掲げる対価以外のものを有することとなった日
　　(ハ)　人格のない社団等　国内源泉所得のうち収益事業から生ずるものを有することとなった日

(2)　納税地の所轄税務署長が指定した会計期間
　上記(1)の届出をすべき法人（人格のない社団等を除く。）が届出をしない場合には、所轄税務署長は、その会計期間を指定し、その法人に対し、書面によりその旨を通知する（法13①③）。

(3) その他の会計期間

上記(1)の届出をすべき人格のない社団等が届出をしない場合には、その年の1月1日（収益事業を開始した日又は国内源泉所得のうち収益事業から生ずるものを有することとなった日の属する年については、これらの日）から12月31日までの期間とする（法13①④）。

第2節　事業年度（特例）

法人が事業年度の中途において解散をしたことなど、次表の**一定の事実**が生じた場合には、その事実が生じた法人の事業年度は、その解散の日など次表の**一定の日**に終了し、これに続く事業年度は、次表の2又は5の事実が生じた場合を除き、その一定の日の翌日から開始することとなる（法14①）。

	一定の事実	一定の日
1	内国法人が事業年度の中途において解散（合併による解散を除く。）をしたこと	その解散の日
2	法人が事業年度の中途において合併により解散したこと	その合併の日の前日
3	内国法人である公益法人等又は人格のない社団等が事業年度の中途において新たに収益事業を開始したこと（人格のない社団等にあっては、会計期間の届出をしないことにより、その年の1月1日から12月31日までの期間が会計期間とされる場合を除く。）	その開始した日の前日
4	公共法人が事業年度の中途において収益事業を行う公益法人等に該当することとなったこと 公共法人又は公益法人等が事業年度の中途において普通法人又は協同組合等に該当することとなったこと 普通法人又は協同組合等が事業年度の中途において公益法人等に該当することとなったこと	その事実が生じた日の前日
5	清算中の法人の残余財産が事業年度の中途において確定したこと	その残余財産の確定の日
6	清算中の内国法人が事業年度の中途において継続したこと	その継続の日の前日
7	恒久的施設（以下「PE」という。）を有しない外国法人が事業年度の中途において恒久的施設を有することとなったこと	その有することとなった日の前日
8	PEを有する外国法人が事業年度の中途においてPEを有しないこととなったこと	その有しないこととなった日
9	PEを有しない外国法人が、事業年度の中途において、国内において新たに法人税法第138条第1項第4号に規定する事業を開始し、又はその事業を廃止したこと	その事業の開始の日の前日又はその事業の廃止の日

第6章　納税地

　納税地とは、特定の租税に関し納税者と税務官庁との間の法律関係の結びつきを決定する基準となる場所を指し、その基準となるべき地域的概念を統一的に実現するものとなる。税務行政の運営に当たっては、納税者の納税地、そして、その納税地を所管する税務署を定める必要がある。
　イ　納税者の申告、申請、請求、届出及び納付その他の行為の相手方となるべき税務官庁を決定する場合の基準（通則法21等）。
　ロ　承認、更正、決定及び徴収等の行為主体となる権限を有する税務官庁を決定する場合の基準（通則法30）。
　ハ　納税地は、納税者ごとに、ある特定の国税について存するものである。

第1節　内国法人

　内国法人の納税地は、その本店又は主たる事務所の所在地となる（法16）。
　イ　新たに設立された普通法人又は協同組合等は、その設立の日から2月以内に、その納税地（本店又は主たる事務所の所在地）等を記載し、所定の書類を添付した届出書（法人設立届出書）を納税地の所轄税務署長に提出しなければならない（法148①、規63）。
　ロ　公益法人等又は人格のない社団等は、新たに収益事業を開始した場合には、その開始した日以後2月以内に、その納税地等を記載し、所定の書類を添付した届出書（収益事業開始届出書）を提出しなければならない（法150①）。

第2節　外国法人

　外国法人の納税地は、次のイからハまでの区分に応じ、それぞれに記載する場所となる（法17、令16）。

	外国法人の区分	納税地
イ	恒久的施設を有する外国法人	その恒久的施設の所在地 （支店等が2以上ある場合には、主たるものの所在地）
ロ	恒久的施設を有しない外国法人で、国内にある不動産の貸付け等（法138①五）による対価を受けるもの ※　船舶又は航空機の貸付けによるものを除く。	その資産の所在地 （資産が2以上ある場合には、主たる資産の所在地）

ハ 上記イ又はロに該当しない外国法人	(イ) 上記イ又はロの該当法人であった場合には、その時の納税地 (ロ) 外国法人が申告等をするに当たって選択した場所 (ハ) 上記以外の場合は麹町税務署管轄区域内の場所

第3節　法人課税信託の受託者である個人

　法人課税信託の受託者である個人のその法人課税信託に係る法人税の納税地は、その個人が所得税法第15条（納税地）の**一定の場合**のいずれに該当するかに応じ、住所地など**一定の場所** CHECK となる（法17の2）。
　イ　この個人が所得税法第16条第1項又は第2項の規定の適用を受けている場合にあっては、これらの規定により所得税の納税地とされている場所となる。
　ロ　その個人が所得税法第18条第1項の規定により所得税の納税地が指定されている場合にあっては、その指定された場所となる。

CHECK ー所得税法第15条各号の納税地ー

	一定の場合	一定の場所（納税地）
A	国内に住所を有する場合（所法15一）	その住所地
B	国内に住所を有せず、居所を有する場合（所法15二）	その居所地
C	恒久的施設を有する非居住者である場合（所法15三）	その恒久的施設を通じて行う事業に係る事務所、事業所その他これらに準ずるものの所在地
D	A又はBの納税地を定められていた者が国内に住所及び居所を有しないこととなった場合において、その者がその有しないこととなった時に上記Cの事業に係る事務所、事業所その他これらに準ずるものを有せず、かつ、その納税地とされていた場所にその者の親族その他その者と特殊の関係を有する者として一定の者が引き続き、又はその者に代わって居住しているとき（所法15四、所令53）	その納税地とされていた場所

E	AからDまでの場合を除き、国内にある不動産の貸付け等（所法161①七）による対価を受ける場合（所法15五） ※　船舶又は航空機の貸付けによるものを除く。	その対価に係る資産の所在地（その資産が二以上ある場合には、主たる資産の所在地）
F	AからEまで以外の場合（所法15六）	一定の場所（所令54）

第4節　納税地の指定

　上記の第1節から第3節までの納税地が法人の事業又は資産の状況からみて法人税の納税地として不適当であると認められる場合には、その納税地の所轄国税局長等は、上記第1節から第3節までの規定にかかわらず、その法人税の納税地を指定することができる（法18①）。

　納税地の指定は、その納税地の所轄国税局長が行うこととされているが、所轄国税局長の管轄区域以外の地域に指定する納税地がある場合には国税庁長官が行うこととなる（令17）。

　なお、納税地指定は、法人の申請があって行うものではないため、申請手続等は定められていない。

第2編
内国法人の法人税

第 2 編 内国法人の法人税

第1章　各事業年度の所得に対する法人税

第1節　課税標準

　内国法人に対して課する各事業年度の所得に対する法人税の課税標準 **CHECK** は、各事業年度の所得の金額とする（法21）。

> **CHECK**　－課税標準と納税申告書－
> 1　課税標準とは、各税法の規定により税額を算定するに当たっての基礎となる数額で、その額又は数量につき税率が適用されるものであるとされている（通則法2六イ）。これは、納税申告書の記載事項の一つである課税標準は、具体的な税額の計算の基礎となる金額をいうことを明らかにしたものである。
> 2　納税申告書とは、次に掲げる申告書をいう（通則法2六）。
> (1)　申告納税方式による国税について、その納付すべき額を確定させる効力をもって納税者から提出される申告書
> (2)　還付金の還付を受けるために納税者から提出される申告書
> (3)　法人税法による欠損申告書

第2節　各事業年度の所得の金額の計算の通則

1　各事業年度の所得の金額

　内国法人の各事業年度の所得の金額とは、その事業年度の**益金の額**（下記第3節P27）からその事業年度の**損金の額**（下記第5節P57）を控除した金額とする（法22①）。このように、法人の所得は、法令でその内容を具体的に定めることなく、その金額について益金の額と損金の額との差額によって計算することを規定している。

【参考】法人の所得、益金・損金
　法人税法上でいう法人の所得とは、基本的には法人の利益（profit）と同義であって法人の事業活動の成果を意味する。
　収益・費用という言葉の代わりに益金・損金という言葉を用いているのは、企業会計の場合と異なる取扱いが多いためである（金子宏「租税法〔第二十四版〕」P344（2021・弘文堂））。

第1章　各事業年度の所得に対する法人税

2　確定決算主義と税務調整
(1)　確定決算主義
　法人税法第2条第25号では、「損金経理とは、法人がその**確定した決算**において費用又は損失として経理することをいう。」と定義している。また、同法第22条第4項では、「別段の定めがあるものを除き、一般に公正妥当と認められる会計処理の基準に従って計算されるものとする。」と規定し、同法第74条（確定申告）第1項では「……その**確定した決算**に基づき次に掲げる事項を記載した申告書を提出しなければならない。」と規定するなど、法人税法は、いわゆる確定決算主義を採用している。
- ✓　**確定した決算**とは、会社法において、取締役は、計算書類（貸借対照表、損益計算書、株主資本等変動計算書、個別注記表）を定時株主総会に提出し承認を受けなければならない（会社法438②）とされていることから、その承認を受けた決算をいうと理解されている。
- ✓　損金のうち確定した決算において受理されたものを特に損金経理という。

【裁判例・裁決例】
・名古屋地判昭和40年2月27日（税資41号170頁）
　法人税法が納税申告につき、確定した決算……によるべきことを要求するのは申告の妥当性を確保するためである。

コラム　－確定した決算－

　税制調査会昭和38年12月「所得税法及び法人税法の整備に関する答申」71頁
　「法人税法では、課税所得の計算において、税法上、法人の選択の余地を認められている事項についての法人の最終的な意思表示は、申告書によってではなく、確定した決算により行われるべきである。」

---

(2)　税務調整
　イ　税務調整とは、企業会計上の当期利益又は当期欠損（以下、この(2)において「当期利益等」という。）に対する税務計算上の調整をいう。具体的には、損益計算書上の当期利益等の額を基にして、これに法人税法所定の加算されるべき金額（益金算入額と損金不算入額）を加算し、減算されるべき金額（損金算入額と益金不算入額）を減算して、所得の金額を算出するための調整をいう。
　ロ　税務調整には、**決算調整事項**（法人が確定した決算を行う際に調整する必要があるものをいう。）と**申告調整事項**（決算の際に調整する必要がなく申告の際に法人税申告書別表四において調整すればよいものをいう。）とがある。また、申告調整事項には、**任意的調整事項**（申告調整を行った場合にのみその計算が認められるものをいう。）と**必須的調整事項**（必ず申告調整をしなければならないものをいう。）がある。
- ✓　**決算調整事項**の主なものは次のとおり。

減算項目（損金経理を要件に損金算入）
・減価償却資産に係る償却費の損金算入（P68）
・資産の評価損の損金算入（P110）
・貸倒引当金繰入額の損金算入（P180）

【留意点】
・ 決算調整事項を決算に織り込むかどうかは、法人の任意であり、これを決算上で経理していない場合には、税務署長も損金の額に算入する更正決定をすることはできない。

✓ **任意的調整事項**と**必須的調整事項**の主なものは次のとおり。

任意的調整事項	必須的調整事項
・受取配当等の益金不算入（P38） ・所得税額控除（P298） ・試験研究を行った場合の法人税額の特別控除（P304）	・減価償却資産の償却超過額（P89） ・交際費等の損金不算入額（P208） ・青色申告に係る繰越欠損金の損金算入（P197）

【留意点】
・ 任意的調整事項を申告調整するかどうかは、法人の任意であり、これを税務署長は更正決定することはできない。
・ 必須的調整事項を申告調整していない場合又はその計算に不備がある場合には、これを税務署長は更正決定することとなる。

第3節　益金の額の計算

　法人税法上、資産の販売若しくは譲渡又は役務の提供（以下、「販売等」という。）に係る収益の額は、資産の販売等により当事者間でやりとりした対価の額ではなく、販売等をした資産の価額（すなわち時価）をもって認識すべきとの考え方を原則とする。このことは法人税法の各規定、具体的には、法人税法第22条第2項において資産の無償による譲渡に係る収益の額が益金の額となるとされていることや、同法第37条において寄附金の額を譲渡資産の譲渡の時の価額で算定するとされていることからも明らかである。

1　益金の額の計算

　法人税法第22条第2項では、「……各事業年度の所得の金額の計算上、当該事業年度の益金の額に算入すべき金額は、別段の定めがあるものを除き、資産の販売（下記(1)）、有償又は無償による資産の譲渡又は役務の提供（下記(2)(3)）、無償による資産の譲受け（下記(4)）その他の取引で資本等取引以外のものに係る当該事業年度の収益の額とする。」と規定している。

第1章　各事業年度の所得に対する法人税

　このように、益金とは、資本等取引以外の取引（下記(5)）に係る収益をいうところ、取引の例示として、資産の販売、資産の譲渡又は役務の提供、資産の譲受けが挙げられていることから、法人税法上の益金は外部から流入する経済的価値を意味すると理解されている。

　また、同規定は、資本等取引以外の取引に係る収益の額とされているのみで、その取引について種類や範囲を限定していないことから、次の①～④に掲げる区分に関わらず全ての収益が益金を構成することとなる。

① 　営業取引によるものか営業外取引によるものか
② 　合法的なものか不法なものか
③ 　有効なものか無効なものか
④ 　経常的なものか付随的・臨時的なものか

【裁判例・裁決例】
・最判昭和43年10月17日（集民92号607頁）
　横領によって法人が損害を被った場合、その右損害を生じた事業年度における損金を構成するとともに、横領者に対して法人がその被った損害に相当する金額の損害賠償請求権を取得し、それが法人の資産を増加させたものとして、同じ事業年度における益金を構成する。

(1) 資産の販売

　棚卸資産の販売を主に意味すると考えられ、企業会計における売上高に相当するものである。この「資産の販売」も本来であれば、次の「資産の譲渡」に含まれる概念であるが、固定資産のキャピタルゲインと区別するために設けられたものといわれている。

【参考】資産の販売
　棚卸資産の販売としないで単に資産の販売としたのは、法人税法においては、「棚卸資産」に対しての特別の定義を置いており、この定義のなかには商品有価証券が含まれていないので、これらの販売益が除外されないように配慮したものと思われる（渡辺淑夫著「法人税法〔令和4年度版〕」P146（2022.10・中央経済社））。

(2) 有償による資産の譲渡又は役務の提供

　固定資産、有価証券、暗号資産などの資産の譲渡である。固定資産の譲渡の典型的なものは、固定資産としての土地、建物の譲渡である。また、建設工事や運送、通信等の請負、不動産売買の仲介あっせん、金銭、建物の貸付けなどが役務の提供に該当する。

(3) 無償による資産の譲渡又は役務の提供

　イ　無償取引
　　無償取引は、表面上、自己が有する資産の減少を生じさせ、新たな資産の増加をさせているわけではないが、その無償取引を課税対象としている趣旨は、無償譲渡の対象となった資産が値上がり益を含む譲渡時における適正な価額に相当す

る経済的価値を有していることに着目し、法人の支配を離れることを契機として内在する資産価値の存在とその価額を確定し、これを清算するものと考えられる。

　このような趣旨の下、資産の無償譲渡があった場合には、法人が自己が有する資産を時価で譲渡し、これによって受け取った金銭を直ちに相手方へ贈与したことと経済的効果は変わらないので、その資産の時価に相当する譲渡収益を認識し、益金の額に算入するものである。

　このように、法人税法が無償による資産の譲渡又は役務の提供によって生ずる収益の額を益金の額に算入する根拠は、法人が他の者と取引を行う場合、全て資産は時価によって取引されるものとして課税するという税務の原則的な考え方に基づくものである。

　この点、法人税法第22条の2第6項において、無償による資産の譲渡に係る収益の額は、金銭以外の資産による利益又は剰余金の分配及び残余財産の分配又は引渡しその他これらに類する行為としての資産の譲渡に係る収益の額を含むものとすることが明確化されている。

ロ　低額譲渡

　低額譲渡とは、譲渡時における適正な価額よりも低い価額で資産を譲渡することをいい、法人税法第22条第2項にいう有償による資産の譲渡に当たることを理由に現実に収受した対価のみを収益として認識することとすれば、無償譲渡の場合との間の公平を欠くことになる。低額譲渡の場合にも、その資産には譲渡時における適正な価額に相当する経済的価値が認められるのであって、上記イの趣旨からして、益金の額に算入すべき収益の額には、その資産の譲渡の対価の額のほか、これと資産の譲渡時における適正な価額との差額も含まれる（最判平成7年12月19日（民集49巻10号3121頁を参照））。

【裁判例・裁決例】
・最判平成7年12月19日（民集49巻10号3121頁）

(4)　無償による資産の譲受け

　無償で資産を譲り受けた場合には、全て収益として益金の額に算入する。例えば、私財提供益、国庫補助金、工事負担金などの収入がこれに該当する。

(5)　資本等取引以外の取引

　資本等取引以外の取引、すなわち、上記(1)から(4)までの収益以外のその他の取引に係る収益には、評価益や債務免除益のほか、引当金・準備金、圧縮記帳のための特別勘定の戻入益などが該当する。

第1章 各事業年度の所得に対する法人税

> **コラム** －「取引」の意義－
>
> 「取引」の意義については、「資産、負債及び資本の増減及び収益、費用・損失などの原因となる事項」である「簿記上の取引」を基本としつつ、法人税法第22条第2項が無償取引からも収益が生じることを規定しているという限りにおいて、企業会計における「取引」概念よりも広い税法独特の内容を持つ概念であると解するのが同法の立法担当者の見解であり…（武田昌輔「課税所得の基本問題（中）－法人税法22条を中心として－」判時952号4頁）

2 収益の額
(1) 概要

売上高についての会計ルールは、企業会計原則の損益計算書原則に、「売上高は、実現主義の原則に従い、商品等の販売又は役務の給付によって実現したものに限る。」とされていただけで、収益認識に関する包括的な会計基準はなかったが、平成30年3月30日に企業会計基準第29号「収益認識に関する会計基準」及び企業会計基準適用指針第30号「収益認識に関する会計基準の適用指針」が公表された。

法人税法においては、この収益認識に関する会計基準の導入を契機として、従来の「実現」や権利の「確定」といった考え方及び収益認識に関する会計基準における考え方との整合性も考慮し収益の計上時期（下記(3)）について通則的な規定が設けられるとともに、収益認識に関する会計基準のうち対価の回収可能性や返品の可能性を法人税の所得の金額の計算における収益の額の算定上考慮することを排除するため、収益の計上額（下記(4)）として益金の額に算入する金額に関する通則的な規定が設けられた。

> **コラム** －収益認識に関する会計基準における収益の認識時期－
>
> 収益認識に関する会計基準における収益の認識時期である「履行義務を充足した時に又は充足するにつれて」については、顧客が資産に対する法的所有権を有していることや企業が資産の物理的占有を移転したこと等を考慮することとされている。

(2) 収益の計上単位
イ 通則

資産の販売若しくは譲渡又は役務の提供（以下「**資産の販売等**」という。）に係る収益の額は、原則として個々の契約ごとに計上する。ただし、下記の(イ)又は(ロ)に掲げる場合に該当するときは、それぞれ下記に定めるところにより区分した単位ごとにその収益の額を計上することができる（基通2－1－1）。

第3節　益金の額の計算

(イ) 同一の相手方及びこれとの間に支配関係その他これに準ずる関係のある者と同時期に締結した複数の契約について、その複数の契約において約束した資産の販売等を組み合わせて初めて単一の**履行義務**となる場合
　→　その複数の契約による資産の販売等の組合せ

【イメージ】

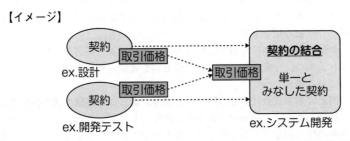

〔出所〕国税庁資料

(ロ) 一の契約の中に複数の履行義務が含まれている場合
　→　それぞれの履行義務に係る資産の販売

【イメージ】

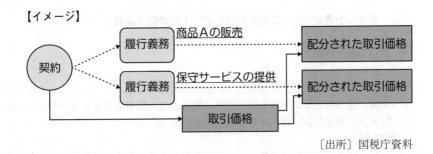

〔出所〕国税庁資料

✓　**資産の販売等**は、平成30年3月30日付企業会計基準第29号「収益認識に関する会計基準」(以下「収益認識基準」という。)の適用対象となる取引に限る。
✓　**履行義務**とは、収益認識基準第7項に定める履行義務をいう。具体的には、顧客との契約において、次のA又はBのいずれかを顧客に移転する約束をいう。
　A　別個の財又はサービス(あるいは別個の財又はサービスの束)
　B　一連の別個の財又はサービス(特性が実質的に同じであり、顧客への移転のパターンが同じである複数の財又はサービス)

ロ　具体的取扱い
(イ) 機械設備等の販売に伴い据付工事を行った場合の収益の計上の単位
　機械設備等の販売をしたことに伴いその据付工事を行った場合において、その据付工事が相当の規模のものであり、かつ、契約その他に基づいて機械設備

第1章　各事業年度の所得に対する法人税

　　　　等の販売に係る対価の額とその据付工事に係る対価の額とを合理的に区分することができるときは、その区分した単位ごとにその収益の額を計上することができる（基通2−1−1の2）。
　　(ロ)　技術役務の提供に係る収益の計上の単位
　　　　設計、作業の指揮監督、技術指導その他の技術役務の提供について次に掲げるような事実がある場合には、次の期間又は作業に係る部分に区分した単位ごとにその収益の額を計上する（基通2−1−1の5）。
　　　A　報酬の額が現地に派遣する技術者等の数及び滞在期間の日数等により算定され、かつ、一定の期間ごとにその金額を確定させて支払を受けることとなっている場合
　　　B　例えば基本設計に係る報酬の額と部分設計に係る報酬の額が区分されている場合のように、報酬の額が作業の段階ごとに区分され、かつ、それぞれの段階の作業が完了する都度その金額を確定させて支払を受けることとなっている場合

　◆関連通達◆
　・資産の販売等に伴い保証を行った場合の収益の計上の単位（基通2−1−1の3）
　・ポイント等を付与した場合の収益の計上の単位（基通2−1−1の7）

(3)　収益の計上時期
　イ　原則
　　　資産の販売等に係る収益の額は、別段の定めがあるものを除き、その資産の販売等に係る目的物の引渡し又は役務の提供の日の属する事業年度の所得の金額の計算上、益金の額に算入する（法22の2①）。
【留意点】
・法人税法第22条の2の規定は、平成30年改正前の公正処理基準（これを補完する通達・判例）における取扱いを明確化したものであり、収益計上に関する会計基準を適用しない場合の収益計上時期を従来と変更するものではない。
・引渡しの日には複数の収益計上時期がありうるところ、引渡しの日の中で法人が選択した収益計上時期の基準は継続して処理することが求められる。
　ロ　例外（一般に公正妥当と認められる会計処理の基準に従って収益経理した場合）
　　　従来の取扱いを踏まえ、資産の販売等に係る収益の額につき一般に公正妥当と認められる会計処理の基準に従ってその資産の販売等に係る契約の効力が生ずる日その他の上記イの日に**近接する日**の属する事業年度の確定した決算において収益として経理した場合には、上記イにかかわらず、その資産の販売等に係る収益の額は、別段の定め（法22④を除く。P292）があるものを除き、その事業年度の所得の金額の計算上、益金の額に算入する（法22の2②）。
　　　✓　**近接する日**とは、資産の販売等に係る契約の効力が生ずる日のほか、委託販

第3節　益金の額の計算

売における仕切精算書到達日や電気等における検針日などが考えられる。

【イメージ】

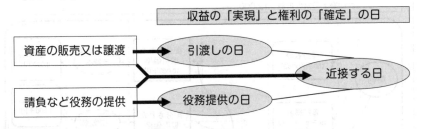

【留意点】
・　引渡しの日ではなくても、公正処理基準に従い引渡しの日に近接する日を収益計上時期としている場合には、その近接する日において収益計上することが認められる（申告調整で行うことも可能。）。その近接する日を収益計上時期の基準としている場合、継続して処理することが求められる。
・　収益計上時期に誤りがある取引については、全て引渡しの日に是正するわけではなく、公正処理基準に従い近接する日を収益計上時期の基準として継続して処理している場合には、その近接する日に是正することとなる。

> **コラム** －収益認識に関する会計基準「基本原則」－
>
> 　収益認識基準及び収益認識基準適用指針の基本となる原則は、約束した財やサービスの顧客への移転を当該財やサービスと交換に企業が権利を得ると見込む対価の額で描写するように、収益を認識することであるとされている。基本となる原則に従って収益を認識するために、次の5つのステップを適用することとされている。
>
> 　ステップ1：顧客との契約を識別する。
> 　ステップ2：契約における履行義務を識別する。
> 　ステップ3：取引価格を算定する。
> 　ステップ4：契約における履行義務に取引価格を配分する。
> 　ステップ5：履行義務を充足した時に又は充足するにつれて収益を認識する。

第1章 各事業年度の所得に対する法人税

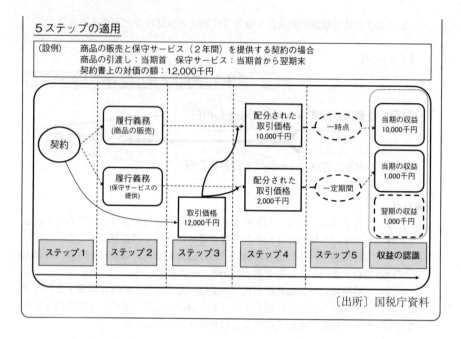

〔出所〕国税庁資料

ハ　例外（申告調整した場合）

　資産の販売等を行った場合において、その資産の販売等に係る上記ロの近接する日の属する事業年度の確定申告書にその資産の販売等に係る収益の額の益金算入に関する申告の記載があるときは、その額につきその事業年度の確定した決算において収益として経理したものとみなして **CHECK** 、上記ロを適用する（法22の2③）。

> **CHECK** －「収益として経理したものとみなす」とは－
>
> 　上記ハによってみなされるのは「収益として経理したこと」のみであり、その申告調整による収益認識日が一般に公正妥当と認められる会計処理に従った収益認識日であることとはみなされない。そうすると、収益認識日が一般に公正妥当と認められる会計処理に従った場合の収益認識日である必要がある。

【留意点】
・　法人税法第22条の2第3項は、同条第2項における収益経理をしていない場合であっても、当初申告における申告調整により近接する日による収益計上をすることを認めるというものであって、恣意的な申告調整を認めるものではない。
・　上記イ又はロによる収益認識日に収益計上している場合には、申告調整により

第 3 節　益金の額の計算

収益認識日を他の日に変更することはできない。

【裁判例・裁決例】
・最判平成 5 年11月25日（民集47巻 9 号278頁）
　ある収益をどの事業年度に計上すべきかは、一般に公正妥当と認められる会計処理の基準に従うべきであり、これによれば、収益は、その実現があった時、すなわち、その収入すべき権利が確定したときの属する年度の益金に計上すべきものと考えられる。

(4)　収益の計上額
　イ　原則
　　資産の販売等に係る収益の額としてその事業年度の所得の金額の計算上益金の額に算入する金額は、別段の定め（法22④を除く。P292）があるものを除き、その販売若しくは譲渡をした資産の引渡しの時における価額又はその提供をした役務につき通常得べき対価の額に相当する金額 CHECK とする（法22の 2 ④）。

> **CHECK**　－「価額」又は「通常得べき対価の額」とは－
> 　「価額」又は「通常得べき対価の額」は、一般的に第三者間で取引されたとした場合に通常付される価額のことをいう。
> 　また、「価額」又は「通常得べき対価の額」は、幅がある概念であるから、第三者間の取引であれば、変動対価を考慮しない価額、すなわち、契約上の対価の額も「価額」又は「通常得べき対価の額」に該当する。

　ロ　例外（貸倒れ又は買戻しの可能性がある場合）
　　上記イの引渡しの時における価額又は通常得べき対価の額は、資産の販売等につき次に掲げる事実が生ずる可能性がある場合においても、その可能性がないものとした場合における価額とする（法22の 2 ⑤）。
　(イ)　その資産の販売等の対価の額に係る金銭債権の貸倒れ
　(ロ)　その資産の販売等（販売又は譲渡に限る。）に係る資産の買戻し
　　【留意点】
　　・　値引き及び割戻しについては、客観的に見積もられた金額を対価の額から控除した金額についても、「引渡し時における価額」又は「通常得べき対価の額」に該当する。

(5)　現物分配（資本等取引との関係）
　無償による資産の譲渡に係る収益の額は、金銭以外の資産による利益又は剰余金の分配及び残余財産の分配又は引渡しその他これらに類する行為としての資産の譲渡に係る収益の額を含むものとする（法22の 2 ⑥）。

第1章　各事業年度の所得に対する法人税

【イメージ】

```
利益又は剰余金の分配及び残余財産の分配又は引渡し
                    ＝資本等取引（法22⑤）

   金銭以外の資産による
   利益又は剰余金の分配及び残余財産の分配
   又は引渡し　二面性　資産の流出＝資本等取引
                  ↓
                  → 資産の譲渡＝収益の額が発生
```

(6) 修正の経理

イ　原則

　　資産の販売等に係る収益の額につき、一般に公正妥当と認められる会計処理の基準に従って、上記(3)のイ又はロの日の属する事業年度（以下「引渡し等事業年度」という。）後の事業年度の確定した決算において修正の経理 **CHECK** をした場合において、その資産の販売等に係る収益の額につき上記(3)のイ又はロによりその引渡し等事業年度の所得の金額の計算上益金の額に算入された金額（以下、このイ及び次のロにおいて「当初益金算入額」という。）にその修正の経理により増加した収益の額を加算し、又はその当初益金算入額からその修正の経理により減少した収益の額を控除した金額が、資産の販売等に係る上記(4)のイの価額又は対価の額に相当するときは、その修正の経理により増加し、又は減少した収益の額に相当する金額は、その修正の経理をした事業年度の益金の額又は損金の額に算入する（令18の2①）。

> **CHECK**　－修正の経理（単なる収益の計上漏れ）－
>
> 　単なる収益の計上漏れの修正は、一般に公正妥当と認められる会計基準に従った修正の経理には該当しない。
>
> 【裁判例・裁決例】
> ・東京地判平成27年9月25日（税資265号-142順号12725）
> 　単なる計上漏れのように、本来の事業年度で計上すべきであった損益を、後の事業年度において、前期損益修正として計算するような処理を公正処理基準に該当するものとして認めることはできないといわざるを得ない。

【留意点】
・　当初申告において上記(3)イ又はロにより益金の額に算入されていることを要件とはしていないので、引渡し等事業年度の修正申告又は更正により資産の販売等

第3節　益金の額の計算

に係る収益の額が益金の額に算入され、又は当初益金算入額が修正され、引渡し等事業年度後の事業年度において修正の経理をした場合においてこのイの適用がある。
　ロ　例外（申告調整をした場合）
　　資産の販売等を行った場合において、その資産の販売等に係る収益の額につき引渡し等事業年度後の事業年度の確定申告書にその資産の販売等に係る当初益金算入額を増加させ、又は減少させる金額の申告の記載があるときは、その増加させ、又は減少させる金額につき、その事業年度の確定した決算において修正の経理をしたものとみなして、上記イを適用する（令18の2②）。
　ハ　例外（上記イ及びロの適用がない場合）
　　資産の販売等に係る収益の額につき引渡し等事業年度の確定した決算において収益として経理した場合（引渡し等事業年度の確定申告書にその資産の販売等に係る収益の額の益金算入に関する申告の記載がある場合を含む。）で、かつ、その収益として経理した金額（申告の記載がある場合のその記載した金額を含む。）が上記(3)のイ又はロによりその引渡し等事業年度の所得の金額の計算上益金の額に算入された場合において、引渡し等事業年度終了の日後に生じた事情により、その資産の販売等に係る上記(4)のイの価額又は対価の額（以下このハにおいて「収益基礎額」という。）が変動したとき（その変動したことによりその収益の額につき修正の経理（上記ロにより修正の経理をしたものとみなされる場合における同ロの申告の記載を含む。以下このハにおいて同じ。）をした場合において、その修正の経理につき上記イの適用があるときを除く。）は、その変動により増加し、又は減少した収益基礎額は、その変動することが確定した事業年度の益金の額又は損金の額に算入する（令18の2③）。

(7)　その他
　イ　会計基準の導入に伴う法人税基本通達の整備
　　収益認識に関する会計基準における履行義務の充足により収益を認識するという考え方は、法人税法上の実現主義又は権利確定主義の考え方と齟齬をきたすものではないので、法人税基本通達には、原則として収益認識に関する会計基準の考え方が取り込まれている。他方、収益認識に関する会計基準においても、過度に保守的な会計処理や恣意的な見積もりが可能な会計処理については、公平な所得計算の観点から問題があるため、税独自の取扱いが定められている。
　ロ　消費税との関係
　　消費税は、事業者が行う課税資産の譲渡等の取引を課税対象としており、売り手側の課税資産の譲渡等は、買い手側の課税仕入れとなる。このため、原則として、法令等に規定する一定の取引や、例えば、資産の譲渡における棚卸資産の引渡しの日について、売り手側は出荷基準、買い手側は検収基準を採用しているなどの場合以外は、売り手側の課税資産の譲渡等に係る対価の額や時期とこれに対応する買い手側の課税仕入れに係る対価の額や時期が異なることにはならない。

第1章　各事業年度の所得に対する法人税

ハ　中小企業の取扱い
中小企業については、引き続き、従前の企業会計原則等に則った会計処理も認められることから、従前の取扱いによることも可能とされている。

3　受取配当

受取配当等の益金不算入制度が設けられた趣旨は、受取配当は、配当を支払う法人の段階において法人税を課税し、更に受け取った法人の段階で収益に計上され再び課税するといった二重課税を排除するためとされている。

(1) 概要

内国法人が次のイからハに掲げる金額（以下この **3** において「配当等の額」という。）を受けるときは、次表の株式等の区分により、それぞれの配当等の額に応じた金額は、各事業年度の益金の額に算入しない（法23）。

イ　剰余金の配当（株式等に係るものに限るものとし、資本剰余金の額の減少に伴うもの並びに分割型分割によるもの及び株式分配を除く。）若しくは利益の配当（分割型分割によるもの及び株式分配を除く。）又は剰余金の分配（出資に係るものに限る。）の額（外国法人若しくは公益法人等又は人格のない社団等から受けるもの及び適格現物分配に係るものを除く。）

ロ　投資信託及び投資法人に関する法律第137条《金銭の分配》の金銭の分配（出資総額等の減少に伴う金銭の分配として一定のもの（以下、次の **4** みなし配当において「出資等減少分配」という。）を除く。）の額

ハ　資産の流動化に関する法律第115条第1項《中間配当》に規定する金銭の分配の額

〔益金不算入となる株式等の区分と益金不算入額〕

株式等の区分	益金不算入額
完全子法人株式等 （株式等保有割合100％）	完全子法人株式等に係る配当等の額 ×100％
関連法人株式等 （株式等保有割合1/3超）	(関連法人株式等に係る配当等の額 － 関連法人株式等に係る負債利子額（下記(2)）) ×100％
その他の株式等	その他の株式等に係る配当等の額 ×50％
非支配目的株式等 （株式等保有割合5％以下）	非支配目的株式等に係る配当等の額 ×20％

第 3 節　益金の額の計算

◆関連通達◆
・完全子法人株式等に係る配当等の額（基通 3 － 1 － 9 ）
　法人が、株式又は出資の全部を直接又は間接に保有していない他の法人（内国法人に限る。）から配当等の額（法人税法第23条第 1 項《受取配当等の益金不算入》に規定する配当等の額をいう。）を受けた場合において、その法人と他の法人とが同一の100％グループに属している法人であるときには、その配当等の額は法人税法第23条第 5 項に規定する完全子法人株式等に係る配当等の額に該当する。

【留意点】
・　受取配当等の益金不算入制度は、確定申告書、修正申告書又は更正請求書に益金不算入の配当等の額及びその計算に関する明細を記載した書類（法人税別表 8 (1)）の添付がある場合に限り、適用する（法23⑦）。したがって、当初申告での記載を要件としていない。

(2)　関連法人株式等に係る負債利子控除額
　上記表のとおり、関連法人株式等については、その事業年度において支払う負債の利子の額がある場合には、関連法人株式等に係る配当等の額から次の原則計算又は特例計算により計算した金額（負債利子控除額）を控除する。

　イ　原則計算
　　関連法人株式等に係る配当等の額から控除する負債利子等の額は、その配当等の額の 4 ％相当額となる（法23①、令19①）。

| 関連法人株式等に係る負債利子控除額 | ＝ | 関連法人株式等に係る配当等の額の 4 ％相当額 |

　ロ　特例計算
　　上記の原則計算にかかわらず、次の［前提］に該当する場合には、次の〔算式〕に基づき計算された金額が、関連法人株式等に係る負債利子控除額となる（令19②）。

［前提］

| その**適用事業年度**に係る**支払利子等の額**の合計額の10％相当額（同項一） | ≦ | 関連法人株式等に係る配当等の額の合計額の 4 ％相当額（同項二） |

第1章　各事業年度の所得に対する法人税

〔算式〕

$$\text{その適用事業年度に係る支払利子等の額の合計額の10％相当額} \times \frac{\text{その配当等の額}}{\text{適用事業年度において受ける関連法人株式等に係る配当等の額の合計額}}$$

- ✓ **適用事業年度**とは、関連法人株式等について受取配当等の益金不算入（法23①）の適用を受ける事業年度をいう。
- ✓ **支払利子等の額**とは、法人が支払う負債の利子又は手形の割引料、金銭債務の償還差損益その他経済的な性質が利子に準ずるものの額をいう（令19②③）。

(3) 短期保有株式等の不適用

受取配当等の益金不算入制度は、内国法人がその受ける配当等の額（法人税法第24条第1項の規定により、その内国法人が受ける配当等の額とみなされる金額を除く。以下この(3)において同じ。）の元本である株式等をその配当等の額に係る基準日等（次のイからハに掲げる配当等の額の区分に応じそれぞれに定める日をいう。以下この(3)において同じ。）以前1月以内に取得し、かつ、その株式等又はその株式等と銘柄を同じくする株式等を基準日等後2月以内に譲渡した場合におけるその譲渡した株式等のうち一定の配当等の額については、適用しない（法23②、令20）。

　イ　株式会社がする(1)のイに規定する剰余金の配当でその剰余金の配当を受ける者を定めるための会社法第124条第1項《基準日》に規定する基準日（以下この(3)において「基準日」という。）の定めがあるものの額　その基準日

　ロ　株式会社以外の法人がする剰余金の配当若しくは利益の配当若しくは剰余金の分配（上記(1)イ）、金銭の分配（上記(1)ロ）又は金銭の分配（上記(1)ハ）（以下このロ及びハにおいて「配当等」という。）で、その配当等を受ける者を定めるための基準日に準ずる日の定めがあるものの額　同日

　ハ　配当等でその配当等を受ける者を定めるための基準日又は基準日に準ずる日の定めがないものの額　その配当等がその効力を生ずる日（その効力を生ずる日の定めがない場合には、その配当等がされる日）の額

(4) 自己株式の取得が予定された株式等の不適用

受取配当等の益金不算入制度は、内国法人がその受ける配当等（発行法人による自己株式の取得により、その法人が受ける配当等の額とみなされる金額に限る。）の元本である株式等で、その配当等の額の生ずる基因となる法人税法第24条第1項第5号に掲げる事由（自己株式の取得）が生ずることが予定されているもの**CHECK**の取得をした場合におけるその取得をした株式等に係る配当等の額でその予定されている事由に基因するものについては、適用しない（法23③）。

> **CHECK** －自己株式等の取得が予定されている株式等－
>
> 「自己株式等の取得が予定されている株式等」とは、法人が取得する株式等のうち、その株式等の取得時において、発行法人が自己株式等として取得することが具体的に予定されているものをいう。したがって、例えば、上場会社等が自己の株式の公開買付けを行う場合における公開買付期間中に、法人が取得したその上場会社等の株式がこれに該当することになる。また、この受取配当等の益金不算入規定の不適用措置は、その予定されていた事由に基因する配当等の額に限って適用されることから(法23③)、例えば、法人が、公開買付けを行っている会社の株式をその公開買付期間中に取得した場合において、その公開買付けによる買付けが行われなかったときには、その後に株式を発行法人に譲渡したことによりみなし配当を受けたとしても、そのみなし配当の額については、受取配当等の益金不算入の規定の適用があることとなる。
>
> ◆関連通達◆
> ・自己株式等の取得が予定されている株式等(基通3-1-8)

【留意点】
・「自己株式等の取得が予定されている株式等」に該当するものとして、上場会社等が合併等を行う旨を公告した後、株式買取請求を行うことができる期間(例えば、吸収合併の場合には、吸収合併の効力発生日の前日までの期間)に法人が取得した買取請求の対象となるその上場会社等の株式が考えられる。
・「自己株式等の取得が予定されている株式等」に該当しないものとして、取得請求権付株式(会社法2十八)や取得条項付株式(同法2十九)が考えられる。これらの株式は、発行法人に自己株式として取得される可能性があるものの、単に取得請求権や取得条項が付されていることのみをもって自己株式の取得が具体的に予定されているとまではいえない。

(5) **外国子会社から受ける配当等の益金不算入**
　内国法人が**外国子会社**から受ける剰余金の配当等の額がある場合には、その剰余金の配当等の額からその剰余金の配当等の額の5％を控除した金額は、各事業年度の益金の額に算入しない(法23の2)。
✓ **外国子会社**とは、その内国法人が保有しているその株式等の数又は金額がその発行済株式等の総数又は総額の25％以上に相当する数又は金額となっていることその他一定の要件を備えている外国法人をいう。

4 みなし配当

　みなし配当は、本来の剰余金や利益の配当等ではないが、法人税法の規定の適用に当たっては、その経済的実質を考慮し、本来の剰余金や利益の配当等とみなすこと

第1章　各事業年度の所得に対する法人税

されている。

(1) 概要

　法人（公益法人等及び人格のない社団等を除く。以下この**4**において同じ。）の株主等である内国法人がその法人の次に掲げる事由により金銭その他の資産の交付を受けた場合において、その金銭の額及び金銭以外の資産の価額の合計額がその法人の資本金等の額のうちその交付の基因となった法人の株式又は出資に対応する部分の金額を超えるときは、その超える部分の金額は、上記3(1)のイ又はロに掲げる金額とみなす（法24①）。

　イ　合併（適格合併を除く。）
　ロ　分割型分割（適格分割型分割を除く。）
　ハ　株式分配（適格株式分配を除く。）
　ニ　資本の払戻し（剰余金の配当（資本剰余金の額の減少に伴うものに限る。）のうち分割型分割によるもの及び株式分配以外のもの並びに出資等減少分配（上記3(1)ロをいう。）又は解散による残余財産の分配
　ホ　自己の株式又は出資の取得（金融商品取引法第2条第16項《定義》に規定する金融商品取引所の開設する市場における購入による取得その他一定の取得及び有価証券の譲渡益又は譲渡損の益金又は損金算入（法61の2⑭一～三）に掲げる株式又は出資の同項に規定する場合に該当する場合における取得を除く。）
　ヘ　出資の消却（取得した出資について行うものを除く。）、出資の払戻し、社員その他法人の出資者の退社又は脱退による持分の払戻しその他**株式又は出資をその発行した法人が取得することなく消滅させること**。
　　✓　株式又は出資をその発行した法人が取得することなく消滅させることは株式会社では想定されないが、外国法人等では想定される事象であり、バスケット・クローズ（包括条項）として設けられたといえよう。
　ト　組織変更（その組織変更に際して組織変更をした法人の株式又は出資以外の資産を交付したものに限る。）

【イメージ】みなし配当と譲渡損益との関係

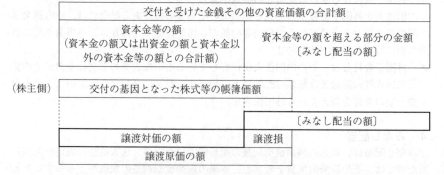

第3節　益金の額の計算

> **コラム**　－資本の払戻し「資本剰余金と利益剰余金の双方を原資とする剰余金の配当」－

最高裁判所令和3年3月11日判決を踏まえた利益剰余金と資本剰余金の双方を原資として行われた剰余金の配当の取扱いについて

1　最高裁判所令和3年3月11日判決について

　最高裁判所令和3年3月11日判決（以下「本件判決」といいます。）において、利益剰余金と資本剰余金の双方を原資として行われた剰余金の配当（以下「混合配当」といいます。）が行われた場合における「株式又は出資に対応する部分の金額」の計算方法の規定について、次のとおり、一定の限度において、違法なものとして無効である旨判示されました。

【本件判決の概要】
　混合配当は、その全体が法人税法（平成27年法律第9号による改正前のもの。）24条1項3号（注：現行の法人税法24条1項4号）に規定する資本の払戻しに該当するものというべきである。
　株式対応部分金額の計算方法について定める法人税法施行令（平成26年政令第138号による改正前のもの。）23条1項3号（注：現行の法人税法施行令23条1項4号）の規定のうち、資本の払戻しがされた場合の直前払戻等対応資本金額等の計算方法を定める部分は、混合配当につき、減少資本剰余金額を超える直前払戻等対応資本金額等が算出される結果となる限度において、法人税法の趣旨に適合するものではなく、同法の委任の範囲を逸脱した違法なものとして無効というべきである。

2　本件判決を踏まえた今後の取扱い等

(1)　本件判決では、上記1のとおり、混合配当に係る株式対応部分金額の計算方法につき、減少資本剰余金額を超える直前払戻等対応資本金額等が算出される結果となる限度において、違法なものとして無効である旨判示されていることから、現行の法人税法施行令23条1項4号及び同様の規定である所得税法施行令61条2項4号について、本件判決に従い、混合配当があった場合に算出される直前払戻等対応資本金額等につき減少資本剰余金額を上限として取り扱います。
(2)　上記(1)の取扱いは、過去に遡って適用されますので、上記(1)の取扱いにより直前払戻等対応資本金額等の再計算を行った結果、過去に行った申告内容等に異動が生じた株主等について、納付税額等が過大となる場合には、国税通則法の規定に基づき所轄の税務署に更正の請求を行うことができます。

第1章　各事業年度の所得に対する法人税

> 　更正の請求をする場合には、上記の申告内容等の異動事項が分かる書類を併せてご提出ください。
> 　なお、法定申告期限等から5年を経過している法人税又は所得税については、法令上、減額更正を行うことはできないこととされていますので、ご注意ください。
>
> 〔出所〕国税庁資料

(2) みなし配当と抱合株式

　合併法人が抱合株式（その合併法人が合併の直前に有していた被合併法人の株式（出資を含む。以下この(2)において同じ。）又は被合併法人がその合併の直前に有していた他の被合併法人の株式をいう。）に対しその合併による株式その他の資産の交付をしなかった場合においても、**一定の基準**により、合併法人が株式その他の資産の交付を受けたものとみなして、上記(1)を適用する（法24②）。

- ✓ **一定の基準**とは、合併に係る被合併法人の他の株主等がその有していた被合併法人の株式に対して合併法人の株式その他の資産の交付を受けた基準と同一の基準をいう（令23⑤）。

5　資産の評価益

　資産の評価益については、原則として益金の額に算入しない（法25①）。ただし、会社更生法等（会社更生法又は金融機関等の更生手続の特例等に関する法律をいう。）の規定による更生計画認可の決定があったこと等一定の事実が生じた場合において、内国法人がその資産の評価換えをしてその帳簿価額を増額したときは、その増額した部分の金額は、益金の額に算入する（法25②③、令24）。

6　受贈益

　内国法人が各事業年度においてその内国法人との間に完全支配関係（法人による完全支配関係に限る。）がある他の内国法人から受けた**受贈益の額**（法人税法第37条《寄附金の損金不算入》の規定の適用がないものとした場合に当該他の内国法人の各事業年度の所得の金額の計算上損金の額に算入される同条第7項に規定する寄附金の額に対応するものに限る。）は、各事業年度の益金の額に算入しない（法25の2①）。

　これは、グループ法人税制におけるグループ内部の取引については課税関係を生じさせないとする全体の整理の中の一つの取扱いとなる。

- ✓ **受贈益の額**は、寄附金、拠出金、見舞金その他いずれの名義をもってされるかを問わず、内国法人が金銭その他の資産又は経済的な利益の贈与又は無償の供与（広告宣伝及び見本品の費用その他これらに類する費用並びに交際費、接待費及び福利厚生費とされるべきものを除く。）を受けた場合におけるその金銭の額若しくは金銭以外の資産のその贈与又は無償の供与の時における価額又は経済的な利益のその供与の時における価額となる（同条②）。

【留意点】
- 内国法人が資産の譲渡又は経済的な利益の供与を受けた場合において、その譲渡又は供与の対価の額がその資産のその譲渡の時における価額又は経済的な利益のその供与の時における価額に比して低いときは、その対価の額とその価額との差額のうち実質的に贈与又は無償の供与を受けたと認められる金額は、上記の受贈益の額に含まれる（同条③）。

7 還付金等の益金不算入
(1) 益金不算入の還付金等の範囲
　内国法人が次に掲げるものの還付を受け、又はその還付を受けるべき金額を未納の国税若しくは地方税に充当される場合には、その還付を受け又は充当される金額は、益金の額に算入しない（法26①）。
- イ　法人税額等の損金不算入額（法38①②）
- ロ　不正行為等に係る費用等の損金不算入額（法55④）
- ハ　所得税額等の還付（法78）若しくは更正等による所得税額等の還付（法133）又は外国税額の還付（地方法人税法22）若しくは更正等による外国税額の還付（地方法人税法27の2）による還付金
- ニ　欠損金の繰戻しによる還付（法80）又は欠損金の繰戻しによる法人税の還付があった場合の還付（地方法人税法23）による還付金

(2) 外国子会社から受ける配当等に係る外国源泉税等の損金不算入額の減額
　内国法人が外国子会社から受ける配当等に係る外国源泉税等の損金不算入（法39の2）の規定により損金の額に算入されない源泉税等の額が減額された場合には、その減額された金額は、益金の額に算入しない（法26②）。

(3) 法人税額から控除する外国税額の損金不算入額の減額
　内国法人が納付することとなった外国法人税（法人税法第69条第1項《外国税額の控除》に規定する外国法人税をいう。以下この(3)において同じ。）の額につき同条第1項から第3項まで又は第18項（同条第24項において準用する場合を含む。）の規定の適用を受けた事業年度開始の日後7年以内に開始する内国法人の各事業年度において外国法人税の額が減額された場合には、その減額された金額のうち同条第1項に規定する控除対象外国法人税の額が減額された部分として一定の金額（益金の額に算入する額として一定の金額を除く。）は、益金の額に算入しない（法26③、令25、26）。

第4節　収益等の計上に関する通則

1 棚卸資産の販売に係る収益
(1) 通則
- イ　棚卸資産の販売に係る収益の額は、その棚卸資産の販売に係る目的物の引渡し

第1章　各事業年度の所得に対する法人税

の日の属する事業年度の益金の額に算入する（法22の2①）。
ロ　棚卸資産の販売に係る収益の額につき一般に公正妥当と認められる会計処理の基準に従ってその棚卸資産の販売に係る契約の効力が生ずる日その他の上記引渡しの日に近接する日の属する事業年度の確定した決算において収益として経理した場合には、その棚卸資産の販売に係る収益の額は、別段の定め（法22④を除く。P292）があるものを除き、その事業年度の益金の額に算入する（法22の2②）。

(2)　具体的取扱い
イ　棚卸資産の引渡しの日の判定

棚卸資産の販売に係る収益の額は、その引渡しがあった日の属する事業年度の益金の額に算入するのであるが、その引渡しの日がいつであるかについては、例えば出荷した日、船積みをした日、相手方に着荷した日、相手方が検収した日、相手方において使用収益ができることとなった日等その棚卸資産の種類及び性質、その販売に係る契約の内容等に応じその引渡しの日として合理的であると認められる日のうち法人が継続してその収益計上を行うこととしている日となる。この場合において、その棚卸資産が土地又は土地の上に存する権利であり、その引渡しの日がいつであるかが明らかでないときは、次に掲げる日のうちいずれか早い日にその引渡しがあったものとすることができる（基通2－1－2）。

(イ)　代金の相当部分（おおむね50％以上）を収受するに至った日
(ロ)　所有権移転登記の申請（その登記の申請に必要な書類の相手方への交付を含む。）をした日

ロ　委託販売に係る収益の帰属の時期

棚卸資産の委託販売に係る収益の額は、その委託品について受託者が販売をした日の属する事業年度の益金の額に算入する。ただし、その委託品についての売上計算書が売上の都度作成され送付されている場合において、法人が継続してその売上計算書の到達した日において収益計上を行っているときは、その到達した日は、その引渡しの日に近接する日に該当するものとして、上記(1)ロ（法22の2②）を適用する（基通2－1－3）。

(注)　受託者が週、旬、月を単位として一括して売上計算書を作成している場合においても、それが継続して行われているときは、「売上の都度作成され送付されている場合」に該当する。

ハ　検針日による収益の帰属の時期

ガス、水道、電気等の販売をする場合において、週、旬、月を単位とする規則的な検針に基づき料金の算定が行われ、法人が継続してその検針が行われた日において収益計上を行っているときは、その検針が行われた日は、その引渡しの日に近接する日に該当するものとして、上記(1)ロ（法22の2②）を適用する（基通2－1－4）。

第4節 収益等の計上に関する通則

2 固定資産の販売に係る収益
(1) 通則
イ 固定資産の販売に係る収益の額は、その固定資産の販売に係る目的物の引渡しがあった日の属する事業年度の益金の額に算入する（法22の2①）。

ロ 固定資産の販売に係る収益の額につき一般に公正妥当と認められる会計処理の基準に従ってその固定資産の販売に係る契約の効力が生ずる日その他の上記引渡しの日に近接する日の属する事業年度の確定した決算において収益として経理した場合には、その固定資産の販売に係る収益の額は、別段の定め（法22④を除く。P292）があるものを除き、その事業年度の益金の額に算入する（法22の2②）。

(2) 具体的取扱い
イ 固定資産の譲渡に係る収益の帰属の時期

固定資産の譲渡に係る収益の額は、別に定めるものを除き、その引渡しがあった日の属する事業年度の益金の額に算入する。ただし、その固定資産が土地、建物その他これらに類する資産である場合において、法人が固定資産の譲渡に関する契約の効力発生の日において収益計上を行っているときは、その効力発生の日は、その引渡しの日に近接する日に該当するものとして、上記(1)ロ（法22の2②）を適用する（基通2-1-14）。

(注) 本文の取扱いによる場合において、固定資産の引渡しの日がいつであるかについては、上記1(2)イ（基通2-1-2）による。

ロ 工業所有権等の譲渡に係る収益の帰属の時期

工業所有権等（特許権、実用新案権、意匠権及び商標権並びにこれらの権利に係る出願権及び実施権をいう。）の譲渡につき法人が次に掲げる日において収益計上を行っている場合には、次に掲げる日は、その引渡しの日に近接する日に該当するものとして、上記(1)ロ（法22の2②）を適用する（基通2-1-16）。

(イ) その譲渡に関する契約の効力発生の日

(ロ) その譲渡の効力が登録により生ずることとなっている場合におけるその登録の日

ハ 固定資産を譲渡担保に供した場合

法人が債務の弁済の担保としてその有する固定資産を譲渡した場合において、その契約書に次の全ての事項を明らかにし、自己の固定資産として経理しているときは、その譲渡はなかったものとして取り扱う。この場合において、その後その要件のいずれかを欠くに至ったとき又は債務不履行のためその弁済に充てられたときは、これらの事実の生じたときにおいて譲渡があったものとして取り扱う（基通2-1-18）。

(イ) その担保に係る固定資産を法人が従来どおり使用収益すること。

(ロ) 通常支払うと認められる債務に係る利子又はこれに相当する使用料の支払に関する定めがあること。

(注) 形式上買戻条件付譲渡又は再売買の予約とされているものであっても、上

第1章　各事業年度の所得に対する法人税

記のような条件を具備しているものは、譲渡担保に該当する。

【個別事例】
・契約書等の書面に記載の文言上は金銭債権が譲渡担保の目的物であっても、その譲渡が明らかに借入れのための担保の提供として認められる場合で、契約書に上記(イ)及び(ロ)の事項を明らかにし、その担保として提供した時点において譲渡がなかったものとして経理している場合には、上記本文（基通2－1－18）に準じてその譲渡はなかったものとして取り扱うことができる（〔出所〕国税庁質疑応答事例）。

◆関連通達◆
・共有地の分割（基通2－1－19）
・法律の規定に基づかない区画形質の変更に伴う土地の交換分合（基通2－1－20）
・道路の付替え（基通2－1－21）

3　役務の提供に係る収益
(1) 通則
イ　役務の提供に係る収益の額は、その役務の提供の日の属する事業年度の益金の額に算入する（法22の2①）。

ロ　役務の提供に係る収益の額につき一般に公正妥当と認められる会計処理の基準に従ってその役務の提供に係る契約の効力が生ずる日その他の上記役務の提供の日に近接する日の属する事業年度の確定した決算において収益として経理した場合には、その役務の提供に係る収益の額は、別段の定め（法22④を除く。P292）があるものを除き、その事業年度の益金の額に算入する（法22の2②）。

(2) 一般的な基準
イ　履行義務が一定の期間にわたり充足されるものに係る収益の帰属の時期

役務の提供のうちその履行義務が一定の期間にわたり充足されるもの **CHECK** については、その履行に着手した日から**引渡し等の日**までの期間において履行義務が充足されていくそれぞれの日が上記(1)イの役務の提供の日（法22の2①）に該当し、その収益の額は、その履行義務が充足されていくそれぞれの日の属する事業年度の益金の額に算入する（基通2－1－21の2）。

✓　この場合の**役務の提供**からは、法人税法第64条第1項《長期大規模工事の請負に係る収益及び費用の帰属事業年度》の規定の適用があるもの及び同条第2項《長期大規模工事以外の工事の請負に係る収益及び費用の帰属事業年度》の規定の適用を受けるものを除き、平成30年3月30日付企業会計基準第29号「収益認識に関する会計基準」（以下「収益認識基準」）の適用対象となる取引に限る。

✓　**引渡し等の日**とは、物の引渡しを要する取引にあってはその目的物の全部を完成して相手方に引き渡した日をいい、物の引渡しを要しない取引にあってはその約した役務の全部を完了した日をいう。

第4節　収益等の計上に関する通則

> **CHECK** －履行義務が一定の期間にわたり充足されるもの－
>
> 　次のいずれかを満たすものは履行義務が一定の期間にわたり充足されるものに該当する（基通2－1－21の4）。
> (イ)　取引における義務を履行するにつれて、相手方が便益を享受すること。
> (ロ)　取引における義務を履行することにより、資産が生じ、又は資産の価値が増加し、その資産が生じ、又は資産の価値が増加するにつれて、相手方がその資産を支配すること。
> (ハ)　次の要件のいずれも満たすこと。
> 　A　取引における義務を履行することにより、別の用途に転用することができない資産が生じること。
> 　B　取引における義務の履行を完了した部分について、対価の額を収受する強制力のある権利を有していること。

　ロ　履行義務が一時点で充足されるものに係る収益の帰属の時期
　　役務の提供のうち履行義務が一定の期間にわたり充足されるもの以外のもの（この3において「履行義務が一時点で充足されるもの」という。）については、その引渡し等の日が上記(1)イ（法22の2①）に該当し、その収益の額は、役務の提供（引渡し等）の日の属する事業年度の益金の額に算入する（基通2－1－21の3）。
　ハ　履行義務が一定の期間にわたり充足されるものに係る収益の額の算定の通則
　　履行義務が一定の期間にわたり充足されるものに係るその履行に着手した日の属する事業年度から引渡し等の日の属する事業年度の前事業年度までの各事業年度の所得の金額の計算上益金の額に算入する収益の額は、別に定めるものを除き、提供する役務につき通常得べき対価の額に相当する金額に各事業年度終了の時における履行義務の充足に係る進捗度を乗じて計算した金額から、その各事業年度前の各事業年度の収益の額とされた金額を控除した金額とする（基通2－1－21の5）。
　【留意点】
　・　上記の取扱いは、履行義務の充足に係る進捗度を合理的に見積もることができる場合に限り適用する。
　・　履行義務の充足に係る進捗度を合理的に見積もることができない場合においても、履行義務を充足する際に発生する原価の額を回収することが見込まれる場合には、履行義務の充足に係る進捗度を合理的に見積もることができることとなる時まで、履行義務を充足する際に発生する原価のうち回収することが見込まれる原価の額をもって収益の額とする（原価回収基準）。
　・　上記にかかわらず、履行に着手した後の初期段階において、**履行義務の充足に係る進捗度**を合理的に見積もることができない場合には、この進捗度を合理的に見積ることができるまでその収益の額を益金の額に算入しないことができ

第1章　各事業年度の所得に対する法人税

る（収益認識基準　適用指針第99項、172項）。
- ✓ **履行義務の充足に係る進捗度**とは、役務の提供に係る原価の額の合計額のうちにその役務の提供のために既に要した原材料費、労務費その他の経費の額の合計額の占める割合その他の履行義務の進捗の度合を示すものとして合理的と認められるものに基づいて計算した割合をいう（基通2－1－21の6）。

(3)　具体的取扱い

イ　請負に係る収益の帰属の時期

(イ)　請負（法人税法第64条第1項《長期大規模工事の請負に係る収益及び費用の帰属事業年度》の規定の適用があるもの及び同条第2項《長期大規模工事以外の工事の請負に係る収益及び費用の帰属事業年度》の規定の適用を受けるものを除く。以下、このイにおいて同じ。）については、別に定めるものを除き、上記(2)イ及びロ（基通2－1－21の2及び2－1－21の3）にかかわらず、その役務の提供（引渡し等）の日が上記(1)イ（法22の2①）に該当し、その収益の額は、原則として役務の提供（引渡し等）の日の属する事業年度の益金の額に算入する（基通2－1－21の7本文）。

(ロ)　その請負が上記(2)イ **CHECK** の(イ)から(ハ)（基通2－1－21の4(1)から(3)）までのいずれかを満たす場合において、その請負に係る履行義務が充足されていくそれぞれの日の属する事業年度において上記(2)ハ（基通2－1－21の5）に準じて算定される額を益金の額に算入することができる（基通2－1－21の7ただし書）。

【留意点】
- ・委任事務又は準委任事務の履行により得られる成果に対して報酬を支払うことを約している場合についても同様とする。
- ・部分完成の事実がある場合の収益の計上の単位（基通2－1－1の4）の取扱いを適用する場合には、その事業年度において引き渡した建設工事等の量又は完成した部分に対応する工事代金の額をその事業年度の益金の額に算入する。

ロ　建設工事等の引渡しの日の判定

上記イ(イ)の場合において、請負契約の内容が建設工事等を行うことを目的とするものであるときは、その建設工事等の引渡しの日がいつであるかについては、例えば作業を結了した日、相手方の受入場所へ搬入した日、相手方が検収を完了した日、相手方において使用収益ができることとなった日等、その建設工事等の種類及び性質、契約の内容等に応じその引渡しの日として合理的であると認められる日のうち法人が継続してその収益計上を行うこととしている日となる（基通2－1－21の8）。

ハ　不動産の仲介あっせん報酬の帰属の時期

(イ)　土地、建物等の売買、交換又は賃貸借（以下、このハにおいて「売買等」という。）の仲介又はあっせんをしたことによる報酬の額は、その履行義務が一定の期間にわたり充足されるものに該当する場合（上記イ(イ)の取扱いを適用す

第4節　収益等の計上に関する通則

　　　る場合を除く。）を除き、原則としてその売買等に係る契約の効力が発生した日の属する事業年度の益金の額に算入する（基通2－1－21の9本文）。
　(ロ)　法人が、売買又は交換の仲介又はあっせんをしたことにより受ける報酬の額について、継続してその契約に係る取引の完了した日（同日前に実際に収受した金額があるときは、その金額についてはその収受した日。）において収益計上を行っている場合には、その完了した日は、その役務の提供の日に近接する日に該当するものとして、上記(1)ロ（法22の2②）を適用する（基通2－1－21の9ただし書）。
ニ　技術役務の提供に係る報酬の帰属の時期
　(イ)　設計、作業の指揮監督、技術指導その他の技術役務の提供を行ったことにより受ける報酬の額は、その履行義務が一定の期間にわたり充足されるものに該当する場合（上記イ(イ)の取扱いを適用する場合を除く。）を除き、原則としてその約した役務の全部の提供を完了した日の属する事業年度の益金の額に算入するのであるが、技術役務の提供に係る収益の計上の単位の取扱い（下記関連通達）を適用する場合には、その支払を受けるべき報酬の額が確定する都度その確定した金額をその確定した日の属する事業年度の益金の額に算入する（基通2－1－21の10本文）。
　(ロ)　その支払を受けることが確定した金額のうち役務の全部の提供が完了する日まで又は1年を超える相当の期間が経過する日まで支払を受けることができないこととされている部分の金額については、その完了する日とその支払を受ける日とのいずれか早い日までその報酬の額を益金の額に算入することを見合わせることができる（基通2－1－21の10ただし書）。

　　◆関連通達◆
　　・技術役務の提供に係る収益の計上の単位（基通2－1－1の5）
　　　設計、作業の指揮監督、技術指導その他の技術役務の提供について次に掲げるような事実がある場合には、法人税基本通達2－1－1（P30）にかかわらず、次の期間又は作業に係る部分に区分した単位ごとにその収益の額を計上する。
　　(1)　報酬の額が現地に派遣する技術者等の数及び滞在期間の日数等により算定され、かつ、一定の期間ごとにその金額を確定させて支払を受けることとなっている場合
　　(2)　例えば基本設計に係る報酬の額と部分設計に係る報酬の額が区分されている場合のように、報酬の額が作業の段階ごとに区分され、かつ、それぞれの段階の作業が完了する都度その金額を確定させて支払を受けることとなっている場合
ホ　運送収入の帰属の時期
　(イ)　運送業における運送収入の額は、その履行義務が一定の期間にわたり充足されるものに該当する場合（上記イ(イ)の取扱いを適用する場合を除く。）を除き、原則としてその運送に係る役務の提供を完了した日の属する事業年度の益金の額に算入する（基通2－1－21の11本文）。
　(ロ)　法人が、運送契約の種類、性質、内容等に応じ、例えば次に掲げるような方

第1章　各事業年度の所得に対する法人税

　　　　法のうちその運送収入に係る収益の計上基準として合理的であると認められる
　　　　ものにより継続してその収益計上を行っている場合には、その計上基準により
　　　　合理的と認められる日は、その運送収入に係る役務の提供の日に近接する日に
　　　　該当するものとして、上記(1)ロ（法22の2②）を適用する（基通2－1－21の
　　　　11ただし書）。
　　　A　乗車券、乗船券、搭乗券等を発売した日（自動販売機によるものについて
　　　　は、その集金をした時）にその発売に係る運送収入の額につき収益計上を行
　　　　う方法
　　　B　船舶、航空機等が積地を出発した日にその船舶、航空機等に積載した貨物
　　　　又は乗客に係る運送収入の額につき収益計上を行う方法
　　　C　一の航海（船舶が発港地を出発してから帰港地に到着するまでの航海をい
　　　　う。）に通常要する期間がおおむね4月以内である場合において、一の航海
　　　　に係る運送収入の額につきその一の航海を完了した日に収益計上を行う方法

4　その他の収益
(1)　通則
　法人の収益計上における権利の確定時期に関する会計処理において、法律上どの時点で権利の行使が可能となるかを唯一の基準とするのは相当でなく、取引の経済的実態からみて合理的なものとみられる収益計上の基準の中から、その法人が特定の基準を選択し、継続してその基準によって収益を計上している場合には、法人税法上もこの処理を正当なものとして是認すべきである。しかし、その権利の実現が未確定であるにもかかわらず、これを収益に計上したり、既に確定した収入すべき権利を現金の回収を待つて収益に計上するなどの会計処理は、一般に公正妥当と認められる会計処理の基準に適合するものとは認め難い（最判平成5年11月25日）。

(2)　具体的取扱い
　　イ　貸付金利子等の帰属の時期
　　（イ）貸付金、預金、貯金又は有価証券（以下、このイにおいて「貸付金等」とい
　　　　う。）から生ずる利子の額は、その利子の計算期間の経過に応じその事業年度
　　　　に係る金額を益金の額に算入する（基通2－1－24本文）。
　　（ロ）主として金融及び保険業を営む法人以外の法人が、その有する貸付金等（そ
　　　　の法人が金融及び保険業を兼業する場合には、金融及び保険業に係るものを除
　　　　く。）から生ずる利子でその支払期日が1年以内の一定の期間ごとに到来する
　　　　ものの額については、継続してその支払期日の属する事業年度の益金の額に算
　　　　入することができる（基通2－1－24ただし書）。
　　　【留意点】
　　　・　例えば借入金とその運用資産としての貸付金等がひも付きの見合関係にあ
　　　　る場合のように、その借入金に係る支払利子の額と運用資産から生ずる利子
　　　　の額を対応させて計上すべき場合には、その運用資産から生ずる利子の額に
　　　　ついては、上記イ(ロ)の適用はないものとする。

第4節　収益等の計上に関する通則

- 資産の販売等に伴い発生する売上債権（受取手形を含む。）又はその他の金銭債権について、その現在価値とその債権に含まれる金利要素とを区分経理している場合の金利要素に相当する部分の金額は、その債権の発生の基となる資産の販売等に係る売上の額等に含まれる。

◆関連通達◆
・相当期間未収が継続した場合等の貸付金利子等の帰属時期の特例（基通2－1－25）

ロ　剰余金の配当等の帰属の時期

　法人が他の法人から受ける剰余金の配当、利益の配当、剰余金の分配、投資信託及び投資法人に関する法律第137条《金銭の分配》の金銭の分配（以下、この4においてこれらを「剰余金の配当等」という。）の額は、次に掲げる区分に応じ、それぞれ次に定める日の属する事業年度の収益とする。ただし、その剰余金の配当等の額が外国法人から受けるものである場合において、外国法人の本店又は主たる事務所の所在する国又は地域の剰余金の配当等に関する法令にその確定の時期につきこれと異なる定めがあるときは、法令に定めるところにより剰余金の配当等の額が確定したとされる日の属する事業年度の収益とする（基通2－1－27）。

剰余金の配当（法23①一）	配当の効力を生ずる日
利益の配当又は剰余金の分配（法23①一）	配当又は分配をする法人の社員総会又はこれに準ずるものにおいて、利益の配当又は剰余金の分配に関する決議のあった日 　ただし、持分会社にあっては定款で定めた日がある場合にはその日
金銭の分配（法23①二）	金銭の分配がその効力を生ずる日
特定目的会社に係る中間配当	中間配当に係る取締役の決定のあった日 　ただし、その決定により中間配当の請求権に関しその効力発生日として定められた日があるときは、その日
投資信託の収益の分配のうち信託の開始の時からその終了の時までの間におけるもの	収益の計算期間の末日とし、投資信託の終了又は投資信託の一部の解約による収益の分配については、終了又は解約のあった日
みなし配当（法24）	
合併（同条①一）	合併の効力を生ずる日 　ただし、新設合併の場合は、新設合併設立法人の設立登記の日

第1章　各事業年度の所得に対する法人税

分割型分割（同条①二）	分割の効力を生ずる日 ただし、新設分割の場合は、新設分割設立法人の設立登記の日
株式分配のうち剰余金の配当（同条①三）	配当の効力を生ずる日
株式分配のうち利益の配当（同号）	配当をする法人の社員総会又はこれに準ずるものにおいて、利益の配当に関する決議のあった日 ただし、持分会社にあっては定款で定めた日がある場合にはその日
資本の払戻し（同条①四）	資本の払戻しに係る剰余金の配当又は出資等減少分配（法23①二）がその効力を生ずる日
解散による残余財産の分配（同号）	その分配の開始の日（その分配が数回に分割してされた場合には、それぞれの分配の開始の日）
自己の株式又は出資の取得（同条①五）	その取得の日
出資の消却、出資の払戻し、社員その他法人の出資者の退社若しくは脱退による持分の払戻し又は株式若しくは出資をその発行した法人が取得することなく消滅させること（同条①六）	これらの事実があった日
組織変更（同条①七）	組織変更の効力を生ずる日

【留意点】
・　法人が、配当落ち日に未収配当金の見積計上をしている場合であっても、その未収配当金の額は、未確定の収益としてその配当落ち日の属する事業年度の益金の額に算入しない。
・　法人が他の法人から受ける剰余金の配当等の額でその支払のために通常要する期間内に支払を受けるものにつき継続してその支払を受けた日の属する事業年度の収益としている場合には、本文ロ（基通2－1－27）にかかわらず、これを認める（基通2－1－28）。

ハ　賃貸借契約に基づく使用料等の帰属の時期
(イ)　資産の賃貸借（金融商品（平成20年3月10日付企業会計基準第10号「金融商品に関する会計基準」の適用対象となる資産、負債及びデリバティブ取引をいう。）に係る取引、リース取引（法64の2③）及び暗号資産信用取引に係る売付け及び買付けに係る対価の額の対象となる取引（基通2－3－62）に該当するものを除く。）は、履行義務が一定の期間にわたり充足されるものに該当

第4節　収益等の計上に関する通則

し、その収益の額は上記3(2)イ（基通2－1－21の2、P48）の事業年度の益金の額に算入する（基通2－1－29本文）。

(ロ)　資産の賃貸借契約に基づいて支払を受ける使用料等の額（前受けに係る額を除く。）について、契約又は慣習によりその支払を受けるべき日において収益計上を行っている場合には、その支払を受けるべき日は、その資産の賃貸借に係る役務の提供の日に近接する日に該当するものとして、上記3(1)ロ（法22の2②、P48）を適用する（基通2－1－29ただし書）。

ニ　知的財産のライセンスの供与に係る収益の帰属の時期

知的財産のライセンスの供与に係る収益の額については、次に掲げる知的財産のライセンスの性質に応じ、それぞれ次に定める取引に該当するものとして、上記3(2)イ及びロ（基通2－1－21の2及び2－1－21の3、P48、49）を適用する（基通2－1－30）。

(イ)　ライセンス期間にわたり存在する法人の知的財産にアクセスする権利　履行義務が一定の期間にわたり充足されるもの

(ロ)　ライセンスが供与される時点で存在する法人の知的財産を使用する権利　履行義務が一時点で充足されるもの

ホ　知的財産のライセンスの供与に係る売上高等に基づく使用料に係る収益の帰属の時期

知的財産のライセンスの供与に対して受け取る売上高又は使用量に基づく使用料が知的財産のライセンスのみに関連している場合又は使用料において知的財産のライセンスが主な項目である場合には、次に掲げる日のうちいずれか遅い日の属する事業年度においてその使用料についての収益の額を益金の額に算入する（基通2－1－30の4）。

(イ)　知的財産のライセンスに関連して相手方が売上高を計上する日又は相手方が知的財産のライセンスを使用する日

(ロ)　使用料に係る役務の全部又は一部が完了する日

ヘ　工業所有権等の実施権の設定に係る収益の帰属の時期

工業所有権等の実施権の設定により受ける対価（使用料を除く。）の額につき法人が次に掲げる日において収益計上を行っている場合には、次に掲げる日はその実施権の設定に係る役務の提供の日に近接する日に該当するものとして、上記3(1)ロ（法22の2②、P48）を適用する（基通2－1－30の2）。

(イ)　その設定に関する契約の効力発生の日

(ロ)　その設定の効力が登録により生ずることとなっている場合におけるその登録の日

ト　工業所有権等の使用料の帰属の時期

工業所有権等又はノウハウを他の者に使用させたことにより支払を受ける使用料の額について、法人が継続して契約によりその使用料の額の支払を受けることとなっている日において収益計上を行っている場合には、支払を受けることとなっている日は、その役務の提供の日に近接する日に該当するものとして、上記3(1)ロ（法22の2②、P48）を適用する（基通2－1－30の5）。

第1章　各事業年度の所得に対する法人税

チ　ノウハウの頭金等の帰属の時期

　　ノウハウの設定契約に際して支払（返金が不要な支払を除く。以下、このチにおいて同じ。）を受ける一時金又は頭金に係る収益の額は、そのノウハウの開示を完了した日の属する事業年度の益金の額に算入する。ただし、下記の関連通達の本文の取扱いを適用する場合には、その開示をした都度これに見合って支払を受けるべき金額をその開示をした日の属する事業年度の益金の額に算入する（基通2－1－30の3）。

◆関連通達◆

・ノウハウの頭金等の収益の計上の単位（基通2－1－1の6）

　　ノウハウの開示が2回以上にわたって分割して行われ、かつ、その設定契約に際して支払を受ける一時金又は頭金の支払がほぼこれに見合って分割して行われることとなっている場合には、その開示をした部分に区分した単位ごとにその収益の額を計上する。

　(注)1　ノウハウの設定契約に際して支払を受ける一時金又は頭金の額がノウハウの開示のために現地に派遣する技術者等の数及び滞在期間の日数等により算定され、かつ、一定の期間ごとにその金額を確定させて支払を受けることとなっている場合には、その期間に係る部分に区分した単位ごとにその収益の額を計上する。

　　　2　ノウハウの設定契約の締結に先立って、相手方に契約締結の選択権を付与する場合には、その選択権の提供をノウハウの設定とは別の取引の単位としてその収益の額を計上する。

【留意点】

・法人税基本通達2－1－1の6(注)1の取扱いを適用する場合には、その一時金又は頭金の支払を受けるべき金額が確定する都度その確定した金額をその確定した日の属する事業年度の益金の額に算入する。

・法人税基本通達2－1－1の6(注)2の取扱いを適用する場合には、ノウハウの設定契約の締結に先立って、相手方に契約締結の選択権を付与するために支払を受けるいわゆるオプション料の額については、その支払を受けた日の属する事業年度の益金の額に算入する。

リ　ゴルフ会員権の販売に伴い受領する入会金の収益計上時期

　　返金が不要な支払を受ける場合には、それが収益認識基準において将来の財又はサービスの提供時に収益を認識すべきとされるものであっても、法人税法上は、契約の特定期間における役務の提供ごとにそれと具体的な対応関係をもって発生する対価の前受けと認められない限り、その取引の開始の日の属する事業年度の益金の額に算入する。

　　例えば、その入会金が、有効期限の定めがなく、存続期間も半永久的なものであれば、契約の特定期間における役務の提供ごとにそれと具体的な対応関係をもって発生するものとは認められないことから、その入会金が収益認識基準において将来の役務提供時に収益を認識すべきとされるものであっても、法人税法上は

その取引の開始の日の属する事業年度の益金の額に算入する。

〔出所〕国税庁資料

第5節　損金の額の計算

　法人税法第22条第3項では、各事業年度の損金の額に算入すべき金額は、別段の定めがあるものを除き、次に掲げる額とする旨規定されている。
　イ　その事業年度の収益に係る売上原価、完成工事原価その他これらに準ずる原価の額
　ロ　上記イに掲げるもののほか、その事業年度の販売費、一般管理費その他の費用（償却費以外の費用でその事業年度終了の日までに債務の確定しないものを除く。）の額
　ハ　その事業年度の損失の額で資本等取引以外の取引に係るもの
　この点、これら原価の額、費用の額及び損失の額は、別段の定めがある場合を除き、一般に公正妥当と認められる会計処理の基準に従って計算すること（法22④）とされており、原価の額、費用の額及び損失の額について具体的な定義規定は設けられていないことから、企業会計上の内容や範囲によることとなる。
　ところで、上記のとおり、損金とは、「費用」及び「損失」をいうところ、その性質についてみると、費用は収益獲得に貢献する純資産を減少させる原因であり、損失は収益獲得に貢献しない純資産を減少させる原因であると考えられていることから、「損金」の額に該当するか否かについては、その支出が法人の純資産を減少させるものか否かという事実が重要な判断要素になると考えることができる。

【裁判例・裁決例】
・大阪地判平成7年10月3日（税資214号1頁）
　法人税法第22条第3項の「損金」とは、資本等取引以外の取引で純資産の減少の原因となる支出その他経済的価値の減少をいうものであり、このうち同項1号（上記イ：筆者加筆）の「売上原価、完成工事原価その他これらに準ずる原価の額」とは、収益獲得のために費消された財貨及び役務の対価のうち、収益に直接かつ個別的に対応するものをいい、同項2号（上記ロ：筆者加筆）の「販売費、一般管理費その他の費用」とは、収益に個別的には対応はしないが当該事業年度の収益獲得のために費消された財貨及び役務の対価をいうものであって、いずれも事業の遂行上必要とされるものであることは明らかであり、同項3号（上記ハ：筆者加筆）の「損失」とは災害、盗難等通常の事業活動とは無関係な偶発的要因により発生する資産の減少をいうのである。

> **コラム**　－税資（税務訴訟資料）－
> 　「税務訴訟資料」は、租税関係行政・民事事件裁判例のうち国税に関する裁判例を収録したもので、平成19年分から令和4年分の判決は、国税庁のホー

第1章　各事業年度の所得に対する法人税

> ムページに掲載されている。それ以前のものは、各地の図書館に冊子又はCD-ROMで所蔵されており、国会図書館には、昭和25年5月分から所蔵されている。
>
> 　なお、活用に当たっては判決の前提となった税制、税法等が変更となっている場合があることに留意する必要がある。
>
> https://www.nta.go.jp/about/organization/ntc/soshoshiryo/index.htm

1　棚卸資産の売上原価等の計算

(1)　通則

　上記のとおり、法人税法上、損金の額に算入すべき金額として「その事業年度の収益に係る売上原価、完成工事原価その他これらに準ずる原価の額」と規定されているものの、その計算に関して法人税法等に特段の規定は設けられていない。

　それでは、売上原価の計算はどのように行うのかというと、原価計算の実務として通常用いられているのは、期末に在庫する棚卸資産を確認し、それを予定や標準ではなく実際の額で評価することによって間接的に売上原価を把握する方法である。

　これに関して企業会計原則では、売上原価は売上高に対応する商品等の仕入原価又は製造原価であって、商業又は製造工業の場合で、それぞれ次のとおり計算することとされている（企業会計原則第二・三・C）。

【商業】
　期首商品たな卸高＋当期商品仕入高－**期末商品たな卸高**＝仕入原価
【製造工業】
　期首製品たな卸高＋当期製品製造原価－期末製品たな卸高＝製造原価

【留意点】
・　期首商品（製品）たな卸高は、前期の期末商品（製品）たな卸高がそのまま繰り越されることとなる。
・　当期商品仕入高（当期製品製造原価）は、外部取引との実現により事実として表示される項目となる。
・　上記会計上の計算のとおり、期末商品（製品）たな卸高は、売上原価の額に影響を及ぼす要素の一つであるから、その期末商品（製品）たな卸高の評価は重要であり、合理的なものでなければならない。

　この点、法人税法上は、期末棚卸資産の計算に関して棚卸資産の範囲、取得価額及び評価方法について規定があり、また、選定をすることができる評価の方法の特例、評価の方法の選定の手続、棚卸資産の評価額の計算の基礎となる棚卸資産の取得価額その他棚卸資産の評価に関し必要な事項は、法人税法施行令で規定されている。

(2)　棚卸資産の範囲

　棚卸資産とは、次の資産で棚卸しをすべきもの（有価証券（法2二十一）及び短期売買商品等（法61①）を除く。）をいう（法2二十、令10）。

イ　商品又は製品（副産物及び作業くずを含む。）
ロ　半製品
ハ　仕掛品（半成工事を含む。）
ニ　主要原材料
ホ　補助原材料
ヘ　消耗品で貯蔵中のもの
ト　上記イからヘまでに掲げる資産に準ずるもの

> **コラム** －棚卸資産の意義（会計基準）－
>
> 　2006年に公表された企業会計基準第9号「棚卸資産の評価に関する会計基準」によれば、棚卸資産は、商品、製品、半製品、原材料、仕掛品等であり、企業がその営業目的を達成するために所有し、かつ、売却を予定する資産のほか、売却を予定しない資産であっても、販売活動及び一般管理活動において短期間に消費される事務用消耗品費等も含まれる（同基準3項）とされており、同項では、売却の意義や保有目的の観点から、次の2つの考え方があると区分されている（同基準3項、28～31項）。
> 　　イ　販売目的棚卸資産
> 　　ロ　トレーディング目的棚卸資産
> 　　※　法人税法とは異なる範囲であることに注意が必要である。

◆関連通達◆
・消耗品費等（基通2－2－15）

【留意点】
・　上記の取扱いにより損金の額に算入する金額が製品の製造等のために要する費用としての性質を有する場合には、その金額は製造原価に算入する。
・　消耗品費等であっても、その額が相対的に多額であること、毎年の在庫数量に相当の増減があることなどから、期末の在庫計上を省略することが課税上弊害がある場合には、その棚卸資産については、取得した日の損金算入は認められず（上記取扱いの適用はなく）、原則どおり、在庫計上することとなる。

(3)　**棚卸資産の取得価額**
　下記(5)の棚卸資産の評価額の計算（令28①又は28の2①）の基礎となる棚卸資産の**取得価額**は、原則として、次のイからハに掲げる資産の区分に応じ、それぞれに定める金額となる（令32①）。

第1章　各事業年度の所得に対する法人税

> イ　購入した棚卸資産
> （法人税法第61条の5第3項《デリバティブ取引に係る利益相当額又は損失相当額の益金又は損金算入等》の規定の適用があるものを除く。）（令32①一）
>> 次に掲げる金額の合計額
>> (イ)　その資産の購入の代価（引取運賃、荷役費、運送保険料、購入手数料、関税（関税法第2条第1項第4号の2《定義》に規定する附帯税を除く。）その他その資産の購入のために要した費用がある場合には、その費用の額を加算した金額）
>> (ロ)　その資産を消費し、又は販売の用に供するために直接要した費用の額

✓　この**取得価額**には、少額（その棚卸資産の購入の代価のおおむね3％以内の金額）である次の**AからCまでの費用の額の合計額**は含めないことができる（基通5－1－1）。
　A　買入事務、検収、整理、選別、手入れ等に要した費用の額
　B　販売所等から販売所等へ移管するために要した運賃、荷造費等の費用の額
　C　特別の時期に販売するなどのため、長期にわたって保管するために要した費用の額

✓　上記の**AからCまでの費用の額の合計額**が少額かどうかについては、事業年度ごとに、かつ、種類等（種類、品質及び型の別をいう。）を同じくする棚卸資産（事業所別に異なる評価方法を選定している場合には、事業所ごとの種類等を同じくする棚卸資産）ごとに判定することができる（基通5－1－1(注)1）。

◆関連通達◆
・棚卸資産の取得価額に算入しないことができる費用（基通5－1－1の2）

> ロ　自己の製造、採掘、採取、栽培、養殖その他これらに準ずる行為（以下、「製造等」という。）に係る棚卸資産（令32①二）
>> 次に掲げる金額の合計額
>> (イ)　その資産の製造等のために要した原材料費、労務費及び経費の額
>> (ロ)　その資産を消費し、又は販売の用に供するために直接要した費用の額

✓　その(イ)**及び(ロ)の金額の合計額**が棚卸資産につき算定した製造等の原価の額と異なる場合において、その原価の額が適正な原価計算に基づいて算定されているときは、その原価の額に相当する金額をもってその資産の取得価額とみなす（令32②）。

◆関連通達◆
・製造等に係る棚卸資産の取得価額（基通5－1－3）
・製造原価に算入しないことができる費用（基通5－1－4）
・製造間接費の製造原価への配賦（基通5－1－5）
・法令に基づき交付を受ける給付金等の額の製造原価からの控除（基通5－1－6）
・副産物、作業くず又は仕損じ品の評価（基通5－1－7）

ハ 上記イ及びロの方法以外の方法により取得（適格分社型分割、適格現物出資又は適格現物分配による分割法人、現物出資法人又は現物分配法人からの取得を除く。）をした棚卸資産（令32①三）

次に掲げる金額の合計額
(イ) その取得の時におけるその資産の取得のために通常要する価額
(ロ) その資産を消費し、又は販売の用に供するために直接要した費用の額

(4) 取得価額の特例

棚卸資産の評価換え等をした日の属する事業年度以後の各事業年度においては、下記(5)の棚卸資産の評価額の計算（令28①又は28の2①）は、その資産を同日において次の金額により取得したものとみなす（令33①②）。

すなわち、その評価換え等の後の金額が取得価額となる。

評価換え	日	取得価額
資産の評価益 （法25②）	評価換えをした日	棚卸資産の取得価額に、益金の額に算入された金額を加算した金額
資産の評価損 （法33②③）		棚卸資産の取得価額から、損金の額に算入された金額を控除した金額
資産の評価益又は評価損 （法25③、33④）	民事再生等の事実が生じた日	棚卸資産の取得価額に、評価益の額を加算した金額 又は 棚卸資産の取得価額から、評価損の額を減算した金額

(5) 棚卸資産の評価方法

棚卸資産につき損金の額に算入する金額（法22③）を算定する場合におけるその算定の基礎となる事業年度終了の時に有する棚卸資産（以下、この(5)において「期末棚卸資産」という。）の価額は、次の①イからへまでの方法のうちから、その期末棚卸資産について選定した評価の方法（下記(6)イ）により評価した金額となる。ただし、評価の方法を選定しなかった場合又は選定した評価の方法により評価しなかった場合には、評価の方法のうち法定評価方法（下記(6)ニ）により評価した金額となる（法29、令28①）。

期首棚卸資産の価額＋当期仕入額－**期末棚卸資産の価額**＝仕入原価（損金の額）

① 原価法

期末棚卸資産について、次のいずれかの方法によりその取得価額を算出し、その算出した取得価額をもって期末棚卸資産の評価額とする方法（令28①一）。

第1章　各事業年度の所得に対する法人税

イ　個別法	
定義	期末棚卸資産の全部について、その個々の取得価額をその取得価額とする方法をいう。

【留意点】
・　選定することができる棚卸資産
　次の棚卸資産は、個別法（低価法を含む。）によりその評価額を計算することができる（基通5－2－1）。
(イ)　個別管理を行うこと又は個別原価計算を実施することに合理性があると認められるときにおけるその商品又は製品、半製品若しくは仕掛品
(ロ)　その性質上専ら(イ)の製品又は半製品の製造等の用に供されるものとして保有されている原材料
・　選定することができない棚卸資産
　この個別法により算出した取得価額による原価法（その原価法により評価した価額を基礎とする下記②の低価法を含む。）は、棚卸資産のうち通常一の取引によって大量に取得され、かつ、規格に応じて価額が定められているものについては、選定をすることができない（令28②）。

ロ　先入先出法	
定義	期末棚卸資産をその種類、品質及び型（以下「種類等」という。）の異なるごとに区別し、その種類等の同じものについて、期末棚卸資産をその事業年度終了の時から最も近い時において取得 CHECK をした種類等を同じくする棚卸資産から順次構成するものとみなし、そのみなされた棚卸資産の取得価額をその取得価額とする方法をいう。

CHECK　－取得の範囲－

　この取得には、適格合併又は適格分割型分割による被合併法人又は分割法人からの引継ぎを含む。

ハ　総平均法	
定義	棚卸資産をその種類等の異なるごとに区別し、その種類等の同じものについて、その事業年度開始の時において有していた種類等を同じくする棚卸資産の取得価額の総額とその事業年度 CHECK において取得をした種類等を同じくする棚卸資産の取得価額の総額との合計額をこれらの棚卸資産の総数量で除して計算した価額をその一単位当たりの取得価額とする方法をいう。

第5節　損金の額の計算

> **CHECK**　－総平均法又は移動平均法の計算における事業年度－
>
> 　法人税法上の総平均法又は移動平均法（下記ニ）は、一事業年度を計算単位とし、一事業年度を通じての計算方法である。
> 　ただし、企業会計上は、1月ごとに、これらの方法で月末の評価額を計算することも一般に妥当な評価方法とされていることから、税務上もこれを認めている（基通5－2－3）。また、6月総平均法(注)もこれに準じて認められている（基通5－2－3の2）。
> (注)　移動平均法は、6月ごとの計算が結果的に6月総平均法と全く同じ評価となることから認められていない。

ニ	移動平均法	
	定義	棚卸資産をその種類等の異なるごとに区別し、その種類等の同じものについて、当初の一単位当たりの取得価額が、再び種類等を同じくする棚卸資産の取得をした場合にはその取得の時において有する棚卸資産とその取得をした棚卸資産との数量及び取得価額を基礎として算出した平均単価によって改定されたものとみなし、以後種類等を同じくする棚卸資産の取得をする都度同様の方法により一単位当たりの取得価額が改定されたものとみなし、事業年度終了の時から最も近い時において改定されたものとみなされた一単位当たりの取得価額をその一単位当たりの取得価額とする方法をいう。

ホ	最終仕入原価法	
	定義	期末棚卸資産をその種類等の異なるごとに区別し、その種類等の同じものについて、事業年度終了の時から最も近い時において取得をしたものの一単位当たりの取得価額をその一単位当たりの取得価額とする方法をいう。

ヘ	売価還元法	
	定義	期末棚卸資産をその種類等又は通常の差益の率（棚卸資産の通常の販売価額のうちに通常の販売価額から棚卸資産を取得するために通常要する価額を控除した金額の占める割合をいう。）の異なるごとに区別し、その種類等又は通常の差益の率の同じものについて、事業年度終了の時における種類等又は通常の差益の率を同じくする棚卸資産の通常の販売価額の総額に原価の率（通常の販売価額の総額とその事業年度において販売した棚卸資産の対価の総額との合計額のうちにその事業年度開始の時に

棚卸資産

おける棚卸資産の取得価額の総額とその事業年度において取得をした棚卸資産の取得価額の総額との合計額の占める割合をいう。）を乗じて計算した金額をその取得価額とする方法をいう。

◆関連通達◆
・6月ごと総平均法等（基通5－2－3の2）
・半製品又は仕掛品についての売価還元法（基通5－2－4）
・売価還元法の適用区分（基通5－2－5）
・売価還元法により評価額を計算する場合の期中に販売した棚卸資産の対価の総額の計算（基通5－2－6）
・売価還元法により評価額を計算する場合の通常の取得価額の総額の計算（基通5－2－7）
・原価の率が100％を超える場合の売価還元法の適用（基通5－2－8）
・未着品の評価（基通5－2－8の2）

② 低価法
　棚卸資産を種類等の異なるごとに区別し、その種類等の同じものについて、上記①に掲げた原価法のうちいずれかの方法により算出した取得価額と時価とを比較し、いずれか低い価額をもってその評価額とする方法（令28①二）。

③ 特別な評価方法
　税務署長の承認を受けた場合には、上記①又は②の評価方法以外の方法により評価することができる。承認を受ける場合には、「棚卸資産の特別な評価方法の承認申請書」を提出しなければならない（令28の2）。棚卸資産の評価の方法の選定は、事業の種類ごとに、かつ、法人税法施行令第29条第1項に定める資産（下記(6)イ）の区分ごとに行うこととなる（規9）。

(6) 棚卸資産の評価の方法の選定等
　イ　選定
　　棚卸資産の評価の方法（上記(5)）は、法人の行う事業の種類ごとに、かつ、商品又は製品（副産物及び作業くずを除く。）、半製品、仕掛品（半成工事を含む。）、主要原材料及び補助原材料その他の棚卸資産の区分ごとに選定しなければならない（令29①）。
　ロ　届出
　　法人の区分（次表A）に応じ、基準日（次表B）の属する事業年度に係る確定申告書の提出期限までに、棚卸資産につき、上記イの事業の種類及び資産の区分ごとに、評価の方法（上記(5)）のうちそのよるべき方法を書面「棚卸資産の評価方法の届出書」により納税地の所轄税務署長に届け出なければならない（令29②）。

第5節　損金の額の計算

A　法人の区分	B　基準日
a　新たに設立した内国法人（公益法人等及び人格のない社団等を除く。）	設立の日
b　新たに収益事業を開始した内国法人である公益法人等及び人格のない社団等	その開始した日
c　公共法人に該当していた収益事業を行う公益法人等	公益法人等に該当することとなった日
d　公共法人又は収益事業を行っていない公益法人等に該当していた普通法人又は協同組合等	普通法人又は協同組合等に該当することとなった日
e　設立後 CHECK 新たに他の種類の事業又は収益事業を開始し、又は事業の種類を変更した内国法人	他の種類の事業を開始し、又は事業の種類を変更した日

CHECK　－法人の区分に応じた設立後とは－

・上記bの法人については新たに収益事業を開始した後。
・上記cの法人については収益事業を行う公益法人等に該当することとなった後。
・上記dの法人については普通法人又は協同組合等に該当することとなった後。

ハ　棚卸資産の評価の方法の変更

　棚卸資産につき選定した評価の方法（その評価の方法を届け出なかった法人がよるべきこととされている評価の方法を含む。）を変更しようとするときは、納税地の所轄税務署長の承認を受けなければならない（令30①）。

　この場合には、その新たな評価の方法を採用しようとする事業年度開始の日の前日までに、その旨、変更しようとする理由その一定の事項を記載した書面「棚卸資産の評価方法…の変更承認申請書」を納税地の所轄税務署長に提出しなければならない（令30②）。

◆関連通達◆
・評価方法の変更申請があった場合の「相当期間」（基通5－2－13）

ニ　棚卸資産の法定評価方法

　上記イの評価の方法を選定しなかった場合又は選定した方法により評価しなかった場合における方法は、上記(5)のホ「最終仕入原価法」により算出した取得価額による原価法とする（令31①）。

　しかしながら、税務署長は、法人が棚卸資産につき選定した評価の方法（評価

第1章　各事業年度の所得に対する法人税

の方法を届け出なかった法人がよるべきこととされている評価の方法を含む。）により評価しなかった場合において、その法人が行った評価の方法が上記(5)の評価の方法のうちいずれかの方法に該当し、かつ、その行った評価の方法によってもその法人の各事業年度の所得の金額の計算を適正に行うことができると認めるときは、その行った評価の方法により計算した各事業年度の所得の金額を基礎として更正又は決定（国税通則法第25条《決定》の規定による決定をいう。）をすることができる（令31②）。

(7) **原価差額の調整**

　イ　法人税法上、自己の製造等に係る棚卸資産の取得価額は、上記(3)ロ（P60）のとおり、実際原価によるもの（令32①二）とされており、例えば予定、標準や直接原価計算などの手法により法人の算定した原価の額 **CHECK** と実際原価が異なる場合のその差額を原価差額という。この場合には、その棚卸資産の取得価額は実際原価に修正しなければならない。ただし、法人の算定した原価の額が適正な原価計算に基づいて算定されている場合には、法人の算定した原価の額が法人税法上の取得価額となる（令32②）。すなわち、原価差額は生じない。

> **CHECK** －企業会計上の製造原価－
>
> 　製品等の製品原価については、適正な原価計算基準に従って、予定価格又は標準原価を適用して算定した原価によることができる（企業会計原則注解21）。

　ロ　具体的な取扱い
　　(イ)　原価差額の調整
　　　　各事業年度において製造等をした棚卸資産につき算定した取得価額が、法人税法施行令第32条第1項《棚卸資産の取得価額》に規定する取得価額（上記(3)ロ）に満たない場合には、その差額（以下「原価差額」という。）のうち期末棚卸資産に対応する部分の金額は、その期末棚卸資産の評価額に加算する（基通5－3－1）。
　　　　この原価差額には、材料費差額、労務費差額、経費差額等のほか、内部振替差額が含まれる（基通5－3－2）。
　　(ロ)　原価差額の調整期間
　　　　事業年度が1年である法人の原価差額の調整は、継続適用を条件に、各事業年度をその事業年度開始の日から中間期間終了の日までの期間（以下「上期」という。）と中間期間終了の日の翌日から確定事業年度（その中間期間を含む事業年度をいう。以下同じ。）終了の日までの期間（以下「下期」という。）とに区分し、それぞれの期間について行うことができる。この場合、下記(ハ)の適用に当たっては、上期及び下期のそれぞれの期間ごとに、その期間に発生した

第5節　損金の額の計算

原価差額によりその調整の要否を判定する（基通5－3－2の2）。
　㈂　原価差額の調整を要しない場合
　　原価差額が少額（総製造費用のおおむね1％相当額以内の金額）である場合において、法人がその計算を明らかにした明細書を確定申告書に添付したときは、原価差額の調整を行わないことができる。この場合において、総製造費用の計算が困難であるときは、法人の計算による製品受入高合計に仕掛品及び半製品の期末棚卸高を加算し、仕掛品及び半製品の期首棚卸高を控除して計算することができる（基通5－3－3）。
　　✓　**原価差額が少額**かどうかについては、事業の種類ごとに判定するものとするが、法人が製品の種類別に原価計算を行っている場合には、継続して製品の種類の異なるごとにその判定を行うことができる。
　㈁　原価差額の簡便調整方法
　　法人が各事業年度において生じた原価差額を仕掛品、半製品及び製品の順に調整することをしないで、その原価差額を一括し、次に掲げる算式により計算した金額を期末棚卸資産に配賦することができる（基通5－3－5）。

> 〔算式〕
>
> $$原価差額 \times \frac{期末の製品、半製品、仕掛品の合計額}{売上原価＋期末の製品、半製品、仕掛品の合計額}$$
>
> ㊟1　算式中の分母及び分子の金額は、法人の計算額による。
> 　　2　この算式は、事業の種類ごと（法人が原価差額が少額かどうかの判定を製品の種類の異なるごとに行うこととしている場合には、製品の種類の異なるごと）に適用する。
> 　　3　法人が直接原価計算制度を採用している場合には、この調整方法の適用はない。ただし、この調整方法を適用することについて、合理性があると認めて所轄税務署長（国税局の調査課所管法人にあっては、所轄国税局長）が承認をした場合には、この限りではない。

(8)　棚卸資産の強制評価減

　会社計算規則第5条《資産の評価》は、資産については、会計帳簿にその取得価額を付さなければならないとされており、原則として取得原価主義を採用している。法人税法上も恣意的な利益調整が行われることを考慮し、法人が資産の評価換えを行い評価損を計上しても損金の額に算入しない（法33①）とされており、評価損の計上により資産の帳簿価額を減額しても、その減額はなかったものとされる（法33⑥）。
　ただし、次のイ又はロの事実が生じた場合の各評価損については、その資産の時価を限度として損金の額に算入することが認められている（法33②～④）。
　イ　物損等の事実が生じた場合（法33②）
　　次の事実が生じた場合には、損金経理により時価までの評価損の計上が認められる（令68）。

第1章　各事業年度の所得に対する法人税

　　(イ)　災害による著しい損傷（同令①一イ）
　　(ロ)　著しい陳腐化（同令①一ロ）
　　(ハ)　上記に準ずる特別の事実（同令①一ハ）

◆関連通達◆
・棚卸資産の著しい陳腐化の例示（基通9－1－4）
・棚卸資産について評価損の計上ができる「準ずる特別の事実」の例示（基通9－1－5）
・棚卸資産について評価損の計上ができない場合（基通9－1－6）

　　ロ　法的整理の事実が生じた場合等（法33②③④）
　　　次の事実が生じた場合には、その評価換えをした日の属する事業年度終了の時における資産の価額までの評価損（法33②）又は評価換えによる減額した部分の金額の評価損（法33③）並び評定による評価損（法33④）の計上が認められる（令68、68の2）。
　　(イ)　法的整理の事実（更生手続における評定が行われることに準ずる特別の事実）（法33②、令68①）
　　　［要件］損金経理により帳簿価額を減額（期末時価を限度）
　　(ロ)　会社更生法等の規定による更生計画認可の決定（法33③）
　　　［要件］会社更生法又は金融機関等の更生手続の特例等に関する法律の規定に従って行う評価換えをしてその帳簿価額を減額
　　(ハ)　民事再生法の規定による再生計画認可の決定（法33④、令68の2②一）
　　　［要件］再生計画認可の決定があった時の価額により行う評定
　　(ニ)　再生計画認可の決定に準ずる事実等（令68の2②二、24の2①一イ）
　　　［要件］資産評定に関する事項に従って行う資産評定

(9)　清算中法人等の株式等に係る評価損の損金不算入
　上記(8)の法人がこれらの法人との間に完全支配関係がある他の法人で次に掲げるものの株式又は出資を有する場合におけるその株式又は出資については、上記(8)の取扱いは、適用しない（法33⑤、令68の3①）。
　　イ　清算中の法人
　　ロ　解散（合併による解散を除く。）をすることが見込まれる法人
　　ハ　法人でその法人との間に完全支配関係がある他の法人との間で適格合併を行うことが見込まれるもの

2　減価償却資産の償却費の計算
(1)　概要
　法人の各事業年度終了の時において有する減価償却資産につき償却費として損金の額に算入する金額は、その法人が償却費として損金経理をした金額（この2において「損金経理額」という。）のうち、その資産について選定した償却の方法に基づき計算

した金額（この2において「償却限度額」という。）に達するまでの金額となる（法31①）。

(2) 償却費と減価償却

　法人税法上、損金の額に算入すべき金額の一つである「その事業年度の販売費、一般管理費その他の費用（償却費以外の費用で当該事業年度終了の日までに債務の確定しないものを除く。）の額」（P57）には償却費の記載があり、償却費が法人の損金の額に算入されることが規定されている。

　この償却費とは、固定資産の取得原価を基礎として、その耐用期間にわたり一定の減価償却の方法によって、その取得原価を各事業年度に費用配分したものである。

　企業会計では、減価償却の目的は、減価償却資産の取得費用をその耐用年数（効用持続年数）にわたって配分することによって、各事業年度の損益計算を適正なものとし、企業が設備等に投下した資本の回収を図ることにあるとされている。

　法人税法は、一般的・客観的な会計処理を行いやすくするという意味でも企業会計の考え方を参考にしつつ、他方で、この償却費が内部取引であり法人の恣意性が介在しやすいこともあって、これを排除する観点から、税務上の固定資産（減価償却資産）の範囲、減価償却の基礎となる取得価額を明らかにし、耐用年数を画一的に決定し、償却方法を定め、償却限度額などを具体的に規定している。

【参考】固定資産と減価償却費

　固定資産のうち、使用または時間の経過によって価値の減少するものを減価償却資産という。…それは、企業において長期間にわたって収益を生み出す源泉であるから、その取得に要した金額（取得価額）は、将来の収益に対する費用の一括前払の性質をもっている（金子宏「租税法〔第二十四版〕」P389（2021・弘文堂））。

【裁判例・裁決例】
・最判平成20年9月16日（民集62巻8号2089頁）
　　減価償却資産の意義につき、「法人の事業に供され、その用途に応じた本来の機能を発揮することによって収益の獲得に寄与するものと解される」としている。

> **コラム** －資産の貸借対照表価額「費用配分の原則」－
>
> 　企業会計原則の貸借対照表原則五では、「資産の取得原価は、資産の種類に応じた費用配分の原則によって、各事業年度に配分しなければならない。有形固定資産は、当該資産の耐用期間にわたり、定額法、定率法等の一定の減価償却の方法によって、その取得原価を各事業年度に配分し、無形固定資産は、当該資産の有効期間にわたり、一定の減価償却の方法によって、その取得原価を各事業年度に配分しなければならない。」とされている。

第1章　各事業年度の所得に対する法人税

(3) 減価償却資産の範囲
　イ　概要
　　固定資産 **CHECK** のうち、事業の用に供され、時の経過又は使用によってその価値が減少するものを減価償却資産という。
　　減価償却資産は、事業の経営に継続的に利用する目的をもって取得された資産で、その用途に従って使用され、漸次その全体としての価値が費消されているものということができる。

> **CHECK**　－固定資産（法2二十二、令12）－
>
> 　固定資産とは、棚卸資産、有価証券、資金決済に関する法律第2条第14項に規定する暗号資産及び繰延資産以外の資産のうち、次に掲げるものをいう。
> 　(イ)　土地（土地の上に存する権利を含む。）
> 　(ロ)　減価償却資産（令13各号）
> 　(ハ)　電話加入権
> 　(ニ)　その他(イ)から(ハ)までに掲げる資産に準ずる資産

> **コラム**　－固定資産の取得の時期－
>
> 　法人税法及び同法施行令並びに租税特別措置法における法人による固定資産の「取得」とは、当該固定資産に係る所有権移転の原因となる私法上の法律行為又はこれと同視することのできる行為をいうものと解するのが相当であり、上記「取得」の時期はその原因行為による所有権移転の時期がこれに当たるものと解するべきである（東京地判平成30年3月6日（訟月65巻2号171頁））。

【参考】固定資産と棚卸資産
　　棚卸資産との差異の大きな要素は、物の使用目的及びそれが費用化されるまでの間隔の長短である。

　ロ　減価償却資産の種類と細目
　　減価償却資産とは、建物、構築物、機械及び装置、船舶、車両及び運搬具、工具、器具及び備品、鉱業権その他の資産で償却をすべきものとして一定のものをいう（法2二十三）。この一定のものとは、棚卸資産、有価証券及び繰延資産以外の資産のうち次の(イ)から(ハ)までの資産（事業の用に供していないもの及び時の経過によりその価値の減少しないものを除く。）をいう（令13）。
　　減価償却資産は、種類と細目により大別して有形減価償却資産(イ)、無形減価償却資産(ロ)及び生物(ハ)の三つに分けることができる（令13一～九）。

第5節　損金の額の計算

(イ) 有形減価償却資産

有形減価償却資産 （令13一～七）	耐用年数 （耐令1①三）
A　建物及びその附属設備（暖冷房設備、照明設備、通風設備、昇降機その他建物に附属する設備をいう。）	構造又は用途及びその細目の異なるごとに区分して、耐用年数省令 CHECK 別表第一
B　構築物（ドック、橋、岸壁、桟橋、軌道、貯水池、坑道、煙突その他土地に定着する土木設備又は工作物をいう。）	
C　機械及び装置	設備の種類及び細目の異なるごとに、耐用年数省令別表第二
D　船舶	構造又は用途及びその細目の異なるごとに区分して、耐用年数省令 CHECK 別表第一
E　航空機	
F　車両及び運搬具	
G　工具、器具及び備品（観賞用、興行用その他これらに準ずる用に供する生物を含む。）	

CHECK －耐用年数省令－

耐用年数省令とは、減価償却資産の耐用年数等に関する省令の省略用語であり、同省令には、減価償却資産及び中古資産の耐用年数、償却率など減価償却資産等の償却限度額の計算上、必要な内容が規定されている。

【裁判例・裁決例】
・東京地判令和3年3月30日（税資271号－45順号13547）（中古機械及び装置の耐用年数）

(ロ) 無形減価償却資産

無形減価償却資産（令13八）	耐用年数（耐令1①三）
鉱業権（租鉱権及び採石権その他土石を採掘し又は採取する権利を含む。）、漁業権（入漁権を含む。）、ダム使用権、水利権、特許権、実用新案権、意匠権、商標権、ソフトウエア、育成者権、公共施設等運営権、樹木採取権、営業権、専用側線利用権、鉄道軌道連絡通行施設利用権、電気ガス供給施設利用権、水道施設利用権、工業用水道施設利用権、電気通信施設利用権	耐用年数省令別表第三 （鉱業権及び公共施設等運営権を除く。）

第1章　各事業年度の所得に対する法人税

◆関連通達◆
・繊維の登録権利等（基通7−1−5）
・出願権を取得するための費用（基通7−3−15）

【裁判例・裁決例】
・最判昭和51年7月13日（集民118号267頁）（営業権の意義）
・東京高判昭和50年5月28日（税資81号703頁）（営業権の意義と評価）

　(ハ)　生物

生物（令13九）	耐用年数（耐令1①四）
A　牛、馬、豚、綿羊及びやぎ	耐用年数省令別表第四
B　かんきつ樹、りんご樹、ぶどう樹、梨樹、桃樹等	
C　茶樹、オリーブ樹、つばき樹、桑樹、こりやなぎ等	

　ハ　少額の減価償却資産
　　少額の減価償却資産とは、法人がその事業の用に供した減価償却資産（国外リース資産及びリース資産を除く。）で、その使用可能期間が1年未満であるもの又は取得価額が10万円未満であるもの（貸付け（主要な事業として行われるものを除く。）の用に供したものを除く。）をいう。
　　この少額の減価償却資産を有する場合において、その取得価額に相当する金額を事業の用に供した日の属する事業年度において損金経理をしたときは、その損金経理した金額は損金の額に算入する（令133）。

【留意点】
・　次に掲げる貸付けは、上記ハの主要な事業として行われる貸付けに該当するものとする（規27の17①）。
A　法人がその法人との間に特定関係（一の者が法人の事業の経営に参加し、事業を実質的に支配し、又は株式若しくは出資を有する場合におけるその一の者と法人との間の関係（以下「当事者間の関係」という。）、一の者との間に当事者間の関係がある法人相互の関係その他これらに準ずる関係をいう。）がある法人の事業の管理及び運営を行う場合におけるその法人に対する資産の貸付け
B　法人に対して資産の譲渡又は役務の提供を行う者のその資産の譲渡又は役務の提供の事業の用に専ら供する資産の貸付け
C　継続的に法人の経営資源（事業の用に供される設備（その貸付けの用に供する資産を除く。）、事業に関する従業者の有する技能又は知識（租税に関するものを除く。）その他これらに準ずるものをいう。）を活用して行い、又は行うことが見込まれる事業としての資産の貸付け
D　法人が行う主要な事業に付随して行う資産の貸付け
・　資産の貸付け後に譲渡人（その内国法人に対して資産を譲渡した者をいう。）その他の者がその資産を買い取り、又はその資産を第三者に買い取らせることを

あっせんする旨の契約が締結されている場合（貸付けの対価の額及び資産の買取りの対価の額（その対価の額が確定していない場合には、対価の額として見込まれる金額）の合計額が内国法人の資産の取得価額のおおむね90％を超える場合に限る。）における貸付けは、上記ハの主要な事業として行われる貸付けに該当しない（規27の17②）。

◆関連通達◆
・少額の減価償却資産又は一括償却資産の取得価額の判定（基通7−1−11）
・一時的に貸付けの用に供した減価償却資産（基通7−1−11の2）
・主要な事業として行われる貸付けの例示（基通7−1−11の3）
・消費税の経理処理方式と少額の減価償却資産等
　10万円未満又は20万円未満であるかどうかは、減価償却資産について消費税等の経理処理方式として法人が採用している税抜経理方式又は税込経理方式に応じ、その適用している方式による価額によって判定する（平元.3.1直法2−1「消費税法等の施行に伴う法人税の取扱いについて」9）。

【裁判例・裁決例】
・最判平成20年9月16日（民集62巻8号2089頁）
　少額減価償却資産に該当するか否かを判断するに当たっては、当該企業の事業活動において、一般的・客観的に、資産としての機能を発揮することができる単位を基準にその取得価額を判断すべきであって、業務の性質上基本的に重要であったり、事業の開始や拡張のために取得したものであったり、多数まとめて取得したものであるなどといったことは、取得価額を判断する上で考慮されるべき点ではないというべきである。

> **コラム** −少額の減価償却資産と固定資産税（償却資産）−
>
> 　少額の減価償却資産や一括償却資産（下記ニ）は、地方税である固定資産税（償却資産）の申告の対象とはならない。
> 　ただし、中小企業者等の少額減価償却資産（下記ホ）は、固定資産税（償却資産）の申告の対象となる。

ニ　一括償却資産
　一括償却資産とは、法人がその事業の用に供した減価償却資産（国外リース資産及びリース資産並びに取得価額が10万円未満で上記ハの適用を受けるもの又は取得価額が30万円未満で下記ホの適用を受けるものを除く。）で、取得価額が20万円未満であるもの（貸付け（主要な事業として行われるものを除く。）の用に供したものを除く。）の全部又は特定の一部を一括したものをいう。
　この一括償却資産の取得価額の合計額（以下「一括償却対象額」という。）に

第1章 各事業年度の所得に対する法人税

ついて、その事業年度以降3年間で損金の額に算入することができる（令133の2）。

この方法を選定した場合には、事業の用に供した事業年度以後に損金の額に算入する金額は、その一括償却対象額の全部又は一部につき損金経理をした金額 **CHECK** のうち、次の金額に達するまでの金額（損金算入限度額）となる。

〔算式〕

一括償却対象額 ÷ 36 × その事業年度の月数

1円未満の端数が生じた場合の取扱いについて明示したものはないが、例えば初年度分で切り上げるなどの方法が考えられる。

この一括償却資産の損金算入制度は、一括償却資産を事業の用に供した日の属する事業年度の確定申告書等にこの一括償却資産に係る一括対象額の記載（法人税別表16(8)）があり、かつ、その計算に関する書類を保存している場合に限り適用される（令133の2⑪）。

また、一括償却対象額につき損金経理をした金額がある場合にも、同別表を確定申告書等に添付しなければならない（令133の2⑫）。

CHECK －損金経理をした金額－

損金経理をした金額には、前事業年度以前において損金の額に算入されなかった損金算入限度超過額が含まれる（令133の2⑨）。

【参考】貸付の用に供したもの

令和4年4月1日以後に取得した減価償却資産については、貸付け（主要な事業として行われるものを除く。）の用に供したものが除かれる（令133の2①）。主要な事業として行われるものについては、上記ハ（P72）を参照（規27の17の2）。

◆関連通達◆

・一括償却資産につき滅失等があった場合の取扱い（基通7－1－13）

法人が法人税法施行令第133条の2第1項《一括償却資産の損金算入》に規定する一括償却資産につき同項の規定の適用を受けている場合には、その一括償却資産を事業の用に供した事業年度後の各事業年度においてその全部又は一部につき滅失、除却等の事実が生じたときであっても、各事業年度においてその一括償却資産につき損金の額に算入される金額は、同項の規定に従い計算される損金算入限度額に達するまでの金額となる。

㊟　一括償却資産の全部又は一部を譲渡した場合についても、同様とする。

第5節　損金の額の計算

【イメージ】

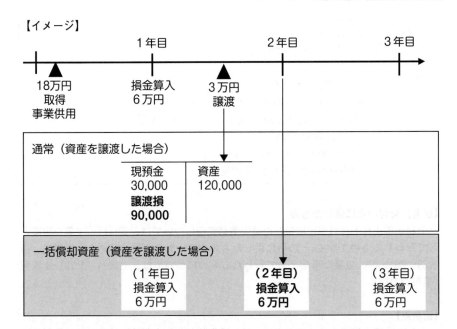

ホ　中小企業者等の少額減価償却資産

中小企業者等の少額減価償却資産とは、中小企業者等（青色申告法人である中小企業者（適用除外事業者を除く。）又は農業協同組合等（措法42の4⑲九）で、常時使用する従業員の数が500人以下の法人）**CHECK**が、平成18年4月1日から令和6年3月31日までの間に取得等をして事業の用に供した減価償却資産で、その取得価額が30万円未満であるもの（取得価額が10万円未満のものその他一定のものを除く。）をいう。

この中小企業者等の少額減価償却資産について、次の金額（損金算入限度額）を限度として、事業の用に供した日を含む事業年度において損金経理をしたときは、損金の額に算入することができる（措法67の5）。

〔損金算入限度額〕
　　取得価額の合計額のうち300万円に達するまでの金額

第1章　各事業年度の所得に対する法人税

> 【イメージ】（適用例）
> ①　電子計算機　280,000円／台
> ②　購入台数　12台
> ③　損金算入限度額の計算
> 　　3,000,000円÷280,000円＝10.7台⇒10台
> 　　280,000円×10台＝2,800,000円（損金算入限度額）
> 　㊟　次の計算ではない。
> 　　　280,000円×12台＝3,360,000円
> 　　　3,000,000円（損金算入限度額）

【参考】貸付の用に供したもの
　令和4年4月1日以後に取得した減価償却資産については、貸付け（主要な事業として行われるものを除く。）の用に供したものが除かれる（措法67の5①括弧書、措令39の28②③）。主要な事業として行われるものについては、上記ハ（P72）を参照（措規22の18）。

【留意点】
・　この特例の適用を受ける資産は、他の特別償却、法人税額の特別控除や租税特別措置法上の圧縮記帳等との重複適用はできない。また、取得価額が10万円未満であるもの（上記ハ）又は一括償却資産の損金算入制度（上記ニ）の適用を受けるものについてもこの特例の適用はない（措法67の5①括弧書、措令39の28②）。
・　この特例は、確定申告書等に少額減価償却資産の取得価額に関する明細書（法人税別表16(7)）の添付がある場合に限り適用される（措法67の5③）。

■　用語解説

用　語	解　説
適用除外事業者	基準年度（その事業年度開始の日前3年以内に終了した各事業年度をいう。以下同じ。）の所得の金額の合計額を各基準年度の月数の合計数で除し、これに12を乗じて計算した金額（設立後3年を経過していないことなどの一定の事由がある場合には、一定の調整を加えた金額）が15億円を超える法人をいう（措法67の5①、42の4⑲ハ）。
取得等	取得、製作及び建設をいう（措法67の5①）。
損金経理	法人がその確定した決算において費用又は損失として経理することをいう（法2二十五）。

第5節　損金の額の計算

CHECK －中小企業者等の判定－

◆　対象法人が、農業協同組合等の場合はⅠ、資本又は出資を有しない法人の場合はⅡ、資本金の額又は出資金の額を有する場合はⅢをそれぞれ確認する。

Ⅰ　農業協同組合等　→　**中小企業者等に該当**（措法でよく用いられる中小法人とは意義が異なることに留意する。）

Ⅱ　資本又は出資を有しない法人

	検討項目	判定		判定結果［Yesの場合］
ⅰ	対象法人は、常時使用する従業員の数が500人超の法人か	Yes	No	中小企業者等⇨非該当
		↓		
ⅲ	対象法人は、適用除外事業者か	Yes		中小企業者等⇨非該当
		No		**中小企業者等⇨該当**

Ⅲ　資本金の額又は出資金の額を有する場合

	検討項目	判定		判定結果［Yesの場合］
ⅰ	対象法人は、資本金の額又は出資金の額が1億円超か	Yes	No	中小企業者等⇨非該当
		↓		
ⅱ-1	対象法人は、同一の大規模法人(注)が、資本金の額又は出資金の額の2分の1以上を所有している法人か	Yes	No	中小企業者等⇨非該当
ⅱ-2	対象法人は、2以上の大規模法人(注)が、資本金の額又は出資金の額の3分の2以上を所有している法人か			
		↓		
ⅲ	対象法人は、適用除外事業者か	Yes		中小企業者等⇨非該当
		No		**中小企業者等⇨該当**

(注)　大規模法人とは、資本金の額若しくは出資金の額が1億円を超える法人又は資本若しくは出資を有しない法人のうち常時使用する従業員の数が1,000人を超える法人をいい、中小企業投資育成株式会社を除く。

第1章 各事業年度の所得に対する法人税

〔まとめ〕 少額の減価償却資産（上記ハ（P72））及び一括償却資産（上記ニ（P73））の損金算入の判定

	検討項目	判定		判定結果［Yesの場合］	
Ⅰ	使用可能期間は、 　　　1年未満か	Yes	No	①**少額の減価償却資産** 　全額損金算入 　［損金経理要件］	
		↓			
Ⅱ	取得価額は、 　　　30万円以上か	Yes	No	②**資産計上** 　減価償却費計上 　［損金経理要件］ 　償却限度額の範囲内	
		↓			
Ⅲ	取得価額は、 　（30万円未満）20万円以上か	Yes	No	法人選択	②資産計上 ③**中小企業者等の** 　**少額減価償却資産** 　減価償却費計上 　［損金経理要件］ 　償却限度額の範囲内
		↓			
Ⅳ	取得価額は、 　（20万円未満）10万円以上か	Yes	No	法人選択	②資産計上 ④**一括償却資産** 　減価償却費計上 　［損金経理要件］ 　3年償却 ③中小企業者等の少額 　減価償却資産
		↓			
Ⅴ	取得価額は、 　　　10万円未満か	Yes		法人選択	①少額の減価償却資産 ④一括償却資産 ②資産計上

(注) 少額の減価償却資産又は一括償却資産とした資産については、固定資産税（償却資産税）の課税対象外となる。他方、中小企業者等の少額減価償却資産の特例を利用した資産については、固定資産税（償却資産税）の課税対象となる。

第5節　損金の額の計算

(4) 非減価償却資産の範囲
　上記(3)ロ（P70）のとおり、減価償却資産とは、法人税法施行令第13条に掲げるもので、事業の用に供され、時の経過又は使用によってその価値が減少するものをいうことから、①事業の用に供していない資産、②時の経過によって価値が減少しない資産は、減価償却資産には該当しない（減価償却は認められない）、これらの資産を一般に「非減価償却資産」という。
　イ　事業の用に供していない資産
　　　事業の用に供していない資産は、たとえ属性が減価償却資産であっても償却が認められない（令13）ことから、例えば、生産調整等のため稼働を休止している資産は、原則として、減価償却資産に該当しない。また、現に事業の用に供していた固定資産を他の場所へ移設する場合のその移設中の固定資産についても、物理的には直ちに稼働しうる状態にあるわけではなく事業の用に供していないため、減価償却資産に該当しない。
　　　しかしながら、ごく短期間又は一時的に稼働を中止している固定資産について償却を中断させることは、経済的実態からみても実情にそぐわないことから、いつでも稼働しうる状態又は直ちに再稼働できる状態であることを前提に、稼働休止資産の取扱いが明らかにされている。

◆関連通達◆
・稼働休止資産（基通７－１－３）
・建設中の資産（基通７－１－４）

【裁判例・裁決例】
・国税不服審判所平成30年３月27日裁決（裁決事例集110集）「事業供用と減価償却費」
　　太陽光発電設備は当該事業年度終了時においては事業の用に供されていないから、法人税法上の減価償却資産に該当しない。そして、当該事業年度において償却費として損金経理をしていたとしても、それは法人税法上の減価償却資産に該当しない資産に係るものであって、法人税法第31条《減価償却資産の償却費の計算及びその償却の方法》第１項に規定する償却費として損金経理をした金額（損金経理額）に該当せず、また、法人税法上の減価償却資産に係る償却超過額にも当たらない。そうすると、請求人が当該事業年度に償却超過額とした金額は、当該翌事業年度において、同条第４項に規定する当該償却事業年度前の各事業年度における当該減価償却資産に係る損金経理額のうち当該償却事業年度前の各事業年度の所得の金額の計算上損金の額に算入されなかった金額（償却超過額）には該当せず、当該翌事業年度の損金経理額に含まれないから、当該翌事業年度の損金の額に算入することはできない。

　ロ　事業の用に供した日
　　　上記イのとおり、事業の用に供していない資産は、非減価償却資産として減価

第1章　各事業年度の所得に対する法人税

償却することはできないが、その資産を事業の用に供したか否かは、業種・業態・その資産の構成及び使用の状況を総合的に勘案して判断することとなる。

「事業の用に供した日」とは、一般的にはその減価償却資産のもつ属性に従って本来の目的のために使用を開始するに至った日をいうことから、例えば、機械等を購入した場合は、機械を工場内に搬入しただけでは事業の用に供したとはいえず、その機械を据え付け、試運転を完了し、製品等の生産を開始した日が事業の用に供した日となる。

なお、事業の用に供した日とは、資産を物理的に使用し始めた日のみをいうのではなく、例えば、賃貸マンションの場合には、建物が完成し、現実の入居がなかった場合でも、入居募集を始めていれば、事業の用に供したものと考えられる。

〔出所〕国税庁資料

◆関連通達◆
・無形減価償却資産の事業の用に供した時期（基通7－1－6）

【裁判例・裁決例】
・最判平成18年1月24日（民集60巻1号252頁）「収益を生む源泉」

ハ　時の経過によりその価値の減少しない資産

　法人税法の規定上、「時の経過によりその価値の減少しないもの」かどうかによって減価償却資産に該当するかどうかを区分することになるため、その取得価額がたとえ高額であっても「時の経過によりその価値が減少しないことが明らかなもの」は、原則として、取得価額を基準に判断することはできず、非減価償却資産に該当し、減価償却できない。

【参考】　時の経過によりその価値の減少しない資産

　美術品等についての減価償却資産の判定（基通7－1－1）には、「時の経過によりその価値の減少しない資産」は減価償却資産に該当しないが、次に掲げる美術品等は「時の経過によりその価値の減少しない資産」として取り扱う。

(イ)　古美術品、古文書、出土品、遺物等のように歴史的価値又は希少価値を有し、代替性のないもの
(ロ)　(イ)以外の美術品等で、取得価額が1点100万円以上であるもの（時の経過によりその価値が減少することが明らかなものを除く。）
(注)1　時の経過によりその価値が減少することが明らかなものには、例えば、会館のロビーや葬祭場のホールのような不特定多数の者が利用する場所の装飾用や展示用（有料で公開するものを除く。）として法人が取得するもののうち、移設することが困難でその用途にのみ使用されることが明らかなものであり、かつ、他の用途に転用すると仮定した場合にその設置状況や使用状況から見て美術品等としての市場価値が見込まれないものが含まれる。
　2　取得価額が1点100万円未満であるもの（時の経過によりその価値が減少しないことが明らかなものを除く。）は減価償却資産と取り扱う。

第5節　損金の額の計算

◆関連通達◆
・貴金属の素材の価額が大部分を占める固定資産（基通7－1－2）
・常備する専用部品の償却（基通7－1－4の2）
・工業所有権の実施権等（基通7－1－4の3）
・研究開発のためのソフトウエア（基通7－1－8の2）

(5) 減価償却資産の取得価額
　イ　減価償却を適正に行うためには耐用年数、取得価額、償却方法、償却率などが合理的なものでなければならない。
　　法人税法施行令第54条では、減価償却資産の取得価額について、その減価償却資産の取得の態様に応じて、取得価額に算入すべき費用を規定している。

取得の態様	費用の目的		事業供用
	取　得		
購入（令54①一）	購入の代価	引取運賃、荷役費、運送保険料、購入手数料、関税	事業の用に供するために直接要した費用の額
建設、製作、製造（同項二）	原材料費、労務費及び経費の額	－	
成育（同項三）	購入代価又は種付費、出産費	飼料費、労務費、経費	
成熟（同項四）	購入代価又は種苗費	肥料費、労務費、経費	
適格合併や適格分割などによる移転（同項五）	適格合併の日の前日など一定の日の属する事業年度において資産の償却限度額の計算の基礎とすべき取得価額		
上記以外の態様（同項六）	通常要する価額（時価）	－	

【留意点】
・　次に掲げる費用の額は、たとえ固定資産の取得に関連して支出するものであっても、これを固定資産の取得価額に算入しないことができる（基通7－3－3の2）。
　(イ)　次に掲げる公租公課の額
　　(A)　不動産取得税又は自動車取得税
　　(B)　特別土地保有税のうち土地の取得に対して課されるもの
　　(C)　新増設に係る事業所税
　　(D)　登録免許税その他登記又は登録のために要する費用
　(ロ)　建物の建設等のために行った調査、測量、設計、基礎工事等でその建設計画を変更したことにより不要となったものに係る費用の額

第1章 各事業年度の所得に対する法人税

　(ハ)　一旦締結した固定資産の取得に関する契約を解除して他の固定資産を取得することとした場合に支出する違約金の額
ロ　取得価額に関する取扱い
　(イ)　土地の取得価額
　　　土地、美術品等の非減価償却資産の取得価額については、法人税法等に特段の規定が設けられていない。しかしながら、この非減価償却資産の取得価額について減価償却資産の取扱いと異にする理由もないことから、上記イの減価償却資産に関する法人税法施行令第54条《減価償却資産の取得価額》の規定及びこれらに関する取扱いを適用することができる（基通7－3－16の2）。
　　　埋立て、地盛り、地ならし、切土、防壁工事その他土地の造成又は改良のために要した費用の額はその土地の取得価額に算入する（基通7－3－4）。
　　　土地についてした防壁又は石垣積み等に要した費用は、その規模、構造等からみて土地と区分して構築物とすることが適当と認められるものの費用の額は、構築物の取得価額とすることができる（基通7－3－4）。
　　　専ら建物等の建設のために行う地質調査、地盤強化、地盛り、特殊な切土等土地の改良のためのものでない工事に要した費用の額は、建物等の取得価額に算入する（基通7－3－4(注)）。

◆関連通達◆
・治山工事等の費用（基通7－3－9）
・公有水面を埋め立てて造成した土地の取得価額（基通7－3－10）
・残し等により埋め立てた土地の取得価額（基通7－3－11）

　(ロ)　借地権の取得価額
　　　借地権の取得価額は、次に掲げる金額の合計額となる（基通7－3－8）。
　　A　土地の賃貸借契約又は転貸借契約（これらの契約の更新及び更改を含む。この(ロ)において「借地契約」という。）に当たり借地権の対価として土地所有者又は借地権者に支払った金額
　　B　土地の上に存する建物等を取得した場合におけるその建物等の購入代価のうち借地権の対価と認められる部分の金額
　　C　賃借した土地の改良のためにした地盛り、地ならし、埋立て等の整地に要した費用の額
　　D　借地契約に当たり支出した手数料その他の費用の額
　　E　建物等を増改築するに当たりその土地の所有者等に対して支出した費用の額
　　　ただし、上記Bの金額が建物等の購入代価のおおむね10％以下の金額であるときは、強いてこれを区分しないで建物等の取得価額に含めることができる（基通7－3－8）。
　(ハ)　ソフトウエアの取得価額

自己の製作に係るソフトウエア（基通７－３－15の２）	ソフトウエアの製作のために要した原材料費、労務費及び経費（例えば、建物の賃借代もこれに含まれる。）の額並びに事業の用に供するために直接要した費用の額の合計額となる（令54①二）。 ✓　上記の取得価額は適正な原価計算に基づき算定する。又は、原価の集計、配賦等につき、合理的であると認められる方法により継続して計算する。
他の者から購入したソフトウエア（同㊟）	購入の代価及び事業の用に供するために直接要した費用の額の合計額となる（令54①一）。 ✓　その直接要した費用の額には、設定作業及び自社の仕様に合わせるために行う付随的な修正作業等の費用の額が含まれる。

【留意点】

・　既に有しているソフトウエア又は購入したパッケージソフトウエア等（以下「既存ソフトウエア等」という。）の仕様を大幅に変更して、新たなソフトウエアを製作するための費用の額は、その新たなソフトウエアの取得価額になる（基通７－３－15の２（注２））。

・　上記の場合（新たなソフトウエアを製作することに伴い、その製作後既存ソフトウエア等を利用することが見込まれない場合に限る。）におけるその既存ソフトウエア等の残存簿価は、その新たなソフトウエアの製作のために要した原材料費となる（基通７－３－15の２（注２））。

・　市場販売目的のソフトウエアにつき、完成品となるまでの間に製品マスターに要した改良又は強化に係る費用の額は、そのソフトウエアの取得価額に算入する（基通７－３－15の２（注３））。

・　次に掲げるような費用の額は、ソフトウエアの取得価額に算入しないことができる（基通７－３－15の３）。

Ａ　自己の製作に係るソフトウエアの製作計画の変更等により、いわゆる仕損じがあったため不要となったことが明らかなものに係る費用の額

Ｂ　研究開発費の額（自社利用のソフトウエアに係る研究開発費の額については、その自社利用のソフトウエアの利用により将来の収益獲得又は費用削減にならないことが明らかな場合におけるその研究開発費の額に限る。）

Ｃ　製作等のために要した間接費、付随費用等で、その費用の額の合計額が少額（その製作原価のおおむね３％以内の金額）であるもの

㈡　立退費用

土地、建物等の使用者等に支払う立退料その他立退きのために要した金額は、土地、建物等の取得価額に算入する（基通７－３－５）。

㈭　建物等の取壊し費用

建物等の存する土地（借地権を含む。）を建物等とともに取得した場合又は自己の有する土地の上に存する借地人の建物等を取得した場合において、その

第1章　各事業年度の所得に対する法人税

取得後おおむね1年以内にその建物等の取壊しに着手する等、当初からその建物等を取り壊して土地を利用する目的であることが明らかであると認められるときは、その建物等の取壊しの時における帳簿価額及び取壊費用の合計額（廃材等の処分によって得た金額がある場合は、その金額を控除した金額）は、その土地の取得価額に算入する（基通7－3－6）。

【個別事例】
　土地とともに取得した建物の取壊しに伴う補助金等の税務上の取扱い（国税庁文書回答事例 平28.3.1回答）

(ヘ)　固定資産について値引き等があった場合
　　法人の有する固定資産について値引き、割戻し又は割引（以下「値引き等」という。）があった場合には、その値引き等のあった日の属する事業年度の確定した決算において次の算式により計算した金額の範囲内で、その固定資産の帳簿価額を減額することができる（基通7－3－17の2）。

〔算式〕

$$値引き等の額 \times \frac{値引き等の直前における固定資産の帳簿価額}{値引き等の直前における固定資産の取得価額}$$

(注)　その固定資産が法人税法又は租税特別措置法の規定による圧縮記帳の適用を受けたものであるときは、算式の分母及び分子の金額はその圧縮記帳後の金額による。

(ト)　事後的に支出する費用
　A　取得価額に算入しないことができる費用
　　　新工場の落成、操業開始等に伴って支出する記念費用等のように減価償却資産の取得後に生ずる付随費用の額は、その減価償却資産の取得価額に算入しないことができる（基通7－3－7）。
　B　取得価額に算入する費用
　　　工場、ビル、マンション等の建設に伴って支出する住民対策費、公害補償費等の費用（基通7－3－11の2の(2)及び(3)に該当するものを除く。）の額で当初からその支出が予定されているもの（毎年支出することとなる補償金を除く。）については、たとえその支出が建設後に行われるものであっても、その減価償却資産の取得価額に算入する（基通7－3－7）。

(チ)　その他

項目	内容
高価買入資産の取得価額 （基通7－3－1）	高価買入価額から贈与したと認められる金額を控除した金額が取得価額となる。
借入金の利子 （基通7－3－1の2）	固定資産の取得のための借入金利子を固定資産の取得価額に算入するかは法人の選択となる。

第5節　損金の額の計算

建設仮勘定に含めた借入金利子 （基通7－3－1の2㊟）	建設仮勘定に含めた段階で取得価額に算入した借入金利子は、その後、借入金利子を抜き出して損金算入できない。
私道を地方公共団体に寄附した場合 （基通7－3－11の5）	私道の帳簿価額（土地及び構築物の帳簿価額の合計額）を土地の帳簿価額に振り替え、寄附をしたことによる損失は生じない。
出願権を取得するための費用（基通7－3－15）	出願権に基づき工業所有権の登録があったときは、その出願権の未償却残額（工業所有権を取得するために要した費用があるときは、その費用の額を加算した金額）に相当する金額をその工業所有権の取得価額とする。

◆関連通達◆
・固定資産の取得に関連して支出する地方公共団体に対する寄附等（基通7－3－3）
・集中生産を行う等のための機械装置の移設費（基通7－3－12）
・被災者用仮設住宅の設置費用（基通7－3－17の3）

(6)　減価償却の方法と法人による選定
　イ　減価償却を適正に行うためには耐用年数、取得価額、償却方法、償却率など合理的なものでなければならない。
　　法人税法第31条及びそれを受けた施行令第48条並びに同令第48条の2では、その取得の時期及びその資産の区分に応じて償却の方法を定めており、法人は、それぞれに定められている償却の方法の中から選定することとなる。

資産の区分		取得の時期	
		平19. 3.31以前に取得した資産	平19. 4. 1以後に取得した資産
建物	平10. 3.31以前に取得	旧定額法 旧定率法	定額法
	平10. 4. 1以後に取得	旧定額法	
建物付属設備及び構築物	平28. 3.31以前に取得	旧定額法 旧定率法	定額法 定率法
	平28. 4. 1以後に所得		定額法
有形減価償却資産		旧定額法 旧定率法	定額法 定率法
鉱業用減価償却資産	次欄の資産以外の資産	旧定額法 旧定率法 旧生産高比例法	定額法 定率法 生産高比例法

第1章 各事業年度の所得に対する法人税

鉱業用減価償却資産	平28．4．1以後に取得した建物、建物付属設備及び構築物	旧定額法 旧定率法 旧生産高比例法	定額法 生産高比例法
無形減価償却資産		旧定額法	定額法
生物		旧定額法	定額法
鉱業権		旧定額法 旧生産高比例法	定額法 生産高比例法
リース資産		旧国外リース期間定額法	リース期間定額法

【参考】リース契約
・平19．3．1以前に取得した資産
　平成10年10月1日から平成20年3月31日までの間に締結するリース契約の目的とされているものに限る。
・平19．4．1以後に取得した資産
　所有権移転外リース取引に係る契約が平成20年4月1日以後に締結されたものに限る。

【参考】特別な償却の方法
・構築物又は機械及び装置のうち特定のものは、納税地の所轄税務署長の承認を受けて取替法（令49、規10、耐通5－1－3）を採用することができる。
・漁網、活字用地金等特定の減価償却資産は、納税地の所轄国税局長の認定を受けて特別な償却率による償却方法（令50①、規12、耐通4－1－1～5）を採用することができる。

ロ　償却方法の選定単位

　　法人税法施行令第51条第1項及び法人税法施行規則第14条は、償却方法の選定単位を規定したものである。この償却の方法は、法人が上記イの表の資産の区分に応じて定められた償却の方法の中から、任意にいずれかの方法を選択することができる。また、法人の有する減価償却資産の全部について同一の方法による必要はなく、グループごとに定額法又は定率法を適用することも可能である。

　　なお、2以上の事業所又は船舶を有する法人は、その事業所又は船舶ごとに償却の方法を選定することができる（令51①）。

ハ　償却方法の届出

　　法人の有する減価償却資産又は新たに取得した減価償却資産に2以上の償却の方法が定められている場合には、例えば、新たに設立した法人については設立の日の属する事業年度に係る確定申告書の提出期限までに、これらの方法のうちそのよるべき方法を選定し、納税地の所轄税務署長に届け出なければならない（令51②）。

　　また、次の区分の事実が生じた場合には、それぞれの提出期限までに届出等をする必要がある（令51②、52②）。

第5節　損金の額の計算

区　　分	提出期限
設立後、既に償却の方法を選定した減価償却資産（法定償却方法によるべきものを含む。）以外の減価償却資産の取得をした場合（令51②五）	（届出） 取得をした日の属する事業年度の確定申告書の提出期限
新たに事業所を設けた法人で、その事業所に属する減価償却資産につき、既に選定した償却の方法と異なる方法を選定しようとする場合（令51②六）	（届出） 新たに事業所を設けた日の属する事業年度の確定申告書の提出期限
新たに事業所を設けた法人で、既に事業所ごとに異なる償却の方法を選定している場合（令51②六）	
償却の方法を変更する場合（令52①②）	（申請） 新たな償却の方法を採用しようとする事業年度の開始の日の前日

二　法定償却方法

　　上記ハの償却方法の選定の届出をしなかった場合には、次表の取得の時期及び資産の区分に応じ、それぞれの償却の方法となる（令53）。

　Ⅰ　平成19年３月31日以前に取得した減価償却資産

資産の区分	償却の方法
平10．3．31以前に取得した建物、建物の附属設備、構築物、機械及び装置、船舶、航空機、車両及び運搬具、工具、器具及び備品 （令48①一イ、二に掲げる減価償却資産）	旧定率法
鉱業用減価償却資産、鉱業権 （令48①三、五に掲げる減価償却資産）	旧生産高比例法

　Ⅱ　平成19年４月１日以後に取得した減価償却資産

資産の区分	償却の方法
平28．3．31以前に取得した減価償却資産（建物を除く。）、機械及び装置、船舶、航空機、車両及び運搬具、工具、器具及び備品 （令48の２①一イ、二に掲げる減価償却資産）	定率法
鉱業用減価償却資産、鉱業権 （令48の２①三、五に掲げる減価償却資産）	生産高比例法

第1章　各事業年度の所得に対する法人税

◆関連通達◆
・償却方法の変更申請があった場合の「相当期間」（基通7－2－4）

ホ　償却方法の変更申請があった場合
ヘ　償却方法を変更した場合の償却限度額
　法人の償却方法の変更承認の申請に対し、その承認があった場合（承認があったとみなされる場合を含む。）における償却限度額は、次のとおり計算する。
　(イ)　定額法を定率法に変更した場合等の償却限度額の計算
　　　減価償却資産の償却方法について、定額法を定率法に変更した場合には、その後の償却限度額（法人税法施行令第61条第2項《減価償却資産の償却累積額による償却限度額の特例》の規定による償却限度額を除く。）は、その変更した事業年度開始の日における帳簿価額、その減価償却資産に係る改定取得価額又はその減価償却資産に係る取得価額を基礎とし、減価償却資産について定められている耐用年数に応ずる償却率、改定償却率又は保証率により計算する（基通7－4－3）。
　　㊟　その減価償却資産について繰越控除される償却不足額があるときは、その償却不足額は、変更をした事業年度開始の日における帳簿価額から控除する。
　(ロ)　定率法を定額法に変更した場合等の償却限度額の計算
　　　減価償却資産の償却方法について、定率法を定額法に変更した場合には、その後の償却限度額（法人税法施行令第61条第2項《減価償却資産の償却累積額による償却限度額の特例》の規定による償却限度額を除く。）は、次のAに定める取得価額又は残存価額を基礎とし、次のBに定める年数に応ずるそれぞれの償却方法に係る償却率により計算する（基通7－4－4）。
　　A　取得価額又は残存価額は、その減価償却資産の取得の時期に応じて次の(A)又は(B)に定める価額による。
　　　(A)　平成19年3月31日以前に取得した減価償却資産　その変更した事業年度開始の日における帳簿価額を取得価額とみなし、実際の取得価額の10％相当額を残存価額とする。
　　　(B)　平成19年4月1日以後に取得した減価償却資産　その変更した事業年度開始の日における帳簿価額を取得価額とみなす。
　　B　耐用年数は、減価償却資産の種類の異なるごとに、法人の選択により、次の(A)又は(B)に定める年数による。
　　　(A)　その減価償却資産について定められている耐用年数
　　　(B)　その減価償却資産について定められている耐用年数から採用していた償却方法に応じた経過年数（その変更をした事業年度開始の日における帳簿価額を実際の取得価額をもって除して得た割合に応ずる耐用年数に係る未償却残額割合に対応する経過年数）を控除した年数（その年数が2年に満たない場合には、2年）
　　㊟1　Bの(B)に定める経過年数の計算は、法人税法施行規則第19条《種類等

第5節　損金の額の計算

　　　を同じくする減価償却資産の償却限度額）の規定により一の償却計算単
　　　位として償却限度額を計算する減価償却資産ごとに行う。
　　2　その減価償却資産について償却不足額があるときは、その償却不足額
　　　は、変更をした事業年度開始の日における帳簿価額から控除する。

◆関連通達◆
・旧定率法を旧定額法に変更した後に資本的支出をした場合等（基通7－4－4の2）

(7)　減価償却費の計算
　法人の各事業年度終了の時において有する減価償却資産につきその償却費として損金の額に算入する金額は、その法人が償却費として損金経理をした金額（以下「損金経理額」という。）のうち、その取得をした日及びその種類の区分に応じ、償却費が毎年同一となる償却の方法、償却費が毎年一定の割合で逓減する償却の方法その他一定の償却方法の中からその法人がその資産について選定した償却の方法（償却の方法を選定しなかった場合には、償却の方法のうち一定の方法）に基づき計算した金額（以下「償却限度額」という。）に達するまでの金額となる。この点、個人の所得税に係る取扱いと異なる（法31①）。
　イ　償却費として損金経理した金額
　　(イ)　原則
　　　　償却限度額の計算の対象となる減価償却資産は、各事業年度終了の時における確定した決算に基づく貸借対照表に計上されているもの及びその他の資産につきその償却費として損金経理をした金額があるものに限られる（令58）。したがって、償却限度額の計算の基礎となる減価償却資産の取得価額の全部を資産に計上し、かつ、償却費として損金経理しておくことが重要である。
　　(ロ)　償却費として損金経理した金額に含まれるもの
　　　　「償却費として損金経理をした金額」には、法人が償却費の科目をもって経理した金額のほか、損金経理をした次に掲げるような金額も含まれる（基通7－5－1）。
　　　A　減価償却資産の取得価額（令54①）に算入すべき付随費用の額のうち、取得原価外処理をした金額
　　　B　減価償却資産について法人税法又は租税特別措置法の規定による圧縮限度額を超えてその帳簿価額を減額した場合のその超える部分の金額
　　　C　減価償却資産について支出した金額で修繕費として経理した金額のうち、資本的支出（令132）として損金の額に算入されなかった金額
　　　D　無償又は低い価額で取得した減価償却資産につきその取得価額として法人の経理した金額が取得価額（令54）に満たない場合のその満たない金額
　　　【イメージ】
　　　　本来の取得価額　　　1,000　　　低い価額　　400
　　　　　　減価償却資産　　400　／　現預金　　　400

第1章　各事業年度の所得に対する法人税

　　　　　（減価償却費　　600　/　受贈益　　600）
　　　　　　└→別表四　減算　　　└→別表四　加算

　　E　減価償却資産について計上した除却損又は**評価損の金額**のうち損金の額に算入されなかった金額
　　　　✓　**評価損の金額**には、法人が計上した減損損失の金額も含まれる。
　　F　少額な減価償却資産（おおむね60万円以下）又は耐用年数が3年以下の減価償却資産の取得価額を消耗品費等として損金経理をした場合のその損金経理をした金額
　　G　ソフトウエアの取得価額（令54①）に算入すべき金額を研究開発費として損金経理をした場合のその損金経理をした金額（上記**(5)**ロ(ハ)B（P83））
　(ハ)　申告調整による償却費の損金算入
　　　法人が減価償却資産の取得価額の全部又は一部を資産に計上しないで損金経理をした場合（上記(ロ)の場合を除く。）又は**贈与により取得した減価償却資産**の取得価額の全部を資産に計上しなかった場合において、これらの資産を事業の用に供した事業年度の確定申告書又は修正申告書に添付した減価償却に関する明細書（令63）にその計上しなかった金額を記載して申告調整をしているときは、その記載した金額は、償却費として損金経理をした金額に含まれる（基通7-5-2）。
　　　✓　**贈与により取得した減価償却資産**が、少額の減価償却資産の取得価額の損金算入（令133①）によりその取得価額の全部を損金の額に算入することができるものである場合には、損金経理をしたものとなる。
　ロ　償却費の損金経理に関する取扱い
　(イ)　償却費以外の科目と損金経理
　　　上記イ(ロ)のとおり、法人が償却費以外の科目によって損金の額に算入した場合であっても、それが、例えば、取得価額を構成しないものと誤認されやすい付随費用、資本的支出又は低額取得の場合の時価との差額や、減価償却と同じ性質、すなわち、減価償却資産の費用化の一形態であるといえる除却、評価損については、償却費として損金経理したものとして認めることとされている。
　　　このような趣旨からすれば、ある備品の本体価額について、仕入などのような科目により経理しているときまで「償却費として損金経理をした」とは認められないと考えられるので、その場合には資産計上もれとして処理することになろう。
　(ロ)　稼働休止資産と事業未供用資産
　　　いったん事業の用に供した固定資産について、その後何らかの事情により遊休状態になった場合には、その固定資産は事業の用に供していないことから「償却費として損金経理すること」はできない。
　　　しかしながら、固定資産が長期にわたって遊休状態となり、物理的、経済的に減耗が生ずることは避けられないことから、このような場合、一定の要件をみたせば評価損の計上により、その減耗部分の費用化が認められる場合もある（法33、令68）。

また、取得はしたものの一度も事業の用に供されることなく放置されるに至った固定資産については、法人税法上の減価償却資産に該当せず、「償却費として損金経理すること」はできない。
　しかしながら、これについても物理的・経済的に減耗が生ずることは避けられないことから、一定の要件を満たせば評価損の計上により、その減耗部分の費用化が認められる場合もある（法33、令68①三ホ、基通9－1－16）。

(8) 耐用年数と償却率
　イ　耐用年数
　　耐用年数は、減価償却資産に通常考えられる維持補修を行った場合において、その減価償却資産が本来の用途・用法により予定される効果をいつまで上げることが可能かを測定して決定されている。この点、その減価償却資産について、物理的減価のほか、経済的減価などが考慮されているので、いわゆる効用持続年数によるとされている。
　　減価償却とは、建物、構築物及び機械装置等の取得原価をその使用される期間にわたって費用配分することであり、この期間が減価償却手続における耐用年数である。耐用年数は、物理的減価と経済的減価とを勘案して決定されるものであるが、その決定には恣意性が入りやすいことから、税務上は課税の公平の観点から画一的に定めている。
　　税務上の耐用年数は、昭和26年に定められた「固定資産の耐用年数等に関する省令」を基に「減価償却資産の耐用年数等に関する省令」で定められている。
　　具体的に、耐用年数省令別表において、減価償却資産の種類等に応じて次のように定められている。

別表第一	機械及び装置以外の有形減価償却資産の耐用年数表
別表第二	機械及び装置の耐用年数表
別表第三	無形減価償却資産の耐用年数表
別表第四	生物の耐用年数表
別表第五	公害防止用減価償却資産の耐用年数表
別表第六	開発研究用減価償却資産の耐用年数表
別表第七	平成19年3月31日以前に取得をされた減価償却資産の償却率表
別表第八	平成19年4月1日以後に取得をされた減価償却資産の定額法の償却率表
別表第九	平成19年4月1日から平成24年3月31日までの間に取得をされた減価償却資産の定率法の償却率、改定償却率及び保証率の表
別表第十	平成24年4月1日以後に取得をされた減価償却資産の定率法の償却率、改定償却率及び保証率の表
別表第十一	平成19年3月31日以前に取得をされた減価償却資産の残存割合表

第1章　各事業年度の所得に対する法人税

ロ　償却率

減価償却の計算を行う場合の償却率は、平成19年3月31日以前に取得した減価償却資産と同年4月1日以後に取得した減価償却資産で異なる。

Ⅰ　平成19年3月31日以前に取得した減価償却資産

平成19年3月31日以前に取得した減価償却資産の耐用年数に応じた償却率は、旧定額法及び旧定率法の区分に応じ別表第七で定められている（耐用年数省令4）。

償却率	旧定額法 旧定率法	耐用年数省令 別表第七

【留意点】

・事業年度が1年未満の場合には、次による。

$$\text{旧定額法の償却率} = \frac{\text{その減価償却資産の耐用年数に対応する別表第七に定める旧定額法の償却率}}{12} \times \text{その事業年度の月数}$$

（小数点3位未満の端数があるときは、その端数は切上げ）

【参考】旧定率法の償却率

その減価償却資産の耐用年数に12を乗じて、その事業年度の月数で除して得た耐用年数（1年未満の端数は切捨て。）に対応する別表第七に定める旧定率法の償却率による（耐令4②、耐通5-1-1）。

これによって算出された耐用年数が100を超える場合の償却限度額は、法定耐用年数に対応する償却率をもって算出した償却額にその事業年度の月数を乗じた金額を12で除して金額とする（基通7-4-1）。

Ⅱ　平成19年4月1日以後に取得した減価償却資産

平成19年4月1日以後に取得した減価償却資産の耐用年数に応じた償却率等は、次表のとおり償却方法の区分に応じそれぞれの別表で定められている（耐用年数省令5）。

償却率	定額法	耐用年数省令 別表第八
償却率 改定償却率 保証率	定率法	平24.3.31以前に取得したもの 耐用年数省令 別表第九
		平24.4.1以後に取得したもの 耐用年数省令 別表第十

第5節　損金の額の計算

(9) 償却限度額等

　法人の有する減価償却資産（各事業年度終了の時における確定した決算に基づく貸借対照表に計上されているもの及びその他の資産につきその償却費として損金経理をした金額があるものに限る。）の各事業年度の償却限度額は、その資産につきその内国法人が採用している償却の方法に基づいて計算した金額となる（令58）。

　具体的には、上記(6)（P85）の償却の方法ごとに次により計算する。

イ　平成19年3月31日以前に取得した減価償却資産の償却方法

償却方法	内容
	算式
旧定額法 （令48①一イ(1)）	償却費が毎年同一となるように、**次の算式**により計算した金額を、各事業年度の償却限度額とする方法
	（取得価額－残存価額）×旧定額法による償却率
旧定率法 （令48①一イ(2)）	償却費が毎年一定の割合で逓減するように、**次の算式**により計算した金額を、各事業年度の償却限度額とする方法
	（取得価額－既に損金の額に算入された償却費） ×旧定率法による償却率
旧生産高比例法 （令48①三ハ）	その資産の属する鉱区に係る産出物の一定単位当たりの償却が同額となるように、**次の算式**により計算した金額を、各事業年度の償却限度額とする方法
	採掘数量 × $\dfrac{\text{取得価額－残存価額}}{\text{耐用年数（採掘予定年数が耐用年数より短い場合は採掘予定年数）の期間内の採掘予定数量}}$
旧国外リース 期間定額法 （令48①六）	国外リース資産について、**次の算式**により計算した金額を、各事業年度の償却限度額とする方法
	$\dfrac{(\text{国外リース資産の取得価額} - \text{見積残存価額}) \times \text{その事業年度のリース期間の月数}}{\text{改正前リース取引に係る契約定められたリース期間の月数}}$

ロ　平成19年4月1日以後に取得をされた減価償却資産

償却方法	内容
	算式
定額法 （令48の2①一イ(1)）	償却費が毎年同一となるように、**次の算式**により計算した金額を、各事業年度の償却限度額とする方法
	取得価額×定額法による償却率

第1章 各事業年度の所得に対する法人税

定率法 (令48の2①一 イ(2))	償却費が毎年一定の割合で逓減するように、**次の算式**により計算した金額を、各事業年度の償却限度額とする方法 (取得価額－既に損金の額に算入された償却費) ×定率法による償却率＝調整前償却額 取得価額×耐用年数に応じた保証率＝償却保証額 A　調整前償却額≧償却保証額である場合 　　調整前償却額＝償却限度額 B　調整前償却額＜償却保証額である場合 　　改定取得価額×改定償却率＝償却限度額
生産高比例法 (令48の2①三 イ(2))	その資産の属する鉱区に係る産出物の一定単位当たりの償却が同額となるように、**次の算式**により計算した金額を、各事業年度の償却限度額とする方法 採掘数量×$\dfrac{\text{取得価額}}{\text{耐用年数（採掘予定年数が耐用年数より短い場合は採掘予定年数）の期間内の採掘予定数量}}$
リース期間定額法（令48の2①六）	国外リース資産について、**次の算式**により計算した金額を、各事業年度の償却限度額とする方法 (リース資産の取得価額－残価保証額)×$\dfrac{\text{その事業年度のリース期間の月数}}{\text{リース資産のリース期間の月数契約定められたリース期間の月数}}$

(10) 償却の特例
　　イ　耐用年数の短縮
　　　その有する減価償却資産が次に掲げる事由により、その使用可能期間が法定耐用年数に比して著しく短くなったこと **CHECK** に該当する場合において、その該当する減価償却資産の使用可能期間のうちいまだ経過していない期間（以下「未経過使用可能期間」という。）を基礎としてその償却限度額を計算することについて納税地の所轄国税局長の承認を受けたときは、その資産の承認を受けた日の属する事業年度以後の各事業年度の償却限度額の計算については、その承認に係る未経過使用可能期間をもって法定耐用年数とみなすことにより、適用すべき耐用年数を短縮することができる（令57、規16）。
　　　(イ)　資産の材質又は製作方法がこれと種類及び構造を同じくする他の減価償却資産の通常の材質又は製作方法と著しく異なること。
　　　(ロ)　資産の存する地盤が隆起し、又は沈下したこと。
　　　(ハ)　資産が陳腐化したこと。
　　　(ニ)　資産がその使用される場所の状況に基因して著しく腐食したこと。
　　　(ホ)　資産が通常の修理又は手入れをしなかったことに基因して著しく損耗したこと。

第5節　損金の額の計算

(ヘ)　減価償却資産の構成が、同一種類の他の減価償却資産の通常の構成と著しく異なること。
(ト)　資産が機械及び装置である場合において、その資産の属する設備が平成20年税制改正前の耐用年数省令別表第二（機械及び装置の耐用年数表）に特掲された設備以外のものであること。
(チ)　その他、上記に掲げる事由に準ずる事由

> **CHECK** －その使用可能期間が法定耐用年数に比して著しく短くなったこと－
>
> 「その使用可能期間が法定耐用年数に比して著しく短くなったこと」とは、その減価償却資産の使用可能期間がその法定耐用年数に比しておおむね10%以上短い年数となったことをいう（基通7－3－18）。

◆関連通達◆
・耐用年数の短縮の対象となる資産の単位（基通7－3－19）から耐用年数短縮が届出により認められる資産の更新に含まれる資産の取得等（基通7－3－24）

ロ　増加償却（通常の使用時間を超えて使用される機械及び装置の償却限度額の特例）
　　法人の有する機械及び装置の使用時間がその機械及び装置の平均的な使用時間を超える場合において、適用要件（下記(イ)）のいずれも満たすときは、納税地の所轄税務署長に対し確定申告書の提出期限までに書類「増加償却の届出書」を提出することにより、その機械及び装置については、増加償却をすることができる（令60）。この場合の機械及び装置のその事業年度の償却限度額は、改定償却限度額（下記(ロ)）となる。
(イ)　適用要件
　　A　償却の方法として旧定額法、旧定率法、定額法又は定率法を採用している機械及び装置
　　B　使用時間が通常の経済事情における**平均的な使用時間**（8時間又は16時間）を超えること。
　　　✓　**通常の使用時間**は、耐用年数の適用等に関する取扱通達の付表5による。
　　C　**増加償却割合**が10%以上であること。
　　　✓　**増加償却割合**とは、1日当たり超過使用時間に1,000分の35を乗じた割合をいう（令60、規20①）。
　　　✓　**1日当たり超過使用時間**は、その事業年度における個々の機械及び装置の超過操業時間の合計時間を通常の使用日数で除して得た平均超過使用時間を基礎として計算する（規20②）。
　　D　平均的な使用時間を超えて使用したことを証する書類を保存しているこ

第1章　各事業年度の所得に対する法人税

と。

(ロ) 改定償却限度額

〔算式〕

| 機械及び装置の その事業年度の償却限度額 × （１＋増加償却割合） |

◆関連通達◆
・増加償却の適用単位（基通7－4－5）
・中間期間で増加償却を行った場合（基通7－4－6）
・貸与を受けている機械及び装置がある場合の増加償却（基通7－4－7）

(11) 資本的支出と修繕費

　法人の有する固定資産については、通常の維持管理又は修理のための維持費、補修費及び改造費などの支出が生じることとなるが、これらの支出が修繕費に該当する場合にはその支出した日の一時の損金（費用）となり、資本的支出に該当する場合には、その対象となった減価償却資産とは別の新規の減価償却資産を支出したときに取得したこととなるので、その対象となった減価償却資産と同じ種類及び耐用年数により減価償却を行うこととなる。
　しかしながら、これらの支出は、実務においては混在してなされることが多いことから、実務上、これをいかに区分するのかが問題となる。

コラム　－維持費、補修費、改造費など－

〔維持・管理費〕
　固定資産を常時使用可能な状態にしておくために必要な費用
〔修理・補修費〕
　固定資産の一部毀損を現状に回復するための費用
〔改良・拡張費〕
　能率増進・用途変更等固定資産の価値を増加させる費用
〔増設・拡張費〕
　増設・拡張等新たな資産の取得のために要する費用

イ　資本的支出

　法人税法施行令第132条では、法人が、修理、改良その他いずれの名義をもって支出するかを問わず、その有する固定資産についてする金額で、次の(イ)又は(ロ)の金額に該当するもの（そのいずれにも該当する場合には、いずれか多い金額）は、その支出する日の属する事業年度の損金の額に算入しないと規定している。

第5節　損金の額の計算

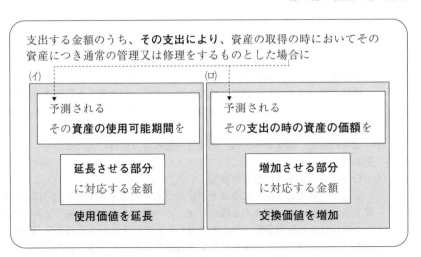

すなわち、法人がその有する固定資産の修理、改良等のために支出した金額のうちその耐久性を増し（図(イ)）、又はその固定資産の価値を高める（図(ロ)）こととなると認められる部分に対応する金額が資本的支出となるということである。

【イメージ】

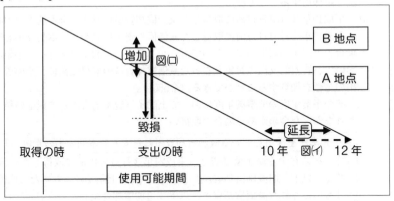

（解説）
I　ある時点で減価償却資産が毀損して、通常の使用ができない状態となり、下向きの→のように、その価値が下落する。
II　改良することにより、A地点、すなわち、もとの地点まで戻すだけであれば、それに係る費用は修繕費となる。
III　それ以上のB地点までいけば、A地点からB地点までに係る費用は資本的支出となる。
　これによって、**交換価値**は高まり、**使用価値**も10年から12年に伸びる。

第1章　各事業年度の所得に対する法人税

ロ　資本的支出の例示
次に掲げるような金額は、原則として資本的支出に該当する（基通7－8－1）。
(イ)　建物の避難階段の取付等物理的に付加した部分に係る費用の額
(ロ)　用途変更のための模様替え等改造又は改装に直接要した費用の額
(ハ)　機械の部品を特に品質又は性能の高いものに取り替えた場合のその取替えに要した費用の額のうち通常の取替えの場合にその取替えに要すると認められる費用の額を超える部分の金額
(注)　建物の増築、構築物の拡張、延長等は建物等の取得に当たる。

ハ　資本的支出の取得価額
(イ)　資本的支出があった場合の原則
上記イ（資本的支出）によりその支出する日の属する事業年度の損金の額に算入されなかった金額がある場合には、その金額を法人税法施行令第54条第1項の規定による取得価額（上記(5)P81）として、その有する減価償却資産と種類及び耐用年数を同じくする減価償却資産を支出したときに新たに取得したものとされる（令55①）。

これにより、平成19年3月31日以前に取得した減価償却資産に対して資本的支出を行った場合には、その資本的支出の対象となった減価償却資産が旧定額法又は旧定率法等を採用していたとしても、その資本的支出の金額は、同年4月1日以後に新たに取得した減価償却資産の取得価額として、定額法又は定率法等を採用することとなる。

(ロ)　平成19年3月31日以前に取得した減価償却資産に対する資本的支出の特例
平成19年3月31日以前に取得した減価償却資産に対して資本的支出を行った場合、上記(イ)の取扱いによるのであるが、その資本的支出を行った事業年度において、資本的支出の対象となった減価償却資産の取得価額に、その資本的支出の金額を加算することができる（令55②）。

(ハ)　その事業年度の前事業年度において上記イ（資本的支出）の損金の額に算入されなかった金額がある場合の取扱い

A　定率法を採用している減価償却資産に対する資本的支出の特例
その有する減価償却資産（平成24年3月31日以前に取得した資産を除く。以下「旧減価償却資産」という。）及び上記(イ)により新たに取得したものとされた減価償却資産（以下「追加償却資産」という。）について定率法を採用しているときは、その事業年度開始の時において、その時における旧減価償却資産の帳簿価額と追加償却資産の帳簿価額との合計額を取得価額とする一の減価償却資産を、新たに取得したものとすることができる（令55④）。 この場合、資本的支出のあった翌事業年度開始の日を取得日として、「旧減価償却資産」の種類及び耐用年数に基づいて償却を行っていくこととなる。
B　同一事業年度内に行われた複数の資本的支出の特例

> その金額に係る追加償却資産について定率法を採用し、かつ、上記Aの適用を受けないときは、その事業年度開始の時において、その適用を受けない追加償却資産のうち種類及び耐用年数を同じくするものの開始の時における帳簿価額の合計額を取得価額とする一の減価償却資産を、新たに取得したものとすることができる（令55⑤）。

ニ　修繕費

　法人がその有する固定資産の修理、改良等のために支出した金額のうち、その固定資産の通常の維持管理のため、又は毀損した固定資産につきその原状を回復するために要したと認められる部分の金額が修繕費となる。

　減価償却資産は、取得をして通常の維持管理を行うことにより想定された期間について使用できるものであり、その維持管理に係る費用はランニングコストとして一時の損金として処理している。

【イメージ】

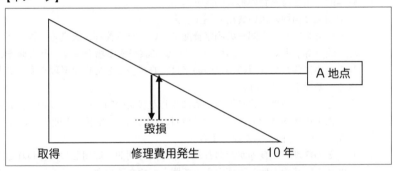

（解説）
Ⅰ　ある時点で減価償却資産が毀損して、通常の使用ができない状態になり、下向きの→のように、その価値が下落する。
Ⅱ　修理することにより、A地点、すなわち、もとの地点まで戻すだけであれば、それに係る費用は修繕費となる。
　　これによって、**交換価値**は高まるわけではなく、**使用価値**も10年のままの状態に回復する。

ホ　修繕費に含まれる費用
　次に掲げるような金額は、修繕費に該当する（基通7－8－2）。
(イ)　建物の移えい又は解体移築をした場合（移えい又は解体移築を予定して取得した建物についてした場合を除く。）におけるその移えい又は移築に要した費用の額。ただし、解体移築にあっては、旧資材の70％以上がその性質上再使用できる場合であって、その旧資材をそのまま利用して従前の建物と同一の規模及び構造の建物を再建築するものに限る。
(ロ)　機械装置の移設（基通7－3－12《集中生産を行う等のための機械装置の移

第1章　各事業年度の所得に対する法人税

設費）の本文の適用のある移設を除く。）に要した費用（解体費を含む。）の額
(ハ) 地盤沈下した土地を沈下前の状態に回復するために行う地盛りに要した費用の額。ただし、次に掲げる場合のその地盛りに要した費用の額を除く。
　A　土地の取得後直ちに地盛りを行った場合
　B　土地の利用目的の変更その他土地の効用を著しく増加するための地盛りを行った場合
　C　地盤沈下により評価損を計上した土地について地盛りを行った場合
(ニ) 建物、機械装置等が地盤沈下により海水等の浸害を受けることとなったために行う床上げ、地上げ又は移設に要した費用の額。ただし、その床上工事等が従来の床面の構造、材質等を改良するものである等明らかに改良工事であると認められる場合のその改良部分に対応する金額を除く。
(ホ) 現に使用している土地の水はけを良くする等のために行う砂利、砕石等の敷設に要した費用の額及び砂利道又は砂利路面に砂利、砕石等を補充するために要した費用の額

ヘ　資本的支出と修繕費の形式的区分基準
(イ) 少額又は周期の短い費用の損金算入
　　一の計画に基づき**同一の固定資産**について行う修理、改良等（以下「一の修理、改良等」という。）が次のいずれかに該当する場合には、その修理、改良等のために要した費用の額については、修繕費として損金経理をすることができる（基通7－8－3）。
　A　その一の修理、改良等のために要した費用の額（その一の修理、改良等が2以上の事業年度にわたって行われるときは、各事業年度ごとに要した金額。）が20万円に満たない場合
　B　その修理、改良等がおおむね3年以内の期間を周期として行われることが既往の実績その他の事情からみて明らかである場合
　✓　**同一の固定資産**は、一の設備が2以上の資産によって構成されている場合にはその一の設備を構成する個々の資産とし、送配管、送配電線、伝導装置等のように一定規模でなければその機能を発揮できないものについては、その最小規模として合理的に区分した区分ごととする。
(ロ) 形式基準による修繕費の判定
　　一の修理、改良等のために要した費用の額のうちに資本的支出であるか修繕費であるかが明らかでない金額がある場合において、その金額が次のいずれかに該当するときは、修繕費として損金経理をすることができる（基通7－8－4）。
　A　その金額が60万円に満たない場合
　B　その金額がその修理、改良等に係る固定資産の前期末における取得価額のおおむね10％相当額以下である場合
　(注)1　前事業年度前の各事業年度において、上記ハ(イ)のA（P98）の適用を受けた場合における固定資産の取得価額とは、同Aの一の減価償却資産の取得価額をいうのではなく、同Aの旧減価償却資産の取得価額と追加償却資

産の取得価額との合計額をいう。
2 固定資産には、その固定資産についてした資本的支出が含まれるのであるから、その資本的支出が上記ハ(ハ)のB（P99）の適用を受けた場合であっても、その固定資産に係る追加償却資産の取得価額はその固定資産の取得価額に含まれる。
(ハ) 資本的支出と修繕費の区分の特例
一の修理、改良等のために要した費用の額のうちに資本的支出であるか修繕費であるかが明らかでない金額（上記(イ)又は(ロ)の適用を受けるものを除く。）がある場合には、継続してその金額の30％相当額とその修理、改良等をした固定資産の前期末における取得価額の10％相当額とのいずれか少ない金額を修繕費とし、残額を資本的支出として経理することができる（基通7－8－5）。
ト 資本的支出及び修繕費に関する取扱い
(イ) ソフトウエアに係る資本的支出と修繕費
法人の有するソフトウエアについてプログラムの修正等を行った場合において、その修正等が次のいずれかの事実に該当するときは、その要した費用はそれぞれ次により処理する（基通7－8－6の2）。

〔事実〕	〔処理〕
プログラムの機能上の障害の除去、現状の効用の維持等に該当するとき	修繕費
新たな機能の追加、機能の向上等に該当するとき	資本的支出

(注)1 既に有しているソフトウエア又は購入したパッケージソフトウエア等の仕様を大幅に変更するための費用のうち、上記(5)ロ(ハ)の「自己の製作に係るソフトウエア」（P83）により取得価額になったもの（上記(5)ロの【留意点】の「ソフトウエアの取得価額に算入しないことができる費用」（P83）により取得価額に算入しないこととしたものを含む。）以外のものは、資本的支出に該当する。
2 上記本文の修正等に要した費用（修繕費に該当するものを除く。）又は上記(注)1の費用が研究開発費（自社利用のソフトウエアについてした支出に係る研究開発費については、その自社利用のソフトウエアの利用により将来の収益獲得又は費用削減にならないことが明らかな場合における当該研究開発費に限る。）に該当する場合には、資本的支出としないことができる。
(ロ) 耐用年数を経過した資産についてした修理、改良等
耐用年数を経過した減価償却資産について修理、改良等をした場合であって

第1章　各事業年度の所得に対する法人税

も、その修理、改良等のために支出した費用の額に係る資本的支出と修繕費の区分については、上記イからへまでの取扱いによりその判定を行うこととなる（基通7－8－9）。

(12) 除却損失等
　イ　概要
　　企業会計上、固定資産の正規の減価償却に関連する手続の一つとして除却がある。上記(2)（P69）のとおり、減価償却の目的は、減価償却資産の取得費用をその耐用年数にわたって配分することによって、各事業年度の損益計算を適正なものとすることにあるが、その耐用年数が経過して、機能的又は経済的な減価を原因とする陳腐化・不適応化を理由に、その減価償却資産の廃棄処分が行われた場合には、その未償却残高（廃材等がある場合には、その見積額を控除した金額）を除却損（臨時損失）として処理することとなる。

　　法人税法上も企業会計と同様に、その有する建物、構築物等でまだ使用に耐えうるものを取り壊し、新たにこれに代わる建物、構築物等を取得した場合には、その取り壊した資産の取壊し直前の帳簿価額から廃材等の見積額を控除した金額をその取り壊した日の属する事業年度の損金の額に算入する（法22③三、基通7－7－1）。

　　なお、それが土地とともに取得したもので、その土地の利用のために取り壊したものであるときは、上記(5)ロの(ホ)（P83）のとおり、法人税基本通達7－3－6により、土地の取得価額に算入することとなる。

　ロ　除却損失等に関する取扱い
　　(イ)　有姿除却
　　　有姿除却というのは俗語であるが、使用を廃止した固定資産につき解撤、破砕、廃棄等を行っていない場合であっても、既に固定資産としての命数なり使用価値が尽きていることが明確なものについては、その現状有姿のまま除却処理をするという意味である（松尾公二編著「法人税基本通達逐条解説〔十一訂版〕」P756（税務研究会出版局・2023））。

　　　その有する固定資産につき、次の状況（適用例）にある場合には、たとえ解撤、破砕、廃棄等を行っていない場合であっても除却損の計上が認められる（基通7－7－2）。

　　　A　適用例
　　　　(A)　その使用を廃止し、今後通常の方法により事業の用に供する可能性がないと認められる固定資産
　　　　(B)　特定の製品の生産のために専用されていた金型等で、その製品の生産を中止したことにより将来使用される可能性のほとんどないことがその後の状況等からみて明らかなもの
　　　B　除却損の額

第5節　損金の額の計算

〔算式〕

> 資産の帳簿価額　−　処分見込価額

(ロ)　ソフトウエアの除却

ソフトウエアにつき物理的な除却、廃棄、消滅等がない場合であっても、次の事実（適用例）があるときは、その事実が生じた日の属する事業年度の損金の額に算入することができる（基通7−7−2の2）。

A　適用例（ソフトウエアを今後事業の用に供しないことが明らかな事実）

(A)　自社利用のソフトウエアについて、そのソフトウエアによるデータ処理の対象となる業務が廃止され、そのソフトウエアを利用しなくなったことが明らかな場合

(B)　ハードウエアやオペレーティングシステムの変更等によって他のソフトウエアを利用することになり、従来のソフトウエアを利用しなくなったことが明らかな場合

(C)　複写して販売するための原本となるソフトウエアについて、新製品の出現、バージョンアップ等により、今後、販売を行わないことが社内りん議書、販売流通業者への通知文書等で明らかな場合

B　除却損の額

〔算式〕

> ソフトウエアの帳簿価額　−　処分見込価額

コラム　−証拠資料（エビデンス）の保存−

> ソフトウエアは無形固定資産であり、有形固定資産に比べて、利用廃止の事実や、ソフトウエアとしての命数又は本来の利用価値を失ったという事実が外形からわかりにくいという実情にあることから、実務上、これらの事実が客観的に明らかになるような疎明資料（〔筆者注〕例：マニフェストや廃棄直前の写真など）を保存しておくことが適当である（松尾公二編著「法人税基本通達逐条解説〔十一訂版〕」P759（税務研究会出版局）を一部修正）。

◆関連通達◆
・総合償却資産の除却価額（基通7−7−3）
・償却額の配賦がされていない場合の除却価額の計算の特例（基通7−7−4）
・償却額の配賦がされている場合等の除却価額の計算の特例（基通7−7−5）
・個別償却資産の除却価額（基通7−7−6）
・取得価額等が明らかでない少額の減価償却資産等の除却価額（基通7−7−7）

第1章 各事業年度の所得に対する法人税

・除却数量が明らかでない貸与資産の除却価額（基通7－7－8）
・個別管理が困難な少額資産の除却処理等の簡便計算（基通7－7－9）
・追加償却資産に係る除却価額（基通7－7－10）

3 繰延資産の償却費の計算
(1) 概要
　法人の各事業年度終了の時の繰延資産につきその償却費として各事業年度の損金の額に算入する金額は、法人がその事業年度において償却費として損金経理をした金額（以下「損金経理額」という。）のうち、その繰延資産に係る支出の効果の及ぶ期間を基礎として下記(5)で定めるところにより計算した金額（以下「償却限度額」という。）に達するまでの金額となる（法32①）。

(2) 繰延資産の意義
　繰延資産は、その実質は単なる費用のかたまりであって、企業から財産の流出はあったものの、損益計算上、その支出の効果を重視して資産化されたものであり、適正な期間損益計算の観点から、費用収益対応の原則に基づきそのような処理がされている。したがって、繰延資産は、換金性もなく、また、法律上の権利でもなく、実体を伴わない資産であるとされている。

> **コラム** －企業会計上の「繰延資産」－
>
> 　企業会計原則の貸借対照表原則1Dでは、「将来の期間に影響を及ぼす特定の費用は、次期以後の期間に配分して処理するため、経過的に貸借対照表の資産の部に記載することができる。」とされており法人の判断に委ねられている。なお、ここでいう「将来の期間に影響する特定の費用」とは、すでに代価の支払が完了し又は支払義務が確定し、これに対応する役務の提供を受けたにもかかわらず、その効果が発現するものと期待される費用」のことであり、これらの「費用はその効果が及ぶ数期間に合理的に配分するため、経過的に貸借対照表上繰延資産として計上することができる」こととなる（原則注解15）。

(3) 繰延資産の範囲
　法人税法上の繰延資産とは、法人が支出する費用（資産の取得に要した金額とされるべき費用及び前払費用**CHECK**を除く。）のうち支出の効果がその支出の日以後1年以上に及ぶ次のものをいう（法2二十四、令14）。
　これらの繰延資産のうちイからホは、企業会計においても規定のある繰延資産であり、ヘは、税法固有の繰延資産である。

第5節　損金の額の計算

イ　創立費	発起人に支払う報酬、設立登記のために支出する登録免許税その他法人の設立のために支出する費用で、その法人の負担に帰すべきものをいう。
ロ　開業費	法人の設立後事業を開始するまでの間に開業準備のために特別に支出する費用をいう。
ハ　開発費	新たな技術若しくは新たな経営組織の採用、資源の開発又は市場の開拓のために特別に支出する費用をいう。
ニ　株式交付費	株券等の印刷費、資本金の増加の登記についての登録免許税その他自己の株式（出資を含む。）の交付のために支出する費用をいう。
ホ　社債等発行費	社債券等の印刷費その他債券（新株予約権を含む。）の発行のために支出する費用をいう。
ヘ　上記に掲げるもののほか、次に掲げる費用で支出の効果がその支出の日以後1年以上に及ぶもの	
(イ)　自己が便益を受ける公共的施設又は共同的施設の設置又は改良のために支出する費用	
(ロ)　資産を賃借し又は使用するために支出する権利金、立ちのき料その他の費用	
(ハ)　役務の提供を受けるために支出する権利金その他の費用	
(ニ)　製品等の広告宣伝の用に供する資産を贈与したことにより生ずる費用	
(ホ)　(イ)から(ニ)までに掲げる費用のほか、自己が便益を受けるために支出する費用	

> **CHECK** －「前払費用」－
>
> 　法人税法上繰延資産から除かれる「前払費用」とは、法人が一定の契約に基づき継続的に役務の提供を受けるために支出する費用のうち、その支出する日の属する事業年度終了の日においてまだ提供を受けていない役務に対応するものをいう。例えば、前払地代や前払保険料などが考えられ、これらの支出は、原則として、役務提供を受けた事業年度においてこの提供を受けた部分が損金の額となる。

【裁判例・裁決例】
・東京地判平成16年6月30日（税資254号－182順号9689）（アリカ事件）

(4) 償却期間

　上記(1)のとおり、繰延資産について償却費として損金の額に算入する金額は、その事業年度において償却費として損金経理をした金額のうち、その繰延資産に係る支出の効果の及ぶ期間を基礎として計算した金額に達するまでの金額とされ、ここにいう

第1章　各事業年度の所得に対する法人税

「繰延資産に係る支出の効果の及ぶ期間」とは、原則として、固定資産を利用するために支出した繰延資産についてはその固定資産の耐用年数、一定の契約をするに当たり支出した繰延資産についてはその契約期間をそれぞれ基礎として適正に見積った期間によることとされている（基通8－2－1）。

なお、このような考え方に基づき、法人税基本通達8－2－3《繰延資産の償却期間》において税法固有の繰延資産についての種類、細目及び償却期間を下記のとおり定めている。

◆関連通達◆
・繰延資産の償却期間（基通8－2－3）
　法人税法施行令第14条第1項第6号《公共的施設の負担金等の繰延資産》に掲げる繰延資産のうち、次の表に掲げるものの償却期間は、次による。

該当条項	種類	細目	償却期間
令第14条第1項第6号イ《公共的施設等の負担金》に掲げる費用	公共的施設の設置又は改良のために支出する費用（基通8－1－3）	(1) その施設又は工作物がその負担した者に専ら使用されるものである場合	その施設又は工作物の耐用年数の7/10に相当する年数
		(2) (1)以外の施設又は工作物の設置又は改良の場合	その施設又は工作物の耐用年数の4/10に相当する年数
	共同的施設の設置又は改良のために支出する費用（基通8－1－4）	(1) その施設がその負担者又は構成員の共同の用に供されるものである場合又は協会等の本来の用に供されるものである場合	イ　施設の建設又は改良に充てられる部分の負担金については、その施設の耐用年数の7/10に相当する年数 ロ　土地の取得に充てられる部分の負担金については、45年
		(2) 商店街等における共同のアーケード、日よけ、アーチ、すずらん灯等負担者の共同の用に供されるとともに併せて一般公衆の用にも供されるものである場合	5年（その施設について定められている耐用年数が5年未満である場合には、その耐用年数）

— 106 —

第5節　損金の額の計算

令第14条第1項第6号ロ《資産を賃借するための権利金等》に掲げる費用	建物を賃借するために支出する権利金等（基通8－1－5(1)）	(1) 建物の新築に際しその所有者に対して支払った権利金等でその権利金等の額が建物の賃借部分の建設費の大部分に相当し、かつ、実際上その建物の存続期間中賃借できる状況にあると認められるものである場合	その建物の耐用年数の7/10に相当する年数
		(2) 建物の賃借に際して支払った(1)以外の権利金等で、契約、慣習等によってその明渡しに際して借家権として転売できることになっているものである場合	その建物の賃借後の見積残存耐用年数の7/10に相当する年数
		(3) (1)及び(2)以外の権利金等の場合	5年（契約による賃借期間が5年未満である場合において、契約の更新に際して再び権利金等の支払を要することが明らかであるときは、その賃借期間）
	電子計算機その他の機器の賃借に伴って支出する費用（基通8－1－5(2)）	―	その機器の耐用年数の7/10に相当する年数（その年数が契約による賃借期間を超えるときは、その賃借期間）
令第14条第1項第6号ハ《役務の提供を受けるための権利金等》に掲げる費用	ノウハウの頭金等（基通8－1－6）	―	5年（設定契約の有効期間が5年未満である場合において、契約の更新に際して再び一時金又は頭金の支払を要することが明らかであるときは、その有効期間の年数）

第1章 各事業年度の所得に対する法人税

令第14条第1項第6号ニ(広告宣伝用資産を贈与した費用)に掲げる費用	広告宣伝の用に供する資産を贈与したことにより生ずる費用(基通8－1－8)	－	その資産の耐用年数の7/10に相当する年数(その年数が5年を超えるときは、5年)
令第14条第1項第6号ホ(その他自己が便益を受けるための費用)に掲げる費用	スキー場のゲレンデ整備費用(基通8－1－9)	－	12年
	出版権の設定の対価(基通8－1－10)	－	設定契約に定める存続期間(設定契約に存続期間の定めがない場合には、3年)
	同業者団体等の加入金(基通8－1－11)	－	5年
	職業運動選手等の契約金等(基通8－1－12)	－	契約期間(契約期間の定めがない場合には、3年)

(注)1 法人が道路用地をそのまま、又は道路として舗装の上国又は地方公共団体に提供した場合において、その提供した土地の価額(舗装費を含む。)が繰延資産となる公共施設の設置又は改良のために支出する費用に該当するときは、その償却期間の基礎となる「その施設又は工作物の耐用年数」は15年としてこの表を適用する。

2 償却期間に1年未満の端数があるときは、その端数を切り捨てる。

◆関連通達◆
・港湾しゅんせつ負担金等の償却期間の特例(基通8－2－4)
・公共下水道に係る受益者負担金の償却期間の特例(基通8－2－5)

(5) 繰延資産の償却
  イ 償却限度額
    繰延資産の償却についても、上記2(2)(P68)の減価償却と同じように、内部取引であって法人の恣意が介入するのは避けられないから、「償却費として損金経理」をすることが損金算入の要件の1つとされ、下記(イ)又は(ロ)で計算した償却限度額に達するまでの金額を損金の額に算入する(法32①、令14①、64①、基通8－3－2)。

第5節　損金の額の計算

(イ)　創立費、開業費、開発費、株式交付費、社債等発行費（上記(3)イ～ホ）

$$\text{その繰延資産の額 } - \text{ 既に損金の額に算入された金額}$$

(ロ)　税法固有の繰延資産（上記(3)ヘ）

$$\text{支出した費用の額} \times \frac{\text{その事業年度の月数（支出をした日を含む事業年度においてはその支出の日から事業年度終了の日までの月数）}}{\text{支出の効果の及ぶ期間の月数}}$$

算式中の1月未満の端数は、1月とする（令64④）

◆関連通達◆
・繰延資産の償却額の計算単位（基通8－3－7）
・固定資産を公共的施設として提供した場合の計算（基通8－3－1）
・償却費として損金経理をした金額（基通8－3－2）
・固定資産を利用するための繰延資産の償却の開始の時期（基通8－3－5）

　　ロ　償却限度超過額
　　　繰延資産について法人がした償却の額のうち損金の額に算入されなかった金額がある場合には、その後の事業年度における所得の金額の計算上その繰延資産の帳簿価額は、その損金の額に算入されなかった金額に相当する金額の減額がされなかったものとみなされる（令65）。

(6)　明細書の添付
　各事業年度終了の時の繰延資産につき償却費として損金経理をした金額がある場合には、その繰延資産のその事業年度の償却限度額その他償却費の計算に関する明細書（法人税別表16(6)）をその事業年度の確定申告書に添付しなければならない（令67①）。
　なお、上記の明細書に記載された金額を繰延資産（令14①）の種類ごとに区分し、その区分ごとの合計額を記載した書類（法人税別表16(6)で可。）をその事業年度の確定申告書に添付したときは、上記の明細書を保存している場合に限り、その明細書の添付を要しない（令67②）。

(7)　その他
　　イ　長期分割払の繰延資産の償却
　　　(イ)　原則
　　　　法人が公共的施設の負担金等の繰延資産（令14①六）となるべき費用の額を分割して支払うこととしている場合には、たとえその総額が確定しているときであっても、その総額を未払金に計上して償却することはできない。ただし、その分割して支払う期間が短期間（おおむね3年以内）である場合には、その

第1章 各事業年度の所得に対する法人税

総額を未払金に計上して償却することができる（基通8－3－3）。
(ロ) 例外
　法人が公共的施設又は共同的施設の設置又は改良に係る負担金で繰延資産となるべきものを支出した場合において、その負担金が次のいずれにも該当するものであるときは、その負担金として支出した金額は、支出をした日の属する事業年度の損金の額に算入することができる（基通8－3－4）。
　A　負担金の額が、その負担金に係る繰延資産の償却期間に相当する期間以上の期間にわたり分割して徴収されるものであること。
　B　その分割して徴収される負担金の額がおおむね均等額であること。
　C　その負担金の徴収がおおむね支出に係る施設の工事の着工後に開始されること。

ロ　繰延資産となる費用のうち少額のものの損金算入
　税法固有の繰延資産（上記(5)イ(ロ)）となる費用を支出する場合において、その費用のうちその支出する金額が20万円未満であるものにつき、その支出する日の属する事業年度において損金経理をしたときは、その損金経理をした金額は損金の額に算入する（令134）。
　この場合、支出する費用の額が20万円であるかどうかは、次表のとおり判定する（基通8－3－8）。

自己が便益を受ける公共的施設又は共同的施設の設置又は改良のために支出する費用 （上記(3)ヘ(イ)、令14①六イ）	一の設置計画又は改良計画につき支出する金額（2回以上に分割して支出する場合には、その支出する時において見積られる支出金額の合計額）
資産を賃借し又は使用するために支出する権利金、立ちのき料その他の費用 （上記(3)ヘ(ロ)、令14①六ロ） 役務の提供を受けるために支出する権利金その他の費用（上記(3)ヘ(ハ)、令14①六ハ）	契約ごとに支出する金額
製品等の広告宣伝の用に供する資産を贈与したことにより生ずる費用 （上記(3)ヘ(ニ)、令14①六ニ）	その支出の対象となる資産の1個又は1組ごとに支出する金額

ハ　繰延資産の支出の対象となった資産が滅失した場合等の未償却残額の損金算入
　繰延資産とされた費用の支出の対象となった固定資産又は契約について滅失又は解約等があった場合には、その滅失又は解約等があった日の属する事業年度においてその繰延資産の未償却残額を損金の額に算入する（基通8－3－6）。

第5節　損金の額の計算

4　資産の評価損

(1) 概要

その有する資産の評価換えをしてその帳簿価額を減額した場合には、その減額した部分の金額は、その事業年度の損金の額に算入することができないが（法33①）、次の(2)から(4)の場合に限り、資産の評価換えによる損失、すなわち評価損の損金算入が認められている（法33②～④）。

(2) 物損等の事実又は法的整理の事実が生じた場合

その有する資産につき、対象となる事実（下記イ又はロ）が生じた場合において、適用要件（下記ハ）を満たしているときは、損金算入限度額（下記ニ）をその評価換えをした日の属する事業年度の損金の額に算入することができる（法33②）。

　イ　物損等の事実

　　物損等の事実とは、次表の資産の区分に応じたそれぞれの事実であって、その事実が生じたことにより、その資産の価額がその帳簿価額を下回ることとなったものをいう（令68①）。

資産の区分	物損等の事実
(イ) 棚卸資産	A　資産が災害により著しく損傷したこと B　資産が著しく陳腐化したこと C　A又はBに準ずる特別の事実
(ロ) 有価証券	A　売買目的有価証券の時価評価金額（令119の13①一～四）に掲げる**有価証券**の価額が著しく低下したこと 　✓　この**有価証券**からは、有価証券の一単位当たりの帳簿価額の算出の方法（令119の2②二）に掲げる株式又は出資に該当するものを除く。 B　Aに規定する有価証券以外の有価証券について、その有価証券を発行する法人の資産状態が著しく悪化したため、その価額が著しく低下したこと C　Bに準ずる特別の事実
(ハ) 固定資産	A　資産が災害により著しく損傷したこと B　資産が1年以上にわたり遊休状態にあること C　資産がその本来の用途に使用することができないため他の用途に使用されたこと D　資産の所在する場所の状況が著しく変化したこと E　AからDまでに準ずる特別の事実
(ニ) 繰延資産	A　その繰延資産となる費用の支出の対象となった固定資産につき上記(ハ)のAからDまでに掲げる事実が生じたこと B　Aに準ずる特別の事実

　　✓　法人の有する金銭債権は、法人税法第33条第2項の評価換えの対象とはなら

第1章 各事業年度の所得に対する法人税

ない。
ロ 法的整理の事実
会社更生法の規定による更生手続における評定が行われることに準ずる特別の事実をいう（令68①）。
ハ 適用要件
その資産の評価換えをして損金経理によりその帳簿価額を減額したとき（法33②）。
ニ 損金算入限度額（法33①二）
上記ハの減額した部分の金額のうち、次の算式に達するまでの金額。

〔算式〕

その評価換えの直前の資産の帳簿価額 － その評価換えをした日の属する事業年度終了の時における資産の価額

(3) **更生計画認可の決定があった場合**
その有する資産につき、対象となる事実（下記イ）が生じたことにより、適用要件（下記ロ）を満たした場合には、損金算入額（下記ハ）をその評価換えをした日の属する事業年度の損金の額に算入する（法33③）。
イ 対象となる事実
更生計画認可の決定があったこと
ロ 適用要件
会社更生法又は金融機関等の更生手続の特例等に関する法律の規定に従って行う評価換えをしてその帳簿価額を減額した場合
ハ 損金算入額

上記ロの減額した部分の金額

(4) **再生計画認可の決定その他これに準ずる事実が生じた場合**
対象となる事実（下記イ）が生じた場合において、適用要件（下記ロ）を満たしているときは、評価損の額（下記ハ）をこれらの事実が生じた日の属する事業年度の損金の額に算入する（法33④）。
イ 対象となる事実
(イ) 再生計画認可の決定があったこと
(ロ) 再生計画認可の決定に準ずる事実（令68の2①）
ロ 適用要件
その有する資産の価額につき、
(イ) 再生計画認可の決定があった時の価額により行う評定（令68の2②一）
(ロ) 資産評定に関する事項に従って行う資産評定（令68の2②二、24の2①一

イ）
ハ　評価損の額
(イ)　再生計画認可の決定があったこと
次の算式による金額。

〔算式〕

再生計画認可の決定があった時の直前の帳簿価額 － 再生計画認可の決定があった時の価額

(ロ)　再生計画認可の決定に準ずる事実

〔算式〕

その事実が生じた時の直前のその帳簿価額 － 資産評定による価額を基礎とした（令24の2①二）の貸借対照表に計上されている価額

ニ　明細書の添付
　　この制度は、確定申告書に評価損明細の記載があり、かつ、評価損関係書類（規22の2）の添付がある場合に限り、適用される（法33⑦）。ただし、税務署長は、評価損明細（評価益がある場合には、評価損明細又は評価益明細）の記載又は評価損関係書類（評価益がある場合には、評価損関係書類又は評価益関係書類）の添付がない確定申告書の提出があつた場合においても、記載又は添付がなかったことについてやむを得ない事情があると認めるときは、この制度を適用することができる（法33⑧）。

(5)　清算中法人等の株式等に係る評価損の損金不算入
　　上記(2)から(4)の法人がこれらの法人との間に完全支配関係がある他の法人で次に掲げるものの株式又は出資を有する場合におけるその株式又は出資については、評価損の計上は認められない（法33⑤、令68の3①）。
　イ　清算中の法人
　ロ　解散（合併による解散を除く。）をすることが見込まれる法人
　ハ　完全支配関係がある他の法人との間で適格合併を行うことが見込まれる法人

5　役員給与
(1)　役員の範囲
　　法人の取締役、執行役、会計参与、監査役、理事、監事及び清算人並びにこれら以外の者で法人の経営に従事している者のうち一定のものをいう（法2十五、令7）。

第1章　各事業年度の所得に対する法人税

【法人税法上の役員】

会社の種類	会社法、一般社団法人法	みなし役員
株式会社、有限会社など	取締役、執行役、会計参与、監査役	左記以外の者で法人の経営に従事している者のうち
公益法人等	理事、監事	法人の使用人以外の者でその法人の経営に従事している者（令7一）（下記(2)イ）
清算中の法人	清算人	同族会社の使用人のうち一定の要件を満たす者（令7二）（下記(2)ロ）

(2) みなし役員

イ　「使用人以外の者でその法人の経営に従事している者」とは、相談役、顧問その他これらに類する者でその法人内における地位、その行う職務等からみて他の役員と同様に実質的に法人の経営に従事していると認められるものをいう（基通9-2-1）。

「使用人以外の者」とは、ここにいう「使用人」が職制上使用人としての地位のみを有する者に限られているので、簡単にいえば、使用人としての職務への従事に限られず、取締役と同等の職務権限を与えられている者ということができる。

「経営に従事している」の意義は、法令上、明らかにされていないが、一般的には、法人の経営方針の大部分を自ら決定していることをいうことから、例えば、販売計画、仕入計画、資金計画、人事計画など法人の事業運営上の重要事項を執行していることをいうと考えられる。

【裁判例・裁決例】
・山口地判昭和40年4月12日（税資41号330頁）
　　法人の営業活動の中心となり、商品仕入、販売並びに集金等の業務を担当しているのであって、同人は、単に原告の使用人としての業務に従事しているものではなく、法人の事業運営上の重要事項に参画しているものである。

ロ　同族会社の使用人のうち一定の要件を満たすものの「一定の要件」とは、使用人であっても同族会社の判定株主グループに属し、かつ、その使用人とその配偶者等の持株割合が5％を超える株主をいう（令7二、71①五）。

「同族会社の判定株主グループに属する」かどうかの判定は、次のとおりとなる。

第5節　損金の額の計算

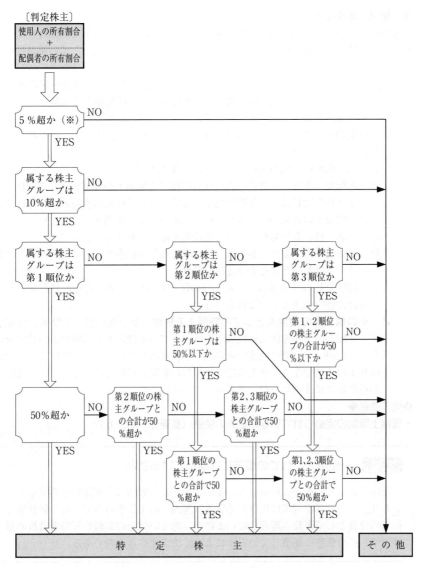

※　5％超かどうかの判定においては、その使用人と配偶者の所有割合及びこれらの者が所有割合の50％超を有する他の同族会社の所有割合を含めたところで判定。

〔出所〕馬場光徳編「図解法人税〔令和6年版〕」P276（大蔵財務協会）

第1章 各事業年度の所得に対する法人税

(3) 使用人兼務役員

　法人の役員のうち「使用人としての職務を有する役員」（使用人兼務役員）については、その使用人兼務役員に対して支給する給与につき、使用人としての職務に対するものは損金算入が認められる（法34①括弧書）。

　イ　法人税法上、使用人兼務役員とは、役員（社長、理事長その他**一定の者**を除く。）のうち、部長、課長**その他法人の使用人としての職制上の地位**を有し、かつ、常時使用人としての職務に従事するものをいう（法34⑥、令71）。

　　✓ **一定の者**、すなわち、使用人兼務役員とされない役員とは、次の者をいう（令71）。

　　　A　代表取締役、代表執行役、代表理事及び清算人
　　　B　副社長、専務、常務その他これらに準ずる職制上の地位を有する役員
　　　　これらの役員は、定款等の規定又は総会若しくは取締役会の決議等によりその職制上の地位が付与された役員に限られる（基通9-2-4）。
　　　C　合名会社、合資会社及び合同会社の業務を執行する社員
　　　D　取締役（指名委員会等設置会社の取締役及び監査等委員である取締役に限る。）、会計参与及び監査役並びに監事
　　　E　同族会社の特定役員（上記(2)ロの図（P115）の使用人を役員と読み替え場合に特定株主となる役員をいう。）

　　✓ **その他法人の使用人としての職制上の地位**とは、支店長、工場長、営業所長、支配人、主任等法人の機構上定められている使用人たる職務上の地位をいう。したがって、取締役等で総務担当、経理担当というように使用人としての職制上の地位でなく、法人の特定の部門の職務を統括しているものは、使用人兼務役員には該当しない（基通9-2-5）。

◆関連通達◆
・機構上職制の定められていない法人の特例（基通9-2-6）

コラム　－使用人としての職務に従事していること－

　使用人としての職務に従事しているかどうかは、個別に事実認定を要することであり、その役員が現実に従事している職務内容の実質からみて、自ら業務執行担当の役員として事務処理をしているのか、あるいは他の業務執行担当役員の指揮下で、その職務に従事しているかによって決定すべきものである。

第5節　損金の額の計算

(4) **役員給与の損金不算入**
　法人がその役員に対して支給する給与（退職給与で業績連動給与に該当しないもの、使用人としての職務を有する役員に対して支給するその職務に対するもの及び事実の仮装隠ぺいにより経理した給与を除く。）のうち、定期同額給与、事前確定届出給与及び業績連動給与のいずれにも該当しないものの額は、各事業年度の損金の額に算入しない（法34①）。

【イメージ】

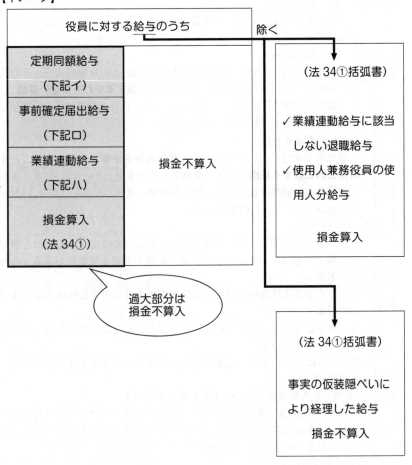

第1章 各事業年度の所得に対する法人税

イ 定期同額給与
次の給与をいう（法34①一、令69①②）

A	その支給時期が1月以下の一定の期間ごとである給与（下記Bにおいて「定期給与」という。）でその事業年度の各支給時期における支給額が**同額**であるもの
B	給与改定（下記（B-1）〜（B-3））がされた場合における各支給時期（下記(B)）の支給額が同額である定期給与

 （B-1）　通常改定
  その事業年度開始の日から**3月**を経過する日までにされた定期給与の額の改定
 （B-2）　臨時改定
  その事業年度においてその法人の役員の職制上の地位の変更、その役員の職務の内容の重大な変更その他**これらに類するやむを得ない事情**（以下「臨時改定事由」という。）によりされたこれらの役員に係る定期給与の額の改定（上記（B-1）の改定を除く。）
 （B-3）　業績悪化改定
  その事業年度においてその法人の**経営の状況が著しく悪化したことその他これに類する理由**（以下「業績悪化改定事由」という。）によりされた定期給与の額の改定（その定期給与の額を減額した改定に限り、（B-1）及び（B-2）の改定を除く。）
 (B)　各支給時期
  この各支給時期は、同一事業年度中に複数回の改定があることを想定した規定となっていることから、次の期間が生じる可能性がある（令69①一本文）。
  i　その事業年度開始の日から給与改定後の最初の支給時期の前日までの期間
  ii　給与改定前の最後の支給時期の翌日から給与改定後の最初の支給時期の前日までの期間
  iii　給与改定前の最後の支給時期の翌日からその事業年度終了の日までの期間
  （参考）法人税法施行令第69条第1項第1号本文
   「当該事業年度開始の日又は給与改定前の最後の支給時期の翌日から給与改定後の最初の支給時期の前日又は当該事業年度終了の日までの間の各支給時期における支給額が同額であるもの」

C	一定の経済的利益

継続的に供与される**経済的な利益**のうち、その供与される利益の額が毎月おおむね一定であるもの

※P120のイメージ図参照。

第5節　損金の額の計算

✓　上記Aの**同額**とは、源泉所得税等の額を控除した金額が同額である場合を含み、源泉所得税等の額とは、所得税の額、地方税の額、社会保険料の額その他これらに類するものの額の合計額をいう（令69②）。

◆関連通達◆
・定期同額給与の意義（基通9－2－12）

✓　上記B－1の**3月**については、確定申告書の提出期限の延長の特例の指定を受けた法人（法75の2①各号）は、その会計期間開始の日からその指定に係る月数に2を加えた月数を経過する日までとなる（令69①一イ）。

◆関連通達◆
・特別の事情があると認められる場合（基通9－2－12の2）

✓　上記B－2の**これらに類するやむを得ない事情**とは、例えば、定時株主総会後、次の定時株主総会までの間において社長が退任したことに伴い臨時株主総会の決議により副社長が社長に就任する場合や、合併に伴いその役員の職務の内容が大幅に変更される場合をいう（基通9－2－12の3）。

✓　上記B－3の**経営の状況が著しく悪化したことその他これに類する理由**とは、経営状況が著しく悪化したことなどやむを得ず役員給与を減額せざるを得ない事情があることをいい、法人の一時的な資金繰りの都合や単に業績目標値に達しなかったことなどはこれには該当しない（基通9－2－13）。

✓　次表の**経済的な利益**は、原則として、定期同額給与になる（法34④、基通9－2－9、9－2－11）。

経済的な利益	定期同額給与となるもの
A　法人の資産を無償又は低い価額で譲渡	時価と譲渡価額の差額が毎月おおむね一定している場合
B　社宅等を無償又は低い価額で提供	定期同額給与
C　金銭を低い利率での貸付け	定期同額給与
D　交際費等の名義で支給した金額で、法人の業務に使用したことが明らかでないもの	毎月定額で支給している場合（渡切交際費）
E　個人的費用の負担	毎月負担する住宅の光熱費、家事手伝いの給料等

(注)　B、C又はEの額が毎月著しく変動する場合は、定期同額給与に該当しない。

【裁判例・裁決例】
・東京地判平成26年5月30日（税資264号－101順号12482）
　業績悪化改定事由に該当しないとされた事例。

第1章 各事業年度の所得に対する法人税

【個別事例】
・国税庁HP「役員給与に関するQ＆A」（平成24年4月改訂）

【イメージ図】 定期同額給与（法34①一、令69①②）
① 同一事業年度内定期同額給与（上記(4)イA）
  おおむね同額の経済的利益（上記(4)イC）

② 3月以内改定の場合の改訂前後定期同額給与（上記(4)イB（B－1））

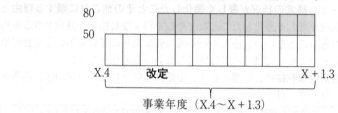

③ 同一事業年度内に数回の改訂がある場合の臨時改定事由（上記(4)イB（B－2））

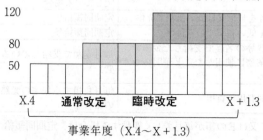

④ 経営悪化の場合の改訂前後定期同額給与（上記(4)イB（B－3））

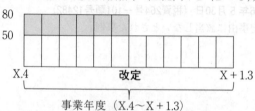

第5節　損金の額の計算

ロ　事前確定届出給与
　　その役員の職務につき所定の時期に、下記(イ)の確定した額の金銭等を交付する旨の定めに基づいて支給する給与（定期同額給与及び業績連動給与のいずれにも該当しないもの。）であり、下記(ロ)の一定の場合に応じて、それぞれの適用要件を満たすものに限り、損金の額に算入することができる（法34①二）。
(イ)　交付する金銭等
　・確定した額の金銭
　・確定した数の株式（出資を含む。）又は新株予約権
　・確定した額の金銭債権に係る特定譲渡制限付株式（法54①）又は特定新株予約権（法54の2①）

【留意点】
　・　株式若しくは新株予約権又は特定譲渡制限付株式若しくは特定新株予約権に係る承継譲渡制限付株式又は承継新株予約権による給与についても対象となる。

(ロ)　一定の場合とその適用要件

A　同族会社以外の法人が定期給与を支給しない役員に対して金銭で支給する給与以外の給与（株式又は新株予約権による給与で将来の役務の提供に係るものとして**一定のもの**を除く。）である場合
届出期限（下記(ハ)）までに納税地の所轄税務署長に交付する旨の定めの内容に関する届出をしていること（法34①二イ）

✓　**一定のもの**とは、次のaからcの給与をいう（令69③）。
　　a　役員（法34①二）の職務につき株主総会、社員総会その他これらに準ずるものの決議（その職務の執行の開始の日から1月を経過する日までにされるものに限る。）により「所定の時期に確定した額の金銭等を交付する旨の定め」（その決議の日から1月を経過する日までに、特定譲渡制限付株式又は特定新株予約権を交付する旨の定めに限る。）をした場合におけるその定めに基づいて交付される特定譲渡制限付株式又は特定新株予約権による給与
　　b　特定譲渡制限付株式による給与が届出不要の要件に該当した給与（上記a）又は届出に関する要件を満たす給与（法34①二イ）に該当する場合におけるその特定譲渡制限付株式に係る承継譲渡制限付株式による給与
　　c　特定新株予約権による給与が届出不要の要件に該当した給与（上記a）又は届出に関する要件を満たす給与（法34①二イ）に該当する場合におけるその特定新株予約権に係る承継新株予約権による給与

B　株式を交付する場合
株式が市場価格のある株式又は市場価格のある株式と交換される株式（給与を支給する法人又は**関係法人**が発行したものに限る。以下ハにおいて「適格株式」という。）（法34①二ロ）

第1章　各事業年度の所得に対する法人税

✓　**関係法人**とは、役員の職務につき支給する給与（株式又は新株予約権によるものに限る。）に係る株主総会等の決議日において、その決議日から株式又は新株予約権を交付する日までの間、その法人と他の法人との間に当該他の法人による支配関係が継続することが見込まれている場合の当該他の法人をいう（法34⑦、令71の2）。

> C　新株予約権を交付する場合
> 新株予約権がその行使により市場価格のある株式が交付される新株予約権（その内国法人又は関係法人が発行したものに限る。以下ハにおいて「適格新株予約権」という。）であること（法34①二ハ）。

◆関連通達◆
・事前確定届出給与の意義（基通9－2－14）
・事前確定届出給与の要件（基通9－2－15の2）

第5節　損金の額の計算

（参考）　会社法の手続及び法人税法上の事前確定届出給与の手続に留意したスケジュール【特定譲渡制限付株式（現物出資型）の場合】
・特定譲渡制限付株式（現物出資型）の場合
〈3月決算の場合〉

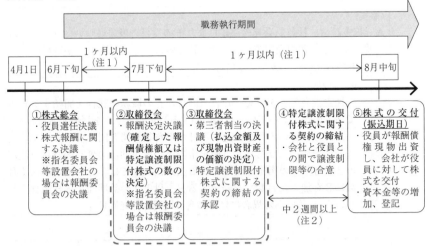

【②、③の取締役会について（確定した額の金銭債権に係る特定譲渡制限付株式の場合）】
■確定した額の金銭債権に係る特定譲渡制限付株式は、②の取締役会時点で報酬債権の額が確定している必要があります。
■第三者割当に際して現物出資する報酬債権の額は③の取締役会で決議した額となります。

　「②報酬決定決議」と「③第三者割当決議」を同一の取締役会で決議するなど、報酬債権額と払込金額に同一の株価を参照させることで、「②報酬決定決議」の額（事前確定届出給与として決議された報酬債権の額）と株式の交付に際して現物出資する額が一致しなくなるといった事態を防ぐことが可能となります。
　なお、株価の参照方法としては、例えば取締役会決議日の前取引日の終値等の株価を参照する方法が考えられます

注1：届出不要の「確定した額の金銭債権に係る特定譲渡制限付株式」又は「確定した数の株式（特定譲渡制限付株式）」として損金算入するためには職務の執行の開始の日（原則、定時株主総会の日）から1月を経過する日までに株主総会等（株主総会の委任を受けた取締役会を含むものと解されます。）の決議により取締役個人別の確定額報酬又は確定数の株式についての定め（その議決の日からさらに1月を経過する日までに、その職務につきその役員に生ずる債務の額に相当する特定譲渡制限付株式又は確定数の株式を交付する旨の定めに限ります。）がされ、その定めに従って交付されることが要件とされています（法人税法施行令第69条第3項第1号）。
注2：会社法第201条参照。なお、第三者割当の手続やスケジュールの検討に当たっては、会社法のほか、有価証券届出書の提出や適時開示の要否等、金融商品取引法や取引所規則等の規制も考慮する必要があります。
注3：②で確定した数の特定譲渡制限付株式の交付を定める場合でも、会社法上の報酬決定決議として、その交付において役員に付与する金銭報酬債権の額又はその算定方法もあわせて決議し、その総数は①の報酬総額の範囲内であることが必要です。なお、算定方法を決議する場合には、②と③の決議は同一日であることは必ずしも必要ではありません。

〔出所〕　経済産業省産業組織課公表『「攻めの経営」を促す役員報酬－企業の持続的成長のためのインセンティブプラン導入の手引－』（2023年3月時点版）

第1章 各事業年度の所得に対する法人税

(ハ) 事前確定届出給与に関する届出書等の提出期限

事前確定届出給与に関する届出書は、下記AからCの事実に該当する場合に応じて、それぞれの届出期限までに納税地の所轄税務署長に提出する必要がある（法34①二、令69④⑤、規22の3②③）。

> (事実)
> A　株主総会、社員総会等の決議によりその役員の職務について「所定の時期に確定した額の金銭等を交付する旨の定め」をした場合（令69④一）（以下のB又はCに該当する場合を除く。）
>> (届出期限)
>> ・　株主総会等の決議をした日（同日がその職務の執行を開始する日後である場合にあっては、その開始する日）から1月を経過する日。
>> ・　ただし、その1月を経過する日が職務執行期間開始の日の属する会計期間開始の日から4月（確定申告書の提出期限の延長の特例（法75の2①各号）の指定を受けている法人にあっては、その指定に係る月数に3を加えた月数）を経過する日（以下「会計期間4月経過日等」という。）後である場合にはその会計期間4月経過日等

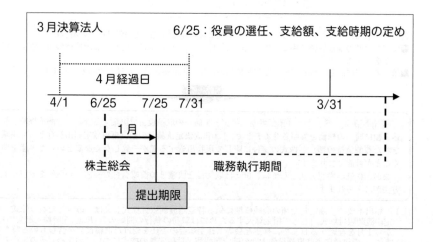

> (事実)
> B　新設法人がその役員のその設立の時に開始する職務につき「所定の時期に確定した額の金銭等を交付する旨の定め」をした場合（令69④一）
>> (届出期限)
>> ・　その設立の日以後2月を経過する日

第5節　損金の額の計算

(事実)
C　臨時改定事由（役員の職制上の地位の変更、職務の内容の重大な変更その他これらに類するやむを得ない事情をいう。以下同じ。令69①一ロ）によりその臨時改定事由に係る役員の職務につき「所定の時期に確定した額の金銭等を交付する旨の定め」をした場合（令69④二）

(届出期限)
・　次に掲げる日のうちいずれか遅い日
　a　上記Aに掲げる日（上記Bに該当する場合は、Bに掲げる日）
　b　その臨時改定事由が生じた日から1月を経過する日
・　役員のその臨時改定事由が生ずる直前の職務につき「定め」があった場合には、「事前確定届出給与に関する変更届出書」を使用する。

(二)　届出要件を不要とする事前確定届出給与（上記(ロ)A）（P120）
　A　同族会社に該当しない法人が非常勤役員に対して支給する給与
　B　株式又は新株予約権による給与で将来の役務の提供に係るもの
　　次の給与については、その定めの内容に関する届出が不要とされている。
　(A)　役員の職務につき株主総会等の決議（その職務の執行の開始の日から1月を経過する日までにされるものに限る。）により法人税法第34条第1項第2号の定め（その決議の日から1月を経過する日までに、特定譲渡制限付株式（法54①）又は特定新株予約権（法54の2①）を交付する旨の定めに限る。）をした場合におけるその定めに基づいて交付される特定譲渡制限付株式又は特定新株予約権による給与（令69③一）
　(B)　特定譲渡制限付株式による給与が上記(A)の給与又は法人税法第34条第1項第2号イに定める要件を満たす給与に該当する場合におけるその特定譲渡制限付株式に係る承継譲渡制限付株式（法54①）による給与（令69三二）
　(C)　特定新株予約権による給与が上記(A)の給与又は法人税法第34条第1項第2号イに定める要件を満たす給与に該当する場合におけるその特定新株予約権に係る承継新株予約権（法54の2①）による給与（令69③三）

◆関連通達◆
・過去の役務提供に係るもの（基通9－2－15の2）
・確定した額に相当する適格株式等の交付（基通9－2－15の3）

ハ　業績連動給与
　損金の額に算入することができる業績連動給与 CHECK とは、**法人**が**業務執行役員**に対して支給する**業績連動給与**で、下記の適用要件を満たすもの（他の業務執行役員の全てに対して下記の適用要件を満たす業績連動給与を支給する場合に限る。）をいう（法34①三、⑤、令69⑨～㉑）。

第1章　各事業年度の所得に対する法人税

> **CHECK** －業績連動給与（法34⑤）とは－
>
> 1　利益の状況を示す指標、株式の市場価格の状況を示す指標その他のその法人又はその法人との間に支配関係がある法人の業績を示す指標を基礎として算定される額又は数の金銭又は株式若しくは新株予約権による給与
> 2　特定譲渡制限付株式等（法54①）による給与で無償で取得され、又は消滅する株式の数が役務の提供期間以外の事由により変動するもの
> 3　特定新株予約権等（法54の2①）による給与で無償で取得され、又は消滅する新株予約権の数が役務の提供期間以外の事由により変動するもの

✓　この場合の**法人**が同族会社にあっては、非同族会社との間にその非同族会社による完全支配関係があるものに限る（法34①三括弧書）。

✓　**業務執行役員**とは、業務を執行する役員として一定のものをいうところ、一定の者とは、業績連動給与に係る算定方法についての報酬委員会での決定その他これに準ずる適正な手続の終了の日において次に掲げる役員に該当する者をいう（令69⑨）。

　A　会社法第363条第1項各号《取締役会設置会社の取締役の権限》に掲げる取締役
　B　会社法第418条《執行役の権限》の執行役
　C　上記A及びBの役員に準ずる役員

✓　この場合の**業績連動給与**が金銭以外の資産が交付されるものにあっては、適格株式又は適格新株予約権が交付されるものに限る（法34①三括弧書）。

【留意点】
・　法人の役員であっても取締役会設置会社における代表取締役以外の取締役のうち業務を執行する取締役として選定されていない者、社外取締役、監査役及び会計参与は、業務執行役員に含まない（基通9－2－17）。

［適用要件］

> イ　交付される金銭の額又は株式若しくは新株予約権の数（新株予約権にあっては無償で取得され、又は消滅する数を含む。）の算定方法が、次のものを基礎とした客観的なものであること（法34①三イ）。
>
> > 1　職務執行期間開始日以後に終了する事業年度の利益の状況を示す指標（令69⑩）
> > 2　職務執行期間開始日の属する事業年度開始の日以後の所定の期間又は職務執行期間開始日以後の所定の日における株式の市場価格の状況を示す指標（令69⑪）
> > 3　職務執行期間開始日以後に終了する事業年度の売上高の状況を示す指標（令69⑫）

◆関連通達◆
・利益の状況を示す指標等の意義（基通9－2－17の2）
・有価証券報告書に記載されるべき金額等から算定される指標の範囲（基通9－2－17の3）
・利益の状況を示す指標等に含まれるもの（基通9－2－17の4）

> ロ　上記イの算定方法が、次の要件を満たすものであること（法34①三イ(1)～(3)）。
> 1　確定した額又は確定した数を限度としている **CHECK** ものであり、かつ、他の業務執行役員に対して支給する業績連動給与に係る算定方法と同様のものであること。
> 2　所定の日までに報酬委員会（その委員の過半数がその法人の独立社外取締役であるものに限り、法人の業務執行役員と特殊の関係のある者が委員となっているものを除く。）の決定（その報酬委員会の委員である独立社外取締役の全員がその決定に係る報酬委員会の決議に賛成しているものに限る。）その他適正な手続を経ていること（令69⑯⑰）。
> 3　その内容が、上記2の手続の終了の日以後遅滞なく、有価証券報告書に記載されていることのほか、その他方法により開示されていること（規22の3⑥）。

> **CHECK**　－確定した額を限度としている－
>
> 　支給額の上限が具体的な金額をもって定められていることをいうため、「経常利益の○○％に相当する金額を限度とする」といった支給額の上限が具体的な金額によらないものはこの要件を満たさない（基通9－2－18）。

【留意点】
　業務執行役員又はその業務執行役員と特殊の関係にある者が報酬委員会の委員になっている場合の給与については損金の額にならない（法34①三イ(2)括弧書）。
　この場合の「特殊の関係にある者」とは、次の者をいう（令69⑮）。
イ　業務執行役員の親族
ロ　業務執行役員と婚姻の届出をしていないが事実上婚姻関係と同様の事情にある者
ハ　業務執行役員（個人である業務執行役員に限る。）の使用人
ニ　イからハに掲げる者以外の者で業務執行役員から受ける金銭その他の資産によって生計を維持しているもの
ホ　ロからニに掲げる者と生計を一にするこれらの者の親族

第1章 各事業年度の所得に対する法人税

◆関連通達◆
・算定方法の内容の開示（基通9－2－19）
・一に満たない端数の適格株式等の価額に担当する金銭を交付する場合の算定方法の内容の開示（基通9－2－19の2）

> ハ　次の要件を満たすものであること（法34①三ロ、令69⑲一）。
> 1　金銭による給与
> 　　上記イの1から3に掲げる指標（以下「業績連動指標」という。）の数値が確定した日の翌日から1月を経過する日までに交付され、又は交付される見込みであること。
> 2　株式又は新株予約権（下記3の新株予約権を除く。）による給与
> 　　業績連動指標の数値が確定した日 **CHECK** の翌日から2月を経過する日までに交付され、又は交付される見込みであること。
> 3　特定新株予約権等（法54の2①）による給与で、無償で取得され、又は消滅する新株予約権の数が役務の提供期間以外の事由により変動するもの
> 　　上記ロの2の手続（令69⑯⑰）の終了の日の翌日から1月を経過する日までに交付されること。

> **CHECK**　－業績連動指標の数値が確定した日－
>
> 　業績連動指標の数値が確定した日とは、例えば、株式会社である法人にあっては、その法人が会社法第438条第2項《計算書類等の定時株主総会への提出等》の規定により定時株主総会において計算書類の承認を受けた日をいう（基通9－2－20）。

> ニ　損金経理をしていること（法34①三ロ、令69⑲二）。
> 損金経理により引当金勘定に繰り入れた金額を取り崩す方法により経理していることを含む。

◆関連通達◆
・業績指標に応じて無償で取得する株式の数が変動する給与（基通9－2－16の2）
・引当金勘定に繰り入れた場合の損金算入額（基通9－2－20の2）

(5) **過大な役員給与（退職給与以外）の損金不算入**
　イ　概要
　　法人がその役員に対して支給する給与（上記(4)又は下記(7)の規定の適用があるものを除く。）の額のうち不相当に高額な部分の金額（下記ロ）は、各事業年度の損金の額に算入できない（法34②、令70一）。
　　また、使用人兼務役員の使用人としての職務に対する賞与で、他の使用人に対する賞与の支給時期と異なる時期に支給したものの額は、損金の額に算入できない（令70三）。

　　◆関連通達◆
　　・役員に対して支給した給与の額の範囲（基通9－2－21）
　　・他の使用人に対する賞与の支給時期と異なる時期に支給したものの意義（基通9－2－26）

　ロ　不相当に高額な部分の金額
　　次のⅠ（実質基準）とⅡ（形式基準）で計算した場合の「超える部分の金額」のいずれか多い金額が不相当に高額な金額となる。
　　Ⅰ　実質基準（令70一イ）

A　その役員に対して支給した給与（退職給与以外）	
B　その役員の職務に対する対価として相当であると認められる金額（損金算入）	超える部分の金額 A－B
（上記Bの判定要素） ・その役員の職務の内容 ・その法人の収益の状況 ・その使用人に対する給与の支給の状況 ・その法人と同種の事業を営む法人でその事業規模が類似するものの役員に対する給与の支給の状況 ・その他	※　その役員の数が2以上である場合には、これらの役員に係る「超える部分の金額」の合計額となる。

役員給与

第1章　各事業年度の所得に対する法人税

Ⅱ　形式基準（令70一ロ）

A　限度額の定めの対象となる給与の支給額 　定款の規定又は株主総会、社員総会若しくはこれらに準ずるものの決議により、次の1から3の限度額等を定めている法人が、その役員 **CHECK** に対して支給した給与の額（下記(イ)）の合計額 　1　金銭の額の限度額又は算定方法 　2　その法人の株式若しくは新株予約権の数の上限 　3　金銭以外の資産（下記Bにおいて「支給対象資産」という。）の内容	
B　限度額（次の1から3の合計額） 　1　事業年度に係る金銭の額の限度額及び金銭の額の算定方法により算定された金額 　2　株式又は新株予約権（その事業年度に支給されたものに限る。）の数の上限及びその支給の時（下記(ロ)）における一単位当たりの価額により算定された金額 　3　支給対象資産（その事業年度に支給されたものに限る。）の支給の時における価額（下記(ハ)）に相当する金額	超える部分の金額 A－B 令70三に掲げる金額（上記イまた書、ロ）がある場合には、その超える部分の金額から令70三に掲げる金額に相当する金額を控除した金額

> **CHECK**　―役員―
>
> 　この場合の「役員」とは、限度額等が定められた給与の支給の対象となるものに限る。

(イ)　支給した給与の額（使用人兼務役員の場合）

　使用人兼務役員に対して支給する給与のうちその使用人としての職務に対するものを含めないでその限度額等を定めている内国法人については、その事業年度において職務に対する給与として支給した金額（令70三に掲げる金額（上記イまた書）に相当する金額を除く。）のうち、その法人の他の使用人に対する給与の支給の状況等に照らし、その職務に対する給与として相当であると認められる金額が除かれる。

(ロ)　その支給の時（確定数給与の場合）

　確定数給与とは、役員の職務につき、所定の時期に、確定した数の株式（出資を含む。）又は新株予約権を交付する旨の定めに基づいて支給する給与（定期同額給与、業績連動給与及び届出が不要となる事前確定届出給与を除く。）をいい（令71の3①）、その確定数給与の場合には、確定数給与の支給として交付した株式又は新株予約権と銘柄を同じくする株式又は新株予約権の確定数給与に関する定めをした日がその支給時となる。

第5節　損金の額の計算

(ハ)　支給の時における価額（確定数給与の場合）

確定数給与とは、役員の職務につき、所定の時期に、確定した数の株式（出資を含む。）又は新株予約権を交付する旨の定めに基づいて支給する給与（定期同額給与、業績連動給与及び届出が不要となる事前確定届出給与を除く。）をいい（令71の3①）、その確定数給与の場合には、交付決議時価額が支給の時における価額となる。

この交付決議時価額とは、確定数給与の支給として交付した株式又は新株予約権と銘柄を同じくする株式又は新株予約権の確定数給与に関する定めをした日における一単位当たりの価額にその交付した数を乗じて計算した金額（その交付に際してその役員から払い込まれる金銭の額及び給付を受ける金銭以外の資産（その職務につきその役員に生ずる債権を除く。）の価額を除く。）をいう（令71の3①）。

◆関連通達◆
・海外在勤役員に対する滞在手当等（基通9－2－25）
・使用人が役員となった直後に支給される賞与等（基通9－2－27）

(6)　役員退職給与

イ　役員退職給与の範囲

所得税法第30条及び所得税基本通達30－1では、退職給与とは、本来退職しなかったとしたならば支払われなかったもので、退職したことに基因して一時に支払われることとなった退職手当、一時恩給その他の退職により一時に受ける給与をいうとされている。

この点、法人税法等では、役員退職給与に具体的な意義に関する規定は設けられていない。

◆関連通達◆
・退職給与に該当しない役員給与（基通9－2－27の2）

法人からその役員に対して将来の所定の期間における役務提供の対価として譲渡制限付株式又は譲渡制限付新株予約権が交付される給与であって、その期間の報酬費用として損金経理が行われるようなものは、退職給与には該当しない。

・役員の分掌変更等の場合の退職給与（基通9－2－32）
・使用人が役員となった場合の退職給与（基通9－2－36）
・使用人から役員となった者に対する退職給与の特例（基通9－2－38）

ロ　過大な役員退職給与の損金不算入

法人がその役員に対して支給する給与（上記(4)又は下記(7)の規定の適用があるものを除く。）の額のうち不相当に高額な部分の金額は、各事業年度の損金の額に算入できない（法34②、令70二）。

第1章　各事業年度の所得に対する法人税

○実質基準

	超える部分の金額 ＝不相当に高額の 部分の金額 A－B
A　その退職した役員に対して支給した退職給与（上記(4)又は下記(7)の規定の適用があるものを除く。）の額	
B　その退職した役員に対する退職給与として相当であると認められる金額（損金算入）	
（上記Bの判定要素） ・　役員のその内国法人の業務に従事した期間 ・　その退職の事情 ・　その法人と同種の事業を営む法人でその事業規模が類似するものの役員に対する退職給与の支給の状況等	⇩ 損金不算入

コラム　－実務上の役員退職給与の算定方法例－

（功績倍率方式）

　　適正退職金　＝　最終報酬月額　×　在職年数　×　類似法人の功績倍率

$$功績倍率 = \frac{退職金の額}{最終報酬月額 \times 在職年数}$$

（一年当たり平均額）

$$適正退職金 = \frac{比準法人の退職金の額}{比準法人の役員の在職年数} \times 在職年数$$

【裁判例・裁決例】
・東京地判平成28年4月22日（税資266号－71順号12849）（残波事件）

ハ　役員退職給与の損金算入時期

　　退職した役員に対する退職給与の額は、株主総会の決議等によりその額が具体的に確定した日の属する事業年度の損金の額に算入する。ただし、法人がその退職給与の額を支払った日の属する事業年度においてその支払った額につき損金経理をした場合には、その事業年度の損金の額に算入することができる（基通9－2－28）。

　　この「ただし書」の取扱いは、期中に病気又は死亡等により役員が退職したため取締役会等で内定した退職給与を支払うことがあったり、株主総会の決議等により退職給与の額を定めた場合においても、役員であるという理由で、短期的な資金繰りがつくまでは実際の支払をしないといった企業の実態を考慮したものとなっている。

　　これにより、退職給与に対する所得税等の課税時期と支払った法人の損金算入

時期が一致することとなる。

◆関連通達◆
・退職年金の損金算入の時期（基通9－2－29）
　　法人が退職した役員又は使用人に対して支給する退職年金は、その年金を支給すべき時の損金の額に算入すべきものであるから、退職した役員又は使用人に係る年金の総額を計算して未払金等に計上した場合においても、その未払金等に相当する金額を損金の額に算入することはできない。

(7) 隠蔽又は仮装経理による支給の場合の損金不算入
　法人が、事実を隠蔽し、又は仮装して経理をすることによりその役員に対して支給する給与の額は、各事業年度の損金の額に算入できない（法34③）。

6 使用人給与
(1) 過大な使用人給与等の額
　法人が特殊関係使用人（下記イ）に対して支給する給与（債務の免除による利益その他の経済的な利益を含む。）の額のうち不相当に高額な部分の金額（下記ロ）は、各事業年度の損金の額に算入できない（法36）。
　イ　特殊関係使用人
　　特殊関係使用人とは、次の者をいう（令72）。
　(イ) 役員の親族
　(ロ) 役員と事実上婚姻関係と同様の関係にある者
　(ハ) 上記(イ)(ロ)の者以外の者で役員から**生計の支援を受けているもの**
　(ニ) 上記(ロ)(ハ)の者と生計を一にするこれらの者の親族
　✓ **生計の支援を受けているもの**とは、役員から給付を受ける金銭その他財産又は給付を受けた金銭等を生活費に充てている者をいう（基通9－2－40）。
　ロ　不相当に高額な部分の金額

A　特殊関係使用人に対して支給した給与の額	超える部分の金額 ＝不相当に高額な部分の金額 A－B
B　特殊関係使用人の職務に対する対価として相当であると認められる金額（損金算入）	
（上記Bの判定要素） ・　特殊関係使用人の職務の内容 ・　その法人の収益及び他の使用人に対する給与の支給の状況 ・　その法人と同種の事業を営む法人でその事業規模が類似するものの使用人に対する給与の支給の状況等	⇩ 損金不算入

【留意点】
・　退職給与の場合の上記判定要素は、特殊関係使用人のその法人の業務に従事

第1章　各事業年度の所得に対する法人税

した期間、その退職の事情、その法人と同種の事業を営む法人でその事業規模が類似するものの使用人に対する退職給与の支給の状況等に照らし、その退職した特殊関係使用人に対する退職給与として相当であると認められる金額を超える場合におけるその超える部分の金額となる。

(2) 使用人賞与の損金算入時期

法人がその使用人に対して賞与（下記イ）を支給する場合（使用人兼務役員に対して支給する使用人の職務に対するものを含む。）には、これらの賞与の額について、その賞与の区分に応じ（下記ロ）、それぞれに定める事業年度において支給されたものとして、損金の額に算入することができる（令72の3）。

イ　賞与

給与（債務の免除による利益その他の経済的な利益を含む。）のうち臨時的なものをいう。ただし、次の給与を除く（令72の3）。

(イ)　退職給与

(ロ)　他に定期の給与を受けていない者に対し継続して毎年所定の時期に定額を支給する旨の定めに基づいて支給されるもの

(ハ)　特定譲渡制限付株式又は承継譲渡制限付株式（法54①）によるもの

(ニ)　特定新株予約権又は承継新株予約権（法54の2①）によるもの

ロ　賞与の区分と損金算入事業年度

賞与の区分	事業年度
(イ)　労働協約又は就業規則により定められる支給予定日が到来している賞与 （要件） A　使用人にその支給額の通知がされているもの B　その支給予定日又は通知をした日の属する事業年度においてその支給額につき損金経理をしているもの	その支給予定日又は通知をした日のいずれか遅い日の属する事業年度
(ロ)　次の要件の全てを満たす賞与 （要件） A　その支給額を、各人別に、かつ、同時期に支給を受ける全ての使用人に対して通知をしていること。 B　Aの通知をした金額をその通知をした全ての使用人に対し通知をした日の属する事業年度終了の日の翌日から1月以内に支払っていること。 C　その支給額につきAの通知をした日の属する事業年度において損金経理をしていること。	使用人にその支給額の通知をした日の属する事業年度
(ハ)　上記(イ)及び(ロ)の賞与以外の賞与	その賞与が支払われた日の属する事業年度

◆関連通達◆
・支給額の通知（基通9－2－43）
・同時期に支給を受ける全ての使用人（基通9－2－44）

(3) **出向及び転籍**
　イ　概要
　　　出向（在籍出向）及び転籍（移籍出向）の意義は、法律上明文の定めがあるわけではなく、これらの用語は一般社会に通常用いられているものである。
　　　一般に、出向（在籍出向）とは、出向元との労働契約関係を維持したまま、出向先との間においても新たな雇用契約を締結し、一定期間継続的に勤務する形態をいい、転籍（移籍出向）とは、出向元との労働契約関係を解消し、新たに出向先との間で雇用契約を締結させ、一定期間継続的に勤務する形態をいう。
　ロ　出向者に対する給与
　　　出向者の出向期間中における給与は、その出向者が現に勤務している、すなわち出向者から実際に労務の提供を受けている出向先法人で負担するのが原則である。したがって、出向者に対する給与は、出向先法人がその出向者に対して直接支給するか（次ページ①）、又は出向元法人がその出向者に対して支給する場合にあっては、その給与相当額の負担金を出向先法人が出向元法人に対して支出（間接支給）することとなる（次ページ②）。

> **コラム**　－出向元法人への寄附金の認定課税－
>
> 　出向者に対して支給する給与の全部又は一部を出向元法人が負担した場合は、その負担したことについて合理的な理由があるときは別として、出向先法人で負担すべき給与相当額は、出向元法人が出向先法人に対して贈与したものとして取り扱われ、出向元法人に寄附金の認定課税が行われることとなる。

[出向者に対する給与の支給形態と負担形態ごとの税務上の取扱い]

支給の形態 \ 負担の形態	① 出向先法人が直接支給する場合	② 出向元法人が支給する場合
出向先法人が全額負担する場合	出向先法人：使用人給与 [損金算入] ※ ただし、出向先法人で役員である場合や出向期間の途中において役員に就任した場合には、上記の使用人給与は役員給与となり、役員給与の損金不算入（法34①）の判断が必要となる。	イ 出向先法人が給与負担金として支出（基通9－2－45） 　出向先法人：給与負担金（使用人給与）[損金算入] 　出向元法人：給与 [損金算入] 　　　　　　　上記の給与負担 [雑収入] ロ 出向先法人が経営指導料名義で支出（基通9－2－45注） 　出向先法人：経営指導料 　出向元法人：経営指導料※ [給与相当額算入] ※ 給与相当額を超える部分の金額は単純損金となるが、その支払に合理的理由がなければ寄附金。
出向元法人が全額負担する場合	―	（原則） 出向元法人：寄附 [寄附金の損金不算入] 出向先法人：使用人給与 [損金算入] 　　　　　　（出向先法人で負担すべき給与相当額） 　　　　　　上記の寄附 [雑収入] （例外） 例えば、次のように専ら出向元法人側の事情（必要性）から使用人を出向させる場合（出向先法人側ではその受け入れることによる利益がない場合）には、出向元法人が負担することに合理的な理由があり、寄附とはならない。 A 取引先法人に対して、自社発注製品の検査等の業務監督のために出向させている場合

第5節　損金の額の計算

支給の形態 負担の形態	
	B　専属の取引先法人に対してその使用人の技術指導等のために出向させている場合 C　業績不振の融資先法人に対して、その融資管理のために出向させている場合
③　出向先法人と出向元法人とがそれぞれ支給する場合	（原則） 出向元法人：寄附　［寄附金の損金不算入］ 　　　　　　　（出向先法人で負担すべき給与相当額） 出向先法人：使用人給与　［損金算入］ 　　　　　　　上記の寄附　［雑収入］ （例外） 出向元法人が出向先法人との給与条件の較差を補てんするため出向者に対して支給した給与の額（出向先法人を経て支給した金額を含む。）は、出向元法人の損金の額に算入する（基通9－2－47）。 ※　出向元法人が出向者に対して支給する次の金額は、いずれも給与条件の較差を補填するために支給したものとする。 A　出向先法人が経営不振等で出向者に賞与を支給することができないため出向元法人が出向者に対して支給する賞与の額 B　出向先法人が海外にあるため出向元法人が支給するいわゆる留守宅手当の額
出向先法人と出向元法人とが分担して負担する場合	

— 137 —

第1章　各事業年度の所得に対する法人税

ハ　給与負担金に係る役員給与の取扱い

出向者が出向先法人において役員となっている場合において、次のいずれにも該当するときは、出向先法人が支出するその給与負担金の支出を出向先法人におけるその役員に対する給与の支給として、役員給与の損金不算入（法34①）の判定が必要となる（基通9－2－46）。

(イ)　その給与負担金の額につき役員に対する給与として出向先法人の株主総会、社員総会又はこれらに準ずるものの決議がされていること。

(ロ)　出向契約等においてその出向者に係る出向期間及び給与負担金の額があらかじめ定められていること。

【留意点】

・上記給与負担金についての事前確定届出給与（法34①二）に関する届出は、出向先法人がその納税地の所轄税務署長にその出向契約等に基づき支出する給与負担金に係る定めの内容について行うこととなる。

・上記給与負担金として支出した金額が出向元法人が出向者に支給する給与の額を超える場合のその超える部分の金額については、出向先法人にとって給与負担金としての性格はないが、経営指導料としてその超える部分の金額は単純損金となり、その支払に合理的理由がなければ寄附金となる。

(4)　出向者に対する退職給与

イ　概要

所得税法第30条及び所得税基本通達30－1では、退職給与とは、本来退職しなかったとしたならば支払われなかったもので、退職したことに基因して一時に支払われることとなった退職手当、一時恩給その他の退職により一時に受ける給与をいうとされている。

この点、法人税法等では、役員退職給与に具体的な意義に関する規定は設けられていない。

出向者の出向期間中における給与は、その出向者が現に出向先法人に勤務し、出向先法人が出向者から労務の提供を受けているため、その出向先法人において負担するのが原則である。そのため、出向者が出向元法人に戻り、後日退職した場合に支給する退職給与は、出向元法人において支給することとなるが、その出向者が出向先法人に勤務し、出向先法人の職務に従事している前提がある限り、その出向期間に対応する金額は、その労務の提供を受けていた出向先法人が負担すべきものである。

そうすると、上記(3)ロの給与と同様、一方の法人が本来相手方の法人が負担すべき退職給与の額を負担した場合には、その負担したことに合理的な理由がない限り、その負担した金額は相手方の法人に対する寄附として取り扱われる。

◆関連通達◆

・出向先法人が出向者の退職給与を負担しない場合（基通9－2－50）

出向先法人が出向者に対して出向元法人が支給すべき退職給与の額のうちその

第5節　損金の額の計算

出向期間に係る部分の金額の全部又は一部を負担しない場合においても、その負担しないことにつき相当な理由があるときは、これを認める。

> **コラム** －負担しないことにつき相当な理由の例－
> ①　親会社が、経営危機に瀕している関係会社等の再建のため強制的に使用人を出向させ、その業務の監督等をさせているような場合
> ②　出向元法人が計画している新規事業の遂行に必要な技術の習得その他専ら出向元法人の利益のために出向させていることが明らかな場合
> ③　出向期間が比較的短期間であるため、出向先法人に退職給与まで負担させることが適当でない場合

ロ　出向先法人と出向元法人とが分担して負担する場合
　出向先法人が、出向者に対して出向元法人が支給すべき退職給与の額に充てるため、あらかじめ定めた負担区分に基づき、その出向者の出向期間に対応する退職給与の額として合理的に計算された金額を定期的に出向元法人に支出している場合には、その支出する金額は、たとえその出向者が出向先法人において役員となっているときであっても、その支出をする日の属する事業年度の損金の額に算入する（基通9－2－48）。

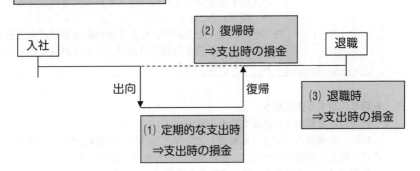

第1章　各事業年度の所得に対する法人税

(1)定期的な支出時	出向先法人が、次のいずれの要件も満たした負担金を支出した場合には、その支出をする日の属する事業年度の損金の額に算入する（基通9－2－48）。 (要件) A　あらかじめ定めた負担区分に基づき、定期的に出向元法人に支出している。 B　出向期間に対応する退職給与の額として合理的に計算された金額である。 ※　その支出する金額は、たとえその出向者が出向先法人において役員となっているときであっても同様である。 ※　定期的とは、毎月、四半期、毎期末等をいい、任意の時期の負担は認められない。
(2)復帰時	出向者がその出向期間の満了等により出向元法人に復帰することにより、出向先法人が出向期間に係る退職給与に負担金を出向元法人に支出した場合には、その支出をする日の属する事業年度の損金の額に算入する。
(3)退職時	出向先法人が、次のいずれの要件も満たした負担金を支出した場合には、その支出をする日の属する事業年度の損金の額に算入する（基通9－2－49）。 (要件) A　出向者が出向元法人を退職したこと。 B　出向先法人がその退職した出向者に対して出向元法人が支給する退職給与の額のうちその出向期間に係る部分の金額であること。 ※　その支出した金額は、たとえその出向者が出向先法人において引き続き役員又は使用人として勤務するときであっても同様である。

(5) **転籍者に対する退職給与**

　イ　転籍時に退職給与を直接支給する場合

　　転籍した使用人（以下「転籍者」という。）に対して転籍前の法人が転籍時に直接支給した退職給与の額は、転籍前の法人における退職給与となる。

　ロ　転籍後の法人を退職する際に退職給与を支給する場合

　　転籍者に係る退職給与につき転籍前の法人における在職年数を通算して支給することとしている場合において、転籍前の法人及び転籍後の法人がその転籍者に対して支給した退職給与の額（相手方である法人を経て支給した金額を含む。）は、それぞれの法人における退職給与となる（基通9－2－52）。

第5節　損金の額の計算

転籍者に対する退職給与の額	
転籍前の法人が支給した退職給与の額	転籍後の法人が支給した退職給与の額
転籍前の法人の合理的な負担額	転籍後の法人の合理的な負担額
（判定要素） ・　これらの法人の他の使用人に対する退職給与の支給状況 ・　それぞれの法人における在職期間　等	明らかに転籍前の法人の支給すべき退職給与の額の全部又は一部を負担したと認められる額 ＝寄附金の額

【留意点】
・　転籍前の法人が明らかに転籍後の法人の支給すべき退職給与の額の全部又は一部を負担したと認められるケースも同様に取り扱う。
・　転籍者に対する退職給与の合理的な負担区分として、次のような方法が考えられる。
　A　その転籍者が転籍後の法人を退職する時に支給すべき退職給与の額を、それぞれの法人における在籍期間の比によりあん分して負担する方法
　B　その転籍者が転籍後の法人を退職する時に支給する退職給与の額のうち転籍の時におけるその転籍者に係る退職給与の要支給額に相当する金額を転籍前の法人が負担する方法

7　寄附金
(1)　寄附金の意義

　法人税法第37条第7項では、「寄附金の額は、寄附金、拠出金、見舞金その他いずれの名義をもってするかを問わず、法人が金銭その他の資産又は経済的な利益の贈与又は無償の供与をした場合におけるその金銭の額若しくは金銭以外の資産のその贈与の時における価額又はその経済的な利益のその供与の時における価額によるものとする。」と規定するとともに、広告宣伝及び見本品の費用その他これらに類する費用並びに交際費、接待費及び福利厚生費とされるべきものを寄附金から除いている。（法37⑦）。
　この規定からも明らかなように、法人税法上の寄附金とは、その名義にかかわらず、①金銭その他の資産の贈与と、②経済的な利益の無償の供与をいい、私法上の贈与契約に該当するものだけでなく、債務の免除その他の方法により無償で経済的な利益を与えるものは全て寄附金という言葉に包含され、その範囲はかなり広いものとなっている。
　この点、実務上は、事業関連性の有無（強弱）や対価性の有無、贈与意思の有無など、その判断は極めて困難であり、その寄附金認定について企業側と課税当局との間で見解の相違が多くなる原因と考えられる。
　イ　寄附金の損金不算入の趣旨
　　(イ)　法人が支出した寄附金の全額が無条件で損金になるものとすれば、その寄附

第1章　各事業年度の所得に対する法人税

　　　金に対応する分だけ納付すべき法人税額が減少し、その寄附金は国において負担したと同様の結果になり、これが国が自己の関知しない相手方に補助金を出したに等しいから、このような事態を排除する必要があるという政策的理由である（成松洋一著「法人税セミナー理論と実務の論点（六訂版）」P 227（税務経理協会））。
　(ロ)　寄附金は直接の対価がない支出で、法人の事業に直接に関連する経費とは必ずしも言い難く、多分に利益処分としての性格を有しているが、しかし法人の事業に関連のある寄附金が全くないとはいえず、そのような寄附金にあっては、事業に関連するものかどうかの判定は困難であるから、形式的な基準によって事業関連部分とそうでない部分とを区分しなければならないという、寄附金の本質からくる理由である（成松洋一著「法人税セミナー理論と実務の論点（六訂版）」P 227（税務経理協会））。

【裁判例・裁決例】
・熊本地判平成14年4月26日（税資252号順号9117）
　　法人の行う対価性のない支出には、法人の事業に関連性を有し、その収益を生み出すのに必要な経費といえるものと、そうでなく単なる利益処分の性質を有するにすぎないものとがあるが、具体的事例において、ある法人の行った対価性のない支出のうちどれだけが費用の性質をもち、どれだけが利益処分の性質をもつのかを客観的に判定することは困難であるため、法人税法は、事業活動の費用であることが明らかな同条6項（現行：7項）の括弧書きの支出を例外として寄附金から除くとともに、行政的便宜及び公平の維持の観点から一種の擬制として統一的な損金算入限度額を設け、その範囲内の金額には当然に費用性があるものとして損金算入を認め、それを超える部分については、仮に何らかの事業関連性があるとしても、損金算入を認めないものとしていると解すべきである（同条2項）。
　　したがって、対価性のない支出であれば、法人税法37条6項の括弧書きのものに該当しない限り、法人の事業に関連するか否かを問わず、寄附金性を有するものと解すべきである。
・山形地判昭和54年3月28日（税資104号800頁）
・仙台地判昭和59年5月29日（税資136号803頁）

コラム　－寄附金の意義－

■基本的な考え方の指標
　昭和17年9月26日付主秘487号主税局通牒（制度創設時）
　寄附金トハ、一方ガ相手方ニ対シ、任意ニシカモ反対給付ヲ伴ワズシテ為ス財産的給付ヲ云ウ

■昭和40年法人税法全文改正前後
　寄附金とは、相手方に対し、直接事業に関係なく、かつ、何等の対価も伴わず

第5節　損金の額の計算

して、無償で贈与をしたものをいう。他人に対する財産の贈与のすべてが寄附金となるものではない。その意図等により、あるいは交際費となり、あるいは広告宣伝費となり、あるいは寄附金となるのである。（元国税庁法人税課課税補佐市丸吉左衛門著「法人税の理論と実務」（税務経理協会））

(2) 寄附金の判断基準

寄附金に該当するか否かは、資産又は経済的利益を対価なく他に移転する場合（対価要件）であって、その行為について通常の経済取引として是認できる合理的な理由が存しないのであるか（合理性要件）という2つの要件によって判断される（名古屋高判金沢支部平14. 5. 15）。

【裁判例・裁決例】
・名古屋高判金沢支部平成14年5月15日（税資252号順号9121）

(3) 寄附金に関する個別的な取扱い

イ　完全支配関係法人に対する寄附金

法人が各事業年度においてその法人との間に完全支配関係（**法人による完全支配関係**に限る。）がある他の法人に対して**支出した寄附金の額**は、各事業年度の損金の額に算入することができない（法37②）。

✓ **法人による完全支配関係**についての具体的な適用イメージは、P146参照。

✓ この場合の**支出した寄附金の額**は、法人税法第25条の2（**受贈益**）の規定の適用がないものとした場合に当該他の法人の各事業年度の益金の額に算入される同条第2項に規定する受贈益の額に対応するものに限る。

ロ　低額による金銭以外の資産の譲渡

法人税法第22条第2項が資産の譲渡にかかる収益を益金として課税の対象としているのは、法人の資産が売買、交換等によりその支配外に流出したのを契機として、顕在化した資産の値上り益の担税力に着目し、清算課税しようとする趣旨であるから、課税の対象となる収益の額は、譲渡対価の有無やその多寡にかかわりなく、当該資産が譲渡された当時における時価相当額をもって算定すべきである。法人が資産を時価相当額より低廉な対価により譲渡した場合には、あたかも右資産を時価相当額で譲渡すると同時に、その譲渡対価との差額を譲受人に贈与したのと同一の経済的効果を有するのであり、これとの税負担の公平という見地からしても、収益の額は右資産の時価相当額によるべきである（東京地判昭55. 10. 28）。

【裁判例・裁決例】
・東京地判昭和55年10月28日（訟月27巻4号789頁）

ハ　寄附金と親子会社間業務委託費

法人税法は、個々の法人を課税主体として、それぞれの担税力に応じて課税を行うこととしており、たとえ親子会社のような同一企業グループを構成している

場合であっても、グループ内の各法人の損益を合算して課税するような方式を採用していないことに照らせば、寄附金に該当するか否かの判断についても、独立した経済主体である各法人ごとにその経済的実質に基づいて行われるべきものであると解される。

そして、親子会社間で提供される役務について、役務の提供を受けた親会社がその役務に関する経費の支出をした場合に、その経費が税務計算上の損金とされるためには、その親会社が現実に便益を享受していることが必要であると解するのが相当である（熊本地判平成14年4月26日）。

【裁判例・裁決例】
・熊本地判平成14年4月26日（税資252号順号9117）

> **コラム** －親子会社間の業務委託費に係る資料の保存－
>
> 親子会社間の業務委託費は、課税当局から寄附金認定されやすいことから、次の点についての説得力のある資料の保存が重要となる。
> ・ 業務委託内容を契約書で明確に
> ・ 取引の実態（契約書の内容と実態の確認）
> ・ 成果物の内容（レポート、日々の業務報告など）
> ・ 成果物の活用（取締役会や担当部署での検討）
> ・ 業務委託料の額（コストアップなど）
> ・ 業務委託先におけるその業務委託に係る費用の内容、金額

ニ 特定公益信託に対する支出金の取扱い
　特定公益信託のうち、その目的が教育又は科学の振興、文化の向上、社会福祉への貢献その他公益の増進に著しく寄与するものとして主務大臣の認定を受け、かつ、その認定の日の翌日から5年を経過していない特定公益信託（認定特定公益信託）の信託財産とするために支出された金額は、下記(5)ハの特定公益増進法人に対する寄附金と同様に取り扱われる（法37⑥、令77の4③）。

ホ 国外関連者に支出する寄附金の特例
　移転価格税制における**国外関連者**に対する寄附金は、その全額が損金不算入となる（措法66の4③）。
　✓ **国外関連者**とは、その法人との間にいずれか一方の法人が他方の法人の株式総数の50％以上を直接又は間接に保有する等の特殊の関係のある外国法人をいう（措法66の4①、措令39の12①～④）。

【留意点】
・ この移転価格税制に係る寄附金から、国内に支店等の恒久的施設を有する外国法人に該当する国外関連者に対するものでその国外関連者の課税所得に算入されるものは除かれる。

ヘ 寄附金の対象範囲から除外されるもの

第5節　損金の額の計算

(イ)　子会社等を整理する場合の損失負担等

　　法人が子会社等の解散、経営権の譲渡等に伴いその子会社等のために債務の引受けその他の損失負担又は債権放棄等（以下、この(イ)において「損失負担等」という。）をした場合において、その損失負担等をしなければ今後より大きな損失を蒙ることになることが社会通念上明らかであると認められるためやむを得ずその損失負担等をするに至った等そのことについて相当な理由があると認められるときは、その損失負担等により供与する経済的利益の額は、寄附金の額に該当しない（基通9－4－1）。

(ロ)　子会社等を再建する場合の無利息貸付け等

　　法人がその子会社等に対して金銭の無償若しくは通常の利率よりも低い利率での貸付け又は債権放棄等（以下、この(ロ)において「無利息貸付け等」という。）をした場合において、その無利息貸付け等が例えば業績不振の子会社等の倒産を防止するためにやむを得ず行われるもので合理的な再建計画に基づくものである等その無利息貸付け等をしたことについて相当な理由があると認められるときは、その無利息貸付け等により供与する経済的利益の額は、寄附金の額に該当しない（基通9－4－2）。

(ハ)　個人の負担すべき寄附金

　　法人が損金として支出した寄附金で、その法人の役員等が個人として負担すべきものと認められるものは、その負担すべき者に対する給与とする（基通9－4－2の2）。

> **コラム**　－契約自由の原則－
>
> 　契約は当事者の自由な意思に基づいて結ぶことができる。当事者間で結ばれた契約に対しては、国家は干渉せず、その内容を尊重しなければならない。これを契約自由の原則という。
> 　「契約を結ぶかどうか」、結ぶとしても「誰と結ぶか」、「どのような契約内容にするか」について、当事者は自由に決めることができる。
>
> 〔出所〕法務省資料

第1章 各事業年度の所得に対する法人税

（P143参考）法人による完全支配関係がある法人間の寄附金・受贈益

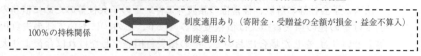

（ケース1）内国法人による完全支配関係がある内国法人間の寄附金・受贈益

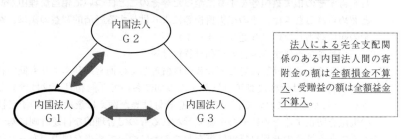

法人による完全支配関係のある内国法人間の寄附金の額は<u>全額損金不算入</u>、受贈益の額は<u>全額益金不算入</u>。

（ケース2）個人による完全支配関係がある内国法人間の寄附金・受贈益

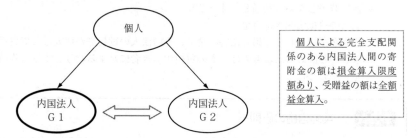

個人による完全支配関係のある内国法人間の寄附金の額は<u>損金算入限度額あり</u>、受贈益の額は<u>全額益金算入</u>。

（ケース3）外国法人による完全支配関係がある法人間の寄附金・受贈益

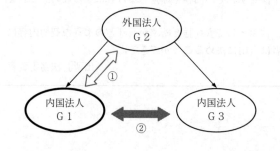

① 外国法人への寄附金の額（その外国法人の国内PEに帰属しないものに限ります。）は国外関連者に対する寄附金損金不算入制度（措法66の4③）が適用され全額損金不算入、外国法人からの受贈益の額は全額益金算入。

② ケース1と同じ。

〔出所〕 国税庁ホームページ「平成22年度税制改正に係る法人税質疑応答事例（グループ法人税制関係）（情報）問5グループ法人税制の適用対象法人等の比較」P9

第 5 節　損金の額の計算

【裁判例・裁決例】
・東京地判令和元年 6 月27日（税資269号－64順号13287）
　グループ間で行われた船舶の低額譲受けと譲渡

(4)　寄附金の支出
　法人税法第37条第 7 項《寄附金の意義》に規定する寄附金の支出は、各事業年度の所得の金額の計算については、その支払がされるまでの間、なかったものとするとして、寄附金は現金主義により計算することとされている（令78①）。
　この趣旨は、未払寄附金の計上を認めるとすれば、例えば、指定寄附金に係る期間指定の意義が失われること、又は寄附金の損金不算入限度超過額の操作が可能となること等の理由による（大林督編「寄附金の税務〔令和 2 年版〕」P26（大蔵財務協会））。
　　イ　未払寄附金

```
（会計上の仕訳）
　　寄附金　×××　／　未払費用　×××
（税務上）　　↳　損金不算入（寄附金の限度額計算対象外）
```

　　ロ　仮払寄附金

```
（会計上の仕訳）
　　仮払金　×××　／　現預金　×××
（税務上）　　↳　損金算入（寄附金の限度額計算対象）
```

◆関連通達◆
・仮払経理した寄附金（基通 9 － 4 － 2 の 3 ）
・手形で支払った寄附金（基通 9 － 4 － 2 の 4 ）

(5)　寄附金の損金不算入限度額の計算
　　イ　一般寄附金の損金算入限度額
　　　(イ)　普通法人、法別表第 2 の労働者協同組合、協同組合等及び人格のない社団等（(ロ)を除く。）の損金算入限度額は、その事業年度終了の時における資本金の額及び資本準備金の額の合計額等とその事業年度の所得の金額とを基礎とし、次の算式で計算した金額となる（法37①、令73①一）。

寄附金

第1章 各事業年度の所得に対する法人税

算式	$\left\{\begin{array}{l}\text{資本金の額}\\\text{及び資本準}\\\text{備金の額の}\\\text{合計額又は}\\\text{出資金の額}\end{array} \times \dfrac{\text{当期の月数}}{12} \times \dfrac{2.5}{1,000} + \text{所得の金額} \times \dfrac{2.5}{100}\right\} \times \dfrac{1}{4}$

✓ 所得の金額とは、法人税別表4の仮計(26の①計)の金額に、支出した寄附金の額を加算した金額となる(以下同じ)。

(ロ) 普通法人、協同組合等及び人格のない社団等のうち資本又は出資を有しないもの、非営利型の一般社団法人/一般財団法人、認可地縁団体、管理組合法人、政党等、NPO法人(認定NPO法人を除く)など(令73①二、77の2①二)の損金算入限度額は、その事業年度の所得の金額を基礎とし、次の算式で計算した金額となる(令73①二、規22の4)。

算式	所得の金額 × $\dfrac{1.25}{100}$

(ハ) 公益法人(上記(ロ)を除く。)の損金算入限度額は、その事業年度の所得の金額を基礎として、次の法人の区分に応じて計算した金額となる(令73①三、規22の4)。

A 公益社団法人、公益財団法人(令73①三イ)

算式	所得の金額 × $\dfrac{50}{100}$

B 学校法人、社会福祉法人、更生保護法人、社会医療法人、認定NPO法人(令73①三ロ、措令39の23①)

算式	・所得の金額 × $\dfrac{50}{100}$ ・年200万円 } いずれかの大きい金額

C 上記以外の公益法人等(令73①三ハ)

算式	所得の金額 × $\dfrac{20}{100}$

ロ 指定寄附金等の損金算入

下記の国等に対する寄附金及びいわゆる指定寄附金は、その全額が損金の額に算入することができる(法37③一、二、令75、76)。

第5節　損金の額の計算

国等に対する寄附金	
(イ)　国等に対する寄附金	**国又は地方公共団体**（港湾法の規定による港務局を含む。）**に対する寄附金の額**

✓　この**寄附金**からは、その寄附をした者がその寄附によって設けられた設備を専属的に利用することその他特別の利益がその寄附をした者に及ぶと認められるものが除かれる（法37③一括弧書）。

✓　**国又は地方公共団体に対する寄附金**とは、国又は地方公共団体において採納されるものをいい、これには、国立又は公立の学校等の施設の建設又は拡張等の目的をもって設立された後援会等に対する寄附金であっても、その目的である施設が完成後遅滞なく国等に帰属することが明らかなものが含まれる（基通9－4－3）。

(ロ)　最終的に国等に帰属しない寄附金 （基通9－4－4）	国等に対して採納の手続を経て支出した寄附金であっても、その寄附金が特定の団体に交付されることが明らかである等最終的に国等に帰属しないと認められるものは、国等に対する寄附金には該当しない。
(ハ)　公共企業体等に対する寄附金 （基通9－4－5）	日本中央競馬会等のように全額政府出資により設立された法人又は日本下水道事業団等のように地方公共団体の全額出資により設立された法人に対する寄附金は、国等に対する寄附金には該当しない。

◆関連通達◆
- 災害救助法の規定の適用を受ける地域の被災者のための義援金等（基通9－4－6）
- 災害の場合の取引先に対する売掛債権の免除等（基通9－4－6の2）
- 災害の場合の取引先に対する低利又は無利息による融資（基通9－4－6の3）
- 自社製品等の被災者に対する提供（基通9－4－6の4）

> (ニ)　指定寄附金（法37③二、令75、76）
> 　公益社団法人、公益財団法人その他公益を目的とする事業を行う法人又は団体に対する**寄附金**のうち、次に掲げる要件を満たすと認められるものとして財務大臣が指定したものの額
> （ⅰ）　広く一般に募集されること。
> （ⅱ）　教育又は科学の振興、文化の向上、社会福祉への貢献その他公益の増進に寄与するための支出で緊急を要するものに充てられることが確実であること。

✓　この**寄附金**には、これら法人の設立のためにされる寄附金その他のその法人

第1章　各事業年度の所得に対する法人税

の設立前においてされる寄附金についても、その法人の設立に関する許可又は認可があることが確実であると認められる場合においてされる寄附金も含む（令75）。

(ホ)　国等に対する寄附金等の特例適用の要件

国等に対する寄附金、指定寄附金及び特定公益増進法人に対する寄附金を損金の額に算入するには、確定申告書、修正申告書又は更正請求書にその金額を記載するとともに、寄附金の明細書を確定申告書に添付した場合に限り適用される（法37⑨）。

特定公益増進法人に対する寄附金については、一定の書類の保存も適用要件になっているが、その書類の保存がない場合でも、税務署長がその書類の保存がなかったことについて、やむを得ない理由があると認めるときは、その書類の保存がなかった金額についても特例の適用をすることができる（法37⑨⑩、規24）。

ハ　特定公益増進法人に対する寄附金の損金算入限度額の特例

公共法人、公益法人等（別表第二に掲げる一般社団法人、一般財団法人及び科学の振興、文化の向上、社会福祉への貢献その他公益の増進に著しく寄与するものとして一定のものに対するその法人の主たる目的である業務に関連する寄附金（出資に関する業務に充てられることが明らかなもの及び上記ロの指定寄附金等を除く。）の額があるときは、その特定公益増進法人に対する寄附金の額の合計額又は下記の算式による特別損金算入限度額のうち、いずれか少ない金額を損金の額に算入することができる（法37④、令77の2①）。

〔算式〕

(イ)　普通法人、協同組合等、人格のない社団等

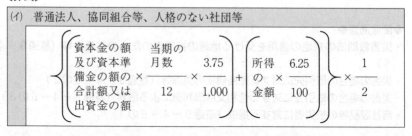

(ロ)　普通法人、協同組合等及び人格のない社団等のうち資本又は出資を有しないもの、非営利型の一般社団法人／一般財団法人、認可地縁団体、管理組合法人、政党等、NPO法人（認定NPO法人を除く）など

$$\text{所得の金額} \times \frac{6.25}{100}$$

ニ　認定特定非営利活動法人等に対する寄附金の特例

法人（認定特定非営利活動法人等を除く。）が各事業年度において支出した寄附金の額のうちに認定特定非営利活動法人等（認定特定非営利活動法人及び特定

第 5 節　損金の額の計算

非営利活動促進法第 2 条第 4 に規定する特例認定特定非営利活動法人をいう。）に対するその認定特定非営利活動法人等の行う特定非営利活動に係る事業に関連する寄附金の額については、一般の寄附金の損金算入限度額とは別枠で、特定公益増進法人等に対する寄附金の特別損金算入限度額の範囲内で損金の額に算入することができる（措法66の11の 3 ②）。

第1章 各事業年度の所得に対する法人税

【まとめ】 寄附金の区分と寄附をした者の取扱い

寄附金の区分				一般寄附金
	国・地方公共団体に対する寄附金	指定寄付金	指定公益増進法人	認定特定非営利活動法人等	
	〈例〉 ・公立高校 ・公立図書館　など	(公益を目的とする事業を行う法人等に対する寄附金で公益の増進に寄与し緊急を要する特定の事業に充てられるもの) 〈例〉 ・国宝の修復 ・オリンピックの開催 ・赤い羽根の募金 ・私立学校の教育研究等 ・国立大学法人の教育研究等	に対する寄附金で法人の主たる目的である業務に関連するもの(注1) 【特定公益増進法人】 ○独立行政法人 ○一定の地方独立行政法人 ○日本赤十字社など ○公益社団・財団法人 ○学校法人等 ○社会福祉法人 ○更生保護施設法人 など	に対する寄附金で特定非営利活動に係る事業に関連するもの(注1)	
寄附をした者の取扱い	全額損金算入(注2)	全額損金算入	以下を限度として損金算入 (資本金及び資本準備金の額の0.375%+所得金額の6.25%)×1/2 (注3)	以下を限度として損金算入(資本金及び資本準備金の額の0.25%+所得金額の2.5%)×1/4	以下を限度として損金算入(資本金及び資本準備金の額の0.25%+所得金額の2.5%)×1/4

(注1) 出資に関する業務に充てられることが明らかな寄附金(例:寄附金の使途を出資業務に限定して募集された寄附金)を除く。
(注2) 認定地方公共団体のまち・ひと・しごと創生寄附活用事業に関連する寄附金については、全額損金算入に加えて、全額税額控除(法人税額の5%を限度)(寄附金×40%-住民税からの控除額)と寄附金×10%とのうちいずれか少ない金額ができる。
(注3) 特定公益増進法人及び認定特定非営利活動法人等に対して法人が支出した寄附金のうち損金算入されなかった部分については、一般寄附金とあわせて(資本金及び資本準備金の額の0.25%+所得金額の2.5%)×1/4を限度として損金算入される。

[出所] 財務省資料より抜粋

第5節 損金の額の計算

8 租税公課

　法人が納付する租税公課は、企業会計上、国税、地方税を問わず、現金支出又は債務の確定により費用として認識され経理するのが一般的である。そして、法人税法上も同法第22条第3項第2号の規定により損金の額に算入することができるが、別段の定め、具体的には、同法第38条から第41条の2までの規定を設け、損金の額に算入しないこととしている。

(1) 法人税額等の損金不算入

　イ　法人が納付する法人税（延滞税、過少申告加算税、無申告加算税及び重加算税を除く。以下この(1)において同じ。）の額及び地方法人税（延滞税、過少申告加算税、無申告加算税及び重加算税を除く。以下(1)において同じ。）の額は、下記の法人税の額及び地方法人税の額を除き、各事業年度の損金の額に算入することができない（法38①）。

　　A　退職年金等積立金に対する法人税及び地方法人税
　　B　修正申告により納付すべき還付加算金（通則法35②、19④二ハ）又は更正等により納付すべき還付加算金（同28②三ハ）に相当する法人税及び地方法人税
　　C　確定申告書の提出期限の延長（法75⑦、75の2⑧⑩）の場合の利子税

　ロ　法人が納付する次に掲げるものの額は、各事業年度の損金の額に算入することができない（法38②）。

　　A　相続税法第9条の4《受益者等が存しない信託等の特例》、第66条《人格のない社団又は財団等に対する課税》又は第66条の2《特定の一般社団法人等に対する課税》の規定による贈与税及び相続税
　　B　地方税法の規定による道府県民税及び市町村民税（都民税を含むものとし、退職年金等積立金に対する法人税に係るものを除く。）

【参考】
・第二次納税義務に係る納付税額の損金不算入等（法39）
・外国子会社から受ける配当等に係る外国源泉税等の損金不算入（法39の2）

(2) 法人税額から控除する所得税額の損金不算入等

　イ　法人税額から控除する所得税額
　　法人が各事業年度において利子等、配当等、給付補塡金、利息、利益、差益、利益の分配又は賞金（所法174各号。以下「利子及び配当等」という。）の支払を受ける場合には、これらにつき所得税法第174条各号により課される所得税の額（その所得税の額に係る第69条の2第1項《分配時調整外国税相当額の控除》に規定する分配時調整外国税相当額を除く。）は、その事業年度の所得に対する法人税の額から控除することができる（法68①）。

　ロ　所得税額等の還付
　　中間申告書又は確定申告書の提出をした場合において、これらの申告書に上記イにより控除しきれなかった金額を記載したときは、その金額に相当する税額の還付を受けることができる（法78①）。

　ハ　法人税額から控除する所得税額の損金不算入
　　法人が上記イの所得税の額につき同イ又は上記ロ若しくは法人税法第133条第

第1章　各事業年度の所得に対する法人税

1項《更正等による所得税額等の還付》の規定の適用を受ける場合には、これらの規定による控除又は還付をされる金額に相当する金額は、各事業年度の損金の額に算入することができない（法40①）。

(3) **法人税額から控除する外国税額の損金不算入**
　イ　外国税額の控除
　　法人が各事業年度において納付する外国法人税（外国の法令により課される法人税に相当する税で一定のものをいう。）の額のうち控除対象外国法人税の額は、その事業年度の所得に対する法人税の額から控除することができる（法69①）。
　ロ　控除対象外国法人税額の還付
　　中間申告書又は確定申告書の提出をした場合において、これらの申告書に上記イにより控除しきれなかった金額を記載したときは、その金額に相当する税額の還付を受けることができる（法78①）。
　ハ　法人税額から控除する外国税額の損金不算入
　　法人が上記イの控除対象外国法人税の額につき同イ又は上記ロ若しくは法人税法第133条第1項《更正等による所得税額等の還付》の規定の適用を受ける場合には、その控除対象外国法人税の額は、各事業年度の所得の損金の額に算入することができない（法41①）。

(4) **主な租税公課の損金算入及び損金不算入の区分**

国　税

税金の種類	損金不算入	損金算入
法人税	本　税・加算税・延滞税	退職年金等積立金に対する法人税
地方法人税	本　税・加算税・延滞税	退職年金等積立金に対する法人税に係る本税
過大となった還付加算金の納付額		納付額
利子税		利子税
所得税及び復興特別所得税	法人税額から控除又は還付されるもの	控除しなかったもの
消費税	加算税・延滞税	本　税
地価税	加算税・延滞税	本　税
酒税その他の個別消費税	加算税・延滞税	本　税
印紙税と印紙税法による過怠税	過怠税	印紙税

第5節 損金の額の計算

地方税

税金の種類	損金不算入	損金算入
都民税・道府県民税・市町村民税	本　税・延滞金・加算金	退職年金等積立金に対する法人税に係る本税
納期限延長の場合の延滞金		延滞金
地方消費税	延滞金・加算金	本　税
事業税	延滞金・加算金	本　税
固定資産税	延滞金・加算金	本　税

外国源泉税

税金の種類	損金不算入	損金算入
配当等の益金不算入	適用を受ける場合	適用を受けない場合

外国法人税

税金の種類	損金不算入	損金算入
外国税額控除を選択しなかった場合		外国法人税額
外国税額控除を選択した場合	控除対象外法人税額	左記以外

(5) **租税公課の損金算入時期**

　損金の額に算入される租税公課は、一定の課税手続に従ってその額が確定するものであるため、原則として納税額が確定した日の属する事業年度の損金の額に算入される。そして、その一定の課税手続（税金の種類）によってそれぞれの損金算入時期を定めている。

　イ　国税及び地方税の損金算入時期

　　法人が納付すべき国税及び地方税（法人の各事業年度の所得の金額の計算上損金の額に算入されないものを除く。）については、次に掲げる区分に応じ、それぞれ次に定める事業年度の損金の額に算入する（基通9-5-1）。

　　(イ)　申告納税方式による租税

　　　納税申告書に記載された税額についてはその納税申告書が提出された日（その年分の地価税に係る納税申告書が地価税法第25条《申告》に規定する申告期間の開始の日前に提出された場合には、納税申告書に記載された税額についてはその申告期間の開始の日）の属する事業年度とし、更正又は決定に係る税額についてはその更正又は決定があった日の属する事業年度とする。ただし、次に掲げる場合には、次による。

　　　A　収入金額又は棚卸資産の評価額のうちに申告期限未到来の納付すべき酒税等に相当する金額が含まれている場合又は製造原価、工事原価その他これら

第1章 各事業年度の所得に対する法人税

　　　　　に準ずる原価のうちに申告期限未到来の納付すべき事業に係る事業所税若しくは地価税に相当する金額が含まれている場合において、法人がその金額を損金経理により未払金に計上したときのその金額については、損金経理をした事業年度とする。
　　　B　法人が、申告に係る地価税につき地価税法第28条第1項及び第3項《納付》並びに同条第5項の規定により読み替えて適用される通則法第35条第2項《申告納税方式による納付》に定めるそれぞれの納期限の日又は実際に納付した日の属する事業年度において損金経理をした場合には、その事業年度とする。
　　(ロ)　賦課課税方式による租税
　　　　　賦課決定のあった日の属する事業年度とする。ただし、法人がその納付すべき税額について、その納期の開始の日（納期が分割して定められているものについては、それぞれの納期の開始の日とする。）の属する事業年度又は実際に納付した日の属する事業年度において損金経理をした場合には、その事業年度とする。
　　(ハ)　特別徴収方式による租税
　　　　　納入申告書に係る税額についてはその申告の日の属する事業年度とし、更正又は決定による不足税額についてはその更正又は決定があった日の属する事業年度とする。ただし、申告期限未到来のものにつき収入金額のうち納入すべき金額が含まれている場合において、法人がその金額を損金経理により未払金に計上したときの金額については、損金経理をした事業年度とする。
　　(二)　利子税並びに地方税法第65条第1項、第72条の45の2第1項又は第327条第1項《法人の道府県民税等に係る納期限の延長の場合の延滞金》の規定により徴収される延滞金
　　　　　納付の日の属する事業年度とする。ただし、法人がその事業年度の期間に係る未納の金額を損金経理により未払金に計上したときの金額については、損金経理をした事業年度とする。
　ロ　事業税（第3編法人事業税P 423）及び特別法人事業税（P 464）の損金算入の時期の特例
　　　その事業年度の直前の事業年度（以下、このロにおいて「直前年度」という。）分の事業税及び特別法人事業税の額（上記イにより直前年度の損金の額に算入される部分の金額を除く。）については、その事業年度終了の日までにその全部又は一部につき申告、更正又は決定（以下「申告等」という。）がされていない場合であっても、その事業年度の損金の額に算入することができる。この場合において、その事業年度の法人税について更正又は決定をするときは、損金の額に算入する事業税の額は、直前年度の所得金額又は収入金額（地方税法第72条の2第1項第3号又は第4号《事業税の納税義務者等》に掲げる事業（第3編第1章第3節(3) P 425又は1(4) P 425）にあっては、所得金額及び収入金額）に同法第72条の24の7《法人の事業税の標準税率等》（P 461）に係る標準税率を乗じて計算し、その損金の額に算入する特別法人事業税の額は、直前年度の所得金額又は収

第5節 損金の額の計算

入金額に同条に係る標準税率を乗じて得た金額に特別法人事業税及び特別法人事業譲与税に関する法律第7条各号《税額の計算》に掲げる法人の区分に応じ当該各号の税率を乗じて計算するものとし、その後その事業税及び特別法人事業税につき申告等があったことにより、その損金の額に算入した事業税及び特別法人事業税の額につき過不足額が生じたときは、その過不足額は、申告等又は納付のあった日の属する事業年度の益金の額又は損金の額に算入する（基通9-5-2）。

(注)1 事業税の額の計算上、次に掲げる事業については、所得金額に乗ずる標準税率は、次に定める税率による。
   (1) 地方税法第72条の2第1項第1号イに掲げる法人が行う同号に掲げる事業（P424） 同法第72条の24の7第1項第1号イ（付加価値割P461）の標準税率に同号ハ（所得割P461）の標準税率を加算して得た税率
   (2) 同法第72条の2第1項第3号イに掲げる法人が行う同号に掲げる事業（P425） 同法第72条の24の7第3項第1号ロ（付加価値割P463）の標準税率
   (3) 同法第72条の2第1項第4号に掲げる事業（P425） 同法第72条の24の7第4項第2号の標準税率（付加価値割P464）
  2 直前年度分の事業税及び特別法人事業税の額の損金算入だけを内容とする更正は、原則としてこれを行わない。

9 圧縮記帳
(1) 圧縮記帳の意義

圧縮記帳とは、国庫補助金等の受入れによる受贈益や収用、換地処分等による譲渡益として発生している益金について、下記イ及びロのような結果をもたらすなど、その段階で課税することが適当ではないと考えられるものは、担税力や政策的見地から一定の要件の下、課税の繰延べをする制度である。

この制度のしくみは、受贈益や譲渡益に係る収益の額に相当する金額の範囲内でその取得した資産の帳簿価額を減額して（圧縮して）、その減額した金額を損金算入することにより、これらの収益の額と相殺し、収益の発生段階での課税を行わないとするものである。

  イ 国等が一定の目的のために補助金等を交付したにもかかわらず、その補助金に対して課税を行うとすれば、課税に伴う税金分だけ交付の目的にあった資産の取得ができず、補助金交付の目的が達成できない。
  ロ 資産の譲渡等が自己の意思によらず法令等の規定により強制的に行われるにもかかわらず、その資産の譲渡に伴い生じた差益に課税を行う場合には、適当な資産の購入にも影響をし事業の継続を阻害しかねない。

なお、この圧縮記帳は、益金の額に算入すべき金額について規定した法人税法第22条第2項の例外であるから、法律の規定がない限り法人側で自由に行うことは許されない。

第1章 各事業年度の所得に対する法人税

【参考】 課税免除ではなく課税の繰延べ
　圧縮記帳を行った資産に係るその後の譲渡原価又は減価償却の計算の基礎となる取得価額は、圧縮記帳後の金額とされており、圧縮記帳による損金算入額に対応する部分の金額だけ譲渡原価等が少なくなっていることから、圧縮記帳の目的は課税の繰延べということができる。

(2) 圧縮記帳の種類
　圧縮記帳には、次表のとおり法人税法上の圧縮記帳と租税特別措置法上の圧縮記帳がある。

〔圧縮記帳の種類と経理方法〕

圧縮記帳の種類	直接減額方式	確定決算積立方式	剰余金処分積立方式
法人税法			
① 国庫補助金等で取得した固定資産等の圧縮額の損金算入（法42〜44）	○	○	○
② 工事負担金で取得した固定資産等の圧縮額の損金算入（法45）	○	○	○
③ 非出資組合が賦課金で取得した固定資産等の圧縮額の損金算入（法46）	○	○	×
④ 保険金等で取得した固定資産等の圧縮額の損金算入（法47〜49）	○	○	○
⑤ 交換により取得した資産の圧縮額の損金算入（法50）	○	×	×
租税特別措置法			
① 農用地等を取得した場合の課税の特例（措法61の3）	○	○	○
② 収用等に伴い代替資産を取得した場合の課税の特例（措法64）	○	○	○
③ 換地処分等に伴い資産を取得した場合の課税の特例（措法65）	○	×	×
④ 特定の資産の買換えの場合の課税の特例（措法65の7）	○	○	○
⑤ 特定の資産を交換した場合の課税の特例（措法65の9）	○	○	○
⑥ 特定の交換分合により土地等を取得した場合の課税の特例（措法65の10）	○	×	×
⑦ 特定普通財産とその隣接する土地等の交換の場合の課税の特例（措法66）	○	○	○

⑧ 技術研究組合の所得の計算の特例（措法66の10）	○	×	×
⑨ 減価補塡金の対象となる所有減価償却資産（措法67の4①）	○	×	×
⑩ 転廃業助成金で取得等した固定資産（措法67の4②）	○	○	○

> **コラム** －企業会計における「圧縮記帳」－
>
> 　企業会計原則は、「贈与その他無償で取得した資産については、公正な評価額をもって取得原価とする」（「企業会計原則」第三・五・F）とする一方、「国庫補助金、工事負担金等で取得した資産については、国庫補助金等に相当する金額をその取得原価から控除することができる」（「注解24」）としている。

(3) 圧縮記帳の経理方法

　次の3つの方法を採用できるが、圧縮記帳制度の種類により採用できないものがある。具体的には、上記(2)の「圧縮記帳の種類と経理方法」参照のこと。

イ　損金経理により帳簿価額を減額する方法（直接減額方式）

（仕訳例）
　固定資産圧縮損　×××　／　固定資産　×××

✓ **圧縮記帳後の固定資産**については、圧縮記帳によりその帳簿価額が1円未満となったとしても、その帳簿価額として1円以上の金額（備忘価額）を付すこととなる（令93）。

ロ　特定の譲渡の日を含む事業年度の確定した決算において積立金として積み立てる方法（確定決算積立方式）

（仕訳例）
　圧縮積立金積立損　×××　／　圧縮積立金　×××

ハ　その事業年度の決算の確定の日までに剰余金処分により積立金として積み立てる方法（剰余金処分積立方式）

（仕訳例）
　繰越利益剰余金　×××　／　圧縮積立金　×××

第1章　各事業年度の所得に対する法人税

✓　この**圧縮積立金**は、当期利益金を計算する過程では損金の額に算入されていないため、法人税の申告に当たっては法人税別表四において「剰余金処分圧縮積立金認容」として減算する必要がある。

(4) 圧縮記帳適用に係る共通要件
　イ　申告要件

　　　圧縮額の損金算入は、確定申告書にその帳簿価額を損金経理により減額し、又は確定した決算において積立金として積み立てる方法により経理した金額に相当する金額の損金算入に関する明細（法人税別表13(1)など）の記載がある場合に限り適用される（法42③など）。

　ロ　特別償却等の重複適用の排除

　　　租税特別措置法の規定により圧縮記帳の適用を受けた固定資産については、特典の重複適用を排除するため、原則として租税特別措置法に規定する特別償却の適用はない（措法65の7⑦など）。なお、法人税法上の圧縮記帳については、このような規定はないため特別償却も行うことができる。

　ハ　資産につき除却等があった場合の積立金の取崩し

　　　圧縮記帳による圧縮額を積立金として経理している資産につき除却、廃棄、滅失又は譲渡（以下、このハにおいて「除却等」という。）があった場合には、その積立金の額（資産の一部につき除却等があった場合には、その除却等があった部分に係る金額）を取り崩してその除却等のあった日の属する事業年度の益金の額に算入する（基通10-1-2）。

　ニ　積立金の任意取崩しの場合の圧縮限度額の調整

　　　圧縮記帳による圧縮額を積立金として経理している法人がその積立金の額の全部又は一部を取り崩して益金の額に算入した場合において、その取り崩した積立金の設定の基礎となった資産に係る償却超過額又は評価損の否認金があるときは、その償却超過額又は評価損の否認金の額のうち益金の額に算入した積立金の額に達するまでの金額は、その事業年度の損金の額に算入する（基通10-1-3）。

(5) 国庫補助金等で取得した固定資産等の圧縮記帳
　イ　概要

　　　適用対象法人（下記ロ）が、固定資産の取得又は改良に充てるための国庫補助金等（下記ハ）の交付を受けて適用要件（下記ニ）に該当した場合において、圧縮限度額（下記ホ）の範囲内で所定の経理（下記ヘ）をしたときは、その経理により減額し又は経理した金額に相当する金額は、その事業年度の損金の額に算入する（法42①、令80）。

　ロ　適用対象法人

　　　青色申告書を提出する法人であるかどうかにかかわらず適用されるが、清算中の法人は適用を受けることができない。

　ハ　国庫補助金等の範囲

　　　国庫補助金等とは、下記(イ)から(リ)までの国又は地方公共団体の補助金、給付金

第5節　損金の額の計算

及び助成金をいう（法42①、令79、規24の2）。
(イ)　国又は地方公共団体の補助金又は給付金
(ロ)　障害者の雇用の促進等に関する法律に基づく独立行政法人高齢・障害・求職者雇用支援機構の助成金
(ハ)　福祉用具の研究開発及び普及の促進に関する法律に基づく国立研究開発法人新エネルギー・産業技術総合開発機構の助成金
(ニ)　国立研究開発法人新エネルギー・産業技術総合開発機構法に基づく国立研究開発法人新エネルギー・産業技術総合開発機構の助成金（一定の助成金を除く。）
(ホ)　特定高度情報通信技術活用システムの開発供給及び導入の促進に関する法律に基づく国立研究開発法人新エネルギー・産業技術総合開発機構の助成金
(ヘ)　独立行政法人農畜産業振興機構法に基づく独立行政法人農畜産業振興機構の補助金
(ト)　独立行政法人鉄道建設・運輸施設整備支援機構法に基づく独立行政法人鉄道建設・運輸施設整備支援機構の補助金
(チ)　日本国有鉄道清算事業団の債務等の処理に関する法律に基づく独立行政法人鉄道建設・運輸施設整備支援機構の助成金のうち鉄道施設等整備に充てられるもの
(リ)　日本たばこ産業株式会社が認可を受けた事業計画に定めるところに従って交付する葉たばこの生産基盤の強化のための助成金

ニ　適用要件
(イ)　その国庫補助金等の返還を要しないことが、その事業年度終了の時までに確定した場合に限る。

◆関連通達◆
・返還が確定しているかどうかの判定（基通10－2－1）

(ロ)　固定資産の取得又は改良に充てるための国庫補助金等の交付を受けた場合において、その事業年度終了の時までに取得又は改良をしたその交付の目的に適合した固定資産である（交付年度＝取得年度） CHECK 。

圧縮記帳

CHECK －補助金返還要否や資産取得の時期により適用関係が異なる－

① 補助金交付	② 補助金返還要否	③ 対象資産取得時期	④ 交付年度の経理処理	⑤ 交付年度以降
	事業年度末までに返還不要確定	事業年度末までに取得	圧縮記帳	
		事業年度末までに未取得	仮勘定 →	【取得】益金算入
	事業年度末までに返還要否**未確定**	事業年度末までに取得	（下記ト）特別勘定仮受金 →	（確定）取崩益消却　圧縮記帳
		事業年度末までに未取得	（下記ト）特別勘定仮受金 →	【取得】（確定）取崩益消却

【参考】交付年度前に取得した場合（法42①括弧書）

国庫補助金等の交付を受けた日の属する事業年度前の事業年度においてその交付の目的に適合する固定資産の取得又は改良をしている場合に同日の属する事業年度において圧縮記帳を適用できる。

その場合の圧縮限度額の計算方法が定められている（令79の2）。

【参考】代替資産の交付（法42②）

国庫補助金等（上記ハ）の交付に代わるべきものとして交付を受ける固定資産を取得した場合において、その固定資産につき圧縮限度額（下記ホ）の範囲内で経理（下記ヘ）したときは、その経理により減額し又は経理した金額に相当する金額は、その事業年度の損金の額に算入する。

ホ　圧縮限度額

> 次のA又はBのいずれか少ない金額（法42①）
> A　補助目的の固定資産の取得・改良に要した金額
> B　交付を受けた国庫補助金等の額

ヘ　経理方法
（イ）損金経理により帳簿価額を減額する方法（直接減額方式）
（ロ）特定の譲渡の日を含む事業年度の確定した決算において積立金として積み立てる方法（確定決算積立方式）

第5節　損金の額の計算

(ハ)　その事業年度の決算の確定の日までに剰余金処分により積立金として積み立てる方法（剰余金処分積立方式）（令80）

◆関連通達◆
・資本的支出がある場合の圧縮限度額（基通10－2－1の2）
・地方公共団体から土地等を時価に比して著しく低い価額で取得した場合の圧縮記帳（基通10－2－3）
・地方税の減免に代えて交付を受けた補助金等（基通10－2－4）
・山林の取得等に充てるために交付を受けた国庫補助金等（基通10－2－5）

ト　補助金交付年度で返還不要が確定していない場合の特別勘定

交付年度

補助金交付年度で返還不要が確定していない場合の特別勘定経理
　国庫補助金等の返還を要しないことが交付年度終了の時までに確定していない場合には、（固定資産の取得の有無にかかわらず）その事業年度の確定した決算において、国庫補助金等相当額以下の金額を特別勘定として経理し、損金の額に算入することができる（法43①）。

【参考】特別勘定の経理
　特別勘定の経理は、積立金として積み立てる方法のほか、仮受金等として経理する方法によることもできる（基通10－1－1）。

交付年度以降

補助金返還が確定した場合の特別勘定の取崩し
　国庫補助金等の返還すべきこと又は返還を要しないことが確定した場合には、特別勘定を取崩し（法43②、令81）、該当することとなった日の属する事業年度の益金の額に算入する（法43③）。

補助金返還不要が確定した場合の圧縮記帳
　国庫補助金等により交付の目的に適合した固定資産を取得又は改良し、かつ、それら事実の日の属する事業年度以後において、国庫補助金等の全部又は一部の返還を要しないことが確定した場合には、その確定した事業年度において特別勘定の金額のうち、次の算式による圧縮限度額の範囲内で圧縮記帳したときは、その金額を損金の額に算入する（法44、令82）。

（算式）

$$\text{国庫補助金等の返還を要しないことが確定した日におけるその固定資産の帳簿価額}^{(注)} \times \frac{\text{返還を要しないこととなった国庫補助金等の額}}{\text{その固定資産の取得又は改良をするために要した金額}}$$

(注)　改良の場合：改良に係る部分の帳簿価額

第1章　各事業年度の所得に対する法人税

(6) 工事負担金で取得した固定資産等の圧縮額の損金算入

イ　概要

適用対象法人（下記ロ）が、受益者（下記ハ）から金銭又は資材 **CHECK** の交付を受けた場合において、その事業年度終了の時までに取得したその施設を構成する固定資産につき、圧縮限度額（下記ニ）の範囲内で所定の経理（下記ホ）をしたときは、その経理により減額し又は経理した金額に相当する金額は、その事業年度の損金の額に算入する（法45①）。

> **CHECK**　－代替資産の取得－
>
> 金銭又は資材の交付に代わるべきものとして受益者から固定資産の交付を受けた（代替資産を取得した）場合にも圧縮記帳の適用がある（法45②）。

ロ　適用対象法人

下記の(イ)から(チ)の事業を営む法人（法45①、令83の2）。
なお、青色申告書を提出する法人であるかどうかにかかわらず適用されるが、清算中の法人は適用を受けることができない。

(イ) 電気事業法に規定する一般送配電事業、送電事業、配電事業又は発電事業
(ロ) ガス事業法に規定する一般ガス導管事業
(ハ) 水道法に規定する水道事業
(ニ) 鉄道事業法に規定する鉄道事業
(ホ) 軌道法に規定する軌道を敷設して行う運輸事業
(ヘ) 電気通信事業法に規定する電気通信回線設備を設置して電気通信役務を提供する電気通信事業
(ト) 電気通信事業法電気通信事業者が行う事業のうち放送法に基づき設立された日本放送協会から委託を受けて行う国際放送のための施設に係るもの
(チ) 有線電気通信設備を用いて放送法に規定するテレビジョン放送を行う事業

ハ　受益者

上記ロの事業に必要な施設を設けるため電気、ガス若しくは水の需要者又は鉄道若しくは軌道の利用者その他その施設によつて便益を受ける者をいう。

ニ　圧縮限度額

> 次のA又はBのいずれか少ない金額（法45①）
> A　固定資産の取得に要した金額 **CHECK**
> B　交付を受けた金銭の額若しくは資材の価額

第5節　損金の額の計算

> **CHECK** －工事負担金の交付前に取得した固定資産の圧縮限度額(令82の3)－
>
> 金銭又は資材の交付を受けた日における固定資産の帳簿価額 × 交付を受けた金銭の額又は資材の価額のうち、分母の金額に達するまでの金額 / 固定資産の取得をするために要した金額

ホ　経理方法
　(イ)　損金経理により帳簿価額を減額する方法（直接減額方式）
　(ロ)　特定の譲渡の日を含む事業年度の確定した決算において積立金として積み立てる方法（確定決算積立方式）
　(ハ)　その事業年度の決算の確定の日までに剰余金処分により積立金として積み立てる方法（剰余金処分積立方式）（令83）

(7)　保険金等で取得した固定資産等の圧縮額の損金算入
　イ　概要
　　適用対象法人（下記ロ）が、所有固定資産の滅失又は損壊により保険金等（下記ハ）の支払を受けた場合において、その事業年度終了の時までに取得をした代替資産又はその事業年度終了の時までに改良をした損壊資産等につき、圧縮限度額（下記ニ）の範囲内で所定の経理（下記ホ）したときは、その経理により減額し又は経理した金額に相当する金額は、その事業年度の損金の額に算入する（法47①）。
　ロ　適用対象法人
　　青色申告書を提出する法人であるかどうかにかかわらず適用されるが、清算中の法人は適用を受けることができない。
　ハ　保険金等の範囲
　　保険金、共済金又は損害賠償金で、その滅失又は損壊のあった日から3年以内に支払が確定したものをいう（法47①、令84）。
　　なお、上記の共済金は、保険業法に規定する保険会社、外国保険業者若しくは少額短期保険業者が支払う保険金又は下記(イ)から(ト)の法人が行う共済で固定資産について生じた損害を共済事故とするものに係る共済金に限る。
　　(イ)　農業協同組合及び農業協同組合連合会
　　(ロ)　農業共済組合及び農業共済組合連合会
　　(ハ)　漁業協同組合、水産加工業協同組合、共済水産業協同組合連合会
　　(ニ)　事業協同組合、事業協同小組合、協同組合連合会
　　(ホ)　生活衛生同業組合、生活衛生同業組合連合会
　　(ヘ)　漁業共済組合、漁業共済組合連合会
　　(ト)　森林組合連合会
　ニ　圧縮限度額 **CHECK**
　　次の算式で計算した金額となる（法47①、令85①一、二）。

第1章 各事業年度の所得に対する法人税

〔算式〕

$$保険差益の額 \times \frac{代替資産の取得・改良に要した保険金等の額のうち、\textbf{分母の金額}に達するまでの金額}{改定保険金の額}$$

改定保険金の額 ＝ 保険金等の額 － **滅失経費の額**

保険差益の額 ＝ 改定保険金の額 － **被害資産の被害部分の簿価**

✓ 分子における**分母の金額**を計算する場合、**改定保険金の額**からは、圧縮記帳（法47）及び特別勘定（法48）の適用を受けない部分の金額並びに他の代替資産等につき圧縮記帳（法47）及び特別勘定（法48）の適用を受ける場合におけるその適用に係る部分の金額を控除した金額を除く（令85①二）。

✓ **滅失経費の額**の範囲（基通10－5－5）

滅失経費の額に含まれるもの	滅失経費の額に含まれないもの
→所有固定資産の滅失等に直接関連して支出される経費 ・滅失等があった所有固定資産の取壊費 ・焼跡の整理費 ・消防費 等	→所有固定資産の滅失等に直接関連しない経費 ・類焼者に対する賠償金 ・けが人への見舞金 ・被災者への弔慰金 等

✓ **被害資産の被害部分の簿価**とは、事業年度首から被災時までの減価償却を行った後の帳簿価額をいう。

CHECK －保険金等の額が確定する前に取得した代替資産の圧縮限度額－

（保険金等の額が確定した事業年度の圧縮限度額）（法47①、令85①一～四）

$$\text{通常の圧縮限度額（上記〔算式〕)} \times \frac{圧縮記帳適用時の代替資産の帳簿価額}{代替資産の取得等に要した金額}$$

ホ 経理方法
(イ) 損金経理により帳簿価額を減額する方法（直接減額方式）
(ロ) 特定の譲渡の日を含む事業年度の確定した決算において積立金として積み立てる方法（確定決算積立方式）
(ハ) その事業年度の決算の確定の日までに剰余金処分により積立金として積み立てる方法（剰余金処分積立方式）（令86）

第5節　損金の額の計算

ヘ　圧縮記帳をする場合の滅失損の計上時期

　滅失等による損失の額（その滅失等により支出した経費の額を含む。）は、保険金等の額を見積り計上する場合を除き、その保険金等の額が確定するまでは仮勘定として損金の額に算入しない（基通10－5－2）。

　ただし、その支払を受ける保険金等が損害賠償金のみである場合には、この限りでない。

■用語解説

用語	解　説
支払	保険金等の支払に代わるべきものとして代替資産を取得した場合にも圧縮記帳の適用がある（法47②）。 （圧縮限度額） A ＝ 代替資産の取得時の価額 － 滅失経費の額 　　A ×滅失した固定資産の被害部分の被害直前の簿価
取得	この場合の取得からは、所有権移転外リース取引（法48の2⑤五）による取得が除かれる。
代替資産	所有固定資産に代替する同一種類の固定資産をいう。 ◆関連通達◆ ・同一種類かどうかの判定（基通10－5－3） 　法人が取得等をした固定資産がその滅失等をした所有固定産と同一種類の固定資産であるかどうかは、次による。 | 耐用年数省令別表第一に掲げる減価償却資産 | 同表に掲げる種類の区分が同じかどうか | |---|---| | 機械及び装置 | 平成20年改正前の耐用年数省令別表第二に掲げる設備の種類の区分が同じか又は類似するものかどうか | ・代替資産（基通10－5－4） 　代替資産は、所有固定資産が滅失等をしたことによりこれに代替するものとして取得等をされる固定資産に限られる。 　したがって、例えば滅失等のあった時において現に自己が建設、製作、製造又は改造中であった資産は代替資産に該当しない。
損壊資産等	損壊をした所有固定資産又は代替資産となるべき資産をいう。

第1章　各事業年度の所得に対する法人税

ト　所有固定資産の滅失年度で代替資産の取得ができない場合の特別勘定

滅失年度

滅失年度で代替資産の取得ができない場合の特別勘定経理

保険金等の支払を受けたが、滅失年度で代替資産の取得ができない場合であっても、取得指定期間内にその保険金等をもって代替資産の取得又は改良をしようとするときは、その事業年度の確定した決算において、保険金等に係る差益金の額として次の算式により計算した金額以下の金額を特別勘定として経理し、損金の額に算入することができる（法48①、令89、85）。

（算式）

$$保険差益金の額 \times \frac{取得又は改良に要した保険金等の額（分母の額が限度）}{保険金等の額 - 滅失又は損壊により支出する経費の額}$$

【参考】取得指定期間

保険金等の支払を受ける事業年度終了の日の翌日から2年を経過した日の前日までの期間、災害その他やむを得ない事由により同日までに代替資産の取得をすることが困難である場合には、その2年を経過した日の2月前までに申請書を提出して指定を受けたときは、その税務署長が指定した日までの期間をいう（法48①括弧書、令88、規24の9）。

滅失年度以降

保険金等で固定資産を取得した場合の圧縮記帳

指定期間内に代替資産の取得又は改良をした場合には、その取得等をした事業年度において特別勘定の金額のうち、次の算式による圧縮限度額の範囲内で圧縮記帳したときは、その金額を損金の額に算入する（法49、令91）。

（算式）

$$保険差益金の額 \times \frac{取得又は改良に要した保険金等の額（分母の額が限度）}{保険金等の額 - 滅失又は損壊により支出する経費の額}$$

一定の事由が生じた場合の特別勘定の取崩し

A　保険金等の全部又は一部をもって代替資産の取得又は改良した場合
　→代替資産の帳簿価額につき上記（算式）で計算した金額
B　取得指定期間を経過した日の前日において特別勘定がある場合
　→その特別勘定の金額
等（法48②、令90）

第5節　損金の額の計算

(8) **収用換地等の場合の課税の特例**
イ　概要
　適用対象法人（下記ロ）の有する資産（棚卸資産を除く。）が、適用要件（下記ハ）に該当することとなった場合において、代替資産（下記ホ）につき圧縮限度額（下記ト）の範囲内で所定の経理（下記チ）をしたときは、その経理により減額し又は経理した金額に相当する金額は、その事業年度の損金の額に算入する（措法64①）。

ロ　適用対象法人
　青色申告書を提出する法人であるかどうかにかかわらず適用されるが、清算中の法人は適用を受けることができない。

ハ　適用要件
　(イ)　その有する資産（次表イ）が収用等（次表ロ）され、補償金の額等（次表ハ）を取得することとなったこと（換地処分等に伴う交換取得資産の圧縮記帳の特例（措法65①）を除く。）。
　(ロ)　補償金の額等 CHECK の全部又は一部に相当する金額をもって収用等のあった日を含む事業年度において、代替資産（下記ホ）の取得（所有権移転外リース取引による取得を除き、製作及び建設を含む。）をすること。

（根拠法）	イ	ロ	ハ
土地収用法	資産	収用	補償金の額
土地収用法	資産	買取り	対価の額
土地区画整理法／土地改良法	土地等	換地処分	清算金の額
都市再開発法	資産	権利変換	補償金の額
密集市街地整備促進法	資産	権利変換	補償金の額
都市計画法52条の4又は56条	土地等	買取り	対価の額
土地区画整理法109条	土地等	買取り	対価の額
被災市街地復興特別措置法5条	土地等	買取り	対価の額
都市再開発法	土地等	買取り	対価の額
国等、（独法）都市再生機構等	土地等	買取り	対価の額
土地収用法等	資産に係る所有権以外の権利	消滅	補償金の額 対価の額
都市再開発法87条	資産に係る権利	消滅	補償金の額
密集市街地整備促進法221条	資産に係る権利	消滅	補償金の額
公有水面埋立法	公有水面	埋立て	補償金の額 対価の額

圧縮記帳

第1章　各事業年度の所得に対する法人税

	漁業権等	消滅	
建築基準法11条／漁業法93条	資産	買取り、消滅、買収	補償金の額 対価の額

> **CHECK** －補償金等の額の範囲－
>
> 　資産の譲渡（消滅及び価値の減少を含む。）に要した経費がある場合には、補償金等の額のうちから支出したものとして一定の金額を控除した金額をいう（措法64①、措令39①、措規22の2①）。

二　補償金等の種類と課税の特例の適用の有無

　補償金、対価又は清算金の額とは、名義のいかんを問わず、収用等による譲渡の目的となった資産の収用等の対価たる金額（対価補償金）をいい（措通64(2)－1）、法人の有する資産が収用等された場合には、名義や内容が区々の補償金等を取得するが、その全ての補償金が課税の特例の適用があるわけではない。

種　類 内　容	適用	例外（適用あり）
対価補償金 資産の収用等の対価として交付を受ける補償金	有	
収益補償金 収益の減少、損失の補てんに充てるものとして交付を受ける補償金	無	建物の対価補償金が収用等をされた建物の再取得価額に満たないため、収益補償金のうち建物の対価補償金として計算した部分（措通64(2)－5）
経費補償金 休廃業等により生ずる事業上の費用又は収用等による譲渡の目的となった資産以外の資産（棚卸資産を除く。）の損失の補てんに充てるものとして交付を受ける補償金	無	収用等に伴い事業の全てを廃止した場合又は従来営んできた業種の事業を廃止し、かつ、機械装置等を他に転用することができない場合に交付を受ける機械装置等の売却損の補償金（措通64(2)－7）
移転補償金 資産（棚卸資産を含む。）の移転に要する費用の補てんに充てるものとして交付を受ける補償金	無	・　ひき（曳）家補償等の名義で交付を受ける補償金（措通64(2)－8） ・　移設困難な機械装置の補償金（措通64(2)－9） ・　借家人補償金（措通64(2)－21）

第5節　損金の額の計算

その他の補償金		
その他対価補償金たる実質を有しない補償金	無	

【参考】対価補償金以外は課税
　対価補償金以外の補償金は、収用等のあった日において収益に計上し、課税の対象となる。ただし、一般的には、収益の減少分又は経費支出の補てんとして支払われるもので収益の減少又は経費支出と補償金とが対応し、損益が零となるのであろう。

ホ　代替資産の範囲
　　代替資産とは、収用等により譲渡した資産と同種の資産その他のこれに代わるべき資産として次のものをいう（措法64①、措令39②③④）。
(イ)　譲渡資産と同種の資産又は権利（原則）（措令39②）
(ロ)　一の効用を有する一組の譲渡資産（土地等と建物等）と同じ効用を有する他の資産（特例）（措令39③）
(ハ)　法人の事業の用に供するための減価償却資産並びに土地及び土地の上に存する権利（特例）（措令39④）

ヘ　代替資産の取得の時期
(イ)　取得時期の範囲

原　則	特　例
■収用等のあった日の属する事業年度 ■収用等のあった日から2年以内	収用事業施行地区内の土地等を収用後に取得する場合 ■収用等のあった日から4年6月まで
	収用事業が完了しないため4年以内に代替資産を取得できない特別の事情があって、税務署長の承認を受けた場合 ■8年6月まで
	工場建設等の場合 ■収用等のあった日から3年以内の日まで

(ロ)　先行取得の特例

原　則	特　例（先行取得）
収用等のあった日以後の取得	次の全ての条件を満たすものは、先行取得の特例が認められる（措法64①、措令39、令4改正法附則47①、措通64(1)-9、64(3)-6）。 イ　取得資産が土地等、建物、構築物及び事業

圧縮記帳

第1章　各事業年度の所得に対する法人税

収用等のあった日以後の取得	共用減価償却資産である（措令39②〜④）。 ロ　取得資産は、収用等の日を含む事業年度開始の日前1年（特別の事情がある場合は3年）前の日（収用等が明らかとなった場合には、その日）から事業年度開始の日の前日までに取得したものである（措法64③、措令39⑳、措通64(1)-9）。 ハ　取得資産について租税特別措置法の特別償却の規定、これらの規定に係る特別償却準備金の規定及び特別税額控除の規定を適用していない（措法64⑦）。

ト　圧縮限度額

　収用等に伴い代替資産を取得した場合の圧縮限度額は、代替資産の取得の時期に応じて、次表の算式により計算した金額となる（措法64①③、令4改正法附則47①）。

〔収用等に伴い代替資産を取得した場合の圧縮限度額の計算〕

A　収用等の日の属する事業年度以後に代替資産を取得している場合	B　収用等のあった日を含む事業年度の開始の前に代替資産（減価償却資産）を取得している場合
（算式） 圧縮限度額 $\begin{pmatrix}\text{いずれか少ない金額}\\ a\text{ 代替資産の取得価額}\\ b\text{ 補償金等} - \text{譲渡経費}\end{pmatrix} \times 差益割合$	（算式） 圧縮限度額 $\begin{pmatrix}\text{いずれか少ない金額}\\ a\text{ 代替資産の取得価額}\\ b\text{ 補償金等} - \text{譲渡経費}\end{pmatrix} \times 差益割合 \times \dfrac{\text{代替資産の前期末帳簿価額}}{\text{代替資産の前期末取得価額}}$
差益割合 $\dfrac{(補償金等 - 譲渡経費) - (譲渡資産の帳簿価額)}{(補償金等 - 譲渡経費)}$	差益割合 $\dfrac{(補償金等 - 譲渡経費) - (譲渡資産の帳簿価額)}{(補償金等 - 譲渡経費)}$
譲渡経費（措令39①） （右記譲渡経費も同じ。） 　　譲渡に要した経費 − 経費補償金 譲渡に要した経費に含まれるもの （措通64(2)-30） 　a　譲渡に要したあっせん手数料、謝礼 　b　譲渡をした資産の借地人又は借家	（注）1　令和4年4月1日以後にされる収用等における補償金の額からは次の金額の合計額が除かれる（令39⑤、令4改正法附則47①）。 　(1)　既に代替資産の取得に充てられた額 　(2)　先行して取得した代替資産であり、かつ、その代替資産につき圧縮記帳の適用を受ける場合におけ

第5節 損金の額の計算

人等に対して支払った立退料 　c 資産が取壊し又は除去を要するものである場合における取壊し又は除去の費用 　d その資産の譲渡に伴って支出しなければならないこととなった次に掲げる費用 　　建物等の移転費用、動産の移転費用、仮住居の使用に要する費用、立木の伐採又は移植に要する費用 　e aからdまでに掲げる経費に準ずるもの	るその代替資産の取得価額のうちその圧縮記帳の適用に係る部分の金額 (注)2 代替資産の取得価額が譲渡した資産の対価の額を超えるときは、当該超える金額に相当する部分の資産については、当該事業年度後の事業年度における代替資産とみなすことができる。

　チ　経理方法
　　(イ)　損金経理により帳簿価額を減額する方法（直接減額方式）
　　(ロ)　特定の譲渡の日を含む事業年度の確定した決算において積立金として積み立てる方法（確定決算積立方式）
　　(ハ)　その事業年度の決算の確定の日までに剰余金処分により積立金として積み立てる方法（剰余金処分積立方式）
　リ　申告要件等
　　圧縮額の損金算入は、確定申告書等にその帳簿価額を損金経理により減額し、又は確定した決算において積立金として積み立てる方法により経理した金額に相当する金額の損金算入に関する明細（法人税別表13(4)など）の記載があるほか、その計算の明細書及び収用明細書が添付されている場合に限り適用される（措法64⑤⑥）。

(9)　特定資産の買換えの場合の課税の特例
　イ　適用対象法人（下記ロ）が、対象期間（下記ハ）内に、その有する資産（棚卸資産を除く。下記ニ表A）を譲渡し適用要件（下記ニ）に該当することとなった場合において、買換資産（下記ニ表B）につき圧縮限度額（下記ヘ）内で所定の経理（下記ヘ）をしたときは、その経理により減額し又は経理した金額に相当する金額は、その事業年度の損金の額に算入する（措法65の7①）。
　ロ　適用対象法人
　　青色申告書を提出する法人であるかどうかにかかわらず適用されるが、清算中の法人は適用を受けることができない。
　ハ　対象期間
　　昭和45年4月1日から令和8年3月31日までの期間
　ニ　適用要件
　　(イ)　次表Aの資産を譲渡したこと（譲渡資産）
　【留意点】
　　・　法人の有する土地等、建物、構築物又は船舶が棚卸資産であるときは、それ

第1章 各事業年度の所得に対する法人税

は本来販売を目的として有するものであるから、譲渡資産には該当しない。
・ その譲渡につき短期所有に係る土地譲渡益重課制度（措法63①）の適用がある土地又は土地の上に存する権利は、譲渡資産に該当しない。

㋺ 譲渡の日を含む事業年度において、次表Bの資産を取得し、かつ、その取得の日から1年以内に、その取得をした資産（一定の場合を除く。買換資産）を次表Bの地域内にある法人の事業の用に供したとき（その事業年度において事業の用に供しなくなったときを除く。）又は供する見込みである。

【留意点】
・ その事業年度の買換資産（先行取得資産を含む。）のうちに土地等がある場合には、その取得した土地の面積（借地権の場合：その借地の面積）がその事業年度において譲渡した土地等の面積の5倍を超えるとき（次表の区分ごとに判定。）は、その土地等のうちその超える部分の面積に対応するものは、買換資産には該当しない（措法65の7②、措令39の7⑧）。

	A　譲渡資産	B　買換資産
1	航空機騒音障害区域内にある土地等（注1）、建物（その附属設備を含む。）又は構築物で一定の場合に譲渡をされるもの	航空機騒音障害区域以外の地域内（国内に限る。）にある土地等、建物、構築物又は機械及び装置（農業又は林業の用に供されるものにあっては、都市計画法第7条第1項の市街化区域と定められた区域以外の地域内にあるものに限る。）
2	既成市街地等及び一定の人口集中地区の区域内にある土地等、建物又は構築物	既成市街地等内にある土地等、建物、構築物又は機械及び装置で、都市再開発法による市街地再開発事業に関する都市計画の実施に伴い取得されるもの（注1）
3	国内にある土地等、建物又は構築物で、当該法人により取得をされた日から引き続き所有されていたこれらの資産のうち所有期間（注2）が10年を超えるもの	国内にある土地等（特定施設（注2）の敷地の用に供されるもの（注3）（特定施設に係る事業の遂行上必要な駐車場の用に供されるものを含む。）又は駐車場の用に供されるもの（注4）で、その面積が300平方メートル以上のものに限る。）、建物又は構築物
4	船舶（注3）のうちその進水の日からその譲渡の日までの期間が政令で定める期間に満たないもの（注4）	譲渡船舶に係る事業と同一の事業の用に供されるもので環境負荷低減等一定の要件を満たす日本船舶（措令39の7⑦）

第5節　損金の額の計算

(注)1　平成26年4月1日又はその土地等のある区域が航空機騒音障害区域となった日のいずれか遅い日以後に取得（贈与による取得を除く。）をされたものを除く。 2　その取得をされた日の翌日からこれらの資産の譲渡をされた日の属する年の1月1日までの所有期間とする。 3　船舶法第1条に規定する日本船舶に限るものとし、漁業（水産動植物の採捕又は養殖の事業をいう。）の用に供されるものを除く。 4　建設業その他の政令で定める事業の用に供されるものにあっては、平成23年1月1日以後に建造されたものを除く。	(注)1　政令で定めるものを除く。 2　事務所、事業所その他の政令で定める施設 3　特定施設に係る事業の遂行上必要な駐車場の用に供されるものを含む。 4　建物又は構築物の敷地の用に供されていないことについて一定のやむを得ない事情があるものに限る。

　ホ　適用資産が2以上の区分に該当する場合の適用関係
　　(イ)　譲渡資産の場合
　　　法人が譲渡をした資産が前表の2以上の区分のA欄の資産に該当する場合における上記イにより損金の額に算入される金額の計算については、その譲渡をした資産の全部又は一部は、その法人の選択により、その2以上の区分のいずれかのA欄の資産にのみ該当するものとして、上記イの特例を適用する（措令39の7㉒）。
　　(ロ)　買換資産の場合
　　　法人の取得した資産が前表の2以上の区分のB欄の資産に該当する場合における上記イにより損金の額に算入される金額の計算については、買換資産の全部又は一部は、その法人の選択により、その2以上の区分のいずれかのB欄の資産にのみ該当するものとして、上記イの特例を適用する（措令39の7㉓）。
　ヘ　圧縮限度額
　　特定の資産の買換えの場合の課税の特例における圧縮限度額は、買換資産の取得の時期に応じて、次表の算式により計算した金額となる（措法65の7①③、65の8①⑦、措令39の7⑰㉝）。

第1章　各事業年度の所得に対する法人税

〔特定資産の買換えの場合の課税の特例における圧縮限度額の計算（措法65の7①③、65の8①⑦、措令39の7⑰㉝）〕

A　譲渡年度で買換資産の取得をした場合	B　買換資産を先行取得した場合
（算式） 　　圧縮基礎取得価額×差益割合×80％ 圧縮基礎取得価額（措法65の7⑯三） 　いずれか少ない金額 　　（a　買換資産の取得価額 　　 b　譲渡資産の対価の額） 差益割合（措法65の7⑯四） $$\frac{譲渡資産の譲渡対価の額-(譲渡資産の譲渡直前の簿価+譲渡経費の額)}{譲渡資産の譲渡対価の額}$$ 譲渡に要した経費に含まれるもの （措通65の7(3)-5～6） 　a　譲渡に要したあっせん手数料、謝礼 　b　譲渡資産が建物である場合の借家人に対して支払った立退料 　c　譲渡資産を相手方に引き渡すために支出した運搬、修繕等の費用 　d　土地等の上にある資産又は建物内に施設されている資産を契約の一環として若しくは譲渡のために取壊し又は除去した場合の取壊し又は除去により生ずる損失の額（取得価額に算入されるものは除く。）	Ⅰ　買換資産が土地等のとき（措法65の7①③） 圧縮限度額 （算式） 　　圧縮基礎取得価額×差益割合×80％ Ⅱ　買換資産が減価償却資産のとき（措令39の7⑰） 圧縮限度額 （算式） 圧縮基礎取得価額×$\frac{買換資産の前期末帳簿価額}{買換資産の前期末取得価額}$×差益割合×80％ C　譲渡年度で買換資産を取得しない場合（措法65の8①⑦） 特別勘定に経理することができる金額 （算式） 譲渡対価の額のうち、買換資産の取得に充てようとする部分の金額×差益割合×80％ D　特別勘定経理後において買換資産を取得した場合（措令39の7㉝） 圧縮限度額 （算式） 　　圧縮基礎取得価額×差益割合×80％ 圧縮基礎取得価額 　いずれか少ない金額 　　（a　買換資産の取得価額 　　 b　特別勘定の設定対象とした譲渡資産の対価の額）

　✓　次の(イ)又は(ロ)に該当するときには、これらの取得をした資産に係る前表の圧縮限度額の計算における割合（80％）は、その資産が次の(イ)又は(ロ)の地域のう

第5節　損金の額の計算

ちいずれの地域内にあるかに応じ、次の割合とする。
- (イ) 法人が譲渡をした譲渡資産（適用要件表のA、P174）が同表の1の地域内にある資産に該当し、かつ、その法人が取得をした同表の3の買換資産が同表の2若しくは同表の3の地域内にある資産に該当する場合
- (ロ) 法人が譲渡をした譲渡資産（適用要件表のA、P174）が同表の3のA欄の資産が同表の3に掲げる地域内にある本店資産（その法人の本店又は主たる事務所として使用される建物及び構築物並びにこれらの敷地の用に供される土地等をいう。）に該当し、かつ、その法人が取得をした同表の3のB欄の資産が同表の1の地域内にある本店資産に該当する場合
  - A　地域再生法第5条第4項第5号イに規定する集中地域（集中地域）以外の地域　90%
  - B　集中地域（次号に掲げる地域を除く。）　75%
  - C　地域再生法第17条の2第1項第1号に規定する一定のもの　70%（その譲渡をした資産及び取得をした資産のいずれもが本店資産に該当する場合には、60%）

ト　経理方法
- (イ) 損金経理により帳簿価額を減額する方法（直接減額方式）
- (ロ) 特定の譲渡の日を含む事業年度の確定した決算において積立金として積み立てる方法（確定決算積立方式）
- (ハ) その事業年度の決算の確定の日までに剰余金処分により積立金として積み立てる方法（剰余金処分積立方式）

チ　申告要件
　　上記イの制度は、確定申告書等に上記イにより損金の額に算入される金額の損金算入に関する申告の記載があり、かつ、その確定申告書等にその損金の額に算入される金額の計算に関する明細書（法人税別表13(5)）その他一定の書類の添付がある場合に限り、適用する（措法65の7⑤⑥、65の8⑯、措規22の7②～④）。

圧縮記帳

第1章 各事業年度の所得に対する法人税

リ 特定の資産の譲渡に伴い特別勘定を設けた場合の課税の特例

譲渡年度

譲渡年度に買換資産の取得ができない場合の特別勘定経理

　法人が、昭和45年4月1日から令和8年3月31日までの期間内に、その有する上記ニの表A欄の資産を譲渡した場合において、その譲渡をした日を含む事業年度（解散の日を含む事業年度を除く。）終了の日の翌日から1年を経過する日までの期間（以下「取得指定期間 **CHECK**」という。）内に上記ニの表B欄の資産の取得をする見込みであり、かつ、その取得の日から1年以内にその取得をした資産を上記ニの表B欄の地域内にあるその法人の事業の用に供する見込みであるときは、次の算式で計算した金額以下の金額を譲渡の日を含む事業年度の確定した決算において特別勘定として経理した場合に限り、その経理した金額に相当する金額は、その事業年度の損金の額に算入する（措法65の8①）。

（算式）

　　譲渡資産の譲渡対価の額のうち買換資産の取得に充てようとする額 × 差益割合（P176） × 80%

CHECK －取得指定期間（やむを得ない事情）－

　やむを得ない事情（措令39の7⑨）があるため、その期間内に上記ニのB欄の資産の取得をすることが困難である場合において、納税地の所轄税務署長の承認を受けたときは、その資産の取得をすることができるものとして、同日後2年以内において税務署長が認定した日までの期間となる（措令39の7⑩）。

譲渡年度以降（取得年度）

買換資産を取得した場合の圧縮記帳

　取得指定期間内にその特別勘定に係る資産の取得をした場合において、取得の日から1年以内に、法人の事業の用に供したとき又は供する見込みであるときは、その買換資産につき、譲渡年度に買換資産を取得した場合（上記への表A）と同様の計算によって圧縮記帳をすることができる（上記への表D、措令39の7㉝）。

一定の事由が生じた場合の特別勘定の取崩し

　次に該当することとなった場合には、益金の額に算入する（措法65の8⑨）。
　A　買換資産を取得した場合
　　→買換資産の圧縮基礎取得価額（P176）×差益割合（P176）×80%
　B　取得指定期間内に特別勘定の残額を任意に取り崩した場合
　　→その取り崩した金額
　C　取得指定期間を経過する日において、特別勘定の残額を有している場合
　　→その特別勘定の残額
　　など

第5節　損金の額の計算

ヌ　圧縮額の取戻し

　上記イの適用を受けた法人が、買換資産の取得をした日から1年以内に、その買換資産を上記ニの表A欄の地域内にある法人の事業の用に供しない場合又は供しなくなった場合には、次の(A)又は(B)の資産の区分に応じ次の算式により計算した金額は、その取得の日から1年を経過する日又はその供しなくなった日を含む事業年度の益金の額に算入する（措法65の7④）。

　これは、事後において事業供用の要件を満たさなくなったことに対する措置となる。

(A)　土地等についての取戻額（措令39の7⑪一）

[算式]

圧縮損金算入額　×　$\dfrac{\text{買換資産のうち事業の用に供されない部分のその取得の日における価額}}{\text{買換資産のその取得の日における価額}}$

圧縮損金算入額：上記イにより損金の額に算入された金額

(B)　減価償却資産についての取戻額（措令39の7⑪二）

[算式]

圧縮損金算入額　×　$\dfrac{\text{買換資産のうち事業の用に供されない部分のその取得の日における価額}}{\text{買換資産のその取得の日における価額}}$

　　×　$\dfrac{\text{買換資産のその取得の日から1年を経過する日（又は事業の用に供さなくなった日）における}\mathbf{帳簿価額}}{\text{買換資産のその取得の日から1年を経過する日（又は事業の用に供さなくなった日）における}\mathbf{取得価額}}$

(10)　その他の課税の特例

非出資組合が賦課金で取得した固定資産等の圧縮額の損金算入（法46）	
制度	協同組合等のうち出資を有しないものが、その組合員又は会員に対しその事業の用に供する固定資産の取得又は改良に充てるための費用を賦課した場合

交換により取得した資産の圧縮額の損金算入（法50）	
制度	法人が、1年以上有していた土地、建物及び機械装置等をそれぞれ他の者が1年以上有していた固定資産と交換し、その交換により取得した土地、建物及び機械装置等（取得資産）をその交換により譲渡した資産（譲渡資産）の譲渡の直前の用途と同一の用途に供した場合

農用地等を取得した場合の課税の特例（措法61の3）	
制度	農業経営基盤強化準備金の金額を有する法人が、認定計画の定めるところにより、農用地の取得等をし、又は農業用の機械及び装置、器具及び備品、建物及びその附属設備、構築物並びにソフトウエアでその製作若しくは建設の後事業の用に供されたことのないものの取得をし、若しくは特定農業用機械等の製

第1章　各事業年度の所得に対する法人税

	作若しくは建設をして、農用地又は特定農業用機械等を法人の農業の用に供した場合
特定の資産を交換した場合の課税の特例（措法65の9）	
制度	法人が、昭和45年4月1日から令和8年3月31日までの間に、その有する資産で租税特別措置法第65条の7第1項の表の上欄に掲げるもの（交換譲渡資産）と同表の下欄に掲げる資産（交換取得資産）との交換をした場合
特定の交換分合により土地等を取得した場合の課税の特例（措法65の10）	
制度	法人の有する土地又は土地の上に存する権利（以下「土地等」という。）が、交換分合により土地等の譲渡をし、かつ、その交換分合により土地等の取得をした場合などに該当することとなった場合
特定普通財産とその隣接する土地等の交換の場合の課税の特例（措法66）	
制度	法人が、その有する国有財産特別措置法第9条第2項の普通財産のうち同項に規定する土地等として証明がされたもの（特定普通財産）に隣接する土地（所有隣接土地等）につき、その所有隣接土地等と特定普通財産との交換をしたとき
技術研究組合の所得の計算の特例（措法66の10）	
制度	青色申告書を提出する技術研究組合が、令和6年3月31日までに技術研究組合法第9条第1項の規定により試験研究の用に直接供する固定資産で一定のもの（試験研究用資産）を取得し、又は製作するための費用を賦課し、その賦課に基づいて納付された金額の全部又は一部に相当する金額をもってその納付された事業年度において試験研究用資産を取得し、又は製作した場合
減価補填金の対象となる所有減価償却資産（措法67の4①）	
制度	事業の整備その他の事業活動に関する制限につき、法令の制定、条約その他の国際約束の締結その他一定の行為（法令の制定等）があったことに伴い、その営む事業の廃止又は転換をしなければならないこととなる法人（廃止業者等）が、その事業の廃止又は転換をすることとなることにより国若しくは地方公共団体の補助金又は残存事業者等の拠出した補償金で、転廃業助成金等の交付を受けた場合
転廃業助成金で取得等した固定資産（措法67の4②）	
制度	廃止業者等である法人が転廃業助成金等の交付を受けた場合において、その転廃業助成金等の金額のうちその営む事業の廃止又は転換を助成するための費用として一定の部分（転廃業助成金）の金額の全部又は一部に相当する金額をもってその交付を受けた日を含む事業年度において固定資産の取得又は改良をした場合

10　貸倒引当金
(1)　引当金の意義

　引当金は、将来の特定の費用・損失を当期の費用・損失として見越計上した場合に

第5節 損金の額の計算

生じる貸方科目である。この見越計上は、財貨・用役の費消に関する具体的な事象は将来に発生するが、その原因となる事実が当期以前に発生していることに着目し、当該事実を当期の費用・損失として認識し、当期の収益と対応させるものである（河﨑照行著「最新 中小企業会計論」P206（中央経済社））。

> **コラム** －企業会計における「引当金」「貸倒引当金」－
>
> 　企業会計原則は、「将来の特定の費用又は損失であって、その発生が当期以前の事象に起因し、発生の可能性が高く、かつ、その金額を合理的に見積ることができる場合には、当期の負担に属する金額を当期の費用又は損失として引当金に繰入れ、当該引当金の残高を貸借対照表の負債の部又は資産の部に記載するものとする。‥‥‥発生の可能性の低い偶発事象に係る費用又は損失については、引当金を計上することはできない。」と定めている（原則注解18）。

【参考】税法に規定されている引当金・準備金
　現行税法における引当金及び準備金は、次のとおりである。
Ⅰ　引当金
　　貸倒引当金（法52）
Ⅱ　準備金
　　①海外投資等損失準備金（措法55）、②中小企業事業再編投資損失準備金（措法56）、③特定原子力施設炉心等除去準備金（措法57の4）、④保険会社等の異常危険準備金（措法57の5）、⑤原子力保険又は地震保険に係る異常危険準備金（措法57の6）、⑥関西国際空港用地整備準備金（措法57の7）、⑦中部国際空港整備準備金（措法57の7の2）、⑧特定船舶に係る特別修繕準備金（措法57の8）、⑨探鉱準備金又は海外探鉱準備金（措法58）、⑩農業経営基盤強化準備金（措法61の2）

(2)　**貸倒引当金**
　第5節（P57）のとおり、法人税法上、損金の額に算入すべき金額のうち、販売費、一般管理費及びその他の費用にあっては、その規定からも明らかなとおり、原則としてその事業年度終了の日までに債務の確定したものとなるので、将来における偶発事象に係る費用又は損失の発生に対する見込額について、その事業年度において損金算入は認められない。
　これは、税法の法人による恣意性の排除・適正・公平な課税の実現を前提としたものと考えられる。
　しかしながら、上記(1)のとおり、企業会計においては適正な期間損益計算を行うために引当金の計上が求められているところ、貸倒引当金については、将来の発生が相当程度確実に予測され、しかも、その基因となる事実がその事業年度に属していることから、法人税法上も、その損金算入が認められているところである。

第1章　各事業年度の所得に対する法人税

イ　概要

適用対象法人（下記ロ）が、その有する金銭債権（下記ロ及びハ）のうち、貸倒れその他これに類する事由による損失が見込まれるもののその損失の見込額として、損金経理により貸倒引当金勘定に繰り入れた金額については、その繰り入れた金額のうち貸倒引当金繰入限度額（下記ニ）に達するまでの金額は、その事業年度の損金の額に算入する（法52①②、措法57の９）。

この貸倒引当金繰入限度額は、個別評価金銭債権と一括評価金銭債権に区分して計算することとなる。

ロ　適用対象法人と対象金銭債権の範囲

貸倒引当金の繰入額の損金算入が認められる法人は、全ての法人ではなく、次の法人に限られる（法52①一～三）。

適用対象法人		対象金銭債権
A	事業年度終了の時において次に該当する法人	
a	期末資本金の額が１億円以下である普通法人 　・投資法人及び特定目的会社は除く 　・資本金の額が５億円以上である法人等の100％子会社、完全支配関係がある複数の大法人に発行済株式等の全部を保有されている法人及び大通算法人を除く。 資本又は出資を有しない普通法人	金銭債権
b	公益法人等、協同組合等	
c	人格のない社団等	
B	銀行、保険会社等	
	無尽会社、証券金融会社、株式会社日本貿易保険、長期信用銀行、長期信用銀行持株会社、銀行持株会社、保険持株会社、少額短期保険業者、少額短期保険持株会社、債権回収会社、株式会社商工組合中央金庫、株式会社日本政策投資銀行、株式会社地域経済活性化支援機構、株式会社東日本大震災事業者再生支援機構など（令96④）	金銭債権
C	一定の金銭債権を有する法人（A及びBを除く。）	
a	リース資産の対価の額に係る金銭債権を有する法人 　リース会社	一定の金銭債権
b	金融に関する取引に係る金銭債権を有する法人 　金融商品取引業者、質屋、登録包括信用購入あっせん業者、貸金業者、信用保証業など（令96⑤）	

第5節　損金の額の計算

ハ　対象金銭債権の区分
　(イ)　個別評価金銭債権
　　　　個別評価金銭債権とは、更生計画認可の決定に基づいて弁済を猶予され、又は賦払により弁済されることその他**一定の事実が生じていること**によりその一部につき**貸倒れその他これに類する事由**による損失が見込まれるもの（金銭債権に係る債務者に対する他の金銭債権がある場合には、当該他の金銭債権を含む。）をいう（法52①、令96①）。
　✓　**一定の事実が生じていること**とは、具体的には、次表の事実をいう。

区分	繰入事由
1号	債務者について生じた次に掲げる事由（特定の事由）に基づいてその弁済を猶予され、又は賦払により弁済されること（令96①、規25の2）。 イ　更生計画認可の決定 ロ　再生計画認可の決定 ハ　特別清算に係る協定の認可の決定 ニ　法人税法第24条の2第1項《再生計画認可の決定に準ずる事実等》に規定する事実が生じたこと。 ホ　法令の規定による整理手続によらない関係者の協議決定で次に掲げるもの。 　(イ)　債権者集会の協議決定で合理的な基準により債務者の負債整理を定めているもの 　(ロ)　行政機関、金融機関その他第三者のあっせんによる当事者間の協議により締結された契約でその内容が(イ)に準ずるもの
2号	債務超過の状態が**相当期間**継続し、かつ、その営む事業に好転の見通しがないこと、災害、経済事情の急変等により多大な損害が生じたことその他の事由により、その金銭債権の一部の金額につきその取立て等の見込みがないと認められること（前号に掲げる事実が生じている場合を除く。）。

　✓　「**相当期間**」とは、「おおむね1年以上」とし、その債務超過に至った事情と事業好転の見通しをみて、同号に規定する事由が生じているかどうかを判定するものとする（基通11-2-6）。
　　　◆関連通達◆
　　　・担保物の処分以外に回収が見込まれない場合等の個別評価金銭債権に係る貸倒引当金の繰入れ（基通11-2-8）

区分	繰入事由
3号	次に掲げる事由が生じていること（第1号に掲げる事実が生じている場合及び前号に掲げる事実が生じていることにより法人税法第52条第1項の規定の適用を受けた場合を除く。）。

第1章　各事業年度の所得に対する法人税

イ	更生手続開始の申立て
ロ	再生手続開始の申立て
ハ	破産手続開始の申立て
ニ	特別清算開始の申立て
ホ	手形交換所又は手形交換業務を行う銀行団による取引停止処分
ヘ	電子債権記録機関（一定の要件を満たすもの。）による取引停止処分

◆関連通達◆
・手形交換所等の取引停止処分（基通11－2－11）

4号	外国の政府、中央銀行又は地方公共団体の長期にわたる債務の履行遅滞によりその金銭債権の経済的な価値が著しく減少し、かつ、その弁済を受けることが著しく困難であると認められること。

✓　**貸倒れその他これに類する事由**には、売掛金、貸付金その他これらに類する金銭債権の貸倒れのほか、例えば、保証金や前渡金等について返還請求を行った場合におけるその返還請求債権の回収不能がある（基通11－2－3）。

(ロ)　一括評価金銭債権
　　一括評価金銭債権とは、売掛金、貸付金その他これらに準ずる金銭債権（上記(イ)の個別評価金銭債権を除く。）をいう（法52②）。

◆関連通達◆
・売掛金、貸付金に準ずる金銭債権に含まれるもの（基通11－2－16）
・売掛金、貸付金に準ずる金銭債権に該当しないもの（基通11－2－18）

ニ　繰入限度額の計算
　(イ)　個別評価金銭債権に係る貸倒引当金
　　　上記ハの(イ)の個別評価金銭債権に係る貸倒引当金の繰入限度額は、同(イ)の区分に応じて計算した回収不能見込額となる（法52①、令96①）。

区分	回収不能見込額（繰入限度額）の計算		
1号	対象金銭債権	－ 特定の事由が生じた事業年度終了の日の翌日から5年を経過する日までの弁済予定金額	－ 担保権の実行その他により取立て等の見込みがあると認められる部分の金額

✓　**担保権の実行により取立て等の見込みがあると認められる部分の金額**とは、質権、抵当権、所有権留保、信用保険等によって担保されている部分の金額をいう（基通11－2－5）。

第5節　損金の額の計算

区分	回収不能見込額（繰入限度額）の計算
2号	対象金銭債権 － 担保権の実行その他により取立て等の見込みがある金額 （法令の規定：**当該一部の金額に相当する金額**）

- ✓ **当該一部の金額に相当する金額**とは、「金銭債権の一部の金額につきその取立て等の見込みがないと認められる」場合の当該金額をいい、具体的には上記計算による金額となる。
- ✓ **担保権の実行その他により取立て等の見込みがある金額**とは、担保物の処分による回収可能額及び人的保証に係る回収可能額などをいうところ、例えば、保証債務の存否に争いのある場合で、そのことにつき相当の理由のあるときなどは、人的保証に係る回収可能額の算定上、回収可能額を考慮しないことができる（基通11－2－7）。

区分	回収不能見込額（繰入限度額）の計算
3号	対象金銭債権 －（債務者から受け入れた金額があるため**実質的に債権とみられない部分の金額** － 担保権の実行、金融機関等の保証債務の履行その他により取立て等の見込みがあると認められる部分の金額）× 50%

- ✓ **実質的に債権とみられない部分の金額**とは、次に掲げるような金額をいう（基通11－2－9）。
  - A　同一人に対する売掛金又は受取手形と買掛金がある場合のその売掛金又は受取手形の金額のうち買掛金の金額に相当する金額
  - B　同一人に対する売掛金又は受取手形と買掛金がある場合において、その買掛金の支払のために他から取得した受取手形を裏書譲渡したときのその売掛金又は受取手形の金額のうち裏書譲渡した手形（支払期日の到来していないものに限る。）の金額に相当する金額
  - C　同一人に対する売掛金とその者から受け入れた借入金がある場合のその売掛金の額のうち借入金の額に相当する金額
  - D　同一人に対する完成工事の未収金とその者から受け入れた未成工事に対する受入金がある場合のその未収金の額のうち受入金の額に相当する金額
  - E　使用人に対する貸付金とその使用人から受け入れた預り金がある場合のその貸付金の額のうち預り金の額に相当する金額
  - F　専ら融資を受ける手段として他から受取手形を取得し、その見合いとして借入金を計上した場合のその受取手形の金額のうち借入金の額に相当する金額
  - G　同一人に対する未収地代家賃とその者から受け入れた敷金がある場合の

第1章　各事業年度の所得に対する法人税

その未収地代家賃の額のうち敷金の額に相当する金額

区分	回収不能見込額（繰入限度額）の計算
4号	対象金銭債権 － 公的債務者から受け入れた金額があるため実質的に債権とみられない部分の金額 － 保証債務の履行その他により取立て等の見込みがあると認められる部分の金額 × 50%

　(ロ)　一括評価金銭債権に係る貸倒引当金

　　上記ハの(ロ)の一括評価金銭債権（P184）に係る貸倒引当金の繰入限度額の計算は、次の算式による（法52②、令96⑥）。

〔算式〕

$$期末の一括評価金銭債権の帳簿価額 \times 貸倒実績率$$

　(ハ)　貸倒実績率

　　上記算式の貸倒実績率は、次の算式により計算した割合（小数点以下第4位未満切上げ）をいう（令96⑥）。

〔算式〕

$$\frac{その事業年度開始の日前3年以内に開始した各事業年度の売掛債権等の貸倒損失の額 - 個別評価分の引当金繰入額 - 個別評価分の引当金戻入額}{その事業年度開始の日前3年以内に開始した各事業年度終了の時における一括評価金銭債権の帳簿価額の合計額 \div 左の各事業年度の数} \times \frac{3}{左の各事業年度の数}$$

　　※　月数は暦に従って計算し、1月に満たない端数は1月とする（令96⑦）。

　ホ　中小企業者等の貸倒引当金の特例
　　(イ)　法定繰入率との選択適用

　　　各事業年度終了の時において中小企業者等（下記(ニ)）に該当するものが一括評価金銭債権に係る貸倒引当金の繰入れの適用を受ける場合には、上記ニの(ロ)にかかわらず、次の算式により計算した金額とすることができる（措法57の9

①、措令33の7②④)。

[算式]

$$\left(\text{期末の一括評価金銭債権の帳簿価額} - \text{実質的に債権とみられない金額}\right) \times \text{法定繰入率}$$

(ロ) 法定繰入率

卸売業及び小売業(飲食店業及び料理店業を含む。)	10／1,000
製造業	8／1,000
金融業及び保険業	3／1,000
割賦販売小売業並びに包括信用購入あっせん業及び個別信用購入あっせん業	7／1,000
その他	6／1,000

◆関連通達◆
・適用事業区分(措通57の9-3)
・主たる事業の判定基準(措通57の9-4)

(ハ) 売掛金、貸付金これらに準ずる債権の範囲

　上記(イ)のとおり、実質的に債権とみられない金額は、期末の一括評価金銭債権の帳簿価額から控除することとなるが(措法57の9①、措令33の7②、措通57の9-1)、この実質的に債権とみられない金額は、個々の債権ごとに計算する必要がある。この場合、法人の選択により、過去(基準年度)の実績を基にした次の算式による簡便計算が認められる(措令33の7③)。

　この簡便計算は、平成27年4月1日から平成29年3月31日までの期間内に開始した各事業年度において貸倒引当金を設けていたかどうかに関係なく適用がある。

[算式]

$$\text{その事業年度末の一括評価金銭債権の額} \times \frac{\text{基準年度末の実質的に債権とみられないものの額の合計額}}{\text{基準年度末の一括評価債権の額の合計額}}$$

✓ **基準年度**とは、平成27年4月1日から平成29年3月31日までの期間内に開始した各事業年度であり、この簡便計算を受けられるのは、平成27年4月1日に存在していた法人に限られる。

(ニ) 中小企業者等

　中小法人、公益法人等又は協同組合等及び人格のない社団等(相互会社及び

第1章　各事業年度の所得に対する法人税

外国相互会社を除く。）をいう（法52①一、措法57の9①、42の4⑲八）。
　なお、中小法人とは、普通法人（投資法人および特定目的会社を除く。）のうち、各事業年度終了の時において資本金の額若しくは出資金の額が1億円以下であるもの（次のAからCに掲げる法人を除く。）又は資本若しくは出資を有しないもの（次のCに掲げる法人を除く。）となる。ただし、中小法人のうち適用除外事業者（P310）に該当するものは除かれる。
　A　大法人（次の(a)から(c)に掲げる法人をいう。以下同じ。）との間にその大法人による完全支配関係がある普通法人
　　(a)　資本金の額又は出資金の額が5億円以上の法人
　　(b)　相互会社及び外国相互会社
　　(c)　受託法人
　B　普通法人との間に完全支配関係があるすべての大法人が有する株式及び出資の全部をそのすべての大法人のうちいずれか一の法人が有するものとみなした場合においてそのいずれか一の法人とその普通法人との間にそのいずれか一の法人による完全支配関係があることとなるときのその普通法人（上記Aに掲げる法人を除く。）
　C　大通算法人
へ　申告要件
　上記取扱いは、確定申告書に貸倒引当金勘定に繰り入れた金額の損金算入に関する明細（法人税別表11(1)、11（1の2））の記載がある場合に限り、適用する（法52③）。
　ただし、確定申告書に法人税別表11（1の2）が添付されていない場合であっても、それが貸倒損失を計上したことに基因するものであり、かつ、確定申告書の提出後に同別表が提出されたときは、その貸倒損失の額を個別評価金銭債権に係る貸倒引当金の繰入れに係る損金算入額として取り扱う（基通11－2－2）。
　この取扱いは、個別評価金銭債権に係る貸倒引当金の繰入れに係る損金算入額の認容であることから、個別評価金銭債権に係る貸倒引当金の繰入れ（法52①）の適用に関する疎明資料の保存がある場合に限られる。
ト　貸倒引当金に関する個別的な取扱い
　(イ)　貸倒引当金の差額繰入れ等の特例
　　法人が貸倒引当金につきその事業年度の取崩額とその事業年度の繰入額との差額を損金経理により繰り入れ又は取り崩して益金の額に算入している場合においても、確定申告書に添付する明細書にその相殺前の金額に基づく繰入れ等であることを明らかにしているときは、その相殺前の金額によりその繰入れ及び取崩しがあったものとして取り扱う（基通11－1－1）。
　(ロ)　個別評価金銭債権に係る貸倒引当金と一括評価金銭債権に係る貸倒引当金との関係
　　個別評価金銭債権に係る貸倒引当金の繰入限度額の計算と一括評価金銭債権に係る貸倒引当金の繰入限度額の計算は、それぞれ別に計算することとされていることから、例えば、個別評価金銭債権に係る貸倒引当金の繰入額に繰入限

第5節　損金の額の計算

度超過額があり、他方、一括評価金銭債権に係る貸倒引当金の繰入額が繰入限度額に達していない場合であっても、その繰入限度超過額を一括評価金銭債権に係る貸倒引当金の繰入額として取り扱うことはできない（基通11－2－1の2）。

【個別事例】
・貸倒引当金の繰入対象となる個別評価金銭債権の範囲について（法人預金者の有する預金の該当性）
　　個別評価金銭債権には、例えば、売掛金、貸付金、その他これらに類する金銭債権のほか、寄託債権である保証金も対象とされており（基通11－2－3）、一括評価金銭債権に比して広い概念であることが明らかであることからすれば、同様に寄託債権である預金についても個別評価金銭債権に含まれる（〔出所〕国税庁資料）。

11　譲渡制限付株式を対価とする費用等の取扱い
(1)　概要
　適用要件（下記イ）に該当する譲渡制限付株式（下記ロ）が交付されたときは、その個人においてその役務の提供につき所得税法その他所得税に関する法令の規定により個人の給与所得その他一定の所得（下記ハ）の金額に係る収入金額とすべき金額又は総収入金額に算入すべき金額（この11において「給与等課税額」という。）が生ずることが確定した日においてその役務の提供を受けたものとして、法人税法の規定を適用する（法54①）。
　　イ　適用要件
　　　(イ)　内国法人が個人から役務の提供を受ける場合であること。
　　　(ロ)　その役務の提供に係る費用の額（下記ニ）につき、次の要件を満たす譲渡制限付株式（以下「特定譲渡制限付株式」という。）が交付されること（承継譲渡制限付株式が交付されたときを含む。）。
　　　　A　その譲渡制限付株式が役務の提供の対価としてその個人に生ずる債権の給付と引換えにその個人に交付されるものであること。
　　　　B　上記Aに掲げるもののほか、その譲渡制限付株式が実質的に役務の提供の対価と認められるものであること。
　　ロ　譲渡制限付株式
　　　　譲渡についての制限その他の条件が付されている株式（出資を含む。）として、次のA及びBの要件を満たすものをいう（法54①、令111の2①）。
　　　　A　譲渡（担保権の設定その他の処分を含む。）についての制限がされており、かつ、その譲渡についての制限に係る期間（Bにおいて「譲渡制限期間」という。）が設けられていること。
　　　　B　上記イ(イ)の個人から役務の提供を受ける内国法人又はその株式を発行し、若しくはその個人に交付した法人がその株式を無償で取得することとなる事由が定められていること。
　　　　　ただし、その事由が次のa又はbに限る。

第1章　各事業年度の所得に対する法人税

　　　　a　その株式の交付を受けた個人が譲渡制限期間内の所定の期間勤務を継続しないこと、その個人の勤務実績が良好でないことその他の個人の勤務の状況に基づく事由
　　　　b　これらの法人の業績があらかじめ定めた基準に達しないことその他のこれらの法人の業績その他の指標の状況に基づく事由
　ハ　個人の給与所得その他一定の所得
　　　個人の給与所得その他一定の所得とは、所得税法に規定する給与所得、事業所得、退職所得及び雑所得（その個人が非居住者である場合には、その個人が居住者であるとしたときにおけるこれらの所得）となる（令111の2③）。
　ニ　役務の提供に係る費用の額
　　　特定譲渡制限付株式の交付が正常な取引条件で行われた場合には、役務の提供に係る費用の額は、その特定譲渡制限付株式と引換えに給付された債権その他その役務の提供をする者に特定譲渡制限付株式が交付されたことに伴って消滅した債権（役務の提供の対価としてその個人に生ずる債権に限る。以下このニにおいて「消滅債権」という。）の額（次の(イ)又は(ロ)の場合には、それぞれの金額。）に相当する金額（特定譲渡制限付株式につき譲渡制限付株式（法54②）が交付された場合には、その特定譲渡制限付株式に係る消滅債権の額に相当する金額）とする（令111の2④）。
　(イ)　その特定譲渡制限付株式に係る消滅債権がない場合（次の(ロ)の場合を除く。）　その特定譲渡制限付株式の交付された時の価額
　(ロ)　その特定譲渡制限付株式が確定数給与（令71の3①）の支給として交付されたものである場合　「交付決議時価額」　**CHECK**

CHECK　－法人税法施行令第71条の3第1項の「交付決議時価額」－

| その交付した株式と銘柄を同じくする株式のその定めをした日における一単位当たりの価額 | × | 交付した数 |

※　その交付に際してその役員から払い込まれる金銭の額及び給付を受ける金銭以外の資産（その職務につきその役員に生ずる債権を除く。）の価額を除く。

第5節　損金の額の計算

【参考】所得税における課税時期と法人税における損金算入時期

〔出所〕財務省資料

(2) 給与等課税額が生じない場合のそれら費用の損金不算入

上記(1)の場合において、その個人において役務の提供につき給与等課税額が生じないときは、その役務の提供を受ける内国法人の役務の提供を受けたことによる費用の額又は役務の全部若しくは一部の提供を受けられなかったことによる損失の額は、その内国法人の各事業年度の損金の額に算入しない（法54②）。

(3) 申告要件

上記(1)の個人から役務の提供を受ける内国法人は、特定譲渡制限付株式の1株当たりの交付の時の価額、交付数、その事業年度において給与等課税額が生ずること又は生じないことが確定した数その他特定譲渡制限付株式又は承継譲渡制限付株式の状況に関する明細書（法人税別表14(3)）を確定申告書に添付しなければならない（法54③）。

第1章　各事業年度の所得に対する法人税

【参考】　譲渡制限付株式に関して、以下のような会計処理がとられた場合の税務処理例（譲渡制限期間が株式交付から譲渡制限解除までの2年間とされており、同期間の勤務条件が付されているケース）

役務提供を受ける内国法人の譲渡制限付株式が、その内国法人から交付されるケース

時　点	会計処理	税務処理	申告調整
交付時	前払費用　200　／報酬債務　200　報酬債務　200　／資本金等　200	同　左	―
役務提供時（1年目）	役員報酬　100　／前払費用　100	―	（別表4　所得の金額の計算に関する明細書） 役員給与等の損金不算入　100（加算・留保） （別表5(1)　利益積立金額の計算に関する明細書） 前払費用　100（当期の増）
譲渡制限解除前無償取得時（1年分を譲渡制限解除、残余を無償取得）	雑損失等　100　／前払費用　100	役員報酬　100　その他流出　100　／前払費用　200	（別表4　所得の金額の計算に関する明細書） 雑損失等の損金不算入　100（加算・流出） 役員給与等の認容　100（減算・留保） （別表5(1)　利益積立金額の計算に関する明細書） 前払費用　100（当期の減）
譲渡制限解除時（2年目役務提供時）	役員報酬　100　／前払費用　100	役員報酬　200　／前払費用　200	（別表4　所得の金額の計算に関する明細書） 役員給与等の認容　100（減算・留保） （別表5(1)　利益積立金額の計算に関する明細書） 前払費用　100（当期の減）

〔出所〕財務省資料

12　新株予約権を対価とする費用の帰属事業年度の特例等
(1)　概要
　適用要件（下記イ）に該当する譲渡制限付新株予約権（下記ロ）が交付されたとき

は、その個人においてその役務の提供につき所得税法その他所得税に関する法令の規定により個人の給与所得その他一定の所得（下記ハ）の金額に係る収入金額とすべき金額又は総収入金額に算入すべき事由（この**12**において「給与等課税事由」という。）が生じた日においてその役務の提供を受けたものとして、法人税法の規定を適用する（法54の2①）。

　イ　適用要件
　　㈠　内国法人が個人から役務の提供を受ける場合であること。
　　㈡　その役務の提供に係る費用の額（下記ニ）につき、次の要件を満たす譲渡制限付新株予約権（以下「特定新株予約権」という。）が交付されること（承継新株予約権が交付されたときを含む。）。
　　　Ａ　その譲渡制限付新株予約権と引き換えにする払込みに代えて、その役務の提供の対価としてその個人に生ずる債権をもって相殺されること。
　　　Ｂ　上記Ａに掲げるもののほか、その譲渡制限付新株予約権が実質的に役務の提供の対価と認められるものであること。
　ロ　譲渡制限付新株予約権
　　譲渡制限付新株予約権とは、権利の譲渡（所令84③）についての制限その他特別の条件が付されているものをいう（令111の3①）。
　ハ　個人の給与所得その他一定の所得
　　個人の給与所得その他一定の所得とは、所得税法に規定する給与所得、事業所得、退職所得及び雑所得（その個人が非居住者である場合には、その個人が居住者であるとしたときにおけるこれらの所得）となる（令111の3②）。
　ニ　役務の提供に係る費用の額
　　特定新株予約権の交付が正常な取引条件で行われた場合には、その役務の提供に係る費用の額は、特定新株予約権の交付された時の価額（確定数給与（令71の3①）にあっては、「交付決議時価額」**CHECK**（P190））に相当する金額（特定新株予約権につき承継新株予約権が交付された場合には、新株予約権の区分に応じ一定の金額）とする（令111の3③）。
　ホ　特定新株予約権の交付された時の価額
　　上記ニの特定新株予約権の交付された時の価額には、その個人から払い込まれた金銭の額及び給付を受けた金銭以外の資産（上記イ㈡Ａの債権を除く。）の価額を含まない（令111の3⑤）。

⑵　**給与等課税事由が生じない場合のそれら費用の損金不算入**
　上記⑴の場合において、その個人において役務の提供につき給与等課税事由が生じないときは、その役務の提供を受ける内国法人の役務の提供を受けたことによる費用の額又は役務の全部若しくは一部の提供を受けられなかったことによる損失の額は、その内国法人の各事業年度の損金の額に算入しない（法54の2②）。

⑶　**特定新株予約権の消滅による利益の額の益金不算入**
　上記⑵の場合において、特定新株予約権（承継新株予約権を含む。）が消滅をした

第1章　各事業年度の所得に対する法人税

ときは、その消滅による利益の額は、これらの新株予約権を発行した法人の各事業年度の益金の額に算入しない（法54の2③）。

(4) 申告要件

上記(1)の個人から役務の提供を受ける内国法人は、特定新株予約権の1個当たりの交付の時の価額、交付数、その事業年度において行使された数その他特定新株予約権又は承継新株予約権の状況に関する明細書（法人税別表14(4)）を確定申告書に添付しなければならない（法54の2④）。

(5) 新株予約権発行時の取扱い

下記の適用要件に該当する場合には、次のAの満たない部分の金額（その新株予約権を無償で発行した場合には、その発行の時の価額）又はBの超える部分の金額に相当する金額は、その内国法人の各事業年度の損金の額又は益金の額に算入しない（法54の2⑤）。

（適用要件）
- (イ) 内国法人が新株予約権（新投資口予約権を含む。以下この(5)において同じ。）を発行する場合であること。
- (ロ) その新株予約権と引換えに払い込まれる金銭の額（金銭の払込みに代えて給付される金銭以外の資産の価額及び相殺される債権の額を含む。以下この(5)において同じ。）が、次のA又はBに該当するとき。
  - A　その新株予約権のその発行の時の価額に満たないとき（その新株予約権を無償で発行したときを含む。）
  - B　その新株予約権と引換えに払い込まれる金銭の額がその新株予約権のその発行の時の価額を超えるとき。

13　不正行為等に係る費用等

(1) 隠蔽仮装行為に要する費用等の損金不算入

法人が、その所得の金額若しくは欠損金額又は法人税の額の計算の基礎となるべき事実の全部又は一部を隠蔽し、又は仮装すること（以下この(1)において「隠蔽仮装行為」という。）によりその法人税の負担を減少させ、又は減少させようとする場合 **CHECK** には、その隠蔽仮装行為に要する費用の額又は隠蔽仮装行為により生ずる損失の額は、その法人の各事業年度の損金の額に算入しない（法55①）。また、法人が隠蔽仮装行為によりその納付すべき法人税以外の租税の負担を減少させ、又は減少させようとする場合について同様に取り扱う（法55②）。

第5節　損金の額の計算

〔イメージ〕

```
┌─────────────────────────────────────┐
│ 隠蔽仮装行為                          │
│                                     │
│     ┌───────────────────────────┐   │
│     │ ほ脱犯が成立する行為        │   │
│     │ 偽りその他不正の行為により  │   │
│     │ 法人税を免れる罪            │   │
│     │ （法159）                  │   │
│     └───────────────────────────┘   │
└─────────────────────────────────────┘
```

> **CHECK**　－法人税の負担を減少させ、又は減少させようとする場合－
>
> 　欠損金額を増加させる等、未だ法人税の負担を減少させていない場合にも適用することができる。

(2)　**隠蔽仮装行為に基づく確定申告書の提出等の場合の費用等の損金不算入**

　法人が、隠蔽仮装行為に基づき**確定申告書**を提出しており、又は**確定申告書を提出していなかった場合**には、**原価の額**、費用の額及び損失の額は、その内国法人の各事業年度の損金の額に算入しない（法55③）。

　なお、この取扱いは、令和5年1月1日以後に開始する事業年度の法人税について適用される。

（上記取扱いの対象外）損金算入できる原価の額、費用の額又は損失の額

損金算入事由	確認資料等
イ　原価の額、費用の額又は損失の額の基因となる取引が行われたこと及びこれらの額が明らかである場合 ※　災害その他やむを得ない事情（基通9－5－8）により、その取引に係るAに掲げる帳簿書類の保存をすることができなかったことをその内国法人において証明した場合を含む	A　その法人が青色申告法人の帳簿書類（法126①）又は帳簿書類の備付け等（法150の2①）の規定により保存する帳簿書類 B　その内国法人がその納税地又は原価の額、費用の額又は損失の額の基因となる取引に係る国内の事務所、事業所その他これらに準ずるものの所在地に保存する帳簿書類その他の物件（規25の10）
ロ　原価の額、費用の額又は損失の額の基因となる取引の相手方が明らかである場合	
ハ　その取引が行われたことが明らかであり、又は推測される場合（イ又はロの場合	

第1章 各事業年度の所得に対する法人税

を除く。）であって、その相手方に対する調査その他の方法により税務署長が、その取引が行われ、これらの額が生じたと認める場合	

✓ この場合の**確定申告書**には、その申告に係る法人税についての調査があったことにより法人税について決定（通則法25）があるべきことを予知して提出された期限後申告書を除く（法55③括弧書）。

✓ この場合の**原価の額**には、資産の販売又は譲渡におけるその資産の取得に直接に要した額及び資産の引渡しを要する役務の提供における資産の取得に直接に要した額として、次の額を除く（法55③括弧書、令111の4①）。

資産の区分	原価の額
購入した資産	資産の購入の代価（引取運賃、荷役費、運送保険料、購入手数料、関税（附帯税を除く。）、その資産の購入のために要した費用がある場合には、その費用の額を加算した金額）
自己の製造等（製造、採掘、採取、栽培、養殖その他これらに準ずる行為をいう。）に係る資産	資産の製造等のために直接に要した原材料費の額
上記以外の方法により取得をした資産	その取得の時における当該資産の取得のために通常要する価額

✓ 法人がその事業年度の確定申告書を提出していた場合には、原価の額、費用の額及び損失の額のうち、その提出した確定申告書に記載した課税標準等の金額又は確定申告書に係る修正申告書（その申告に係る法人税についての調査があったことにより法人税について更正があるべきことを予知した後に提出された修正申告書を除く。）に記載した課税標準等の計算の基礎とされていた金額を除く（法55③）。

(3) 加算税等及び罰課金等を納付した場合の損金不算入

法人が納付する次に掲げるものの額は、その内国法人の各事業年度の損金の額に算入しない（法55④⑤）。

加算税等
・ 国税に係る延滞税、過少申告加算税、無申告加算税、不納付加算税及び重加算税並びに過怠税 ・ 地方税法の規定による延滞金（法人の道府県民税に係る納期限の延長の場合の延滞金、法人の事業税に係る納期限の延長の場合の延滞金又は法人の市町村民税に係る納期限の延長の場合の延滞金を除く。）、過少申告加算金、不申告加算金及び重加算金 など

第5節　損金の額の計算

罰課金等
・　罰金及び科料（通告処分による罰金又は科料に相当するもの及び外国又はその地方公共団体が課する罰金又は科料に相当するものを含む。）並びに過料 ・　国民生活安定緊急措置法の規定による課徴金及び延滞金 ・　私的独占の禁止及び公正取引の確保に関する法律の規定による課徴金及び延滞金（外国若しくはその地方公共団体又は国際機関が納付を命ずるこれらに類するものを含む。） ・　金融商品取引法の規定による課徴金及び延滞金 　　など

⑷　**賄賂等の損金不算入**

　法人が供与をする刑法第198条《贈賄》に規定する賄賂又は不正競争防止法第18条第1項《外国公務員等に対する不正の利益の供与等の禁止》に規定する金銭その他の利益に**当たるべき**金銭の額及び金銭以外の資産の価額並びに経済的な利益の額の合計額に相当する費用又は損失の額（その供与に要する費用の額又はその供与により生ずる損失の額を含む。）は、その法人の各事業年度の損金の額に算入しない（法55⑥）。

✓　法令上、「当たるべき」としていることから、刑事手続において実際にその支出が賄賂等として認定される必要はなく、課税当局において贈賄罪等の犯罪の成否自体を認定することを求めるものではない。

コラム　－刑法第198条（贈賄）－

刑法（明治40年法律第45号）
（贈賄）
第198条　第197条から第197条の4までに規定する賄賂を供与し、又はその申込み若しくは約束をした者は、3年以下の懲役又は250万円以下の罰金に処する

14　欠損金の繰越し
⑴　**概要**

　法人の各事業年度開始の日前10年以内 CHECK に開始した事業年度において生じた**欠損金額**がある場合には、その欠損金額に相当する金額（下記⑵）は、各事業年度の損金の額に算入する（法57①）。

✓　この場合の**欠損金額**からは、次の金額は除かれる（法57①括弧書）。
　A　この取扱いにより各事業年度前の事業年度の所得の金額の計算上損金の額に算入された欠損金額
　B　欠損金の繰戻しによる還付（法80）の規定により還付を受けるべき金額の計算の基礎となった欠損金額

第1章　各事業年度の所得に対する法人税

> **CHECK** －10年以内の改正経緯－
>
> 　この「10年以内」の期間については、平成23年12月税制改正及び平成27年3月税制改正において、次表のとおり改正が行われている（平23改正法附則14、平27改正法附則27①）。
>
> | 期　　間 | 7年以内 | 9年以内 | 10年以内 |
> |---|---|---|---|
> | 適用事業年度 | 平13．1．1以後に開始した事業年度 | 平20．4．1以後に終了した事業年度 | 平29．4．1以後に開始した事業年度 |
> | 改正法 | 平16年法律14号 | 平23年法律114号 | 平28年法律15号 |

(2)　欠損金額に相当する金額

　イ　損金の額に算入される欠損金額に相当する金額

　　　損金の額に算入される欠損金額に相当する金額は、上記(1)を適用せず、かつ、会社更生等による債務免除等があった場合の欠損金の損金算入（法59③④）並びに現物分配による資産の譲渡（法62の5⑤）を適用しないものとして計算した場合における各事業年度の所得の金額の50％の金額**CHECK**を限度（以下「損金算入限度額」という。）として損金の額に算入する（法57①括弧書）。

　　　ただし、中小法人等（下記ロ）及び損金算入限度額の特例法人（下記ハ）については、「所得の金額の50％の金額」とあるのは、「所得の金額」とする。

> **CHECK** －50％の金額の経過措置－
>
> 　中小法人等以外の法人（本文適用）については、上記の「50％の金額」が次表のとおり段階的に引き下げられている（平27改正法附則27②、平27改正法附則27②）。
>
> | 開始する事業年度 | 損金算入限度額 |
> |---|---|
> | 平24．4．1～平27．3．31 | 80％ |
> | 平27．4．1～平28．3．31 | 65％ |
> | 平28．4．1～平29．3．31 | 60％ |
> | 平29．4．1～平30．3．31 | 55％ |
> | 平30．4．1～ | 50％ |

　ロ　中小法人等

　　　中小法人等とは、各事業年度終了の時において次の法人に該当するものをいう（法57⑪一、措法66⑤二、三）。

　　(イ)　普通法人（投資法人、特定目的会社及び受託法人を除く。）のうち、資本金

第5節　損金の額の計算

の額若しくは出資金の額が1億円以下であるもの（次のA及びBの法人を除く。）又は資本若しくは出資を有しないもの（保険業法に規定する相互会社を除く。）

A　次の大法人との間にその大法人による完全支配関係がある普通法人
　a　資本金の額又は出資金の額が5億円以上である法人
　b　保険業法に規定する相互会社及び外国相互会社
　c　法人課税信託に係る受託法人

B　普通法人との間に完全支配関係がある全ての大法人が有する株式及び出資の全部をその全ての大法人のうちいずれか一の法人が有するものとみなした場合において、そのいずれか一の法人と普通法人との間にいずれか一の法人による完全支配関係があることとなるときのその普通法人

(ロ)　公益法人等又は協同組合等

(ハ)　人格のない社団等

【参考】
中小法人等に該当するかどうかは、次により判定することができます。

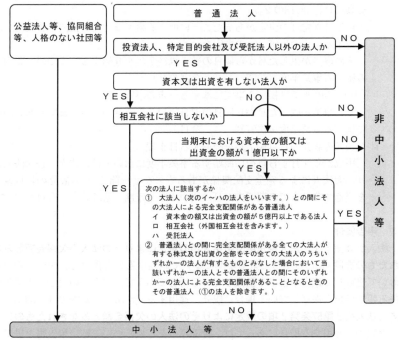

(注)1　適用除外事業者の判定は必要ありません。
　2　一定の要件を満たす投資法人及び一定の要件を満たす特定目的会社については、欠損金額の控除限度額は控除前所得金額となります（法57①、措法67の14①②、67の15①②）。

〔出所〕国税庁資料

第1章　各事業年度の所得に対する法人税

ハ　損金算入限度額の特例法人

上記(1)の各事業年度が次に掲げる事実の区分に応じ、それぞれ次に定める事業年度である場合におけるその事実が生じた法人（各事業年度終了の時において中小法人等（上記ロ）に該当するものを除く。）

(イ)　更生手続開始の決定があったこと

更生手続開始の決定の日から更生手続開始の決定に係る更生計画認可の決定の日以後7年を経過する日までの期間（同日前において更生手続開始の決定を取り消す決定の確定その他一定の事実が生じた場合には、更生手続開始の決定の日からそれぞれの事実が生じた日までの期間）内の日の属する事業年度（法57⑪二イ、令113の2②）

(ロ)　再生手続開始の決定があったこと

再生手続開始の決定の日から再生手続開始の決定に係る再生計画認可の決定の日以後7年を経過する日までの期間（同日前において再生手続開始の決定を取り消す決定の確定その他一定の事実が生じた場合には、再生手続開始の決定の日からそれぞれの事実が生じた日までの期間）内の日の属する事業年度（法57⑪二ロ、令113の2③）

(ハ)　再生計画認可の決定があったことに準ずる事実など法人税法第59条第2項に規定する一定の事実（(ロ)の事実を除く。）

その事実が生じた日から同日の翌日以後7年を経過する日までの期間内の日の属する事業年度（法57⑪二ハ、令24の2）

(ニ)　(イ)から(ハ)までに掲げる事実に準ずる一定の事実

その事実が生じた日から同日の翌日以後7年を経過する日までの期間内の日の属する事業年度（法57⑪二ニ、令113の2④）

(ホ)　法人の設立の日以後7年を経過する日まで

平成27年4月1日以後に開始する事業年度においては、法人（普通法人に限り、大法人による完全支配関係があるものなどを除く。）の設立の日以後7年を経過する日までの期間内の日の属する事業年度（法57⑪三、令113の2⑤⑦）

(3)　**申告要件**

法人が欠損金額（**法人税法第57条第2項の規定によりその法人の欠損金額とみなされたもの**を除く。）の生じた事業年度について確定申告書を提出し、かつ、その後において連続して確定申告書を提出している場合であって欠損金額の生じた事業年度に係る帳簿書類を保存している場合に限り、適用する（法57⑩、規26の3、59①）。

✓　**法人税法第57条第2項の規定によりその法人の欠損金額とみなされたもの**につき上記(1)を適用する場合にあっては、合併等事業年度について確定申告書を提出し、かつ、その後において連続して確定申告書を提出している場合となる（法57⑩括弧書）。

※　適格合併が行われた場合又は完全支配関係がある他の法人の残余財産が確定した場合の未処理欠損金額の引継ぎの取扱いについては、第6節の7「組織再編税制に

係る所得の金額の計算」(271ページ)に記載している。

15 特定株主等によって支配された欠損等法人の欠損金の繰越しの不適用
(1) 概要

　他の者による**特定支配関係**を有することとなった法人のうち、特定支配関係を有することとなった日(以下「支配日」という。)の属する事業年度(以下「特定支配事業年度」という。)において特定支配事業年度前の各事業年度において生じた欠損金額又は**評価損資産**を有するもの(以下「欠損等法人」という。)が、その支配日以後5年を経過した日の前日までに適用事由(下記(2))に該当する場合には、その該当することとなった日(以下「該当日」という。)の属する事業年度(以下「適用事業年度」という。)以後の各事業年度においては、適用事業年度前の各事業年度において生じた欠損金額については、欠損金額の繰越し制限の対象となる(法57の2①)。

　これは、買収した欠損等法人を利用する租税回避行為を防止するために設けられた制度であり、欠損等法人がその買収後5年以内に適用事由に該当する場合には欠損等法人の欠損金の繰越控除を制限するものである。

（イメージ）

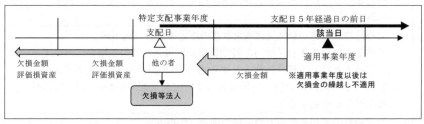

- ✓ **特定支配関係**とは、他の者がその内国法人の発行済株式又は出資(自己が有する自己の株式又は出資を除く。)の総数又は総額の100分の50を超える数又は金額の株式又は出資を直接又は間接に保有する関係並びに他の者(その者の組合関連者を含む。)と法人との間の他の者による支配関係をいう。ただし、他の者とその法人との間に同一者支配関係がある場合におけるその支配関係は除かれる(法57の2①、令113の3①～④)。
- ✓ **評価損資産**とは、特定支配事業年度開始の日において有する資産(固定資産、土地(土地の上に存する権利を含み、固定資産に該当するものを除く。)、有価証券(売買目的有価証券及び償還有価証券を除く。)、金銭債権及び繰延資産並びに調整勘定の金額に係る資産及び資産調整勘定の金額に係る資産で特定支配事業年度開始の日における価額が同日における帳簿価額(資産をその単位に区分した後のそれぞれの資産の帳簿価額とする。)に満たないもの(その満たない金額が法人の資本金等の額の2分の1に相当する金額と1,000万円とのいずれか少ない金額に満たないものを除く。)をいう(令113の3⑥)。

第1章　各事業年度の所得に対する法人税

(2) 適用事由（法57の2①）

イ	事業を営んでいない場合（同項一） 　欠損等法人が支配日の直前において事業を営んでいない場合（清算中の場合を含む。）において、その支配日以後に事業を開始すること（清算中の欠損等法人が継続することを含む。）。
ロ	事業の全てを廃止する場合（同項二） 　欠損等法人が支配日の直前において営む事業（旧事業）の全てを支配日以後に廃止し、又は廃止することが見込まれている場合において、旧事業のその支配日の直前における事業規模（売上金額等）のおおむね5倍を超える資金借入れ等を行うこと。
ハ	他の者等が欠損等法人の特定債権を取得する場合（同項三） 　他の者又は関連者が、第三者から**特定債権**を取得している場合において、欠損等法人が旧事業の支配日の直前における事業規模のおおむね5倍を超える資金借入れ等を行うこと。 ✓　**特定債権**とは、欠損等法人に対する債権でその取得の対価の額がその債権の額の50％未満であり、その債権の額の取得の時における欠損等法人の債務の総額のうちに占める割合が50％を超える場合における当該債権をいう（令113の3⑯）。
ニ	欠損等法人の適格合併又は残余財産の確定の場合（同項四） 　イ若しくはロの場合又はハの特定債権が取得されている場合において、その欠損等法人が自己を被合併法人とする適格合併を行い、又は欠損等法人（他の内国法人との間に当該他の内国法人による完全支配関係があるものに限る。）の残余財産が確定すること。
ホ	特定役員の退任と使用人の退職の場合（同項五） 　欠損等法人が特定支配関係を有することとなったことに基因して、欠損等法人の支配日の直前の役員の全てが退任をし、かつ、その支配日の直前において欠損等法人の業務に従事する使用人（旧使用人）の総数のおおむね20％以上に相当する数の者が欠損等法人の使用人でなくなった場合において、欠損等法人の非従事事業（旧使用人が当該支配日以後その業務に実質的に従事しない事業をいう。）の事業規模が旧事業の支配日の直前における事業規模のおおむね5倍を超えることとなること。

(3) 欠損等法人が発行済株式又は出資の全部又は一部を有する内国法人の残余財産が確定する場合

　欠損等法人の該当日以後に欠損等法人との間に完全支配関係がある内国法人で欠損等法人が発行済株式又は出資の全部又は一部を有するものの残余財産が確定する場合におけるその内国法人の残余財産の確定の日の属する事業年度以前の各事業年度において生じた欠損金額（残余財産の確定の日が欠損等法人の3年経過日以後である場合

には、その欠損金額のうち、その生じた事業年度開始の日が欠損等法人の適用事業年度開始の日前であるものに限る。）については、欠損金額の使用制限の対象となる（法57の2③）。

【参考】欠損等法人の資産の譲渡等損失額の損金不算入

　欠損等法人の適用事業年度（上記15(1)）開始の日から同日以後3年を経過する日（その経過する日が特定支配日以後5年を経過する日後となる場合にあっては、同日）までの期間において生ずる特定資産の譲渡、評価換え、貸倒れ、除却その他これらに類する事由による損失の額（譲渡等損失額）は、欠損等法人の各事業年度の損金の額に算入することができない（法60の3①）。

16　災害による損失金
(1)　災害損失金額の繰越控除

　上記14（P 197）の欠損金の繰越し（法57①）の規定の適用に当たって、青色申告書を提出する事業年度でない事業年度において生じた欠損金額については、それが適用要件（下記イ）を満たす災害による欠損金額である場合には、その生じた欠損金額のうち災害損失金額（下記ロ）を超える部分の金額は、ないものとする（法58①）。

　イ　適用要件
　　(イ)　法人の各事業年度開始の日前10年以内に開始した事業年度のうち青色申告書を提出する事業年度でない事業年度において生じた欠損金額であること。
　　(ロ)　棚卸資産、固定資産又は**一定の繰延資産**について震災、風水害、火災その他**一定の災害**により生じた損失の額であること。
　　　✓　**一定の繰延資産**とは、他の者の有する固定資産を利用するために支出されたものをいう（令14①六、114）。
　　　✓　**一定の災害**とは、冷害、雪害、干害、落雷、噴火その他の自然現象の異変による災害及び鉱害、火薬類の爆発その他の人為による異常な災害並びに害虫、害獣その他の生物による異常な災害であること（令115）。
　ロ　災害損失金額
　　　災害損失金額とは、次の(イ)から(ハ)の損失の額の合計額をいい、保険金、損害賠償金その他これらに類するものにより補塡される金額がある場合には、これらの金額を控除する（令116）。
　　(イ)　災害により資産が滅失し、若しくは損壊したこと又は災害による価値の減少に伴いその資産の帳簿価額を減額したことにより生じた損失の額（その滅失、損壊又は価値の減少によるその資産の取壊し又は除去の費用その他の付随費用に係る損失の額を含む。）
　　(ロ)　災害により資産が損壊し、又はその価値が減少した場合その他災害によりその資産を事業の用に供することが困難となった場合において、その災害のやんだ日の翌日から1年を経過した日（大規模な災害の場合その他やむを得ない事情がある場合には、3年を経過した日）の前日までに支出する次に掲げる費用その他これらに類する費用に係る損失の額

第1章 各事業年度の所得に対する法人税

　　　　A　災害により生じた土砂その他の障害物を除去するための費用
　　　　B　資産の原状回復のための修繕費
　　　　C　資産の損壊又はその価値の減少を防止するための費用
　　（ハ）災害により資産につき現に被害が生じ、又はまさに被害が生ずるおそれがあると見込まれる場合において、その資産に係る被害の拡大又は発生を防止するため緊急に必要な措置を講ずるための費用に係る損失の額
　ハ　災害欠損金額に達するまでの金額の他の規定の不適用
　　　法人の各事業年度開始の日前10年以内に開始した事業年度のうち青色申告書を提出する事業年度でない事業年度において生じた欠損金額額のうち、災害損失金額に達するまでの金額については、次の規定は適用しない（法58②）。
　　（イ）被合併法人等の欠損金額の繰越控除の制限（法57③）
　　（ロ）合併法人等が有していないものとする欠損金額（法57④）
　　（ハ）特定株主等によって支配された欠損等法人の欠損金の繰越しの不適用（法57の2）
　ニ　申告要件
　　　欠損金額の生じた事業年度の確定申告書、修正申告書又は更正請求書に災害損失金額の計算に関する明細（法人税別表7⑴）を記載した書類の添付がない場合には、その事業年度の災害損失金額はないものとして、上記イからハの規定を適用する（法58③）。

　　◆関連通達◆
　　・滅失損等の計上時期（基通12－2－1）
　　・災害損失の対象となる固定資産に準ずる繰延資産の範囲（基通12－2－2）
　　・災害損失の額に含まれる棚卸資産等の譲渡損（基通12－2－3）
　　・災害損失の額に含まれない費用の範囲（基通12－2－4）

(2)　**災害損失特別勘定等の取扱い**
　　法人が被災資産の修繕等のために要する費用を見積もった場合には、被災事業年度において法人税基本通達12－2－7《災害損失特別勘定の繰入限度額》に定める繰入限度額以下の金額を損金経理により災害損失特別勘定に繰り入れることができる（基通12－2－6）。

　【参考】**災害損失金額の繰戻しによる還付**
　　災害（震災、風水害、火災その他一定の災害いう。）により、法人の災害のあった日から同日以後1年を経過する日までの間に終了する各事業年度又はその災害のあった日から同日以後6月を経過する日までの間に終了する中間期間（仮決算の中間申告書を提出する場合におけるその期間をいう。）において生じた災害損失欠損金額がある場合には、欠損金の繰戻し還付請求制度（P326）の適用を受けることができる（法80⑤）。

17 会社更生等による債務免除等があった場合の欠損金及び解散した場合の欠損金額

(1) 会社更生等による債務免除等があった場合の欠損金

　法人について更生手続開始の決定があった場合において、その法人が適用要件（下記イ）に該当するときは、その該当することとなった日の属する事業年度（以下この(1)において「適用年度」という。）前の各事業年度において生じた一定の欠損金額（下記ロ）に相当する金額のうち、適用要件のⅠからⅢの下欄の金額の合計額に達するまでの金額は、その適用年度の損金の額に算入する（法59①～③）。

　イ　適用要件
　　Ⅰ　更生債権等についての債務免除（法59①一、②一）

> 更生手続開始の決定があった時又は**一定の事実**が生じた時においてその法人に対し**一定の債権**を有する者からその債権につき債務の免除を受けた場合
> 　なお、その債権が債務の免除以外の事由により消滅した場合でその消滅した債務に係る利益の額が生ずるときを含む。
> **その債務の免除を受けた金額（その利益の額を含む。）**

　✓　この場合の会社更生等の**一定の債権**とは、会社更生法に規定する更生債権（同法に規定する更生担保権及び共益債権で更生手続開始の決定があった場合のその更生手続開始前の原因に基づいて生じたものを含む。）等をいう（令116の3）。

　✓　この場合の**一定の事実**及び民事再生等の場合の**一定の債権**とは、次のとおりである（令117の2、117の3、基通12－3－1）。

	一定の事実	一定の債権
A	再生手続開始の決定があったこと	民事再生法に規定する再生債権等
B	特別清算開始の命令があったこと	その特別清算開始前の原因に基づいて生じた債権
C	破産手続開始の決定があったこと	破産法に規定する破産債権（財団債権でその破産手続開始前の原因に基づいて生じたものを含む。）
D	再生計画認可の決定に準ずる事実等（令24の2①）に規定する事実	その事実の発生前の原因に基づいて生じた債権
E	上記AからCに準ずる事実（更生手続開始の決定があったこと及び上記Dに掲げる事実を除く。）	その準ずる事実の発生前の原因に基づいて生じた債権

第1章 各事業年度の所得に対する法人税

Ⅱ 役員等からの私財提供（贈与）（法59①二、②二）

> 更生手続開始の決定があったことに伴いその法人の役員等（役員若しくは株主等である者又はこれらであった者をいう。）から金銭その他の資産の贈与を受けた場合
>
> **その贈与を受けた金銭の額及び金銭以外の資産の価額**

Ⅲ 会社更生法等による資産の評価換え（法59①三）

> 資産の評価益（法25②）に規定する評価換えをした場合
> 　会社更生法又は金融機関等の更生手続の特例等に関する法律の規定に従って行う評価換えに係る部分に限る。
>
> **適用年度の所得の金額の計算上益金の額に算入される金額**
> 　ただし、資産の評価損（法33②）の規定により適用年度の所得の金額の計算上損金の額に算入される金額がある場合には、益金の額に算入される金額からその損金の額に算入される金額を控除した金額となる。

ロ　一定の欠損金額
(イ)　会社更生等及び民事再生等の場合
　　上記(1)本文の「一定の欠損金額」は、適用年度終了の時における前事業年度以前の事業年度から繰り越された欠損金額の合計額となる（令116の2、117）。
(ロ)　評価損益の計上のない民事再生等の場合

〔算式〕

適用年度終了の時における前事業年度以前の事業年度から繰り越された欠損金額の合計額 － 適用年度の所得の金額の計算上損金の額に算入される青色欠損金額 ＋ 適用年度に係る損金算入欠損金額の合計額（法64の7①）

(2) 解散した場合の欠損金

　法人が解散した場合において、残余財産がないと見込まれるときは、その清算中に終了する事業年度（上記(1)の適用を受ける事業年度を除く。以下この(2)において「適用年度」という。）前の各事業年度において生じた欠損金額を基礎として次の算式により計算した金額に相当する金額は、その適用年度の損金の額に算入する（法59④、令117の5）。

〔算式〕

適用年度終了の時における前事業年度以前の事業年度から繰り越された欠損金額の合計額(※) − 適用年度の所得の金額の計算上損金の額に算入される青色欠損金額 + 適用年度に係る損金算入欠損金額の合計額(法64の7①)

※ 適用年度終了の時における資本金等の額が零以下である場合には、欠損金額の合計額から資本金等の額を減算した金額

◆関連通達◆
・残余財産がないと見込まれるかどうかの判定の時期（基通12−3−7）
・残余財産がないと見込まれることの意義（基通12−3−8）

【参考】グループ法人税制に関する資料
・法人課税課情報第5号「平成22年度税制改正に係る法人税質疑応答事例（グループ法人税制その他の資本に関する取引等に係る税制関係）（情報）（平成22年10月6日）」
・法人課税課情報第4号「平成22年度税制改正に係る法人税質疑応答事例（グループ法人税制関係）（情報）（平成22年8月10日）」
(注) なお、この情報は、平成22年6月30日現在の法令・通達に基づいて作成されている。

(3) 申告要件
　上記(1)及び(2)は、確定申告書、修正申告書又は更正請求書にこれらの規定により損金の額に算入される金額の計算に関する明細を記載した書類及び更生手続開始の決定があったこと若しくは再生手続開始の決定があったこと若しくは上記の一定の事実が生じたことを証する書類又は残余財産がないと見込まれることを説明する書類その他一定の書類の添付がある場合に限り、適用する（法59⑥、規26の6）。

18　契約者配当
(1) 保険会社の契約者配当の損金算入
　イ　概要
　　保険業法に規定する保険会社が各事業年度において保険契約に基づき保険契約者に対して分配する金額は、その事業年度の損金の額に算入する。
　　ただし、その分配する金額が次の算式で計算した金額を超える場合は、その超える部分の金額については、損金の額に算入することができない（法60①、令118の2）。

第1章 各事業年度の所得に対する法人税

〔算式〕

対象：生命保険会社で受取配当等の益金不算入（法23）の適用を受けるもの

その事業年度において保険契約に基づき保険契約者に対して分配する金額 － その事業年度において受けた配当等の額のうちその会社が受取配当等の益金不算入（法23）により益金の額に算入しないこととしている金額

※ 昭和42年改正令附則第5条（契約者配当に関する経過規定）の適用を受ける場合には、剰余金基準による益金算入額の計算を行う。

ロ 申告要件
　上記イの取扱いは、確定申告書に損金の額に算入される金額の計算に関する明細を記載した書類（法人税別表9(1)）を添付しなければならない（法60②）。

(2) 協同組合等の事業分量配当等の損金算入
　協同組合等が各事業年度の決算の確定の時にその支出すべき旨を決議する次に掲げる金額は、その事業年度の損金の額に算入する（法60の2①）。
　(イ) その組合員その他の構成員に対しその者が事業年度中に取り扱った物の数量、価額その他その協同組合等の事業を利用した分量に応じて分配する金額
　(ロ) その組合員その他の構成員に対しその者が事業年度中にその協同組合等の事業に従事した程度に応じて分配する金額

19 交際費

交際費課税制度の立法趣旨は、これまでの裁判等において次のとおり示されている。

■ 「元来、企業会計上事業経費に属すべきものは、税法上損金として取り扱われるべきものであるが、法人の支出する交際費等のうち一定の基準を超えるものを所得計算上損金に算入しないとする課税所得計算上の特例は、法人の交際費支出の増加にかんがみ、他の資本蓄積策と並んでその乱費を抑制し、経済発展に資することを目的とする…」（東京地判昭和50年6月24日）

■ 「法人の交際費等の濫費を抑制し、経済の発展に資するため、本来、事業遂行上必要な損金性を有する支出のうち、同条5項に該当するものを政策的に一定の限度で損金に算入しないこととしたものである。」（東京地判昭和53年1月26日）

　また、平成6年度の税制改正に関する答申の「3 課税の適正・公平な確保」では、次のとおり述べられている。

■ 「交際費については、これを経費として容認した場合には、濫費の支出を助長するだけでなく、公正な取引を阻害することにもなるのではないか。また、企業による巨額な交際費支出が正常な価格形成を歪めているのではないか。といった問題が

指摘されている。そこで、法人の支出する交際費については、原則として、その全額を損金に算入しないこととしている。」

(1) 概要

法人が平成26年4月1日から令和9年3月31日までの間に開始する各事業年度（以下「適用年度」という。）において支出する交際費等（下記(2)）の額のうち、次表の期末の**資本金の額又は出資金の額**による「区分」に応じ「損金算入限度額」を超える部分の金額（損金不算入額）は、その適用年度の損金の額に算入することができない（措法61の4①②）。

区　分	損金算入限度額	損金不算入額
100億円超の法人	零円	交際費等の額の全額
1億円超100億円以下の法人	**接待飲食費**の50%	交際費等の額 －接待飲食費の50%
1億円以下の法人	次のいずれか多い金額 ・定額控除限度額 ・接待飲食費の50%	交際費等の額 －左記いずれか多い金額

✓ **資本金の額又は出資金の額**は、その適用年度終了の日における金額となる（措法61の4①）。なお、資本又は出資を有しない法人、公益法人等、人格のない社団等又は外国法人については、その適用年度終了の日における資本金の額又は出資金の額を期末における総資産の帳簿価額及び総負債の帳簿価額によって計算する（措令37の4）。

✓ **接待飲食費**とは、交際費等のうち飲食その他これに類する行為のために要する費用（専ら法人の役員若しくは従業員又はこれらの親族に対する接待等のために支出するものを除く。以下「飲食費」という。）であって、その旨につき明らかにされているものをいう（措法61の4⑥、措規21の18の4）。

✓ **定額控除限度額**とは、800万円にその適用年度の月数を乗じてこれを12で除して計算した金額をいう（措法61の4②）。

✓ 適用年度終了の日において資本金の額又は出資金の額が**1億円以下である法人**からは、次の法人に該当するものは除かれる（措法61の4②一）。
　A　大法人（次のaからcの法人をいう。）との間にその大法人による完全支配関係がある普通法人
　　a　資本金の額または出資金の額が5億円以上の法人
　　b　相互会社および外国相互会社
　　c　受託法人
　B　普通法人との間に完全支配関係があるすべての大法人が有する株式及び出資の全部をその全ての大法人のうちいずれか一の法人が有するものとみなした場合においてそのいずれか一の法人とその普通法人との間にそのいずれか一の法人による完全支配関係があることとなるときのその普通法人（上記Aの法人を除く。）
　　なお、「交際費等課税における中小法人等の判定」は214ページ参照のこと。

第1章　各事業年度の所得に対する法人税

(2) 交際費等の意義

租税特別措置法第61条の4では、交際費等とは、交際費、接待費、機密費その他の費用で、法人が、その得意先、仕入先その他事業に関係のある者等に対する接待、供応、慰安、贈答その他これらに類する行為のために支出するものをいうと定義されている（措法61の4⑥）。

このため、実務上、「交際費等」とは、一般的に支出の相手方及び目的に照らして、取引関係の相手方との親睦の度を密にして取引関係の円滑な進行を図るために支出するものと理解されている。

なお、次の費用のいずれかに該当するものは交際費等から除かれる（措法61の4⑥）。

A　専ら従業員の慰安のために行われる運動会、演芸会、旅行等のために通常要する費用
B　飲食費であって、その支出する金額をその飲食費に係る飲食その他これに類する行為に参加した者の数で除して計算した金額が1万円以下の費用 **CHECK**（措令37の5①）
C　次に掲げる費用（措令37の5②） 　a　カレンダー、手帳、扇子、うちわ、手拭いその他これらに類する物品を贈与するために通常要する費用 　b　会議に関連して、茶菓、弁当その他これらに類する飲食物を供与するために通常要する費用 　c　新聞、雑誌等の出版物又は放送番組を編集するために行われる座談会その他記事の収集のために、又は放送のための取材に通常要する費用

> **CHECK**　－1万円以下飲食費－
>
> 交際費等から除かれる1万円以下飲食費は、飲食のあった年月日、参加者の氏名又は名称及びその関係、参加人数及び飲食店名などを記載した書類の保存が必要となる（措規21の18の4）。

【裁判例・裁決例】

・東京地判昭和50年6月24日（税資82号222頁）

　　交際費等に当たるかどうかは、租税特別措置法63条5項（現行：措法61の4⑥）の要件に該当するかどうかにより決定されることがらであって、当該支出が事業遂行に不可欠であるかどうか、定額的な支出であるかどうかを問わないものと解すべきである。浪費的飲み食いの要素のあるものだけが交際費等に当たるものとはいえない。

(3) 交際費等の要件

法人の支出する費用が交際費等に該当するかどうかの判定要件としては、次のような考え方がある。

① 「支出の相手方」が事業に関係ある者等であること
・「得意先、仕入先その他事業に関係のある者等」（措法61の4⑥）には、直接その法人の営む事業に取引関係のある者だけでなく間接にその法人の利害に関係ある者及びその法人の役員、従業員、株主等も含む（措通61の4(1)-22）。
② 「支出の目的」が事業関係者等との間の親睦の度を密にして取引関係の円滑な進行を図ることにあること
・交際費等は、事業関係者との間の親睦の度を密にしてその歓心を買い、取引の円滑な進行を図ることを目的しているもので、典型的なものは、取引先の従業員に対する謝礼ないしは賄賂的な意味を持つ接待、供応、慰安、贈答等のために支出する費用である。
③ 「行為の形態」が接待、供応、慰安、贈答その他これらに類する行為であること
・支出した費用が交際費に該当するためには、支出の基因となる行為が「接待、供応、慰安、贈答その他これらに類する行為」と認められる態様である必要がある。
・交際費等は、接待、供応、慰安、贈答等の「行為」のために支出するものであるが、交際費等の「支出の事実があった」かどうかは、その支出した費用につき仮払又は未払等の経理をしていなくても、接待等の「行為があったとき」をいう（措通61の4(1)-24）。

【裁判例・裁決例】

・東京高判平成15年9月9日（判時1834号28頁）

　当該支出が「交際費等」に該当するというためには、①「支出の相手方」が事業に関係ある者等であり、②「支出の目的」が事業関係者等との間の親睦の度を密にして取引関係の円滑な進行を図ることであるとともに、③「行為の形態」が接待、供応、慰安、贈答その他これらに類する行為であること、の三要件を満たすことが必要であると解される。そして、支出の目的が接待等のためであるか否かについては、当該支出の動機、金額、態様、効果等の具体的事情を総合的に判断して決すべきである。

> **コラム** －「接待等のために支出する費用」－
>
> ・接待用資産の取得価額及びその償却費は、資産の取得だけは接待等の行為に当たらず、その償却費は、支出した費用ではないから、いずれも交際費課税の対象とはならない。

第1章　各事業年度の所得に対する法人税

> ・　祝賀会の開催と、その祝賀会接待客が祝い金を持参することとは、それぞれ別個の接待等の行為であるから、祝賀会の開催費用から祝い金を控除することはできない。
> 【裁判例・裁決例】
> ・最判平成3年10月11日（税資186号846頁）

(4)　交際費等の支出の方法

　法人の支出する交際費等（措法61の4⑥）は、その法人が直接支出した交際費等であるのか、間接支出した交際費等であるのかとを問わないから、次のような場合も交際費等の支出に該当する（措通61の4(1)-23）。

　A　2以上の法人が共同して接待、供応、慰安、贈答その他これらに類する行為をして、その費用を分担した場合
　B　同業者の団体等が接待、供応、慰安、贈答その他これらに類する行為をしてその費用を法人が負担した場合
　C　法人が団体等に対する会費その他の経費を負担した場合においても、その団体が専ら団体相互間の懇親のための会合を催す等のために組織されたと認められるものであるときのその会費等を法人が負担した場合

(5)　交際費等の判定

　イ　交際費等に含まれる費用

　　次のような費用は、原則として交際費等の金額に含まれる（措通61の4(1)-15）。

　　A　会社の何周年記念又は社屋新築記念における宴会費、交通費及び記念品代
　　B　下請工場、特約店、代理店等となるため、又はするための運動費等の費用
　　C　得意先、仕入先等社外の者の慶弔、禍福に際し支出する金品等の費用
　　D　得意先、仕入先その他事業に関係のある者（製造業者又はその卸売業者と直接関係のないその製造業者の製品又はその卸売業者の扱う商品を取り扱う販売業者を含む。）等を旅行、観劇等に招待する費用
　　E　製造業者又は卸売業者がその製品又は商品の卸売業者に対し、その卸売業者が小売業者等を旅行、観劇等に招待する費用の全部又は一部を負担した場合のその負担額
　　F　得意先、仕入先等の従業員等に対して取引の謝礼等として支出する金品の費用

　　【裁判例・裁決例】
　　・東京高判昭和39年11月25日（税資38号861頁）
　　　「招待旅行付大売出しを行った場合の招待旅行費用等」

　ロ　交際費等に含まれない費用

　　交際費等とは、交際費、接待費、機密費、その他の費用で法人がその得意先、仕入先その他事業に関係ある者等に対する接待、供応、慰安、贈答その他これら

第5節　損金の額の計算

に類する行為のために支出するものをいうところ、明らかに寄附金、値引き及び割戻し、広告宣伝費、福利厚生費及び給与等の性質を有するものは交際費等には含まれない（措通61の4(1)-1）。

ハ　交際費等とその他費用
　(イ)　寄附金と交際費等の区分
　　　事業に直接関係のない者に対して金銭、物品等の贈与をした場合において、それが寄附金であるか交際費等であるかは個々の実態により判定すべきであるが、金銭でした贈与は原則として寄附金とするものとし、社会事業団体、政治団体に対する拠金又は神社の祭礼等の寄贈金のようなものは交際費等に含まれない（措通61の4(1)-2）。
　　　すなわち、寄附金とは反対給付のない一方的行為による金銭等の贈与をいい、交際費等とは贈答その他これらに類する行為のために支出するものをいうから、これらを踏まえて判断することとなる。
　(ロ)　広告宣言費と交際費等の区分
　　　不特定多数の者に対する宣伝的効果を意図するものは広告宣伝費の性質を有するものとし、小売業者が商品の購入をした一般消費者に対し景品を交付するために要する費用や一般の工場見学者等に製品の試飲、試食をさせる費用のようなものは交際費等に含まれない（措通61の4(1)-9）。
　(ハ)　福利厚生費と交際費等の区分
　　　福利厚生費とは、一般的に企業がその従業員（その家族を含む。）の生活向上や労働環境改善のために支出する費用のうち、従業員の福利厚生のため、全ての従業員に公平であり、社会通念上妥当な金額までの費用とされている。
　　　社内の行事に際して支出される金額等で、創立記念日、国民祝日、新社屋落成式等に際し従業員等におおむね一律に社内において供与される通常の飲食に要する費用のようなものは交際費等に含まれない（措通61の4(1)-10）。

ニ　交際費等に関する個別的な取扱い
　(イ)　原価に算入された交際費等の調整
　　　法人が適用年度において支出した交際費等の金額のうちに棚卸資産若しくは固定資産の取得価額又は繰延資産の金額（以下「棚卸資産の取得価額等」という。）に含めたため直接その適用年度の損金の額に算入されていない部分の金額（以下「原価算入額」という。）がある場合において、その交際費等の金額のうちに租税特別措置法第61条の4第1項の規定により損金の額に算入されないこととなった金額（以下「損金不算入額」という。）があるときは、適用年度の確定申告書において、その原価算入額のうち損金不算入額から成る部分の金額を限度として、適用年度終了の時における棚卸資産の取得価額等を減額することができる。この場合において、その原価算入額のうち損金不算入額から成る部分の金額は、損金不算入額に、適用年度において支出した交際費等の金額のうちにその棚卸資産の取得価額等に含まれている交際費等の金額の占める割合を乗じた金額とすることができる。
　(ロ)　交際費等の額とともに支出する消費税等の額

第1章 各事業年度の所得に対する法人税

　「交際費等」とは、交際費、接待費、機密費、その他の費用で法人がその得意先、仕入先その他事業に関係ある者等に対する接待、供応、慰安、贈答その他これらに類する行為のために支出するものをいうことから、これらの行為に基因して支出した消費税等の額がある場合には、その支出した消費税等の額は交際費等の額に含めることとなる。

　ただし、消費税等について税抜経理方式（第7章P402）を採用している場合には、その消費税等の額は交際費等の額に含める必要はない。

■ 交際費等課税における中小法人等の判定

　中小法人等に該当する場合、交際費等の損金算入限度額の計算上、定額控除限度額を適用することができます（措置法61の4②）。中小法人等に該当するかどうかは、次により判定することができます。

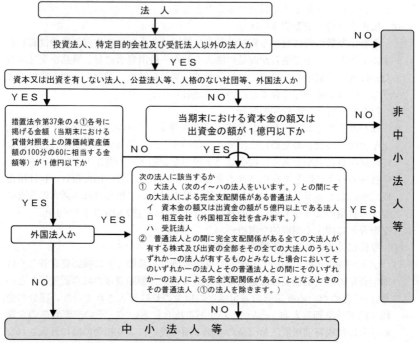

(注)　適用除外事業者の判定は必要ありません。

〔出所〕国税庁資料

20　保険料
(1)　社会保険料

　社会保険料とは、広義では健康保険、介護保険、厚生年金保険、雇用保険及び労災保険の5つの社会保険にかかる保険料のことをいう。狭義では健康保険料、介護保険料及び厚生年金保険料のことを社会保険料と言われており、雇用保険料及び労災保険

料は、労働保険料と言われている。

社会保険は、被保険者が病気やケガ、労働災害を理由に、休職又は失業をし収入がゼロとなった場合などにおいて生活を保障する公的な保険制度である。

	区　分	種　類	保険料負担
社会保険	社会保険	健康保険	**会　社１／２** 従業員１／２
		厚生年金保険	
		介護保険	
	労働保険	雇用保険	
		労災保険	**会　社　全額**

　この社会保険料を法人が納付（支出）した場合には、「その事業年度の販売費、一般管理費の額」（P57）に該当し、損金の額に算入することとなるが、その際の損金算入時期等に関する取扱いが法人税基本通達に定められている。

イ　確定給付企業年金等の掛金等（基通９－３－１）

掛金、保険料	損金算入時期等
確定給付企業年金等の掛金等の損金算入（令135）に規定する確定給付企業年金規約等に基づく掛金、保険料、信託金等又は預入金等	現実に納付又は払込みをした日の属する事業年度の損金の額に算入し、未払部分は、その未払部分の期間を経過していたとしても損金の額に算入することはできない。

ロ　健康保険・厚生年金の保険料等（基通９－３－２）

	掛金、保険料	損金算入時期等
1	・健康保険法第155条《保険料》の保険料 ・厚生年金保険法第81条《保険料》の保険料 ・旧効力厚生年金保険法第138条《掛金》の掛金 ・同法第140条《徴収金》の徴収金	保険料等の額の計算の対象となった月の末日の属する事業年度の損金の額に算入することができる。 ※　納付した日の損金の額に算入することもできる。
2	・旧効力厚生年金保険法第138条《掛金》第５項又は第６項の掛金	一括して徴収される掛金は、納付義務の確定した日の属する事業年度の損金の額に算入することができる。 ※　納付した日の損金の額に算入することもできる。

第1章 各事業年度の所得に対する法人税

ハ 労働保険料（基通9－3－3）

	掛金、保険料	損金算入時期等
1	労働保険の保険料の徴収等に関する法律第15条《概算保険料の納付》の規定によって納付する概算保険料の額	概算保険料の額のうち、 A　被保険者が負担すべき部分の金額は立替金等とする。 B　その他の部分の金額は概算保険料に係る申告書を提出した日（決定に係る金額については、その決定のあった日）又はこれを納付した日の属する事業年度の損金の額に算入する。
2	同法第19条《確定保険料》の規定によって納付し、又は充当若しくは還付を受ける確定保険料に係る不足額	その不足額のうち、 A　法人が負担すべき部分の金額は、申告書を提出した日（決定に係る金額については、その決定のあった日）又はこれを納付した日の属する事業年度の損金の額に算入する。 B　ただし、事業年度終了の日以前に終了した保険年度に係る確定保険料について生じた不足額のうち法人が負担すべき部分の金額については、申告書の提出前であっても、これを未払金に計上することができる。
3	同法第19条《確定保険料》の規定によって納付し、又は充当若しくは還付を受ける確定保険料に係る超過額	その超過額のうち、 ・法人が負担した概算保険料の額に係る部分の金額については、申告書を提出した日（決定に係る金額については、その決定のあった日）の属する事業年度の益金の額に算入する。

【個別事例】
　社会保険料の損金算入時期について（決算期末日が月末でない場合）（国税庁質疑応答事例）
【裁判例・裁決例】
・東京地判平成24年7月5日（税資262号－137順号11987）

(2)　生命保険料等
　法人が、役員や使用人（それらの者の親族を含む。）を被保険者として生命保険に加入した場合の支払保険料に係る税務上の取扱いについては、養老保険、定期保険・

第三分野保険及び定期養老保険等に区分した上で法人税基本通達に定められている。

イ 養老保険（基通9－3－4）

　法人が、自己を契約者とし、役員又は使用人（これらの者の親族を含む。）を被保険者とする養老保険 CHECK に加入してその保険料を支払った場合には、その支払った保険料の額（特約に係る保険料の額を除く。）については、次に掲げる場合の区分に応じ、それぞれ次により取り扱う。

契約者 （保険料負担者）	保険金受取人		取扱い
	死亡保険金	生存保険金	
法人	法人	法人	資産計上
	役員・従業員の遺族	役員・従業員	給与
	役員・従業員の遺族	法人	1／2　資産計上 1／2　損金算入 ※　役員等のみを被保険者とする場合には給与

✓ **死亡保険金**とは、被保険者が死亡した場合に支払われる保険金をいい、**生存保険金**とは、被保険者が保険期間の満了の日その他一定の時期に生存している場合に支払われる保険金をいう。

> **CHECK** －養老保険の範囲－
>
> 　この場合の養老保険とは、被保険者の死亡又は生存を保険事故とする生命保険をいい、特約が付されているものを含むが、法人税基本通達9－3－6に定める定期付養老保険等（下記ニ）を含まない（基通9－3－4括弧書）。

ロ　定期保険及び第三分野保険に係る保険料（基通9－3－5）

　法人が、自己を契約者とし、役員又は使用人（これらの者の親族を含む。）を被保険者とする定期保険又は第三分野保険 CHECK に加入してその保険料を支払った場合には、その支払った保険料の額（特約に係る保険料の額を除く。）については、定期保険等の保険料に相当多額の前払部分の保険料が含まれる場合の取扱い（基通9－3－5の2、下記ハ）の適用を受けるものを除き、次に掲げる場合の区分に応じ、それぞれ次により取り扱う。

第1章　各事業年度の所得に対する法人税

契約者 (保険料負担者)	保険金の受取人	取扱い
法人	法人	支払った保険料の額は、原則として、期間の経過に応じて損金の額に算入する。
	役員・従業員又はその遺族	支払った保険料の額は、原則として、期間の経過に応じて損金の額に算入する。ただし、役員等のみを被保険者としている場合には給与

【留意点】
・ 保険期間が終身である第三分野保険については、保険期間の開始の日から被保険者の年齢が116歳に達する日までを計算上の保険期間とする（基通9－3－5(注)1）。
・ 法人が、保険期間を通じて解約返戻金相当額のない定期保険又は第三分野保険（ごく少額の払戻金のある契約を含み、保険料の払込期間が保険期間より短いものに限る。）に加入した場合において、その事業年度に支払った保険料の額が30万円以下であるものについては、その支払った日の属する事業年度の損金の額に算入することができる（基通9－3－5(注)2）。

> **CHECK** －定期保険及び第三分野保険の範囲－
>
> 　この場合の定期保険とは、一定期間内における被保険者の死亡を保険事故とする生命保険をいい、特約が付されているものを含む（基通9－3－5括弧書）。
> 　この場合の第三分野保険とは、保険業法第3条第4項第2号（免許）に掲げる保険（これに類するものを含む。）をいい、特約が付されているものを含む（基通9－3－5括弧書）。

ハ　定期保険等の保険料に相当多額の前払部分の保険料が含まれる場合の取扱い（基通9－3－5の2）
　法人が、自己を契約者とし、役員又は使用人（これらの者の親族を含む。）を被保険者とする保険期間が3年以上の定期保険又は第三分野保険（以下「定期保険等」という。）で最高解約返戻率が50％を超えるものに加入して、その保険料を支払った場合には、当期分支払保険料の額については、次表に定める区分に応じ、それぞれ次により取り扱う。

第5節　損金の額の計算

区分	資産計上期間	資産計上額	取崩期間
最高解約返戻率50％超70％以下	保険期間の開始の日から、その保険期間の100分の40相当期間を経過する日まで	当期分支払保険料の額に100分の40を乗じて計算した金額	保険期間の100分の75相当期間経過後から、保険期間の終了の日まで
最高解約返戻率70％超85％以下		当期分支払保険料の額に100分の60を乗じて計算した金額	
最高解約返戻率85％超	保険期間の開始の日から、最高解約返戻率となる期間（その期間経過後の各期間において、その期間における解約返戻金相当額から直前の期間における解約返戻金相当額を控除した金額を年換算保険料相当額で除した割合が100分の70を超える期間がある場合には、その超えることとなる期間）の終了の日まで ㊟　上記の資産計上期間が5年未満となる場合には、保険期間の開始の日から、5年を経過する日まで（保険期間が10年未満の場合には、保険期間の開始の日から、当該保険期間の100分の50相当期間を経過する日まで）とする。	当期分支払保険料の額に最高解約返戻率の100分の70（保険期間の開始の日から、10年を経過する日までは、100分の90）を乗じて計算した金額	解約返戻金相当額が最も高い金額となる期間（資産計上期間がこの表の資産計上期間の欄に掲げる㊟に該当する場合には、当該㊟による資産計上期間）経過後から、保険期間の終了の日まで

㊟1　「最高解約返戻率」、「当期分支払保険料の額」、「年換算保険料相当額」及び「保険期間」とは、それぞれ次のものをいう。
　　イ　最高解約返戻率とは、その保険の保険期間を通じて解約返戻率（保険契約時において契約者に示された解約返戻金相当額について、それを受けることとなるまでの間に支払うこととなる保険料の額の合計額で除した割合）が最も高い割合となる期間におけるその割合をいう。
　　ロ　当期分支払保険料の額とは、その支払った保険料の額のうち当該事業年度に対応する部分の金額をいう。
　　ハ　年換算保険料相当額とは、その保険の保険料の総額を保険期間の年数で除した金額をいう。

第1章　各事業年度の所得に対する法人税

　　　　ニ　保険期間とは、保険契約に定められている契約日から満了日までをいい、当該保険期間の開始の日以後1年ごとに区分した各期間で構成されているものとして本文の取扱いを適用する。
　　2　保険期間が終身である第三分野保険については、保険期間の開始の日から被保険者の年齢が116歳に達する日までを計算上の保険期間とする。
　　3　表の資産計上期間の欄の「最高解約返戻率となる期間」及び「100分の70を超える期間」並びに取崩期間の欄の「解約返戻金相当額が最も高い金額となる期間」が複数ある場合には、いずれもその最も遅い期間がそれぞれの期間となることに留意する。
　　4　一定期間分の保険料の額の前払をした場合には、その全額を資産に計上し、資産に計上した金額のうち当該事業年度に対応する部分の金額について、本文の取扱いによることに留意する。
　　5　本文の取扱いは、保険契約時の契約内容に基づいて適用するのであるが、その契約内容の変更があった場合、保険期間のうち当該変更以後の期間においては、変更後の契約内容に基づいて法人税基本通達9－3－4から9－3－6の2の取扱いを適用する。
　　　なお、その契約内容の変更に伴い、責任準備金相当額の過不足の精算を行う場合には、その変更後の契約内容に基づいて計算した資産計上額の累積額と既往の資産計上額の累積額との差額について調整を行うことに留意する。
　　6　保険金又は給付金の受取人が被保険者又はその遺族である場合であって、役員又は部課長その他特定の使用人（これらの者の親族を含む。）のみを被保険者としているときには、本文の取扱いの適用はなく、法人税基本通達9－3－5の(2)の例により、その支払った保険料の額は、その役員又は使用人に対する給与となる。

【留意点】
・　これらの保険のうち、最高解約返戻率が70％以下で、かつ、年換算保険料相当額（一の被保険者につき2以上の定期保険等に加入している場合にはそれぞれの年換算保険料相当額の合計額）が30万円以下の保険に係る保険料を支払った場合については、上記ロ（基通9－3－5）の例による（基通9－3－5の2ただし書）。

　ニ　定期付養老保険等に係る保険料（基通9－3－6）
　　　法人が、自己を契約者とし、役員又は使用人（これらの者の親族を含む。）を被保険者とする定期付養老保険等に加入してその保険料を支払った場合には、その支払った保険料の額（特約に係る保険料の額を除く。）については、次に掲げる場合の区分に応じ、それぞれ次により取り扱う。
　　(イ)　保険料の額が生命保険証券等において養老保険に係る保険料の額と定期保険又は第三分野保険に係る保険料の額とに区分されている場合
　　　　それぞれの保険料の額について上記イ、ロ又はハの取扱いによる。
　　(ロ)　(イ)以外の場合
　　　　その保険料の額について上記イの取扱いによる。

第5節　損金の額の計算

【留意点】
・　終身保険に定期保険又は第三分野保険を付した定期付終身保険も、この定期付養老保険等と同様の取扱いとなる。

> **CHECK**　－定期付養老保険等の範囲－
>
> 　定期付養老保険等とは、養老保険に定期保険又は第三分野保険を付したものをいう（基通9－3－6括弧書）。

ホ　特約に係る保険料（基通9－3－6の2）
　法人が、自己を契約者とし、役員又は使用人（これらの者の親族を含む。）を被保険者とする特約を付した養老保険、定期保険、第三分野保険又は定期付養老保険等に加入し、その特約に係る保険料を支払った場合には、その支払った保険料の額については、特約の内容に応じ、上記イ、ロ又はハの取扱いによる。

ヘ　保険契約の転換をした場合（基通9－3－7）
　法人がいわゆる契約転換制度によりその加入している養老保険、定期保険、第三分野保険又は定期付養老保険等を他の養老保険、定期保険、第三分野保険又は定期付養老保険等（以下「転換後契約」という。）に転換した場合には、資産に計上している保険料の額（以下「資産計上額」という。）のうち、転換後契約の責任準備金に充当される部分の金額（以下「充当額」という。）を超える部分の金額をその転換をした日の属する事業年度の損金の額に算入することができる。この場合において、資産計上額のうち充当額に相当する部分の金額については、その転換のあった日に保険料の一時払いをしたものとして、転換後契約の内容に応じて上記イからホまでの取扱い（ただし、上記ハの表の資産計上期間の欄の(注)を除く。）による。

ト　払済保険へ変更した場合（基通9－3－7の2）
　法人が既に加入している生命保険をいわゆる払済保険に変更した場合には、原則として、その変更時における解約返戻金相当額とその保険契約により資産に計上している保険料の額（以下「資産計上額」という。）との差額を、その変更した日の属する事業年度の益金の額又は損金の額に算入する。ただし、既に加入している生命保険の保険料の全額（特約に係る保険料の額を除く。）が役員又は使用人に対する給与となる場合は、この限りでない。
　(イ)　養老保険、終身保険、定期保険、第三分野保険及び年金保険（特約が付加されていないものに限る。）から同種類の払済保険に変更した場合に、本文の取扱いを適用せずに、既往の資産計上額を保険事故の発生又は解約失効等により契約が終了するまで計上しているときは、これを認める。
　(ロ)　本文の解約返戻金相当額については、その払済保険へ変更した時点においてその変更後の保険と同一内容の保険に加入して保険期間の全部の保険料を一時払いしたものとして、上記イからニまでの例（ただし、上記ハの表の資産計上

第1章 各事業年度の所得に対する法人税

期間の欄の(注)を除く。）により処理する。
(ハ) 払済保険が復旧された場合には、払済保険に変更した時点で益金の額又は損金の額に算入した金額を復旧した日の属する事業年度の損金の額又は益金の額に、また、払済保険に変更した後に損金の額に算入した金額は復旧した日の属する事業年度の益金の額に算入する。

チ 契約者配当（基通9－3－8）
法人が生命保険契約（適格退職年金契約に係るものを含む。）に基づいて支払を受ける契約者配当の額については、その通知（据置配当については、その積立てをした旨の通知）を受けた日の属する事業年度の益金の額に算入する。ただし、その生命保険契約が上記イの死亡保険金及び生存保険金の受取人が法人である場合に該当するとき（上記ニの(ロ)の場合を含む。）には、その契約者配当の額を資産に計上している保険料の額から控除することができる。

(イ) 契約者配当の額をもっていわゆる増加保険に係る保険料の額に充当することになっている場合には、その保険料の額については、上記イからニまでに定めるところによる。

(ロ) 据置配当又は未収の契約者配当の額に付される利子の額については、その通知のあった日の属する事業年度の益金の額に算入する。

(3) 損害保険料等

イ 長期の損害保険契約に係る支払保険料（基通9－3－9）
法人が、保険期間が3年以上で、かつ、保険期間満了後に満期返戻金を支払う旨の定めのある損害保険契約（これに類する共済に係る契約を含む。以下「長期の損害保険契約」という。）について保険料（共済掛金を含む。）を支払った場合には、その支払った保険料の額のうち、積立保険料に相当する部分の金額は保険期間の満了又は保険契約の解除若しくは失効の時までは資産に計上するものとし、その他の部分の金額は期間の経過に応じて損金の額に算入する。

(注) 支払った保険料の額のうち、積立保険料に相当する部分の金額とその他の部分の金額との区分は、保険料払込案内書、保険証券添付書類等により区分されているところによる。

ロ 賃借建物等を保険に付した場合の支払保険料（基通9－3－10）
法人が賃借している建物等（役員又は使用人から賃借しているものでその役員又は使用人に使用させているものを除く。）に係る長期の損害保険契約について保険料を支払った場合には、その保険料については、次に掲げる区分に応じ、次の取扱いとなる。

(イ) 法人が保険契約者となり、建物等の所有者が被保険者となっている場合
上記イの取扱いによる。

(ロ) 建物等の所有者が保険契約者及び被保険者となっている場合
保険料の全部をその建物等の賃借料とする。

ハ 役員又は使用人の建物等を保険に付した場合の支払保険料（基通9－3－11）
法人がその役員又は使用人の所有する建物等（上記ロの括弧書に該当する建物

等を含む。）に係る長期の損害保険契約について保険料を支払った場合には、その保険料については、次に掲げる区分に応じ、次の取扱いとなる。
　(イ)　法人が保険契約者となり、その役員又は使用人が被保険者となっている場合
　　　保険料の額のうち、
　　　A　積立保険料に相当する部分の金額は資産に計上する。
　　　B　その他の部分の金額は役員又は使用人に対する給与とする。
　　　C　ただし、その他の部分の金額で所得税法上経済的な利益として課税されないものについて法人が給与として経理しない場合には、給与として取り扱わない。
　(ロ)　役員又は使用人が保険契約者及び被保険者となっている場合
　　　保険料の額の全部を役員又は使用人に対する給与とする。
ニ　保険事故の発生による積立保険料の処理（基通9－3－12）
　　法人が長期の損害保険契約につき資産に計上している積立保険料に相当する部分の金額は、保険事故の発生により保険金の支払を受けた場合においても、その支払により損害保険契約が失効しないときは損金の額に算入されない。
ホ　会社役員賠償責任保険（平成28年2月24日付個人課税課情報2号「新たな会社役員賠償責任保険の保険料の税務上の取扱いについて（情報）」）
　(イ)　新たな会社役員賠償責任保険の保険料を会社が次のA及びBの手続きを行うことにより会社法上適法に負担した場合には、役員に対する経済的利益の供与はないと考えられることから、役員個人に対する給与課税は行わない。
　　　A　取締役会の承認
　　　B　社外取締役が過半数の構成員である任意の委員会の同意又は社外取締役全員の同意の取得
　(ロ)　上記(イ)以外の会社役員賠償責任保険の保険料を会社が負担した場合には、役員に対する経済的利益の供与があったと考えられることから、役員個人に対する給与課税を行う。

21　貸倒損失

　法人の有する貸付金、売掛金その他の債権が回収不能となった場合には、その法人の純資産を減少させる原因となることから、その回収不能による金銭債権の貸倒れは損失となり、法人税法第22条第3項の「その事業年度の損失の額」（P57）に該当し、損金の額に算入することとなる。これは、これらの金銭債権（資産）の回収不能により資産価値が消滅する状態であり、いわゆる金銭債権の減失損が生じたことを意味する。
　ただし、回収不能となった場合がどのような状態であれば、金銭債権の貸倒れといえるのか、法人税法その他の法令で明らかにされたものはない。そこで、法人税基本通達において、貸倒れの判定や損金算入時期など、一般的な基準が定められている。
　なお、この法人税基本通達の貸倒損失の取扱いについては、「貸倒損失の発生事実と損金算入時期（まとめ）」（P229）を参照のこと。

第1章　各事業年度の所得に対する法人税

> **コラム** －企業会計等における「貸倒損失」－
>
> 　企業会計原則は、「受取手形、売掛金その他の金銭債権の貸借対照表価額は、債権金額または取得価額から正常な貸倒見積高を控除した金額とする」（「企業会計原則」第三・五・C）としている。
> 　また、中小会計要領及び中小指針では、「法的に債権が消滅した場合のほか、回収不能な債権がある場合は、その金額を貸倒損失として計上し、債権金額から控除しなければならない」（「中小指針」17）としている。

(1) **法律上の貸倒れ（金銭債権の全部又は一部の切捨てをした場合の貸倒れ）**
　上記のとおり、金銭債権の回収不能による貸倒れは、その金銭債権（資産）の資産価値が消滅する状態であり、いわゆる金銭債権の滅失損が生じたことを意味することから、金銭債権が貸倒れになったかどうかは、第一次的にはその金銭債権が消滅したかどうかにより判定し、その金銭債権が消滅している場合には、法人がこれを貸倒れとして損金経理をしていなくても、法人税法上は、その消滅した時点で損金の額に算入する。
　この点、法人税基本通達9－6－1《金銭債権の全部又は一部の切捨てをした場合の貸倒れ》においては、債権者たる法人が、債務者につき法的手続又は私的手続による債務整理によりその有する債権の切捨て（債務免除）を行った場合において、この債務免除による損失を貸倒れとして損金の額に算入する場面及び金額を明らかにしている。

> イ　更生計画認可の決定があった場合又は再生計画認可の決定があった場合において、これらの決定により切り捨てられることとなった部分の金額は、貸倒れとして損金の額に算入する（同通達(1)）

> ロ　特別清算に係る協定の認可の決定があった場合において、この決定により切り捨てられることとなった部分の金額は、貸倒れとして損金の額に算入する（同通達(2)）。

【裁判例・裁決例】
・東京地判平成29年1月19日（税資267号－13順号12962）「個別和解等による切捨て」
　特別清算協定認可の決定によらずに当事者間の合意で切り捨てられた部分の金額については損金算入を認める旨の文言が見当たらないことからすれば、特別清算手続において、裁判所の認可の決定によらずに個別和解等により切り捨てられることとなった部分の金額については、基本通達9－6－1(2)の適用を受けないものと解するのが相当である。

第5節　損金の額の計算

ハ　法令の規定による整理手続によらない関係者の協議決定で、一定のものにより切り捨てられることとなった部分の金額は、貸倒れとして損金の額に算入する（同通達(3)）。
　　この「関係者の協議決定で、一定のもの」として、次の２つの協議決定が明らかにされている。
　(イ)　債権者集会の協議決定で合理的な基準により債務者の負債整理を定めているもの
　(ロ)　行政機関又は金融機関その他の第三者のあっせんによる当事者間の協議により締結された契約でその内容が上記の合理的な基準に準ずるもの

【留意点】
・　上記(イ)は、債権者集会の協議決定であるため、複数の債権者がいる場合を念頭に置いた取扱いと考えられる。
・　上記(イ)の「合理的な基準」とは、一般的には、全ての債権者につきおおむね同一条件でその切捨額等が定められるようなことをいうのであるが、例えば、利害関係が相対立する第三者同士が、その債権の発生原因、債権額の多寡、債権者と債務者との関係などについて総合的に協議して、切捨額等が決定されている場合には、切捨率に差が生じていても「合理的な基準」に該当する。

ニ　債務者の債務超過の状態が相当期間 **CHECK** 継続し、その金銭債権の弁済を受けることができないと認められる場合において、その債務者に対し書面により明らかにされた債務免除額は、貸倒れとして損金の額に算入する（同通達(4)）。

【留意点】
・　債務者に対する債務免除の事実は書面により明らかにされていれば足りる。この場合、必ずしも公正証書等の公証力のある書面によることを要しないが、書面の交付の事実を明らかにするためには、債務者から受領書を受け取るか、内容証明郵便等により交付することが望ましい。

CHECK －「相当期間」とは－

「債務者の債務超過の状態が相当期間継続」しているという場合における「相当期間」とは、債権者が債務者の経営状態をみて回収不能かどうかを判断するために必要な合理的な期間をいうので、形式的に何年ということではなく、個別の事情に応じその期間は異なる（国税庁質疑応答事例）。

【個別事例】
・担保物がある場合の貸倒れ（国税庁質疑応答事例）
　　担保物の処分による回収可能額がないとは言えないケースであっても、回収可能

第1章 各事業年度の所得に対する法人税

性のある金額が少額に過ぎず、その担保物の処分に多額の費用がかかることが見込まれ、既に債務者の債務超過の状態が相当期間継続している場合に、債務者に対して書面により債務免除を行ったときには、その債務免除を行った事業年度において貸倒れとして損金の額に算入できる（寄附金とはならない。）。

(2) 事実上の貸倒れ（回収不能の金銭債権の貸倒れ）

この事実上の貸倒れに関して、これまでの裁判において次のとおり示されているものがある。

金銭債権を貸倒損失として法人税法22条3項3号《各事業年度の所得の金額の計算》にいう「当該事業年度の損失の額」に算入するに当たり、この規定にいう「当該事業年度の損失の額」とは、当該事業年度において、その全額が回収不能であることが客観的に明らかになったものに限られると解すべきである。そして、この回収不能とは、当該債権が消滅した場合のみならず、債務者の資産状況、支払能力等から当該債権の回収が事実上不可能であることが明らかになった場合も含むものである（秋田地判平成17年10月28日）。

この点、法人税基本通達9-6-2《回収不能の金銭債権の貸倒れ》では、法人の有する金銭債権につき、その債務者の資産状況、支払能力等からみてその全額が回収できないことが明らかになった場合には、その明らかになった事業年度において貸倒れとして損金経理をすることができることを明らかにしている。

この場合において、その金銭債権について担保物があるときは、その担保物の処分後の状況によって回収不能かどうかを判断すべきであるから、その担保物を処分し、その処分によって受け入れた金額を控除した残額について、その全額が回収できないかどうかを判定することとなる（国税庁質疑応答事例）。

【個別事例】
・担保物がある場合の貸倒れ（国税庁質疑応答事例）
　原則としては、担保物が劣後抵当権であっても、その担保物を処分した後でなければ貸倒処理を行うことはできない。
　ただし、担保物の適正な評価額からみて、その劣後抵当権が名目的なものであり、実質的に全く担保されていないことが明らかである場合には、担保物はないものと取り扱うことができる。
・行方不明
　債務者の所在を追及してもその行方が不明であり、かつ、債務者の有する資産からの回収が見込まれないのであれば、行方不明の状態で管理することは会社ステークホルダーとの関係上も合理的ではないとも考えられるので、その債権額は実質的に回収不能と判断をし貸倒処理しても差し支えないものと考える。この点、この債務者に保証人などがないことが前提となる。

【裁判例・裁決例】
・東京地判平成元年7月24日（税資173号292号）
　債権の回収ができないことが明らかとなった事業年度中に貸倒れとして損金経理

をしておかなければ、その後になって、当該債権についてこれを貸倒損失金であるとする主張がし得なくなるものと解すべき実定法上の根拠はない。

> **コラム** －貸倒損失の立証責任－
>
> 　貸倒損失の内容を熟知し、これに関する証拠も被課税者が保持しているのが一般的であるから、被課税者において貸倒損失となる債権の発生原因、内容、帰属及び回収不能の事実等について具体的に特定して主張し、貸倒損失の存在をある程度合理的に推認させるに足りる立証を行わない限り、事実上その不存在が推定されるものと解するのが相当である（仙台地判平成6年8月29日（税資205号365頁））。

(3) 形式上の貸倒れ（一定期間取引停止後弁済がない場合等の貸倒れ）

　商品の販売、役務の提供等の営業活動によって発生した売掛金、未収請負金その他これらに準ずる債権（売掛債権）については、一般の貸付金その他の金銭消費貸借契約に基づく債権とは異なり、履行の遅滞をもってすぐさま債権確保のための手続をとることが困難な状況にもあることから、一定の形式を満たす場合に貸倒処理を認めようとするものである。

　この点、法人税基本通達9－6－3（一定期間取引停止後弁済がない場合等の貸倒れ）では、債務者について次に掲げる事実が発生した場合には、その債務者に対して有する売掛債権（売掛金、未収請負金その他これらに準ずる債権をいい、貸付金その他これに準ずる債権を含まない。以下この(3)において同じ。）について法人がその売掛債権の額から備忘価額を控除した残額を貸倒れとして損金経理をすることができることを明らかにしている。

> イ　債務者との取引を停止した時**CHECK**（最後の弁済期又は最後の弁済の時がその停止をした時以後である場合には、これらのうち最も遅い時）以後1年以上経過した場合（その売掛債権について担保物のある場合を除く。）

> ロ　法人が同一地域の債務者について有する売掛債権の総額がその取立てのために要する旅費その他の費用に満たない場合において、その債務者に対し支払を督促したにもかかわらず弁済がないとき

【留意点】
・　売掛金は、債権者が権利を行使することができることを知った時から5年間行使しないと時効によって消滅するが、その場合でも債務者が弁済すれば有効な弁済となるため、時効が完成していることのみをもって貸倒れとして損金の額に算入できない。

第1章　各事業年度の所得に対する法人税

> **CHECK**　－取引の停止（たまたま取引を行った債務者の場合）－
>
> 　この取引の停止は、継続的な取引を行っていた債務者につきその資産状況、支払能力等が悪化したためその後の取引を停止するに至った場合をいうことから、例えば不動産取引のようにたまたま取引を行った債務者に対して有する売掛債権については、上記イの取扱いの適用はない。

> **コラム**　－債務者別の管理と経理処理－
>
> 　上記のとおり、売掛債権が債権放棄又は実際に回収の見込みがないため貸倒れとなるまでの間は備忘価額を付すことになるが、企業会計上、その貸倒れとした金額については、債務者別の明細とその後の回収状況等の経理を明らかにしておく必要がある。

貸倒損失の発生事実と損金算入時期（まとめ）

発生した事実等			貸倒金額	損金算入時期
法律上の貸倒れ	法人税基本通達９－６－１		切り捨てられることとなった金額	その事実の発生した日を含む事業年度
	更生計画認可の決定又は再生計画認可の決定による切捨て			
	特別清算に係る協定の認可の決定による切捨て			
	法令の規定による整理手続によらない関係者の協議決定			
		債権者集会の協議決定で合理的な基準により債務者の負債整理を定めているもの		
		行政機関又は金融機関その他の第三者のあっせんによる当事者間の協議により締結された契約でその内容が上記合理的な基準に準ずるもの		
	債務者への書面による債務免除 ※ 債務者の債務超過の状態が相当期間継続し、その金銭債権の弁済を受けることができないと認められる場合に限る。		債務免除の通知をした金額	
事実上の貸倒れ	法人税基本通達９－６－２		金銭債権の全額	回収できないことが明らかとなった事業年度
	債務者の資産状況、支払能力等からみてその全額が回収できないことが明らかになった場合 ※ 担保物のない場合に限る。			
形式上の貸倒れ	法人税基本通達９－６－３		売掛債権の額から備忘価額を控除した残額	
	債務者との取引を停止した時以後１年以上経過した場合 ※ 担保物のない場合に限る。			取引停止後１年以上経過した日以後の事業年度
	同一地域の売掛債権の総額がその取立てのために要する旅費その他の費用に満たない場合 ※ 督促しても弁済がない場合に限る。			弁済がないとき以後の事業年度

第1章 各事業年度の所得に対する法人税

22 借地権の設定等に伴う所得の計算
(1) 権利金の認定課税

借地権の設定に際して権利金（権利金その他の一時金をいう。以下同じ。）を授受する慣行（借地権慣行）がある地域CHECKにおいて、法人が借地権の設定等（借地権又は地役権の設定により土地を使用させ、又は借地権の転貸その他他人に借地権に係る土地を使用させる行為をいう。以下同じ。）により他人に土地を使用させた場合において、通常収受すべき権利金（下記Ⅰ）を収受せず、かつ、相当の地代の額（下記ロ）に満たない額の地代しか収受しないときは、原則として、次の算式で計算した金額について権利金の認定課税が行われる（基通13－1－3）。

具体的には、地主である法人は、次の算式で計算した金額を借地人に贈与したものとし、借地人である法人は、同金額の利益の贈与を受けたものとしてそれぞれ課税関係が生じることとなる。これを権利金の認定課税という。

さらに、地主及び借地人が法人である場合の権利金の認定課税の有無については、「土地の賃貸に伴う権利金認定課税の判定表」（P234・235）を参照のこと。

〔算式〕
$$Ⅰ － (Ⅱ ＋ Ⅲ)$$

Ⅰ 土地の更地価額 × $\left\{ 1 - \dfrac{実際に収受している地代の年額}{相当の地代の年額（基通13－1－2）} \right\}$

Ⅱ 実際に収受している権利金の額

Ⅲ 特別の経済的な利益の額

【留意点】
・ 相当の地代の年額（基通13－1－2）は、実際に収受している権利金の額又は特別の経済的な利益の額がある場合であっても、これらの金額がないものとして計算した金額となる。
・ 上記算式により計算した金額が通常収受すべき権利金の額を超えることとなる場合には、その権利金の額となる。

CHECK －借地権慣行が存在しない地域－

借地権慣行が存在しない、又は存在が明らかではない地域の場合には、権利金の認定課税は行われない。

◆関連通達◆

・通常権利金を授受しない土地の使用（基通13－1－5）

第5節　損金の額の計算

　イ　通常収受すべき権利金
　　借地権の設定等に当たり、借地権の対価として授受される権利金の額は、一般的には、その設定条件に特段の事情がない限りその土地の更地価額の借地権割合相当額とされている（東京高判平成3年2月5日（税資182号286頁））。
　ロ　相当の地代の計算
　　法人が借地権の設定等により他人に土地を使用させた場合において、これにより収受する地代の額がその土地の更地価額 CHECK （権利金を収受しているとき又は特別の経済的な利益の額があるときは、これらの金額を控除した金額）に対しておおむね**年8％**程度のものをいう（基通13－1－2）。
　　この年8％は、平成元年3月30日付直法2－2「法人税の借地権課税における担当の地代の取扱いについて」通達において、「年6％」として運用することとされている。

CHECK　－土地の更地価額と近傍類地の公示価格等－

　土地の更地価額とは、その借地権の設定等の時におけるその土地の更地としての通常の取引価額をいうのであるが、上記ロの適用上、課税上弊害がない限り、その土地につきその近傍類地の公示価格等から合理的に算定した価額又は財産評価基本通達により計算した価額によることができる（基通13－1－2(注)）。
　この場合において、上記ロの括弧書により土地の更地価額から控除すべき金額があるときは、その金額は、次の算式により計算した金額とする（基通13－1－2(注)）。

〔算式〕

その権利金又は特別の経済的な利益の額　×　$\dfrac{公示価格等又は財産評価額}{その土地の更地としての通常の取引価額}$

---

(2)　**権利金の認定課税なし**
　イ　土地の使用に伴う対価についての所得の計算
　　借地権の設定等により土地を使用させ、又は借地権の転貸その他他人に借地権に係る土地を使用させる行為をした法人については、その使用の対価として通常権利金を収受する取引上の慣行がある場合においても、その権利金の収受に代え、土地（借地権者にあっては、借地権。以下この(2)において同じ。）の価額（通常収受すべき権利金に満たない金額を権利金として収受している場合には、土地の価額からその収受した金額を控除した金額）に照らし、その使用の対価として相当の地代（上記(1)ロ）を収受しているときは、権利金の認定課税は行われず、その土地の使用に係る取引は正常な取引条件でされたものとして、その法人の各事業年度の所得の金額を計算する（令137）。

第1章 各事業年度の所得に対する法人税

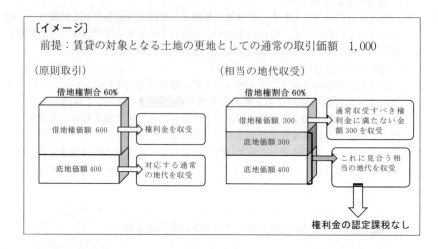

　ロ　相当の地代の改訂
　　法人が、借地権の設定等により他人に土地を使用させた場合において、これにより相当の地代（上記(1)ロ）を収受することとしたときは、その借地権の設定等に係る契約書においてその後その土地を使用させている期間内に収受する地代の額の改訂方法につき次の(イ)又は(ロ)のいずれかによることを定めるとともに、その旨を借地人等との連名の書面（相当の地代の改訂方法に関する届出書）により遅滞なく、その法人の納税地の所轄税務署長に届け出る。この場合において、その届出がないときは、(ロ)の方法を選択したこととなる（基通13－1－8）。
　　(イ)　その借地権の設定等に係る土地の価額の上昇に応じて順次その収受する地代の額を相当の地代の額（上昇した後の土地の価額を基礎として上記(1)のロに定めるところに準じて計算した金額をいう。）に改訂する方法
　　　　この相当の地代の改訂は、おおむね3年以下の期間ごとに行う。
　　(ロ)　(イ)以外の方法

(3)　権利金の認定見合せ
　法人が借地権の設定等により他人に土地を使用させた場合（権利金を収受した場合又は特別の経済的な利益を受けた場合を除く。）において、適用要件（下記イ）に該当するときは、その借地権の設定等をした日の属する事業年度以後の各事業年度において、次の算式により計算した金額（下記ロ）を借地人等に贈与したものとして取り扱う（基通13－1－7）。
　イ　適用要件
　　(イ)　その土地の使用により収受する地代の額が相当の地代の額（上記(1)ロ）に満たないこと。
　　(ロ)　その借地権の設定等に係る契約書において将来借地人等がその土地を無償で

返還することが定められていること。
(ハ) 上記(ロ)の内容を借地人等との連名の書面（土地の無償返還に関する届出書）により遅滞なくその法人の納税地の所轄税務署長（国税局の調査課所管法人にあっては、所轄国税局長。）に届け出ていること。
ロ　算式
相当の地代の額（上記(1)ロ）　－　実際に収受している地代の額

(4) 借地権の設定等により地価が著しく低下する場合の土地等の帳簿価額の一部の損金算入

法人が借地権の設定等により他人に土地を使用させる場合において、その土地の価額が借地権の設定等の前に比べて50％以上下落するときは、次の算式で計算した金額を、その設定等があった日の属する事業年度の損金の額に算入する（令138①）CHECK。

〔算式〕

設定の直前におけるその土地の帳簿価額 × （借地権等の価額）／（設定の直前におけるその土地の価額）

CHECK　－土地の賃貸をした場合の評価損（借地権設定）－

法人がその有する土地の賃貸に際して賃借人から権利金その他の一時金（賃借人に返還する旨の特約のあるものを除く。）を収受するとともに長期間にわたってその土地を使用させることとしたため、賃貸後の価額がその帳簿価額に満たないこととなった場合には、法人税法施行令第138条第1項《借地権の設定等により地価が著しく低下する場合の土地等の帳簿価額の一部の損金算入》の規定（上記(4)）の適用がないときであっても、その満たない部分に相当する金額をその賃貸をした日の属する事業年度においてその帳簿価額から減額することができる（基通9－1－18）。

第1章 各事業年度の所得に対する法人税

● 土地の賃貸に伴う権利金認定課税の判定表（法人が借地人の場合）

	検 討 項 目	判定		判定結果［Yesの場合］
1	通常権利金の授受を伴わない賃貸か	Yes	No	権利金認定課税なし ※通常収受すべき地代の支払
		↓		
2	通常支払うべき権利金の額を支払っているか	Yes	No	権利金認定課税なし ※通常支払うべき地代の支払
		↓		
3	相当の地代の額を支払っているか	Yes	No	「相当の地代の改訂方法に関する届出書」を提出して、地代の額を相当の地代の額まで改訂する方法を選択」 →権利金認定課税なし ※3年ごとに相当の地代の改訂 (提出なし「下記①」へ)
		↓		
4	通常支払うべき権利金の額に満たない権利金の額を支払っているか	Yes	No	Yes→Ⅰへ
		↓		
5	「土地の無償返還に関する届出書」を提出しているか	Yes	No	Yes→Ⅱへ　No→Ⅰへ

①	通常支払うべき権利金の額に満たない権利金の額を支払っているか	Yes	No	Yes→Ⅲへ
		↓		
②	「土地の無償返還に関する届出書」を提出しているか	Yes	No	Yes→Ⅱへ　No→Ⅰへ

■判定結果

Ⅰ	通常支払うべき権利金の額と実際の支払権利金の額との差額を受贈	Ⅱ	権利金の認定課税なし ※ 相当の地代と実際の支払地代との差額（損金）と受贈益（益金）が発生し相殺	Ⅲ	権利金の認定課税なし ※ 一般の地代の水準未満になるまで地代認定なし

第5節　損金の額の計算

● 土地の賃貸に伴う権利金認定課税の判定表（法人が地主の場合）

	検討項目	判定		判定結果［Yesの場合］
1	通常権利金の授受を伴わない賃貸か	Yes	No	権利金認定課税なし ※通常収受すべき地代の受領
		↓		
2	通常収受すべき権利金の額の授受があるか	Yes	No	権利金認定課税なし ※通常収受すべき地代の受領
		↓		
3	相当の地代の額を収受しているか	Yes	No	「相当の地代の改訂方法に関する届出書」を提出して、地代の額を相当の地代の額まで改訂する方法を選択。 →権利金認定課税なし ※3年ごとに相当の地代の改訂 (提出なし「下記①」へ)
		↓		
4	通常収受すべき権利金の額に満たない権利金の額を収受しているか	Yes	No	借地人等がその法人の役員又は使用人か 　Yes→Iへ　No→IIへ
		↓		
5	「土地の無償返還に関する届出書」を提出しているか	Yes	No	借地人等がその法人の役員又は使用人か 　Yes→IVへ　No→IIIへ
		↓		
6	借地人等がその法人の役員又は使用人か	Yes	No	Yes→Iへ　No→IIへ
①	通常収受すべき権利金の額に満たない権利金の額を収受しているか	Yes	No	Yes→Vへ
		↓		
②	「土地の無償返還に関する届出書」を提出しているか	Yes	No	借地人等がその法人の役員又は使用人か 　Yes→IVへ　No→IIIへ
		↓		
③		Vへ		

■判定結果

| I | 収受すべき権利金の額と実際の受取権利金の額との差額は借地人への給与 | II | 収受すべき権利金の額と実際の受取権利金の額との差額は借地人への贈与 | III | 相当の地代の額と実際の受取地代の額との差額は借地人への贈与 | IV | 相当の地代の額と実際の受取地代の額との差額は借地人への給与 | V | 権利金認定課税なし
※一般の地代の水準未満になるまで地代認定なし |

第1章 各事業年度の所得に対する法人税

(5) 更新料を支払った場合の借地権等の帳簿価額の一部の損金算入等

　法人が、その有する借地権等の存続期間の更新をする場合において、その更新料の支払をしたときは、次の算式により計算した金額に相当する金額を、その更新のあった日の属する事業年度の損金の額に算入する（令139）。
　この場合において、その更新料の額は、その借地権等の帳簿価額に加算する。

〔算式〕

$$更新の直前における借地権等の帳簿価額 \times \frac{更新料の額}{更新の時における借地権等の価額}$$

◆関連通達◆
・更新料等（基通13－1－13）

(6) 借地権の譲渡・返還
　イ　借地の無償譲渡等（基通13－1－14）
　　（原則）
　　　法人が借地の上に存する自己の建物等を借地権の価額の全部又は一部に相当する金額を含めない価額で譲渡した場合又は借地の返還に当たり、通常その借地権の価額に相当する立退料その他これに類する一時金（以下「立退料等」という。）を授受する取引上の慣行があるにもかかわらず、その額の全部又は一部に相当する金額を収受しなかった場合には、原則として通常収受すべき借地権の対価の額又は立退料等の額と実際に収受した借地権の対価の額又は立退料等の額との差額に相当する金額を相手方に贈与したこととなる。
　　（特例）
　　　その譲渡又は借地の返還に当たり通常収受すべき借地権の対価の額又は立退料等の額に相当する金額を収受していないときであっても、その収受をしないことが次に掲げるような理由**CHECK**によるものであるときは、贈与したことにはならない。
　　(イ)　借地権の設定等に係る契約書において将来借地を無償で返還することが定められていること又はその土地の使用が使用貸借契約によるものであること（いずれも上記(3)のとおりその内容が所轄税務署長に届け出られている場合に限る。）。
　　(ロ)　土地の使用の目的が、単に物品置場、駐車場等として土地を更地のまま使用し、又は仮営業所、仮店舗等の簡易な建物の敷地として使用するものであること。
　　(ハ)　借地上の建物が著しく老朽化したことその他これに類する事由により、借地権が消滅し、又はこれを存続させることが困難であると認められる事情が生じたこと。

> **CHECK** －特例の取扱いがある趣旨－
>
> このような理由の場合には、無償又は低廉な立退料等で借地が返還されるのが、むしろ通常の取引であると考えられることによる。

ロ 貸地の返還を受けた場合の処理

　法人が貸地の返還を受けた場合には、次のいずれの場合に該当するかに応じ、それぞれに掲げる金額をその返還を受けた土地の帳簿価額に加算する（基通13－1－16）。

(イ) 無償で返還を受けた場合

　その土地について借地権の設定等に当たり、借地権の設定等により地価が著しく低下する場合の土地等の帳簿価額の一部の損金算入（上記(4)）又は資産の評価損（上記(4)**CHECK**）により損金の額に算入した金額があるときは、その損金の額に算入した金額

(ロ) 立退料等（その他立退きに要する費用を含む。）だけを支払った場合

　その支払った立退料等と(イ)に掲げる金額とのうちいずれか多い金額

(ハ) 立退料等を支払うとともに土地の上に存する建物等を買い取った場合

　その支払った立退料等と当該建物等の買取価額のうち当該建物等の価額を超える部分の金額との合計額と(イ)に掲げる金額とのいずれか多い金額

（注）法人が貸地の返還を受けるに当たり通常支払うべき立退料等の額の全部又は一部に相当する金額を支払わなかった場合においても、原則としてこれによる経済的利益の額はないものとして取り扱う。

第6節　利益の額又は損失の額の計算

1　短期売買商品等

(1) 譲渡損益の計上

　法人が短期売買商品等（下記イ。この1において同じ。）の譲渡をした場合には、その譲渡に係る譲渡利益額又は譲渡損失額（以下、譲渡利益額と合わせて「譲渡損益の額」という。下記ロ）は、法人税法第62条から第62条の5まで《合併等による資産の譲渡》の規定の適用がある場合を除き、その譲渡に係る契約をした日（下記ハ）の属する事業年度の益金の額又は損金の額に算入する（法61①）。

　イ　短期売買商品等の範囲（令118の4）

> 短期的な価格の変動を利用して利益を得る目的で取得した資産（有価証券を除く。）（法61①）
>
> 内国法人が取得した金、銀、白金その他の資産のうち

第1章　各事業年度の所得に対する法人税

	市場における短期的な価格の変動又は市場間の価格差を利用して利益を得る目的（短期売買目的）で行う取引に専ら従事する者が短期売買目的でその取得の取引を行ったもの（専担者売買商品）（令118の4一）
	その取得の日において短期売買目的で取得したものである旨を帳簿書類**CHECK**に記載したもの（専担者売買商品を除く。）（令118の4二）

資金決済に関する法律第2条第14項に規定する暗号資産（法61①）

CHECK－帳簿書類への記載（短期売買目的で取得した資産）－

　その記載は、資産の取得に関する帳簿書類において、短期売買目的で取得した資産の勘定科目をその目的以外の目的で取得した資産の勘定科目と区分することにより行う（規26の7）。

ロ　譲渡損益の額

〔算式〕
(イ)　譲渡利益額　　A＞B　　A－B＝譲渡利益額
(ロ)　譲渡損失額　　A＜B　　B－A＝譲渡損失額
　　A：その短期売買商品等の譲渡の時における有償によるその短期売買商品等の譲渡により通常得べき対価の額
　　B：その短期売買商品等の譲渡に係る原価の額（下記ニ）にその譲渡をした短期売買商品等の数量を乗じて計算した金額

ハ　計上時期
（原則）
　短期売買商品等の譲渡に係る契約をした日の属する事業年度
　ただし、短期売買商品等の譲渡が次表の事由による場合には、その事由に応じてそれぞれの日の属する事業年度となる（規26の9）。

事　由	譲渡損益の発生する日
剰余金の配当若しくは利益の配当又は剰余金の分配（分割型分割によるものを除く。）	これらの効力が生ずる日
解散による残余財産の一部の分配又は引渡し	その分配又は引渡しの日
自己の株式（出資及び新株予約権を含む。）の取得の対価としての交付	その取得の日

第6節　利益の額又は損失の額の計算

出資の消却、出資の払戻し、社員その他内国法人の出資者の退社又は脱退による持分の払戻しその他株式又は出資を取得することなく消滅させることによる対価としての交付	これらの事由が生じた日
自己の組織変更	その組織変更の日
暗号資産信用取引（暗号資産の売付けをし、その後にその暗号資産と種類を同じくする暗号資産の買付けをして決済をするものに限る。）	決済に係る買付けの契約をした日

(特例)
　その短期売買商品等の引渡しのあった日の属する事業年度
　この取扱いは、継続適用を条件として認められる。

◆関連通達◆
・短期売買商品等の譲渡に係る損益の計上時期の特例（基通2－1－21の12）
・暗号資産信用取引に係る現渡しの方法による決済を行った場合の損益の計上時期（基通2－1－21の14）

ニ　原価の額（一単位当たりの帳簿価額の算出の方法）
　　原価の額とは、短期売買商品等について法人が選定した一単位当たりの帳簿価額の算出の方法により算出した金額をいい、その算出の方法は、移動平均法、総平均法とし、算出の方法を選定しなかった場合又は選定した方法により算出しなかった場合の算出の方法（法定算出方法）は、移動平均法となる（法61①括弧書、令118の6①⑧）。

ホ　短期売買商品等の取得価額
　　法人が短期売買商品等を取得した場合の取得価額は、別段の定めがあるものを除き、次表の短期売買商品等の区分に応じそれぞれの金額となる（令118の5）。

短期売買商品等の区分	取得価額
購入した短期売買商品等	その購入の代価（引取運賃、荷役費、運送保険料、購入手数料、関税その他短期売買商品等の購入のために要した費用がある場合には、その費用の額を加算した金額）
自己が発行することにより取得した短期売買商品等（暗号資産に限る。）	その発行のために要した費用の額
上記の短期売買商品等以外の短期売買商品等	その取得の時におけるその短期売買商品等の取得のために通常要する価額

第1章　各事業年度の所得に対する法人税

(2) 事業年度終了の時における評価額

　法人が事業年度終了の時（以下「期末時」という。）において有する短期売買商品等については、次表の区分に掲げる短期売買商品等に応じ、それぞれの方法（ロに掲げる短期売買商品等にあっては、ロの方法のうちその法人が選定した方法（その方法を選定しなかった場合には、ロの②に掲げる方法）とする。）により評価した金額をもって、期末時における評価額とする（法61②、令118の7～118の9、規26の10）。

区　　　分		方　法
イ－1	短期売買商品等 （暗号資産を除く。）	時価法
イ－2	暗号資産（市場暗号資産（※）に限るものとし、次の(イ)及び(ロ)を除く。） ※　活発な市場が存在する暗号資産として一定のものをいう。ロにおいて同じ。 (イ)　特定譲渡制限付暗号資産（譲渡についての制限その他の条件が付されている暗号資産であってその条件が付されていることにつき適切に公表されるための手続が行われているものとして一定のものをいう。ロにおいて同じ。） (ロ)　特定自己発行暗号資産（内国法人が発行し、かつ、その発行の時から継続して有する暗号資産（ロにおいて「自己発行暗号資産」という。）であってその時から継続して譲渡についての制限その他の条件が付されているものとして一定のものをいう。）	時価法
ロ	市場暗号資産に該当する特定譲渡制限付暗号資産 （自己発行暗号資産を除く。）	①時価法 ②原価法
ハ	上記イ－2及びロの暗号資産以外の暗号資産 ※　例えば、特定譲渡制限付暗号資産に該当する市場暗号資産が自己発行暗号資産である場合が該当する。	原価法

✓　時価法とは、期末時において有する短期売買商品等をその種類又は銘柄（種類等）の異なるごとに区別し、その種類等の同じものについて、その期末時における価額として一定の方法により計算した金額をもってその短期売買商品等の期末時における評価額とする方法をいう（法61②一、令118の8）。

✓　原価法とは、期末時において有する短期売買商品等について、その期末時における帳簿価額をもって短期売買商品等の期末時における評価額とする方法をいう（法61②二ロ）。

✓　上記の表は、令和6年4月1日以後に終了する事業年度において適用される（令6改正法附則9①）。

第6節　利益の額又は損失の額の計算

(3) 時価評価損益の計上

　法人が事業年度終了の時において短期売買商品等を有する場合（暗号資産にあっては、自己の計算において有する場合に限る。）には、その短期売買商品等に係る評価益又は評価損（以下、評価益と合わせて「評価損益」という。下記ロ）は、法人税法第25条第1項《資産の評価益》又は第33条第1項《資産の評価損》の規定にかかわらず、その事業年度の益金の額又は損金の額に算入する（法61③）。

　イ　短期売買商品等

　　この場合の短期売買商品等（上記(1)）とは、時価評価金額（下記ハ）をもってその事業年度終了の時における評価額とするものをいう（法61③）。

　ロ　評価損益の額

　　〔算式〕
　　(イ)　評価益の額　　A ＞ B　　A－B＝評価益の額
　　(ロ)　評価損の額　　A ＜ B　　B－A＝評価損の額
　　　A：短期売買商品等の時価評価金額（下記ハ）
　　　B：短期売買商品等のその時における帳簿価額（期末帳簿価額）

　ハ　時価評価金額

　　時価評価金額とは、法人が事業年度終了の時において有する短期売買商品等については、時価法により評価した金額をもって、その時における評価額をいう（法61③）。

　ニ　短期売買商品等の評価益又は評価損の翌事業年度における処理等

　　短期売買商品等の時価評価損益の額は、その事業年度の翌事業年度の損金の額又は益金の額に算入する（洗替処理、令118の10①）。

(4) 特定自己発行暗号資産に該当しないこととなった場合のみなし譲渡

　法人が特定自己発行暗号資産に該当する暗号資産を自己の計算において有する場合において、その暗号資産が特定自己発行暗号資産に該当しないこととなったときは、その該当しないこととなった時において、その暗号資産を譲渡し、かつ、その暗号資産を取得したものとみなして、各事業年度の所得の金額を計算する（法61⑥、令118の11）。

(5) 暗号資産信用取引に係るみなし決済損益額の計上

　法人が暗号資産信用取引（他の者から信用の供与を受けて行う暗号資産の売買をいう。）を行った場合において、その暗号資産信用取引のうち事業年度終了の時において決済されていないものがあるときは、その時においてその暗号資産信用取引を決済したものとみなして一定の方法で算出した利益の額又は損失の額に相当する金額（みなし決済損益額）は、その事業年度の益金の額又は損金の額に算入する（法61⑦）。

第1章　各事業年度の所得に対する法人税

なお、このみなし決済損益額は、その事業年度の翌事業年度の損金の額又は益金の額に算入する（洗替処理、令118の12）。

(6) 一定の暗号資産を取得した場合の利益額等の計上

内国法人が暗号資産信用取引に係る契約に基づき暗号資産を取得した場合には、その取得の時における暗号資産の価額とその取得の基因となった暗号資産信用取引に係る契約に基づきその暗号資産の取得の対価として支払った金額との差額は、その取得の日の属する事業年度の益金の額又は損金の額に算入する（法61⑨）。

2　有価証券

(1) 譲渡損益（通常）

法人が有価証券（下記イ）の譲渡をした場合には、その譲渡に係る譲渡利益額又は譲渡損失額（以下、譲渡利益額と合わせて「譲渡損益の額」という。下記ロ）は、法人税法第62条から第62条の5まで《合併等による資産の譲渡》の規定の適用がある場合を除き、その譲渡に係る契約をした日（下記ハ）の属する事業年度の益金の額又は損金の額に算入する（法61の2①）。

　イ　有価証券の範囲

　　　次表の金融商品取引法第2条第1項に規定する有価証券その他これに準ずるもの（自己が有する自己の株式又は出資及び法人税法第61条の5第1項《デリバティブ取引に係る利益相当額又は損失相当額の益金又は損金算入等》に規定するデリバティブ取引に係るものを除く。）をいう（法2二十一）。

金融商品取引法第2条第1項に規定する有価証券
国債証券、地方債証券、社債券、優先出資証券、株券又は新株予約権証券、投資信託又は外国投資信託の受益証券、特定目的信託の受益証券、受益証券発行信託の受益証券、抵当証券、外国又は外国の者の発行する証券又は証書など
これに準ずる有価証券（令11）
(イ)　金融商品取引法第2条第1項第1号から第15号までに掲げる有価証券及び同項第17号に掲げる有価証券（同項第16号の有価証券の性質を有するものを除く。）に表示されるべき権利（これらの有価証券が発行されていないものに限る。） (ロ)　銀行法第10条第2項第5号に規定する証書をもって表示される金銭債権のうち一定のもの (ハ)　合名会社、合資会社又は合同会社の社員の持分、協同組合等の組合員又は会員の持分その他法人の出資者の持分 　　　など

第6節　利益の額又は損失の額の計算

> **コラム**　－企業会計における「有価証券」－
>
> 　企業会計上は、「有価証券の範囲は、原則として、金融商品取引法に定義する有価証券に基づくが、それ以外のもので、金融商品取引法上の有価証券に類似し企業会計上の有価証券として取り扱うことが適当と認められるものについても有価証券に含める。なお、金融商品取引上の有価証券であっても企業会計上の有価証券として取り扱うことが適当と認められないものについては、本会計基準上、有価証券として取り扱わないこととする。」（金融商品に関する会計基準（Ⅱ.1.（注1－2）））。
>
> 　例えば、本文に該当するものとして、国内CDがあり、なお書に該当するものとして、信託受益権がある。

ロ　譲渡損益の額

〔算式〕

(イ)　譲渡利益額　　A ＞ B　A－B＝譲渡利益額
(ロ)　譲渡損失額　　A ＜ B　B－A＝譲渡損失額

A：その有価証券の譲渡の時における有償によるその有価証券の譲渡により通常得べき対価の額（みなし配当の金額がある場合（法24、P41）には、その金額を控除した金額）
B：その有価証券の譲渡に係る原価の額（下記ニ）にその譲渡をした有価証券の数を乗じて計算した金額

ハ　計上時期
（原則）
　有価証券の譲渡に係る契約をした日の属する事業年度
　ただし、有価証券の譲渡が次表の事由による場合等には、その事由に応じてそれぞれの日の属する事業年度

事　　由	譲渡損益の発生する日
剰余金の配当若しくは利益の配当又は剰余金の分配（分割型分割によるもの及び株式分配を除く。）	これらの効力が生ずる日
解散による残余財産の一部の分配又は引渡し	その分配又は引渡しの日
自己の株式（出資及び新株予約権を含む。）の取得の対価としての交付	その取得の日

第1章 各事業年度の所得に対する法人税

出資の消却、出資の払戻し、社員その他内国法人の出資者の退社又は脱退による持分の払戻しその他株式又は出資を取得することなく消滅させることによる対価としての交付	これらの事由が生じた日
自己の組織変更	その組織変更の日

【留意点】
・ 次に掲げる場合等には、それぞれ次に定める日に譲渡損益の額を計上する（基通2－1－22）。
　(イ) 証券業者等に売却の媒介、取次ぎ若しくは代理の委託又は売出しの取扱いの委託をしている場合
　　→　その委託をした有価証券の売却に関する取引が成立した日
　(ロ) 相対取引により有価証券を売却している場合
　　→　金融商品取引法第37条の4に規定する書面に記載される約定日、売買契約書の締結日などのその相対取引の約定が成立した日

(特例)
　その有価証券の引渡しのあった日の属する事業年度
　この取扱いは、継続適用を条件として認められる。

◆関連通達◆
・有価証券の譲渡による損益の計上時期の特例（基通2－1－23）
・短期売買業務の廃止に伴う売買目的有価証券から満期保有目的等有価証券又はその他有価証券への区分変更（基通2－1－23の2）
・現渡しの方法による決済を行った場合の損益の計上時期（基通2－1－23の3）
・売却及び購入の同時の契約等のある有価証券の取引（基通2－1－23の4）

ニ　原価の額（一単位当たりの帳簿価額の算出の方法）
　(イ) 原価の額とは、有価証券について法人が選定した一単位当たりの帳簿価額の算出の方法により算出した金額をいうところ、その算出の方法は、その有価証券を売買目的有価証券、満期保有目的等有価証券又はその他有価証券に区分（下記ホ）した後のそれぞれの銘柄ごとに、移動平均法、総平均法とし、算出の方法を選定しなかった場合又は選定した方法により算出しなかった場合の算出の方法（法定算出方法）は、移動平均法となる（令119の2①、119の7①）。
　(ロ) 有価証券の一単位当たりの帳簿価額の算出の方法の選定及びその手続
　　原則として、有価証券の取得をした日の属する事業年度の申告期限までに書面「有価証券の一単位当たりの帳簿価額の算出方法の届出書」により納税地の所轄税務署長に届出を行う必要がある（令119の5①②）。

第6節　利益の額又は損失の額の計算

ホ　有価証券の区分
　　上記ニの区分した有価証券の具体的内容は次のとおりとなる。

区　　　分	内　　　容	
売買目的有価証券 （法61の3① 一、 令119の12）	短期的な価格の変動を利用して利益を得る目的（短期売買目的）で取得した有価証券	
		短期売買目的で行う取引に専ら従事する者が短期売買目的でその取得の取引を行ったもの（専担者売買有価証券）
		その取得の日において短期売買目的で取得したものである旨を帳簿書類 CHECK に記載したもの（専担者売買有価証券を除く。）
	金銭の信託（合同運用信託などを除く。）のうち、その契約を締結したことに伴いその信託財産となる金銭を支出した日において、その信託財産として短期売買目的の有価証券を取得する旨を帳簿書類 CHECK に記載したもののその信託財産に属する有価証券	
満期保有目的等 有価証券 （令119の2②）	・　償還期限の定めのある有価証券（売買目的有価証券に該当するものを除く。）のうち、その償還期限まで保有する目的で取得し、かつ、その取得の日においてその旨を財務省令で定めるところにより帳簿書類に記載したもの ・　法人の特殊関係株主等（その法人の株主等（その法人が自己の株式又は出資を有する場合のその法人を除く。）及びその株主等と特殊の関係その他これに準ずる関係のある者をいう。）がその法人の発行済株式又は出資（その法人が有する自己の株式又は出資を除く。）の総数又は総額の20％以上に相当する数又は金額の株式又は出資を有する場合におけるその特殊関係株主等の有するその法人の株式又は出資	
その他有価証券 （令119の2②）	売買目的有価証券及び満期保有目的等有価証券以外の有価証券をいう。	

> **CHECK** －帳簿書類への記載（有価証券）－
>
> 　その記載は、有価証券の取得に関する帳簿書類において、短期売買目的で取得した有価証券の勘定科目をその目的以外の目的で取得した有価証券の勘定科目と区分することにより行う（規27の5①）。
> 　その記載は、金銭の信託に関する帳簿書類において、その信託財産として短期売買目的で有価証券を取得する金銭の信託の信託財産に属する有価証券

第1章 各事業年度の所得に対する法人税

> の勘定科目をその金銭の信託以外の金銭の信託の信託財産に属する有価証券の勘定科目と区分することにより行う（規27の5②）。

ヘ　有価証券の取得価額

　法人が有価証券を取得した場合の取得価額は、次表の取得形態に応じそれぞれの金額となる（令119①）。有価証券の取得価額は、上記ニの一単位当たりの帳簿価額を算出する上で基礎となる。

	取　得　形　態	取　得　価　額
A	購入した有価証券（法人税法第61条の4第3項又は同法第61条の5第3項の規定の適用があるものを除く。）	購入の代価（購入手数料その他その有価証券の購入のために要した費用がある場合には、その費用の額を加算した金額）
B	金銭の払込み又は金銭以外の資産の給付により取得をした有価証券（D又はKに掲げる有価証券に該当するもの及び適格現物出資により取得をしたものを除く。）	払込みをした金銭の額及び給付をした金銭以外の資産の価額の合計額（新株予約権の行使の直前の帳簿価額を含み、その払込み又は給付による取得のために要した費用がある場合にはその費用の額を加算した金額とする。）
C	株式等無償交付(※)により取得をした株式又は新株予約権（Dに掲げる有価証券に該当するもの及び新株予約権付社債に付された新株予約権を除く。） ※　法人がその株主等に対して新たに金銭の払込み又は金銭以外の資産の給付をさせないで当該法人の株式（出資を含む。）又は新株予約権を交付することをいう。	零
D	有利発行の場合（※1）におけるその払込み又は給付（払込み等）により取得をした有価証券（※2） ※1　有価証券と引換えに払込みをした金銭の額及び給付をした金銭以外の資産の価額の合計額が、払い込むべき金銭の額又は給付すべき金銭以外の資産の価額を定める時におけるその有価証券の取得のために通常要する価額に比して有利な金額である場合をいう。 　　◆関連通達◆ 　　・通常要する価額に比して有利な金額（基通2－3－7） 　　・通常要する価額に比して有利な金額で新株等が発行された場合に	取得の時におけるその有価証券の取得のために通常要する価額

第6節 利益の額又は損失の額の計算

おける有価証券の価額（基通2－3－9）

※2 新たな払込み等をせずに取得をした有価証券を含み、法人の株主等がその株主等として金銭その他の資産の払込み等又は株式等無償交付により取得をしたその法人の株式又は新株予約権（法人の他の株主等に損害を及ぼすおそれがないと認められる場合におけるその株式又は新株予約権に限る。）、下記Kに掲げる有価証券に該当するもの及び適格現物出資により取得をしたものを除く。

◆関連通達◆
・他の株主等に損害を及ぼすおそれがないと認められる場合（基通2－3－8）

E	組織変更（組織変更をした法人の株主等に当該法人の株式（出資を含む。）のみが交付されたものに限る。）に際して交付を受けた株式	法人の株式の組織変更の直前の帳簿価額に相当する金額（法人の株式の交付を受けるために要した費用がある場合には、その費用の額を加算した金額）
F	取得請求権付株式に係る請求権の行使によるその取得請求権付株式の取得の対価として交付を受けたその取得をする法人の株式（法人税法第61条の2第14項の規定の適用を受ける場合のその取得をする法人の株式に限る。）	取得請求権付株式の請求権の行使の直前の帳簿価額に相当する金額（その交付を受けるために要した費用がある場合には、その費用の額を加算した金額）
G	取得条項付株式に係る取得事由の発生（その取得の対価として取得をされる株主等に取得をする法人の株式のみが交付されたものに限る。）による取得条項付株式の取得の対価として交付を受けた当該取得をする法人の株式（法人税法第61条の2第14項の規定の適用を受ける場合のその取得をする法人の株式に限る。）	取得条項付株式の取得事由の発生の直前の帳簿価額に相当する金額（その交付を受けるために要した費用がある場合には、その費用の額を加算した金額）
H	取得条項付株式に係る取得事由の発生(※)による取得条項付株式の取得の対価として交付を受けたその取得をする法人の株式及び新株予約権（法人税法第61条の2第14項の規定の適用を受ける場合のその取得をする法人の株式及び新株予約権に限る。）	次に掲げる株式及び新株予約権の区分に応じそれぞれ次に定める金額 イ 取得をする法人の株式 　取得条項付株式の取得事由の発生の直前の帳簿価額に相当する金額（その交付を受けるために要した費用がある場合には、その費用の額を加算した金額）

第1章 各事業年度の所得に対する法人税

		ロ 取得をする法人の新株予約権 零
	※ 取得の対象となった種類の株式の全てが取得され、かつ、その取得の対価として取得をされる株主等にその取得をする法人の株式及び新株予約権のみが交付されたものに限る。	
I	全部取得条項付種類株式に係る取得決議（※）による当該全部取得条項付種類株式の取得の対価として交付を受けたその取得をする法人の株式（法人税法第61条の2第14項の規定の適用を受ける場合のその取得をする法人の株式に限る。）	全部取得条項付種類株式の取得決議の直前の帳簿価額に相当する金額（その交付を受けるために要した費用がある場合には、その費用の額を加算した金額）
	※ 取得の対価としてその取得をされる株主等にその取得をする法人の株式以外の資産（取得の価格の決定の申立てに基づいて交付される金銭その他の資産を除く。）が交付されなかったものに限る。	
J	全部取得条項付種類株式に係る取得決議（※）による全部取得条項付種類株式の取得の対価として交付を受けたその取得をする法人の株式及び新株予約権（法人税法第61条の2第14項の規定の適用を受ける場合のその取得をする法人の株式及び新株予約権に限る。）	次に掲げる株式及び新株予約権の区分に応じそれぞれ次に定める金額 イ 取得をする法人の株式 　全部取得条項付種類株式の取得決議の直前の帳簿価額に相当する金額（その交付を受けるために要した費用がある場合には、その費用の額を加算した金額） ロ 取得をする法人の新株予約権 零
	※ 取得の対価としてその取得をされる株主等にその取得をする法人の株式及び新株予約権が交付され、かつ、これら以外の資産（その取得の価格の決定の申立てに基づいて交付される金銭その他の資産を除く。）が交付されなかったものに限る。	
K	新株予約権付社債についての社債に係る新株予約権の行使による社債の取得の対価として交付を受けた当該取得をする法人の株式（法人税法第61条の2第14項の規定の適用を受ける場合のその取得をする法人の株式に限る。）	行使の直前の新株予約権付社債の帳簿価額に相当する金額（その交付を受けるために要した費用がある場合には、その費用の額を加算した金額）
L	新株予約権の行使により取得（法人税法第61条の2第14項に規定する場合に該当	取得をした社債に係る新株予約権付社債の帳簿価額に相当する

第6節　利益の額又は損失の額の計算

	する場合のその取得に限る。）をした自己の社債	金額（その取得のために要した費用がある場合には、その費用の額を加算した金額）
M	取得条項付新株予約権又は取得条項付新株予約権が付された新株予約権付社債についての新株予約権に係る取得事由の発生による取得条項付新株予約権又は新株予約権付社債の取得の対価として交付を受けたその取得をする法人の株式（法人税法第61条の2第14項の規定の適用を受ける場合のその取得をする法人の株式に限る。）	取得条項付新株予約権又は新株予約権付社債の取得事由の発生の直前の帳簿価額に相当する金額（その交付を受けるために要した費用がある場合には、その費用の額を加算した金額）
N	取得事由の発生（取得の対価としてその取得をされる新株予約権者に取得をする法人の株式のみが交付されたものに限る。）により取得（法人税法第61条の2第14項に規定する場合に該当する場合のその取得に限る。）をした自己の取得条項付新株予約権又は取得条項付新株予約権が付された自己の新株予約権付社債	取得をした取得条項付新株予約権又は新株予約権付社債の帳簿価額に相当する金額（その取得のために要した費用がある場合には、その費用の額を加算した金額）
O	集団投資信託についての信託の併合(※)により交付を受けた当該新たな信託の受益権	従前の信託の受益権の当該信託の併合の直前の帳簿価額に相当する金額（新たな信託の受益権の交付を受けるために要した費用がある場合には、その費用の額を加算した金額）
	※　信託の併合に係る従前の信託の受益者に信託の併合に係る新たな信託の受益権以外の資産（信託の併合に反対する受益者に対するその買取請求に基づく対価として交付される金銭その他の資産を除く。）が交付されなかったものに限る。	
P	集団投資信託についての信託の分割（信託の分割に係る分割信託の受益者にその信託の分割に係る承継信託の受益権以外の資産（信託の分割に反対する当該受益者に対するその買取請求に基づく対価として交付される金銭その他の資産を除く。）が交付されなかったものに限る。）により交付を受けた当該承継信託の受益権	分割信託の受益権の当該信託の分割の直前の帳簿価額に当該信託の分割に係る法人税法施行令第119条の8の4第1項に規定する割合を乗じて計算した金額（承継信託の受益権の交付を受けるために要した費用がある場合には、その費用の額を加算した金額）

第1章　各事業年度の所得に対する法人税

Q	適格合併に該当しない合併で完全支配関係がある法人の間の取引の損益の規定の適用があるものにより移転を受けた有価証券で譲渡損益調整資産に該当するもの	取得の時におけるその有価証券の取得のために通常要する価額からその有価証券に係る譲渡利益額に相当する金額を減算し、又はその通常要する価額にその有価証券に係る譲渡損失額に相当する金額を加算した金額
R	上記AからPに掲げる有価証券以外の有価証券	取得の時におけるその有価証券の取得のために通常要する価額

※　組織再編税制に係る取扱いは、記載を省略しているため、必要に応じて、法人税法施行令第119条第1項第5号から第13号の規定を参照のこと。

(2) **譲渡損益（特殊）**

　上記(1)のほか、合併、分割及び資本の払戻し等が行われた場合のその譲渡損益の計算については、次表のような取扱いが規定されているため、必要に応じて法人税法第61条の2第2項から第23項の規定を参照のこと。

■特殊な取引における有価証券の譲渡損益（例示）

	特殊な取引	対象 (譲渡対価・譲渡原価)	内　容
1	合併の場合	譲渡対価	法人が、旧株を発行した法人の合併（合併法人又は合併親法人のうちいずれか一の法人の株式以外の資産が交付されなかったものに限る。以下「金銭等不交付合併」という。）によりその株式の交付を受けた場合又は旧株を発行した法人の特定無対価合併により当該旧株を有しないこととなった場合には、**譲渡対価の額**は、これらの旧株の金銭等不交付合併又は特定無対価合併の直前の帳簿価額に相当する金額となる（法61の2②）。
2	分割型分割 〔分割法人の株主〕	A 譲渡原価 B 譲渡対価 ・ 譲渡原価	法人が所有株式を発行した法人の行った分割型分割により分割承継法人の株式その他の資産の交付を受けた場合には、その所有株式のうち分割型分割により分割承継法人に移転した資産及び負債に対応する部分の譲渡を行ったものとみなして、上記(1)（P242）を適用する（法61の2④）。 この場合において、 A　その分割型分割により分割承継法人の株式その他の資産の交付を受けたときには、**譲渡原価の額**

— 250 —

第6節　利益の額又は損失の額の計算

| | | | は、その所有株式の当該分割型分割の直前の帳簿価額を基礎として計算した金額とする。
B　その分割型分割（金銭等不交付分割型分割に限る。）により分割承継法人又は親法人の株式の交付を受けたときには、**譲渡対価の額**及び**譲渡原価の額**は、いずれもその所有株式のその分割型分割の直前の分割純資産対応帳簿価額とする。 |

(3)　**有価証券の空売りの譲渡損益の計算**

　法人が、有価証券の空売り（下記イ）の方法により、有価証券の売付けをし、その後にその有価証券と銘柄を同じくする有価証券の買戻しをして決済をした場合には、譲渡利益額又は譲渡損失額（以下、譲渡利益額と合わせて「譲渡損益額」という。下記ロ）は、その決済に係る買戻しの契約をした日に属する事業年度の益金の額又は損金の額に算入する（法61の2⑳）。

　イ　空売り

　　　有価証券を有しないでその売付けをし、その後にその有価証券と銘柄を同じくする有価証券の買戻しをして決済をする取引その他一定の取引をいい、信用取引及び発行日取引に該当するもの（下記(4)）を除く（法61の2⑳括弧書、規27の4①）。

　ロ　譲渡損益額

〔算式〕

(イ)　譲渡利益額　A　＞　B　A－B＝譲渡利益額
(ロ)　譲渡損失額　A　＜　B　B－A＝譲渡損失額

　A：その売付けをした有価証券の一単位当たりの譲渡に係る対価の額を算出する方法（下記ハ）により算出した金額にその買戻しをした有価証券の数を乗じて計算した金額
　B：その買戻しをした有価証券のその買戻しに係る対価の額

　ハ　売付けをした有価証券の一単位当たりの譲渡に係る対価の額を算出する方法
　　　空売有価証券を銘柄の異なるごとに区別し、その銘柄の同じものについて、次の算式で計算する（令119の10①）。

〔算式〕

$$\frac{\text{空売有価証券の売付け直前の帳簿価額} + \text{空売有価証券の売付け時におけるその売付けにより通常得べき対価の額}}{\text{空売有価証券の総数}}$$

第1章　各事業年度の所得に対する法人税

(4) 有価証券の信用取引又は発行日取引の譲渡損益の計算

　法人が、信用取引又は発行日取引（下記イ）の方法により、株式の売付け又は買付けをし、その後にその株式と銘柄を同じくする株式の買付け又は売付けをして決済をした場合には、譲渡利益額又は譲渡損失額（以下、譲渡利益額と合わせて「譲渡損益額」という。下記ロ）は、その決済に係る買付け又は売付けの契約をした日の属する事業年度の益金の額又は損金の額に算入する（法61の2㉑）。

　イ　発行日取引

　　有価証券が発行される前にその有価証券の売買を行う取引であって、金融商品取引法第161条の2に規定する取引及びその保証金に関する内閣府令第1条第2項に規定する発行日取引をいう（規27の4②）。

　ロ　譲渡損益額

> 〔算式〕
> 　(イ)　譲渡利益額　A　＞　B　A－B＝譲渡利益額
> 　(ロ)　譲渡損失額　A　＜　B　B－A＝譲渡損失額
> 　　A：その売付けをした株式のその売付けに係る対価の額
> 　　B：その買付けをした株式のその買付けに係る対価の額

(5) 有価証券の空売り等に係る利益相当額又は損失相当額の益金又は損金算入等

　法人が有価証券の空売り（上記(3)）、信用取引（上記(4)）、発行日取引（上記(4)）又は有価証券の引受け（下記イ）を行った場合において、これらの取引のうち事業年度終了の時において決済されていないものがあるときは、その時におけるみなし決済損益額（下記ロ）は、その事業年度の益金の額又は損金の額に算入する（法61の4①）。

　イ　有価証券の引受け

　　新たに発行される有価証券の取得の申込みの勧誘又は既に発行された有価証券の売付けの申込み若しくはその買付けの申込みの勧誘に際し、これらの有価証券を取得させることを目的としてこれらの有価証券の全部若しくは一部を取得すること又はこれらの有価証券の全部若しくは一部につき他にこれを取得する者がない場合にその残部を取得することを内容とする契約をすることをいい、前条第1項第2号に規定する売買目的外有価証券の取得を目的とするものを除く（法61の4①括弧書）。

　ロ　みなし決済損益額

　　その時においてこれらの取引を決済したものとみなして算出した利益の額又は損失の額に相当する金額をいう（規27の6）。

(6) 有価証券の区分変更によるみなし譲渡

　法人が売買目的有価証券、分離適格振替国債である有価証券その他の有価証券（以

第6節　利益の額又は損失の額の計算

下「特定有価証券」という。）を有する場合において、その特定有価証券について、一定の目的で有価証券の売買を行う業務の全部を廃止したこと、元利分離が行われたことその他の事実が生じたときは、事実が生じた時において、特定有価証券を譲渡し、かつ、特定有価証券以外の有価証券を取得したものとみなして、その内国法人の各事業年度の所得の金額を計算する（法61の2㉒、令119の11）。

(7) 売買目的有価証券の評価益又は評価損の益金又は損金算入等

内国法人が事業年度終了の時において売買目的有価証券を有する場合には、売買目的有価証券に係る評価益（売買目的有価証券の時価評価金額が売買目的有価証券のその時における帳簿価額（以下「期末帳簿価額」という。）を超える場合におけるその超える部分の金額をいう。）又は評価損（売買目的有価証券の期末帳簿価額が売買目的有価証券の時価評価金額を超える場合におけるその超える部分の金額をいう。）は、法人税法第25条第1項又は同法第33条第1項の規定にかかわらず、その事業年度の益金の額又は損金の額に算入する（法61の3②）。

3　デリバティブ取引課税

(1) デリバティブ取引に係る利益相当額又は損失相当額の益金又は損金算入等

法人がデリバティブ取引（下記イ）を行った場合において、そのデリバティブ取引のうち未決済デリバティブ取引（下記ロ）があるときは、その時において未決済デリバティブ取引を決済したものとみなして一定の方法（下記ハ）により算出した利益の額又は損失の額に相当する金額（以下「みなし決済損益額」という。）は、その事業年度の益金の額又は損金の額に算入する（法61の5①）。

　イ　デリバティブ取引の範囲

　　　金利、通貨の価格、商品の価格その他の指標の数値としてあらかじめ当事者間で約定された数値と将来の一定の時期における現実の指標の数値との差に基づいて算出される金銭の授受を約する取引又はこれに類似する次の取引をいう（法61の5①、規27の7①）。

　　(ｲ)　金融商品取引法第2条第20項に規定するデリバティブ取引

　　(ﾛ)　銀行法施行規則第13条の2の3第1項第1号に規定する商品デリバティブ取引

　　(ﾊ)　銀行法施行規則第13条の2の3第1項第2号に掲げる取引

　　(ﾆ)　銀行法施行規則第13条の2の3第1項第3号に掲げる取引（商品等オプション取引）

　　(ﾎ)　銀行法施行規則第13条の6の3第5項第4号に規定する選択権付債券売買

　　(ﾍ)　外国通貨をもって表示される支払手段（※1）又は外貨債権（※2）の売買契約に基づく債権の発生、変更又は消滅に係る取引をその売買契約の締結の日後の一定の時期に一定の外国為替の売買相場により実行する取引（先物外国為替取引）

　　※1　外国為替及び外国貿易法第6条第1項第7号に規定する支払手段をいう。

第1章 各事業年度の所得に対する法人税

※2 外国通貨をもって支払を受けることができる債権をいう。
(ト) 上記(イ)から(ヘ)までの取引に類似する取引
◆関連通達◆
・その他のデリバティブ取引の範囲（基通2－3－35）
・受渡決済見込取引（基通2－3－36）

ロ 未決済デリバティブ取引
　事業年度終了の時において決済されていないもの（法人税法第61条の8第2項に規定する先物外国為替契約等に基づく為替予約取引等を除く。）をいい、具体的には、事業年度終了の時においてデリバティブ取引に係る約定が成立しているもののうち、解約、譲渡、オプションの行使・消滅その他の手仕舞いに係る約定（手仕舞約定等）が成立していないものをいう（基通2－3－37）。

ハ みなし決済損益額の計算
　みなし決済損益額は、次表に掲げる取引の区分（上記イの区分）に応じそれぞれの金額となる（規27の7③）。

取引	金額（合理的な方法）
A 市場デリバティブ取引 B 外国市場デリバティブ取引	金融商品取引所又は外国金融商品市場における事業年度終了の日の最終の価格により取引を決済したものとした場合に授受される差金に基づく金額又はこれに準ずるものとして合理的な方法により算出した金額
C 先渡取引等 D 先物外国為替取引	これらの取引により当事者間で授受することを約した金額（※）を事業年度終了の時の現在価値に割り引く合理的な方法により割り引いた金額 ※　その金額が事業年度終了の時において確定していない場合には、金利、通貨の価格、金融商品市場における相場その他の指標の予想される数値に基づき算出される金額
E 金融商品オプション取引 F 商品等オプション取引	これらの取引に係る権利の行使により当事者間で授受することを約した金額（※）、事業年度終了の時のその権利の行使に係る指標の数値及びその指標の予想される変動率を用いた合理的な方法により算出した金額 ※　その金額が事業年度終了の時において確定していない場合には、これらの取引に係る指標の予想される数値に基づき算出される金額
G 店頭デリバティブ取引のうち上記C及びE以外の取引	上記の算出方法に定める方法により算出した金額に準ずる金額として合理的な方法により

H 商品デリバティブ I 銀行法施行規則第13条の2の3第1項第2号に掲げる取引 J 選択権付債券売買 K AからJに類似する取引	算出した金額

◆関連通達◆
・みなし決済損益額（基通2－3－39）

(2) デリバティブ取引により資産を取得した場合の益金又は損金算入等
　法人がデリバティブ取引に係る契約に基づき金銭以外の資産を取得した場合には、その取得の時におけるその資産の価額とその取得の基因となったデリバティブ取引に係る契約に基づき資産の取得の対価として支払った金額との差額は、その取得の日の属する事業年度の益金の額又は損金の額に算入する（法61の5③）。

4　ヘッジ処理による利益額又は損失額の計上時期等
(1) 繰延ヘッジ処理による利益額又は損失額の繰延べ
　法人がヘッジ対象資産等損失額（下記イ）を減少させるためにデリバティブ取引等を行った場合（下記(2)を除く。）において、適用要件（下記ロ）に該当するときは、有効決済損益額（下記ハ）は、その事業年度の益金の額又は損金の額に算入しない（法61の6①）。
　イ　ヘッジ対象資産等損失額
　　(イ)　資産（短期売買商品等及び売買目的有価証券を除く。）又は負債の価額の変動（期末時換算法により円換算額への換算をする資産又は負債（期末時換算資産等）の価額の外国為替の売買相場の変動に基因する変動を除く。）に伴って生ずるおそれのある損失
　　(ロ)　資産の取得若しくは譲渡、負債の発生若しくは消滅、金利の受取若しくは支払その他これらに準ずるものに係る決済により受け取ることとなり、又は支払うこととなる金銭の額の変動（期末時換算資産等に係る外国為替の売買相場の変動に基因する変動を除く。）に伴って生ずるおそれのある損失
　ロ　適用要件
　　(イ)　デリバティブ取引等がそのヘッジ対象資産等損失額を減少させるために行ったものである旨その他一定の事項を帳簿書類に記載していること。
　　　［一定の事項］
　　　　ヘッジ目的で行った旨、ヘッジ対象資産等の明細等、デリバティブ取引等の明細等
　　(ロ)　デリバティブ取引等を行った時から事業年度終了の時までの間においてヘッジ対象資産等損失額を減少させようとする資産若しくは負債又は金銭につき譲

第1章　各事業年度の所得に対する法人税

　　　　渡若しくは消滅又は受取若しくは支払がないこと。
　　（ハ）デリバティブ取引等がヘッジ対象資産等損失額を減少させるために有効であると認められる場合（下記ニ）に該当すること。
　ハ　有効決済損益額
　　　デリバティブ取引等に係る利益額又は損失額 CHECK のうちそのヘッジ対象資産等損失額を減少させるために有効である部分の金額（下記ホ）として一定の算式により計算した金額

CHECK　－デリバティブ取引等に係る利益額又は損失額の範囲－

・デリバティブ取引等の決済によって生じた利益の額又は損失の額
・短期売買商品等のみなし決済損益額
・有価証券の空売り等のみなし決済損益額
・デリバティブ取引のみなし決済損益額
・外貨建資産等の為替換算差額
　　　　　　　　　　　　　　　　　　　　　　　　（法61の6①括弧書）

　ニ　有効であると認められる場合
　　（イ）有効性の判定時期
　　　　ヘッジ対象資産等損失額を減少させるためにデリバティブ取引等を行った法人（一定の帳簿書類に記載したものに限る。）は、**期末時**及び**決済時**において、そのデリバティブ取引等がそのヘッジ対象資産等損失額を減少させるために有効であるか否かの判定（有効性判定）を行わなければならない（令121①、規27の8②）。
　　　✓　**期末時**とは、事業年度終了の時までにそのデリバティブ取引等によりそのヘッジ対象資産等損失額を減少させようとする資産若しくは負債又は金銭につき譲渡若しくは消滅又は受取若しくは支払がなく、かつ、そのデリバティブ取引等の決済をしていない場合のその時をいう。
　　　✓　**決済時**とは、そのデリバティブ取引等の決済（その資産若しくは負債又はその金銭の譲渡若しくは消滅又は受取若しくは支払のあった日の属する事業年度以後の各事業年度におけるそのデリバティブ取引等の決済を除く。）をした場合のその決済の時をいう。
　　（ロ）有効性の判定方法
　　　　有効性の判定は、次表の区分に応じ、それぞれの方法により行うこととなる（令121①一、二）。

第6節 利益の額又は損失の額の計算

区　　分	方　　法
資産又は負債に係るヘッジ対象資産等損失額を減少させるためにそのデリバティブ取引等を行った場合	期末時又は決済時におけるそのデリバティブ取引等に係る利益額又は損失額とヘッジ対象資産等評価差額とを比較する方法
金銭に係るヘッジ対象資産等損失額を減少させるためにそのデリバティブ取引等を行った場合	期末時又は決済時における利益額又は損失額とヘッジ対象金銭受払差額とを比較する方法

ホ　ヘッジとして有効である部分の金額
　(イ)　有効性の判定
　　　ヘッジ対象資産等損失額を減少させるためにデリバティブ取引等を行った時からその事業年度終了の時までの間のいずれかの有効性判定において、その有効性の割合がおおむね80％から125％までとなっている場合となる（令121の2）。
　(ロ)　ヘッジとして有効である部分の金額
　　　上記ハのデリバティブ取引等に係る利益額又は損失額のうちそのヘッジ対象資産等損失額を減少させるために有効である部分の金額とは、ヘッジ対象資産等損失額を減少させるために行ったデリバティブ取引等に係る利益額又は損失額となる（令121の3①）。
　　　ただし、そのデリバティブ取引等を行った法人が、そのデリバティブ取引等を行った日において、そのデリバティブ取引等に係る有効性判定における超過差額 **CHECK** をその超過差額が生じた日の属する事業年度の益金の額又は損金の額に算入する旨を帳簿書類に記載した場合には、その利益額又は損失額からその超過差額を控除した金額となる（令121の3①括弧書）。

> **CHECK**　－超過差額の定義－
>
> 　この場合の超過差額とは、利益額又は損失額のうち、有効性割合がおおむね100％から125％までとなった場合の100％からその有効性割合までの部分に相当する金額をいう（令121の3②）。

(2)　時価ヘッジ処理による売買目的外有価証券の評価益又は評価損の計上
　　法人がその有する売買目的外有価証券の価額の変動（期末時換算法により円換算額への換算をする有価証券の価額の外国為替の売買相場の変動に基因する変動を除く。）により生ずるおそれのある損失の額（ヘッジ対象有価証券損失額）を減少させるためにデリバティブ取引等を行った場合において、適用要件（下記イ）に該当するときは、ヘッジ対象有価証券評価差額（下記ロ）は、その事業年度の損金の額又は益金の

第1章　各事業年度の所得に対する法人税

額に算入する（法61の7①）。
　イ　適用要件
　　(イ)　売買目的外有価証券を政令で定めるところにより評価し、又は円換算額に換算する旨その他一定の事項を帳簿書類に記載していること（令121の6）。
　　　［一定の事項］
　　　　ヘッジ目的で行った旨、ヘッジ対象の売買目的外有価証券を時価評価する旨、売買目的外有価証券の明細等、デリバティブ取引等の明細等
　　(ロ)　デリバティブ取引等を行った時から事業年度終了の時までの間にその売買目的外有価証券の譲渡がないこと。
　　(ハ)　デリバティブ取引等がそのヘッジ対象有価証券損失額を減少させるために有効であると認められる場合（下記ハ）に該当すること。
　ロ　ヘッジ対象有価証券評価差額
　　　ヘッジ対象有価証券評価差額とは、売買目的外有価証券の価額と帳簿価額との差額のうちそのデリバティブ取引等に係る利益額又は損失額に対応する部分の金額（下記ニ）をいう。
　ハ　有効であると認められる場合（上記イ(ハ)）
　　(イ)　有効性の判定時期
　　　　ヘッジ対象有価証券損失額を減少させるためにデリバティブ取引等を行った法人（一定の事項を帳簿書類に記載した法人に限る。）は、**期末時**及び**決済時**において、その期末時又は決済時において、そのデリバティブ取引等がそのヘッジ対象有価証券損失額を減少させるために有効であるか否かの判定（有効性判定）を行わなければならない（令121の7①、規27の9②）。
　　　✓　**期末時**とは、事業年度終了の時までにそのデリバティブ取引等によりそのヘッジ対象有価証券損失額を減少させようとする売買目的外有価証券の譲渡がなく、かつ、そのデリバティブ取引等の決済をしていない場合のその時をいう。
　　　✓　**決済時**とは、事業年度においてそのデリバティブ取引等の決済（その売買目的外有価証券の譲渡があった日の属する事業年度以後の各事業年度におけるそのデリバティブ取引等の決済を除く。）をした場合のその決済の時をいう。
　　(ロ)　有効性の判定方法
　　　　有効性の判定は、その期末時又は決済時におけるそのデリバティブ取引等に係る利益額又は損失額とヘッジ対象有価証券評価差額とを比較する方法により行うこととなる（令121の7①）。
　ニ　デリバティブ取引等に係る利益額又は損失額に対応する部分の金額（上記ロ）
　　(イ)　有効性の判定
　　　　ヘッジ対象有価証券損失額を減少させるためにデリバティブ取引等を行った時からその事業年度終了の時までの間のいずれかの有効性判定において、その有効性の割合がおおむね80％から125％までとなっている場合となる（令121の8）。

第6節 利益の額又は損失の額の計算

(ロ) 利益額又は損失額に対応する部分の金額
　　デリバティブ取引等に係る利益額又は損失額に対応する部分の金額は、ヘッジ対象有価証券損失額を減少させるために行ったデリバティブ取引等を事業年度開始の日前に決済していない場合にあっては次の金額となり、同日前にそのデリバティブ取引等を決済した場合にあってはないものとなる（令121の9）。
　　A　期末時の有効性判定において上記(イ)の割合（下記Bにおいて「価額変動に対する有効性割合」という。）がおおむね80％から125％までとなっている場合
　　　→　その有効性判定に係る売買目的外有価証券の上記(イ)の超える部分の金額
　　B　期末時の有効性判定において価額変動に対する有効性割合がおおむね80％から125％までとなっていない場合及びその事業年度においてそのデリバティブ取引等の決済（その事業年度においてそのデリバティブ取引等によりヘッジ対象有価証券損失額を減少させようとする売買目的外有価証券の譲渡をしている場合のそのデリバティブ取引等の決済を除く。）をしている場合
　　　→　価額変動に対する有効性割合がおおむね80％から125％までとなっていたその事業年度終了の時の直近の有効性判定に係る売買目的外有価証券の上記(イ)の超える部分の金額
ホ　時価評価差額の翌事業年度の処理等
　　法人が上記イによりその事業年度（ヘッジ対象有価証券損失額を減少させるために行ったデリバティブ取引等の決済をした日の属する事業年度を除く。）の損金の額又は益金の額に算入した金額に相当する金額は、その事業年度の翌事業年度の益金の額又は損金の額に算入する（令121の11）。

5　外貨建取引の換算等
(1)　外貨建取引の発生時の換算
　法人が外貨建取引（下記イ）を行った場合には、その外貨建取引の金額の円換算額（外国通貨で表示された金額を本邦通貨表示の金額に換算した金額をいう。下記ロ）は、その外貨建取引を行った時における外国為替の売買相場により換算した金額とする（法61の8①）。
　イ　外貨建取引
　　　外貨建取引とは、外国通貨で支払が行われる資産の販売及び購入、役務の提供、金銭の貸付け及び借入れ、剰余金の配当その他の取引をいう。このように、外貨建取引とは、その取引に係る支払が外国通貨で行われるべきこととされている取引をいうので、例えば、債権債務の金額が外国通貨で表示されている場合であっても、その支払が本邦通貨により行われることとされているものは、外貨建取引には該当しない（基通13の2－1－1）。
　ロ　外貨建取引の円換算
　　　外貨建取引の円換算は、その取引を計上すべき日（取引日）における対顧客直物電信売相場（以下「電信売相場」という。TTS）と対顧客直物電信買相場（以下「電信買相場」という。TTB）の仲値（以下「電信売買相場の仲値」という。

第1章　各事業年度の所得に対する法人税

TTB）により行う。ただし、継続適用を条件として、売上その他の収益又は資産については取引日の電信買相場、仕入その他の費用（原価及び損失を含む。）又は負債については取引日の電信売相場によることができる（基通13の2－1－2）。

また、上記の円換算に当たっては、継続適用を条件として、その外貨建取引の内容に応じてそれぞれ合理的と認められる次のような外国為替の売買相場（以下「為替相場」という。）も使用することができる（基通13の2－1－2(注)2）。

(イ)　取引日の属する月若しくは週の前月若しくは前週の末日又は当月若しくは当週の初日の電信買相場若しくは電信売相場又はこれらの日における電信売買相場の仲値

(ロ)　取引日の属する月の前月又は前週の平均相場のように1月以内の一定期間における電信売買相場の仲値、電信買相場又は電信売相場の平均値

ハ　多通貨会計を採用している場合の外貨建取引の換算

法人が、外貨建取引を取引発生時には外国通貨で記録し、各月末、事業年度終了の時等一定の時点において本邦通貨に換算するといういわゆる多通貨会計を採用している場合において、各月末等の規則性を有する1月以内の一定期間ごとの一定の時点において本邦通貨への換算を行い、その一定の時点を外貨建取引に係る取引発生時であるとすることができる（基通13の2－1－3）。また、円換算に係る為替相場については、その一定期間を基礎として計算した平均値も使用することができる（同通達）。

(2) **先物外国為替契約等がある場合の換算**

イ　資産、負債の換算等

法人が**先物外国為替契約等**により**外貨建取引**によって取得し、又は発生する資産又は負債の金額の円換算額を確定させた場合において、その先物外国為替契約等の締結の日においてその旨を帳簿書類に記載したときは、その資産又は負債については、その確定させた円換算額により換算することができる（法61の8②）。

✓　**先物外国為替契約等**とは、外貨建取引によって取得し、又は発生する資産又は負債の金額の円換算額を確定させる契約として一定のものをいう（規27の11）。

✓　この場合の**外貨建取引**からは、短期売買商品等又は売買目的有価証券の取得及び譲渡は除かれる（法61の8②括弧書）。

ロ　収益、費用等

外貨建取引に係る売上その他の収益又は仕入その他の費用につき円換算を行う場合において、その計上を行うべき日までに、収益又は費用の額に係る本邦通貨の額を先物外国為替契約等により確定させている場合において、その先物外国為替契約等の締結の日においてその旨を帳簿書類に記載したときは、その収益又は費用の額については、その確定させている本邦通貨の額をもってその円換算額とすることができる。この場合、その収益又は費用の額が先物外国為替契約等により確定しているかどうかは、原則として個々の取引ごとに判定するのであるが、

第6節　利益の額又は損失の額の計算

外貨建取引の決済約定の状況等に応じ、包括的に先物外国為替契約等を締結してその予約額の全部又は一部を個々の取引に比例配分するなど合理的に振り当てることができる（基通13の2－1－4）。

◆関連通達◆
・前渡金等の振替え（基通13の2－1－5）
・海外支店等の資産等の換算の特例（基通13の2－1－8）

(3) **外貨建資産等の期末換算差益又は期末換算差損の益金又は損金算入等**
　イ　外貨建資産等の期末換算の方法
　　法人が事業年度終了の時において外貨建資産等を有する場合には、その時における外貨建資産等の金額の円換算額は、その外貨建資産等の次表の区分に応じ、それぞれの方法（A、B-b及びCの外貨建資産等にあっては、それぞれに定める方法のうち法人が選定した方法とし、その法人がその方法を選定しなかった場合には、それぞれの方法のうち法定の換算方法となる。）により換算した金額となる（法61の9①）。

区分			換算方法
A	**外貨建債権**及び**外貨建債務**		発生時換算法又は期末時換算法
B	**外貨建有価証券**		
	a	売買目的有価証券	期末時換算法
	b	償還有価証券	発生時換算法又は期末時換算法
	c	上記a及びb以外の有価証券	発生時換算法
C	外貨預金		発生時換算法又は期末時換算法
D	外国通貨		期末時換算法

✓　**外貨建債権**とは、外国通貨で支払を受けるべきこととされている金銭債権をいう。

✓　**外貨建債務**とは、外国通貨で支払を行うべきこととされている金銭債務をいう。

✓　**発生時換算法**とは、期末時において有する外貨建資産等について、その外貨建資産等の取得又は発生の基因となった外貨建取引の金額の円換算額への換算に用いた外国為替の売買相場により換算した金額（先物外国為替契約等により決済時の円換算額を確定させた外貨建取引の換算の適用を受けたものについては、その確定させた円換算額）をもって期末時における円換算額とする方法をいう。

✓　**期末時換算法**とは、期末時において有する外貨建資産等について、その期末時における外国為替の売買相場により換算した金額（先物外国為替契約等により決済時の円換算額を確定させた外貨建取引の換算の適用を受けたものについては、その確定させた円換算額）をもって期末時における円換算額とする方法

第1章　各事業年度の所得に対する法人税

をいう。
- ✓ **外貨建有価証券**とは、償還が外国通貨で行われる債券、残余財産の分配が外国通貨で行われる株式及びこれらの有価証券に準ずる有価証券をいう（規27の12）。

ロ　期末換算方法の選定方法及び法定換算方法

法人が事業年度終了の時において有する外貨建資産等（上記イの表のA、B-b及びCの外貨建資産等に限る。）の金額を円換算額に換算する方法は、その外国通貨の種類ごとに、かつ、次表の外貨建資産等の区分ごとに選定しなければならない。この場合において、2以上の事業所を有する内国法人は、事業所ごとに換算の方法を選定することができる（令122の4、122の7）。

	外貨建資産等の区分	法定換算方法
A	短期外貨建債権 短期外貨建債務	期末時換算法
B	外貨建債権のうち短期外貨建債権以外のもの 外貨建債務のうち短期外貨建債務以外のもの	発生時換算法
C	償還有価証券（売買目的外有価証券に限る。Dにおいて同じ。）のうち満期保有目的有価証券に該当するもの	発生時換算法
D	償還有価証券のうちC以外のもの	発生時換算法
E	外貨預金のうちその満期日がその事業年度終了の日の翌日から1年を経過した日の前日までに到来するもの	期末時換算法
F	外貨預金のうちE以外のもの	発生時換算法

- ✓ **短期外貨建債権**とは、外貨建債権のうちその決済により外国通貨を受け取る期限がその事業年度終了の日の翌日から1年を経過した日の前日までに到来するものをいう。
- ✓ **短期外貨建債務**とは、外貨建債務のうちその決済により外国通貨を支払う期限がその事業年度終了の日の翌日から1年を経過した日の前日までに到来するものをいう。

ハ　外貨建資産等の期末換算の方法の選定の手続

法人は、外貨建資産等の取得をした場合には、その取得をした日の属する事業年度に係る法人税法第74条第1項の規定による申告書の提出期限までに、その外貨建資産等と外国通貨の種類及び上記ロの区分を同じくする外貨建資産等につき、上記イの方法のうちそのよるべき方法を書面「外貨建資産等の期末換算方法等の届出書」により納税地の所轄税務署長に届け出なければならない（令122の5）。

(4)　為替予約差額の配分

法人が事業年度終了の時において有する外貨建資産等（売買目的有価証券を除く。）

第6節　利益の額又は損失の額の計算

について、その取得又は発生の基因となった外貨建取引の金額の円換算額への換算に当たって先物外国為替契約等により円換算額を確定させた外貨建取引の換算（法61の8②）の適用を受けたときは、為替予約差額配分期間（下記イ）の所得の金額の計算上、為替予約差額（下記ロ）のうち為替予約差額配分額（下記ハ）は、益金の額又は損金の額に算入する（法61の10①）。

イ　為替予約差額配分期間

　為替予約差額配分期間とは、その外貨建資産等に係る先物外国為替契約等の締結の日（※）の属する事業年度からその外貨建資産等の決済による本邦通貨の受取又は支払をする日の属する事業年度までの各事業年度をいう。

　※　その日が外貨建資産等の取得又は発生の基因となった外貨建取引を行った日前である場合には、その外貨建取引を行った日となる。

ロ　為替予約差額

　為替予約差額とは、その外貨建資産等の金額を先物外国為替契約等により確定させた円換算額とその金額を外貨建資産等の取得又は発生の基因となった外貨建取引を行った時における外国為替の売買相場により換算した金額との差額をいう（法61の10①括弧書）。

ハ　為替予約差額配分額

　為替予約差額配分額は、次表の先物外国為替契約等の締結時期に応じ、それぞれの配分額とし、その配分額を益金の額又は損金の額に算入すべき事業年度は、その配分額に応じそれぞれの事業年度となる（令122の9）。

為替予約差額配分額

先物外国為替契約等の締結時期	配　分　額	事業年度
一　外貨建資産等の取得又は発生の基因となった外貨建取引を行った時以後にその外貨建取引に係る先物外国為替契約等を締結した場合	イ　その外貨建資産等の金額につきその外貨建取引を行った時における外国為替の売買相場（次号において「取引時為替相場」という。）により換算した円換算額と先物外国為替契約等を締結した時における外国為替の売買相場（ロにおいて「締結時為替相場」という。）により換算した円換算額との差額に相当する金額	その先物外国為替契約等の締結の日の属する事業年度
	ロ　その外貨建資産等の金額につき締結時為替相場により換算した円換算額と先物外国為替契約等により確定させた円換算額との差額をその先物外国為替契約等の締結の日からその外貨建資産等の決済による本邦通貨の受取又は支払の日（以下「決済日」という。）までの期間の日数で除し、これに当該事業年度の日数（当該事業年度がその先物外国為替契約等の締結の日の属す	その先物外国為替契約等の締結の日の属する事業年度からその

第1章　各事業年度の所得に対する法人税

		る事業年度である場合には、同日から当該事業年度終了の日までの期間の日数）を乗じて計算した金額（当該事業年度がその外貨建資産等の決済日の属する事業年度である場合には、その差額から当該事業年度の前事業年度までの各事業年度の所得の金額の計算上益金の額又は損金の額に算入された金額を控除して得た金額）に相当する金額	外貨建資産等の決済日の属する事業年度までの各事業年度
二	外貨建資産等の取得又は発生の基因となった外貨建取引に係る先物外国為替契約等を締結した後にその外貨建取引を行った場合	その外貨建資産等の金額につき取引時為替相場により換算した円換算額とその先物外国為替契約等により確定させた円換算額との差額をその外貨建取引を行った日からその外貨建資産等の決済日までの期間の日数で除し、これにその事業年度の日数（事業年度がその外貨建取引を行った日の属する事業年度である場合には、同日からその事業年度終了の日までの期間の日数）を乗じて計算した金額（事業年度がその外貨建資産等の決済日の属する事業年度である場合には、その差額からその事業年度の前事業年度までの各事業年度の所得の金額の計算上益金の額又は損金の額に算入された金額を控除して得た金額）に相当する金額	その外貨建取引を行った日の属する事業年度からその外貨建資産等の決済日の属する事業年度までの各事業年度

(5)　**短期外貨建資産等に係る為替予約差額の一括計上**

　外貨建資産等が短期外貨建資産等（その外貨建資産等のうち、その決済による本邦通貨の受取又は支払の期限が事業年度終了の日の翌日から1年を経過した日の前日までに到来するものをいう。）である場合には、上記(4)の為替予約差額は、その事業年度の所得の金額の計算上、益金の額又は損金の額に算入することができる（法61の10③）。

　ただし、上記(4)を適用した外貨建資産等については、上記の短期外貨建資産等に該当することとなった場合においても、引き続き上記(4)の為替予約差額の期間配分を行うこととなる（令122の9②）。

　なお、その有する短期外貨建資産等につき、この一括計上の方法を選定しようとする場合には、その選定をしようとする事業年度に係る法人税法第74条第1項の規定による申告書の提出期限までに、その旨を記載した書面「外貨建資産等の期末換算方法等の届出書」を納税地の所轄税務署長に届け出なければならない（令122の10②）。

6　完全支配関係がある法人の間の取引の損益

　「グループ法人が一体的に経営されている実態に鑑みれば、グループ内法人間の資産の移転が行われた場合であっても実質的には資産に対する支配は継続しているこ

第6節 利益の額又は損失の額の計算

と、グループ内法人間の資産の移転の時点で課税関係を生じさせると円滑な経営資源再配置に対する阻害要因にもなりかねないことから、連結納税の選択の有無にかかわらず、その時点で課税関係を生じさせないことが実態に合った課税上の取扱いと考えられます。」(財務省ホームページ「平成22年度税制改正の解説P188」)

このことから、完全支配関係がある内国法人間の取引一般について、いわゆるグループ法人税制(資本に関係する取引等に係る税制)として、この完全支配関係がある法人間の資産の譲渡損益の調整制度などの措置が講じられている。

(1) 譲渡利益額又は譲渡損失額の繰延べ

内国法人がその有する譲渡損益調整資産(下記イ)を**他の内国法人**に譲渡した場合には、その譲渡損益調整資産に係る**譲渡利益額**又は**譲渡損失額**に相当する金額は、その譲渡した事業年度の損金の額又は益金の額に算入する(法61の11①)。

具体的には、資産の譲渡時には譲渡利益額又は譲渡損失額を繰り延べる(課税関係を生じさせない)こととなる。

✓ この**内国法人**は、普通法人又は協同組合等に限る。
✓ この**他の内国法人**は、内国法人との間に完全支配関係がある普通法人又は協同組合等に限る。
✓ **譲渡利益額**とは、その譲渡に係る収益の額が原価の額を超える場合におけるその超える部分の金額をいう。
✓ **譲渡損失額**とは、その譲渡に係る原価の額が収益の額を超える場合におけるその超える部分の金額をいう。

[イメージ]

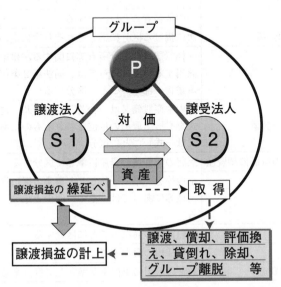

〔出所〕国税庁資料

第1章 各事業年度の所得に対する法人税

イ 譲渡損益調整資産

譲渡損益調整資産とは、次表の左欄の固定資産、土地（土地の上に存する権利を含み、固定資産に該当するものを除く。）、有価証券、金銭債権及び繰延資産で、右欄の資産以外のものをいう（法61の11①括弧書、令122の12①）。

譲渡調整資産	譲渡調整資産から除かれる資産
固定資産	売買目的有価証券
土地（土地の上に存する権利を含み、固定資産に該当するものを除く。）	その譲渡を受けた他の内国法人（その内国法人との間に完全支配関係があるものに限る。）において売買目的有価証券とされる有価証券
有価証券 金銭債権 繰延資産	その譲渡の直前の帳簿価額（その譲渡した資産を一定の単位（下記ロ）に区分した後のそれぞれの資産の帳簿価額）が1,000万円に満たない資産（売買目的有価証券を除く。）

ロ 譲渡の直前の帳簿価額の判定（1,000万円基準）

譲渡の直前の帳簿価額とは、その譲渡した資産を次の区分に応じた単位に区分した後のそれぞれの資産の帳簿価額をいう（令122の12①、規27の13の2、27の15①）。

区　分	単　位
金銭債権	一の債務者ごとに区分する
減価償却資産	次に掲げる区分に応じそれぞれ次に定めるとおり
建物	一棟（建物の区分所有等に関する法律第1条の規定に該当する建物にあっては、同法第2条第1項に規定する建物の部分）ごとに区分する
機械及び装置	一の生産設備又は一台若しくは一基（通常一組又は一式をもって取引の単位とされるものにあっては、一組又は一式）ごとに区分する
その他の減価償却資産	上記の減価償却資産に準じて区分する
土地等	土地等を一筆（一体として事業の用に供される一団の土地等にあっては、その一団の土地等）ごとに区分する
有価証券	その銘柄の異なるごとに区分する
暗号資産	その種類の異なるごとに区分する
その他の資産	通常の取引の単位を基準として区分する

第6節　利益の額又は損失の額の計算

(2) 繰り延べられた譲渡利益額又は譲渡損失額の計上

　譲渡損益調整資産に係る譲渡利益額又は譲渡損失額につき上記(1)の適用を受けた内国法人（譲渡法人）は、譲受法人において譲渡損益調整資産の譲渡、償却、評価換え、貸倒れ、除却その他一定の事由（下記イの事由）が生じたときは、その譲渡損益調整資産に係る譲渡利益額又は譲渡損失額に相当する金額（下記イの金額）を適用事業年度（下記ロ）の益金の額又は損金の額に算入する（法61の11②、令122の12④）。

イ　譲受法人における一定の事由の発生

事由	金額
① 譲渡損益調整資産の譲渡、貸倒れ、除却、その他これらに類する事由	譲渡利益額又は譲渡損失額に相当する金額（以下「(A)」という。）
② 譲渡損益調整資産の適格分割型分割による分割承継法人への移転	
③ 普通法人又は協同組合等である譲受法人が公益法人等に該当することとなったこと	
④ 譲渡損益調整資産が譲受法人において、	
法人税法第25条第2項に規定する評価換えによりその帳簿価額を増額され、その増額された部分の金額が益金の額に算入されたこと	
法人税法第25条第3項に規定する資産に該当し、譲渡損益調整資産の評価益の額として一定の金額が益金の額に算入されたこと	
⑤ 譲渡損益調整資産が譲受法人において減価償却資産に該当し、その償却費が損金の額に算入されたこと	(A)× 損金の額に算入された金額 / 譲渡損益調整資産の取得価額又は額
⑥ 譲渡損益調整資産が譲受法人において繰延資産に該当し、その償却費が損金の額に算入されたこと	
⑦ 譲渡損益調整資産が譲受法人において、	
法人税法第33条第2項に規定する評価換えによりその帳簿価額を減額され、譲渡損益調整資産の差額に達するまでの金額が損金の額に算入されたこと	(A)
法人税法第33条第3項に規定する評価換えによりその帳簿価額を減額され、その減額された部分の金額が損金の額に算入されたこと	

第1章　各事業年度の所得に対する法人税

法人税法第33条第4項に規定する資産に該当し、譲渡損益調整資産の評価損の額として一定の金額が損金の額に算入されたこと	(A)
⑧　有価証券である譲渡損益調整資産と銘柄を同じくする有価証券（売買目的有価証券を除く。）の譲渡（譲受法人が取得した銘柄を同じくする有価証券である譲渡損益調整資産の数に達するまでの譲渡に限る。）	譲渡利益額又は譲渡損失額に相当する金額のうちその譲渡をした数に対応する部分の金額
⑨　譲渡損益調整資産が譲受法人において法人税法施行令第119条の14に規定する償還有価証券に該当し、譲渡損益調整資産につき法人税法施行令第139条の2第1項に規定する調整差益又は調整差損が益金の額又は損金の額に算入されたこと	(A)×$\dfrac{譲渡法人の その事業年度の日数}{譲渡法人のその事業年度開始の日から償還有価証券の償還日までの期間の日数}$
⑩　譲渡損益調整資産が譲受法人において法人税法第64条の11第1項等に規定する時価評価資産に該当し、譲渡損益調整資産につき評価益又は評価損が益金の額又は損金の額に算入されたこと	(A)

　なお、上記表の⑤及び⑥の金額については、その金額に代えて、それぞれ次の区分による簡便法による金額とすることができる（令122の12⑥）。ただし、その適用に当たっては、譲渡損益調整資産の譲渡の日の属する事業年度の確定申告書にその明細を記載する必要がある（令122の12⑧）。

区　　分	簡便法による金額
減価償却資産	(A)×$\dfrac{譲渡法人の事業年度開始の日からその終了の日までの期間（譲渡損益調整資産の譲渡の日の前日までの期間を除く。）の月数}{譲受法人が譲渡損益調整資産について適用する耐用年数 × 12}$
繰延資産（令14①六に掲げるものに限る。）	(A)×$\dfrac{譲渡法人の事業年度開始の日からその終了の日までの期間（譲渡損益調整資産の譲渡の日の前日までの期間を除く。）の月数}{繰延資産となった費用の支出の効果の及ぶ期間の月数}$

ロ　適用事業年度

　繰り延べられた譲渡利益額又は譲渡損失額を計上する適用事業年度は、上記イの事由が生じた日の属する譲受法人の事業年度終了の日の属する譲渡法人の事業

第6節　利益の額又は損失の額の計算

年度となる。ただし、その譲渡利益額又は譲渡損失額につき次項又は第四項の規定の適用を受ける事業年度以後の事業年度を除く（法61の11②）。

(3) **繰り延べられた譲渡利益額又は譲渡損失額の計上（完全支配関係を有しないこととなった場合）**

　内国法人（譲渡法人）が譲渡損益調整資産に係る譲渡利益額又は譲渡損失額につき上記(1)の適用を受けた場合（譲渡損益調整資産の適格合併に該当しない合併による合併法人への移転により上記(1)の適用を受けた場合を除く。）において、その譲渡法人が譲渡損益調整資産に係る譲受法人との間に完全支配関係を有しないこととなったときは、譲渡損益調整資産に係る譲渡利益額又は譲渡損失額に相当する金額（その有しないこととなった日の前日の属する事業年度前の各事業年度において益金の額又は損金の額に算入された金額を除く。）は、その譲渡法人のその有しないこととなった日の前日の属する事業年度の益金の額又は損金の額に算入する（法61の11③）。ただし、次に掲げる事由に基因して完全支配関係を有しないこととなった場合を除く。

　　イ　譲渡法人の適格合併（合併法人（法人を設立する適格合併にあっては、他の被合併法人の全て。）がその譲渡法人との間に完全支配関係がある内国法人であるものに限る。）による解散
　　ロ　譲受法人の適格合併（合併法人がその譲受法人との間に完全支配関係がある内国法人であるものに限る。）による解散

(4) **繰り延べられた譲渡利益額又は譲渡損失額の計上（グループ通算制度の開始又は通算グループへの加入・離脱）**

　通算開始子法人、通算加入子法人又は通算離脱子法人が、時価評価事業年度（通算開始直前事業年度、通算加入直前事業年度又は通算終了直前事業年度をいう。）以前の各事業年度において譲渡損益調整資産に係る譲渡利益額又は譲渡損失額につき上記(1)の適用を受けた法人である場合には、譲渡損益調整資産に係る譲渡利益額又は譲渡損失額に相当する金額（時価評価事業年度前の各事業年度の益金の額又は損金の額に算入された金額を除く。以下「譲渡損益調整額」という。）は、譲渡損益調整資産のうち譲渡損益調整額が少額であるなど一定のものを除き、その時価評価事業年度の益金の額又は損金の額に算入する（法61の11④、令122の12⑩⑪⑫）。

(5) **譲渡法人の適格合併による解散**

　内国法人（譲渡法人）が譲渡損益調整資産に係る譲渡利益額又は譲渡損失額につき上記(1)の適用を受けた場合において、その譲渡法人が適格合併（合併法人（法人を設立する適格合併にあっては、他の被合併法人の全て。）がその譲渡法人との間に完全支配関係がある内国法人であるものに限る。）により解散したときは、その適格合併に係る合併法人の適格合併の日の属する事業年度以後の各事業年度においては、その合併法人を譲渡利益額又は譲渡損失額につき上記(1)の適用を受けた法人とみなして、この完全支配関係がある法人間の資産の譲渡損益の調整制度を適用する（法61の11⑤）。

第1章 各事業年度の所得に対する法人税

(6) 譲渡法人又は譲受法人の通知義務

譲渡法人又は譲受法人は、一定の事由が生じた場合には、それぞれ通知しなければならない（令122の12⑰⑱⑲）。

【参考】主なグループ法人税制の各制度

制　度	適用対象法人	取引相手の制限	完全支配関係に関する制限
ⅰ　100％グループ内の法人間の資産の譲渡取引等（譲渡損益の繰延べ）（法61の11）	資産の譲渡法人〔内国法人（普通法人又は協同組合等に限る。）〕	資産の譲受法人〔完全支配関係のある他の内国法人（普通法人又は協同組合等に限る。）〕	制限なし
ⅱ　100％グループ内の法人間の寄附金の損金不算入（法37②）	寄附を行った法人〔内国法人〕	寄附を受けた法人〔完全支配関係のある他の内国法人〕	法人による完全支配関係に限られる。
ⅲ　100％グループ内の法人間の受贈益の益金不算入（法25の2）	寄附を受けた法人〔内国法人〕	寄附を行った法人〔完全支配関係のある他の内国法人〕	法人による完全支配関係に限られる。
ⅳ　100％グループ内の法人間の現物分配（適格現物分配による資産の簿価譲渡）（法2二十の五の二、十二の十五、62の5③）	現物分配法人〔内国法人（公益法人等及び人格のない社団等を除く。）〕	被現物分配法人〔完全支配関係のある他の内国法人（普通法人又は協同組合等に限る。）〕	制限なし
ⅴ　100％グループ内の法人からの受取配当等の益金不算入（負債利子控除をせず全額益金不算入）（法23①④⑤）	配当を受けた法人〔・内国法人・外国法人（注）〕	配当を行った法人〔配当等の額の計算期間を通じて完全支配関係があった他の内国法人（公益法人等及び人格のない社団等を除く。）〕	制限なし
ⅵ　100％グループ内の法人の株式の発行法人への譲渡に係る損益（譲渡損益の非計上）（法61の2⑰）	株式の譲渡法人〔内国法人〕	株式の発行法人〔完全支配関係がある他の内国法人〕	制限なし

第6節　利益の額又は損失の額の計算

㊟　上記のとおりⅰ～ⅳ及びⅵの制度は、外国法人について適用がありません。したがって、ⅴの制度のみが外国法人に適用されますが、その適用対象となる外国法人は法人税法第141条第1号から第3号《外国法人に係る各事業年度の所得に対する法人税の課税標準》に掲げる外国法人、換言すれば、いわゆる恒久的施設が我が国にあることにより法人税の納税義務を有する外国法人に限られます。

〔出所〕国税庁資料を一部加工

7　組織再編成に係る所得の金額の計算

　組織再編成により資産等の移転を行った場合においても、原則どおり、その移転資産等を時価により譲渡したものとして譲渡損益の計上を行うこととなるが、移転資産等に対する支配が継続している場合には、特例として、その譲渡損益を繰り延べて従前の課税関係を継続させることとしている。これが、いわゆる組織再編税制の基本的な考え方を表すものといえる。

　そして、このような考え方は、特に100％企業グループ内の組織再編成では、「移転資産等に対する支配の継続」という点に着目して考えたとしても、企業グループ内の組織再編成により資産を企業グループ内で移転することとなるため、その移転が形式のみで実質においてはまだその資産等を保有しているということができることから、そのような場合には資産の譲渡損益の繰延べを認めるというものである。

　他方、50％超企業グループ内の組織再編成や共同事業を営むための組織再編成では、「移転資産に対する支配の継続」という点のみではその実質において資産等を保有しているとは必ずしも言えない点もあることから、その営まれる事業に着目し、「移転資産に対する支配の継続」を「事業を営んできた当事者が引き続き事業を営む実態の継続」に置き換えた上で、その実態（施設・人・行為）の継続が認められる場合には、組織再編成の前後で経済実態に実質的な変更がないと考えられることから、「移転資産に対する支配の継続」があるとみて、その資産の譲渡損益の繰延べを認めるというものである。

(1)　組織再編税制における用語
　イ　被合併法人
　　　合併によりその有する資産及び負債の移転を行った法人をいう（法２十一）。
　ロ　合併法人
　　　合併により被合併法人から資産及び負債の移転を受けた法人をいう（法２十二）。
　ハ　分割法人
　　　分割によりその有する資産又は負債の移転を行った法人をいう（法２十二の二）。
　ニ　分割承継法人
　　　分割により分割法人から資産又は負債の移転を受けた法人をいう（法２十二の三）。

第1章　各事業年度の所得に対する法人税

ホ　現物出資法人
　　現物出資によりその有する資産の移転を行い、又はこれと併せてその有する負債の移転を行った法人をいう（法２十二の四）。

ヘ　被現物出資法人
　　現物出資により現物出資法人から資産の移転を受け、又はこれと併せて負債の移転を受けた法人をいう（法２十二の五）。

ト　現物分配法人
　　現物分配（法人（公益法人等及び人格のない社団等を除く。）がその株主等に対しその法人の次に掲げる事由により金銭以外の資産の交付をすることをいう。）によりその有する資産の移転を行った法人をいう（法２十二の五の二）。

　(イ)　剰余金の配当（株式又は出資に係るものに限るものとし、分割型分割によるものを除く。）若しくは利益の配当（分割型分割によるものを除く。）又は剰余金の分配（出資に係るものに限る。）

　(ロ)　解散による残余財産の分配

　(ハ)　法人税法第24条第１項第５号から第７号まで《配当等の額とみなす金額》に掲げる事由

チ　被現物分配法人
　　現物分配により現物分配法人から資産の移転を受けた法人をいう（法２十二の五の三）。

リ　株式交換完全子法人
　　株式交換によりその株主の有する株式を他の法人に取得させたその株式を発行した法人をいう（法２十二の六）。

ヌ　株式交換等完全子法人
　　株式交換完全子法人及び株式交換等（株式交換を除く。）に係る対象法人をいう（法２十二の六の二）。

ル　株式交換完全親法人
　　株式交換により他の法人の株式を取得したことによってその法人の発行済株式の全部を有することとなった法人をいう（法２十二の六の三）。

ヲ　株式交換等完全親法人
　　株式交換完全親法人並びに株式交換等（株式交換を除く。）に係る最大株主等である法人並びに一の株主等である法人をいう（法２十二の六の四）。

ワ　株式移転完全子法人
　　株式移転によりその株主の有する株式を株式移転により設立された法人に取得させたその株式を発行した法人をいう（法２十二の六の五）。

カ　株式移転完全親法人
　　株式移転により他の法人の発行済株式の全部を取得したその株式移転により設立された法人をいう（法２十二の六の六）。

ヨ　支配関係
　　一の者が法人の発行済株式若しくは出資（その法人が有する自己の株式又は出資を除く。以下「発行済株式等」という。）の総数若しくは総額の100分の50を超

第6節 利益の額又は損失の額の計算

える数若しくは金額の株式若しくは出資を直接若しくは間接に保有する関係として一定の関係（以下「当事者間の支配の関係」という。）又は一の者との間に当事者間の支配の関係がある法人相互の関係をいう（法２十二の七の五、令４の２①）。

タ　完全支配関係

一の者が法人の発行済株式等の全部を直接若しくは間接に保有する関係として一定の関係（以下このタにおいて「当事者間の完全支配の関係」という。）又は一の者との間に当事者間の完全支配の関係がある法人相互の関係をいう（法２十二の七の六、令４の２②）。

(2) 適格判定（適格要件）

イ　適格合併

次表〔適格要件〕のいずれかに該当する合併で被合併法人の株主等に合併法人又は**合併親法人**のうちいずれか一の法人の**株式又は出資以外の資産**が交付されないものをいう（法２十二の八、令４の３②〜④）。

- ✓ **合併親法人**とは、合併法人との間にその合併法人の発行済株式等の全部を直接又は間接に保有する関係として一定の関係がある法人をいう（令４の３①）。
- ✓ **株式又は出資以外の資産**には、次の資産は含まない（法２十二の八）。
  - イ　株主等に対する剰余金の配当等（株式又は出資に係る剰余金の配当、利益の配当又は剰余金の分配をいう。）として交付される金銭その他の資産
  - ロ　合併に反対するその株主等に対するその買取請求に基づく対価として交付される金銭その他の資産
  - ハ　合併の直前において合併法人が被合併法人の発行済株式等の総数又は総額の３分の２以上に相当する数又は金額の株式又は出資を有する場合におけるその合併法人以外の株主等に交付される金銭その他の資産

〔適格要件〕

■完全支配関係がある法人間の合併
■支配関係がある法人間の合併で、次の要件の全てに該当するもの
従業者引継要件
被合併法人の合併直前の従業者のうち、その総数のおおむね80％以上の者が合併後に合併法人の業務（合併法人との間に完全支配関係がある法人の業務などを含む。）に従事することが見込まれていること。
事業継続要件
被合併法人の合併前に行う主要な事業が合併後に合併法人（合併法人との間に完全支配関係がある法人などを含む。）において引き続き行われることが見込まれていること。
■共同で事業を行うための合併で、次の要件の全てに該当するもの

第1章　各事業年度の所得に対する法人税

事業関連性要件

被合併法人の被合併事業と合併法人の合併事業（その合併が新設合併である場合にあっては、他の被合併法人の被合併事業をいう。）とが相互に関連するものであること。
被合併事業とは、被合併法人の合併前に行う主要な事業のうちのいずれかの事業をいい、合併事業とは、合併法人の合併前に行う事業のうちのいずれかの事業をいう。

事業規模要件又は特定役員引継要件

被合併法人の被合併事業と合併法人の合併事業（被合併事業と関連する事業に限る。）のそれぞれの売上金額、被合併事業と合併事業のそれぞれの従業者の数、被合併法人と合併法人（その合併が新設合併である場合にあっては、被合併法人と他の被合併法人）のそれぞれの資本金の額若しくは出資金の額若しくはこれらに準ずるものの規模の割合がおおむね5倍を超えないこと。
合併前の被合併法人の特定役員のいずれかと合併法人（その合併が新設合併である場合にあっては、他の被合併法人）の特定役員のいずれかとが合併後に合併法人の特定役員となることが見込まれていること。
特定役員とは、社長、副社長、代表取締役、代表執行役、専務取締役若しくは常務取締役又はこれらに準ずる者で法人の経営に従事している者をいう。

従業者引継要件

被合併法人の合併直前の従業者のうち、その総数のおおむね80％以上の者が合併後に合併法人の業務（合併法人との間に完全支配関係がある法人の業務などを含む。）に従事することが見込まれていること。

事業継続要件

被合併法人の被合併事業（合併法人の合併事業と関連する事業に限る。）が合併後に合併法人（合併法人との間に完全支配関係がある法人などを含む。）において引き続き行われることが見込まれていること。

株式継続保有要件

合併により交付される合併法人又は合併親法人のうちいずれか一の法人の株式（議決権のないものを除く。）であって支配株主に交付されるものの全部が支配株主により継続して保有されることが見込まれていること。
支配株主とは、合併の直前に被合併法人と他の者との間に当該他の者による支配関係がある場合における当該他の者及び当該他の者による支配関係があるもの（その合併に係る合併法人を除く。）をいう。

✓　上記の**適格要件**には、多段階型再編等多様な手法による事業再編の円滑な実施を可能とするための措置が講じられている。

第6節　利益の額又は損失の額の計算

ロ　適格分割

次表〔適格要件〕のいずれかに該当する分割で**分割対価資産**として分割承継法人又は**分割承継親法人**のうちいずれか一の法人の株式以外の資産が交付されないものをいう。なお、いずれか一方の法人の株式が交付される**分割型分割**にあっては、その株式が分割法人の発行済株式等の総数又は総額のうちに占める分割法人の各株主等の有する分割法人の株式の数（出資にあっては、金額）の割合に応じて交付されるものに限る（法２十二の十一、令４の３⑤〜⑨）。

✓　**分割対価資産**とは、分割により分割承継法人によって交付される分割承継法人の株式（出資を含む。）その他の資産をいう（法２十二の九）。

✓　**分割承継親法人**とは、分割承継法人との間に分割承継法人の発行済株式等の全部を直接又は間接に保有する関係として一定の関係がある法人をいう（法２十二の十一）。

✓　**分割型分割**とは、次に掲げる分割をいう（法２十二の九）。

(イ)　分割により分割法人が交付を受ける分割対価資産の全てが分割の日において分割法人の株主等に交付される場合又は分割により分割対価資産の全てが分割法人の株主等に直接に交付される場合のこれらの分割

(ロ)　分割対価資産がない分割（以下、「無対価分割」という。）で、その分割の直前において、分割承継法人が分割法人の発行済株式等の全部を保有している場合又は分割法人が分割承継法人の株式を保有していない場合のこの無対価分割

【参考】組織再編税制における用語

・**分社型分割**（法２十二の十）

(イ)　分割により分割法人が交付を受ける分割対価資産が分割の日において分割法人の株主等に交付されない場合のその分割（無対価分割を除く。）

(ロ)　無対価分割で、その分割の直前において分割法人が分割承継法人の株式を保有している場合（分割承継法人が分割法人の発行済株式等の全部を保有している場合を除く。）のその無対価分割

・**適格分割型分割**（法２十二の十二）

分割型分割のうち適格分割に該当するものをいう。

・**適格分社型分割**（法２十二の十三）

分社型分割のうち適格分割に該当するものをいう。

〔適格要件〕

■完全支配関係がある法人間の分割
■支配関係がある法人間の分割で、次の要件の全てに該当するもの
主要資産等移転要件
分割事業（分割法人の分割前に行う事業のうち、分割承継法人において行われることとなるものをいう。）に係る主要な資産及び負債が分割承継法人に移転していること。

従業者引継要件

分割直前の分割事業に係る従業者のうち、その総数のおおむね80％以上の者が分割後に分割承継法人の業務（分割承継法人との間に完全支配関係がある法人の業務などを含む。）に従事することが見込まれていること。

事業継続要件

分割事業が分割後に分割承継法人（分割承継法人との間に完全支配関係がある法人などを含む。）において引き続き行われることが見込まれていること。

■共同で事業を行うための分割で、次の要件の全てに該当するもの

事業関連性要件

分割法人の分割事業と分割承継法人の分割承継事業とが相互に関連するものであること。

分割事業とは、分割法人の分割前に行う事業のうち、分割により分割承継法人において行われることとなるものをいう。分割承継事業とは、分割承継法人の分割前に行う事業のうちのいずれかの事業をいい、その分割が複数新設分割である場合にあっては、他の分割法人の分割事業をいう。

事業規模要件又は特定役員引継要件

分割法人の分割事業と分割承継法人の分割承継事業（分割事業と関連する事業に限る。）のそれぞれの売上金額、分割事業と分割承継事業のそれぞれの従業者の数若しくはこれらに準ずるものの規模の割合がおおむね５倍を超えないこと。

分割前の分割法人の役員等のいずれかと分割承継法人の特定役員（その分割が複数新設分割である場合にあっては、他の分割法人の役員等）のいずれかとが分割後に分割承継法人の特定役員となることが見込まれていること。

役員等とは、役員及び社長、副社長、代表取締役、代表執行役、専務取締役若しくは常務取締役に準ずる者で法人の経営に従事している者をいい、特定役員とは、社長、副社長、代表取締役、代表執行役、専務取締役若しくは常務取締役又はこれらに準ずる者で法人の経営に従事している者をいう。

主要資産等引継要件

分割により分割法人の分割事業に係る主要な資産及び負債が分割承継法人に移転していること。

従業者引継要件

分割法人の分割直前の分割事業に係る従業者のうち、その総数のおおむね80％以上の者が分割後に分割承継法人の業務（分割承継法人との間に完全支配関係がある法人の業務などを含む。）に従事することが見込まれていること。

第6節　利益の額又は損失の額の計算

事業継続要件
分割法人の分割事業（分割承継法人の分割承継事業と関連する事業に限る。）が分割後に分割承継法人（分割承継法人との間に完全支配関係がある法人などを含む。）において引き続き行われることが見込まれていること。

株式継続保有要件
〔分割型分割〕 分割型分割により交付される分割承継法人又は分割承継親法人のうちいずれか一の法人の株式（議決権のないものを除く。）であって支配株主に交付されるものの全部が支配株主により継続して保有されることが見込まれていること。 〔分社型分割〕 分社型分割により交付される分割承継法人又は分割承継親法人のうちいずれか一の法人の株式の全部が分割法人により継続して保有されることが見込まれていること。

■独立して事業を行うための分割（※）で、次の要件の全てに該当するもの
　※　その分割（一の法人のみが分割法人となる分割型分割に限る。）に係る分割法人の分割前に行う事業を分割により新たに設立する分割承継法人において独立して行うための分割をいう。

分割の直前に分割法人と他の者との間に当該他の者による支配関係がなく、かつ、その分割後に分割承継法人と他の者との間に当該他の者による支配関係があることとなることが見込まれていないこと。 他の者には、その者が締結している組合契約及び一定の組合契約に係る他の組合員である者を含む。
分割前の分割法人の役員等（分割法人の重要な使用人（分割法人の分割事業に係る業務に従事している者に限る。）を含む。）のいずれかが分割後に分割承継法人の特定役員となることが見込まれていること（特定役員引継要件）。
分割により分割法人の分割事業に係る主要な資産及び負債が分割承継法人に移転していること（主要資産等引継要件）。
分割法人の分割直前の分割事業に係る従業者のうち、その総数のおおむね80％以上の者が分割後に分割承継法人の業務に従事することが見込まれていること（従業者引継要件）。
分割法人の分割事業が分割後に分割承継法人において引き続き行われることが見込まれていること（事業継続要件）。

✓　上記の**適格要件**には、多段階型再編等多様な手法による事業再編の円滑な実施を可能とするための措置が講じられている。

第1章 各事業年度の所得に対する法人税

ハ 適格現物出資

次表〔適格要件〕のいずれかに該当する現物出資（現物出資法人に被現物出資法人の株式のみが交付されるものに限る。）をいう（法２十二の十四、令４の３⑩～⑮）。

ただし、次の(イ)から(ニ)の現物出資は除く。

(イ) 外国法人に国内不動産等、国内事業所等を通じて行う事業に係る国内資産等又は内国法人の無形資産等の移転を行う現物出資（その国内不動産等、国内資産等及び無形資産等の全部が外国法人の恒久的施設を通じて行う事業に係る資産又は負債になるものとして一定のものを除く。）

(ロ) 外国法人が内国法人又は他の外国法人に本店等を通じて行う事業に係る外国法人国外資産等の移転を行う現物出資（他の外国法人に外国法人国外資産等の移転を行うものにあっては、その外国法人国外資産等の全部又は一部が当該他の外国法人の恒久的施設を通じて行う事業に係る資産又は負債となるものに限る。）

(ハ) 内国法人が外国法人に国外事業所等を通じて行う事業に係る内国法人国外資産等の移転を行う現物出資でその内国法人国外資産等の全部又は一部がその外国法人の本店等を通じて行う事業に係る資産又は負債となるもの（国内資産等の移転を行うものに準ずるものとして一定のものに限る。）

(ニ) 新株予約権付社債に付された新株予約権の行使に伴うその新株予約権付社債についての社債の給付

〔適格要件〕

■完全支配関係がある法人間の現物出資
■支配関係がある法人間の現物出資で、次の要件の全てに該当するもの
主要資産等移転要件
現物出資により現物出資事業に係る主要な資産及び負債が被現物出資法人に移転していること。 現物出資事業とは、現物出資法人の現物出資前に行う事業のうち、現物出資により被現物出資法人において行われることとなるものをいう。
従業者引継要件
現物出資の直前の現物出資事業に係る従業者のうち、その総数のおおむね80％以上の者が現物出資後に被現物出資法人の業務（被現物出資法人との間に完全支配関係がある法人の業務などを含む。）に従事することが見込まれていること。
事業継続要件
現物出資事業が現物出資後に被現物出資法人（被現物出資法人との間に完全支配関係がある法人などを含む。）において引き続き行われることが見込まれていること。

第6節　利益の額又は損失の額の計算

■共同で事業を行うための現物出資で、次の要件の全てに該当するもの

事業関連性要件

現物出資法人の現物出資事業と被現物出資法人の被現物出資事業とが相互に関連するものであること。
現物出資事業とは、現物出資法人の現物出資前に行う事業のうち、現物出資により被現物出資法人において行われることとなるものをいう。被現物出資事業とは、被現物出資法人の現物出資前に行う事業のうちのいずれかの事業をいい、現物出資が複数新設現物出資である場合にあっては、他の現物出資法人の現物出資事業をいう。

事業規模要件又は特定役員引継要件

現物出資法人の現物出資事業と被現物出資法人の被現物出資事業（現物出資事業と関連する事業に限る。）のそれぞれの売上金額、現物出資事業と被現物出資事業のそれぞれの従業者の数若しくはこれらに準ずるものの規模の割合がおおむね5倍を超えないこと。
現物出資前の現物出資法人の役員等のいずれかと被現物出資法人の特定役員（現物出資が複数新設現物出資である場合にあっては、他の現物出資法人の役員等）のいずれかとが現物出資後に被現物出資法人の特定役員となることが見込まれていること。
役員等とは、役員及び社長、副社長、代表取締役、代表執行役、専務取締役若しくは常務取締役に準ずる者で法人の経営に従事している者をいい、特定役員とは、社長、副社長、代表取締役、代表執行役、専務取締役若しくは常務取締役又はこれらに準ずる者で法人の経営に従事している者をいう。

主要資産等引継要件

現物出資により現物出資法人の現物出資事業に係る主要な資産及び負債が被現物出資法人に移転していること。

従業者引継要件

現物出資法人の現物出資の直前の現物出資事業に係る従業者のうち、その総数のおおむね80％以上の者が現物出資後に被現物出資法人の業務（被現物出資法人との間に完全支配関係がある法人の業務などを含む。）に従事することが見込まれていること。

事業継続要件

現物出資法人の現物出資事業（被現物出資法人の被現物出資事業と関連する事業に限る。）が現物出資後に被現物出資法人（被現物出資法人との間に完全支配関係がある法人などを含む。）において引き続き行われることが見込まれていること。

株式継続保有要件

第1章　各事業年度の所得に対する法人税

> 現物出資により交付される被現物出資法人の株式の全部が現物出資法人により継続して保有されることが見込まれていること。

✓ 上記の**適格要件**には、多段階型再編等多様な手法による事業再編の円滑な実施を可能とするための措置が講じられている。

ニ　適格現物分配

内国法人を現物分配法人とする現物分配のうち、その現物分配により資産の移転を受ける者が、その現物分配の直前においてその内国法人との間に完全支配関係がある内国法人（普通法人又は協同組合等に限る。）のみであるものをいう（法２十二の五）。

ホ　適格株式分配

完全子法人の株式のみが移転する**株式分配**のうち、完全子法人と現物分配法人とが独立して事業を行うための株式分配として一定のもの（次表〔適格要件〕）をいう（法２十五の三、令４の３⑯）。

なお、その株式が現物分配法人の発行済株式等の総数又は総額のうちに占める現物分配法人の各株主等の有する現物分配法人の株式の数（出資にあっては、金額）の割合に応じて交付されるものに限る。

✓ **株式分配**とは、現物分配（剰余金の配当又は利益の配当に限る。）のうち、その現物分配の直前において現物分配法人により発行済株式等の全部を保有されていた法人のその発行済株式等の全部が移転するもの（その現物分配により発行済株式等の移転を受ける者がその現物分配の直前において現物分配法人との間に完全支配関係がある者のみである場合におけるその現物分配を除く。）をいう（法２十二の十五の二）。

〔適格要件〕

■独立して事業を行うための株式分配(※)で、次の要件の全てに該当するもの
※　完全子法人の株式のみが移転する株式分配のうち、完全子法人と現物分配法人とが独立して事業を行うための株式分配
株式分配の直前に現物分配法人と他の者との間に当該他の者による支配関係がなく、かつ、その株式分配後に完全子法人と他の者との間に当該他の者による支配関係があることとなることが見込まれていないこと。 他の者には、その者が締結している組合契約及び一定の組合契約に係る他の組合員である者を含む。
株式分配前の完全子法人の特定役員の全てが株式分配に伴って退任をするものでないこと。

第6節　利益の額又は損失の額の計算

> 完全子法人の株式分配の直前の従業者のうち、その総数のおおむね80％以上の者が完全子法人の業務に引き続き従事することが見込まれていること（従業者引継要件）。
>
> 完全子法人の株式分配前に行う主要な事業が完全子法人において引き続き行われることが見込まれていること（事業継続要件）。

✓　上記の**適格要件**には、多段階型再編等多様な手法による事業再編の円滑な実施を可能とするための措置が講じられている。

ヘ　適格株式交換等

次表〔適格要件〕のいずれかに該当する**株式交換等**で株式交換等完全子法人の株主等に**株式交換等完全親法人**又は**株式交換完全支配親法人**のうちいずれか一の法人の**株式以外の資産**が交付されないものをいう（法２十二の十七、令４の３⑰～⑳）。

✓　**株式交換等**とは、株式交換及び下記イからハまでに掲げる行為により対象法人（それぞれイからハまでに規定する法人をいう。）がそれぞれイ若しくはロに規定する最大株主等である法人又はハの一の株主等である法人との間にこれらの法人による完全支配関係を有することとなることをいう（法２十二の十六）。

イ　全部取得条項付種類株式（ある種類の株式について、これを発行した法人が株主総会その他これに類するものの決議（イにおいて「取得決議」という。）によってその全部の取得をする旨の定めがある場合のその種類の株式をいう。）に係る取得決議によりその取得の対価としてその法人の最大株主等（その法人以外のその法人の株主等のうちその有するその法人の株式の数が最も多い者をいう。）以外の全ての株主等（その法人及びその最大株主等との間に完全支配関係がある者を除く。）に一に満たない端数の株式以外の法人の株式が交付されないこととなる場合のその取得決議

ロ　株式の併合で、その併合をした法人の最大株主等（その法人以外のその法人の株主等のうちその有するその法人の株式の数が最も多い者をいう。）以外の全ての株主等（当該法人及び当該最大株主等との間に完全支配関係がある者を除く。）の有することとなるその法人の株式の数が一に満たない端数となるもの

ハ　株式売渡請求（法人の一の株主等が当該法人の承認を得てその法人の他の株主等（その法人及びその一の株主等との間に完全支配関係がある者を除く。）の全てに対して法令（外国の法令を含む。ハにおいて同じ。）の規定に基づいて行うその法人の株式の全部を売り渡すことの請求をいう。）に係るその承認により法令の規定に基づきその法人の発行済株式等（一の株主等又はその一の株主等との間に完全支配関係がある者が有するものを除く。）の全部がその一の株主等に取得されることとなる場合のその承認

✓　**株式交換完全支配親法人**とは、株式交換完全親法人との間に株式交換完全親法人の発行済株式等の全部を直接又は間接に保有する関係として一定の関係がある法人をいう（法２十二の十七）。

第1章　各事業年度の所得に対する法人税

✓　**株式以外の資産**には、次の資産は含まない（法２十二の十七）。
　イ　株主等に対する剰余金の配当として交付される金銭その他の資産
　ロ　株式交換等に反対する株主等に対するその買取請求に基づく対価として交付される金銭その他の資産
　ハ　株式交換の直前において株式交換完全親法人が株式交換完全子法人の発行済株式（その株式交換完全子法人が有する自己の株式を除く。）の総数の３分の２以上に相当する数の株式を有する場合におけるその株式交換完全親法人以外の株主に交付される金銭その他の資産
　ニ　法人税法第２条第12号の16イの取得の価格の決定の申立てに基づいて交付される金銭その他の資産
　ホ　同号イに掲げる行為に係る同号イの一に満たない端数の株式
　ヘ　同号ロに掲げる行為により生ずる同号ロに規定する法人の一に満たない端数の株式の取得の対価として交付される金銭その他の資産
　ト　同号ハの取得の対価として交付される金銭その他の資産

〔適格要件〕

■完全支配関係がある法人間の株式交換
■支配関係がある法人間の株式交換等で、次の要件の全てに該当するもの
従業者継続従事要件
株式交換等完全子法人の株式交換等の直前の従業者のうち、その総数のおおむね80％以上の者が株式交換等完全子法人の業務（株式交換等完全子法人との間に完全支配関係がある法人の業務などを含む。）に引き続き従事することが見込まれていること。
事業継続要件
株式交換等完全子法人の株式交換等前に行う主要な事業が株式交換等完全子法人（株式交換等完全子法人との間に完全支配関係がある法人などを含む。）において引き続き行われることが見込まれていること。
■共同で事業を行うための株式交換で、次の要件の全てに該当するもの
事業関連性要件
株式交換完全子法人の子法人事業と株式交換完全親法人の親法人事業とが相互に関連するものであること。 　子法人事業とは、株式交換完全子法人の株式交換前に行う主要な事業のうちのいずれかの事業をいい、親法人事業とは、株式交換完全親法人の株式交換前に行う事業のうちのいずれかの事業をいう。
事業規模要件又は特定役員引継要件

株式交換完全子法人の子法人事業と株式交換完全親法人の親法人事業（子法人事業と関連する事業に限る。）のそれぞれの売上金額、子法人事業と親法人事業のそれぞれの従業者の数若しくはこれらに準ずるものの規模の割合がおおむね5倍を超えないこと。

株式交換前の株式交換完全子法人の特定役員の全てが株式交換に伴って退任をするものでないこと。

特定役員とは、社長、副社長、代表取締役、代表執行役、専務取締役若しくは常務取締役又はこれらに準ずる者で法人の経営に従事している者をいう。

従業者継続従事要件

株式交換完全子法人の株式交換の直前の従業者のうち、その総数のおおむね80％以上の者が株式交換完全子法人の業務（株式交換完全子法人との間に完全支配関係がある法人の業務などを含む。）に引き続き従事することが見込まれていること。

事業継続要件

株式交換完全子法人の子法人事業（親法人事業と関連する事業に限る。）が株式交換完全子法人（株式交換完全子法人との間に完全支配関係がある法人などを含む。）において引き続き行われることが見込まれていること。

株式継続保有要件

株式交換により交付される株式交換完全親法人又は株式交換完全支配親法人のうちいずれか一の法人の株式（議決権のないものを除く。）であって支配株主に交付されるものの全部が支配株主により継続して保有されることが見込まれていること。

支配株主とは、該株式交換の直前に株式交換完全子法人と他の者との間に当該他の者による支配関係がある場合における当該他の者及び当該他の者による支配関係があるもの（株式交換完全親法人を除く。）をいう。

完全親子関係継続要件

株式交換後に株式交換完全親法人と株式交換完全子法人との間に株式交換完全親法人による完全支配関係が継続することが見込まれていること。

✓ 上記の**適格要件**には、多段階型再編等多様な手法による事業再編の円滑な実施を可能とするための措置が講じられている。

ト 適格株式移転

次表〔適格要件〕のいずれかに該当する株式移転で株式移転完全子法人の株主に**株式移転完全親法人の株式以外の資産**が交付されないものをいう（法2十二の十八、令4の3㉑〜㉔）。

✓ **株式移転完全親法人の株式以外の資産**には、株式移転に反対する当該株主に対するその買取請求に基づく対価として交付される金銭その他の資産を除く。

第1章　各事業年度の所得に対する法人税

〔適格要件〕

■完全支配関係がある法人間の株式移転
■支配関係がある法人間の株式移転で、次の要件の全てに該当するもの
従業者継続従事要件
各株式移転完全子法人の株式移転の直前の従業者のうち、その総数のおおむね80％以上の者が株式移転完全子法人の業務（株式移転完全子法人との間に完全支配関係がある法人の業務などを含む。）に引き続き従事することが見込まれていること。
事業継続要件
各株式移転完全子法人の株式移転前に行う主要な事業が株式移転完全子法人（株式移転完全子法人との間に完全支配関係がある法人などを含む。）において引き続き行われることが見込まれていること。
■共同で事業を行うための株式移転で、次の要件の全てに該当するもの
事業関連性要件
株式移転完全子法人の子法人事業と他の株式移転完全子法人の他の子法人事業とが相互に関連するものであること。 　子法人事業とは、株式移転完全子法人の株式移転前に行う主要な事業のうちのいずれかの事業をいい、他の子法人事業とは、他の株式移転完全子法人の株式移転前に行う事業のうちのいずれかの事業をいう。
事業規模要件又は特定役員引継要件
株式移転完全子法人の子法人事業と他の株式移転完全子法人の他の子法人事業（子法人事業と関連する事業に限る。）のそれぞれの売上金額、子法人事業と他の子法人事業のそれぞれの従業者の数若しくはこれらに準ずるものの規模の割合がおおむね5倍を超えないこと。 　株式移転前の株式移転完全子法人若しくは他の株式移転完全子法人のそれぞれの特定役員の全てが株式移転に伴って退任をするものでないこと。 　特定役員とは、社長、副社長、代表取締役、代表執行役、専務取締役若しくは常務取締役又はこれらに準ずる者で法人の経営に従事している者をいう。
従業者継続従事要件
株式移転完全子法人又は他の株式移転完全子法人の株式移転の直前の従業者のうち、それぞれその総数のおおむね80％以上の者が、それぞれ株式移転完全子法人又は他の株式移転完全子法人の業務（株式移転完全子法人又は他の株式移転完全子法人との間に完全支配関係がある法人の業務などを含む。）に引き続き従事することが見込まれていること。
事業継続要件

株式移転完全子法人又は他の株式移転完全子法人の子法人事業又は他の子法人事業（相互に関連する事業に限る。）が株式移転完全子法人又は他の株式移転完全子法人（株式移転完全子法人又は他の株式移転完全子法人との間に完全支配関係がある法人などを含む。）において引き続き行われることが見込まれていること。

株式継続保有要件

株式移転により交付される株式移転完全親法人の株式（議決権のないものを除く。）のうち支配株主に交付されるもの（対価株式）の全部が支配株主により継続して保有されることが見込まれていること。

支配株主とは、株式移転の直前に株式移転完全子法人又は他の株式移転完全子法人と他の者との間に当該他の者による支配関係がある場合における当該他の者及び当該他の者による支配関係があるものをいう。

完全親子関係継続要件

株式移転後に株式移転完全子法人と他の株式移転完全子法人との間に株式移転完全親法人による完全支配関係が継続することが見込まれていること。

✓ 上記の**適格要件**には、多段階型再編等多様な手法による事業再編の円滑な実施を可能とするための措置が講じられている。

(3) 組織再編成に係る所得の金額の計算の原則

イ　合併及び分割による資産等の時価による譲渡

内国法人が合併又は分割により合併法人又は分割承継法人にその有する資産又は負債の移転をしたときは、合併法人又は分割承継法人に移転をした資産及び負債の合併又は分割の時の価額（時価）による譲渡をしたものとして、譲渡損益の計上を行うことを原則とする（法62①）。

具体的には、合併により合併法人に移転をした資産及び負債の移転による譲渡利益額（合併の時の価額が原価の額を超える場合におけるその超える部分の金額をいう。）又は譲渡損失額（原価の額が合併の時の価額を超える場合におけるその超える部分の金額をいう。）は、合併に係る最後事業年度（被合併法人の合併の日の前日の属する事業年度をいう。）の益金の額又は損金の額に算入する（法62②）。

ロ　現物分配による資産の譲渡

内国法人が残余財産の全部の分配又は引渡し（適格現物分配を除く。）により被現物分配法人その他の者にその有する資産の移転をするときは、被現物分配法人その他の者にその移転をする資産の残余財産の確定の時の価額（時価）による譲渡をしたものとして、譲渡損益の計上を行うこととなる（法62の5①）。

具体的には、残余財産の全部の分配又は引渡しにより被現物分配法人その他の者に移転をする資産のその移転による譲渡に係る譲渡利益額（残余財産の確定の時の価額が原価の額を超える場合におけるその超える部分の金額をいう。）又は

第1章　各事業年度の所得に対する法人税

譲渡損失額（原価の額が残余財産の確定の時の価額を超える場合におけるその超える部分の金額をいう。）は、その残余財産の確定の日の属する事業年度の益金の額又は損金の額に算入する（法62の5②）。

【参考】適格現物出資に該当しない現物出資
　適格現物出資に該当しない現物出資は、本来の時価による譲渡の概念に包含されるので、上記のイ及びロのような規定が存在しないが、考え方は同じと考えてよいだろう。

(4) 組織再編成に係る所得の金額の計算の特例
　イ　適格合併及び適格分割型分割による資産等の帳簿価額による引継ぎ
　　内国法人が適格合併により合併法人にその有する資産及び負債の移転をしたときは、上記(3)イにかかわらず、合併法人にその移転をした資産及び負債の適格合併に係る最後事業年度終了の時の帳簿価額として一定の金額による引継ぎをしたものとして、移転資産等の譲渡損益の計上が繰り延べられる（法62の2①）。
　　また、内国法人が適格分割型分割により分割承継法人にその有する資産又は負債の移転をしたときは、上記(3)イにかかわらず、分割承継法人にその移転をした資産及び負債の適格分割型分割の直前の帳簿価額による引継ぎをしたものとして、移転資産等の譲渡損益の計上が繰り延べられる（法62の2②）。
　ロ　適格分社型分割による資産等の帳簿価額による譲渡
　　内国法人が適格分社型分割により分割承継法人にその有する資産又は負債の移転をしたときは、上記(3)イにかかわらず、分割承継法人にその移転をした資産及び負債の適格分社型分割の直前の帳簿価額による譲渡をしたものとして、移転資産等の譲渡損益の計上が繰り延べられる（法62の3①）。
　ハ　適格現物出資による資産等の帳簿価額による譲渡
　　内国法人が適格現物出資により被現物出資法人にその有する資産の移転をし、又はこれと併せてその有する負債の移転をしたときは、被現物出資法人にその移転をした資産及び負債の適格現物出資の直前の帳簿価額による譲渡をしたものとして、移転資産等の譲渡損益の計上が繰り延べられる（法62の4①）。
　ニ　適格現物分配による資産の譲渡
　　内国法人が適格現物分配又は適格株式分配により被現物分配法人その他の株主等にその有する資産の移転をしたときは、被現物分配法人その他の株主等にその移転をした資産の適格現物分配又は適格株式分配の直前の帳簿価額（その適格現物分配が残余財産の全部の分配である場合には、その残余財産の確定の時の帳簿価額）による譲渡をしたものとして、移転資産等の譲渡損益の計上が繰り延べられる（法62の5③）。
　　※　内国法人が適格現物分配により資産の移転を受けたことにより生ずる収益の額は、その内国法人の各事業年度の益金の額に算入しない（法62の5④）。
　　※　内国法人の残余財産の確定の日の属する事業年度に係る事業税の額及び特別法人事業税及び特別法人事業税の額は、その内国法人の事業年度の損金の額に

第6節　利益の額又は損失の額の計算

算入する（法62の5⑤）。

ホ　株式等を対価とする株式の譲渡に係る所得の計算の特例

　法人が、その有する株式（以下「所有株式」という。）を発行した他の法人を会社法第774条の3第1項第1号に規定する株式交付子会社とする株式交付によりその所有株式を譲渡し、株式交付親会社の株式の交付を受けた場合（その株式交付により交付を受けた株式交付親会社の株式の価額が交付を受けた金銭の額及び金銭以外の資産の価額の合計額のうちに占める割合が80％に満たない場合並びにその株式交付の直後のその株式交付親会社が同族会社に該当する場合を除く。）における法人税法第61条の2第1項の規定の適用については、同項第1号に掲げる金額は、その所有株式の株式交付の直前の帳簿価額に相当する金額に株式交付割合（交付を受けた株式交付親会社の株式の価額が交付を受けた金銭の額及び金銭以外の資産の価額の合計額（剰余金の配当として交付を受けた金銭の額及び金銭以外の資産の価額の合計額を除く。）のうちに占める割合をいう。）を乗じて計算した金額と交付を受けた金銭の額及び金銭以外の資産の価額の合計額（株式交付親会社の株式の価額並びに剰余金の配当として交付を受けた金銭の額及び金銭以外の資産の価額の合計額を除く。）とを合計した金額となる（措法66の2①、措令39の10の2）。

ヘ　特定資産に係る譲渡等損失額の損金不算入

　内国法人と支配関係法人（その内国法人との間に支配関係がある法人をいう。）との間で内国法人を合併法人、分割承継法人、被現物出資法人又は被現物分配法人とする特定適格組織再編成等（適格合併若しくは適格合併に該当しない合併で法人税法第61条の11第1項《完全支配関係がある法人の間の取引の損益》の規定の適用があるもの、適格分割、適格現物出資又は適格現物分配のうち、同法第57条第4項《欠損金の繰越し》に規定する共同で事業を行うための適格組織再編成等として一定のものに該当しないものをいう。）が行われた場合（その内国法人の特定適格組織再編成等の日（特定適格組織再編成等が残余財産の全部の分配である場合には、その残余財産の確定の日の翌日）の属する事業年度（以下「特定組織再編成事業年度」という。）開始の日の5年前の日、その内国法人の設立の日又は支配関係法人の設立の日のうち最も遅い日から継続して内国法人と支配関係法人との間に支配関係がある場合として一定の場合を除く。）には、その内国法人の特定組織再編成事業年度開始の日から同日以後3年を経過する日（その経過する日が内国法人が支配関係法人との間に最後に支配関係を有することとなった日以後5年を経過する日後となる場合にあっては、その5年を経過する日）までの期間（その期間に終了する各事業年度において同法第62条の9第1項《非適格株式交換等に係る株式交換完全子法人等の有する資産の時価評価損益》、同法第64条の11第1項《通算制度の開始に伴う資産の時価評価損益》、同法第64条の12第1項《通算制度への加入に伴う資産の時価評価損益》又は同法第64条の13第1項（第1号に係る部分に限る。）《通算制度からの離脱等に伴う資産の時価評価損益》の規定の適用を受ける場合には、特定組織再編成事業年度開始の日からその適用を受ける事業年度終了の日までの期間。）において生ずる特定資産譲渡等

第1章　各事業年度の所得に対する法人税

損失額は、その内国法人の各事業年度の損金の額に算入しない（法62の7①）。
ト　非適格合併等により移転を受ける資産等に係る調整勘定の損金算入等
　　内国法人が非適格合併等（適格合併に該当しない合併又は適格分割に該当しない分割、適格現物出資に該当しない現物出資若しくは事業の譲受けのうち、一定のものをいう。）により非適格合併等に係る被合併法人、分割法人、現物出資法人その他一定の法人（以下「被合併法人等」という。）から資産又は負債の移転を受けた場合において、その内国法人が非適格合併等により交付した金銭の額及び金銭以外の資産（適格合併に該当しない合併にあっては、法人税法第62条第1項《合併及び分割による資産等の時価による譲渡》に規定する新株等）の価額の合計額（その非適格合併等において被合併法人等から支出を受けた法人税法第37条第7項に規定する寄附金の額に相当する金額を含み、被合併法人等に対して支出をした寄附金の額に相当する金額を除く。）がその移転を受けた資産及び負債の時価純資産価額（その資産（営業権にあっては、一定のものに限る。）の取得価額（完全支配関係がある法人の間の取引の損益の適用がある場合には、その制度の適用がないものとした場合の取得価額。）の合計額からその負債の額（負債調整勘定の金額を含む。）の合計額を控除した金額をいう。）を超えるときは、その超える部分の金額（その資産の取得価額の合計額がその負債の額の合計額に満たない場合には、その満たない部分の金額を加算した金額）のうち一定の部分の金額は、資産調整勘定の金額となる（法62の8①）。
チ　非適格株式交換等に係る株式交換完全子法人等の有する資産の時価評価損益
　　内国法人が自己を株式交換等完全子法人又は株式移転完全子法人とする株式交換等又は株式移転（適格株式交換等及び適格株式移転並びに株式交換又は株式移転の直前に内国法人と株式交換完全親法人又は他の株式移転完全子法人との間に完全支配関係があった場合におけるその株式交換及び株式移転を除く。以下「非適格株式交換等」という。）を行った場合には、その内国法人がその非適格株式交換等の直前の時において有する時価評価資産（固定資産、土地（土地の上に存する権利を含み、固定資産に該当するものを除く。）、有価証券、金銭債権及び繰延資産で一定のもの以外のものをいう。）の評価益の額（非適格株式交換等の直前の時の価額がその時の帳簿価額を超える場合のその超える部分の金額をいう。）又は評価損の額（非適格株式交換等の直前の時の帳簿価額がその時の価額を超える場合のその超える部分の金額をいう。）は、非適格株式交換等の日の属する事業年度の益金の額又は損金の額に算入する（法62の9①）。
リ　欠損金の引継ぎ
　　内国法人を合併法人とする適格合併が行われた場合又は内国法人との間に完全支配関係（その内国法人による完全支配関係又は一の者との間に当事者間の完全支配の関係がある法人相互の関係に限る。）がある他の内国法人でその内国法人が発行済株式若しくは出資の全部若しくは一部を有するものの残余財産が確定した場合において、その適格合併に係る被合併法人又はその他の内国法人（以下「被合併法人等」という。）のその適格合併の日前10年以内に開始し、又はその残余財産の確定の日の翌日前10年以内に開始した各事業年度（以下、「前10年内事

業年度」という。）において生じた未処理欠損金額(注)があるときのその前10年内事業年度において生じた未処理欠損金額は、それぞれその未処理欠損金額の生じた前10年内事業年度開始の日の属するその内国法人の各事業年度において生じた欠損金額とみなす（法57②）。

ただし、繰越欠損金額を利用した租税回避を防止する観点から、被合併法人等の未処理欠損金額の引継制限措置が設けられている。

(注) 被合併法人等がその欠損金額（この引継ぎの規定によりその被合併法人等の欠損金額とみなされたものを含み、引継制限措置の規定によりないものとされたものを除く。）の生じた前10年内事業年度について青色申告書である確定申告書を提出し、かつ、その後において連続して確定申告書を提出していることとする要件を満たしている場合におけるその欠損金額に限るものとし、その被合併法人等の前10年内事業年度の所得の金額の計算上損金の額に算入されたもの及び還付を受けるべき金額の計算の基礎となったものを除く（法57②、令112①）。

【適格合併の場合の未処理欠損金額の帰属】

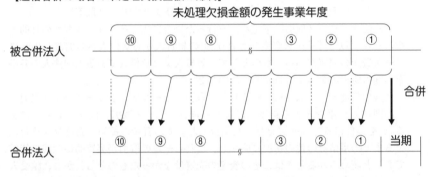

〔出所〕中村慈美著「図解 組織再編税制〔令和6年版〕」P 406（大蔵財務協会）

第7節　収益及び費用の帰属事業年度の特例

1　リース譲渡に係る収益及び費用の帰属事業年度

企業会計においては、従来、所有権移転外ファイナンス・リース取引は原則売買処理とされ、例外的に一定の注記を条件として賃貸借処理を認めることとされていた（「リース取引に係る会計基準」平成5年6月17日：企業会計審議会第一部会）。しか

第1章　各事業年度の所得に対する法人税

しながら実態的にはほとんどすべての企業が例外処理を採用していたため、企業会計基準委員会においては、ファイナンス・リース取引は経済的実態が物件を売買した場合と同様の状態にあるという認識のもと、会計上の情報開示の観点からはファイナンス・リース取引については借手において資産及び負債を認識する必要性があること、例外処理がほぼすべてを占める現状は会計基準の趣旨を否定するような特異な状況であり早急に是正される必要があることといった問題意識と、さらには国際会計基準とのコンバージェンスの観点から、4年にわたり議論を重ね、例外処理の廃止を織り込んだ企業会計基準第13号「リース取引に関する会計基準」を平成19年3月30日に公表した。

　税制においても、取引の経済的実態に合った処理とすべきという点では企業会計の考え方と異なるところはなく、所有権移転外ファイナンス・リース取引は経済的実態が売買取引と同様であるという認識にも相違はないことから、企業会計における見直しを契機として、所有権移転外ファイナンス・リース取引についても売買取引に準じた処理としたものである（財務省資料「平成19年度税制改正の解説」P336）。

(1)　**リース取引に係る所得の金額の計算**
　イ　売買として取り扱われるリース取引（ファイナンス・リース取引）
　　　内国法人がリース取引（下記ハ）を行った場合には、そのリース取引の目的となる資産（以下「リース資産」という。）の賃貸人から賃借人への引渡しの時にリース資産の売買があったものとして、賃貸人又は賃借人である内国法人の各事業年度の所得の金額を計算する（法64の2①）。
　ロ　金銭の貸借として取り扱われるリース取引（セールアンドリースバック取引）
　　　内国法人が譲受人から譲渡人に対する賃貸（リース取引に該当するものに限る。）を条件に資産の売買を行った場合において、資産の種類、売買及び賃貸に至るまでの事情その他の状況に照らし、これら一連の取引が実質的に金銭の貸借であると認められるときは、その資産の売買はなかったものとし、かつ、譲受人から譲渡人に対する金銭の貸付けがあったものとして、譲受人又は譲渡人である内国法人の各事業年度の所得の金額を計算する（法64の2②）。
　ハ　税務上のリース取引
　　　リース取引とは、資産の賃貸借（所有権が移転しない土地の賃貸借その他一定のものを除く。）で、次に掲げる要件に該当するものをいう（法64の2③）。
　　(イ)　ノンキャンセラブル
　　　　その賃貸借に係る契約が、賃貸借期間の中途においてその解除をすることができないものであること又はこれに準ずるものであること。
　　　◆関連通達◆
　　　・解除をすることができないものに準ずるものの意義（基通12の5－1－1）
　　(ロ)　フルペイアウト
　　　　賃貸借に係る賃借人が賃貸借に係る資産からもたらされる経済的な利益を実質的に享受することができ、かつ、資産の使用に伴って生ずる費用を実質的に負担すべきこととされているものであること。

第7節 収益及び費用の帰属事業年度の特例

◆関連通達◆
・おおむね100分の90の判定等（基通12の5－1－2）
・これらに準ずるものの意義（基通12の5－1－3）

(2) 延払基準の方法による経理等

　内国法人が、リース取引によるリース資産の引渡し（以下「リース譲渡」という。）を行った場合において、そのリース譲渡に係る収益の額及び費用の額につき、そのリース譲渡の日の属する事業年度以後の各事業年度の確定した決算において延払基準の方法により経理したとき（リース譲渡につき法人税法第63条第2項の規定の適用を受ける場合を除く。）は、その経理した収益の額及び費用の額は、その各事業年度の益金の額及び損金の額に算入する（法63①）。ただし、リース譲渡に係る収益の額及び費用の額につき、同日の属する事業年度後のいずれかの事業年度の確定した決算において延払基準の方法により経理しなかった場合その他一定の場合（法63③④）には、その経理しなかった決算に係る事業年度後又は一定の場合の適用を受けた事業年度後の事業年度については、この限りでない（法63①ただし書）。

2　工事の請負に係る収益及び費用の帰属事業年度

　イ　長期大規模工事

　　内国法人が、長期大規模工事（工事（製造及びソフトウエアの開発を含む。）のうち、その着手の日からその工事に係る契約において定められている目的物の引渡しの期日までの期間が1年以上であること、一定の大規模な工事であることその他一定の要件に該当するものをいう。）の請負をしたときは、その着手の日の属する事業年度からその目的物の引渡しの日の属する事業年度の前事業年度までの各事業年度の所得の金額の計算上、その長期大規模工事の請負に係る収益の額及び費用の額のうち、各事業年度の収益の額及び費用の額として工事進行基準の方法により計算した金額を、益金の額及び損金の額に算入する（法64①）。

　ロ　長期大規模工事以外の請負工事

　　内国法人が、工事（その着手の日の属する事業年度（以下「着工事業年度」という。）中にその目的物の引渡しが行われないものに限るものとし、長期大規模工事に該当するものを除く。）の請負をした場合において、その工事の請負に係る収益の額及び費用の額につき、着工事業年度からその工事の目的物の引渡しの日の属する事業年度の前事業年度までの各事業年度の確定した決算において工事進行基準の方法により経理したときは、その経理した収益の額及び費用の額は、各事業年度の益金の額及び損金の額に算入する（法64②）。

　　ただし、その工事の請負に係る収益の額及び費用の額につき、着工事業年度後のいずれかの事業年度の確定した決算において工事進行基準の方法により経理しなかった場合には、その経理しなかった決算に係る事業年度の翌事業年度以後の事業年度については、この限りでない。

第1章　各事業年度の所得に対する法人税

第8節　一般に公正妥当と認められる会計処理の基準

イ　法人税法第22条第4項では、「第2項に規定する当該事業年度の収益の額及び前項各号に掲げる額は、別段の定めがあるものを除き、一般に公正妥当と認められる会計処理の基準に従つて計算されるものとする。」と規定されている。

ロ　法人税の課税所得の金額は法人の会計処理を基礎として、税法の別段の定めによって調整を加えながら計算されるものであるから、企業会計とは密接に関連し合うものとなっている。この規定は、税法では、客観的、常識的にみて判断（解釈）するための基準とみることができ、これが公正妥当な会計処理の基準であると認められるものがあれば、企業会計がそれに従っている限り、それを認めていこうという態度を明確にしたものとされている。

【裁判例・裁決例】

・大阪高判平成3年12月19日　（訟月38巻7号1325頁）
　　同項は、複雑、多様化し、流動的な経済事象については、税法によって一義的、完結的に対応することは適切ではなく、健全な企業会計の慣行に委ねることのほうが適切であるとの趣旨で規定されたものである。したがって、右同項の趣旨に照らせば、同項にいう「一般に公正妥当と認められる会計処理の基準」とは、客観的な規範性をもつ公正妥当と認められる会計処理の基準という意味であり、企業会計原則のような明文化された特定の基準を指すものではないと解される。勿論、企業会計原則が、企業会計の実務の中に慣習として発達したものの中から、一般に公正妥当と認められたところを要約したものとされていることから、一般に公正妥当と認められる会計処理の基準の一つの源泉となるものとは解されるが、一般に公正妥当と認められる会計処理の基準は、企業会計原則のみを意味するものではなくて他の会計慣行をも含み、他方、企業会計原則であっても解釈上採用し得ない場合もある。

・東京高判昭和48年8月31日　（税資70号967頁）
・京都地判昭和34年1月31日　（税資29号64頁）

第9節　資本等取引

イ　法人税法第22条第5項では、「資本等取引とは、法人の資本金等の額の増加又は減少を生ずる取引並びに法人が行う利益又は剰余金の分配（資産の流動化に関する法律第115条第1項（中間配当）に規定する金銭の分配を含む。）及び残余財産の分配又は引渡しをいう。」と規定されている。

　　すなわち、資本等取引には、資本取引（増資、減資等のように資本の払込み、資本の修正によって資本自体が変動する取引などで企業の経済活動による取引とは区別して取り扱われるもの）と利益等の分配（通常の剰余金の配当のほか、株主の地位に基づいた一切の経済的利益も含む広義なもの）が併存しているといえる。

ロ　利益の分配等が資本等取引として損益計算から除外されるのは、法人税法は出資者に利益を還元する前の段階の所得を課税の対象とし、利益の分配等はその後にその中から配分されるべき性格のものであるため、その配分額は会社法上あるいは企業会計上の資本取引ではないが、損益取引とは関連がないという意味において資本等取引とされたとされている。

◆関連通達◆
・資本等取引に該当する利益等の分配（基通１－５－４）
・募集株式の買取引受けに係る株式払込剰余金（基通１－５－６）
【裁判例・裁決例】
・最判昭和45年７月16日（税資60号90頁）

第10節　各事業年度の所得の金額の計算の細目

　法人税法第２編第１章第１節第２款から同第10款までに定めるもののほか、各事業年度の所得の金額の計算に関し必要な事項について、包括的に法人税法施行令で定めたものである（法65）。

　この委任規定に基づき法人税法施行令で定められたものとして、例えば、資本的支出（令132）や、少額の減価償却資産の取得価額の損金算入（令133）及び土地の使用に伴う対価についての所得の計算（令137）などがある。

第2章　税額の計算

第1節　税額の計算

1　各事業年度の所得に対する法人税の税率

(1) 概要

各事業年度の所得に対する法人税の税率は、法人の種類と所得金額の区分に応じ、それぞれ次のとおりとなる（法66、措法42の3の2、67の2）。

税率は、法人の種類別と所得金額の区分に従い、次のとおりである。

法人の種類、所得金額		適用事業年度		28.4.1以後開始事業年度	30.4.1以後開始事業年度	31.4.1以後開始事業年度
普通法人・人格のない社団等	資本金の額若しくは出資金の額が1億円以下のもの又は資本若しくは出資を有しないもの（相互会社、大法人による完全支配関係がある法人を除く。）	年800万円以下の部分	下記以外の法人	15%	15%	15%
			適用除外事業者（(2)ロ）			19%
		年800万円超の部分		23.4%	23.2%	23.2%
	上記以外の法人			23.4%	23.2%	23.2%
協同組合等（**特定の協同組合等**（注2）を除く。）		年800万円以下の部分		15%	15%	15%
		年800万円超の部分		19%	19%	19%
公益法人等	公益社団（財団）法人、一般社団（財団）法人のうち非営利型法人	年800万円以下の部分		15%	15%	15%
		年800万円超の部分		23.4%	23.2%	23.2%
	一定の公益法人等（(2)イ）	年800万円以下の部分		15%	15%	15%
		年800万円超の部分		23.4%	23.2%	23.2%
	上記以外の公益法人等	年800万円以下の部分		15%	15%	15%
		年800万円超の部分		19%	19%	19%

〔出所〕税務大学校資料を一部修正

- ✓ **年800万円**については、事業年度の期間が1年未満の法人は、
  $$800万円 \times \frac{その事業年度の月数}{12}$$
  として計算する（法66④）。
- ✓ **特定の協同組合等**（構成員が50万人以上である組合など）にあっては、所得金額のうち10億円を超える部分の金額については22%（平成24年4月1日以後に開

第2章　税額の計算

始する事業年度、それ以前は26％）の税率が適用される（措法68）。

(2) **用語の意義**
　イ　一定の公益法人等とは、認可地縁団体、管理組合法人、団地管理組合法人、法人である政党等、防災街区整備事業組合、特定非営利活動法人、マンション建替組合及びマンション敷地売却組合をいう（措令27の3の2）。
　ロ　適用除外事業者とは、その事業年度開始の日前3年以内に終了した各事業年度（基準年度）の所得金額の年平均が15億円を超える法人をいう（措法42の4⑲八）。

【参考】地方法人税の取扱い
　平成26年度税制改正において、地方交付税の財源を確保するため、地方法人税制度が創設された。
　地方法人税は、平成26年10月1日以後に開始（中間申告にあっては平成27年10月1日以後に開始）する事業年度から課税され、その課税標準は各事業年度の課税標準法人税額とされており、税率は10.3％（令和元年10月1日までに開始する課税事業年度は4.4％）である（地方法人税9①、10①）。

2　特定同族会社の特別税率
(1) **概要**
　内国法人である特定同族会社（下記(2)イ）の各事業年度の留保金額（イメージA）が留保控除額（イメージB）を超える場合には、その特定同族会社に対して課する各事業年度の所得に対する法人税の額は、**所要の計算をした法人税の額**に、その超える部分の課税留保金額（イメージC）を次のイからハの金額に区分してそれぞれの金額にそれぞれの割合を乗じて計算した金額の合計額を加算した金額とする（法67）。
　イ　年3,000万円以下の金額　10％
　ロ　年3,000万円を超え、年1億円以下の金額　15％
　ハ　年1億円を超える金額　20％
　✓　**所要の計算をした法人税の額**とは、法人税法第66条第1項、第2項及び第6項並びに同法第69条第19項《外国税額の控除》（同条第23項において準用する場合を含む。）の規定をいう。

第1節　税額の計算

【イメージ】特定同族会社の留保金課税の計算構造

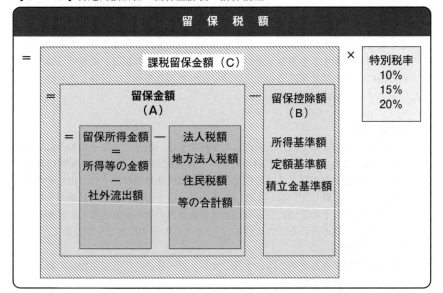

(2) **用語の意義**

イ　特定同族会社

被支配会社で、被支配会社であることについての判定の基礎となった株主等のうちに被支配会社でない法人がある場合には、その法人を判定の基礎となる株主等から除外して判定するものとした場合においても被支配会社となるもの（資本金の額又は出資金の額が１億円以下であるものにあっては、法人税法第66条第５項第２号から第５号までに掲げるもの及び同条第６項に規定する大通算法人に限る。）をいい、清算中のものを除く（法67①）。

ロ　被支配会社

会社（投資法人を含む。）の株主等（その会社が自己の株式又は出資を有する場合のその会社を除く。）の一人及び同族関係者が、その会社の発行済株式又は出資（その会社が有する自己の株式又は出資を除く。）の総数又は総額の50％を超える数又は金額の株式又は出資を有する場合など「その会社を支配している場合」におけるその会社をいう（法67②）。

ハ　同族関係者

会社の株主等の一人と特殊の関係にある個人及び法人をいう（法67②、令139の７）。

第2章　税額の計算

3　使途秘匿金の支出がある場合の課税の特例
(1) 概要
　法人（公共法人を除く。）は、その使途秘匿金の支出について法人税を納める義務があるものとし、法人が平成6年4月1日以後に使途秘匿金の支出をした場合には、その法人に対して課する各事業年度の所得に対する法人税の額は、所要の計算をした法人税の額に、その使途秘匿金の支出の額に40％の割合を乗じて計算した金額を加算した金額とする（措法62①）。

(2) 用語の意義
　イ　使途秘匿金の支出とは、法人がした金銭の支出（贈与、供与その他これらに類する目的のためにする金銭以外の資産の引渡しを含む。）のうち、相当の理由がなく、その相手方の氏名又は名称及び住所又は所在地並びにその事由をその法人の帳簿書類に記載していないもの（資産の譲受けその他の取引の対価の支払としてされたもの（その支出に係る金銭又は金銭以外の資産が当該取引の対価として相当であると認められるものに限る。）であることが明らかなものを除く。）をいう（措法62②）。
　ロ　相当の理由があるものとは、手帳、カレンダー等の広告宣伝用物品の贈与やチップ等の小口の謝金がある。

　◆関連通達◆
　・費途不明の交際費等（基通9－7－20）

第2節　税額控除

1　所得税額の控除
(1) 概要
　内国法人が各事業年度において所得税法第174条各号《内国法人に係る所得税の課税標準》に規定する利子等、配当等、給付補塡金、利息、利益、差益、利益の分配又は賞金の支払を受ける場合には、これらにつき所得税法等の規定により源泉徴収される所得税及び復興特別所得税の額（その所得税の額に係る法人税法第69条の2第1項《分配時調整外国税相当額の控除》に規定する分配時調整外国税相当額を除く。）は、その事業年度の所得に対する法人税の額から控除する（法68①）。
　この場合、法人が受ける預貯金の利子等に係る源泉徴収された所得税等の額は元本の所有期間にかかわらず、その全額を法人税の額から控除することとなるが、公社債の利子や剰余金の配当等に係る源泉徴収された所得税等の額は、その元本の所有期間に対応する部分の額（下記(2)）のみが税額控除の対象となる（令140の2）。

(2) 配当等に係る所得税額控除
　配当等に係る元本の所有期間に対応する部分の所得税等の額の計算方法には、原則

第2節　税額控除

法と簡便法があり、事業年度ごとにいずれかを選択することができる（令140の２）。
　イ　原則法
　　　控除の対象となる所得税の額について、元本の銘柄ごと、所有期間の月数ごとに、次の算式により元本の所有期間に対応する部分の金額を計算して、控除所得税額を計算する（令140の２②）。

〔算式〕

$$控除所得税額 = 配当等に係る所得税額 \times \frac{元本の所有期間の月数}{配当等の計算期間の月数}$$

　ロ　簡便法
　　　控除の対象となる所得税の額について、元本を①株式・出資（特定公社債等運用投資信託の受益権及び社債的受益権を除く。）、②集団投資信託（合同運用信託、公社債投資信託及び公社債等運用投資信託（特定公社債等運用投資信託を除く。）を除く。）の２種類に区分し、かつ、配当等の計算期間が１年を超えるものと１年を超えないものに区分して、次の算式により元本の所有期間に対応する部分の金額を銘柄ごとに計算して、控除所得税額を計算する（令140の２③）。

〔算式〕
〔配当等の計算期間が１年を超えるもの〕

$$控除所得税額 = 配当等に係る所得税額^{(注)} \times \left[\frac{A + (B - A) \times 1/12}{B}\right]$$

〔配当等の計算期間が１年以下のもの〕

$$控除所得税額 = 配当等に係る所得税額^{(注)} \times \left[\frac{A + (B - A) \times 1/2}{B}\right]$$

　　A：配当等の計算の基礎となる期間の開始時に所有する元本数
　　B：配当等の計算の基礎となる期間の終了時に所有する元本数

　　（注）　１年を超えるものと、１年以下のものの区分に属する全ての元本

第2章 税額の計算

について、その銘柄ごとの所得税額の合計額となる（令140の2③）。

2 外国税額の控除

(1) 概要

内国法人が各事業年度において外国法人税を納付することとなる場合には、その各事業年度の所得に対する法人税の額として計算した金額のうち、その事業年度の国外所得金額に対応する金額（以下「控除限度額」という。）を限度として、控除対象外国法人税の額を、その事業年度の所得に対する法人税の額から控除する（法69①）。

すなわち、外国法人税の額と控除限度額のいずれか少ない金額が税額控除額となる。

【イメージ】

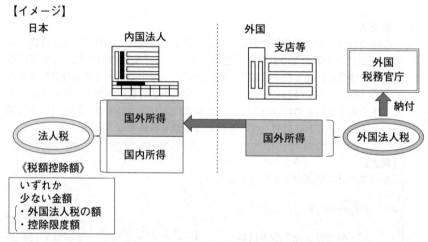

〔出所〕森高厚胤著「図解グループ通算税制」P332（2024・大蔵財務協会）

(2) 用語の意義

イ 外国法人税の範囲

外国の法令に基づき外国又はその地方公共団体により法人の所得を課税標準として課される税をいう（法69①、令141①）。

外国法人税に含まれるもの （令141②）	外国法人税に含まれないもの （令141③）
A 超過利潤税その他法人の所得の特定の部分を課税標準として課される税	A 税を納付する者が、その税の納付後、任意にその金額の全部又は一部の還付を請求することができる税
B 法人の所得又はその特定の部分を課税標準として課される税の附加税	B 税の納付が猶予される期間を、その税の納付をすることとなる者が任

第2節　税額控除

C　法人の所得を課税標準として課される税と同一の税目に属する税で、法人の特定の所得につき、徴税上の便宜のため、所得に代えて収入金額その他これに準ずるものを課税標準として課されるもの D　法人の特定の所得につき、所得を課税標準とする税に代え、法人の収入金額その他これに準ずるものを課税標準として課される税	意に定めることができる税 C　複数の税率の中から税の納付をすることとなる者と外国若しくはその地方公共団体又はこれらの者により税率の合意をする権限を付与された者との合意により税率が決定された一定の税 D　外国法人税に附帯して課される附帯税に相当する税その他これに類する税

ロ　国外所得金額

　国外源泉所得に係る所得のみについて各事業年度の所得に対する法人税を課するものとした場合に課税標準となるべきその事業年度の所得の金額に相当するものをいい（法69①括弧書）、具体的には、内国法人の各事業年度の次に掲げる国外源泉所得に係る所得の金額の合計額（その合計額が零を下回る場合には、零）をいう（令141の2）。

(イ)　国外源泉所得（法69④一）

(ロ)　国外源泉所得（法69④二～十六）

ハ　控除対象外国法人税の額

　内国法人が納付した外国法人税の額のうち、次の外国法人の額を除いたものをいう（法69①括弧書、令142の2①～⑧）。

(イ)　外国法人税を課す国又は地域においてその外国法人税の課税標準とされる金額に35％を乗じて計算した金額を超える部分の金額（所得に対する負担が高率な部分の金額）の外国法人税の額（令142の2①）

(ロ)　内国法人の通常行われる取引と認められないものとして一定の取引に基因して生じた所得に対して課される外国法人税の額（令142の2⑤）

(ハ)　内国法人の法人税に関する法令の規定により法人税が課されないこととなる金額を課税標準として外国法人税に関する法令により課されるものとして一定の外国法人税の額（令142の2⑦）

(ニ)　外国法人から受ける剰余金の配当等の額に係る外国法人税の額など一定の外国法人税の額（令142の2⑧）

ニ　控除限度額の計算

　控除限度額とは、税額控除できる限度額であり、その各事業年度の所得に対する法人税の額として計算した金額のうち、その事業年度の国外所得金額に対応する金額をいい、次の算式で計算した金額をいう（法69①）。

第2章　税額の計算

〔算式〕

$$\text{内国法人の各事業年度の所得に対する法人税の額} \times \frac{\text{調整国外所得金額}}{\text{その事業年度の所得金額}}$$

✓ **事業年度の所得金額**とは、欠損金の繰越し（法57）、公共法人等が普通法人等に移行する場合の所得の金額の計算（法64の4）並びに対外船舶運航事業を営む法人の日本船舶による収入金額の課税の特例（措法59の2）、組合事業等による損失がある場合の課税の特例（措法67の12、67の13）の規定を適用しないで計算した場合のその事業年度の所得の金額（次において「当該事業年度の所得金額」という。）をいう（令142②）。

✓ **調整国外所得金額**とは、欠損金の繰越し（法57）、公共法人等が普通法人等に移行する場合の所得の金額の計算（法64の4）並びに対外船舶運航事業を営む法人の日本船舶による収入金額の課税の特例（措法59の2）、組合事業等による損失がある場合の課税の特例（措法67の12、67の13）の規定を適用しないで計算した場合のその事業年度の国外所得金額から外国法人税が課されない国外源泉所得に係る所得の金額を控除した金額をいう。ただし、その金額が当該事業年度の所得金額の90％に相当する金額を超える場合には、その90％に相当する金額とする（令142③）。

3　仮装経理に基づく過大申告の場合の更正に伴う法人税額の控除

(1)　概要

内国法人の各事業年度開始の日前に開始した事業年度の所得に対する法人税につき税務署長が更正をした場合において、その更正につき仮装経理に基づく過大申告の場合の更正に伴う法人税額の還付の特例（法135①）の適用があったときは、その更正に係る仮装経理法人税額（既に還付されるべきこととなった金額等を除く。）は、各事業年度（その更正の日以後に終了する事業年度に限る。）の所得に対する法人税の額から控除する（法70）。

(2)　用語の意義

イ　仮装経理に基づく過大申告の場合の更正に伴う法人税額の還付の特例（法135）は、仮装経理法人税額（下記ロ）について、一定の場合の還付を除き、還付しない **CHECK** というものである。

> **CHECK**　－仮装経理に基づく税額控除－
>
> 更正の日を含む事業年度開始の日前1年以内に開始した事業年度分の法人税額がある場合は、これに相当する金額を還付し（法135②）、還付できないものについて税額控除する（法70）。

第2節　税額控除

ロ　仮装経理法人税額とは、内国法人の提出した確定申告書に記載された各事業年度の所得の金額がその事業年度の課税標準とされるべき所得の金額を超え、かつ、その超える金額のうちに事実を仮装して経理したところに基づくものがある場合において、税務署長がその事業年度の所得に対する法人税につき更正をしたときの、その事業年度の所得に対する法人税として納付された金額のうち更正により減少する部分の金額でその仮装して経理した金額をいう（法135①）。

【イメージ】

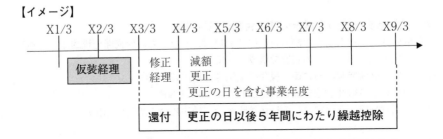

【参考】更正に関する特例（法129）

　仮装経理に基づく過大申告が行われた場合には、その後の事業年度の確定した決算において法人が仮装経理につき修正の経理をし、かつ、その決算に基づく確定申告書を提出するまでの間は、たとえ、税務調査により過大申告が明らかとなっても税務署長は減額の更正をしないことができる。

　この場合の修正の経理とは、その仮装経理をした事業年度に遡って修正することではなく、その仮装経理をした事業年度以後の事業年度の確定した決算において、「特別損失」又は「前期損益修正」など、過年度の損益の修正であることがわかる方法で修正することをいう。

> **コラム**　－仮装経理とは－
>
> 　仮装経理とは、ある事実を仮装して経理することであるが、通常その目的とするところは、企業の業績が悪化している状況であるにもかかわらず、意識的にその経理を操作して法人の利害関係者に対し歪めた業績を表示するものである。そして、その仮装経理の方法は、架空売上の計上、架空棚卸資産の計上など様々であり、資産の取得価額を過大に計上する方法（経費の圧縮）によって、仮装経理が行われることもある。

【参考】税額控除の順序

　上記の法人税の額からの控除については、まず法人税法第69条の2（**分配時調整外国税相当額の控除**）の規定による控除をし、次に仮装経理に基づく過大申告の場合の更正に伴う法人税額の控除（上記**3**）による控除をした後において、所

第2章　税額の計算

得税額の控除（上記１）及び外国税額の控除（上記２）の規定による控除をする（法70の２）。

✓ **分配時調整外国税相当額の控除**とは、法人が支払いを受ける集団投資信託の収益の分配にかかる分配時調整外国税の額で、その収益の分配にかかる所得税等の額から控除された金額のうち分配時調整外国税相当額は、法人税の額から控除することができるがこの控除のことをいう（法69の２）。

4　試験研究を行った場合の法人税額の特別控除

試験研究を行った場合の法人税額の特別控除、すなわち、研究開発税制は、基本的には、次の(1)から(3)までの制度で構成されている。
(1)　一般試験研究費の額に係る税額控除制度（措法42の４①）
(2)　中小企業技術基盤強化税制（措法42の４④）（P 308）
(3)　特別試験研究費の額に係る税額控除制度（措法42の４⑦）（P 310）

(1)　一般試験研究費の額に係る税額控除制度

青色申告書を提出する法人（人格のない社団等を含む。）の適用年度（下記イ）において、試験研究費の額がある場合には、その事業年度の所得に対する調整前法人税額から税額控除限度額（下記ロ）を控除する（措法42の４①）。

なお、その控除を受ける金額（税額控除額）は、その事業年度の所得に対する調整前法人税額の25％相当額を限度とする。

　イ　適用年度
　　　合併による解散以外の解散の日を含む事業年度及び清算中の各事業年度を除く各事業年度。
　ロ　税額控除限度額（措法42の４①）

〔算式〕

試験研究費の額 × 税額控除割合（下記ハ） ＝ 税額控除限度額（下記ニ）

　ハ　税額控除割合（措法42の４②）
　（令和３年４月１日から令和８年３月31日までに開始する各事業年度）**CHECK**

A	下記Bの事業年度以外の事業年度	
	※　それぞれ次で算出された割合に小数点以下３位未満の端数があるときにはこれを切り捨てた割合とし、上限は14％。	
a	増減試験研究費割合が12％を超える場合（cを除く。） （措法42の４②一イ）	〔算式〕 11.5％＋（増減試験研究費割合－12％）×0.375

第2節　税額控除

	b	増減試験研究費割合が12％以下である場合（cを除く。） （措法42の4②一ロ）	〔算式〕（下限：1％） 11.5％－（12％－増減試験研究費割合）×0.25
	c	その事業年度が設立事業年度である場合 比較試験研究費の額が零である場合 （措法42の4②一ハ）	8.5％

■上乗せ措置（上記Aの割合に加算）
B　試験研究費割合が10％を超える事業年度
　　※　それぞれ次で算出された割合に小数点以下3位未満の端数があるときにはこれを切り捨てた割合とし、上限は14％。

	d	上記aからcの割合に次の算式による控除割増率（上限10％）を乗じて計算した割合 （措法42の4②二）	〔算式〕 控除割増率（最大10％） ＝（試験研究費割合－10％） ×0.5

ニ　税額控除限度額（**上乗せ措置**）
　この制度の適用に当たっては、その控除を受ける金額（税額控除額）は、その事業年度の所得に対する調整前法人税額の25％相当額を限度とするところ、次のA又はBの区分（事業年度）に応じて、その25％相当額にそれぞれの金額を加算することができる（措法42の4③）。
　なお、次のA及びBの事業年度のいずれにも該当する事業年度にあっては、それぞれの金額の合計額となる（措法42の4③括弧書）。

	事業年度	金額
A	イ　適用年度がその法人の設立日から設立日以後10年を経過する日までの期間内の日を含む事業年度に該当すること。 ロ　その法人が適用年度終了の時において、法人税法第66条第5項第2号又は第3号の法人及び株式移転完全親法人のいずれにも該当しないこと。 ハ　適用年度終了の時において純損失等の金額があること。	調整前法人税額×15％相当額
B	令和5年4月1日から令和8年3月31日までの間に開始する各事業年度のうち次のイからハに掲げる事業年度（措法42の4③二）	調整前法人税額 　　×　イからハの割合 ※　イ及びハに掲げる事業年度のいずれにも該当する事業年度にあっては、イに定

税額控除

第2章 税額の計算

		める割合とハに定める割合とのうちいずれか高い割合
イ	増減試験研究費割合が4％を超える事業年度（設立事業年度及び比較試験研究費の額が零である事業年度を除く。）	**（増減試験研究費割合** 　　　　　－4％）×0.625 ※　その割合に小数点以下三位未満の端数があるときは切り捨てた割合とし、上限は5％。
ロ	増減試験研究費割合がマイナス4％を下回る事業年度（設立事業年度、比較試験研究費の額が零である事業年度及びハに掲げる事業年度を除く。）	**（増減試験研究費割合** 　　　　　＋4％）×0.625 ※　その割合に小数点以下三位未満の端数があるときは切り捨てた割合とし、下限は△5％。
ハ	試験研究費割合が10％を超える事業年度	**（試験研究費割合** 　　　　　－10％）×2 ※　その割合に小数点以下三位未満の端数があるときは切り捨てた割合とし、上限は10％

第2節　税額控除

CHECK －令和8年4月1日以後に開始する事業年度における税額控除割合（令和6年度税制改正）－

		事業年度開始の日		
		令8.4.1～11.3.31	令11.4.1～13.3.31	令13.4.1～
増減試験研究費割合	0以上である場合（措法42の4①一）	11.5％－{（12％－増減試験研究費割合）×0.25}		
	0に満たない場合（措法42の4①二）	8.5％－0に満たない部分の割合×8.5／30	8.5％－0に満たない部分の割合×8.5／27.5	8.5％－0に満たない部分の割合×8.5／25
設立事業年度である場合又は比較試験研究費の額が0である場合（措法42の4①三）		8.5％		

※　令和8年4月1日以後に開始する事業年度分の法人税について適用されます（令和6年改正法附則39①②）。
※　各欄の算式により計算した割合に小数点以下3位未満の端数がある場合には、これを切り捨てた割合となります（措法42の4①）。
※　各欄の算式により計算した割合が0に満たない場合には、税額控除割合は0となります（措法42の4①二）。

■用語解説

用　語	解　説
試験研究費の額	次に掲げる金額の合計額（その金額に係る費用に充てるため他の者等から支払を受ける金額がある場合には、その金額を控除した金額とし、その法人が内国法人である場合の国外事業所等を通じて行う事業に係る費用を除く。）をいう（措法42の4⑲一）。 イ　次に掲げる費用の額（法人税法第22条第3項第1号の額に該当するものを除く。）で各事業年度の所得の金額の計算上損金の額に算入されるもの 　(イ)　製品の製造又は技術の改良、考案若しくは発明に係る試験研究（新たな知見を得るため又は利用可能な知見の新たな応用を考案するために行うものに限る。）のために要する費用（研究開発費として損金経

税額控除

第2章　税額の計算

試験研究費の額	理をした金額のうち、ロに規定する固定資産の取得に要した金額とされるべき費用の額又はロに規定する繰延資産となる費用の額がある場合における当該固定資産又は繰延資産の償却費、除却による損失及び譲渡による損失を除く。(ロ)において同じ。)で一定のもの（措令27の4⑤） (ロ)　対価を得て提供する新たな役務の開発に係る試験研究として一定の試験研究のために要する費用で一定のもの（措令27の4⑥） ロ　イ(イ)又は(ロ)に掲げる費用の額で各事業年度において研究開発費として損金経理をした金額のうち、棚卸資産若しくは固定資産（事業の用に供する時においてイ(イ)の試験研究又はイ(ロ)の一定の試験研究の用に供する固定資産を除く。)の取得に要した金額とされるべき費用の額又は繰延資産（イ(イ)の試験研究又はイ(ロ)の一定の試験研究のために支出した費用に係る繰延資産を除く。)となる費用の額（措令27の4⑦）
比較試験研究費の額	適用年度開始の日の3年前の日から適用年度開始の日の前日までの期間内に開始した各事業年度の試験研究費の額（各事業年度の月数と適用年度の月数とが異なる場合には、試験研究費の額にその適用年度の月数を乗じてこれを各事業年度の月数で除して計算した金額）の合計額をその期間内に開始した各事業年度の数で除して計算した金額をいう（措法42の4⑲五）。
増減試験研究費割合	増減試験研究費の額（適用年度の試験研究費の額から比較試験研究費の額を減算した金額をいう。)の比較試験研究費の額に対する割合をいう（措法42の4⑲三）。
試験研究費割合	適用年度の試験研究費の額の平均売上金額に対する割合をいう（措法42の4⑲六）。

(2)　中小企業技術基盤強化税制（措法42の4④）

　中小企業者（適用除外事業者（P310）に該当するものを除く。）又は農業協同組合等で、青色申告書を提出するもの（以下「中小企業者等」という。）の適用年度（下記イ）において、試験研究費の額がある場合には、その中小企業者等の事業年度の所得に対する調整前法人税額から、その事業年度の試験研究費の額の12％相当額（以下「中小企業者等税額控除限度額」という。）を控除する（措法42の4④）。なお、その控除を受ける金額（中小企業者等税額控除額）は、その事業年度の所得に対する調整前法人税額の25％相当額を限度とする。

第2節　税額控除

イ　適用年度
　　合併による解散以外の解散の日を含む事業年度及び清算中の各事業年度を除く各事業年度。
ロ　中小企業者等税額控除限度額（措法42の4④）

〔算式〕

試験研究費の額　×　税額控除割合12%（下記ハ）　＝　中小企業者等税額控除限度額（下記ニ）

✓　**試験研究費の額**のうち特別試験研究費の額に該当するものがある場合に、この試験研究費の額に含めないで計算したときは、「**(3)　特別試験研究費に係る税額控除制度**」を適用することができる（措法42の4⑦）。

ハ　税額控除割合
12%（令和5年4月1日から令和8年3月31日までに開始する事業年度）
　この期間の税額控除割合は、12%に次の事業年度の区分に応じそれぞれ次の算式により算出した割合を加算した割合（この割合に小数点以下三位未満の端数があるときはこれを切り捨てた割合とし、上限は17%）となる（措法42の4⑤）。

a	増減試験研究費割合が12%を超える事業年度（設立事業年度、比較試験研究費の額が零である事業年度及び試験研究費割合が10%を超える事業年度を除く。）（措法42の4⑤一）	（増減試験研究費割合－12.0%）×0.375
b	試験研究費割合が10%を超える事業年度（設立事業年度及び比較試験研究費の額が零である事業年度のいずれにも該当しない事業年度で増減試験研究費割合が12%を超える事業年度を除く。）（措法42の4⑤二）	12%×控除割増率（※） ※　控除割増率とは次の算式により算出した割合 （上限10%） （試験研究費割合－10%）×0.5
c	増減試験研究費割合が12%を超え、かつ、試験研究費割合が10%を超える事業年度（設立事業年度及び比較試験研究費の額が零である事業年度を除く。）（措法42の4⑤三）	（増減試験研究費割合－12%）×0.375×（1＋控除割増率）＋12%×控除割増率

ニ　中小企業者等税額控除限度額（**上乗せ措置**）
　中小企業者等の令和3年4月1日から令和8年3月31日までの間に開始する各事業年度の中小企業者等税額控除限度額の上限について、次の特例措置（上乗せ措置）が講じられている（措法42の4⑥）。
　具体的には、その控除を受ける金額（税額控除額）は、その事業年度の所得に対する調整前法人税額の25%相当額を限度とするところ、次のA又はBの区分

第2章　税額の計算

（事業年度）に応じて、その25％相当額にそれぞれの金額を加算することができる（措法42の4⑥）。

	事業年度	金額
A	増減試験研究費割合が12％を超える事業年度 （設立事業年度及び比較試験研究費の額が零である事業年度を除く。） （措法42の4⑥一）	**調整前法人税額×10％相当額**
B	試験研究費割合が10％を超える事業年度 （上記Aの事業年度を除く。） （措法42の4⑥二）	**調整前法人税額× ((試験研究費割合－10％)×2** ※　(試験研究費割合－10％)×2により算出した割合の上限は10％。

■用語解説

用　語	解　説
中小企業者	中小企業者に該当する法人として一定の法人をいう（措法42の4⑲七、措令27の4⑰）。 ※　「中小企業者」の具体的な判定については、312ページの「中小企業者の判定表」を参照のこと。
適用除外事業者	事業年度開始の日前3年以内に終了した各事業年度（以下「基準年度」という。）の所得の金額の合計額を各基準年度の月数の合計数で除し、これに12を乗じて計算した金額（設立後3年を経過していないこと、既に基準年度の所得に対する法人税の額につき法人税法第80条の規定の適用があったことなど一定の事由がある場合には、その計算した金額につき事由の内容に応じ調整を加えた金額として算した金額）が15億円を超える法人をいう（措法42の4⑲八）。

(3)　特別試験研究費の額に係る税額控除制度

　青色申告書を提出する法人の適用年度（下記イ）において、特別試験研究費の額（下記ロ）がある場合には、その事業年度の所得に対する調整前法人税額から特別研究税額控除限度額（下記ハ）を控除する（措法42の4⑦）。なお、その控除を受ける金額（税額控除額）は、その事業年度の所得に対する調整前法人税額の10％相当額を限度とする（措法42の4⑦後段）。
　　イ　適用年度
　　　合併による解散以外の解散の日を含む事業年度及び清算中の各事業年度を除く各事業年度。
　　ロ　特別試験研究費の額
　　　その事業年度において上記の(1)又は(2)の適用を受ける場合には、これらの取扱

第2節　税額控除

いによりその事業年度の所得に対する調整前法人税額から控除する金額の計算の基礎となった特別試験研究費の額を除くこととなる（措法42の4⑦）。

ハ　特別研究税額控除限度額

次に掲げる金額の合計額となる（措法42の4⑦）。

〔算式〕

特別試験研究費の額　×　税額控除割合
（次表の額）　　　　　（次表の割合）

	特別試験研究費の内容と額	割合
A	その事業年度の特別試験研究費の額のうち国の試験研究機関、大学その他これらに準ずる者（以下「特別試験研究機関等」という。）と共同して行う試験研究又は特別試験研究機関等に委託する試験研究に係る試験研究費の額として**一定の金額**	30%
B	その事業年度の特別試験研究費の額（上記Aの試験研究費を除く。）のうち他の者と共同して行う試験研究又は他の者に委託する試験研究であって、革新的なもの又は国立研究開発法人その他これに準ずる者における研究開発の成果を実用化するために行うものに係る試験研究費の額として**一定の金額**	25%
C	その事業年度の特別試験研究費の額のうちA及びBにおける一定の金額以外の金額	20%

✓　**Aの一定の金額**とは、その事業年度の特別試験研究費の額のうち、特別研究機関等と共同して行う試験研究など（措令27の4㉔一、二、七及び八の試験研究）に係る特別試験研究費の額に相当する金額（特別試験研究機関等研究費の額）をいう（措令27の4③）。

✓　**Bの一定の金額**とは、その事業年度の特別試験研究費の額（上記の特別試験研究機関等研究費の額を除く。）のうち、特定新事業開拓事業者と共同して行う試験研究など（措令27の4㉔三、四、十及び十一の試験研究）に係る特別試験研究費の額に相当する金額をいう（措令27の4③）。

第2章 税額の計算

	中小企業者の判定表					
発行済株式又は出資の総数又は総額	a		大規模法人の株式数等の保有の明細	順位	大規模法人名	株式数又は出資金の額
aのうちその有する自己の株式又は出資の総数又は総額	b			1	i	
差引 (a) － (b)	c					j
常時使用する従業員の数	d	人				k
大規模法人の株式数等の保有割合	第1順位の株式数又は出資金の額 (i)	e				l
	保有割合 (e)／(c)	f	%			m
	大規模法人の保有する株式数等の計 (o)	g				n
	保有割合 (g)／(c)	h	%		計 (i)+(j)+(k)+(l)+(m)+(n)	o
判定	資本金の額又は出資金の額が1億円以下の法人	「f」が1/2以上又は「h」が2/3以上の場合			⇒「中小企業者」非該当	
	資本又は出資を有しない法人	「d」が1,000人を超える場合				

「大規模法人の保有する株式数等の明細 i～n」の各欄は、その法人の株主等のうち**大規模法人**について、その所有する株式数又は出資金の額の最も多いものから順次記載する。

㊟ **大規模法人**とは、次のイ～ハの法人をいい、中小企業投資育成株式会社を除く。
　イ　資本金の額又は出資金の額が1億円を超える法人
　ロ　資本又は出資を有しない法人のうち常時使用する従業員の数が1,000人を超える法人
　ハ　次の㈤又は㈥の法人
　　㈤　大法人（次のA～Cの法人をいう。）との間にその大法人による完全支配関係がある普通法人
　　　A　資本金の額又は出資金の額が5億円以上である法人
　　　B　相互会社及び外国相互会社のうち常時使用する従業員の数が1,000人を超える法人
　　　C　受託法人
　　㈥　普通法人との間に完全支配関係がある全ての大法人が有する株式及び出資の全部をその全ての大法人のうちいずれか一の法人が有するものとみなした場合において、そのいずれか一の法人とその普通法人との間にそのいずれか一の法人による完全支配関係があることとなるときのその普通法人（㈤の法人を除く。）

〔出所〕国税庁資料を一部加工

第2節　税額控除

5　中小企業者等が機械等を取得した場合の特別償却又は法人税額の特別控除

中小企業者等（下記イ）が、指定期間（下記ロ）内に、特定機械装置等（下記ハ）でその製作の後事業の用に供されたことのないものを取得し、又は特定機械装置等を製作して、これを国内にある中小企業者等の営む指定事業（下記ニ）の用（下記ハの(ホ)の事業を営む法人で一定のもの以外の法人の貸付けの用を除く。）に供した場合には、その供用年度（下記ホ）の特定機械装置等に係る償却費として損金の額に算入する金額の限度額は、特定機械装置等の普通償却限度額と特別償却限度額（下記ヘ）との合計額とする（措法42の6①）。

イ　中小企業者等

中小企業者（適用除外事業者を除く。）又は農業協同組合等若しくは商店街振興組合で、青色申告書を提出するものをいう（法42の6①）。

【参考】
・**中小企業者**（P310）
・**適用除外事業者**（P310）

ロ　指定期間

平成10年6月1日から令和7年3月31日までの期間をいう（措法42の6①）。

ハ　特定機械装置等

	対象資産	内容
(イ)	機械及び装置 措令27の6①④	・次に掲げる要件のいずれにも該当するものを除く。 　A　その管理のおおむね全部を他の者に委託するものであること。 　B　要する人件費が少額なサービス業として一定の事業の用に供するものであること ・一台又は一基（通常一組又は一式をもって取引の単位とされるものにあっては、一組又は一式。次号において同じ。）の取得価額が160万円以上のもの
(ロ)	工具 措令27の6④、措規20の3③	・測定工具及び検査工具（電気又は電子を利用するものを含む。）（製品の品質管理の向上等に資するものに限る。）とする。 ・一台又は一基の取得価額が120万円以上のもの（中小企業者等がその事業年度（指定期間の末日以前に開始し、かつ、その末日後に終了する事業年度にあっては、その事業年度開始の日からその末日までの期間に限る。）において、取得（その製作の後事業の用に供されたことのないものの取得に限る。）又は製作をして国内にある中小企業者等の営む指定事業の用に供した工具（一台又は一基の取得価額が30万円以上のものに限る。）の取得価額の合計額が120万円以上である場合のその工具を含む。）

第2章　税額の計算

(ハ)	ソフトウエア 措令27の6②④、措規20の3⑤	・電子計算機に対する指令であって一の結果を得ることができるように組み合わされたもの（複写して販売するための原本、開発研究の用に供されるものその他一定のものを除く。）とする。 ・一のソフトウエアの取得価額が70万円以上のもの（中小企業者等がその事業年度（指定期間の末日以前に開始し、かつ、その末日後に終了する事業年度にあっては、その事業年度開始の日からその末日までの期間に限る。）において、取得又は製作をして国内にある中小企業者等の営む指定事業の用に供したソフトウエア（法人税法施行令第133条又は第133条の2の適用を受けるものを除く。）の取得価額の合計額が70万円以上である場合のそのソフトウエアを含む。）
(ニ)	車両及び運搬具 措規20の3⑥	・普通自動車で貨物の運送の用に供されるもののうち車両総重量が3.5トン以上のもの（貨物の運送の用に供される自動車で輸送の効率化等に資するものに限る。）とする。
(ホ)	海上運送業の用に供される船舶 措令27の6③、措規20の3⑦	・内航海運業法第2条第2項第1号及び第2号に掲げる事業とする。 ・その船舶は、総トン数が500トン以上の船舶とする。 ・その船舶に用いられた指定装置等の内容その他一定の事項を国土交通大臣に届け出たものであることにつき明らかにされた船舶とする。

ニ　指定事業
　国内にある中小企業者等の営む指定事業とは、次の事業をいう（措令27の6⑥、措規20の3⑧）。
　製造業、建設業、農業、林業、漁業、水産養殖業、鉱業、卸売業、道路貨物運送業、倉庫業、港湾運送業、ガス業、小売業、料理店業その他の飲食店業（料亭、バー、キャバレー、ナイトクラブその他これらに類する事業にあっては、生活衛生同業組合の組合員が行うものに限る。）、一般旅客自動車運送業、海洋運輸業及び沿海運輸業、内航船舶貸渡業、旅行業、こん包業、郵便業、通信業、損害保険代理業、不動産業、サービス業（娯楽業（映画業を除く。）を除く。）

ホ　供用年度
　指定事業（上記ニ）の用に供した日を含む事業年度をいう。ただし、解散（合併による解散を除く。）の日を含む事業年度及び清算中の各事業年度を除く。

ヘ　特別償却限度額
　特定機械装置等の取得価額の30％に相当する金額をいう。
　ただし、海上運送業の用に供される船舶（上記ハ(ホ)）については、その取得価額に75％の割合を乗じて計算した金額の30％に相当する金額をいう（措令27の6

⑦)。

6　給与等の支給額が増加した場合の法人税額の特別控除（賃上げ促進税制）

　青色申告書を提出する法人が、適用期間（下記イ）において**国内雇用者**に対して**給与等**を支給する場合において、適用要件（下記ロ）に該当するときは、その法人の事業年度の所得に対する調整前法人税額から税額控除限度額（下記ハ）を控除する。この場合において、税額控除限度額が、その法人の事業年度の所得に対する調整前法人税額の20％に相当する金額を超えるときは、その控除を受ける金額は、その20％に相当する金額を限度とする（措法42の12の5①）。

✓　**国内雇用者**とは、法人の使用人（その法人の役員（法人税法第2条第15号に規定する役員をいう。）と特殊の関係のある者及びその法人の使用人としての職務を有する役員を除く。）のうち法人の有する国内の事業所に勤務する一定の雇用者をいう（措法42の12の5③二）。

　この場合の「役員と特殊の関係のある者」とは、次の者をいう（措令27の12の5⑤）。
　　A　役員の親族
　　B　役員と婚姻の届出をしていないが事実上婚姻関係と同様の事情にある者
　　C　A及びB以外の者で役員から生計の支援を受けているもの
　　D　A及びBと生計を一にするこれらの者の親族

　また、「国内の事業所に勤務する一定の雇用者」とは、その法人の国内に所在する事業所につき作成された労働基準法第108条に規定する賃金台帳に記載された者をいう（措令27の12の5⑥）。

✓　**給与等**とは、所得税法第28条第1項に規定する給与等をいう（措法42の12の5③三）。具体的には、俸給、給料、賃金、歳費及び賞与並びにこれらの性質を有する給与をいい、退職金は給与所得課税の対象とはならないので、ここにいう給与等には該当しない。

◆関連通達◆
・給与等の範囲（措通42の12の5－1の4）

イ　適用期間
　　令和4年4月1日から令和9年3月31日までの間に開始する各事業年度をいう（措法42の12の5①）。ただし、設立事業年度、解散（合併による解散を除く。）の日を含む事業年度及び清算中の各事業年度を除く。
ロ　適用要件
　　継続雇用者給与等支給増加割合が3％以上であること。
　　ただし、その事業年度終了の時において、その法人の資本金の額又は出資金の額が10億円以上であり、かつ、その法人の常時使用する従業員の数が1,000人以上である場合又はその事業年度終了の時において法人の常時使用する従業員の数が2,000人を超える場合には、給与等の支給額の引上げ方針、下請事業者その他の取引先との適切な関係の構築の方針などを公表している場合として一定の場合

第2章　税額の計算

に限る。

[継続雇用者給与等支給増加割合の計算]

$$\frac{継続雇用者給与等支給額 - 継続雇用者比較給与等支給額}{継続雇用者比較給与等支給額}$$

ハ　税額控除限度額

〔算式〕

控除対象雇用者給与等支給増加額（※1）　×　10％（※2）

※1　その事業年度において地方活力向上地域等において雇用者の数が増加した場合の法人税額の特別控除（措法42の12）の適用を受ける場合には、その控除を受ける金額の計算の基礎となった者に対する給与等の支給額として計算した金額を控除した残額となる。

※2　その事業年度において次表の要件を満たす場合には、この10％にそれぞれの割合（その事業年度において次表の要件の全てを満たす場合には、それぞれの割合を合計した割合）を加算した割合とする。

(イ)		継続雇用者給与等支給増加割合が4％以上であること	
	A	継続雇用者給与等支給増加割合が4％以上5％未満である場合	5％
	B	継続雇用者給与等支給増加割合が5％以上7％未満である場合	10％
	C	継続雇用者給与等支給増加割合が7％以上である場合	15％
(ロ)		次の要件の全てを満たすこと	5％
	A	その法人のその適用事業年度の所得の金額の計算上損金の額に算入される教育訓練費の額から、その比較教育訓練費の額を控除した金額のその比較教育訓練費の額に対する割合が10％以上であること。	
	B	その法人のその適用事業年度の所得の金額の計算上損金の額に算入される教育訓練費の額のその法人の雇用者給与等支給額に対する割合が0.05％以上であること。	
(ハ)		その事業年度終了の時において次に掲げる者のいずれかに該当すること	5％
	A	次世代育成支援対策推進法第15条の3第1項に規定する特例認定一般事業主	
	B	女性の職業生活における活躍の推進に関する法律第13条第1項に規定する特例認定一般事業主	

◆関連通達◆

・他の者から支払を受ける金額の範囲（措通42の12の5－2）

ニ　申告要件

　上記の制度は、確定申告書等（この規定により控除を受ける金額を増加させる修正申告書又は更正請求書を提出する場合には、その修正申告書又は更正請求書を含む。）にこの規定による控除の対象となる控除対象雇用者給与等支給増加額（継続雇用者給与等支給額及び継続雇用者比較給与等支給額を含む。）、控除を受ける金額及びその金額の計算に関する明細を記載した書類の添付がある場合に限り、適用する。この場合において、この制度により控除される金額の計算の基礎となる控除対象雇用者給与等支給増加額は、確定申告書等に添付された書類に記載された控除対象雇用者給与等支給増加額を限度とする（措法42の12の5⑦）。

【裁判例・裁決例】
・東京地判平成28年7月8日（税資第266号－101順号12879）

7　中小企業者等の雇用者給与等支給額が増加した場合にかかる措置
（中小企業者等における賃上げ促進税制）

　中小企業者等（P308）が、適用期間（下記イ）において国内雇用者に対して給与等を支給する場合において、適用要件（下記ロ）に該当するときは、その法人の事業年度の所得に対する調整前法人税額から中小企業等税額控除限度額（下記ハ）を控除する。この場合において、中小企業等税額控除限度額が、その中小企業者等の事業年度の所得に対する調整前法人税額の20％に相当する金額を超えるときは、その控除を受ける金額は、その20％に相当する金額を限度とする（措法42の12の5③）。

イ　適用期間

　平成30年4月1日から令和9年3月31日までの間に開始する各事業年度をいう（措法42の12の5③）。ただし、上記6及び下記8の適用を受ける事業年度、設立事業年度、解散（合併による解散を除く。）の日を含む事業年度及び清算中の各事業年度を除く。

ロ　適用要件

　雇用者給与等支給増加割合が1.5％以上であること。

［雇用者給与等支給増加割合の計算］

$$\frac{雇用者給与等支給額 - 比較雇用者給与等支給額}{比較雇用者給与等支給額}$$

ハ　中小企業等税額控除限度額

〔算式〕

控除対象雇用者給与等支給増加額（※1）　×　15％（※2）

※1　その事業年度において地方活力向上地域等において雇用者の数が増加した

第2章　税額の計算

場合の法人税額の特別控除（措法42の12）の適用を受ける場合には、その控除を受ける金額の計算の基礎となった者に対する給与等の支給額として計算した金額を控除した残額となる。

※2　その事業年度において次表の要件を満たす場合には、この15％にそれぞれの割合（その事業年度において次表の要件の全てを満たす場合には、それぞれの割合を合計した割合）を加算した割合とする。

	要件	割合
(イ)	雇用者給与等支給増加割合が2.5％以上であること	15％
(ロ)	次の要件の全てを満たすこと	5％
	A　その中小企業者等のその適用事業年度の所得の金額の計算上損金の額に算入される教育訓練費の額からその比較教育訓練費の額を控除した金額のその比較教育訓練費の額に対する割合が5％以上であること。	
	B　その中小企業者等のその適用事業年度の所得の金額の計算上損金の額に算入される教育訓練費の額のその中小企業者等の雇用者給与等支給額に対する割合が0.05％以上であること。	
(ハ)	次に掲げる要件のいずれかを満たすこと	5％
	A　その事業年度において次世代育成支援対策推進法第13条の認定を受けたこと（同法第2条に規定する次世代育成支援対策の実施の状況が良好な場合として一定の場合に限る。）。	
	B　その事業年度終了の時において次世代育成支援対策推進法第15条の3第1項に規定する特例認定一般事業主に該当すること。	
	C　その事業年度において女性の職業生活における活躍の推進に関する法律第9条の認定を受けたこと（同法第4条の女性労働者に対する職業生活に関する機会の提供及び同条の雇用環境の整備の状況が良好な場合として一定の場合に限る。）。	
	D　その事業年度終了の時において女性の職業生活における活躍の推進に関する法律第13条第1項に規定する特例認定一般事業主に該当すること。	

ニ　申告要件

上記の措置は、確定申告書等（この規定により控除を受ける金額を増加させる修正申告書又は更正請求書を提出する場合には、その修正申告書又は更正請求書を含む。）にこの規定による控除の対象となる控除対象雇用者給与等支給増加額、控除を受ける金額及びその金額の計算に関する明細を記載した書類の添付がある場合に限り、適用する。この場合において、この制度により控除される金額の計算の基礎となる控除対象雇用者給与等支給増加額は、確定申告書等に添付された書類に記載された控除対象雇用者給与等支給増加額を限度とする（措法42の12の5⑦）。

【裁判例・裁決例】
・東京地判平成28年7月8日（税資第266号－101順号12879）

8 特定法人の継続雇用者給与等支給額が増加した場合にかかる措置

青色申告書を提出する法人が、適用期間（下記イ）において国内雇用者に対して給与等を支給する場合において、適用要件（下記ロ）に該当するときは、その法人の事業年度の所得に対する調整前法人税額から特定税額控除限度額（下記ハ）を控除する。この場合において、特定税額控除限度額が、その法人の事業年度の所得に対する調整前法人税額の20％に相当する金額を超えるときは、その控除を受ける金額は、その20％に相当する金額を限度とする（措法42の12の5②）。

イ　適用期間
　令和6年4月1日から令和9年3月31日までの間に開始する各事業年度をいう（措法42の12の5②）。ただし、上記6の規定の適用を受ける事業年度、設立事業年度、解散（合併による解散を除く。）の日を含む事業年度及び清算中の各事業年度を除く。

ロ　適用要件
　(イ)　その事業年度終了の時において特定法人に該当すること。
　(ロ)　継続雇用者給与等支給増加割合が3％以上であること。

［継続雇用者給与等支給増加割合の計算］

$$\frac{継続雇用者給与等支給額 － 継続雇用者比較給与等支給額}{継続雇用者比較給与等支給額}$$

ハ　特定税額控除限度額

〔算式〕

$$控除対象雇用者給与等支給増加額（※1）\times 10\%（※2）$$

※1　その事業年度において地方活力向上地域等において雇用者の数が増加した場合の法人税額の特別控除（措法42の12）の適用を受ける場合には、その控除を受ける金額の計算の基礎となった者に対する給与等の支給額として計算した金額を控除した残額となる。

※2　その事業年度において次表の要件を満たす場合には、この10％にそれぞれの割合（その事業年度において次表のうち2以上の要件を満たす場合には、その2以上に定める割合を合計した割合）を加算した割合とする。

| (イ)　継続雇用者給与等支給増加割合が4％以上であること | 15％ |

第2章　税額の計算

(ロ)	次の要件の全てを満たすこと	5％
	A　その法人のその適用事業年度の所得の金額の計算上損金の額に算入される教育訓練費の額からその比較教育訓練費の額を控除した金額のその比較教育訓練費の額に対する割合が10％以上であること。	
	B　その法人のその適用事業年度の所得の金額の計算上損金の額に算入される教育訓練費の額のその法人の雇用者給与等支給額に対する割合が0.05％以上であること。	
(ハ)	次に掲げる要件のいずれかを満たすこと	5％
	A　その事業年度終了の時において次世代育成支援対策推進法第15条の3第1項に規定する特例認定一般事業主に該当すること。	
	B　その事業年度において女性の職業生活における活躍の推進に関する法律第9条の認定を受けたこと（同法第4条の女性労働者に対する職業生活に関する機会の提供及び同条の雇用環境の整備の状況が特に良好な場合として一定の場合に限る。）。	
	C　その事業年度終了の時において女性の職業生活における活躍の推進に関する法律第13条第1項に規定する特例認定一般事業主に該当すること。	

　※3　ただし、事業年度終了の時において、その法人の資本金の額又は出資金の額が10億円以上であり、かつ、その法人の常時使用する従業員の数が1,000人以上である場合には、マルチステークホルダー方針を公表している場合として一定の場合に限り、この措置の適用を受けることができる。

　ニ　申告要件

　　上記の措置は、確定申告書等（この規定により控除を受ける金額を増加させる修正申告書又は更正請求書を提出する場合には、その修正申告書又は更正請求書を含む。）にこの規定による控除の対象となる控除対象雇用者給与等支給増加額（継続雇用者給与等支給額及び継続雇用者比較給与等支給額を含む。）及び控除を受ける金額並びに当該金額の計算に関する明細を記載した書類の添付がある場合に限り、適用する。この場合において、この措置により控除される金額の計算の基礎となる控除対象雇用者給与等支給増加額は、確定申告書等に添付された書類に記載された控除対象雇用者給与等支給増加額を限度とする（措法42の12の5⑦）。

第3節　申告及び納付

1　中間申告（前年度実績による予定申告）

　対象法人（下記イ）は、その事業年度が6月を超える場合（下記ロ）には、その事業年度開始の日以後6月を経過した日（以下「6月経過日」という。）から2月以内に、税務署長に対し、一定の事項を記載した申告書（下記ハ）を提出しなければなら

ない（法71①、規31）。
　イ　対象法人
　　　内国法人である普通法人のうち、次の(イ)から(ハ)までの法人に該当しない法人をいう。
　　(イ)　清算中の法人、協同組合等、公益法人等又は人格のない社団等
　　(ロ)　その事業年度が6月以下の法人
　　(ハ)　前事業年度の法人税額を基礎として計算した法人税額（下記ハ(イ)）が10万円以下の法人又はその法人税額がない法人
　ロ　対象事業年度
　　　対象法人の事業年度のうち、次の(イ)又は(ロ)の事業年度以外の事業年度をいう。
　　(イ)　新設法人の設立後最初の事業年度（適格合併により設立されたものを除く。）
　　(ロ)　公共法人又は収益事業を行っていない公益法人等が普通法人に該当することとなった場合のその該当することとなった日の属する事業年度
　ハ　一定の事項を記載した申告書

(イ)	中間申告により納付すべき法人税額 （算式） $$\frac{\text{その事業年度の前事業年度の法人税額（※1、2）}}{\text{前事業年度の月数}} \times 6$$ で6月経過日の前日までに確定したもの ※1　外国税額の控除（法69⑲）により加算された金額がある場合には、その金額を控除した金額となる。 ※2　法人税別表一「13」欄の「差引所得に対する法人税額」が該当する。
(ロ)	a　内国法人の名称、納税地及び法人番号並びにその納税地と本店又は主たる事務所の所在地とが異なる場合には、その本店又は主たる事務所の所在地 b　代表者の氏名 c　その事業年度の開始及び終了の日

2　仮決算の申告（仮決算による中間申告）

　対象法人（下記イ）が事業年度開始の日以後6月の期間を一事業年度（下記ロ）とみなしてその期間に係る課税標準である所得の金額又は欠損金額を計算した場合には、その普通法人は、中間申告（上記1）に代えて、一定の事項を記載した中間申告書（下記ハ）を提出することができる（法72①、規32）。
　イ　対象法人
　　　内国法人である普通法人のうち、次の(イ)から(ホ)までの法人に該当しない法人をいう。
　　(イ)　清算中の法人、協同組合等、公益法人等又は人格のない社団等
　　(ロ)　その事業年度が6月以下の法人
　　(ハ)　前事業年度の法人税額を基礎として計算した法人税額（上記ハ(イ)）が10万円以下の法人又はその法人税額がない法人（災害損失金額がある場合を除く。）

第2章　税額の計算

　　㈢　仮決算した場合の中間申告により納付すべき法人税額（下記ハ㈠）が前年度実績による予定申告による納付すべき法人税額（上記1）を超える法人
　　㈣　法人課税信託の受託法人（法4の3）
　ロ　対象事業年度
　　対象法人の事業年度のうち、次の㈰又は㈪の事業年度以外の事業年度をいう。
　　㈰　新設法人の設立後最初の事業年度（適格合併により設立されたものを除く。）
　　㈪　公共法人又は収益事業を行つていない公益法人等が普通法人に該当することとなつた場合のそのに該当することとなつた日の属する事業年度
　ハ　一定の事項を記載した申告書

㈰	所得の金額又は欠損金額
㈪	その事業年度開始の日以後6月の期間を一事業年度とみなして所得の金額につき所要の計算をした法人税の額
㈫	a　内国法人の名称、納税地及び法人番号並びにその納税地と本店又は主たる事務所の所在地とが異なる場合には、その本店又は主たる事務所の所在地 b　代表者の氏名 c　その事業年度の開始及び終了の日 d　欠損金の繰戻しによる還付（法80）により還付の請求をする法人税の額
※	この中間申告書には、その事業年度開始の日以後6月の期間の末日における貸借対照表、その期間の損益計算書その他勘定科目内訳明細書を添付しなければならない（法72②、規33）。

◆関連通達◆
・仮決算における損金経理の意義（基通1－7－1）
　　仮決算における損金経理とは、株主等に報告するその期間に係る決算書（これに類する計算書類を含む。）及びその作成の基礎となった帳簿に費用又は損失として記載することをいう。

3　中間申告による納付

　中間申告書を提出した内国法人である普通法人は、その申告書に記載した法人税額（上記1又は2）があるときは、その申告書の提出期限までに国に納付しなければならない（法76）。

4　確定申告

　内国法人は、各事業年度終了の日の翌日から2月以内に、税務署長に対し、確定した決算に基づき次に掲げる事項を記載した申告書を提出しなければならない（法74①、規34）。
　また、この申告書には、その事業年度の貸借対照表、損益計算書その他一定の書類

を添付しなければならない（法74③、規35）。

（確定申告書）
- 所得の金額又は欠損金額
- 法人税の額
- 控除をされるべき金額で控除しきれなかったものがある場合のその控除しきれなかった金額
- 法人税の額から中間納付額を控除した金額
- 中間納付額で控除しきれなかったものがある場合のその控除しきれなかった金額

（添付書類）
- 貸借対照表及び損益計算書
- 株主資本等変動計算書、社員資本等変動計算書又は損益金の処分表
- 勘定科目内訳明細書
- 事業等の概況に関する書類
- 組織再編成に係る契約書の写し
- 組織再編成により移転した資産負債等に関する明細書

5　確定申告書の提出期限の延長
(1) 申請
　申告書（上記4）を提出すべき内国法人が、災害その他やむを得ない理由（下記6(1)の適用を受けることができる理由を除く。）により決算が確定しないため、その申告書を上記4の提出期限までに提出することができないと認められる場合には、国税通則法第11条《災害等による期限の延長》の規定によりその提出期限が延長された場合を除き、納税地の所轄税務署長は、その内国法人の申請に基づき、期日を指定 **CHECK** してその提出期限を延長することができる（法75①）。
　この申請は、申告書に係る事業年度終了の日の翌日から45日以内に、その申告書の提出期限までに決算が確定しない理由、その指定を受けようとする期日所定の事項を記載した申請書（申告期限の延長申請書）をもってしなければならない（法75②）。

> **CHECK** －期日指定（延長の期間）－
> 　期間の制限はなく、申請に基づいて税務署長が期日を指定する。

(2) 利子税
　上記(1)の適用を受ける内国法人は、申告書に係る事業年度の所得に対する法人税の額に、その事業年度終了の日の翌日以後2月を経過した日から上記(1)により指定された期日までの期間の日数に応じ、年7.3％の割合 **CHECK** を乗じて計算した金額に相当する利子税をその計算の基礎となる法人税に併せて納付しなければならない（法75⑦）。

第2章 税額の計算

> **CHECK** －年7.3％の割合－
>
> 利子税（法人税法第75条、第75条の2に係る利子税）の割合
>
> | 期　　間 | 利子税特例基準割合 |
> |---|---|
> | 令和3年1月1日～令和3年12月31日 | 1.0％ |
> | 令和4年1月1日～令和4年12月31日 | 0.9％ |
> | 令和5年1月1日～令和5年12月31日 | 0.9％ |
> | 令和6年1月1日～令和6年12月31日 | 0.9％ |
>
> 　利子税特例基準割合は、各年の前々年の9月から前年の8月までの各月における銀行の新規の短期貸出約定平均金利の合計を12で除して得た割合として各年の前年の11月30日までに財務大臣が告示する割合に、年0.5％の割合を加算した割合をいう。

6　確定申告書の提出期限の延長の特例
(1)　申請

　申告書（上記4）を提出すべき内国法人が申請要件（下記イ）に該当する場合には、納税地の所轄税務署長は、内国法人の申請（下記ロ）に基づき、その事業年度以後の各事業年度（残余財産の確定の日の属する事業年度を除く。）の申告書の提出期限を1月間（下記ハ）延長することができる（法75の2①）。

　イ　申請要件

　　　定款、寄附行為、規則、規約その他これらに準ずるもの（以下「定款等」という。）の定めにより、又は内国法人に特別の事情があることにより、その事業年度以後の各事業年度終了の日の翌日から2月以内に各事業年度の決算についての定時総会が招集されない常況にあると認められること。

　ロ　手続

　　　この申請は、申告書に係る事業年度終了の日までに、定款等の定め又は特別の事情の内容、指定を受けようとする場合にはその指定を受けようとする月数（やむを得ない事情があること（下記ハ）によりその指定を受けようとする場合には、その事情の内容を含む。）、指定に係る月数の変更をしようとする場合にはその変更後の月数その他一定の事項を記載した申請書をもってしなければならない（法75の2③）。

　　　この申請書には、その申請をする内国法人が定款等の定めにより各事業年度終了の日の翌日から2月以内に各事業年度の決算についての定時総会が招集されない常況にあることをその申請の理由とする場合にあっては、定款等の写しを添付しなければならない（法75の2④）。

ハ　延長期間の特例

申請理由		延長期間
(イ)	内国法人が会計監査人を置いている場合で、かつ、定款等の定めによりその事業年度以後の各事業年度終了の日の翌日から3月以内に各事業年度の決算についての定時総会が招集されない常況にあると認められる場合（(ロ)の場合を除く。）	その定めの内容を勘案して4月を超えない範囲内において税務署長が指定する月数の期間
(ロ)	特別の事情があることによりその事業年度以後の各事業年度終了の日の翌日から3月以内にその各事業年度の決算についての定時総会が招集されない常況にあることその他やむを得ない事情があると認められる場合	税務署長が指定する月数の期間

(2)　利子税の特例

　上記5(2)の利子税の年7.3％の割合は、日本銀行の基準割引率が引き上げられた場合において、その利子税の割合について景気調整対策上の措置を講ずることが必要であると認められる期間として一定の期間は、その基準割引率の引上げに応じ、年12.775％の割合の範囲内で定める割合となる（措法66の3、措令39の11）。ただし、年7.3％の割合について、特例基準割合が7.3％に満たない場合には、この特例基準割合（利子税特例基準割合）を適用する（措法93、令2改正法附則111①、令2改正措令附則1三）。

7　電子情報処理組織による申告

　特定法人である内国法人は、法人税及び地方法人税並びに消費税及び地方消費税の申告について、令和2年4月1日以後に開始する事業年度又は課税期間から電子情報処理組織（e-Tax）で提出しなければならない（法75の4①、地方法人税法19の3、消法46の2、平30改正法附則31、42①、45）。

✓　**特定法人**とは、次に掲げる法人をいう（法75の4②）。
　A　事業年度開始の時における資本金の額又は出資金の額が一億円を超える法人
　B　通算法人（Aの法人を除く。）
　C　保険業法に規定する相互会社（Bの法人を除く。）
　D　投資法人（Aの法人を除く。）
　E　特定目的会社（Aの法人を除く。）

8　確定申告による納付

　申告書（上記4）を提出した内国法人は、その申告書に記載した法人税の額があるときは、その申告書の提出期限までに、その記載した金額に相当する法人税を国に納付しなければならない（法77）。

第2章 税額の計算

第4節　還付

1　所得税額等の還付

　仮決算による中間申告書（第3節2 P321）の提出があった場合又は確定申告書（第3節4 P322）の提出があった場合において、これらの申告書に法人税の額の計算上控除しきれなかった金額の記載があるときは、税務署長は、これらの申告書を提出した内国法人に対し、その金額に相当する税額を還付する（法78①）。

　なお、この還付金について還付加算金を計算する場合には、その計算の基礎となる還付加算金（通則法58①）の期間は、中間申告書又は確定申告書の提出期限（その確定申告書が期限後申告書である場合には、確定申告書を提出した日）の翌日からその還付のための支払決定をする日又はその還付金につき充当をする日（同日前に充当をするのに適することとなった日がある場合には、その適することとなった日）までの期間となる（法78②）。

2　中間納付額の還付

　中間申告書を提出した内国法人である普通法人からその中間申告書に係る事業年度の確定申告書の提出があった場合において、その確定申告書に中間納付額の控除不足額（法74①五）に掲げる金額の記載があるときは、税務署長は、その普通法人に対し、その金額に相当する中間納付額を還付する（法79①）。

　なお、この還付金について還付加算金を計算する場合には、その計算の基礎となる還付加算金（通則法58①）の期間は、還付をすべき中間納付額の納付の日（その中間納付額がその納期限前に納付された場合には、その納期限）の翌日からその還付のための支払決定をする日又はその還付金につき充当をする日（同日前に充当をするのに適することとなった日がある場合には、その適することとなった日）までの期間とする。ただし、その確定申告書が期限後申告書である場合には、申告書の提出期限の翌日からその提出された日までの日数は、その期間に算入しない（法79③）。

3　欠損金の繰戻し還付
(1)　通常の事業年度の場合

　内国法人の青色申告書である確定申告書を提出する事業年度において生じた欠損金額がある場合（下記(2)に該当する場合を除く。）には、その内国法人は、その確定申告書の提出と同時に、納税地の所轄税務署長に対し、その欠損金額に相当する所得に対する法人税（下記イ）の還付を請求することができる（法80①）。

第4節　還付

イ　欠損金額に相当する所得に対する法人税（還付請求金額）

〔算式〕

$$\text{還付所得事業年度の法人税の額} \times \frac{\text{欠損事業年度の欠損金額}}{\text{還付所得事業年度の所得金額}}$$

（※)分母の金額が限度となる

- ✓ **還付所得事業年度**とは、欠損事業年度開始の日前1年以内に開始したいずれかの事業年度をいう。
- ✓ **法人税額**とは、次により計算した金額となる。

法人税（附帯税の額を除く）　＋　所得税額の控除、外国税額の控除又は仮装経理に基づく過大申告の場合の更正に伴う法人税額の控除により控除された金額

ロ　適用要件
　(イ)　還付所得事業年度から欠損事業年度の前事業年度までの各事業年度について連続して青色申告書である確定申告書を提出していること（法80③）
　(ロ)　欠損事業年度の青色申告書である確定申告書（期限後申告書を除く。）をその提出期限までに提出したこと（法80③）
　(ハ)　確定申告書の提出と同時に、欠損金の繰戻しによる還付請求書を提出していること（法80①）

◆関連通達◆
・還付請求書だけが期限後に提出された場合の特例（基通17-2-3）

(2)　解散等の事実が生じた事業年度の場合
　イ　解散等の事実（法80④）
　　A　解散（適格合併による解散を除く。）
　　B　事業の全部の譲渡
　　C　更生手続の開始
　　D　事業の全部の相当期間の休止又は重要部分の譲渡で、これらの事実が生じたことにより欠損金額につき欠損金の繰越し（法57①）の適用を受けることが困難となると認められるもの（令155の2①一）
　　E　再生手続開始の決定（令155の2①二）
　ロ　還付所得事業年度の範囲
　　上記算式において、欠損事業年度及び還付所得事業年度を次のとおりとして、還付請求金額を計算する（法80①④）。
　　欠損事業年度：解散等の事実が生じた日前1年以内に終了したいずれかの事業年度又は同日の属する事業年度
　　還付所得事業年度：欠損事業年度開始の日前1年以内に開始したいずれかの事業年度

第2章　税額の計算

ハ　適用要件
(イ)　還付所得事業年度から欠損事業年度の前事業年度までの各事業年度について連続して青色申告書である確定申告書を提出していること（法80④）
(ロ)　解散等の事実が生じた日以後1年以内に、欠損金の繰戻しによる還付請求書を提出していること（法80④）

4　更正の請求の特例

　内国法人が、確定申告書又は地方法人税確定申告書に記載すべき一定の金額（下記イ）につき、修正申告書を提出し、又は更正若しくは決定を受け、その修正申告書の提出又は更正若しくは決定に伴い一定の事由（下記ロ）に該当することとなるときは、その内国法人は、修正申告書を提出した日又はその更正若しくは決定の通知を受けた日の翌日から2月以内に限り、税務署長に対し、一定の金額（下記ロ）につき更正の請求（通則法23①）をすることができる。この場合においては、更正請求書には、その請求に係る更正後の課税標準等又は税額等（通則法23③）のほか、その修正申告書を提出した日又はその更正若しくは決定の通知を受けた日を記載しなければならない（法81）。

イ　一定の金額

確定申告書	地方法人税確定申告書
・所得の金額又は欠損金額	・課税標準法人税額
・法人税の額	・地方法人税の額
・控除をされるべき金額で控除しきれなかったものがある場合のその控除しきれなかった金額	・控除をされるべき金額で地方法人税の額の計算上控除しきれなかった金額
・法人税の額から中間納付額を控除した金額	・地方法人税の額から中間納付額を控除した金額
・中間納付額で控除しきれなかったものがある場合のその控除しきれなかった金額	・中間納付額で地方法人税の額の計算上控除しきれなかった金額

ロ　一定の事由
(イ)　その修正申告書又は更正若しくは決定に係る事業年度後の各事業年度で決定を受けた事業年度に係る法人税の額又は法人税の額から中間納付額を控除した金額（その金額につき修正申告書の提出又は更正があった場合には、その申告又は更正後の金額）が過大となる場合
(ロ)　その修正申告書又は更正若しくは決定に係る事業年度後の各事業年度で決定を受けた事業年度に係る中間納付額で控除しきれなかったものがある場合のその控除しきれなかった金額（その金額につき修正申告書の提出又は更正があった場合には、その申告又は更正後の金額）が過少となる場合

第3章　グループ通算制度

第1節　グループ通算制度の概要

1　グループ通算制度とは

　グループ通算制度は、企業グループ全体を一つの納税単位とする連結納税制度に代えて、通常の単体納税制度（以下「**単体納税制度**」という。）と同様に各法人を納税単位として、課税所得金額及び法人税額の計算並びに申告について、法人ごとにそれぞれ行うこと（以下「**個別申告方式**」という。）を基本としつつ、同時に企業グループ全体の一体性に着目し、課税所得金額及び法人税額の計算上、企業グループ（個々の方法）をあたかも一つの法人であるかのように捉え、グループ調整計算等を行うしくみをいう。
　この点から、グループ通算制度は、単体納税制度（個別申告方式）における計算構造の特例制度ということができる。

【イメージ】グループ通算制度の位置付け

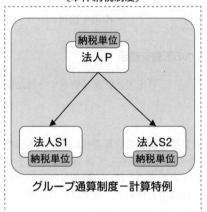
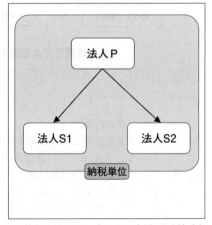

〔出所〕森高厚胤著「図解グループ通算税制」P2（2024・大蔵財務協会）

2　基本的なしくみ
　イ　適用対象
　　　グループ通算制度の適用対象となる法人は、内国法人（親法人）及びその内国

第3章 グループ通算制度

法人（親法人）との間に完全支配関係がある他の内国法人（子法人）の全てとなる。この制度の適用は、納税者による選択制であり、グループ通算制度の特徴の一つである損益通算等の適用を受けるためには承認を受ける必要がある。

ロ　課税所得金額及び法人税額の計算

通算グループ内の各法人の調整前所得金額に、損益通算等の所要の調整を行い算出した所得金額に税率を乗じ、更に必要な調整を行い各通算法人の法人税額を算出する。

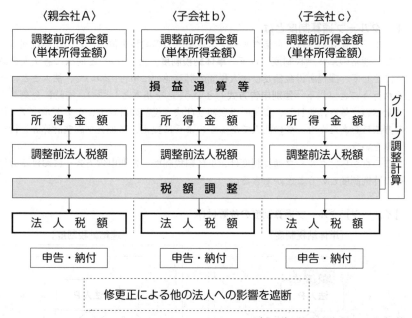

〔出所〕財務省資料に一部加筆

ハ　グループ調整計算

グループ調整計算とは、課税所得金額及び法人税額の計算過程における各種項目について、グループ内の各法人の数値を基にして調整して計算することをいう。このグループ調整計算に関しては、個々の制度ごとに、連結納税制度で認められていた調整計算をやめることによる事務負担の軽減と、企業経営の実態や制度趣旨・目的、濫用可能性等を勘案した調整計算の必要性等を比較するなどの検討が行われた。

3　グループ通算制度における用語

イ　通算親法人

通算承認（法64の9①）に規定する親法人であってその通算承認を受けたもの

をいう（法２十二の六の七）。
ロ　通算子法人
　他の内国法人（法64の９②）であって通算承認を受けたものをいう（法２十二の七）。
ハ　通算法人
　通算親法人及び通算子法人をいう（法２十二の七の二）。
ニ　通算完全支配関係
　通算親法人と通算子法人との間の完全支配関係（法人税法第64条の９第１項に規定する政令で定める関係に限る。）又は通算親法人との間に完全支配関係がある通算子法人相互の関係をいう（法２十二の七の七、P333）。

第２節　グループ通算制度の各論（手続関係）

1　通算承認
(1)　申請
　内国法人（親法人（下記(2)ロ）及び親法人との間にその親法人による完全支配関係がある他の内国法人に限る。）は、通算承認を受けようとする場合には、その親法人のグループ通算制度の適用を受けようとする最初の事業年度開始の日の３月前の日までに、親法人及び他の内国法人の全ての連名で、一定の事項を記載した申請書 **CHECK** を親法人の納税地の所轄税務署長を経由して、国税庁長官に提出する必要がある（法64の９②）。

> **CHECK**　－一定の事項を記載した申請書－
> 　一定の事項を記載した申請書とは、グループ通算制度の承認の申請書（兼）e-Taxによる申告の特例に係る届出書（初葉）（次葉）をいう（規27の16の８①）。
> 申請書等の提出に当たっては、次の書類も併せて提出することになる。
> 　A　出資関係図（通算子法人となる法人に対する持株割合を記載したもの）
> 　B　グループ一覧（通算親法人となる法人及び全ての通算子法人となる法人等を記載したもの）

(2)　通算承認
　内国法人がグループ通算制度の適用を受けようとする場合には、その内国法人及び内国法人との間に完全支配関係がある他の内国法人の全て（下記イ）が、国税庁長官の承認を受けなければならない（法64の９①、令131の11③）。
　イ　その内国法人及び内国法人との間に完全支配関係がある他の内国法人の全て
　　親法人（下記ロ）及び親法人との間にその親法人による完全支配関係（下記

第3章 グループ通算制度

ニ）がある他の内国法人（下記ハ）に限る。

ロ　親法人

普通法人又は協同組合等のうち、次表の(イ)から(チ)の法人に該当しない法人をいう。

(イ)	清算中の法人
(ロ)	普通法人（外国法人を除く。）又は協同組合等との間に当該普通法人又は協同組合等による完全支配関係がある法人
(ハ)	通算制度の取りやめの承認を受けた法人でその承認を受けた日の属する事業年度終了の日の翌日から同日以後5年を経過する日の属する事業年度終了の日までの期間を経過していない法人
(ニ)	青色申告の承認の取消しの通知を受けた法人でその通知を受けた日から同日以後5年を経過する日の属する事業年度終了の日までの期間を経過していない法人
(ホ)	青色申告の取りやめの届出書の提出をした法人でその届出書を提出した日から同日以後1年を経過する日の属する事業年度終了の日までの期間を経過していない法人
(ヘ)	投資法人
(ト)	特定目的会社
(チ)	法人課税信託に係る受託法人

ハ　他の内国法人（子法人）

親法人との間に完全支配関係がある他の内国法人のうち、次表の(イ)から(リ)の法人に該当しない法人をいう。

(イ)	通算制度の取りやめの承認を受けた法人でその承認を受けた日の属する事業年度終了の日の翌日から同日以後5年を経過する日の属する事業年度終了の日までの期間を経過していないもの
(ロ)	青色申告の承認の取消しの通知を受けた法人でその通知を受けた日から同日以後5年を経過する日の属する事業年度終了の日までの期間を経過していないもの
(ハ)	青色申告の取りやめの届出書の提出をした法人でその届出書を提出した日から同日以後1年を経過する日の属する事業年度終了の日までの期間を経過していないもの
(ニ)	投資法人
(ホ)	特定目的会社
(ヘ)	普通法人以外の法人
(ト)	破産手続開始の決定を受けた法人
(チ)	通算親法人との間に通算完全支配関係を有しなくなったことにより通算承認の効力を失った法人（**一定の法人**を除く。）で、その効力を失った日から

第2節 グループ通算制度の各論（手続関係）

	同日以後5年を経過する日の属する事業年度終了の日までの期間を経過していないもの ✓ **一定の法人**とは、次の事由に基因して通算承認の効力を失った法人をいう。 　A　通算親法人が通算承認の効力を失ったこと（法64の10⑥一～五） 　B　その発行済株式又は出資を直接又は間接に保有する通算子法人の破産手続開始の決定による解散があったこと
(リ)	法人課税信託に係る受託法人

ニ　完全支配関係

上記ハの表の(イ)から(リ)の法人（以下「通算除外法人という。」という。）及び外国法人が介在しない**完全支配関係**に限る。

✓ **完全支配関係**とは、次の関係をいう（令131の11②の規定により読み替えられた令4の2②）。

内国法人（P）が他の内国法人（通算除外法人を除く。）（S）の発行済株式等（発行済株式（自己が有する自己の株式を除く。）の総数のうちに**一定の株式**の数を合計した数の占める割合が100分の5に満たない場合の当該株式を除く（以下、この図において同じ。）。）の全部を保有する場合における内国法人（P）と他の内国法人（S）との間の関係（以下、この図において「直接完全支配関係」という。）をいう。	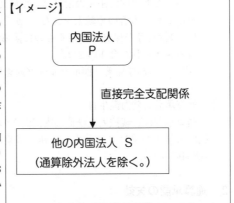
上記の場合において 【イメージA】その内国法人（P）及びこれとの間に直接完全支配関係がある1若しくは2以上の法人（S1） 又は 【イメージB】その内国法人（P）との間に直接完全支配関係がある1若しくは2以上の法人（S1）が、他の内国法人（通算除外法人を除く。）（S2）の発行済株式等の全部を保有するときは、その内国法人（P1）は他の内国法人（通算除外法人を除きます。）（S	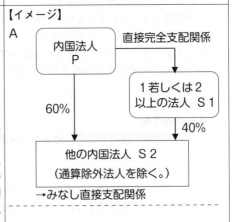

第3章　グループ通算制度

2）の発行済株式等の全部を保有するものとみなす。

B

```
内国法人 P
  │ 直接完全支配関係
  ↓
1若しくは2
以上の法人 S1
  │ 100%
  ↓
他の内国法人 S2
（通算除外法人を除く。）
→みなし直接支配関係
```

✓　**一定の株式**とは、従業員持株会が保有する株式及びストックオプションを付与された他の内国法人の役員等（役員又は使用人、役員又は使用人であった者及びこれらの者の相続人を含む。）がその行使により取得したその法人の株式（その役員等が保有しているものに限る。）をいう（令131の11②の規定により読み替えられた令4の2②）。

〔出所〕森高厚胤著「図解グループ通算税制」P31〜32（2024・大蔵財務協会）

ホ　通算承認の効力発生日

通算承認は、親法人及び他の内国法人の全てについて、親法人のグループ通算制度の適用を受けようとする最初の事業年度開始の日から、その効力が生じる（法64の9⑥）。

2　通算承認の失効

イ　グループ通算制度の取りやめ

通算法人は、やむを得ない事情があるときは、国税庁長官の承認を受けて通算承認の適用をやめることができる（法64の10①）。この取りやめの承認を受けようとするときは、通算法人の全ての連名で、その理由等を記載した申請書を通算親法人の納税地の所轄税務署長を経由して、国税庁長官に提出する必要がある（法64の10②）。

◆関連通達◆
・通算制度の取りやめの承認事由（基通12の7－2－10）

ロ　取りやめ承認の効力

取りやめの承認を受けた場合には、その通算承認は、取りやめの承認を受けた日の属する事業年度終了の日の翌日からその効力を失う（法64の10④）。

3　通算法人の事業年度の特例

　法人税法における事業年度とは、法人の財産及び損益の計算の単位となる期間（以下「会計期間」という。）で、定款等に定めるものをいい、定款等に会計期間の定めがない場合には、納税地の所轄税務署長に届け出た会計期間又は納税地の所轄税務署長が指定した会計期間等をいう（法13①）。

　グループ通算制度では、通算子法人の事業年度は通算親法人の事業年度の開始の日に開始するものとし、通算親法人の事業年度の終了の日に終了するものとするなど通算親法人の事業年度に合わせた事業年度となる。そして、次表のようにその場面等に応じた事業年度の特例が設けられている（法14②～⑦）。

項　目	場　面　等
A　通算親法人の事業年度の特例（法14②）	通算制度の取りやめ
B　通算子法人の事業年度の特例（法14③）	子法人事業年度の基本的考え方
C　通算子法人の通算制度の開始・加入・離脱の場合の事業年度の特例（法14④）	開始/加入/離脱
D　申請特例年度における子法人の事業年度の特例Ⅰ（法14⑤）	開始/加入
E　申請特例年度における子法人の事業年度の特例Ⅱ-1（法14⑥）	開始
F　申請特例年度における子法人の事業年度の特例Ⅱ-2（法14⑥）	加入
G　通算子法人の事業年度と会計期間等との関係（法14⑦）	子法人事業年度の基本的考え方

〔出所〕森高厚胤著「図解グループ通算税制」P40を一部加工（2024・大蔵財務協会）

第3節　グループ通算制度の各論（所得計算関係）

1　損益通算
(1)　通算対象欠損金額の損金算入

　通算法人の所得事業年度終了の日（以下「基準日」という。）においてその通算法人との間に通算完全支配関係がある他の通算法人の基準日に終了する事業年度において通算前欠損金額が生ずる場合には、通算法人の所得事業年度の通算対象欠損金額 **CHECK** は、所得事業年度の損金の額に算入する（法64の5①②）。

第3章 グループ通算制度

> **CHECK** －通算対象欠損金額－
>
> 他の通算法人の基準日に終了する事業年度において生ずる通算前欠損金額の合計額
> （分母の金額を限度とする。）
> ×
> 通算法人の所得事業年度の通算前所得金額
> ────────────
> 通算法人の所得事業年度及び他の通算法人の基準日に終了する事業年度の通算前所得金額の合計額

(2) 通算対象所得金額の益金算入

通算法人の欠損事業年度終了の日（以下「基準日」という。）においその通算法人との間に通算完全支配関係がある他の通算法人の基準日に終了する事業年度において通算前所得金額が生ずる場合には、通算法人の欠損事業年度の通算対象所得金額は、欠損事業年度の益金の額に算入する（法64の5③④）。

> **CHECK** －通算対象所得金額－
>
> 他の通算法人の基準日に終了する事業年度において生ずる通算前所得金額の合計額
> （分母の金額を限度とする。）
> ×
> 通算法人の欠損事業年度の通算前欠損金額
> ────────────
> 通算法人の欠損事業年度及び他の通算法人の基準日に終了する事業年度の通算前欠損金額の合計額

(3) 遮断措置

他の通算法人の期限内申告における通算前所得金額又は通算前欠損金額の計算に誤りがあった場合においても、上記(1)又は(2)により損金又は益金の額に算入した金額は変更することなく、誤りがあった法人についてのみ修正申告又は更正を行うことで足り、グループ内の他の通算法人の再計算を行う必要がないしくみをいう（法64の5⑤）。

(4) 納税者の無用な不利益を回避する場合の全体再計算

通算事業年度（期限内申告書を提出した事業年度に限る。）のいずれかについて修正申告書の提出又は更正がされる場合において、一定の要件に該当するときは、上記(1)の通算法人の所得事業年度又は上記(2)の通算法人の欠損事業年度については、上記(3)の遮断措置は適用せず、通算グループ内の全法人が損益通算の計算を正当額で計算する（法64の5⑥、令131の7①）。

(5) 法人税の負担を不当に減少させる結果となると認められる場合の全体再計算

税務署長は、通算法人の各事業年度の所得の金額若しくは欠損金額又は法人税の額

第3節　グループ通算制度の各論（所得計算関係）

の計算につき遮断に関する規定を適用したならば、例えば、次の事実が生じ、その通算法人又は他の通算法人の各事業年度の所得に対する法人税の負担を不当に減少させる結果となると認めるときは、その各事業年度については、上記(3)の遮断措置を適用しないことができる（法64の5⑧）。

　　イ　その通算法人が各事業年度前10年以内に開始した事業年度において生じた欠損金額（欠損金の通算における遮断措置（下記3(3)P339）を適用したならばその各事業年度において欠損金の繰越し（法57①）の規定により損金の額に算入されるものに限る。）を有する場合において、各事業年度において欠損金額が生ずること。

　　ロ　その通算法人又は他の通算法人のうちに通算承認の効力を失うことが見込まれるものがある場合において、その通算法人又は他の通算法人に欠損金の繰越し（法57①）の規定の適用がある欠損金額があること。

2　損益通算の対象となる欠損金額の特例（特定資産譲渡等損失相当額の通算対象欠損金額からの除外）

　通算法人（時価評価除外法人に限る。）が、通算承認の効力が生じた日の5年前の日又はその通算法人の設立の日のうちいずれか遅い日からその通算承認の効力が生じた日まで継続してその通算法人に係る通算親法人（その通算法人が通算親法人である場合には、他の通算法人のいずれか）との間に支配関係がある場合に該当しない場合において、その通算承認の効力が生じた後にその通算法人と他の通算法人とが共同で事業を行う場合（下記(1)）に該当しないときは、その通算法人のその事業年度（法人税法第64条の14第1項《特定資産に係る譲渡等損失額の損金不算入》の規定の適用がある事業年度を除く。）において生ずる通算前欠損金額のうち当該事業年度の適用期間において生ずる特定資産譲渡等損失額に達するまでの金額は、上記1の適用については、ないものとする（法64の6①）。

(1)　共同で事業を行う場合

　共同で事業を行う場合とは、次のいずれかの場合となる（令131の8②において準用する令112の2④、基通12の7－1－4）。

Ⅰ	次のイからハまでの要件に該当する場合
Ⅱ	次のイ及びニに該当する場合
Ⅲ	次のホに該当する場合

	要　件
イ	**事業関連性要件** 通算前事業と親法人事業とが相互に関連するものであること。
ロ	**事業規模比5倍以内要件** 通算前事業と親法人事業（通算前事業と関連する事業に限る。以下同じ。）の

第3章 グループ通算制度

	それぞれの売上金額、通算前事業と親法人事業のそれぞれの従業者の数又はこれらに準ずるものの規模の割合がおおむね5倍を超えないこと。
	事業規模拡大2倍要件
ハ	通算前事業（親法人事業と関連する事業に限る。以下同じ。）が通算法人支配関係発生時から通算承認日まで継続して行われており、かつ、通算法人支配関係発生時と通算承認日における通算前事業の規模（上記ロの規模の割合の計算の基礎とした指標に係るものに限る。）の割合がおおむね2倍を超えないこと。
	特定役員継続要件
ニ	通算承認日の前日の通算前事業を行う法人の特定役員である者の全てが通算完全支配関係を有することとなったことに伴って退任をするものではないこと。
	（加入時） **次のいずれかに該当する法人であることの要件**
ホ	(イ) 通算制度の加入に伴う資産の時価評価の対象外となる通算親法人が法人との間にその通算親法人による完全支配関係を有することとなった場合で、かつ、その通算親法人又は他の通算法人とその法人とが共同で事業を行う場合に該当する場合におけるその法人（法64の12①四） (ロ) 共同で事業を行う株式交換等の適格要件（対価に関する要件を除く。）に該当する株式交換等（法２二十七ハ）により通算親法人との間に通算完全支配関係を有することとなった株式交換等完全子法人

(2) 多額の償却費の額が生ずる場合の取扱い

対象法人（下記イ）が、一定の要件（下記ロ）に該当する場合には、その時価評価除外法人の**適用期間内の日の属する多額の償却費の額が生ずる事業年度**において生ずる通算前欠損金額は、損益通算の対象外となる（法64の6①③）。

　イ　対象法人
　　　グループ通算制度開始時又は加入時における時価評価除外法人（通算親法人又は通算子法人）とする。
　ロ　要件
　　(イ) 通算承認の効力が生じた日の5年前の日又はその時価評価除外法人の設立の日のいずれか遅い日からその通算承認の効力が生じた日まで通算親法人（その時価評価除外法人が通算親法人である場合には、他の通算法人のいずれか）との間に、継続して支配関係がある場合に該当しないこと。
　　(ロ) 通算承認の効力が生じた後にその時価評価除外法人と他の通算法人とが共同で事業を行う一定の場合に該当しないこと。
　　(ハ) 多額の償却費の額が生ずる事業年度に該当すること。
　✓ **適用期間**とは、通算承認の効力が生じた日から同日以後3年を経過する日と、その時価評価除外法人が時価評価除外法人に係る通算親法人との間に最後に支配関係を有することとなった日以後5年を経過する日のいずれか早い日までの期間

第3節　グループ通算制度の各論（所得計算関係）

をいう。
- ✓ **多額の償却費の額が生ずる事業年度**とは、次のＡの金額のうちにＢの金額の占める割合が30％を超える事業年度をいう（令131の8⑥）。
  - Ａ　その事業年度の収益に係る原価及びその事業年度の販売費、一般管理費その他の費用として確定した決算において経理した金額の合計額
  - Ｂ　その通算法人がその有する減価償却資産につきその事業年度においてその償却費として損金経理をした金額の合計額

3　欠損金の通算
(1)　概要
　法人の各事業年度開始の日前10年以内に開始した事業年度（以下「10年内事業年度」という。）において生じた青色欠損金額に相当する金額は、欠損金額控除前の所得の金額の50％相当額を限度として損金の額に算入することができる（法57①）（Ｐ197）。

　グループ通算制度では、その適用に当たっては、各通算法人（通算親法人と通算子法人）において、10年内事業年度において生じた欠損金額を特定欠損金額と特定欠損金額以外の欠損金額に区分した上で、通算グループ全体で欠損金の通算などのグループ調整計算（Ｐ330）を行い、その10年内事業年度ごとの欠損金の繰越控除額（損金算入額）を計算し、その合計額がその通算法人の欠損金の繰越控除額（損金算入額）となる（法64の7①）。

(2)　10年内事業年度ごとの欠損金額の繰越控除額の合計額の計算
　10年内事業年度ごとの各通算法人の欠損金額の繰越控除額（損金算入額）の計算は、まず各通算法人の特定欠損金額の損金算入額の計算（下記Ⅰ）を行い、次に、特定欠損金額以外の欠損金額の通算グループ全体の合計額を各通算法人に配賦して各通算法人の非特定欠損金額の損金算入額を算出し、非特定欠損金額の損金算入額の計算（下記Ⅱ）を行う。

　10年内事業年度ごとの各通算法人の欠損金額の繰越控除額（損金算入額）は、特定欠損金額の損金算入額と非特定欠損金額の損金算入額の合計額となる。
【参考】具体的な計算例については、Ｐ342参照のこと。

(3)　欠損金の通算の遮断措置
　イ　他の通算法人の期限内申告の数値に誤りがあった場合
　　　通算法人が欠損金の通算の規定（法64の7①）を適用する場合において、**他の通算法人の一定の金額**が修正申告又は更正により**期限内申告書に添付された書類に記載された金額**と異なることとなったときは、欠損金の通算による損金算入額の計算上、その書類に記載された金額をその一定の金額とみなして計算する（法64の7④）。
　　　その結果、欠損金の通算による損金算入額の計算上、その一定の金額は、原則、固定化され、修正申告又は更正が生じた法人のみを修正申告又は更正するこ

第3章　グループ通算制度

ととなり、他の通算法人の所得金額又は税額に影響を及ぼさない。
✓ **他の通算法人の一定の金額**とは、次の金額をいう（法64の7①④）。
　A　通算法人の適用事業年度終了の日に終了する他の通算法人の事業年度（以下「他の事業年度」という。）の損金算入限度額
　B　他の事業年度開始の日前10年以内に開始した各事業年度において生じた欠損金額又は特定欠損金額
　C　上記Bの欠損金額又は特定欠損金額のうち法人税法第57条第1項の規定による損金算入額
　D　その各事業年度に係る他の欠損控除前所得金額
✓ **期限内申告書に添付された書類に記載された金額**とは、次の金額をいう。
　A　当初申告損金算入限度額（上記Aに対応）
　B　当初申告欠損金額又は当初申告特定欠損金額（上記Bに対応）
　C　当初申告損金算入額又は当初申告特定損金算入額（上記Cに対応）
　D　他の当初申告欠損控除前所得金額（上記Dに対応）
ロ　自己の期限内申告における数値に誤りがあった場合
　通算法人の一定の金額が適用事業年度の期限内申告書に添付された書類に記載された金額と異なる場合には、その適用年度の損金算入損金額（法57①）は、当初申告における被配賦欠損金控除額の合計額と期限内申告において他の通算法人との間で授受した欠損金額及び損金算入限度額を固定して自己のみで再計算した場合における欠損金の繰越控除額の合計額となる（法64の7⑤）。
✓ **通算法人の一定の金額**とは、次の金額をいう。
　A　適用事業年度の損金算入限度額
　B　適用事業年度に係る各対応事業年度において生じた欠損金額又は特定欠損金額
　C　適用事業年度の10年内事業年度に係る特定損金算入限度額又は非特定損金算入限度額
ハ　他の法人に配賦した特定欠損金額以外の欠損金額が過大であった場合
　これは、期限内申告において他の法人に配賦して損金算入された欠損金額があった法人について、実際の欠損金額がその配賦して損金算入された欠損金額に満たなかった場合に、それを損金算入した法人（他の法人）に影響させないため、誤りのあった法人（配賦した法人）において取り戻して調整をする制度である。
　具体的には、通算法人の適用事業年度に係る10年内事業年度のいずれかについて、その10年内事業年度に係るその通算法人の対応事業年度において生じた欠損金額のうち特定欠損金額以外の欠損金額がその10年内事業年度に係る期限内申告における配賦欠損金控除額に満たない場合には、その満たない部分（配賦欠損金の控除不足額）に相当する金額が、その適用事業年度の益金算入額となる（法64の7⑥）。

(4) **欠損金の通算による全体再計算**
　通算法人の適用事業年度又は他の事業年度のいずれかについて修正申告又は更正が

第3節 グループ通算制度の各論（所得計算関係）

される場合において、次のいずれかに該当するときは、遮断措置等（上記(3)）は適用しない（法64の7⑧）。
　イ　納税者の無用な不利益を回避する場合の損益通算における全体再計算（上記1(4)）
　ロ　法人税の負担を不当に減少させる結果となると認められる場合の損益通算における全体再計算（上記1(5)）

第3章 グループ通算制度

【参考】具体的な計算例
《前提》
【計算表】

				P社	S1社	S2社	合計
当期	所得金額		①	220	80	180	480
前期	欠損金額		②	150	120	300	570
		特定欠損金額	③	0	50	0	50
		特定欠損金額以外の欠損金額	④	150	70	300	520
				P社	S1社	S2社	合計
損金算入限度額（所得金額（①）×50％）			⑤	110	40	90	240

I 特定欠損金額の損金算入額の計算

		P社	S1社	S2社	合計
特定欠損金額（③）	⑥	－	50	－	50
各通算法人の適用事業年度に係る損金算入限度額の合計額（⑤の合計）	⑦		240		
各通算法人の10年内事業年度に係る特定欠損金額の合計額（③の合計）	⑧		50		
特定損金算入限度額 ※ 計算式（⑥×⑦／⑧） ※ ⑦の金額が⑧の金額に占める割合が1を超える場合には、その割合を1とする。	⑨	－	50	－	50
特定欠損金額の損金算入額 （⑥と⑨のいずれか小さい方）	⑩	－	50	－	50

II 非特定欠損金額の損金算入額の計算

		P社	S1社	S2社	合計
特定欠損金額以外の欠損金額（④）	⑪	150	70	300	520
特定欠損金額控除後の損金算入限度額（⑤－⑩）	⑫	110	0	90	200
非特定欠損金配賦額（⑪計×⑫／⑫計）	⑬	286	0	234	520
被配賦欠損金額（⑬－⑪）	⑭	136	－	－	136
配賦欠損金額（⑪－⑬）	⑮	－	70	66	136
非特定欠損金額（⑪＋⑭－⑮）	⑯	286	0	234	520
非特定欠損金額（⑯）	⑰	286	0	234	520
非特定損金算入割合（⑤計－⑩計）／⑪計	⑱	（240－50）／520＝190/520			
非特定損金算入限度額（⑰×⑱）	⑲	104	0	86	190
非特定欠損金額の損金算入額 （⑰と⑲のいずれか小さい方）	⑳	104	0	86	190
欠損金額の繰越控除額	㉑	104	50	86	240

〔出所〕国税庁資料を元に表作成

第3節 グループ通算制度の各論(所得計算関係)

4 特定資産に係る譲渡等損失額の損金不算入

対象法人(下記(1))が、一定の要件(下記(2))に該当する場合には、その通算法人の適用期間(P338)において生ずる特定資産譲渡等損失額は、その通算法人の各事業年度の損金の額に算入しない(法64の14①、令131の19)。

(1) 対象法人

グループ通算制度開始又は加入時における時価評価除外法人(通算親法人又は通算子法人)とする。

(2) 要件

イ 「通算承認の効力が生じた日の5年前の日」(A)又は「その時価評価除外法人の設立の日」(B)のいずれか遅い日(A)からその通算承認の効力が生じた日(D)まで通算親法人(その時価評価除外法人が通算親法人である場合には、他の通算法人のいずれか)との間に継続して支配関係がある場合に該当しないこと。
ロ 通算承認の効力が生じた後(D)にその時価評価除外法人と他の通算法人とが共同で事業を行う一定の場合に該当しないこと(E)。
ハ その時価評価除外法人が支配関係発生日以後に新たな事業を開始したこと(F)。

【イメージ】

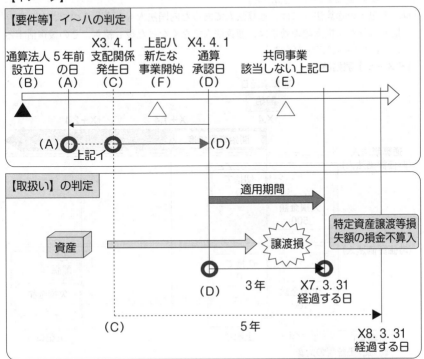

第3章　グループ通算制度

5　繰越欠損金額の切捨て

　内国法人の各事業年度開始の日前10年以内に開始した事業年度において生じた青色欠損金額に相当する金額は、欠損金額控除前の所得の金額の50％相当額を限度として損金の額に算入することができる（法57①）（P 197）。

　グループ通算制度では、各通算法人（通算親法人と通算子法人）において、10年内事業年度において生じた欠損金額を特定欠損金額と特定欠損金額以外の欠損金額に区分した上で、通算グループ全体の欠損金の通算により繰越控除（損金算入）することとなる（法64の7①）（P 339）。

　ただし、グループ通算制度の適用開始時又は加入時においては、時価評価法人の通算開始又は加入前の欠損金額の切捨て（下記(1)）又は共同事業性がない場合等の欠損金額の切捨て（下記(2)）など通算法人の繰越控除の対象とならない欠損金額の取扱い（欠損金の持込み制限の要件）がある。

(1)　時価評価法人の通算開始又は加入前の欠損金額の切捨て

　イ　通算法人（**時価評価法人**）の通算承認の効力が生じた日（通算承認日）以後に開始する各事業年度においては、同日前に開始した各事業年度に生じた欠損金額が切り捨てられる（法57⑥）。

　✓　**時価評価法人**とは、時価評価除外法人（開始時P 346、加入時P 348）に該当しない法人をいう（法57⑥）。

　ロ　上記イの通算法人には、通算法人であった内国法人も含まれるので、その切り捨てられた欠損金額の効果は、通算法人でなくなった後も続き、その後復活することはない（法57⑥括弧書）。

【イメージ】開始時

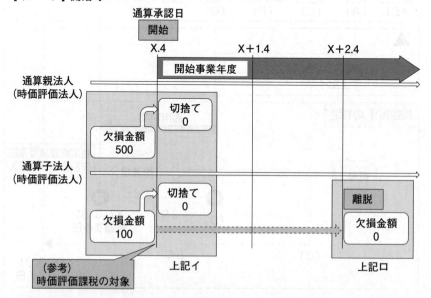

第3節　グループ通算制度の各論（所得計算関係）

【参考】時価評価除外法人の取扱い
　時価評価除外法人は、一定の場合（下記(2)）を除き、開始時又は加入時の繰越欠損金の切捨てはない。

(2) **共同事業性がない場合等の欠損金額の切捨て**
　対象法人（下記イ）が、一定の要件（下記ロ）に該当する場合には、対象法人のその通算承認の効果が生じた日以後に開始する各事業年度においては、一定の欠損金額は切り捨てられる（法57⑧）。

　イ　対象法人
　　　グループ通算制度開始時又は加入時における時価評価除外法人（通算親法人又は通算子法人）とする。
　ロ　要件
　　(イ)　通算承認の効力が生じた日の5年前の日又はその時価評価除外法人の設立の日のいずれか遅い日から、その通算承認の効力が生じた日まで、通算親法人（その時価評価除外法人が通算親法人である場合には、他の通算法人のいずれか）との間に継続して支配関係がある場合に該当しないこと。
　　(ロ)　通算承認の効力が生じた後にその時価評価除外法人と他の通算法人とが共同で事業を行う一定の場合に該当しないこと。
　　(ハ)　その時価評価除外法人が支配関係発生日以後に新たに事業を開始したこと。

◆関連通達◆
・最後に支配関係を有することとなった日（基通12－1－5）

6　通算制度の開始に伴う資産の時価評価損益

　通算承認を受ける内国法人（下記(1)の対象法人に限る。）が通算開始直前事業年度終了の時に有する時価評価資産の評価益の額又は評価損の額は、その通算開始直前事業年度の益金の額又は損金の額に算入する（法64の11①）。
　評価益の額とは、その時の価額（時価）がその時の帳簿価額を超える場合のその超える部分の金額をいい、評価損の額とは、その時の帳簿価額がその時の価額（時価）を超える場合のその超える部分の金額をいう。

(1) **対象法人**
　対象法人は、親法人及びその親法人の**最初通算事業年度**開始の時にその親法人との間にその**親法人による完全支配関係**がある内国法人とする（法64の11①）。ただし、時価評価除外法人（下記(2)）を除く。
✓　**最初通算事業年度**とは、通算承認の効力が生ずる日以後最初に終了する事業年度をいう。
✓　**親法人による完全支配関係**は、通算子法人になれない法人及び外国法人が介在しない関係に限る。

第3章 グループ通算制度

【イメージ】親法人による完全支配関係

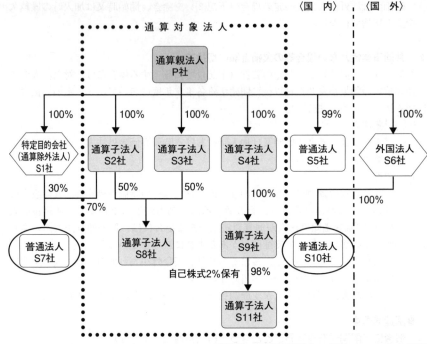

〔出所〕国税庁資料を一部抜すいのうえ加筆

> P社とS7社との関係及びP社とS10社との関係は、それぞれ完全支配関係となるが、P社との間に通算除外法人（S1社）又は外国法人（S6社）が介在していることから、通算完全支配関係とはならない。

(2) **時価評価除外法人**

時価評価除外法人とは、次のいずれかの法人をいう（令131の15③④）。
　イ　親法人と他の内国法人（親法人の最初通算事業年度開始の時にその親法人との間に完全支配関係があるものに限る。）のいずれかとの間に完全支配関係が継続することが見込まれている場合におけるその親法人
　ロ　親法人と他の内国法人との間にその親法人による完全支配関係が継続することが見込まれている場合におけるその他の内国法人

(3) **時価評価資産**
　イ　時価評価資産の開始時時価評価の対象となる資産とは、対象法人が通算開始直前事業年度終了の時に有する下表の左欄に掲げる資産をいう。ただし、下表の右欄に掲げる評価損益の計上に適しない資産は除く（法64の11①、令131の15①）。

— 346 —

第3節　グループ通算制度の各論（所得計算関係）

時価評価資産	評価損益の計上に適しない資産
固定資産	(イ) 最初通算事業年度開始の日の5年前の日以後に終了する親法人又は他の内国法人の各事業年度において所定の圧縮記帳等の規定の適用を受けた減価償却資産
土地 （土地の上に存する権利を含み、固定資産を除く。）	(ロ) 売買目的有価証券 (ハ) 償還有価証券 (ニ) 資産の帳簿価額が1,000万円に満たない場合のその資産（判定単位は下記ロ）
有価証券	(ホ) 資産の価額とその帳簿価額との差額がその資産を有する親法人又は他の内国法人の資本金等の額の2分の1に相当する金額又は1,000万円のいずれか少ない金額に満たない場合のその資産
金銭債権	(ヘ) 親法人との間に完全支配関係のある清算中の内国法人等の株式又は出資で、含み損のあるもの
繰延資産	(ト) 親法人又は他の内国法人が他の通算グループの通算法人である場合におけるその親法人又は他の内国法人の有する他の通算法人（通算親法人を除く。）の株式又は出資 (チ) **初年度離脱開始子法人**の有する資産

（法64の11①、令131の15①）

✓ **初年度離脱開始子法人**とは、他の内国法人で親法人の最初通算事業年度終了の日までにその親法人による完全支配関係（上記(1)）を有しなくなったもの（その完全支配関係を有することとなった日以後2月以内にその通算グループ内の通算法人による株式の売却時の一定の事実が生ずることによりその完全支配関係を有しなくなるものに限り、その通算グループ内の合併又は残余財産の確定により親法人の完全支配関係を有しなくなるものを除く。）をいう。

ロ　時価評価資産の判定単位

評価損益の計上に適しない「帳簿価額が1,000万円に満たない資産」の判定単位は、次の資産の区分に応じた単位となる。

金銭債権	一の債務者ごと
減価償却資産	
A　建物	一棟ごと （区分所有権である場合、区分所有権ごと）

— 347 —

第3章　グループ通算制度

B	機械及び装置	一の生産設備又は一台若しくは一基ごと （通常一組又は一式をもって取引の単位とされるものにあっては、一組又は一式ごと）
C	その他の減価償却資産	A又はBに準じて区分
土地等		一筆ごと （一体として事業の用に供される一団の土地等にあっては、その一団の土地等ごと）
有価証券		その異なる銘柄ごと
暗号資産		その異なる種類ごと
その他の資産		通常の取引の単位を基準

(規27の16の10、27の15①)

7　通算制度の加入に伴う資産の時価評価損益

　他の内国法人（下記(1)の対象法人に限る。）が通算加入直前事業年度終了の時に有する時価評価資産の評価益の額又は評価損の額は、その通算加入直前事業年度の益金の額又は損金の額に算入する（法64の12①）。
　評価益の額とは、その時の価額（時価）がその時の帳簿価額を超える場合のその超える部分の金額をいい、評価損の額とは、その時の帳簿価額がその時の価額（時価）を超える場合のその超える部分の金額をいう。

(1)　対象法人
　みなし承認を受ける他の内国法人（子法人）とする（法64の12①）。ただし、時価評価除外法人（下記(2)）を除く。

(2)　時価評価除外法人
　時価評価除外法人とは、次のいずれかの法人をいう。
　イ　通算法人がその通算法人に係る通算親法人による完全支配関係がある法人を設立した場合におけるその法人（法64の12①一）
　ロ　通算法人を株式交換等完全親法人とする適格株式交換等に係る株式交換等完全子法人（法64の12①二）
　ハ　通算親法人が法人との間にその通算親法人による完全支配関係を有することとなった場合（その有することとなった時の直前においてその通算親法人とその法人との間にその通算親法人による支配関係がある場合に限る。）で、かつ、次の要件の全てに該当する場合におけるその法人（法64の12①三）
　　(イ)　その法人のその完全支配関係を有することとなる時の直前の従業者のうち、その総数のおおむね80％以上に相当する数の者がその法人の業務（その法人との間に完全支配関係がある法人の業務を含む。）に引き続き従事することが見込まれていること（従業者継続従事要件）。

第3節　グループ通算制度の各論（所得計算関係）

　　(ロ)　その法人のその完全支配関係を有することとなる前に行う主要な事業がその法人（その法人との間に完全支配関係がある法人を含む。）において引き続き行われることが見込まれていること（事業継続要件）。
　ニ　通算親法人が法人との間にその通算親法人による完全支配関係を有することとなった場合で、かつ、その通算親法人又は他の通算法人とその法人とが**共同で事業を行う場合**に該当する場合におけるその法人（法64の12①四）
　　✓　**共同で事業を行う場合**とは、次の全てに該当する場合をいう（令131の16④）。
　　(イ)　子法人事業と親法人事業とが相互に関連するものであること（事業関連性要件）。
　　(ロ)　子法人事業と親法人事業（その子法人事業と関連する事業に限る。）のそれぞれの売上金額、その子法人事業と親法人事業のそれぞれの従業者の数若しくはこれらに準ずるものの規模の割合がおおむね5倍を超えないこと（事業規模比5倍以内要件）又は完全支配関係発生日の前日の子法人事業を行う法人の特定役員の全てがその通算親法人による完全支配関係を有することとなったことに伴って退任をするものでないこと（特定役員継続要件）。
　　(ハ)　その法人が通算親法人との間にその通算法人による完全支配関係を有することなる時の直前のその法人の従業者のうち、その総数のおおむね80％以上に相当する数の者がその法人の業務（その法人との間に完全支配関係がある法人の業務を含む。）に引き続き従事するとが見込まれていること（従業者継続従事要件）。
　　(ニ)　その法人の完全支配関係発生日前に行う主要な事業（その主要な事業がイの子法人事業でない場合には、その子法人事業を含む。）がその法人（その法人との間に完全支配関係がある他の法人を含む。）において引き続き行われることが見込まれていること（事業継続要件）。

(3)　時価評価資産
　イ　時価評価資産の加入時時価評価の対象となる資産とは、対象法人が通算加入直前事業年度終了の時に有する上記6(3)イの表の左欄に掲げる資産をいう。ただし、上記6(3)イの表の右欄に掲げる評価損益の計上に適しない資産は除く（法64の12①、令131の16①）。
　ロ　時価評価資産の判定単位
　　評価損益の計上に適しない「帳簿価額が1,000万円に満たない資産」の判定単位は、上記6(3)ロの表の資産の区分に応じた単位となる（規27の16の11、27の15①）。

第4章　国際課税

第1節　外国法人の判定と課税関係

1　外国法人の判定

　外国法人とは、内国法人（国内に本店又は主たる事務所を有する法人）以外の法人をいう（法2三、四）（コラム外国（外国政府）P11参照）。

　会社（株式会社、合名会社、合資会社又は合同会社）、一般社団法人及び一般財団法人は法人であるが、それらの住所は、会社についてはその本店の所在地にあるものとされ（会社法4）、一般社団法人及び一般財団法人 CHECK についてはその主たる事務所の所在地にあるものとされている（一般社団財団法4）。

　支店については法人格が本店と同一（法人の一部）なので、内国法人の国外支店は内国法人となり、外国法人の国内支店は外国法人となる。

　他方、子会社については法人格が別人格であるため、内国法人の子会社であっても国内に本店が所在しない場合は外国法人となり、外国法人の子会社の本店が国内に所在する場合は内国法人となる。

> **CHECK**　ー一般社団法人の設立ー
>
> 　一般社団法人の設立をする場合には、主たる事務所の所在地を定款に定め、登記しなければならない（一般社団財団法11①三、302②三）。

【裁判例・裁決例】
・東京高判昭和59年3月14日（訟月30巻8号1472頁）（オデコ大陸棚事件）
　　日本国沿岸の大陸棚が法人税法上の施行地に当たる（国内の意義）。
・最判平成27年7月17日（民集69巻5号1253頁）（米国デラウエア州LPS事件）
　　外国法に基づいて設立された組織体が外国法人に該当するか否かは、まず、①当該組織体に係る設立根拠法令の規定の文言や法制の仕組みから、当該組織体が当該外国の法令において日本法上の法人に相当する法的地位を付与されていること又は付与されていないことが疑義のない程度に明白であるか否かを検討して判断し、これができない場合には、②当該組織体が権利義務の帰属主体であると認められるか否かについて、当該組織体の設立根拠法令の規定の内容や趣旨等から、当該組織体が自ら法律行為の当事者となることができ、かつ、その法律効果が当該組織体に帰属すると認められるか否かという点を検討して判断すべきである。

2　課税関係

　内国法人は全ての所得（全世界所得）に対して課税されるのに対して、外国法人は

第1節 外国法人の判定と課税関係

国内源泉所得に対してのみ課税される。
　ただし、課税関係については、恒久的施設に帰属する所得とそれ以外の所得で異なり、納付すべき税額は、前者の場合は原則申告納税方式により確定させることになるが、後者の場合は原則として源泉徴収により課税関係が完結する。

第4章　国際課税

【外国法人に対する課税関係の概要（網掛け部分が法人税の課税範囲）】

所得の種類（法138） \ 外国法人の区分（法141）	恒久的施設を有する法人 恒久的施設帰属所得（法141一イ）	恒久的施設を有する法人 その他の国内源泉所得（法141一ロ）	恒久的施設を有しない法人（法141二）	源泉徴収（所法212①・213①）
(事業所得)		【課税対象外】		無（注1）
② 資産の運用・保有（法138①二）※下記(7)～(14)に該当するものを除く。	①恒久的施設に帰せられるべき所得（法138①一）【法人税】	【法人税】		無（注2）
③ 資産の譲渡（法138①三）※右のものに限る。 不動産の譲渡（令178①一）				無（注3）
不動産の上に存する権利等の譲渡（〃　二）				
山林の伐採又は譲渡（〃　三）				
買集めした内国法人株式の譲渡（〃　四イ）				無
事業譲渡類似株式の譲渡（〃　四ロ）				
不動産関連法人株式の譲渡（〃　五）				
ゴルフ場の所有・経営に係る法人の株式の譲渡等（〃　六、七）				
④ 人的役務の提供事業の対価（法138①四）				20.42%
⑤ 不動産の賃貸料等（〃　五）				20.42%
⑥ その他の国内源泉所得（〃　六）				無
(7) 債券利子等（所法161①八）（注5）		【源泉徴収のみ】		15.315%
(8) 配当等（〃　九）（注5）				20.42%（注4）
(9) 貸付金利子（〃　十）（注5）				20.42%
(10) 使用料等（〃　十一）（注5）				20.42%
(11) 事業の広告宣伝のための賞金（〃　十三）（注5）				20.42%
(12) 生命保険契約に基づく年金等（〃　十四）（注5）				20.42%
(13) 定期積金の給付補塡金等（〃　十五）（注5）				15.315%
(14) 匿名組合契約等に基づく利益の分配（〃　十六）（注5）				20.42%

(注)1　事業所得のうち、組合契約事業から生ずる利益の配分については、20.42％の

税率で源泉徴収が行われる。
2 　租税特別措置法第41条の12の規定により同条に規定する一定の割引債の償還差益については、18.378％（一部のものは16.336％）の税率で源泉徴収が行われる。また、租税特別措置法第41条の12の2の規定により同条に規定する一定の割引債の償還金に係る差益金額については、15.315％の税率で源泉徴収が行われる。
3 　資産の譲渡による所得のうち、国内にある土地若しくは土地の上に存する権利又は建物及びその附属設備若しくは構築物の譲渡による対価（所得税法施行令第281条の3に規定するものを除く。）については、10.21％の税率で源泉徴収が行われる。
4 　上場株式等に係る配当等、公募証券投資信託（公社債投資信託及び特定株式投資信託を除く。）の収益の分配に係る配当等及び特定投資法人の投資口の配当等については、15.315％の税率が適用される。
5 　(7)から(14)までの国内源泉所得の区分は所得税法上のもので、法人税法にはこれらの国内源泉所得の区分は設けられていない。

〔出所〕国税庁資料

第2節　恒久的施設

1　恒久的施設の区分

恒久的施設とは、PE（Permanent Establishment：以下「PE」という。）と呼ばれ、次の3種類がある。ただし、租税条約におけるPEと次に掲げるPEとで異なる定めがある場合には、租税条約上のPEを国内法上のPEとする（法2十二の十九ただし書）。

(1)　支店PE

国内にある事業の管理を行う場所、支店、事務所、工場、作業場、鉱山、石油又は天然ガスの坑井、採石場、天然資源を採取する場所、その他事業を行う一定の場所（法2十二の十九イ、令4の4①）。

その他事業を行う一定の場所には、倉庫、サーバー、農園、養殖場、植林地、貸ビル等のほか、外国法人が国内においてその事業活動の拠点としているホテルの一室、展示即売場その他これらに類する場所が含まれる（基通20-1-1）。

(2)　建設PE

外国法人の国内にある建設、据付けの工事又はこれらの指揮監督の役務の提供を行う場所、国内にある長期建設工事現場等（外国法人が国内において**長期建設工事等**を行う場所をいい、外国法人の国内における長期建設工事等を含む。）（法2十二の十九ロ、令4の4②）。

✓ **長期建設工事等**とは、建設若しくは据付けの工事又はこれらの指揮監督の役務の提供で1年を超えて行われるものをいう。

(3) 代理人 PE

外国法人が国内に置く自己のために契約を締結する権限のある者、国内において外国法人に代わって、その事業に関し、反復して次に掲げる契約を締結し、又は外国法人によって重要な修正が行われることなく日常的に締結される次に掲げる契約の締結のために反復して主要な役割を果たす者（法２十二の十九ハ、令４の４⑦）。

- 外国法人の名において締結される契約
- 外国法人が所有し、又は使用の権利を有する財産について、所有権を移転し、又は使用の権利を与えるための契約
- 外国法人による役務の提供のための契約

なお、国内において外国法人に代わって行動する者が、その事業に係る業務を、その外国法人に対し独立して行い、かつ、通常の方法により行う場合には、その者は、代理人 PE に含まれない。ただし、その者が、専ら又は主として一又は二以上の自己と**特殊の関係**にある者に代わって行動する場合は、この限りではない（令４の４⑧）。

✓ **特殊の関係**とは、一方の者が他方の法人の発行済株式又は出資の総数又は総額の50％超を直接又は間接に保有する等の一定の関係をいう（令４の４⑨、規３の４①）。

2 恒久的施設に含まれないもの

次に掲げる活動（Fに掲げる活動にあっては、Fの場所における活動の全体）が、その外国法人の事業の遂行にとって**準備的又は補助的な性格のもの**である場合、その活動に係る場所は支店 PE や建設 PE には含まれない（令４の４④）。

ただし、事業活動の細分化を通じた PE 認定の人為的回避防止措置として、各場所で行う事業上の活動が一体的な業務の一部として補完的な機能を果たす等の場合には適用されない（令４の４⑤）。

活　　　動	場　　所
A　外国法人に属する物品又は商品の保管、展示又は引渡しのためにのみ施設を使用すること	当該施設
B　外国法人に属する物品又は商品の在庫を保管、展示又は引渡しのためにのみ保有すること	当該保有することのみを行う場所
C　外国法人に属する物品又は商品の在庫を事業を行う他の者による加工のためにのみ保有すること	当該保有することのみを行う場所
D　その事業のために物品若しくは商品を購入し、又は情報を収集することのみを目的として、支店 PE を保有すること	当該場所
E　その事業のために上記A～Dに掲げる活動以外の活動を行うことのみを目的として、支店 PE を保有すること	当該場所

F　上記A～Dに掲げる活動及びその活動以外の活動を組み合わせた活動を行うことのみを目的として、支店PEを保有すること	当該場所

✓ **準備的な性格のもの**とは、本質的かつ重要な部分を構成する活動の遂行を予定し当該活動に先行して行われる活動をいい、先行して行われる活動に該当するかどうかの判定は、その活動期間の長短によらない（基通20－1－2）。

✓ **補助的な性格のもの**とは、本質的かつ重要な部分を構成しない活動で、その本質的かつ重要な部分を支援するために行われるものをいい、例えば、次に掲げるような活動はこれに該当しない（基通20－1－3）。
　イ　事業を行う一定の場所の事業目的が外国法人の事業目的と同一である場合の当該事業を行う一定の場所において行う活動
　ロ　外国法人の資産又は従業員の相当部分を必要とする活動
　ハ　顧客に販売した機械設備等の維持、修理等（当該機械設備等の交換部品を引き渡すためだけの活動を除く。）
　ニ　専門的な技能又は知識を必要とする商品仕入れ
　ホ　地域統括拠点としての活動
　ヘ　他の者に対して行う役務の提供

【裁判例・裁決例】
・東京高判平成28年1月28日（訟月63巻4号1211頁）
　米国から輸入した自動車用品を、インターネットを通じて専ら日本国内の顧客に販売する事業の用に供していたアパート及び倉庫は、日米租税条約上のPEに該当する。

第3節　国内源泉所得

1　恒久的施設帰属所得（法138①一）

恒久的施設帰属所得とは、外国法人がPEを通じて事業を行う場合において、そのPEがその外国法人から独立して事業を行う事業者であるとしたならば、そのPEが果たす機能、そのPEにおいて使用する資産、そのPEとその外国法人の本店等との間の内部取引その他の状況を勘案して、そのPEに帰せられるべき所得のことをいう。

(1)　PEが果たす機能の範囲

PEが果たす機能には、PEが果たすリスクの引受け又はリスクの管理に関する人的機能、資産の帰属に係る人的機能、研究開発に係る人的機能、製造に係る人的機能、販売に係る人的機能、役務提供に係る人的機能等が含まれる（基通20－2－3）。

なお、PEが果たすリスクの引受け又はリスクの管理に関する人的機能には、PEを通じて行う事業に従事する者がリスクの引受け又はリスクの管理に関する積極的な意思決定を行っていることが必要とされている。

(2) PEにおいて使用する資産の範囲

PEにおいて使用する資産には、PEが他の者から賃借している固定資産又は使用許諾を受けた無形資産等が含まれるほか、本店等に帰せられる固定資産又は無形資産等で、本店等との間で賃借又は使用許諾に相当する内部取引が行われているものも含まれる（基通20－2－4）。

(3) 本店等

本店等とは、外国法人の本店、支店、工場その他これらに準ずるものであって、PE以外のものをいう（法138①一括弧書）。

(4) 内部取引

内部取引とは、外国法人のPEと本店等との間で行われた資産の移転、役務の提供その他の事実で、独立の事業者の間で同様の事実があったとしたならば、これらの事業者の間で、資産の販売、資産の購入、役務の提供その他の取引が行われたと認められるものをいう（法138②）。

ただし、資金の借入れに係る債務の保証、保険契約に係る保険責任についての再保険の引受けその他これらに類する取引は内部取引として認識しない。

(5) その他の状況

その他の状況には、PEに帰せられるリスク（為替相場の変動、市場金利の変動、経済事情の変化その他の要因による利益又は損失の増加又は減少の生ずるおそれ）及びPEに帰せられる外部取引（PEを有する外国法人が他の者との間で行った取引）が含まれる（基通20－2－1）。

2 国内にある資産の運用又は保有により生ずる所得（法138①二）

国内にある資産の運用又は保有により生ずる所得の例	左記から除かれるもの
・日本国の国債又は地方債、内国法人の発行する債券、約束手形（令177①一）	・債券利子等（所法161①八）
・居住者に対する貸付金に係る債権でその居住者の行う業務に係るもの以外のもの（令177①二）	・配当等（所法161①九）
	・貸付金利子等（所法161①十）
	・使用料等（所法161①十一）
・国内にある営業所等又は国内において契約の締結の代理をする者を通じて締結した生命保険契約、損害保険契約等に基づく保険金の支払又は剰余金の分配を受ける権利（令177①三）	・事業の広告宣伝のための賞金（所法161①十三）
	・生命保険契約に基づく年金等（所法161①十四）
・公社債を国内において貸し付けた場合の貸付料及び日本国の国債、地方債、内国法人の発行する債券、資金調達のために発行する約束手形に係る償還差益又は発行差金（基通20－2－7）	・給付補塡金等（所法161①十五）
	・匿名組合契約等に基づく利益の分配金等（所法161①十六）
・居住者に対する貸付金（居住者の行う業務に係る	

第3節　国内源泉所得

もの以外のもの）に係る債権の利子及びその債権、国内において業務を行う者に対する貸付金に係る債権をその債権金額に満たない価額で取得した場合におけるその満たない部分の金額（基通20－2－7） ・国内にある供託金について受ける利子（基通20－2－7） ・個人から受ける動産（当該個人が国内において生活の用に供するものに限る。）の使用料（基通20－2－7）	・延払債権等の利子で履行期間が6か月以内のものの短期債権の利子（令177②一） ・市場デリバティブ取引又は店頭デリバティブ取引の決済により生ずる所得（令177②二）

3　国内にある資産の譲渡により生ずる所得（法138①三）

国内にある資産の譲渡により生ずる所得
・国内にある不動産の譲渡による所得（令178①一） ・国内にある不動産の上に存する権利、鉱業法の規定による鉱業権又は採石法の規定による採石権の譲渡による所得（令178①二） ・国内にある山林の伐採又は譲渡による所得（令178①三） ・内国法人の株式等で、その譲渡による所得が株式の買集めによるもの又は**事業譲渡類似株式の譲渡**による所得（令178①四） ・**不動産関連法人株式の譲渡**による所得（令178①五） ・国内にあるゴルフ場の所有又は経営に係る法人の株式又は出資を有することがそのゴルフ場を一般の利用者に比して有利な条件で継続的に利用する権利を有する者となるための要件とされている場合におけるその株式等の譲渡による所得（令178①六） ・国内にあるゴルフ場等施設の利用に関する権利の譲渡による所得（令178①七）

✓　**事業譲渡類似株式の譲渡**とは、内国法人の特殊関係株主等である外国法人が行う次のイ及びロの要件を満たす株式の譲渡をいい、特殊関係株主等とは、内国法人の株主等、その株主等の同族関係者及び一の株主等が締結する組合契約に係る他の組合員をいう（令178①四ロ、④、⑥、⑦）。

イ　譲渡事業年度終了の日以前3年内のいずれかの時において、内国法人の特殊関係株主等が、その内国法人の発行済株式等の25％以上を所有していたこと【所有株数要件】。

ロ　譲渡事業年度において、内国法人（内国法人の特殊関係株主等である外国法人を含む。）の特殊関係株主等が最初にその内国法人の株式等を譲渡する直前のその内国法人の発行済株式等の5％以上を譲渡したこと【譲渡株数要件】。

✓　**不動産関連法人株式の譲渡**とは、外国法人が行う不動産関連法人の株式の譲渡による所得のうち、譲渡事業年度開始の日の前日において、その不動産関連法人の特殊関係株主等が、その不動産関連法人の発行済株式等の2％（上場株式等の場合は

第4章　国際課税

5％）を超える株式等を有し、かつ、その株式の譲渡をした者がその特殊関係株主等である場合をいい、特殊関係株主等とは、その法人の一の株主等、その一の株主等と法人税法施行令第4条に規定する特殊の関係のある者等をいう（令178①五、⑨、⑩）。

また、不動産関連法人とは、その有する資産の価額の総額のうちに、国内にある土地等の一定の資産の価額の合計額の占める割合が50％以上である法人をいい、当該法人に該当するか否かの判定は、その株式の譲渡の日から起算して365日前の日からその譲渡の直前の時までの間のいずれかの時に行う（令178⑧）。

4　人的役務の提供事業の対価（法138①四）

国内において次に掲げる人的役務の提供事業を行う法人が受けるその人的役務の提供に係る対価。

人的役務の提供事業	左記から除かれるもの
・映画若しくは演劇の俳優、音楽家その他の芸能人又は職業運動家の役務提供を主たる内容とする事業（令179一） ・弁護士、公認会計士、建築士その他の自由職業者の役務提供を主たる内容とする事業（令179二） ・科学技術、経営管理その他の分野に関する専門的知識又は特別の技能を有する者のその知識又は技能を活用して行う役務提供を主たる内容とする事業（令179三）	・機械設備の販売業者が機械設備の販売に伴い、その販売先に対しその機械設備の据付け、組立て、試運転等のために技術者等を派遣する行為に係る事業（基通20－2－12） ・工業所有権、ノウハウ等の権利者が、その権利の提供を主たる内容とする業務を行うことに伴いその提供先に対しその権利の実施のために技術者等を派遣する行為に係る事業（基通20－2－12） ・建設又は据付けの工事の指揮監督の役務提供を主たる内容とする事業（令179三）

5　不動産の賃貸料等（法138①五）

不動産の賃貸料等	左記から除かれるもの
・国内にある不動産及び不動産の上に存する権利の貸付けによる対価 ・採石法の規定による採石権の貸付けによる対価 ・鉱業法の規定による租鉱権の設定による対価	・乗組員と共に利用させるいわゆる定期用船（機）契約又は航海用船（機）契約に基づき支払を受ける対価（基

| ・居住者又は内国法人に対する船舶、航空機の貸付けによる対価 | 通20-2-13) |

6　債券利子等（所法161①八）

所得税法第23条第1項《利子所得》に規定する利子等のうち次に掲げるもの。

- 日本国の国債又は地方債、内国法人の発行する債券の利子
- 外国法人の発行する債券の利子のうちその外国法人のPEを通じて行う事業に係るもの
- 国内にある営業所、事務所その他これらに準ずるものに預け入れられた預貯金の利子
- 国内にある営業所に信託された合同運用信託、公社債投資信託又は公募公社債等運用投資信託の収益の分配

7　配当等（所法161①九）

所得税法第24条第1項《配当所得》に規定する配当等のうち次に掲げるもの。

- 内国法人から受ける剰余金の配当、利益の配当、剰余金の分配、金銭の分配、基金利息
- 国内にある営業所に信託された投資信託（公社債投資信託及び公募公社債等運用投資信託を除く。）又は特定受益証券発行信託の収益の分配

8　貸付金の利子（所法161①十）

国内において業務を行う者に対する貸付金（これに準ずるものを含む。）で当該業務に係るものの利子（一定の債券の買戻又は売戻条件付売買取引から生ずる一定の差益を含む。）。

貸付金に準ずるものには、次のものが含まれる（所基通161-30）。

- 預け金のうち国内にある営業所に預けられた預貯金以外のもの
- 保証金、敷金その他これらに類する債権
- 前渡金その他これに類する債権
- 他人のために立替払をした場合の立替金
- 取引の対価に係る延払債権
- 保証債務を履行したことに伴って取得した求償権
- 損害賠償金に係る延払債権
- 当座貸越に係る債権

なお、居住者に対する貸付金で、その居住者の行う業務に係るもの以外（非業務用）のものに係る利子については、貸付金等の利子には該当せず、国内にある資産の運用又は保有により生ずる所得に該当する（令177①二）。

第4章 国際課税

【裁判例・裁決例】
・大阪高判平成21年4月24日（税資259号－75順号11188）
　造船契約の解約に伴い、前払金の返還とともに支払った、前払金に対する約定の割合の金銭は「貸付金の利子」に該当しない。

9　使用料等（所法161①十一）
国内において業務を行う者から受ける次に掲げる使用料等で当該業務に係るもの。

・工業所有権その他の技術に関する権利、特別の技術による生産方式若しくはこれらに準ずるものの使用料又はその譲渡の対価
・著作権（出版権及び著作隣接権その他これに準ずるものを含む。）の使用料又はその譲渡の対価
・機械、装置、車両及び運搬具、工具、器具及び備品の使用料（所令284①）

【参考】使用料の意義（所基通161－35）
　工業所有権等の使用料とは、工業所有権等の実施、使用、採用、提供若しくは伝授又は工業所有権等に係る実施権若しくは使用権の設定、許諾若しくはその譲渡の承諾につき支払を受ける対価の一切をいい、著作権の使用料とは、著作物の複製、上演、演奏、放送、展示、上映、翻訳、編曲、脚色、映画化その他著作物の利用又は出版権の設定につき支払を受ける対価の一切をいう。

【裁判例・裁決例】
・東京地判昭和60年5月13日（判タ577号79頁）
　外国法人の有する特許権等の実施契約におけるロイヤリティの支払義務が、契約上特許の根源的使用である生産（製造）段階における特許の使用に着目して定められ、かつ実施権者たる国内法人がその技術方法を使用して製品の全てをその日本国内工場で生産している場合には、当該ロイヤリティは「特許権等に対する使用料」に該当する。

・東京高判平成9年9月25日（判時1631号118頁）
　内国法人から外国法人に対して支払われたスポーツ競技に係る放映権料は、著作権法上の「映画の著作物」に当たり、その使用の対価として支払われたものであるから、「著作権の使用料」に該当する。

・仙台高判平成29年3月29日（税資267号－55順号13004）
　内国法人が、外国法人から商品を輸入するに際し、当該外国法人、輸入商品のモデルである外国人俳優及び当該外国人俳優の所属する事務所との間で契約を締結し、当該契約に基づいて当該外国法人に支払った金員は、「著作権の使用料」に該当する。

・国税不服審判所平成21年12月11日裁決（裁決事例集78集208頁）
　外国法人に対して支払ったゲームソフトの開発委託費は、「著作権の譲渡等の対価」に該当する。

10　事業の広告宣伝のための賞金　(所法161①十三)

国内において行われる事業の広告宣伝のために賞として支払う金品その他の経済的利益（旅行その他の役務の提供を内容とするもので、金品との選択ができないとされているものを除く。）をいう（所令286）。

11　生命保険契約に基づく年金等　(所法161①十四)

国内にある営業所又は国内において契約締結の代理をする者を通じて締結した次に掲げる年金給付の定めのある契約又は規約に基づいて支給を受けるもののうち、所得税法第35条第3項に規定する公的年金等に該当するもの以外のもの（所令287）。

・生命保険契約、旧簡易生命保険契約及び生命共済契約（所令183③一）
・退職金共済契約（所令183③二）
・退職年金に関する信託、生命保険及び生命共済の契約（所令183③三）
・確定給付企業年金に係る規約（所令183③四）
・小規模企業共済法に基づく共済契約（所令183③五）
・確定拠出年金法に規定する企業型年金規約及び個人型年金規約（所令183③六）
・損害保険契約及び損害共済契約（所令184①）

12　定期積金の給付補塡金等　(所法161①十五)

次に掲げる契約に基づいて支給を受けるもので、国内の営業所が受け入れたもの又は国内の営業所等を通じて締結されたもの。

・定期積金契約に基づく給付補塡金（所法174三）
・銀行法第2条第4項の契約に基づく給付補塡金（所法174四）
・抵当証券の利息（所法174五）
・金その他の貴金属（これに類する物品を含む。）の売戻し条件付売買の利益（いわゆる金投資口座の差益など）（所法174六）
・外国通貨で表示された預貯金で、その元本と利子をあらかじめ約定した率により本邦通貨又は他の外国通貨に換算して支払うこととされているものの差益（いわゆる外貨投資口座の差益など）（所法174七）
・一時払養老保険、一時払損害保険等の差益（保険期間等が5年以下のもの及び保険期間等が5年を超えるもので保険期間等の初日から5年以内に解約されたものに基づく差金）（所法174八）

13　匿名組合契約等に基づく利益の分配　(所法161①十六)

匿名組合契約等に基づく利益の分配とは、国内において事業を行う者に対する出資につき、匿名組合契約（これに準ずる契約を含む。）に基づいて受ける利益の分配をいう。

第4章 国際課税

14 その他の所得（法138①六）

上記1から13の所得のほか、次に掲げる所得が国内源泉所得に該当する。

- 国内において行う業務や国内にある資産に関して受ける保険金、補償金又は損害賠償金（これらに類するものを含む。）に係る所得（令180一）
- 国内にある資産の贈与を受けたことにより取得する所得（令180二）
- 国内で発見された埋蔵物又は国内で拾得された遺失物に係る所得（令180三）
- 国内において行う懸賞募集に基づいて懸賞として受ける金品その他の経済的な利益に係る所得（令180四）
- 国内において行う業務又は国内にある資産に関し供与を受ける経済的な利益に係る所得（令180五）

【参考】国内源泉所得該当性の判断基準（ソースルール）

所得の種類	ソースルール
恒久的施設帰属所得 （法138①一）	PEが独立して事業を行う事業者としたならば、そのPEが果たす機能、そのPEにおいて使用する資産、本店等との内部取引その他の状況を勘案して、そのPEに帰せられるべき所得
資産の運用・保有 （法138①二）	国内にある資産の運用又は保有により生じる所得
資産の譲渡 （法138①三）	国内にある資産の譲渡による所得
人的役務の提供事業の対価 （法138①四）	国内において提供された人的役務事業の対価
不動産の賃貸料等 （法138①五）	国内にある不動産等の貸付けの対価
債券 利子等 （所法161①八）	① 預金等利子：預入先が国内営業所である預金等に係る利子等 ② 公社債利子：日本国の国債若しくは地方債（公債）又は内国法人が発行する債券（社債）に係る利子等 ③ 外国法人発行の債券利子：PEを通じて行う事業に係る利子等
配当等 （所法161①九）	内国法人から支払われる配当等
貸付金利子 （所法161①十）	国内業務に係る（使用される）貸付金の利子等
使用料等 （所法161①十一）	国内業務に係る（使用される）権利等の使用料等

第4節 源泉徴収の対象となる国内源泉所得と源泉徴収税額

事業の広告宣伝のための賞金 （所法161①十三）	国内で行う事業の広告宣伝のための賞金
生命保険契約に基づく年金等 （所法161①十四）	国内にある営業所又は国内において契約の締結の代理をする者を通じて締結した生命保険契約、損害保険契約その他の年金に係る契約に基づいて受ける年金
定期積金の給付補塡金等 （所法161①十五）	国内にある営業所が受け入れた、又は国内にある営業所等を通じて締結されたものに係る給付補塡金、利息、利益又は差益
匿名組合契約等に基づく利益の分配（所法161①十六）	国内で事業を行う者に対する出資について、匿名組合契約に基づいて受ける利益の分配
その他の国内源泉所得（法138①六）	国内において行う業務又は国内にある資産に関し供与を受ける経済的な利益に係る所得

【参考】法人税法と所得税法の国内源泉所得に係る規定の違い

　所得税法第161条第1項は、法人税法第138条第1項第1号及び第3号に該当する国内源泉所得のうち、源泉徴収の対象となるものとして、

・組合契約事業から生ずる利益の配分（所法161①四）
・土地等の譲渡等の対価（所法161①五）

を細分化して規定している。
　また、所得税法は、PEに帰属しない限り所得税の源泉徴収のみで日本での課税関係を完結する利子等（所法161①八）から匿名組合契約等に基づく利益の分配（所法161①十六）までを別途規定している。
　なお、法人は自ら役務提供することがないため、給与等の人的役務提供の報酬（所法161①十二）については、そもそも発生せず、法人が行う役務提供の対価については人的役務の提供事業の対価（法138①四）に該当するかどうかを検討することになる。

第4節　源泉徴収の対象となる国内源泉所得と源泉徴収税額

　次ページの「国内源泉所得の種類」に掲げる所得については、原則として、PEの有無、PEに帰せられる所得か否かにかかわらず支払者がその支払いの段階で一律に所得税及び復興特別所得税を源泉徴収し、これを納付する義務を負うことになる。
　なお、国内源泉所得の支払が国外において行われる場合であっても、その支払者が国内に住所若しくは居所を有し、又は国内に事務所、事業所その他これらに準ずるも

第4章 国際課税

のを有するときは、国内において支払われたものとみなして源泉徴収をする必要がある（所法212②）。

【源泉徴収の対象となる国内源泉所得と税率等】

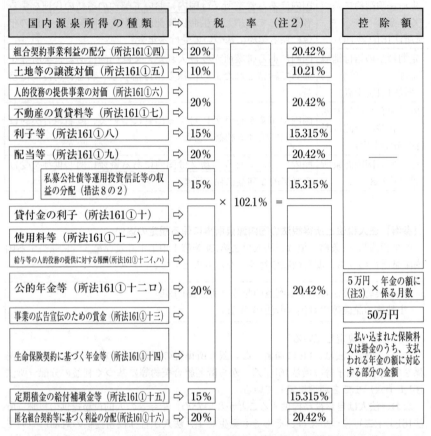

(注) 1　国内源泉所得の金額の中に消費税及び地方消費税相当額が含まれる場合には、消費税及び地方消費税を含めた金額が源泉徴収の対象金額となる。
　　　ただし、国内源泉所得の支払を受ける者からの請求書等において国内源泉所得の金額と消費税及び地方消費税相当額とが明確に区分されている場合には、その国内源泉所得の金額のみを源泉徴収の対象金額として差し支えない（平元直法6－1（最終改正平26課法9－1））。
　　2　国内源泉所得の金額に税率を乗じて算出された源泉徴収すべき所得税及び復興特別所得税の額に1円未満の端数があるときは、その端数を切り捨てる。
　　3　年齢が65歳以上の人が受ける年金については、「9万5,000円×年金の額に係る月数」となる（措法41の15の3③）。

〔出所〕国税庁資料

第5節　租税条約

1　租税条約の概要

　租税条約とは、一般的に、所得に対する租税に関する二重課税の除去並びに脱税及び租税回避の防止のために二国間又は多国間で締結される条約のことをいう。

　企業が海外にまたがる経済活動を行う場合、同一の所得に対し、居住地国においては全世界所得課税（居住地国課税）がされると同時に、所得が発生した国においてもその国で生じた所得に対する課税（源泉地国課税）がされることとなるが、その結果として、このような経済活動等による所得については必然的に国際的二重課税が生じることになる。このような二重課税を排除するため、租税条約は所得に対する両締約国の課税権の配分に関する実体的規定を定めている。また、税務当局間の相互協議といった手続的規定も定めている。

　更に、租税条約は、国際的な脱税や租税回避の防止もその重要な目的であることから、情報交換や徴収共助といった両締約国の税務当局間の協力に関する手続的規定も定めている。

2　日本の租税条約の概要

　令和6年8月1日現在、155か国・地域と86の租税条約等を締結している。

第4章 国際課税

我が国の租税条約ネットワーク

《86条約等、155か国・地域適用／2024年8月1日現在》（注1）（注2）

財務省

欧州 (46)
アイスランド、ノルウェー、アイルランド、ハンガリー、イギリス、フィンランド、イタリア、フランス、エストニア、ブルガリア、オーストリア、ベルギー、オランダ、ポーランド、クロアチア、ポルトガル、スイス、ラトビア、スウェーデン、リトアニア、スペイン、ルクセンブルク、スロバキア、ルーマニア、スロベニア、ジャージー（※）、セルビア、ガーンジー（※）、チェコ、マン島（※）、デンマーク、リヒテンシュタイン（※）、ドイツ
（執行共助条約のみ）
アルバニア、モナコ、アンドラ、サンマリノ、北マケドニア、フェロー諸島、キプロス、ヘルゴラント、ギリシャ、マルタ、グリーンランド、モンテネグロ、バチカン

アフリカ (23)
アルジェリア、モロッコ、エジプト、南アフリカ
（執行共助条約のみ）
ウガンダ、ナミビア、ガーナ、ブルキナファソ、カーボベルデ、ベナン、ケニア、ボツワナ、セネガル、モーリシャス、チュニジア、リベリア、コートジボワール、ルワンダ、カメルーン、ナイジェリア、ガボン

ロシア・NIS諸国 (12)
アゼルバイジャン、ジョージア、ベラルーシ、アルメニア、フィンランド、タジキスタン、モルドバ、ウクライナ、カザフスタン、トルクメニスタン、ロシア、ウズベキスタン、キルギス

中東 (10)
アラブ首長国連邦、クウェート、イスラエル、サウジアラビア、オマーン、トルコ、カタール、レバノン
（執行共助条約のみ）
バーレーン、ヨルダン

アジア・大洋州 (29)
インド、シンガポール、ニュージーランド、フィリピン、インドネシア、スリランカ、パキスタン、ベトナム、オーストラリア、タイ、フィジー、サモア（※）、韓国、中国、マカオ（※）
（執行共助条約のみ）
クック諸島、ニウエ、パラオ、マーシャル、ナウル、バヌアツ、モルディブ、モンゴル、台湾（注3）

北米・中南米 (35)
アメリカ、ウルグアイ、エクアドル、カナダ、コロンビア、ジャマイカ、チリ、ブラジル、ペルー、メキシコ、ケイマン諸島（※）、英領バージン諸島（※）、バハマ（※）、バミューダ（※）
（執行共助条約のみ）
アルゼンチン、キュラソー、アンギラ、グアテマラ、エルサルバドル、グレナダ、キュラソー、コスタリカ、セントクリストファー・ネービス、アルバ、セントルシア、アンティグア・バーブーダ、セントビンセント、ドミニカ国、ドミニカ共和国、パナマ、バルバドス、パラグアイ、ベリーズ、モントセラト

凡例：
- 租税条約
- 情報交換協定
- 税務行政執行共助条約のみ
- 日台民間租税取決め

（注1）税務行政執行共助条約及び日台民間租税取決めを含む。なお、条約等の数及び国・地域数の内訳は以下のとおり。
（注2）・租税条約（二重課税の除去並びに脱税及び租税回避の防止を主たる内容とする条約）：73本、80か国・地域
・情報交換協定（租税に関する情報交換を主たる内容とする協定）：11本、11か国・地域（図中、（※）で表示）
・税務行政執行共助条約：締約国は我が国を除いて123か国。適用拡張により142か国・地域に適用（図中・国名に下線）。このうち我が国と二国間租税条約を締結していない国・地域は63か国・地域。
・日台民間租税取決め：1本、1地域
（注3）台湾については、公益財団法人交流協会（日本側）と亜東関係協会（台湾側）との間の民間租税取決め及びその内容を日本国内で実施するための法令によって、全体として租税条約に相当する枠組みを構築。現在、両者は、公益財団法人日本台湾交流協会（日本側）及び台湾日本関係協会（台湾側）にそれぞれ改称されている。

［出所］財務省資料

3　租税条約と国内法の適用関係

　日本においては、憲法第98条第2項で「日本国が締結した条約及び確立された国際法規は、これを誠実に遵守することを必要とする」と規定しているところ、条約は法律に優先すると解されている（※）ことから、租税条約が国内法と異なる定めをしている場合、租税条約の定めが優先して適用される。

　※　米国においては、条約よりも後に制定された法を優先して適用（treaty override）する。

　租税条約により国内法上の適用関係が変更される代表的なものは次のとおり。

(1)　居住者

　所得税法において居住者とされる場合であっても、租税条約の規定に基づき相手国の居住者とされるときには、「非居住者」として取り扱う（実特法6）。

(2)　PE

　所得税法又は法人税法においてPEとされる場合であっても、租税条約の定義するPEの範囲に含まれないときには、PEとして取り扱わない（法二十二の十九ただし書）。

(3)　国内源泉所得

　貸付金の利子や使用料等が国内源泉所得に該当するか否かを判断する際、国内法においては国内業務に係るものであるかを基準としている（使用地主義）が、租税条約の多くは債務者（支払者）がどこに居住しているかを基準としている（債務者主義）。このような基準の違いから、国内法上国内源泉所得に該当しない所得であっても、租税条約において国内源泉所得に該当することがあり、その場合は、国内源泉所得として取り扱われる（所法162、法139）。

(4)　課税の軽減又は免除

　国内法上の源泉徴収税率が租税条約で定められた税率を超える場合、日本で源泉徴収する際には租税条約で定められた税率で源泉徴収することになる。また、租税条約で源泉地国免税とされている場合、国内法上源泉徴収することになっていても日本では源泉徴収しない（実特法3の2②）。

【裁判例・裁決例】
・東京高判平成28年1月28日（訟月63巻4号1211頁）
　　租税条約に関する届出書の提出は、日米租税条約上の税の軽減又は免除を受けるための手続要件ではない。

第6節　外国税額控除

1　内国法人に対する外国税額控除

(1)　概要

　内国法人は、その内国法人の外国支店で生じた所得を含む全世界所得を課税標準と

第4章 国際課税

して法人税が課される。しかし、外国支店で生じた所得については、通常、その支店の所在地国においても課税されることとなるため、同一の所得に対して日本と外国の双方で課税されることとなり、国際的な二重課税が生ずることとなる。

そこで、内国法人が各事業年度において外国法人税を納付することとなる場合には、その事業年度の所得の金額につき計算した法人税の額のうちその事業年度の国外所得金額に対応するものとして計算した控除限度額を限度として、その外国法人税の額をその事業年度の所得に対する法人税の額から控除することとされている（法69①）。

(2) 控除対象外国法人税の額

控除対象となる外国法人税は、外国の法令により課される法人税に相当する税で政令で定めるものとされ、政令には、外国の法令に基づき外国又はその地方公共団体により法人の所得を課税標準として課される税とすると規定されている（令141①）。

外国法人税に含まれるもの	具体例
超過利潤税その他法人の所得の特定の部分を課税標準として課される税（令141②一）	米国等で石油生産者に予定外の利潤が生じた際に課される超過利潤税
法人の所得又はその特定の部分を課税標準として課される税の附加税（令141②二）	日本の法人住民税の法人税割に相当する税
法人の所得を課税標準として課される税と同一の税目に属する税で、法人の特定の所得につき、徴税上の便宜のため、所得に代えて収入金額その他これに準ずるものを課税標準として課されるもの（令141②三）	利子、配当など収入金額に対して課される源泉徴収税
法人の特定の所得につき、所得を課税標準とする税に代え、法人の収入金額その他これに準ずるものを課税標準として課される税（令141②四）	所得税に代えて課される農産物税、石油会社税など

外国法人税に含まれないもの
・税を納付する者が、その税の納付後、任意にその金額の全部又は一部の還付を請求することができる税（令141③一） ・税の納付が猶予される期間を、その税の納付をすることとなる者が任意に定めることができる税（令141③二） ・**複数の税率**の中から税の納付をすることとなる者と外国若しくはその地方公共団体又はこれらの者により税率の合意をする権限を付与された者との合意により税率が決定された税（当該複数の税率のうち最も低い税率（その最も低い税率がそ

第6節　外国税額控除

の合意がないものとした場合に適用されるべき税率を上回る場合にはその適用されるべき税率）を上回る部分に限る。）（令141③三）
・外国における各対象会計年度の国際最低税額に対する法人税に相当する税（令141③四）
・我が国以外の国又は地域の租税に関する法令において、当該国若しくは地域を所在地国とする特定多国籍企業グループ等に属する構成会社等に対して課される税又はこれに相当する税（令141③五）
・外国法人税に附帯して課される附帯税に相当する税その他これに類する税（令141③六）

✓ **外国法人税に含まれないもの**とされる部分については、外国税額の損金不算入の規定の適用の対象とならず、法人税の所得金額の計算上、損金の額に算入される。
✓ **複数の税率**には、適用される税率が2以上ある場合のほか、例えば、0％超30％以下のように幅をもって定められている場合なども含まれる。

(3) みなし納付外国法人税

発展途上国が租税特別措置の結果として税額を免除ないし軽減したものの、日本が居住地国として免除ないし軽減された税額に相当する金額に課税すると、企業にとっては免除ないし軽減された効果が減殺されてしまうことになる。そのため、日本と発展途上国との間の租税条約の中には、発展途上国が免除ないし軽減された税額について、それを当該発展途上国に納付した税額とみなして、外国税額控除の対象としているものがあり、これをみなし外国税額控除という。

日本が租税条約を締結している条約相手国等の法律又は当該租税条約の規定により軽減され、又は免除された当該条約相手国等の租税の額で当該租税条約の規定により内国法人が納付したとみなされるものの額を「みなし納付外国法人税の額」といい、外国税額控除の対象となる外国法人税に含まれる（令142の2③）。

令和6年9月1日現在、日本が締結している租税条約の中で有効なみなし外国税額控除を規定している国は、ザンビア、スリランカ、タイ、中国、バングラディッシュ、ブラジルの6か国ある。

(4) 外国税額控除の対象とならない外国法人税の額

外国法人税のうち、次に掲げる外国法人税の額は、外国税額控除の対象から除外されている（法69①、令142の2①、⑤、⑦、⑧）。

・所得に対する**負担が高率な部分**の金額
・通常行われる取引と認められない取引に係る外国法人税の額
・内国法人の法人税に関する法令の規定により法人税が課されないこととなる金額を課税標準として課されるものとして政令で定める外国法人税の額
・その他政令で定める外国法人税の額

✓ **負担が高率な部分**とは、外国法人税の課税標準とされる金額の35％を超える部分

第4章　国際課税

（令142の2①）、及び利子等（金融業若しくは保険業を営む内国法人が受け取るもの、又はそれ以外の事業を営む内国法人で利子等収入の割合の高い法人が受け取るもの）に対する源泉徴収税率が10％又は15％を超える部分（令142の2②）とされている。

(5) 控除限度額

〔算式〕

内国法人の各事業年度の所得に対する法人税の額（※1） × その事業年度の調整国外所得金額（※3） / その事業年度の所得金額（※2）

※1　「内国法人の各事業年度の所得に対する法人税の額」は、法人税申告書別表一の法人税額（「2」欄）から法人税の特別控除額（「3」欄）を控除した金額である（令142①括弧書）。

※2　「その事業年度の所得金額」は、青色申告書を提出した事業年度の欠損金の繰越し等の規定を適用しないで計算した場合の所得金額をいう（令142②）。

※3　「その事業年度の調整国外所得金額」は、青色申告書を提出した事業年度の欠損金の繰越し等の規定を適用しないで計算した場合のその事業年度の国外所得金額から非課税国外所得金額（外国法人税が課されない国外源泉所得に係る所得の金額）を控除した金額をいう。

　　　ただし、その金額がその事業年度の所得金額の90％に相当する金額を超える場合には、その90％に相当する金額となる（令142③ただし書）。

〔算式〕

調整国外所得金額
　＝　国外所得金額（※1）（国外事業所等帰属所得 ＋ その他の国外源泉所得）－ 非課税国外所得金額（※2）

※1　国外所得金額は、国外源泉所得に係る所得のみについて法人税を課するものとした場合に課税標準となるべきその事業年度の所得の金額に相当する金額をいい、ゼロを下回るときはゼロとする（法69①括弧書、令141の2）。

※2　非課税国外所得金額（外国法人税が課されない国外源泉所得に係る所得の金額）には、租税条約等の規定により外国法人税を課さないこととされている所得の金額も該当することになるが、租税条約によるみなし外国税額控除が適用される「みなし納付外国法人税の額」がある場合には、その基となった所得の金額は、非課税国外所得金額に含まれない（令142④一括弧書）。

第6節　外国税額控除

内国法人の外国税額控除における国外所得金額

国外所得金額
= 　1号国外源泉所得
　＋　2号～16号国外源泉所得（2号～13号、15号、16号国外源泉所得については、1号国外源泉所得に該当するものを除く。）

国外源泉所得　[法法69④]	国外事業所等あり		国外事業所等なし（日本の本店等が得る所得）（横軸で判定）
	国外事業所等帰属（縦軸で判定）	国外事業所等非帰属（日本の本店等が得る所得）（横軸で判定）	
（事業所得）	国外事業所等を通じて行う事業から生ずる所得（注）1号		
国外にある資産の運用・保有所得【2号】			
国外にある資産の譲渡所得【3号】			
国外において行う人的役務提供事業の対価【4号】			
国外にある不動産等の貸付けによる対価【5号】			
外国法人の発行する債券の利子等【6号】			
外国法人から受ける配当等【7号】			
国外業務に係る貸付金利子【8号】			
国外業務に係る使用料【9号】			
国外事業の広告宣伝のための賞金【10号】			
国外にある営業所を通じて締結した年金契約に基づいて受ける年金【11号】			
国外営業所が受け入れた定期積金に係る給付補塡金等【12号】			
国外において事業を行う者に対する出資につき、匿名組合契約に類する契約に基づいて受ける利益の分配【13号】			
租税条約の規定により外国において課税することができる所得【15号】			
その他国外に源泉がある所得【16号】			
国外業務に係る国際運輸業所得【14号】			

（注）　1号国外源泉所得からは、14号国外源泉所得（国際運輸業所得）は除かれている。

内国法人の外国税額控除における国外所得の金額の計算（イメージ）

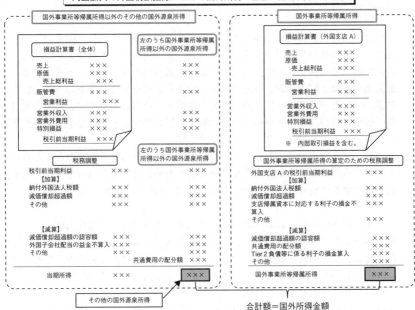

合計額＝国外所得金額

〔出所〕いずれも財務省資料

第4章　国際課税

(6) 国外事業所等帰属所得の計算
イ　国外事業所等帰属所得の概要
内国法人の国外事業所等帰属所得とは、内国法人が国外事業所等を通じて事業を行う場合において、その国外事業所等がその内国法人から独立して事業を行う事業者であるとしたならば、その国外事業所等が果たす機能、その国外事業所等において使用する資産、その国外事業所等とその内国法人の本店等との間の内部取引その他の状況を勘案して、その国外事業所等に帰せられるべき所得をいう（法69④一）。

(イ)　国外事業所等

国外事業所等とは、国外にあるPEを意味し、日本が租税条約（PEに関する定めを有するもの）を締結している相手国等についてはその租税条約の相手国等内にあるその租税条約に定める「恒久的施設に相当するもの」をいい、その他の国又は地域については、その国又は地域にある「恒久的施設に相当するもの」とされている（法69④一括弧書、令145の2①）。

(ロ)　内部取引

内部取引とは、内国法人の国外事業所等と本店等との間で行われた資産の移転、役務の提供その他の事実で、独立の事業者の間で同様の事実があったとしたならば、これらの事業者の間で、資産の販売、資産の購入、役務の提供その他の取引が行われたと認められるものをいう。

ただし、内国法人の国外事業所等と本店等との間で行われた債務の保証、再保険の引受けその他これらに類する取引については、内部取引から除かれている（法69⑤、令145の14）。

(ハ)　共通費用の額の配分

当期の所得金額の計算上損金の額に算入された金額のうちに、販売費、一般管理費その他の費用で国外事業所等帰属所得に係る所得を生ずべき業務とそれ以外の業務の双方に関連して生じたものの額（共通費用の額）があるときは、その共通費用の額は、収入金額、資産の価額、使用人の数その他の基準のうちこれらの業務の内容及び費用の性質に照らして合理的と認められる基準によって、国外事業所等帰属所得に係る所得の金額の計算上の損金の額として配分する必要がある（令141の3⑥、基通16－3－12、16－3－13）。

また、共通費用の額の配分を行った場合には、配分の計算の基礎となる費用の明細及び内容、配分の計算方法及びその計算方法が合理的であるとする理由を記載した書類を作成しなければならない（令141の3⑦、規28の5）。

ロ　国外事業所等に帰せられるべき資本に対応する負債の利子の加算調整
国外事業所等に係る自己資本の額が国外事業所等に帰せられるべき資本の額に満たない場合には、国外事業所等を通じて行う事業に係る負債の利子のうちその満たない金額に対応する部分の金額を、国外事業所等帰属所得に係る所得の金額の計算上、損金の額に算入せず、加算調整する（令141の4①）。

なお、この加算調整額は、国外事業所等が複数ある場合には、国外事業所等ごとに計算する必要があるが、同一国に複数の事業活動の拠点が所在する場合には、当

第6節　外国税額控除

該同一国の複数の拠点全体を一つの国外事業所等として加算調整額の計算を行う（基通16-3-9の2）。

加算調整すべき金額は具体的には次のとおり。

〔算式〕

$$\text{国外事業所等を通じて行う事業に係る負債の利子の額（※1、2）} \times \frac{\text{国外事業所等に帰せられるべき資本の額（※3）} - \text{国外事業所等に係る自己資本の額（※4）}}{\text{国外事業所等に帰せられる負債の帳簿価額の平均残高}}$$

- ✓ 上記の算式の分子の額がマイナスとなる場合には、ゼロとする（国外事業所等帰属所得に係る所得の金額への加算調整はなし）。
- ✓ 分子の額が分母の額を超える場合には分母の額を上限とする。

※1　利子には、手形の割引料、法人税法施行令第136条の2第1項《金銭債務に係る債務者の償還差益又は償還差損の益金又は損金算入》に規定する金銭債務に係る収入額がその債務額に満たない部分の金額その他経済的な性質が利子に準ずるものが含まれる（令141の4①）。

2　「国外事業所等を通じて行う事業に係る負債の利子の額」は、次のiからiiiまでの合計額からivの金額を控除した残額をいう（令141の4②）。

　i　国外事業所等を通じて行う事業に係る負債の利子の額（ii及びiiiの金額を除く。）

　ii　内部取引において内国法人の国外事業所等から当該内国法人の本店等に対して支払う利子に該当することとなるものの金額

　iii　共通費用の額のうち国外事業所等帰属所得に係る所得の金額の計算上の損金の額として配分した金額に含まれる負債の利子の額

　iv　銀行等の資本に係る負債の利子の減算調整を行う金額

3　「国外事業所等に帰せられるべき資本の額」とは、次のいずれかの方法により計算した金額をいう（令141の4③）。

　i　資本配賦法：内国法人の自己資本の額に、内国法人の資産の額の国外事業所等に帰せられるべき資産の額の割合を乗じて、その国外事業所等に帰せられるべき資本の額を計算する方法

　ii　同業法人比準法：その国外事業所等に帰せられる資産の額に、国外事業所等所在地国で事業を行う同業他社の自己資本比率を乗じて、その国外事業所等に帰せられるべき資本の額を計算する方法

4　「国外事業所等に係る自己資本の額」は、国外事業所等に係る資産の帳簿価額の平均的な残高として合理的な方法により計算した金額から国外事業所等に係る負債の帳簿価額の平均的な残高として合理的な方法により計算した金額を控除した残額をいう（令141の4①）。

また、これらの帳簿価額は、会計帳簿に記載した金額によるものとされる

第4章　国際課税

（令141の4⑨）。

(7) その他の国外源泉所得

その他の国外源泉所得として、次のようなものがある。

所得の種類	内　　容
国外資産の運用・保有 （法69④二） （令145の3）	国外にある資産（例えば次に掲げる資産）の運用又は保有により生ずる所得 ①　外国の国債又は地方債、外国法人の発行する債券等又は約束手形に相当するもの ②　非居住者に対する貸付金に係る債権でその非居住者の行う業務に係るもの以外のもの ③　国外にある営業所等を通じて締結した保険契約等に基づく保険金の支払又は剰余金の分配を受ける権利
国外資産の譲渡 （法69④三） （令145の4）	次に掲げる国外にある資産の譲渡（③については伐採又は譲渡）により生ずる所得 ①　国外にある不動産 ②　国外にある不動産の上に存する権利、国外における鉱業権又は国外における採石権 ③　国外にある山林 ④　外国法人の発行する株式又は外国法人の出資者の持分で、その一定割合以上を所有する場合にその外国法人の本店所在地国・地域においてその譲渡による所得に対して外国法人税が課されるもの ⑤　不動産関連法人（その有する資産の総額のうちに国外にある土地等の価額の合計額の占める割合が50％以上である法人などをいう。）の株式（出資を含む。⑥において同じ。） ⑥　国外にあるゴルフ場の所有又は経営に係る法人の株式を所有することがそのゴルフ場を一般の利用者に比して有利な条件で継続的に利用する権利を有する者となるための要件とされている場合におけるその株式 ⑦　国外にあるゴルフ場その他の施設の利用に関する権利
人的役務の提供事業の対価 （法69④四） （令145の5）	国外において人的役務の提供を主たる内容とする事業で次に掲げるものを行う法人が受けるその人的役務の提供に係る対価 ①　映画若しくは演劇の俳優、音楽家その他の芸能人又は職業運動家の役務の提供を主たる内容とする事業 ②　弁護士、公認会計士、建築士その他の自由職業者の役務の提供を主たる内容とする事業 ③　科学技術、経営管理その他の分野に関する専門的知識又

第6節　外国税額控除

	は特別の技能を有する者のその知識又は技能を活用して行う役務の提供を主たる内容とする事業
国外不動産の賃貸料等 (法69④五)	国外にある不動産、国外にある不動産の上に存する権利若しくは国外における採石権の貸付け、国外における租鉱権の設定又は非居住者若しくは外国法人に対する船舶若しくは航空機の貸付けによる対価
債券利子等 (法69④六)	所得税法第23条第1項《利子所得》に規定する利子等及びこれに相当するもののうち次に掲げるもの ①　外国の国債若しくは地方債又は外国法人の発行する債券の利子 ②　国外にある営業所に預け入れられた預貯金の利子 ③　国外にある営業所に信託された合同運用信託若しくはこれに相当する信託、公社債投資信託又は公募公社債等運用投資信託若しくはこれに相当する信託の収益の分配
配当等 (法69④七)	所得税法第24条第1項《配当所得》に規定する配当等及びこれに相当するもののうち次に掲げるもの ①　外国法人から受ける所得税法第24条第1項に規定する剰余金の配当、利益の配当若しくは剰余金の分配又は同項に規定する金銭の分配若しくは基金利息に相当するもの ②　国外にある営業所に信託された投資信託（公社債投資信託並びに公募公社債等運用投資信託及びこれに相当する信託を除く。）又は特定受益証券発行信託若しくはこれに相当する信託の収益の分配
貸付金利子 (法69④八) (令145の6)	国外において業務を行う者に対する貸付金で当該業務に係るものの利子（債券の買戻又は売戻条件付売買取引として一定のもの（債券現先取引）から生ずる差益を含む。）
使用料等 (法69④九) (令145の7)	国外において業務を行う者から受ける次に掲げる使用料又は対価で当該業務に係るもの ①　工業所有権その他の技術に関する権利、特別の技術による生産方式若しくはこれらに準ずるものの使用料又はその譲渡による対価 ②　著作権（出版権及び著作隣接権その他これに準ずるものを含む。）の使用料又はその譲渡による対価 ③　機械、装置、車両及び運搬具、工具、器具及び備品の使用料
事業の広告宣伝のための賞金 (法69④十) (令145の8)	国外において事業を行う者からその事業の広告宣伝のために賞として支払を受ける金品その他の経済的な利益

第4章 国際課税

保険年金等 (法69④十一) (令145の9)	国外にある営業所又は国外において契約の締結の代理をする者を通じて締結した外国保険業者の締結する保険契約その他の年金に係る契約に基づいて受ける年金
定期積金の給付補塡金等 (法69④十二)	次に掲げる給付補塡金、利息、利益又は差益 ① 所得税法第174条第3号に掲げる給付補塡金(定期積金の給付補塡金)のうち国外にある営業所が受け入れた定期積金に係るもの ② 所得税法第174条第4号に掲げる給付補塡金に相当するもの(銀行法第2条第4項の契約に基づく給付補塡金)のうち国外にある営業所が受け入れた同号に規定する掛金に相当するものに係るもの ③ 所得税法第174条第5号に掲げる利息に相当するもの(抵当証券の利息)のうち国外にある営業所を通じて締結された同号に規定する契約に相当するものに係るもの ④ 所得税法第174条第6号に掲げる利益(貴金属の売戻条件付売買の利益)のうち国外にある営業所を通じて締結された同号に規定する契約に係るもの ⑤ 所得税法第174条第7号に掲げる差益(外貨投資口座の為替差益等)のうち国外にある営業所が受け入れた預貯金に係るもの ⑥ 所得税法第174条第8号に掲げる差益に相当するもの(一時払養老保険等の差益)のうち国外にある営業所又は国外において契約の締結の代理をする者を通じて締結された同号に規定する契約に相当するものに係るもの
匿名組合契約等に基づく利益の分配 (法69④十三) (令145の10)	国外において事業を行う者に対する出資につき、匿名組合契約(これに準ずる一定の契約を含む。)に基づいて受ける利益の分配
国際運輸業所得 (法69④十四) (令145の11)	国内及び国外にわたって船舶又は航空機による運送の事業を行うことにより生ずる所得のうち、国外において行う業務につき生ずべき所得
租税条約で課税が認められた所得 (法69④十五) (令145の12)	租税条約の規定により、相手国等において租税を課することができることとされる所得のうち相手国等において外国法人税が課される所得
その他の国外源泉所得 (法69④十六) (令145の13)	源泉が国外にある所得として次に掲げるもの ① 国外において行う業務又は国外にある資産に関し受ける保険金、補償金又は損害賠償金に係る所得 ② 国外にある資産の贈与を受けたことによる所得

	③ 国外において発見された埋蔵物又は国外において拾得された遺失物に係る所得
	④ 国外において行う懸賞募集に基づいて懸賞として受ける金品その他の経済的な利益に係る所得
	⑤ ①から④までに掲げるもののほか、国外において行う業務又は国外にある資産に関し供与を受ける経済的な利益に係る所得

(8) 控除余裕額・控除限度超過額

外国法人税の額のうち、外国税額控除の対象とならない外国法人税の額を除いた外国法人税の額(控除対象外国法人税の額)について

・控除限度額 ＞ 控除対象外国法人税の額
　⇒ 控除余裕額が生じる
・控除限度額 ＜ 控除対象外国法人税の額
　⇒ 控除限度超過額が生じる

控除余裕額も控除限度超過額もその発生した事業年度から3年間繰り越して控除することができる(法69②③、令144①、145①)。

イ　国税の控除余裕額(令144⑤)

〔算式〕

各事業年度の法人税の控除限度額 － その事業年度において納付することとなる控除対象外国法人税の額

ロ　地方税の控除余裕額(令144⑥)

〔算式〕

各事業年度の地方税の控除限度額 －(その事業年度において納付することとなる控除対象外国法人税の額 － その事業年度の法人税の控除限度額及び地方法人税の控除限度額の合計額)

第4章　国際課税

ハ　控除限度超過額（令144⑦）

〔算式〕

各事業年度において納付することとなる控除対象外国法人税の額 − (その事業年度の法人税の控除限度額 ＋ その事業年度の地方法人税の控除限度額 ＋ その事業年度の地方税の控除限度額)

(9) その他

イ　外国法人税の納付確定日の取扱い

課税方式		納付確定日
申告納税方式	納税申告書に記された税額	申告書が提出された日。ただし、法定申告期限前である場合には法定申告期限となる。
	更正又は決定による税額	更正又は決定通知のあった日。
賦課課税方式		賦課決定の通知があった日。ただし、納期限が分割されている場合はそれぞれの納期開始の日。
源泉徴収方式		源泉徴収の対象となった利子、配当、使用料などの支払日。

ロ　外国法人税の円換算（基通16−3−47）

区分		換算方法
①	源泉徴収に係る外国法人税（③に該当するものを除く）	利子、配当等の収益計上を税引後の手取額により経理	利子、配当等の額の換算に適用する為替相場
		利子、配当等に課された外国法人税で費用（仮払経理を含む）の額として計上	その費用の額の換算に適用する為替相場
②	国内から送金する外国法人税（③に該当するものを除く）		外貨建ての取引に係る費用の額として計上する金額の換算に適用する為替相場
③	国外事業所等において納付する外国法人税		本支店合併損益計算書の作成の基準とする為替相場
④	租税条約により納付したものとみなされる外国法人税		その外国法人税を納付したものとした場合に適用すべき①から③までに掲げる為替相場

ハ　外国税額控除の適用要件（法69㉕）

確定申告書、修正申告書又は更正請求書に控除を受けるべき金額及びその計算

に関する明細を記載した書類並びに控除対象外国法人税の額の計算に関する明細等を記載した書類（以下「明細書」という。）の添付があり、かつ、控除対象外国法人税の額を課されたことを証する書類等を保存している場合に限り、適用が認められる。

　この場合において、控除されるべき金額の計算の基礎となる控除対象外国法人税の額その他の金額は、税務署長において特別の事情があると認める場合を除くほか、その明細書に当該金額として記載された金額を限度とすることとされている。

2　外国法人に対する外国税額控除

　平成26年度税制改正において、国際課税原則が、それまでの総合主義から帰属主義へ移行された。これに伴い、外国法人の国内のPEが本店所在地国以外の第三国で獲得した所得については、恒久的施設帰属所得として日本の法人税が課されることになったが、当該第三国と日本における二重課税を調整するため、外国法人に係る外国税額控除が創設された。

　基本的な仕組みは、内国法人に係る外国税額控除と同様であり、国内にPEを有する外国法人が各事業年度において外国法人税を納付することとなる場合、その事業年度の恒久的施設帰属所得に係る所得の金額に係る法人税額のうちその事業年度の国外所得金額（恒久的施設帰属所得に係る所得の金額のうち国外源泉所得に係るもの）に対応するものとして計算した金額（控除限度額）を限度として、その外国法人税の額をその事業年度の恒久的施設帰属所得に係る所得に対する法人税の額から控除する（法144の2）。

第7節　外国子会社配当益金不算入制度

　外国子会社配当益金不算入制度とは、内国法人が、外国子会社（内国法人の外国法人に対する持株割合が25％以上であり、かつ、その保有期間が剰余金の配当等の額の支払義務が確定する日以前6月以上である外国法人）から受ける剰余金の配当等の額がある場合には、その剰余金の配当等の額からその剰余金の配当等の額に係る費用の額に相当する額（剰余金の配当等の額の5％相当額）を控除した金額を益金不算入とすることができるという制度である（法23の2）。

〔算式〕

配当等の益金不算入額

$$= \text{外国子会社から受ける剰余金の配当等の額} - \text{外国子会社から受ける剰余金の配当等の額} \times 5\%$$

　従来、内国法人が外国子会社から受ける配当は、その内国法人の益金に算入した上で、配当の原資となった外国子会社の利益に対して課された外国法人税について、配

第4章　国際課税

当を受ける時点で受取配当に対応する額の税額を控除することが認められていた（間接外国税額控除）。しかしながら、日本の法人税率が子会社の所在する国の法人税率よりも高い場合、間接外国税額控除を利用しても、配当を受けると追加的に納税が必要となることから、配当政策の決定に対する税制の中立性という観点に加え、適切な二重課税の排除を維持しつつ、制度を簡素化する観点も踏まえ、平成21年度税制改正において、間接外国税額控除に代えて導入された。

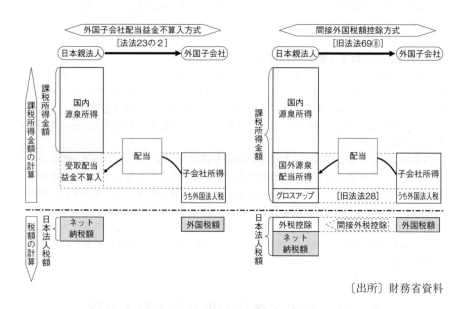

〔出所〕財務省資料

第8節　外国子会社合算税制

1　趣旨

外国子会社合算税制とは、経済活動の国際化に伴い、タックス・ヘイブンに所在する国・地域に外国子会社を設立し、これを利用して税負担を不当に軽減しようとする事例が見受けられたことから、これに対処して税負担の公平を図る趣旨で、昭和53年度税制改正で創設された制度である。当初は、税負担のない国又は税負担が著しく低い国・地域（以下「軽課税国等」という。）を指定し、その軽課税国等に所在する外国子会社の所得を、株主である居住者又は内国法人（以下「居住者等」という。）の所得に合算する制度であったが、指定漏れが生じると制度の抜け穴が生じ、課税の不公平が生じる等の理由により、平成4年度税制改正において軽課税国等を指定する方式から、外国子会社が合算課税の対象となるか否かを入口段階でトリガー税率により判定する方式に変更された。その後、トリガー税率も平成29年度税制改正により廃止されている。

2 概要

居住者及び内国法人並びに特殊関係非居住者及び居住者等との間に実質支配関係がある外国法人が、発行済株式等の50%超を直接及び間接に保有している外国法人、若しくは、居住者等が実質支配している外国法人(以下「外国関係会社」という。)について、事務所等の実体がないなど一定の要件に該当した外国関係会社の所得(又は経済活動の実態がある外国関係会社の所得のうちの一定の受動的所得)金額に相当する金額(適用対象金額)のうち、外国関係会社の発行済株式等の10%以上を直接及び間接に保有するか又は当該外国関係会社との間の実質支配関係の状況を勘案して計算した金額(課税対象金額)をその内国法人の収益の額とみなして、その所得の金額の計算上、益金の額に算入するという制度である(措法66の6)。

現行制度のイメージは次のとおりである。

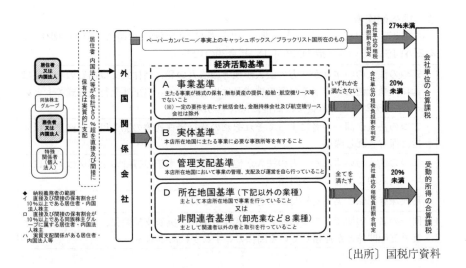

〔出所〕国税庁資料

第9節　移転価格税制

1　趣旨

移転価格税制とは、国内の企業が国外にある親会社又は子会社等と取引を行う際に、第三者との通常の取引価格とは異なる価格を用いたことによりその国内の企業の所得が減少する場合、その取引が第三者との通常の取引価格で行われたものとみなして法人税の課税所得を計算する制度である。

諸外国にも同様の制度があるが、日本では昭和61年度の税制改正において導入された。

第4章　国際課税

2　概要

　法人が、各事業年度において、その法人に係る国外関連者との間で国外関連取引を行った場合に、その取引につき、その法人が国外関連者から支払を受ける対価の額が独立企業間価格に満たないとき、又はその法人が国外関連者に支払う対価の額が独立企業間価格を超えるときは、その法人の各事業年度の所得に係る法人税法その他法人税に関する法令の規定の適用については、その国外関連取引は、独立企業間価格で行われたものとみなされる（措法66の4）。

　移転価格税制が適用されるのは法人であり個人には適用されない。また、移転価格税制は、法人がその国外関連者と行う取引の対価の額が独立企業間価格と異なることにより課税所得が減少している場合に適用される制度であり、課税所得が増加している場合には適用されない。

3　国外関連者

　国外関連者とは、その法人との間に、次に掲げるいずれかの関係（特殊の関係）がある外国法人をいう（措法66の4①、措令39の12①）。

・二つの法人のいずれか一方の法人が他方の法人の発行済株式又は出資の総数又は総額（発行法人が有する自己の株式又は出資を除く。以下「発行済株式等」という。）の50％以上を直接又は間接に保有する関係
・二つの法人が同一の者によってそれぞれの発行済株式等の50％以上を直接又は間接に保有される関係
・二つの法人のいずれか一方の法人が他方の法人の事業の方針の全部又は一部について実質的に決定できる関係
・形式保有関係と実質支配関係が連鎖している関係
・同一の者との間で、二つの法人が形式保有関係、実質支配関係、形式保有関係と実質支配関係とが連鎖している関係のいずれかにある関係

4　国外関連取引

　移転価格税制の適用対象となる取引は、法人がその国外関連者との間で行う資産の販売、資産の購入、役務提供その他の取引である（措法66の4①）。

　法人が非関連者を介在させて国外関連者と取引を行う場合、法人と非関連者との取引のうち一定のものはその法人の国外関連取引とみなされる。この場合の独立企業間価格は、その取引が法人と国外関連者との間で行われたとみなして計算された独立企業間価格に、その取引が非関連者を通じて行われることにより生ずる対価の額の差について必要な調整を加えた額となる（措法66の4⑤、措令39の12⑨⑩）。

5　独立企業間価格

　独立企業間価格とは、国外関連取引が、棚卸資産の売買取引か、それ以外の取引かの区分に応じて定められており、定められた方法のうち、国外関連取引の内容及び国

外関連取引の当事者が果たす機能その他の事情を勘案して、その国外関連取引が独立の事業者の間で通常の取引の条件に従って行われるとした場合にその国外関連取引につき支払われるべき対価の額を算定するための最も適切な方法により算定した金額とされている（措法66の4②、措令39の12⑧）。

【独立企業間価格の算定方法】

棚卸資産の売買取引	棚卸資産の売買取引以外の取引
【基本三法】 ① 独立価格比準法 　（措法66の4②一イ） ② 再販売価格基準法 　（措法66の4②一ロ） ③ 原価基準法 　（措法66の4②一ハ）	【基本三法と同等の方法】 ① 独立価格比準法と同等の方法 　（措法66の4②二） ② 再販売価格基準法と同等の方法 　（措法66の4②二） ③ 原価基準法と同等の方法 　（措法66の4②二）
【基本三法に準ずる方法】 ① 独立価格比準法に準ずる方法 　（措法66の4②一ニ） ② 再販売価格基準法に準ずる方法 　（措法66の4②一ニ） ③ 原価基準法に準ずる方法 　（措法66の4②一ニ）	【基本三法に準ずる方法と同等の方法】 ① 独立価格比準法に準ずる方法と同等の方法 　（措法66の4②二） ② 再販売価格基準法に準ずる方法と同等の方法 　（措法66の4②二） ③ 原価基準法に準ずる方法と同等の方法 　（措法66の4②二）
【その他政令で定める方法】 ① 比較利益分割法 　（措令39の12⑧一イ） ② 寄与度利益分割法 　（措令39の12⑧一ロ） ③ 残余利益分割法 　（措令39の12⑧一ハ） ④ 取引単位営業利益法 　（措令39の12⑧二〜五） ⑤ ディスカウント・キャッシュ・フロー法 　（措令39の12⑧六） ⑥ ①から⑤までの方法に準ずる方法 　（措令39の12⑧七）	【その他政令で定める方法と同等の方法】 ① 比較利益分割法と同等の方法 　（措法66の4②二） ② 寄与度利益分割法と同等の方法 　（措法66の4②二） ③ 残余利益分割法と同等の方法 　（措法66の4②二） ④ 取引単位営業利益法と同等の方法 　（措法66の4②二） ⑤ ディスカウント・キャッシュ・フロー法と同等の方法 　（措法66の4②二） ⑥ 左欄の⑥の方法と同等の方法 　（措法66の4②二）

〔出所〕国税庁資料

第4章　国際課税

【各算定方法の内容】

算定方法		内　容
独立価格比準法 （CUP法：Comparable Uncontrolled Price Method）		特殊の関係にない売手と買手が、国外関連取引に係る棚卸資産と同種の棚卸資産を、その国外関連取引と取引段階、取引数量その他が同様の状況の下で売買した取引（比較対象取引）の対価の額に相当する金額を独立企業間価格とする方法（措法66の4②一イ）。
再販売価格基準法 （RP法：Resale Price Method）		国外関連取引に係る棚卸資産の買手が特殊の関係にない者（非関連者）に対してその棚卸資産を販売する場合に、その対価の額（再販売価格）から通常の利潤の額を控除した金額を独立企業間価格とする方法（措法66の4②一ロ）。
原価基準法 （CP法：Cost Plus Method）		国外関連取引に係る棚卸資産の売手の購入、製造その他の行為による取得の原価の額（取得原価の額）に、通常の利潤の額を加算した金額を独立企業間価格とする方法（措法66の4②一ハ）。
利益分割法 （PS法：Profit Split Method）	比較利益分割法	法人及び国外関連者に係る分割対象利益（合算利益）を、国外関連取引に係る棚卸資産と同種又は類似の棚卸資産の非関連者による販売等（比較対象取引）における非関連者間の所得の配分割合を用いて分割する方法（措令39の12⑧一イ）。
	寄与度利益分割法	法人及び国外関連者に係る分割対象利益（合算利益）を、法人及び国外関連者が国外関連取引に係る棚卸資産の販売等のために支出した費用の額、使用した固定資産の価額等、利益の発生に寄与した程度を推測するに足りる要因を用いて分割する方法（措令39の12⑧一ロ）。
	残余利益分割法	法人及び国外関連者に係る分割対象利益（合算利益）から、法人と国外関連者のそれぞれの国外関連取引に係る棚卸資産と同種又は類似の棚卸資産の非関連者による販売等（比較対象取引）から算出される基本的利益を法人及び国外関連者に配分した後、配分後の残りの利益等（残余利益等）を、法人及び国外関連者が支出した費用の額、使用した固定資産の価額等、残余利益等の発生に寄与した程度を推測するに足りる要因を用いて分割する方法（措令39の12⑧一ハ）。

第9節　移転価格税制

取引単位営業利益法 （TNMM法：Transactional Net Margin Method）	比較対象取引に係る営業利益を用いて独立企業間価格を算定する方法。売上高営業利益率を用いる方法、総費用営業利益率を用いる方法、営業費用売上総利益率（ベリー比）を用いる方法がある（措令39の12⑧二～五）。
ディスカウント・キャッシュ・フロー法 （DCF法：Discount Cash Flow法）	国外関連取引に係る資産の使用から得られる予測キャッシュ・フローや予測利益等の割引現在価値の合計額を独立企業間価格とする方法（措令39の12⑧六）

　独立企業間価格の算定方法の適用については、移転価格税制の導入以来、基本三法（独立価格比準法・再販売価格基準法・原価基準法）を優先して適用することとされていたが、平成23年度税制改正において、このような適用上の優先順位が廃止された。

　独立企業間価格の算定方法の選定に当たっては、比較対象取引（独立企業間価格の算定方法の区分に応じ、国外関連取引との類似性の程度が十分な非関連者間取引）を用いる算定方法が採りうるのか、採りうるとしてどのような非関連者間取引が比較対象取引として適切か等につき、国外関連取引及び非関連者間取引に係る情報や次のAからIまでの点を勘案した上で次ページのような手順により比較可能性分析を実施し、最も適切な方法を選定する（措通66の4(2)-1、66の4(3)-3）。

A　棚卸資産の種類、役務の内容等
B　売手又は買手の果たす機能
C　契約条件
D　市場の状況
E　売手又は買手の事業戦略
F　独立企業間価格の算定における各算定方法の長所及び短所
G　国外関連取引の内容及びその国外関連取引の当事者が果たす機能等に対する各算定方法の適合性
H　各算定方法を適用するために必要な情報の入手可能性
I　国外関連取引と非関連者間取引との類似性の程度

第4章　国際課税

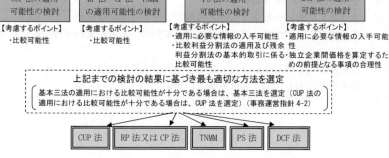

〔出所〕国税庁資料

第10節　過少資本税制

1　趣旨

日本の法人税の課税所得を計算する場合、出資に対する配当は損金の額に算入されないが、借入れに対する支払利子は損金の額に算入されるため、法人が外国株主から必要な資金を調達する際は、出資に代えて借入れを多くすることによって、日本における税負担を軽減することができる。

このような問題に対応するため、一定の割合を超える負債に対応する支払利子の損金算入を認めないこととする過少資本税制が平成4年度税制改正において導入された。

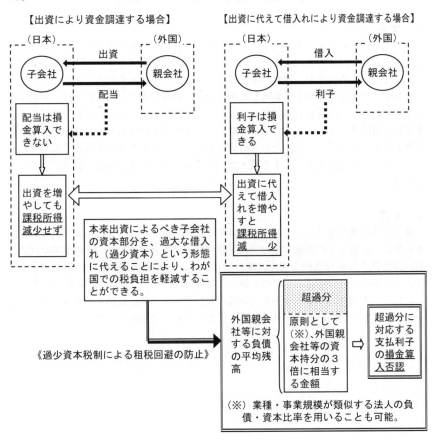

〔出所〕財務省資料

2　概要

内国法人の各事業年度の国外支配株主等及び資金供与者等に対する負債（負債の利子等の支払の基因となるものその他資金の調達に係るものに限る。）に係る平均負債残高が、その内国法人に係る国外支配株主等の資本持分の3倍を超える場合には、その事業年度において国外支配株主等及び資金供与者等に支払う負債の利子等のうちその超過額に対応する部分の金額は、損金の額に算入しない。

ただし、各事業年度の総負債に係る平均負債残高がその事業年度の自己資本の額の3倍以内である場合には、本制度は適用しない（措法66の5）。

第11節　過大支払利子税制

1　趣旨

企業の所得の計算上、支払利子が損金に算入されることを利用して、関連者間で借入れを恣意的に設定し、関連者間全体の費用収益には影響させずに、過大な支払利子を損金に計上することで、税負担を圧縮することが可能である。

関連者に対する支払利子を利用した租税回避への我が国の対応としては、利率が過大なものに対しては移転価格税制、資本に対して負債が過大なものに対しては過少資本税制で対応することとしていたが、過大な支払利子を利用した所得移転を防止する措置が十分でなかった。そのため、所得金額に比して過大な利子を関連者間で支払うことを通じた租税回避を防止する過大支払利子税制が、平成24年度税制改正において導入された。

2　概要

法人の各事業年度において、その事業年度の対象純支払利子等の額（対象支払利子等の額の合計額－その事業年度の控除対象受取利子等合計額）が、その事業年度の調整所得金額の20％相当額を超える場合には、その超える部分の金額に相当する金額は、その事業年度の所得の金額の計算上、損金の額に算入しない（措法66の5の2）。

ただし、本制度による損金不算入額は、翌事業年度以降、最長7年間繰り越して、一定の限度額の範囲内で損金算入することができる（措法66の5の3①）。

第11節　過大支払利子税制

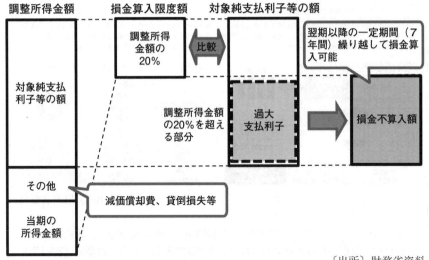

〔出所〕財務省資料

3　適用免除基準

次のいずれかに該当する場合には、本制度の適用はない（措法66の5の2③）。
(1) 法人の事業年度の対象純支払利子等の額が2,000万円以下であるとき。
(2) 内国法人及びその内国法人との間に50％超の資本関係のある一定の内国法人のその事業年度におけるイに掲げる金額がロに掲げる金額の20％に相当する金額を超えないとき。
　イ　対象純支払利子等の額の合計額から対象純受取利子等の額の合計額を控除した残額
　ロ　調整所得金額の合計額から調整損失金額の合計額を控除した残額

> **コラム**　－新たな国際課税のルール－
>
> 　国際課税において、外国法人の事業所得は「PEなければ課税なし」とされている。これは約100年ほど前に作られたルールであるが、経済のデジタル化・グローバル化により、市場国にPEを置かずにビジネスを行う企業が増加し、従来の「PEなければ課税なし」というルールでは、市場国において適切な課税ができないことが問題となっている。
> 　また、低い法人税率や優遇税制により外国企業を誘致する国が増加し、それらの国が継続的に法人税を引き下げた結果、各国の法人税収基盤が弱体化し、税制面からは企業間の公平な競争条件が阻害されていることも問題となっている。
> 　これら問題に対して、OECD/G20の「BEPS包摂的枠組み」において議論が進められ、2021年10月に、2つの柱（①第1の柱：市場国への新たな課税権の配分、②第2の柱：グローバル・ミニマム課税）による解決策が合意された。

第4章　国際課税

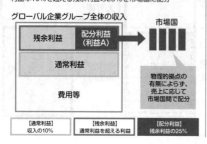

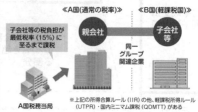

〔出所〕財務省資料

　第1の柱については、当初2025年の多国間条約の発効を目指し、国内法もそれに合わせて改正される予定であったが、交渉が難航し、延長した期限（2024年6月末）においても多国間条約の合意には至っていない状況である。

　第2の柱については、既に国内法の改正が可能な状況にあり、所得合算ルール（**IIR**）は令和5年度税制改正において手当てされ（「各対象会計年度の国際最低課税額に対する法人税」）、軽課税所得ルール（**UTPR**）及び国内ミニマム課税（**QDMTT**）は、令和7年度以降の税制改正において手当てされる予定となっている。

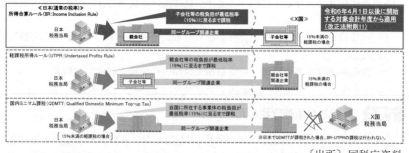

〔出所〕国税庁資料

第5章　公益法人等の税務

第1節　収益事業課税

1　収益事業課税
(1) 納税義務と課税所得
　公益法人等（法2六）は、収益事業（下記(2)）を行う場合に限り法人税の納税義務が生ずる（法4①）とともに、収益事業から生じた所得に対して法人税が課される（法6）。
　なお、公益法人等が収益事業を営む場合には、たとえその営む事業がその公益法人等の本来の目的たる事業であっても、その事業から生ずる所得については法人税が課されるので注意が必要である（基通15-1-1）。
✓　**公益法人等**とは、法人税法別表第二公益法人等の表に掲げられた法人であり、いわゆる特掲主義が採用されている。具体的には、一般社団・財団法人法により設立された一般社団法人・一般財団法人のうち公益社団法人又は公益財団法人の認定を受けた法人又は非営利型法人（法2九の二）に該当する法人のほか、特別の法律に基づいて設立された法人などが該当する。

(2) 収益事業の範囲
　法人税法上の収益事業とは、販売業、製造業その他一定の事業 **CHECK** で、継続して事業場を設けて行われるものをいう（法2十三）。
　なお、上記の収益事業には、その性質上その事業に付随して行われる行為が含まれる（令5本文括弧書）ところ、「その性質上その事業に付随して行われる行為」とは、通常その収益事業に係る事業活動の一環として、又はこれに関連して行われる行為をいう（基通15-1-6）。
　したがって、その事業と併せて行われる行為であっても、それが独立した事業と認められるような場合には、その行為は単独で収益事業課税の対象となる。

CHECK　－販売業、製造業その他一定の事業－

　次の34の事業が収益事業となる（限定列挙）（令5①）。
物品販売業、不動産販売業、金銭貸付業、物品貸付業、不動産貸付業、製造業、通信業、運送業、倉庫業、請負業、印刷業、出版業、写真業、席貸業、旅館業、料理店業その他の飲食店業、周旋業、代理業、仲立業、問屋業、鉱業、土石採取業、浴場業、理容業、美容業、興行業、遊技所業、遊覧所業、医療保健業、技芸教授業、駐車場業、信用保証業、無体財産権提供業、労働者派遣業

第5章　公益法人等の税務

【裁判例・裁決例】
・岡山地判平成21年3月19日（税資第259号－50頁）
　「継続して事業場を設けて営」む（法人税法第2条第13号）との要件は、臨時的、一時的にのみ行われる事業を収益事業から除外する趣旨で定められていると解される。そうすると、「事業場を設け」るとは、その事業の拠点となる物的施設を設けていることをいい、当該収益事業のために特別に物的施設を設けることを要するものではなく、公益事業を行っている施設を収益事業の拠点として使用していれば、当該施設の設置をもって、「継続して事業場を設けて営」むとの要件を充たすもの解すべきである。

【個別事例】収益事業の範囲に関する情報
【裁判例・裁決例】
・最判平成20年9月12日（訟月55巻7号2681頁）
　宗教法人が営むペット葬祭業等は法人税法上の収益事業に該当するとされた事例。
・東京地判平成24年1月24日（判時2147号44頁）
　宗教法人が霊園墓地等の使用者から収受した永代使用料収入のうちの墓石及びカロート部分は収益事業による所得に該当し、法人税及び消費税の課税対象となるとされた事例。
・千葉地裁平成16年4月2日（訟月51巻5号1338頁）
　法人の運営細則の定め及びふれあい事業の実態からすれば、当該事業を管理・運営・遂行し、会員にサービスを提供している主体は、控訴人法人であって、控訴人法人は、協力会員をサービス提供の履行補助者として、自ら会員に対しサービス提供を行っているものと認めるのが相当であるとされた事例。
・最判平成20年7月17日　（固定資産税）
　A堂及び供養塔は、その敷地部分も含めて、地方税法第348条第2項第3号の「宗教法人が専らその本来の用に供する宗教法人法第3条に規定する境内建物及び境内地」に該当するとされた事例。

〔文書回答事例（国税庁ホームページ）〕
・令和2年3月31日回答「NPO法人が児童福祉法の規定及び一時預かり事業実施要綱に基づき実施する乳幼児の一時預かり事業に係る税務上の取扱いについて」
・平成24年2月13日回答「マンション管理組合が区分所有者以外の者へのマンション駐車場の使用を認めた場合の収益事業の判定について」
・平成15年9月17日回答「支援費サービス事業に係る法人税法上の取扱いについて」

〔質疑応答事例（国税庁ホームページ）〕
・マンション管理組合がマンション敷地の上空を使用させる場合の収益事業判定
・宗教法人が行うテレホンカードの販売
・NPO法人が障害者総合支援法に規定する障害福祉サービスを行う場合の法人税の納税義務について

2　公益法人等の収益事業の開始等の届出
(1)　収益事業の開始の届出
　公益法人等は、新たに収益事業を開始した場合には、その開始した日以後2月以内に、次に掲げる事項を記載した書面（収益事業開始等届出書）にその開始した時における収益事業に係る貸借対照表その他の一定の書類を添付し、これを納税地の所轄税務署長に提出 **CHECK** しなければならない（法150①、規65①）。

　A　納税地
　B　事業の目的
　C　収益事業の種類
　D　収益事業を開始した日

> **CHECK**　－一般社団法人等の取扱い－
> 　一般社団法人及び一般財団法人（非営利型法人に該当する場合を除く。）の場合は、普通法人に該当するため、この届出書の提出は必要ない。

(2)　公共法人が収益事業を行う公益法人等に該当することとなった場合の届出
　公共法人が収益事業を行う公益法人等に該当することとなった場合には、その該当することとなった日以後2月以内に、次に掲げる事項を記載した書面（収益事業開始等届出書）にその該当することとなった時における収益事業に係る貸借対照表その他一定の書類を添付し、これを納税地の所轄税務署長に提出しなければならない（法150②、規65②）。

　A　納税地
　B　事業の目的
　C　収益事業の種類
　D　該当することとなった日

(3)　公共法人又は収益事業を行っていない公益法人等が普通法人又は協同組合等に該当することとなった場合の届出
　公共法人又は収益事業を行っていない公益法人等が普通法人又は協同組合等に該当する場合には、その該当することとなった日以後2月以内に、次に掲げる事項を記載した書面（普通法人又は協同組合等となった旨の届出書）にその該当することとなった時における貸借対照表その他一定の書類を添付し、これを納税地の所轄税務署長に提出しなければならない（法150③、規65③）。

　A　納税地
　B　事業の目的
　C　該当することとなった日

第5章　公益法人等の税務

3　公益法人等の申告
(1)　確定申告書の提出
　収益事業を営む公益法人等は、普通法人と同様に、各事業年度終了の日の翌日から2月以内に、税務署長に対し、確定した決算に基づき、貸借対照表、損益計算書等を添付し確定申告書を提出しなければならない（法74①③、規35）。

(2)　添付書類
　公益法人等が確定申告書に添付する貸借対照表、損益計算書等の書類には、その公益法人等が行う非収益事業に係るこれらの書類が含まれる（基通15－2－14）。
　これは、収益・非収益事業に係る収益・費用の区分及びそれぞれの事業に共通して発生した費用の配賦に関して、適正に行われているかどうかの確認をする必要があるためとされている。

4　収益事業の所得の計算
(1)　区分経理
　公益法人等は、収益事業から生ずる所得に関する経理と非収益事業から生ずる所得に関する経理とを区分して行わなければならない（令6）。

◆関連通達◆
・所得に関する経理（基通15－2－1）
・固定資産の区分経理（基通15－2－2）

(2)　費用又は損失の区分経理
　公益法人等が収益事業と非収益事業とを行っている場合における費用又は損失の額の区分経理については、収益事業に直接に要した経費及び非収益事業とに共通する経費に応じて次のとおり経理する（基通15－2－5）。
　イ　収益事業について直接要した経費は、収益事業に係る費用又は損失の額として経理する。
　ロ　収益事業と非収益事業とに共通する経費は、継続的に資産の使用割合、従業員の従事割合、資産の帳簿価額の比、収入金額の比その他経費の性質に応ずる合理的な基準により収益事業と非収益事業とに配賦し、これに基づいて経理する。

【裁判例・裁決例】
・国税不服審判所平成31年2月15日裁決（裁決事例集114集）

(3)　みなし寄附金
　公益法人等が収益事業に属する資産のうちから非収益事業のために支出した金額 **CHECK** は、その収益事業に係る寄附金の額とみなして、法人税法第37条第1項の寄附金の損金不算入を適用する（法37⑤、令73①）。
　✓　この**公益法人等**からは、非営利型法人（法2九の二）は除く。

第1節 収益事業課税

> **CHECK** －公益社団法人又は公益財団法人の取扱い－
>
> 　公益社団法人又は公益財団法人については、収益事業に属する資産のうちから非収益事業で公益目的事業のために支出した金額は、その収益事業にかかる寄附金の額とみなされる（法37⑤、令77の3）

(4) 低廉譲渡等

　公益法人等が通常の対価の額に満たない対価による資産の譲渡や役務の提供（以下「資産の譲渡等」という。）を行った場合においても、その資産の譲渡等がその公益法人等の本来の目的としての事業の範囲内で行われるものである限り、その資産の譲渡等については低廉譲渡等（法37⑧）の適用はない（基通15－2－9）。

> **コラム** －公益を目的とする公益法人等－
>
> 　公益法人等は公益を目的とするものであるから、その本来の目的に従って資産を無償で譲渡し、又は無利息で資金の貸付けを行うなどは通常ありうる。

(5) 収益事業に属する固定資産の処分損益

　公益法人等が収益事業に属する固定資産について処分したことによる損益（下記イ又はロ）は、収益事業に係る損益に含めないことができる（基通15－2－10）。

　イ　**相当期間**にわたり固定資産として保有していた土地（借地権を含む。）、建物又は構築物につき譲渡、除却その他の処分をした場合におけるその処分をしたことによる損益（ただし、土地の区画形質の変更により付加された価値に対応する部分の譲渡（基通15－1－12ただし書）を除く。）

　　✓　**相当期間**とは、おおむね10年以上にわたって保有していることをいうと考えられている。

　ロ　収益事業の全部又は一部を廃止してその廃止に係る事業に属する固定資産につき譲渡、除却その他の処分をした場合におけるその処分をしたことによる損益

　　これは、公益法人等が収益事業に属する固定資産につき譲渡、除却その他の処分をした場合におけるその処分をしたことによる損益は、原則として収益事業に係る損益となることを前提とした取扱いである。

(6) 補助金等の収入

　収益事業を行う公益法人等が国、地方公共団体等から交付を受ける補助金、助成金等（資産の譲渡又は役務の提供の対価としての実質を有するものを除く。以下「補助金等」という。）の額については、次の区分に応じ、それぞれ次のとおり取り扱う（基通15－2－12）。

イ 固定資産の取得又は改良に充てるために交付を受ける補助金等の額は、たとえその固定資産が収益事業の用に供されるものである場合であっても、収益事業に係る益金の額に算入しない。
ロ 収益事業に係る収入又は経費をほてんするために交付を受ける補助金等の額は、収益事業に係る益金の額に算入する。

> **コラム** －収益事業課税の基本－
> ✓ 現行の収益事業課税のもとでは、公益法人等が他人から贈与を受けた寄附金収入などについては、原則として、課税対象とならない。
> ✓ 公益法人等の行う事業が公益法人等の本来の目的たる事業であるかどうかや会員等に対して利益の分配を行わない（非営利）といったことにより、収益事業に該当するかどうかの判断を行うものではない。

第2節　公益法人等の損益計算書等の提出

　公益法人等は、その事業年度につき、収益事業に係る確定申告書（P394第1節3(1)）を提出すべき場合又は下記(1)の場合を除き、その事業年度の損益計算書又は収支計算書を、事業年度終了の日の翌日から4月以内（下記(2)）に、その事業年度終了の日におけるその主たる事務所の所在地の所轄税務署長に提出しなければならない（措法68の6、措令39の37、措規22の22）。

(1) 損益計算書等の提出を要しない公益法人等
　次の法人は、損益計算書等の提出は必要ない（措令39の37①②）。
　イ　法人税法以外の法律によって公益法人等とみなされているもの

公益法人等	根拠法
認可地縁団体	地方自治法第260条の2第7項
管理組合法人 団地管理組合法人	建物の区分所有等に関する法律第47条第2項、第66条
政党等	政党交付金の交付を受ける政党等に対する法人格の付与に関する法律第7条の2第1項
防災街区整備事業組合	密集市街地における防災街区の整備の促進に関する法律第133条第1項
マンション建替組合 マンション敷地売却組合 敷地分割組合	マンションの建替え等の円滑化に関する法律第5条第1項、第116条、第164条

第2節　公益法人等の損益計算書等の提出

　　ロ　小規模な法人
　　　事業年度の収入金額（資産の売却による収入で臨時的なものを除く。）の合計額が8千万円（その事業年度が12月に満たない場合には、8千万円にその事業年度の月数を乗じてこれを12で除して計算した金額）以下の法人

(2) **提出期限の特例**
　確定給付企業年金法第91条の2第1項に規定する企業年金連合会、国民年金基金及び国民年金基金連合会については、損益計算書等の提出期限は6月とする（措令39の37④）。

第6章　信託税制

第1節　信託と信託税制の概要

1　信託の概要
　信託とは、委託者が受託者に対して財産権の移転その他の処分をし、受託者が信託目的に従って、受益者のために信託財産の管理、処分等をすることをいう。

【信託のイメージ】

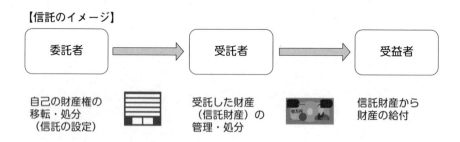

2　信託税制の概要
　信託の課税方法については、信託の種類に応じて次のとおりとなっている。

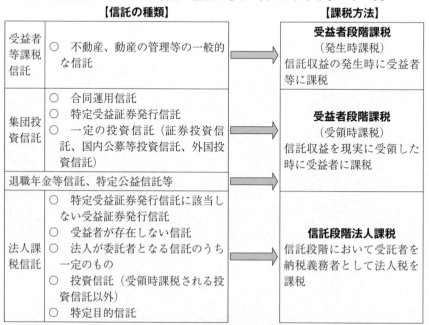

第2節　信託の意義

1　受益者等課税信託

　受益者等課税信託とは、財産の管理又は処分を行う一般的な信託で、集団投資信託（下記2）、退職年金等信託（下記3）、特定公益信託等（下記4）及び法人課税信託（下記5）のいずれにも該当しない信託をいう。

　受益者等課税信託の受益者等は、その信託の信託財産に属する資産及び負債を有するものとみなし、かつ、その信託財産に帰せられる収益及び費用はその受益者等の収益及び費用とみなして法人税法の規定を適用する（法12①）。

　受益者等の範囲には、受益者としての権利を現に有するもののほか、受益者以外の者で信託の変更をする一定の権限を現に有し、かつ、その信託財産の給付を受けることとされている者も受益者等とみなされる（法12①②）。

◆関連通達◆
・受益者とみなされる委託者（基通14−4−8）
　　受益者とみなされる者には、信託の変更をする権限を現に有している委託者が次に掲げる場合であるものが含まれる。
　⑴　その委託者が信託行為の定めにより帰属権利者として指定されている場合
　⑵　信託行為に残余財産受益者若しくは帰属権利者の指定に関する定めがない場合又は信託行為の定めにより残余財産受益者若しくは帰属権利者として指定を受けた者の全てがその権利を放棄した場合

2　集団投資信託

　集団投資信託とは、**合同運用信託、証券投資信託等一定の投資信託**及び**特定受益証券発行信託**をいう（法2二十九）。集団投資信託の信託収益は、受託者段階では課税されず、受益者に信託収益が分配された段階で課税される（法12①ただし書、③）。
- ✓ **合同運用信託**とは、信託会社が引き受けた金銭信託で、共同しない多数の委託者の信託財産を合同して運用するものをいう。ただし、委託者非指図型投資信託及びこれに類する外国投資信託並びに委託者が実質的に多数でない信託は、合同運用信託から除かれる（法2二十六、令14の2）。
- ✓ **証券投資信託**とは、投資信託及び投資法人に関する法律第2条第4項に規定する証券投資信託及びこれに類する外国投資信託をいう（法2二十七）。
- ✓ **公社債投資信託**とは、証券投資信託のうち、その信託財産を公債又は社債（会社以外の法人が特別の法律により発行する債券を含む。）に対する投資として運用することを目的とするもので、株式又は出資に対する投資として運用しないものをいう（法2二十八）。
- ✓ **特定受益証券発行信託**とは、信託法に規定する受益証券発行信託のうち次の要件のすべてに該当するものをいい、合同運用信託及び法人が委託者となる信託のうち一定のものは除かれる（法2二十九ハ、令14の4、規8の3）。

第6章　信託税制

■要件

- 信託事務の実施につき一定の要件に該当するものであることについて税務署長の承認を受けた法人（承認受託者）が引き受けたものであること
- 信託行為において各計算期間終了時に利益留保割合（未分配利益の額／元本の総額）が1,000分の25を超えない定めがあること
- 各計算期間開始時にその時までに到来した各算定時期の利益留保割合が1,000分の25を超えていないこと
- 計算期間が1年を超えないこと
- 受益者が存在しない信託に該当したことがないこと

3　退職年金等信託

　退職年金等信託とは、厚生年金基金契約、確定給付年金資産管理運用契約、確定給付年金基金資産運用契約、確定拠出年金資産管理契約、勤労者財産形成給付契約、勤労者財産形成基金給付契約、国民年金基金又は国民年金基金連合会の締結した国民年金法に規定する契約、適格退職年金契約に係る信託をいう（法12④一、令15⑤）。

4　特定公益信託等

　法人税法において規定されている信託で特定公益信託及び加入者保護信託をいう（法12④二）。

5　法人課税信託

　法人課税信託とは、特定受益証券発行信託以外の**受益証券発行信託、受益者等が存在しない信託、法人が委託者となる信託のうち一定のもの**、投資信託及び特定目的信託をいい、集団投資信託、退職年金等信託及び特定公益信託等に該当するものは除かれる（法2二十九の二）。
　法人課税信託は、受託者を納税義務者として、その信託の信託財産に係る所得について、その受託者の固有財産に係る所得とは区別して法人税が課税される（法4の2）。
✓　**受益証券発行信託**とは、受益権を表示する証券を発行する旨の定めのある信託をいう（法2二十九の二イ）。
✓　**受益者等が存在しない信託**については、その設定時において、受託者に対して、その信託財産の価額に相当する金額（受贈益）に法人税が課税される。
　なお、法人課税信託について信託の終了があった場合又は受益者が存在しない信託について受益者が存することとなった場合には、これらの法人課税信託に係る受託法人の解散があったものとみなされる（法4の3八）。
✓　**法人が委託者となる信託のうち一定のもの**とは、法人（公共法人及び公益法人等を除く。）が委託者となる信託（信託財産に属する資産のみを信託するものを除く。）で、次に掲げる要件のいずれかに該当するものをいう（法2二十九の二ハ、令14の5、規8の3の2）。

第2節　信託の意義

■要件

・事業の全部又は重要部分の信託で委託者の株主等を受益者とするもの
・委託者である法人又は特殊関係者が受託者である場合の信託（自己信託等）で、存続期間が20年を超えるもの
・自己信託等で損益分配割合が変更可能であるもの

第7章　消費税等の経理処理

　消費税及び地方消費税（以下「消費税等」という。）は、申告納税方式による租税であり、その額は法人税法上、損金の額に算入される。この場合の損金算入時期及び経理処理の方法等は、法人税法施行令第139条の4及び平成元年3月1日付直法2－1「消費税法等の施行に伴う法人税の取扱いについて」（法令解釈通達）の定めによる。

第1節　税込経理方式と税抜経理方式

　消費税等の経理処理には、消費税等の額とこれに係る取引の対価の額とを区分しないで経理する税込経理方式と、消費税等の額とこれに係る取引の対価の額とを区分して経理する税抜経理方式がある。

（例）商品2,200,000円（税込）を売上げ、代金を売掛金とした。
【税込経理方式】　売掛金　　2,200,000円　／　売上　　　　　2,200,000円
【税抜経理方式】　売掛金　　2,200,000円　｜　売上　　　　　2,000,000円
　　　　　　　　　　　　　　　　　　　　　　仮受消費税等　　 200,000円

　消費税等の経理処理については、税込経理方式又は税抜経理方式のいずれの方式によることとしても差し支えないが、法人が選択した方式は、その法人の行う全ての取引について適用する必要がある（直法2－1通達「2」）。

第2節　法人税法上の取引価額等の判定

　法人税法上の価額や金額の判定等は、消費税等の経理処理の方法に応じて次のとおり行う（直法2－1通達「9」～「12」）。

取引価額等	税込経理方式	税抜経理方式
少額減価償却資産の取得価額	税込額で判定	税抜額で判定
一括償却資産の取得価額		
少額繰延資産の支出金額		
特別償却等の適用対象金額		
資産の評価損益等の場合の資産の価額		

交際費等の範囲から除かれる飲食等のために要する費用の額	税込額で判定	税抜額で判定
寄附金とされる資産の贈与又は低額譲渡の場合の資産の価額		
寄附金とされる経済的な利益の価額	売上げ等の収益に係る取引につき適用することとなる方式による	
交際費等の額	税込額で計算	税抜額で計算（ただし、控除対象外消費税額等（次ページ）に相当する額は含め、**特定課税仕入れ**に係る金額は除く。）

✓ **特定課税仕入れ**とは、課税仕入れのうち事業として他の者から受けた「事業者向け電気通信利用役務の提供」をいう。

第3節　消費税等の損金・益金算入時期

○　税込経理方式の場合

法人が税込経理方式を適用している場合には、次表の時期に納付額又は還付額をそれぞれ損金の額又は益金の額に算入する（直法2－1通達「7」～「8」）。

	納付額の損金算入時期	還付額の益金算入時期
原則	納税申告書の提出日	
特例	損金経理により未払金に計上したときは、その計上日	収益の額として未収入金に計上したときは、その計上日
更正又は決定	更正又は決定日	

○　税抜経理方式の場合

法人が税抜経理方式を適用している場合には、仮受消費税等の金額から仮払消費税等の金額（控除対象外消費税額等に相当する金額を除く。）を控除した金額が、納付すべき消費税等の額又は還付を受けるべき消費税等の額となるので、原則として法人税の損益には影響しないが、簡易課税の適用等により両者に差額が生じたときは、その課税期間を含む事業年度において益金の額又は損金の額に算入する（平元直法2－1「6」）。

（借）仮受消費税等　1,000　　（貸）仮払消費税等　800
　　　　　　　　　　　　　　　　　未払消費税　　150
　　　　　　　　　　　　　　　　　雑収入　　　　 50

第4節　適格請求書発行事業者以外の者からの課税仕入れに係る消費税等の処理

インボイス制度開始後は、適格請求書発行事業者以外の者からの課税仕入れについて仕入税額控除を適用できないため、それらの課税仕入れについては税務上仮払消費税等の額がないことになる。そのため、税抜経理方式により経理処理している場合、適格請求書発行事業者以外の者からの課税仕入れについては、インボイス制度導入前と同じように仮払消費税等の額として経理した金額があっても、税務上はその仮払消費税等の金額を課税仕入れに係る取引の対価の額に算入して法人税の所得金額を計算することになる（直法2-1通達「14の2」）。

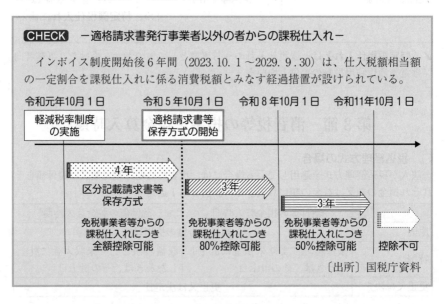

CHECK －適格請求書発行事業者以外の者からの課税仕入れ－

インボイス制度開始後6年間（2023.10.1～2029.9.30）は、仕入税額相当額の一定割合を課税仕入れに係る消費税額とみなす経過措置が設けられている。

〔出所〕国税庁資料

第5節　控除対象外消費税額等の取扱い

税抜経理方式を採用している場合において、課税期間中の課税売上高が5億円超又は課税売上割合が95パーセント未満であるときは、その課税期間に仕入控除税額の対象となるのは、課税仕入れ等に対する消費税額等の全額ではなく、課税売上げに対応する部分の金額となる。そのため、控除対象とならない部分の税額（以下「控除対象外消費税額等」という。）が生じることになるが、法人税法上、控除対象外消費税額等は次のとおり処理する（令139の4①～④）。

第5節　控除対象外消費税額等の取扱い

控除対象外消費税額等の取扱い	
資産に係る控除対象外消費税額等	
課税売上割合が80％以上である場合	損金経理を要件として損金算入
一の資産に係るものの金額が20万円未満のもの	
特定課税仕入れに係るもの	
棚卸資産に係るもの	
上記以外	**繰延消費税額等**として5年間で損金算入
上記以外の控除対象外消費税額等	損金算入 (ただし、交際費等に係るものは損金不算入の規定の適用がある。)

✓ **繰延消費税額等**は、損金経理した金額のうち以下の金額を限度として損金に算入することになる。

(繰延消費税等が生じた事業年度)

〔算式〕

$$繰延消費税額等 \times \frac{当期の月数}{60} \times \frac{1}{2}$$

(その後の事業年度)

〔算式〕

$$繰延消費税額等 \times \frac{当期の月数}{60}$$

第8章 青色申告制度

第1節 青色申告制度

　青色申告制度とは、法人が法人税法の定めるところに従って、一定の帳簿書類を備え付け、これに日々の取引を正確に記帳し、納税地の所轄税務署長の承認を受けて、青色の申告を行う制度であり、その正確な記帳を基礎として申告を行う法人に対しては、所得金額、税額の計算及び課税手続において種々の特典を与えることとしたものである。

1　青色申告
　内国法人は、納税地の所轄税務署長の承認を受けた場合には、中間申告書（P321）及び確定申告書（P322）並びにこれらの申告書に係る修正申告書を青色の申告書により提出することができる（法121①）。

2　青色申告の承認の申請
　イ　その事業年度以後の各事業年度の上記1の申告書を青色の申告書により提出することについて承認を受けようとする内国法人は、その事業年度開始の日の前日までに、その事業年度開始の日その他一定の事項を記載した書面（青色申告の承認申請書）を納税地の所轄税務署長に提出しなければならない（法122①）。
　ロ　上記イの事業年度が次表「事業年度」欄に該当するときは、上記イの申請書の提出期限は、次表「基準日」欄の前日となる（法122②）。

事業年度	基準日
内国法人である普通法人又は協同組合等の設立の日の属する事業年度	同日以後3月を経過した日とその事業年度終了の日とのうちいずれか早い日
内国法人である公益法人等又は人格のない社団等の新たに収益事業を開始した日の属する事業年度	同日以後3月を経過した日とその事業年度終了の日とのうちいずれか早い日
公共法人が、収益事業を行う公益法人等に該当することとなった日の属する事業年度	同日以後3月を経過した日とその事業年度終了の日とのうちいずれか早い日
公共法人又は収益事業を行っていない公益法人等が、普通法人又は協同組合等に該当することとなった日の属する事業年度	同日以後3月を経過した日とその事業年度終了の日とのうちいずれか早い日

| 普通法人、協同組合等及び収益事業を行う公益法人等又は人格のない社団等の設立等第2期の事業年度 | 設立等の日以後3月を経過した日とその翌事業年度終了の日とのうちいずれか早い日 |

3 青色申告法人の帳簿書類

青色申告の承認を受けている内国法人は、帳簿書類を備え付けてこれにその取引を記録し、かつ、その帳簿書類を保存しなければならない（法126①）。

イ 帳簿書類の記録・作成（規53～57）
　次の事項を記載した帳簿書類を作成する。
　A 資産、負債及び資本に影響を及ぼす一切の取引を複式簿記の原則に従い、整然と、かつ、明瞭に記録
　B 仕訳帳、総勘定元帳その他取引に関する必要な帳簿の作成
　C 取引の年月日、内容、勘定科目及び金額の記載
　D たな卸表を作成し、たな卸資産の種類、品質及び型の異なるごとに、数量、単価及び金額を記載
　E 貸借対照表及び損益計算書

ロ 帳簿書類の整理保存（規59）
　次の帳簿書類を整理するとともに、7年間、納税地に保存する。
　ただし、欠損金の繰越し（法57①）の適用を受ける場合には、10年間の保存となる（規26の3）。
　A 上記イのB並びにその青色申告法人の資産、負債及び資本に影響を及ぼす一切の取引に関して作成されたその他の帳簿
　B 上記イのD及びE並びに決算に関して作成されたその他の書類
　C 取引に関して、相手方から受け取った注文書、契約書、送り状、領収書、見積書その他これらに準ずる書類及び自己の作成したこれらの書類でその写しのあるものはその写し

> **コラム** －白色申告における帳簿書類－
>
> 　いわゆる白色申告法人は、現金出納帳その他必要な帳簿を備え、その取引に関する事項を整然と、かつ、明瞭に記録し、その記録に基づいて決算を行わなければならない（複式簿記の原則に従った記帳などの義務なし。）（規66①）。
> 　また、上記の帳簿又は取引に関して、相手方から受け取った注文書、契約書、送り状、領収書、見積書その他これらに準ずる書類、貸借対照表、損益計算書等について、7年間、納税地に保存する（法150の2①、規67）。

4 青色申告の特典

青色申告法人には、主に次のような特典が与えられている。

第8章 青色申告制度

根拠法	特典の内容
法人税法	○青色申告書を提出した事業年度に生じた欠損金の10年間繰越控除（法57） ○欠損金の繰戻しによる法人税額の還付（法80） ○帳簿書類の調査に基づく更正（計算誤りが明白な場合を除く。）（法130①） ○更正通知書への理由付記（法130②） ○推計による更正又は決定の禁止（法131）
租税特別措置法	○特別償却又は割増償却（措法42の6①、42の10①、42の11①、42の11の2①、42の11の3①、42の12の4①、42の12の6①、42の12の7①～③、43、44～48） ○各種準備金等の積立額等の損金算入（措法55～57の6、57の8、58、61の2） ○各種の法人税額の特別控除（措法42の4、42の6②、42の9、42の10②、42の11②、42の11の2②、42の11の3②、42の12、42の12の2、42の12の4②、42の12の5、42の12の6②、42の12の7④～⑥） ○各種の所得の特別控除等（措法59、60） ○中小企業者等の少額減価償却資産の取得価額の損金算入（措法67の5） ○課税の特例等（措法59の2、61、61の3、66の10、66の11の2、66の11の4、67の7）

〔出所〕国税庁ホームページ「法人税法（基礎編）令和6年度版」P18を一部修正

第2節　青色申告の承認申請の却下

1　却下

　青色申告の承認申請書の提出があった場合において、次のいずれかに該当する事実があるときは、税務署長は、その申請を却下することができる（法123一～三）。
　イ　その法人の帳簿書類の備付け、記録又は保存が青色申告法人の帳簿書類の要件を定める規定（法126①）に従って行われていないこと
　ロ　その備え付ける帳簿書類に取引の全部又は一部を隠蔽し又は仮装して記載し又は記録していることその他不実の記載又は記録があると認められる相当の理由があること
　ハ　青色申告の承認の取消しの規定による通知（法27②）を受け、又は青色申告の取りやめの規定（法128）による届出書の提出をした日以後1年以内にその申請書を提出したこと

第2節　青色申告の承認申請の却下

2　取消し

　青色申告の承認を受けている内国法人について、次のいずれかに該当する事実があるときは、税務署長は、その該当する事実がある事業年度まで遡って、その承認を取り消すことができる。取消しがあったときは、その取り消された事業年度開始の日以後に提出された青色申告書は、青色申告書以外の申告書とみなされ、各種の特典は適用されない（法127①）。

　イ　その事業年度に係る帳簿書類の備付け、記録又は保存が一定のルール（第1節3）に従って行われていないこと

　ロ　その事業年度に係る帳簿書類について税務署長の必要な指示（法126②）に従わなかったこと

　ハ　その事業年度に係る帳簿書類に取引の全部又は一部を隠蔽し又は仮装して記載し又は記録し、その他その記載又は記録をした事項の全体についてその真実性を疑うに足りる相当の理由があること

　ニ　確定申告の規定（法74①）による申告書をその提出期限までに提出しなかったこと

◆関連通達◆
- 平成12年7月3日（最終改正：令和4年6月24日）
  法人の青色申告の承認の取消しについて（事務運営指針）
  　法人の青色申告の承認の取消しは、法人税法第127条第1項各号に掲げる事実及びその程度、記帳状況、改善可能性等を総合勘案の上、真に青色申告書を提出するにふさわしくない場合について行うこととし、この場合の取扱基準の整備等を図ったものである。

【裁判例・裁決例】
- 最判平成17年3月10日（民集59巻2号379頁）
- 宮崎地判平成28年11月25日（税資266号－159順号12937）

第9章　電子帳簿保存制度

第1節　電子帳簿保存制度の概要

1　電子帳簿保存制度とは

　法人税法では、総勘定元帳や仕訳帳といった帳簿を備え付けて取引を記録するとともに、その帳簿と取引に関して受け取った書類や作成した書類を一定期間保存することを規定しており、それらは紙で保存することを前提としている。電子帳簿保存制度は、その特例として、一定の保存要件のもと、電磁的記録（電子データ）での保存を可能にするものである。

　電子帳簿保存制度は、大きく、「電子帳簿等保存」「スキャナ保存」「電子取引保存」の3種類に区分される。

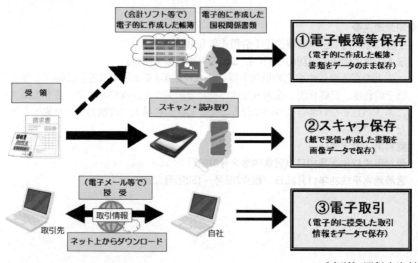

〔出所〕国税庁資料

　これらのうち、「電子帳簿等保存」と「スキャナ保存」をするかは任意であるが、「電子取引保存」は義務となっている。

2 用語
(1) 定義

国税関係帳簿 (電帳法2二)	国税に関する法律の規定により備付け及び保存をしなければならないこととされている帳簿をいう。
国税関係書類 (電帳法2二)	国税に関する法律の規定により保存をしなければならないこととされている書類をいう。
保存義務者 (電帳法2四)	国税に関する法律の規定により国税関係帳簿又は国税関係書類の保存をしなければならないこととされている者をいう。
電子取引 (電帳法2五)	取引情報(取引に関して受領し、又は交付する注文書、契約書、送り状、領収書、見積書その他これらに準ずる書類に通常記載される事項をいう。)の授受を電磁的方式により行う取引をいう。

(2) 具体例

国税関係帳簿	国税関係書類			電子取引
	決算関係書類	取引関係書類		
		自分が発行	相手から授受	
・総勘定元帳 ・仕訳帳 ・売掛金元帳 ・買掛金元帳 ・固定資産台帳 ・売上帳 ・仕入帳 　など	・貸借対照表 ・損益計算書 ・棚卸表 ・試算表 　など	・見積書控 ・発注書控 ・納品書控 ・請求書控 　など	・見積書 ・納品書 ・請求書 ・領収書 　など	・EDI取引 ・インターネット取引 ・電子メール取引 ・クラウド取引 　　　　　　など により取引情報を接受する取引
電帳法4条1項	電帳法4条2項	電帳法4条3項		電帳法7条
①電子帳簿等保存	②スキャナ保存			③電子取引保存

第2節　電子帳簿等保存

1 対象となる帳簿及び書類

　電子帳簿等保存の対象となる帳簿は、自己が最初の記録段階から一貫してコンピュータを使用して作成する国税関係帳簿であり(電帳法4①)、電子帳簿等保存の対象となる書類は、自己が一貫してコンピュータを使用して作成する国税関係書類である(電帳法4②)。

　電磁的記録による保存を開始するに当たって、所轄税務署長等への手続は必要ない。

　なお、手書きで作成された国税関係帳簿を電磁的記録により保存することは認められていない。

第9章　電子帳簿保存制度

2　電磁的記録による保存を行うための要件

要件概要	帳簿 優良	帳簿 その他	書類
記録事項の訂正・削除を行った場合には、これらの事実及び内容を確認できる電子計算機処理システムを使用すること	○	—	
通常の業務処理期間を経過した後に入力を行った場合には、その事実を確認できる電子計算機処理システムを使用すること	○	—	
電子化した帳簿の記録事項とその帳簿に関連する他の帳簿の記録事項との間において、相互にその関連性を確認できること	○	—	
システム関係書類等（システム概要書、システム仕様書、操作説明書、事務処理マニュアル等）を備え付けること	○	○	○
保存場所に、電子計算機、プログラム、ディスプレイ、プリンタ及びこれらの操作マニュアルを備え付け、記録事項を画面・書面に整然とした形式及び明瞭な状態で速やかに出力できるようにしておくこと	○	○	○
検索要件　①取引年月日、取引金額、取引先により検索できること	○	—	—（※3）
検索要件　②日付又は金額の範囲指定により検索できること	○（※1）	—	—（※3）
検索要件　③2以上の任意の記録項目を組み合わせた条件により検索できること	○（※1）	—	—
税務職員による質問検査権に基づく電磁的記録のダウンロードの求めに応じることができるようにしておくこと	—（※1）	○（※2）	○（※3）

※1　検索要件①～③について、保存義務者が、税務職員による質問検査権に基づく電磁的記録のダウンロードの求めに応じることができるようにしている場合には、②③の要件が不要。

※2　"優良"の要件を全て満たしているときは不要。

※3　取引年月日その他の日付により検索ができる機能及びその範囲を指定して条件を設定することができる機能を確保している場合には、税務職員による質問検査権に基づく電磁的記録のダウンロードの求めに応じることができるようにしておくことの要件が不要。

〔出所〕国税庁資料

第 2 節　電子帳簿等保存

3　優良な電子帳簿の過少申告加算税の軽減措置
(1)　概要
　一定の国税関係帳簿について、上記2に掲げた優良な電子帳簿の要件を満たして電磁的記録による備付け及び保存を行い、あらかじめ所轄税務署長に届出を提出している保存義務者について、その国税関係帳簿（優良な電子帳簿）に記録された事項に関し申告漏れがあった場合には、その申告漏れに課される過少申告加算税が5％軽減される（電帳法8④）。

(2)　対象となる国税関係帳簿
　軽減措置の対象となる一定の国税関係帳簿とは、法人税法においては、青色申告法人が保存しなければならないこととされる仕訳帳、総勘定元帳その他必要な帳簿（規54）をいい、基本的に保存義務のある帳簿の全ての保存等が必要とされていたが、令和6年1月1日以後に法定申告期限が到来する場合の「その他必要な帳簿」については、以下の記載事項に係るものに限定される。

帳簿の具体例	その他必要な帳簿の記載事項
売上帳	売上げ（加工その他の役務の給付等売上げと同様の性質を有するものを含む。）その他収入に関する事項
仕入帳、経費帳	仕入れその他経費（法人税は、賃金・給料・法定福利費・厚生費を除く。）に関する事項
売掛帳	売掛金（未収加工料その他売掛金と同様の性質を有するものを含む。）に関する事項
買掛帳	買掛金（未収加工料その他買掛金と同様の性質を有するものを含む。）に関する事項
受取手形記入帳、支払手形記入帳	手形（融通手形を除く。）上の債権債務に関する事項
貸付帳、借入帳、未決済項目に係る帳簿	その他の債権債務に関する事項（当座預金を除く。）
有価証券受払帳	有価証券（商品であるものを除く。）に関する事項
固定資産台帳	減価償却資産に関する事項
繰延資産台帳	繰延資産に関する事項

(3)　提出が必要な届出
　軽減措置の適用を受けるためには、あらかじめ「国税関係帳簿の電磁的記録等による保存等に係る過少申告加算税の特例の適用を受ける旨の届出」を、所轄税務署長等に提出する必要がある。なお、軽減措置の適用を受けようとする国税に係る法定申告期限までに、この届出書を所轄税務署長等に提出した場合には、あらかじめ届出書を

第9章 電子帳簿保存制度

提出したものとして取り扱われる（電帳法通達8-5）。

(4) **使用する帳簿ソフトが電子帳簿保存法の「優良な電子帳簿」要件を満たしているかの確認方法**

　まず、ソフトウェアの取扱説明書等で電子帳簿保存法の優良な電子帳簿の要件を満たしているか確認する。また、公益社団法人日本文書情報マネジメント協会（JIIMA）において、市販のソフトウェア等を対象に、電子帳簿保存法における優良な電子帳簿の要件適合性の確認（認証）を行っており、要件適合性の確認を受けたものについては、パッケージ等にJIIMA認証のマークが印字されているため、当該マークが印字されているか確認する。なお、JIIMAが確認（認証）したソフトウエア等については、JIIMAのホームページでも確認することができる。

(参考)
《認証ロゴ（令和6年6月現在使用されているもの)》
～電子帳簿～

 若しくは

又は

 若しくは

又は

 若しくは

又は

 若しくは

第3節　スキャナ保存

1　対象となる書類

　スキャナ保存の対象となる書類は、国税関係書類のうち決算関係書類（貸借対照表、損益計算書、棚卸表、試算表など）を除いた全ての書類である。なお、スキャナ保存を開始するに当たって、所轄税務署長等への手続は必要ない。

国税関係帳簿書類のスキャナ保存の区分

帳簿	仕訳帳 総勘定元帳 一定の取引に関して作成されたその他の帳簿			スキャナ保存対象外
計算、整理 又は 決算関係書類	棚卸表 貸借対照表・損益計算書 計算、整理又は決算に関して作成されたその他の書類			
書類の名称・内容	書類の性格	書類の重要度（注）	スキャナ保存対象	
・契約書 ・領収書 及び恒久的施設との間の内部取引に関して外国法人等が作成する書類のうちこれらに相当するもの 並びにこれらの写し	一連の取引過程における開始時点と終了時点の取引内容を明らかにする書類で、取引の中間過程で作成される書類の真実性を補完する書類	資金や物の流れに直結・連動する書類のうち特に重要な書類	速やかに入力 ・ 業務サイクル後速やかに入力	
・預り証 ・借用証書 ・預金通帳 ・小切手 ・約束手形 ・有価証券受渡計算書 ・社債申込書 ・契約の申込書（定型的約款無し） ・請求書 ・納品書 ・送り状 ・輸出証明書 及び恒久的施設との間の内部取引に関して外国法人等が作成する書類のうちこれらに相当するもの 並びにこれら（納品書を除きます。）の写し	一連の取引の中間過程で作成される書類で、所得金額の計算と直結・連動する書類	資金や物の流れに直結・連動する書類		
・検収書 ・入庫報告書 ・貨物受領証 ・見積書 ・注文書 ・契約の申込書（定型的約款有り） 並びにこれらの写し 及び納品書の写し	資金の流れや物の流れに直結・連動しない書類	資金や物の流れに直結・連動しない書類	重要度：低	適時に入力

（注）　重要度が低以外のものがいわゆる重要書類（法第4条第3項に規定する国税関係書類のうち、規則第2条第7項に規定する国税庁長官が定める書類以外の書類）、重要度が低のものが一般書類（規則第2条第7項に規定する国税庁長官が定める書類）です。

〔出所〕国税庁資料

2 スキャナ保存を行うための要件

スキャナ保存をする書類は、資金や物の流れに直結・連動する書類である「重要書類」と、それ以外の「一般書類」に分類されるが、それぞれの書類をスキャナ保存するための要件は次の表のとおりになる。

【スキャナ保存要件（令和6年1月1日以後）】

書類の区分 ルール	重要書類 （資金や物の流れに 直結・連動する書類）	一般書類 （資金や物の流れに 直結・連動しない書類）
書類の例	契約書、納品書、請求書、領収書 など	見積書、注文書、検収書 など
入力期間の制限	次のどちらかの入力期間内に入力すること ① 書類を作成または受領してから、速やか（おおむね7営業日以内）にスキャナ保存する（早期入力方式） ② それぞれの企業において採用している業務処理サイクルの期間（最長2か月以内）を経過した後、速やか（おおむね7営業日以内）にスキャナ保存する（業務処理サイクル方式） ※ ②の業務処理サイクル方式は、企業において書類を作成または受領してからスキャナ保存するまでの各事務の処理規程を定めている場合のみ採用できます 一般書類の場合は、入力期間の制限なく入力することもできます（注）	
一定の解像度による読み取り	解像度200 dpi 相当以上で読み取ること	
カラー画像による読み取り	赤色、緑色及び青色の階調がそれぞれ256階調以上（24ビットカラー）で読み取ること 一般書類の場合は、白黒階調グレースケールで読み取ることもできます（注）	
タイムスタンプの付与	入力期間内に、総務大臣が認定する業務に係るタイムスタンプ（※1）を、一の入力単位ごとのスキャナデータに付すこと ※1 スキャナデータが変更されていないことについて、保存期間を通じて確認することができ、課税期間中の任意の期間を指定し、一括して検証することができるものに限ります ※2 入力期間内にスキャナ保存したことを確認できる場合には、このタイムスタンプの付与要件に代えることができます	
ヴァージョン管理	スキャナデータについて訂正・削除の事実やその内容を確認することができるシステム等又は訂正・削除を行うことができないシステム等を使用すること	
帳簿との相互関連性の確保	スキャナデータとそのデータに関連する帳簿の記録事項との間において、相互にその関連性を確認することができるようにしておくこと	（不要）
見読可能装置等の備付け	14インチ（映像面の最大径が35cm）以上のカラーディスプレイ及びカラープリンタ並びに操作説明書を備え付けること 白黒階調（グレースケール）で読み取った一般書類は、カラー対応でないディスプレイ及びプリンタでの出力で問題ありません（注）	

速やかに出力 すること	スキャナデータについて、次の①～④の状態で速やかに出力することができるようにすること ①整然とした形式　②書類と同程度に明瞭　③拡大又は縮小して出力することができる　④4ポイントの大きさの文字を認識できる
システム概要書 等の備付け	スキャナ保存するシステム等のシステム概要書、システム仕様書、操作説明書、スキャナ保存する手順や担当部署などを明らかにした書類を備え付けること
検索機能の確保	スキャナデータについて、次の要件による検索ができるようにすること ①　取引年月日その他の日付、取引金額及び取引先での検索 ②　日付又は金額に係る記録項目について範囲を指定しての検索 ③　2以上の任意の記録項目を組み合わせての検索 ※　税務職員による質問検査権に基づくスキャナデータのダウンロードの求めに応じることができるようにしている場合には、②及び③の要件は不要

(注)　一般書類向けのルールを採用する場合は、事務の手続（責任者、入力の順序や方法など）を明らかにした書類を備え付ける必要がある。

〔出所〕国税庁資料

第4節　電子取引保存

1　電子取引とは

　電子取引とは、取引情報の授受を電磁的方式により行う取引をいい、取引情報とは、取引に関して受領し、又は交付する注文書、契約書、送り状、領収書、見積書その他これらに準ずる書類に通常記載される事項をいう（電帳法2五）。
　具体的には、いわゆるEDI取引、インターネット等による取引、電子メールにより取引情報を授受する取引（添付ファイルによる場合を含む。）、インターネット上にサイトを設け、そのサイトを通じて取引情報を授受する取引等をいう。
　電子取引データについては、受け取った場合だけでなく送った場合も保存する必要がある。
✓　EDIとは、Electronic Data Interchangeの略称であり、異なる組織間で、取引のためのメッセージを、通信回線を介して標準的な規約（可能な限り広く合意された各種規約）を用いて、コンピュータ（端末を含む）間で交換することをいう。

第9章 電子帳簿保存制度

2 電子取引保存を行うための要件

次のいずれも満たす
1　電子計算機処理システムの概要を記載した書類の備付け ※　自社開発のプログラムを使用する場合のみ
2　見読可能装置の備付け等 　電子計算機、プログラム、ディスプレイ、プリンタ、操作説明書を備え付け、電磁的記録をディスプレイの画面及び書面に、整然とした形式及び明瞭な状態で、速やかに出力することができるようにしておくこと
3　検索機能の確保 次のいずれの設定もできること ・取引年月日、取引金額、取引先を検索の条件として設定 ・日付又は金額について範囲を指定して条件を設定 ・2以上の任意の記録項目を組み合わせて条件を設定

次のいずれかの措置を行う
①　タイムスタンプが付された後の授受
②　7営業日以内にタイムスタンプを付す
③　その業務の処理に係る通常の期間（最長2か月）を経過した後、7営業日以内にタイムスタンプを付す（※）
④　データの訂正削除を行った場合にその記録が残るシステム又は訂正削除ができないシステムを利用して、授受及び保存を行う
⑤　訂正及び削除の防止に関する事務処理規程を策定、運用、備付け
※　取引情報の授受から当該記録事項にタイムスタンプを付すまでの各事務の処理に関する規程を定めている場合に限る。

(1) 検索機能の確保が不要となる場合

検索機能については、次のいずれも設定して検索できるようにしておく必要がある。

イ　取引年月日、取引金額、取引先を検索の条件として設定
ロ　日付又は金額について範囲を指定して条件を設定
ハ　2以上の任意の記録項目を組み合わせて条件を設定

ただし、税務職員のダウンロードの求めに応じることができるようにしておくことで、上記のロ及びハは不要となり、さらに保存義務者の基準期間における課税売上高が「1,000万円以下」の場合は、全ての検索機能の確保が不要となる。

【参考】令和6年1月1日以後にやり取りする電子取引のデータについて

全ての検索機能の確保が不要となる要件である、基準期間の課税売上高が「1,000万円以下」という要件が、「5,000万円以下」となる。また、電子取引データを出力することにより作成した書面（整然とした形式及び明瞭な状態で出力され、取引年月日

第4節　電子取引保存

その他の日付及び取引先ごとに整理されたものに限る。）の提示・提出の求め及びその電子取引データのダウンロードの求めに応じることができるようにしているときは、検索機能の確保の要件を充足しているものと取り扱われる。

【電子取引保存のフローチャート】

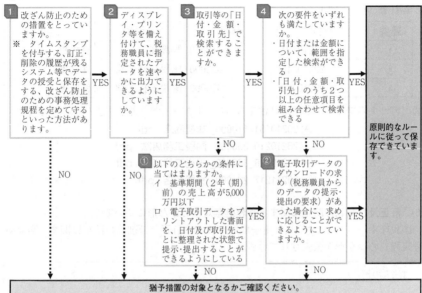

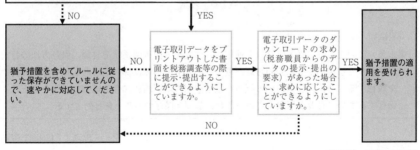

〔出所〕国税庁資料

(2) 税務職員からのダウンロードの求めに応じる場合において検索機能を確保する方法

　税務職員からのダウンロードの求めに応じる場合において、検索機能を確保する方

第9章　電子帳簿保存制度

法としては、①表計算ソフトで索引簿を作成する方法や、②データのファイル名に規則性をもって「日付・金額・取引先」を入力し、特定のフォルダに集約しておくことで、フォルダの検索機能が活用できるようにする方法がある。

① 表計算ソフトで索引簿を作成する方法
索引簿（サンプル）

連番	日付	金額	取引先	備考
①	20210131	110000	㈱霞商店	請求書
②	20210210	330000	国税工務店㈱	注文書
③	20210228	330000	国税工務店㈱	領収書

② データのファイル名に規則性をもって「日付・金額・取引先」を入力する方法

　　📄 20210131_110000_㈱霞商店.pdf
　　📄 20210210_330000_国税工務店㈱.pdf
　　📄 20210228_330000_国税工務店㈱.pdf
　　📄 20211217_220000_㈱霞商店.pdf

(3) 訂正及び削除の防止に関する事務処理規程のひな形について

　国税庁ホームページでは、「電子取引データの訂正及び削除の防止に関する事務処理規程」のひな形が公表されている。

（法人の例）

電子取引データの訂正及び削除の防止に関する事務処理規程

第1章　総則

（目的）
第1条　この規程は、電子計算機を使用して作成する国税関係帳簿書類の保存方法の特例に関する法律第7条に定められた電子取引の取引情報に係る電磁的記録の保存義務を履行するため、○○において行った電子取引の取引情報に係る電磁的記録を適正に保存するために必要な事項を定め、これに基づき保存することを目的とする。

〔出所〕　国税庁資料

第3編
法人事業税

第8章

法人事業税

第1章　通　則

第1節　法人事業税の概要

　法人事業税は、法人が行う事業そのものに課される税であり、法人がその事業活動を行うに当たって地方団体の各種の行政サービスの提供を受けることから、これに必要な経費を分担すべきであるという応益原則の考え方に基づき課税されるものである。事務所又は事業所を有する法人に、その事務所又は事業所が所在する都道府県が課税する（総務省資料）。
　この法人事業税は、付加価値割、資本割、所得割及び収入割の税から構成されている。

第2節　用語の意義

　法人事業税について、次の用語の意義が設けられている（地法1、72、地法令10、地法規3の13の3）。
　また、地方税法においては、法律中、道府県に関する規定は都に、市町村に関する規定は特別区に準用する。この場合においては、「道府県」、「道府県税」、「道府県知事」とあるのは、それぞれ「都」、「都税」、「都知事」と読み替えることとされている（地法1②③）。
(1)　地方団体とは、道府県又は市町村をいう。
(2)　地方税とは、道府県税又は市町村税をいう。
(3)　申告納付とは、納税者がその納付すべき地方税の課税標準額及び税額を申告し、及びその申告した税金を納付することをいう。
(4)　付加価値割とは、付加価値額により法人の行う事業に対して課する事業税をいう。
(5)　資本割とは、資本金等の額により法人の行う事業に対して課する事業税をいう。
(6)　所得割とは、所得により法人の行う事業に対して課する事業税をいう。
(7)　収入割とは、収入金額により法人の行う事業に対して課する事業税をいう。
(8)　恒久的施設とは、次に掲げるものをいう。ただし、我が国が締結した租税に関する二重課税の回避又は脱税の防止のための条約において次に掲げるものと異なる定めがある場合には、その条約の適用を受ける国内（この法律の施行地をいう。）に本店若しくは主たる事務所若しくは事業所を有しない法人（以下「外国法人」という。）については、その条約において恒久的施設と定められたもの（国内にあるものに限る。）とする。
　イ　外国法人の国内にある支店、工場その他事業を行う一定の場所
　ロ　外国法人の国内にある建設若しくは据付けの工事又はこれらの指揮監督の役務の提供を行う場所その他これに準ずるものとして一定のもの

第1章 通則

ハ 外国法人が国内に置く自己のために契約を締結する権限のある者その他これに準ずる者で一定のもの

【参考】この「恒久的施設」の内容は、法人税法第2条第12号の19《恒久的施設》の規定の仕方と同じである（第2編第4章第2節 P 353）。

> **コラム** －外国における恒久的施設（法人事業税の特定内国法人）－
>
> 　法人事業税においては、応益原則の考え方から、外国における事業に対して課税権が及ばないものとして、外国において事業を行う特定内国法人（第2章第2節6 P 441）の外国の事業に帰属する所得、付加価値額又は収入金額に対して、事業税を課さないものとしている。資本割についても、外国の事業の規模を勘案して計算した一定の額を控除する。
> 　この特定内国法人の要件が外国に恒久的施設に相当するものを有するものとされているため、法人事業税の独自の規定として、外国における恒久的施設の判定が重要となる（地法72の19、地法令20の2の19）。

第3節　事業税の納税義務者等

　法人事業税は、法人の行う事業に対し、その事業の区分に応じ、事務所又は事業所所在の道府県において、その法人に課する（地法72の2①）。

1　事業の区分と課税される事業税の種類

　法人事業税の納税義務者である法人の事業の種類に応じて、次の法人事業税（割）の合計額が課される。

		事業の区分	課税される事業税の額
(1) （一号）		下記(2)から(4)までの事業以外の事業（**所得等課税事業**）	
	イ	下記ロの法人以外の法人 （外形標準課税対象法人）	付加価値割額、資本割額、所得割額の合算額
	ロ	(イ) 事業税が非課税である法人 　　収益事業以外は非課税である法人 (ロ) **特別法人** 　✓ **特別法人**とは、農業協同組合、消費生活協同組合、信用金庫、漁業協同組合、農林中央金庫及び医療法人などの法人をいう（地法72の24の7⑦）。 (ハ) 人格のない社団等 (ニ) みなし課税法人	所得割額

第3節　事業税の納税義務者等

	(ホ) 投資法人	所得割額
	(ヘ) 特定目的会社	
	(ト) 一般社団法人／一般財団法人（非営利型法人（法2九の二）を除く。）	
	(チ) 上記の法人以外の法人で資本金の額又は出資金の額が1億円以下のもの、資本又は出資を有しないもの	
(2)(二号)	電気供給業（次の(3)の事業を除く。）、**導管ガス供給業**、保険業並びに貿易保険業（**収入金額課税事業**） ✓ **導管ガス供給業**とは、一般ガス導管事業（ガ事法2⑤）、特定ガス導管事業（ガ事法2⑦）をいう。 ✓ **ガ事法**とは、ガス事業法をいう。	収入割額
(3)(三号)	電気供給業のうち、小売電気事業等（**電事法**2①二）、発電事業等（電事法2①十四）及び特定卸供給事業（電事法2①十五の三）（**収入金額等課税事業**） ✓ **電事法**とは、電気事業法をいう。	
	イ　ロに掲げる法人以外の法人	収入割額、付加価値割額及び資本割額の合算額
	ロ　(1)ロに掲げる法人	収入割額及び所得割額の合算額
(4)(四号)	ガス供給業のうち**特定ガス供給業** ✓ **特定ガス供給業**とは、一定のガス製造事業者（ガ事法2⑩）が行うもの（導管ガス供給業を除く。）をいう。	収入割額、付加価値割額及び資本割額の合算額

【個別事例】
・　上記の表のとおり、外形標準課税の対象となるのは、資本金の額又は出資金の額が1億円を超える法人（表(1)イ）となる。ただし、公共法人等、特別法人、人格のない社団等、みなし課税法人、投資法人、特定目的会社、一般社団法人及び一般財団法人は除く。
・　外形標準課税の対象となる資本金の額又は出資金の額は、事業年度終了の日現在における資本金の額又は出資金の額が1億円を超えていれば外形標準課税の対象となる。
・　資本金が9千万円、資本金等の額が1億6千万円の場合、外形標準課税は、あくまで「資本金」のみで1億円を超えているかどうかで判断するため、外形標準課税の対象にはならない。
・　事業年度開始時点では資本金が2億円、減資をして事業年度末日時点では資本金6千万円の場合、外形標準課税は、事業年度終了の日現在における資本金で判断

第1章 通則

し、期中の増資・減資等を勘案しないため、外形標準課税の対象にはならない。

ただし、令和6年度税制改正 CHECK により、一定の場合は外形標準課税対象法人となる。

〔出所〕東京都主税局資料を一部加工

CHECK －令和6年度税制改正（外形標準課税対象法人の見直し）－

令和6年度税制改正において、資本金が1億円を超える法人を外形標準課税対象法人とする現行の基準は維持されるものの、外形標準課税対象法人の減少を踏まえ、外形標準課税対象外となることを企図したと思われるいわゆる「外形逃れ」の対応として、減資をした法人や大企業の100％子法人等に対して、次の見直しが行われる（地法72の2、地法附則8の3の3、地法令10の3、地法令附則5の7、地方税法等の一部を改正する法律（令和6年法律第4号）附則1）。

項目	内容	適用事業年度
減資への対応	前事業年度に外形標準課税の対象であった法人であって、その事業年度に資本金1億円以下で、資本金と資本剰余金の合計額が10億円を超えるものは、外形標準課税の対象とする。	令和7年4月1日以後に開始する事業年度
100％子法人等への対応	資本金と資本剰余金の合計額が50億円を超える法人等の100％子法人等のうち、資本金1億円以下で、資本金と資本剰余金の合計額が2億円を超えるものは、外形標準課税の対象とする。	令和8年4月1日以後に開始する事業年度

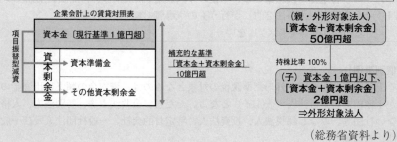

（総務省資料より）

第3節　事業税の納税義務者等

【イメージ】外形標準課税の概要

法人事業税の税率の改正に伴う負担変動の緩和措置　※経過措置

東京都の税率

<外形標準課税法人以外の法人の計算と同様>

所得割：各事業年度の所得

付加価値割：
- 収益配分額
  - 報酬給与額（[労働者派遣等に係る純給与額]、[雇用安定控除額]、[所得拡大促進税制による付加価値額の控除]）
  - 純支払利子（支払利子＋企業年金等の掛金、支払利子－受取利子）
  - 純支払賃借料（支払賃借料－受取賃借料）
- 単年度損益

[繰越欠損金控除前の法人事業税の所得金額
※所得が欠損の場合には収益配分額から控除します。]

[清算所得等に含まれる収益配分額]

資本割：資本金等の額
- [無償増減資等を行った場合の特例]
- [資本金と資本準備金の合算額との比較]
- [持株子会社の株式等に係る控除措置]
- [課税標準の圧縮措置]　※資本金等の額が1千億円超の場合
- [地方税法附則による軽減措置]

課税標準：所得基準／外形基準

対象法人	所得に課税される法人であって事業年度終了の日における資本金の額又は出資金の額が1億円を超えている法人（法72条の2①イ）（公益法人等、特別法人、人格のない社団等、投資法人及び特定目的会社を除く）
申告納付等	外形標準課税法人以外の法人と同様です。ただし、外形標準課税法人は、法人税の中間申告義務の有無にかかわらず、事業年度が6月を超える場合には、中間申告を行う必要があります。
徴収猶予	3年以上連続して所得がない法人、創業5年以内で所得がない法人に対する徴収猶予制度があります。

[出所] 東京都主税局資料

第1章 通則

2 事務所又は事業所

　法人事業税は、事務所又は事業所所在の道府県において、その法人に課することとされているため、その事業を行う場所が事務所又は事業所に該当するか否かの判断が重要となる。
　事務所又は事業所の要件は、次のとおりである。
　イ　事業の必要から設けられた場所であること。
　ロ　人的及び物的設備を有する場所であること。
　ハ　継続して事業が行われる場所であること
　二以上の道府県に事務所又は事業所を設けて事業を行う法人については、法人事業税の課税標準額を一定の分割基準（第3章第8節2(2)P480）によって関係道府県に分割して、関係道府県ごとに税額を計算する。
　外国法人に対しては、恒久的施設をもって事務所又は事業所とする（地法72の2⑥）。

◆関連通知◆
・事務所又は事業所（県通1章「6」）
　(1)　事務所又は事業所（以下「事務所等」という。）とは、それが自己の所有に属するものであるか否かにかかわらず、事業の必要から設けられた人的及び物的設備であって、そこで継続して事業が行われる場所をいうものであること。この場合において事務所等において行われる事業は、当該個人又は法人の本来の事業の取引に関するものであることを必要とせず、本来の事業に直接、間接に関連して行われる附随的事業であっても社会通念上そこで事業が行われていると考えられるものについては、事務所等として取り扱って差し支えないものであるが、宿泊所、従業員詰所、番小屋、監視所等で番人、小使等のほかに別に事務員を配置せず、専ら従業員の宿泊、監視等の内部的、便宜的目的のみに供されるものは、事務所等の範囲に含まれないものであること。
　(2)　事務所等と認められるためには、その場所において行われる事業がある程度の継続性をもったものであることを要するから、たまたま2、3か月程度の一時的な事業の用に供する目的で設けられる現場事務所、仮小屋等は事務所等の範囲に入らないものであること。

第4節　所得の帰属

1　収益の帰属する者が名義人である場合における事業税の納税義務者
　資産又は事業から生ずる収益が法律上帰属するとみられる者が単なる名義人であって、その収益を享受せず、その者以外の者が収益を享受する場合においては、その収益に係る事業税は、収益を享受する者に課する（地法72の2の3）。
【参考】法人税法との対比
　この「収益の帰属する者が名義人である場合における事業税の納税義務者」の内容は、法人税法第11条《実質所得者課税の原則》と同じ内容である（第1編第4章第1節P15）。

2　事業税と信託財産
イ　信託の受益者（受益者としての権利を現に有するものに限る。）はその信託の信託財産に属する資産及び負債を有するものとみなし、かつ、その信託財産に帰せられる収益及び費用はその受益者の収益及び費用とみなして、この節の規定を適用する。ただし、集団投資信託（第2編第6章第2節2　P399）、退職年金等信託（第2編第6章第2節3　P400）、特定公益信託等（第2編第6章第2節4　P400）又は法人課税信託の信託財産に属する資産及び負債並びにその信託財産に帰せられる収益及び費用については、この限りでない（地法72の3①）。
ロ　信託の変更をする権限（軽微な変更をする権限として政令で定めるものを除く。）を現に有し、かつ、その信託の信託財産の給付を受けることとされている者（受益者を除く。）は、上記イの受益者とみなして、同イを適用する（地法72の3②）。
ハ　法人が受託者となる集団投資信託、退職年金等信託又は特定公益信託等の信託財産に属する資産及び負債並びに信託財産に帰せられる収益及び費用は、その法人の各事業年度の所得の金額の計算上、その法人の資産及び負債並びに収益及び費用でないものとみなして、事業税に関する規定を適用する（地法72の3③）。
【参考】法人税法との対比
　この「事業税と信託財産」の内容は、法人税法第12条《信託財産に属する資産及び負債並びに信託財産に帰せられる収益及び費用の帰属》の規定の仕方と同じである（第1編第4章第2節P15）。

第5節　非課税の範囲

　法人事業税の非課税には、特定の法人の公共性に着目した人的非課税、事業の公益性又は非営利性に着目して非課税とされるもの、政策的な理由により非課税とされるものがある。

第1章　通則

1　事業税の非課税の範囲
(1)　人的非課税（公共法人）
　道府県は、国及び次に掲げる法人が行う事業に対しては、事業税を課することができない（地法72の4①）。

【参考】法人税における公共法人の範囲と同様

都道府県、市町村、特別区、これらの組合及び合併特例区その他一定の公共団体
地方独立行政法人
法人税法別表第一に規定する独立行政法人
国立大学法人等及び日本司法支援センター
沖縄振興開発金融公庫、株式会社国際協力銀行、株式会社日本政策金融公庫、日本年金機構、地方住宅供給公社、地方道路公社、土地開発公社、地方公共団体金融機構、地方公共団体情報システム機構、地方税共同機構及び福島国際研究教育機構
社会保険診療報酬支払基金、日本放送協会、日本中央競馬会及び日本下水道事業団

(2)　特定事業非課税
　道府県は、林業及び鉱物の掘採事業に対しては、事業税を課することができない（地法72の4②）。

◆関連通知◆
・林業の範囲（県通3章「2の2⑴」）

> **コラム**　－事業税における鉱物の掘採事業と鉱産税－
>
> 　鉱物の掘採事業に対しては、市町村税である鉱産税が課税されるため（地法519）、二重課税を回避するために事業税を非課税としている。
> 　なお、鉱物の掘採事業を行う法人がその鉱物の精錬事業も一貫して行う場合には、精錬事業の部分について法人事業税が課されるため、原則として課税標準とすべき付加価値額及び所得について、その生産品について収入すべき金額に対して、同額から鉱産税の課税標準である鉱物の価格を控除した金額で按分する方法により計算する（地法72の24の5、県通3章「4の8の1～4の8の3」）。

(3)　農事組合法人が行う農業に対する非課税
　道府県は、農事組合法人で農地法第2条第3項各号に掲げる要件の全てを満たしているものが行う農業に対しては、事業税を課することができない（地法72の4③）。

2　法人事業税の非課税所得等の範囲
(1)　公益法人等
　道府県は、次に掲げる法人の事業の所得又は収入金額で**収益事業**に係るもの以外の

ものに対しては、事業税を課することができない（地法72の5①）。
- ✔ **収益事業**とは、法人税法施行令第5条に規定する事業で、継続して事業場を設けて行われるものをいう（地法令15）。

法人税法別表第二に規定する独立行政法人
日本赤十字社、社会医療法人、日本商工会議所、公益社団法人及び公益財団法人、一般社団法人又は一般財団法人で非営利型法人に該当するもの、社会福祉法人、宗教法人、学校法人など
弁護士会及び日本弁護士連合会、日本公認会計士協会、税理士会及び日本税理士会連合会、社会保険労務士会及び全国社会保険労務士会連合会など
漁船保険組合、信用保証協会、農業共済組合及び農業共済組合連合会など
市街地再開発組合、住宅街区整備組合、負債整理組合及び防災街区整備事業組合
損害保険料率算出団体、地方競馬全国協会、高圧ガス保安協会、日本電気計器検定所、危険物保安技術協会、日本消防検定協会、軽自動車検査協会など
管理組合法人、認可地縁団体、政党等、特定非営利活動法人など

◆関連通知◆
- ・事業税の非課税の範囲の認定についての留意点（県通3章「2の2(2)」）
　公益法人等については、収益事業以外の事業の所得に対しては、事業税は課されないのであるが、その認定に当たっては、国の税務官署の取扱いに準ずるものであること。
【参考】法人税における収益事業課税は、第2編第5章第1節1 P391参照のこと。

(2) **人格のない社団等**
　道府県は、人格のない社団等の事業の所得で収益事業に係るもの以外のものに対しては、事業税を課することができない（地法72の5②）。

第6節　事業年度

1　事業年度の意義

　法人の事業税に係る「事業年度」とは、法令、定款、寄附行為、規則若しくは規約に定める事業年度その他これに準ずる期間をいう（地法72の13①）。また、法令、定款、寄附行為、規則又は規約で事業年度その他これに準ずる期間を定めていない法人については、法人税法第13条第2項又は第3項の規定により、その法人が政府に届け出、又は政府が指定した期間をもって、その法人の事業年度とする（地法72の13②）。ただし、その期間が1年を超える場合には、その法人の事業年度は、上記の取扱いにかかわらず、その期間を開始の日から1年ごとに区分した各期間（最後に1年未満の期間を生じたときは、その期間）とする（地法72の13④）。

2 事業年度の特例

内国法人が事業年度の中途において解散をしたことなど一定の事実が生じた場合には、その事実が生じた法人の事業年度は、上記1にかかわらず、その解散の日など一定の日に終了し、これに続く事業年度は、次のロ又はトの事実が生じた場合を除き、その一定の日の翌日から開始する（地法72の13⑤）。

	一定の事実	一定の日
イ	内国法人が事業年度の中途において解散（合併による解散を除く。）をしたこと	解散の日
ロ	法人が事業年度の中途において合併により解散したこと	合併の日の前日
ハ	公益法人等（第5節2(1)P430）又は人格のない社団等が事業年度の中途において新たに収益事業を開始したこと	開始した日の前日
ニ	いわゆる人的非課税に該当する法人（第5節1(1)P430）が事業年度の中途においてで収益事業を行うものに該当することとなったこと	事実が生じた日の前日
ホ	いわゆる人的非課税に該当する法人（第5節1(1)P430）又は公益法人等（第5節2(1)P430）が事業年度の中途において、これらの法人以外の法人（人格のない社団等を除く。）に該当することとなったこと	事実が生じた日の前日
ヘ	いわゆる人的非課税に該当する法人（第5節1(1)P430）又は公益法人等（第5節2(1)P430）以外の法人（人格のない社団等を除く。）が事業年度の中途において公益法人等に該当することとなったこと	
ト	清算中の法人の残余財産が事業年度の中途において確定したこと	残余財産の確定の日
チ	清算中の内国法人が事業年度の中途において継続したこと	継続の日の前日
リ	恒久的施設を有しない外国法人が事業年度の中途において恒久的施設を有することとなったこと	有することとなった日の前日
ヌ	恒久的施設を有する外国法人が事業年度の中途において恒久的施設を有しないこととなったこと	有しないこととなった日

◆関連通知◆

・事業年度（県通3章「3」）

　法人事業税の課税標準の算定期間である事業年度は、すべて法人税の課税標準の算定期間である事業年度と同一なものとされているのであるから、その取扱いについても国の税務官署の取扱いに準ずること。

【参考】法人税における事業年度（法13）は、第1編第5章第1節P17参照のこと。

第 6 節　事業年度

> **コラム**　－法人事業税の損金性－
>
> 　その事業年度の直前の事業年度分の事業税及び特別法人事業税の額については、その事業年度終了の日までにその全部又は一部につき申告、更正又は決定がされていない場合であっても、その事業年度の損金の額に算入することができる（基通 9 － 5 － 2）（第 2 編第 1 章第 5 節 **8**(5)ロ P 156）。

第2章　課税標準及び税率等

第1節　法人の事業税の課税標準

　法人の行う事業に対する事業税の課税標準は、次表の事業税の区分に応じ、それぞれの金額とする（地法72の12）。

事業税の区分	課税標準
付加価値割	各事業年度の付加価値額
資本割	各事業年度の資本金等の額
所得割	各事業年度の所得
収入割	各事業年度の収入金額

第2節　付加価値割の課税標準の計算

1　付加価値割の課税標準の算定の方法
(1)　付加価値額
　付加価値割の課税標準である各事業年度の付加価値額（第1節）は、各事業年度の報酬給与額（下記2）、純支払利子（下記3）及び純支払賃借料（下記4）の合計額（以下「収益配分額」という。）と各事業年度の単年度損益（下記5）との合計額となる（地法72の14）。
　純支払利子とは、支払利子から受取利子を控除したものをいい、受取利子の方が大きくマイナスになる場合は0とする。純支払賃借料とは、支払賃借料から受取賃借料を控除したものをいい、同じく受取賃借料の方が大きくマイナスになる場合は0とする。
　一方、単年度損益がマイナスになる場合は、収益配分額から控除して付加価値額を算定する（県通3章「4の1の1」）。

【イメージ】

付加価値割

付加価値額　＝　収益配分額（報酬給与額※＋純支払利子＋純支払賃借料）　＋　単年度損益

※雇用安定控除（収益配分額の7割を超える報酬給与額を控除）有り

（総務省資料より）

第 2 節　付加価値割の課税標準の計算

◆関連通知◆
・付加価値額総論（県通 3 章「4 の 1 の 1」）

(2)　消費税等の取扱い
　収益配分額の計算にあたって、労働者派遣料や支払賃借料等の課税仕入れについては消費税等を除いた金額を基礎とするものとされている。
　インボイス制度開始後は、適格請求書発行事業者以外の者からの課税仕入れについて、仕入税額控除を適用できないことから、それらの課税仕入れについては、仮払消費税額の額がないこととなる。
　そのため、令和 5 年 10 月 1 日以後の課税仕入れに係る収益配分額の計算にあたっては、適格請求書発行事業者以外の者から行った課税仕入れに係る取引について税抜経理方式（第 2 編第 7 章第 1 節 P402）で経理をしている場合であっても、その取引の対価の額と区分して経理をした消費税等の額を収益配分額に含めることとなる。
　ただし、経過措置期間（令和 5 年 10 月 1 日から令和 11 年 9 月 30 日）における課税仕入れに係る消費税等とみなされる金額は、収益配分額から控除して計算する（県通 3 章「4 の 1 の 3」）。

【参考】法人税における適格請求書発行事業者以外の者からの課税仕入れに係る消費税等の処理については、第 2 編第 7 章第 4 節 P404 を参照のこと。

(3)　JV 等の組合に係る付加価値額
　共同企業体（JV）等の組合に係る給与、利子、賃借料については、その分配割合に基づいて各組合員に分配したもののうち、法人税の所得の計算上損金の額に算入されるものを各組合員の報酬給与額、純支払利子、純支払賃借料として取り扱う（県通 3 章「4 の 1 の 4」）。

2　報酬給与額の算定の方法
(1)　一般の場合（下記(2)以外）
　各事業年度の報酬給与額は、次の算式による金額（その事業年度の法人税の所得の計算上損金の額に算入されるもの（**一定のものを除く。**）及び**その事業年度において支出されるもので一定のもの**に限る。）となる（地法 72 の 15①、地法令 20 の 2、20 の 2 の 2、20 の 2 の 3）。

✓　**一定のもの**とは、その事業年度以前の事業年度において支出された金額で、棚卸資産（法 2 二十）、有価証券（法 2 二十一）、固定資産（法 2 二十二）又は繰延資産（法 2 二十四）に係るものをいう（地法令 20 の 2①）。
　下記(2)イ、**3**、**4** の「一定のもの」も同じ（地法令 20 の 2 の 4①、20 の 2 の 5①、20 の 2 の 8①）。

✓　**その事業年度において支出されるもので一定のもの**とは、その事業年度において支出される金額で棚卸資産等に係るもの（その事業年度以後の事業年度の法人税の所得の計算上損金の額に算入されるべきものに限る。）をいう（地法令 20 の 2②）。
　下記(2)イ、**3**、**4** の「その事業年度において支払われるもので一定のもの」も同じ

第2章　課税標準及び税率等

（地法令20の2の4②、20の2の5②、20の2の8②）。

〔算式〕

各事業年度の報酬給与額＝

> 法人が各事業年度においてその役員又は使用人に対する報酬、給料、賃金、賞与、退職手当その他これらの性質を有する給与として支出する金額の合計額（所得税において給与所得又は退職所得とされるもの）

＋

> 法人が各事業年度において確定給付企業年金に係る規約に基づいて加入者のために支出する掛金その他の法人が役員又は使用人のために支出する掛金（これに類するものを含む。）で一定のものの金額の合計額
> （地法令20の2の3）

◆関連通知◆
・報酬給与額の意義（県通3章「4の2の1」）
・報酬給与額の対象者（県通3章「4の2の2」）
・報酬給与額の性質（県通3章「4の2の3」）
　4の2の1の報酬給与額とは、原則として、所得税において給与所得又は退職所得とされるものをいい、所得税において事業所得、一時所得、雑所得又は非課税所得とされるものは報酬給与額とはならないものであること。ただし、いわゆる企業内年金制度に基づく年金や、死亡した者に係る給料・退職金等で遺族に支払われるものについては、その性格が給与としての性質を有すると認められることから、所得税において給与所得又は退職所得とされない場合であっても、報酬給与額として取り扱うものとすること。
・社宅等の取扱い（県通3章「4の2の6」）
・養老保険等の取扱い（県通3章「4の2の7」）
・通勤手当及び在勤手当の取扱い（県通3章「4の2の8」）
・報酬給与額となる掛金等の範囲（県通3章「4の2の9」）
・出向者に係る給与又は退職給与の取扱い（県通3章「4の2の14」）
・組合及び共同企業体（JV）の組合員又は組合出向社員の報酬給与額等の取扱い（県通3章「4の2の16」）

(2)　労働者派遣又は船員派遣の場合
　法人が労働者派遣契約又は船員派遣契約に基づき、労働者派遣若しくは船員派遣の役務の提供を受け、又は労働者派遣若しくは船員派遣をした場合には、上記(1)にかかわらず、次の法人の区分に応じ、それぞれの金額をもって、その法人の報酬給与額となる（地法72の15②、地法令20の2の4）。

第2節　付加価値割の課税標準の計算

イ　労働者派遣又は船員派遣の役務の提供を受けた法人

〔算式〕

各事業年度の報酬給与額＝

上記(1)の合計額　＋

各事業年度においてその労働者派遣又は船員派遣の役務の提供の対価としてその労働者派遣又は船員派遣をした者に支払う金額（その事業年度の法人税の所得の計算上損金の額に算入されるもの（**一定のもの**を除く。）及び**その事業年度において支払われるもので一定のものに限る。**）　× 75/100

ロ　労働者派遣又は船員派遣をした法人

〔算式〕

各事業年度の報酬給与額＝

上記(1)の合計額　－

労働者派遣に係る派遣労働者又は船員派遣に係る派遣船員に係る上記(1)の合計額を限度として各事業年度においてその労働者派遣又は船員派遣の対価として労働者派遣又は船員派遣の役務の提供を受けた者から支払を受ける金額（その事業年度の法人税の所得の計算上益金の額に算入されるものに限る。）　× 75/100

◆関連通知◆

・労働者派遣に関する留意点（県通3章「4の2の15」）

3　純支払利子の算定の方法

各事業年度の純支払利子は、次の算式による金額となる（地法72の16①、地法令20の2の5）。

第2章　課税標準及び税率等

〔算式〕

各事業年度の純支払利子＝

| 各事業年度の**支払利子**の額（※1）の合計額 | － | 左記合計額を限度として各事業年度の**受取利子**の額（※2）の合計額 |

※1　この支払利子の額は、その事業年度の法人税の所得の計算上損金の額に算入されるもの（一定のものを除く。）及び**その事業年度において支払われるもので一定のもの**に限る。

※2　この受取利子の額は、その事業年度の法人税の所得の計算上益金の額に算入されるものに限る。

✓　**支払利子**とは、法人が各事業年度において支払う負債の利子（これに準ずるものとして支払う手形の割引料等を含む。）をいう（地法72の16②、地法令20の2の6）。

✓　**受取利子**とは、法人が各事業年度において支払を受ける利子（これに準ずるものとして支払を受ける手形の割引料等を含む。）をいう（地法72の16③、地法令20の2の7）。

◆関連通知◆
・支払利子の範囲（県通3章「4の3の1」）
・受取利子の範囲（県通3章「4の3の2」）

【参考】この「支払利子」の内容は、法人税法施行令第19条における「支払利子等」の範囲と原則として一致する（第2編第1章第3節3⑵P40）。

> **コラム** －付加価値割における利子税及び延滞税の取扱い－
>
> 　法人税においては、利子税又は地方税の延滞金について、法人が支払利子等の額に含めないで計算することを認めるが（基通3－1－3の2）、法人事業税の支払利子においては、利子税又は延滞金（地方税法第65条、第72の45の2及び第327条の規定により徴収されるもの）についても支払利子に含めて計算する（県通3章「4の3の1⑿」）。
>
> 　なお、これらの利子税及び延滞金は、納付の日の属する事業年度又は未払金として損金経理した事業年度において、法人税の所得の計算上損金の額に算入される（第2編第1章第5節8⑸P156）。

【個別事例】
・　リース取引のうち、その利息相当額を純支払利子に算入するには、法人税法上資産の売買とされるリース取引及び金銭貸借とされるリース取引のみとなる（県通3章「4の3の5、4の3の6」）。

第2節　付加価値割の課税標準の計算

したがって、すべてのリース取引が対象となるのではなく、法人税法上賃貸借取引となるようなリース取引に係る利息相当額は純支払利子に含めない。
・ 法人税法上金銭貸借とされるリース取引について、利息相当額の区分は通常の金融取引との均衡から、各事業年度のリース料の額のうち通常の金融取引における元本と利息の区分計算の方法に準じて合理的に計算された利息相当額を、支払利子及び受取利子に含める。

なお、この場合においてリース料の額のうちに元本返済額が均等に含まれているものとして、利息相当額を計算しても差し支えないとされている（県通3章「4の3の6」）。

したがって、リース料の総額から元本（物件価格）を控除した金額を利息相当額としても差し支えない。

〔出所〕東京都主税局資料を一部修正

4　純支払賃借料の算定の方法

各事業年度の純支払賃借料は、次の算式による金額となる（地法72の17①、地法令20の2の8、20の2の9）。

〔算式〕

各事業年度の純支払賃借料＝

　各事業年度の**支払賃借料**（※1）の合計額　－　左記合計額を限度として各事業年度の**受取賃借料**（※2）の合計額

※1　この支払賃借料の額は、その事業年度の法人税の所得の計算上損金の額に算入されるもの（**一定のものを除く**。）及び**その事業年度において支払われるもので一定のものに限る**。

※2　この受取賃借料の額は、その事業年度の法人税の所得の計算上益金の額に算入されるものに限る。

✓ **支払賃借料**とは、法人が各事業年度において土地又は家屋（住宅、店舗、工場、倉庫その他の建物をいう。）（これらと一体となって効用を果たす構築物及び附属設備を含む。）CHECK の賃借権、地上権、永小作権その他の土地又は家屋の使用又は収益を目的とする権利で、その存続期間が1月以上であるもの（以下「賃借権等」という。）の対価（その賃借権等に係る役務の提供の対価であってその賃借権等と対価の額が区分して定められていないものを含む。）として支払う金額（これに準ずるものとして内部取引に係る一定のものを含む。）をいう（地法72の17②、地法令20の2の9、10）。

✓ **受取賃借料**とは、法人が各事業年度において賃借権等の対価として支払を受ける金額（これに準ずるものとして内部取引に係る一定のものを含む。）をいう（地法72の17③、地法令20の2の11）。

第2章　課税標準及び税率等

> **CHECK**　－土地又は家屋の意義－
>
> 　支払賃借料及び受取賃借料の対象となる土地又は家屋とは、固定資産税における土地又は家屋（地法341二、三）のほか、土地又は家屋と物理的に一体となって効用を果たす構築物又は附属設備についても、土地又は家屋と別個の独立した契約ではなく、一体となって取引されている場合には、構築物又は附属設備に係る賃借料も含めて計算する（県通3章「4の4の1」）。

◆関連通知◆
・土地又は家屋の賃借権等に含まれないもの（県通3章「4の4の2」）
・使用期間1月以上の判定（県通3章「4の4の3」）
・権利金その他の一時金（県通3章「4の4の4」）
・土地又は家屋の賃借権等に係る役務の提供の対価の額（県通3章「4の4の5」）
・支払賃借料及び受取賃借料の留意点（県通3章「4の4の9」）

> **コラム**　－付加価値割における荷物の保管料の取扱い－
>
> 　荷物の保管料は、荷物を保管することにより、土地又は家屋を使用又は収益することから、1月以上荷物を預け、一定の土地又は家屋を使用又は収益していると認められる場合には、支払賃借料又は受取賃借料に含まれる（県通3章「4の4の9(5)」）。
> 　この場合、保管に係る面積に応じて保管料が計算される場合はもとより、保管を委託する荷物の個数に応じて保管料が計算される場合であっても、土地又は家屋の賃借権等の対価の額にあたるものは、支払賃借料又は受取賃借料の対象となる。
> 　会計実務において、「地代家賃」等ではなく、「支払手数料」や「雑費」等の勘定科目で計上される場合に、支払賃借料の集計から漏れやすいので注意が必要である。
> 　なお、荷物の保管に伴う運送料については、役務提供の対価の額であり、契約等において明確かつ合理的に区分されて計算されている場合は、支払賃借料又は受取賃借料には該当しない（県通3章「4の4の5」）。

5　単年度損益の算定の方法

　各事業年度の単年度損益は、繰越欠損金（青色申告書を提出する事業年度において生じた欠損金、災害による損失金）の繰越控除を行う前の所得割の課税標準である各事業年度の所得をいい、次表の法人の区分に応じ、それぞれにより算定する（地法72の18①）。

第2節　付加価値割の課税標準の計算

法人の区分	算定の方法
内国法人 （下記6）	各事業年度の益金の額から損金の額を控除した金額によるものとし、この法律又は政令で**特別の定め**（第4節1 P454）をする場合を除くほか、**各事業年度の法人税の課税標準である所得の計算の例によって算定する。**
外国法人 CHECK	各事業年度の恒久的施設に帰せられるべき国内源泉所得（法141一イ）に係る所得の金額又は欠損金額（法2二十九）及びその他の国内源泉所得（法141一ロ）に係る所得の金額又は欠損金額の合算額によるものとし、この法律又は政令で**特別の定め**（第4節1 P454）をする場合を除くほか、**各事業年度の法人税の課税標準である同号イの国内源泉所得に係る所得及び同号ロの国内源泉所得に係る所得の計算の例によって算定する。**

【留意点】
・ 法人の各事業年度の単年度損益を算定する場合には、法人税法第57条《欠損金の繰越し》の規定の例によらない他、各事業年度の所得（第1節 P432）と同様に特別の定めに基づき計算する（地法72の18②、地法令20の2の13、20の2の14、20の2の15、20の2の16、20の2の17）。

【参考】法人税における外国法人の課税所得の範囲（法141）は、第1編第3章第1節 P13参照のこと。
　　　国内源泉所得（令138）は、第2編第4章第3節 P355参照のこと。

> **CHECK** －外国法人の付加価値額－
> 　外国法人の付加価値額は、国内源泉所得の計算上損金又は益金の額に算入される報酬給与額、純支払利子及び純支払賃借料と国内源泉所得に係る単年度損益を合計して算定する。

6　この法律の施行地外において事業を行う内国法人の付加価値割の課税標準の算定

　この法律の施行地に主たる事務所又は事業所を有する法人（以下「**内国法人**」という。）で、この法律の施行地外（外国）に恒久的施設（第1章第2節(8) P423）を有するもの（以下「**特定内国法人**」という。）の付加価値割の課税標準は、その特定内国法人の事業の付加価値額の総額から外国の事業に帰属する付加価値額を控除して得た額とする。この場合において、外国の事業に帰属する付加価値額の計算が困難であるときは、その恒久的施設の従業者数であん分して計算した金額をもって、その特定内国法人の外国の事業に帰属する付加価値額とみなす（地法72の19、地法令20の2の19、20の2の20）。

第2章 課税標準及び税率等

【イメージ】

| 課税標準となる付加価値額 | ＝ | 付加価値額の総額 | － | 外国の事業に帰属する付加価値額 |

特定内国法人の付加価値額の計算方法		
区分計算		国外所得の区分計算にしたがって計算する。 所得を区分計算した場合は、付加価値額も区分計算することになる。
従業者数あん分		付加価値額の総額 － [付加価値額の総額] × (恒久的施設の従業者数 / 従業者数の総数※) ※国内の事務所等の従業者数＋恒久的施設の従業者数 所得を従業者数あん分で計算した場合は、付加価値額も従業者数あん分で計算することになる。 次に掲げる場合は、「区分計算が困難」とはみなされない。 ① 法人税で法人税法69条の外国法人税の額の控除に関する事項を記載した申告書を提出している場合 ② 当該外国に所在する事務所等の規模、従業者数、経理能力等から見て、国外所得を区分計算することが困難でないと認められる場合

(東京都主税局資料を一部修正)

7 収益配分額のうちに報酬給与額の占める割合が高い法人の付加価値割の課税標準の算定(雇用安定控除)

その事業年度の**収益配分額**のうちにその事業年度の**報酬給与額**の占める割合が70％を超える法人の付加価値割の課税標準の算定については、その事業年度の付加価値額(上記6により控除すべき金額があるときは、これを控除した後の金額とする。)から**雇用安定控除額**を控除する(地法72の20①)。

✓ **雇用安定控除額**は、その事業年度の報酬給与額からその事業年度の収益配分額に70％を乗じて得た金額を控除した金額となる(地法72の20②)。

✓ **その事業年度の収益配分額又は報酬給与額**は、特定内国法人にあってはその特定内国法人の事業の収益配分額又は報酬給与額の総額からこの法律の施行地外の事業に帰属する収益配分額又は報酬給与額を、それぞれ控除して得た額となる。この場合において、その特定内国法人について従業者数あん分の規定の適用があるときは、その恒久的施設の従業者数であん分して計算した金額をもって、特定内国法人のこの法律の施行地外の事業に帰属する収益配分額又は報酬給与額とみなす(地法72の20③、地法令20の2の21)。

8 給与等の支給額が増加した場合の特例(付加価値割における賃上げ促進税制)

外形標準課税対象法人等の付加価値割額によって課税される法人(第1章第3節1P424参照)が、適用期間(下記イ)において、適用要件(下記ロ)に該当するとき

第2節　付加価値割の課税標準の計算

は、各事業年度の付加価値額から控除額（下記ハ）を控除する（地法附則9⑬）。

　イ　適用期間

　　令和4年4月1日から令和9年3月31日までの間に開始する各事業年度をいう。ただし、租税特別措置法第42条の12の5第5項第1号に規定する設立事業年度、解散（合併による解散を除く。）の日を含む事業年度及び清算中の各事業年度を除く。

　ロ　適用要件

　　継続雇用者給与等支給増加割合が3％以上であること。

　　ただし、その事業年度終了の時において、その法人の資本金の額若しくは出資金の額が10億円以上であり、かつ、その法人の租税特別措置法第42条の12の5第1項に規定する常時使用する従業員の数が1,000人以上である場合又はその事業年度終了の時においてその法人の同項に規定する常時使用する従業員の数が2,000人を超える場合には、同条第5項第3号に規定する給与等の支給額の引上げの方針、下請事業者その他の取引先との適切な関係の構築の方針などを公表している場合として一定の場合に限る（地法附則9⑬、地法令附則6の2④⑤）。

〔算式〕

［継続雇用者給与等支給増加割合の計算］

$$\frac{継続雇用者給与等支給額（※1）－継続雇用者比較給与等支給額（※2）}{継続雇用者比較給与等支給額}$$

※1　継続雇用者（法人の適用年度及び前事業年度の期間内の各月分のその法人の給与等の支給を受けた雇用保険法第60条の2第1項第1号に規定する一般被保険者に該当する国内雇用者として一定のものをいう。）に対するその適用年度の給与等の支給額（措法42の12の5⑤四、措令27の12の5⑦⑧）

※2　継続雇用者に対する前事業年度の給与等の支給額（措法42の12の5⑤五、措令27の12の5⑨）

　ハ　控除額

　　次の算式により計算した金額を各事業年度の付加価値額から控除する。

〔算式〕

$$控除対象雇用者給与等支給増加額（※3）\times \frac{報酬給与額－雇用安定控除額}{報酬給与額}$$

※3　法人の雇用者給与等支給額からその比較雇用者給与等支給額を控除した金額をいう（措法42の12の5⑤六、九、十一）。

　　労働者派遣を行う法人の控除対象雇用者給与等支給増加額は、次の算式により計算する（地法附則9⑭）。

第2章 課税標準及び税率等

〔算式〕

$$控除対象雇用者給与等支給増加額 \times \frac{報酬給与額}{報酬給与額 + 派遣先から支払を受ける金額 \times 75\%} (※)$$

※ 派遣労働者へ支払う報酬給与額を超える場合は派遣労働者へ支払う報酬給与額

事業税の非課税事業（第1章第5節 P429）又は収入割額によって課税される事業（第1章第3節 P425参照）を併せて行う法人の控除対象雇用者給与等支給増加額は、一定の割合を乗じて計算する（地法附則9⑮）。

ニ　申告要件

上記の制度は、確定申告書、仮決算による中間申告書（第3章第3節1ロP473参照）（この規定により控除を受ける金額を増加させる修正申告書又は更正請求書を提出する場合には、その修正申告書又は更正請求書を含む。）にこの規定による控除の対象となる控除対象雇用者給与等支給増加額、控除を受ける金額及びその金額の計算に関する明細を記載した書類が添付されている場合に限り、適用する。この場合において、この規定により控除されるべき金額の計算の基礎となる控除対象雇用者給与等支給増加額は、その書類に記載された控除対象雇用者給与等支給増加額を限度とする（地法9⑯）。

【参考】法人税における賃上げ促進税制（措法42の12の5）は、第2編第2章第2節6 P315参照のこと。

> **コラム** －所得が欠損等で法人税において特別控除を受けない場合の付加価値割における賃上げ促進税制の適用－
>
> 賃上げ促進税制の要件については、原則として、法人税と同様の取扱いとされているものであるが、その事業年度の所得が欠損である等の理由により法人税において特別控除を受けない法人についても、法人事業税（付加価値割）においては、賃上げ促進税制が適用されるので留意する（県通3章「4の2の17」）。

◆関連通知◆
・付加価値割における賃上げ促進税制（県通3章「4の2の17」）

第3節　資本割の課税標準の計算

1　資本割の課税標準の算定の方法

各事業年度の資本金等の額（第1節 P434）は、法人税の資本金等の額に利益準備金又はその他利益剰余金による無償増資の金額を加算し、資本金の額又は資本準備金の額を減少し損失の塡補に充てた金額（無償減資等の金額）を減算した金額をいい、

第3節　資本割の課税標準の計算

次の算式により計算する（地法72の21①、地法規3の16）。

各事業年度終了の日における法人税の資本金等の額（法２十六、令８）	
過去事業年度	
＋	平成22年4月1日以後に、会社法第446条に規定する剰余金（同法第447条又は第448条の規定により資本金の額又は資本準備金の額を減少し、剰余金として計上したものを除き、一定のものに限る。）を同法第450条の規定により資本金とし、又は同法第448条第1項第2号の規定により利益準備金の額の全部若しくは一部を資本金とした金額
－	平成13年4月1日から平成18年4月30日までの間に、資本又は出資の減少（金銭その他の資産を交付したものを除く。）による資本の欠損の塡補に充てた金額並びに旧商法第289条第1項及び第2項に規定する資本準備金による旧商法第289条第1項及び第2項第2号に規定する資本の欠損の塡補に充てた金額
－	平成18年5月1日以後に、会社法第446条に規定する剰余金（同法第447条又は第448条の規定により資本金の額又は資本準備金の額を減少し、剰余金として計上したもので一定のものに限る。）を同法第452条の規定により一定の損失の塡補に充てた金額
その事業年度中	
＋	平成22年4月1日以後に、会社法第446条に規定する剰余金（同法第447条又は第448条の規定により資本金の額又は資本準備金の額を減少し、剰余金として計上したものを除き、一定のものに限る。）を同法第450条の規定により資本金とし、又は同法第448条第1項第2号の規定により利益準備金の額の全部若しくは一部を資本金とした金額
－	平成18年5月1日以後に、会社法第446条に規定する剰余金（同法第447条又は第448条の規定により資本金の額又は資本準備金の額を減少し、剰余金として計上したもので一定のものに限る。）を同法第452条の規定により一定の損失の塡補に充てた金額

【留意点】
・　上記算式により計算した金額が、各事業年度終了の日における資本金の額及び資本準備金の額の合算額又は出資金の額に満たない場合には、各事業年度の資本金等の額（第1節P434）は、各事業年度終了の日における資本金の額及び資本準備金の額の合算額又は出資金の額とする（地法72の21②）。
・　事業年度が1年に満たない場合における資本割の課税標準である各事業年度の資本金等の額は、月割計算（各事業年度の資本金等の額にその事業年度の月数を乗じて得た額を12で除して計算。）による金額となる（地法72の21③）。

◆関連通知◆
・資本金等の額についての留意点（県通3章「4の6の1」）

第2章　課税標準及び税率等

【イメージ】

```
資本割の課税標準となる         法人税の資本金等の額        無償増減資等
各事業年度の資本金等の額  ＝                          ＋   の金額
                                    ↑
                              （いずれか大きい額）
                            資本金の額＋資本準備金の額
```

> **コラム**　－法人住民税（均等割）の計算における資本金等の額－
>
> 　法人道府県民税及び法人市町村民税（法人住民税と総称する。）の均等割について、資本金等の額に応じた税率（年額）が定められているが、この資本金等の額は、法人事業税の資本金等の額と同じ金額となる（地法23①四の二、292①四の二）。
> 　また、法人事業税と同様に資本金等の額が資本金の額及び資本準備金の額の合算額又は出資金の額に満たない場合には、資本金の額及び資本準備金の額の合算額又は出資金の額により均等割を計算する（地法52④、312⑥）。
> 　なお、法人市町村税の均等割については、資本金等の額の他に従業者の数も加味して税率（年額）が定められている。

2　特定持株会社の特例

　特定持株会社（(1)に掲げる金額のうちに(2)に掲げる金額の占める割合が50％を超える内国法人）の資本割の課税標準の算定については、資本金等の額からその資本金等の額に(1)に掲げる金額のうちに(2)に掲げる金額の占める割合を乗じて計算した金額を控除するものとする（地法72の21⑥）。

(1) (一号)	その事業年度及び前事業年度の**総資産の帳簿価額**
(2) (二号)	その事業年度及び前事業年度の事業年度終了の時の**特定子会社の株式又は出資の帳簿価額**

- ✓ **総資産の帳簿価額**とは、確定した決算に基づく貸借対照表に計上されている総資産の帳簿価額として一定の金額をいう（地法72の21⑥一、地法令20の2の22、県通3章「4の6の5、4の6の6、4の6の7、4の6の9」）。
- ✓ **特定子会社**とは、その内国法人が発行済株式又は出資（その法人が有する自己の株式又は出資を除く。）の総数又は総額の50％を超える数の株式又は出資を直接又は間接に保有する他の法人をいう（地法72の21⑥二、地法令20の2の23、県通3章「4の6の8」）。
- ✓ **特定子会社の株式又は出資の帳簿価額**とは、税務（法人税法）上の帳簿価額をいう（県通3章「4の6の8」）。

第3節　資本割の課税標準の計算

3　資本金等の額が1,000億円を超える法人の特例

資本金等の額（上記2又は下記4の規定により控除すべき金額がある場合には、これらを控除した後の金額とする。）が1,000億円を超える法人の資本割の課税標準は、上記1にかかわらず、次表の金額の区分によって資本金等の額（資本金等の額が1兆円を超える場合には、1兆円とする。）を区分し、その区分に応ずる同表の率を乗じて計算した金額の合計額となる（地法72の21⑦）。

資本金等の額	乗ずる率
1,000億円以下の金額	100%
1,000億円を超え5,000億円以下の金額	50%
5,000億円を超え1兆円以下の金額	25%

4　この法律の施行地外において事業を行う内国法人等の資本割の課税標準の算定

(1)　特定内国法人

特定内国法人（第2節6 P441）の資本割の課税標準は、その特定内国法人の資本金等の額から、この法律の施行地外（外国）の事業の規模等を勘案して一定の計算した金額を控除して得た額となる（地法72の22①、地法令20の2の24）。

【イメージ】

| 課税標準となる資本金等の額 | = | 資本金等の額（総額） | − | 外国の事業規模等を勘案して計算した金額 |

特定内国法人の資本金等の額の計算方法

付加価値額あん分：

$$\text{資本金等の額} - \text{資本金等の額} \times \frac{\text{国外付加価値額}}{\text{付加価値額の総額}^{※}}$$

※雇用安定控除適用前の金額

従業者数あん分：

$$\text{資本金等の額} - \text{資本金等の額} \times \frac{\text{恒久的施設の従業者数}}{\text{総従業者数}^{※}}$$

※国内の事務所等の従業者数＋恒久的施設の従業者数

従業者数あん分によるのは、次に掲げる場合となる。
① 国外付加価値額≦0
② 国内付加価値額≦0
③ 付加価値額の総額に占める国内付加価値額の割合＜50％未満の場合

（東京都主税局資料を一部修正）

第2章 課税標準及び税率等

◆関連通知◆
・内国法人の資本金等の額の算定順序(県通3章「4の6の3」)

(2) 外国法人

　外国法人の資本割の課税標準となる資本金等の額は、資本金等の額を従業者数であん分して得た外国の事業に帰属する額を資本金等の額から控除して算定する(地法72の22②、地法令20の2の25)。

◆関連通知◆
・外国法人の資本金等の額の算定順序(県通3章「4の6の4」)

【イメージ】外形標準課税の申告チェックリスト(東京都主税局)

〔外形標準課税の申告チェックリスト〕

　これは、外形標準課税により法人事業税の申告を行う皆様が、申告書を提出される直前の点検にご活用いただくことを目的としたものです。該当があるにもかかわらずチェック欄にチェック(☑)が入らない場合は、いま一度、申告内容をご確認ください。

項目	No.	確　認　内　容	チェック欄
収益配分額全般	1	雑損失・雑収入や特別損失・特別利益に経理した、給与等や利子、賃借料にあたるものを含めていますか? 報酬給与額・純支払利子・純支払賃借料に該当するものがあれば、会計上の勘定科目にかかわらず、課税標準に含まれます。	☐
	2	法人税の別表4「所得の金額の計算に関する明細書」の加減算を反映していますか? 損益計算書で計上した金額とは別に、法人税別表4において収益配分額の対象項目の加算又は減算がある場合は、その額を課税標準に反映してください。また、申告時に法人税別表4の添付をお願いいたします。	☐
	3	資産に収益配分額の対象が計上されている場合、当期に支出した額を含めていますか? 棚卸資産、有価証券、固定資産又は繰延資産等に計上される収益配分額については、損金算入される事業年度ではなく、法人が支払う事業年度に課税標準に含まれます。	☐
	4	未払給与などを含めていますか? 当期に実際に現金の支出がないものでも、当期の法人税の所得の計算上、損金の額に算入される給与や利子などは、課税標準に含まれます。	☐

第3節　資本割の課税標準の計算

課税標準等（地）

収益配分額全般	5	報酬給与額や純支払利子、純支払賃借料がマイナスとなっていませんか？ 支払利子（支払賃借料）よりも受取利子（受取賃借料）が大きい場合、純支払利子（純支払賃借料）はゼロで留めます。別表5の4及び別表5の5の③欄はマイナスとはなりません。また、報酬給与額についても別表5の3⑫欄はマイナスとはなりません。（ただし、外国に恒久的施設（PE）に相当するものを有する法人や非課税事業をあわせて行う法人を除きます。）	☐
	6	外国で生じた給与や賃借料などを含めていますか？ 海外で勤務する従業者への給与であったとしても、課税標準に含まれます。（ただし、外国における恒久的施設（PE）に相当するものに帰属する付加価値額は課税標準から除きます。）	☐
報酬給与額	1	課税通勤手当を含めていますか？ 給与所得として所得税が課税される通勤手当は含まれます。	☐
	2	賞与を含めていますか？ 賞与も対象となります。賞与引当金は、繰入時には含まれませんが、取り崩して賞与として支給した事業年度で含まれます。転籍した従業者の在籍期間中に係る賞与も含まれます。（実質的負担者の報酬給与額となります。）	☐
	3	退職金を含めていますか？ 退職金も対象となります。退職給付引当金は、繰入時には含まれませんが、取り崩して退職金として支給した事業年度で含まれます。割増等による特別退職金等も含まれます。	☐
	4	損金算入される役員給与・役員報酬・役員退職金・役員退職慰労金を含めていますか？ 役員給与等のうち、損金算入されるもの（定期同額給与、事前確定届出給与、一定の業績連動給与、過大でない部分）は含まれます。	☐
	5	パートタイマーやアルバイトに支払った給与を含めていますか？ パートタイマー・アルバイト・契約社員・臨時雇い・非常勤役員その他名称を問わず、支払われる給与は含まれます。	☐
	6	人材派遣を受け入れている場合、契約料の75％相当額を含めていますか？ 労働者派遣法に基づく派遣労働者を受け入れた場合については、契約料の75％相当額が含まれます（ただし、労働者派遣法に基づかない派遣の場合は、75％の計算の対象外となります。）。別表5の3下段において計算してください。	☐
	7	企業年金（確定給付企業年金等）の掛金の事業主負担分を含めていますか？ 任意で拠出される企業年金の掛金のうち事業主負担分は、法定福利費勘定等に経理している場合であっても含まれます。（ただし、厚生年金基金における代行部分は除きます。）	☐

第2章 課税標準及び税率等

分類	No	項目	チェック
報酬給与額	8	年金基金等の事務費に充てるための掛金などを除外していますか？ 年金等の給付に充てるため以外の目的で支出する事務費掛金等は含まれません。	☐
報酬給与額	9	福利厚生費や雑給、雑費、手数料、旅費交通費等、給与勘定以外の勘定科目に経理した給与等にあたるものを含めていますか？ 報酬給与額に該当するものがあれば、会計上の勘定科目にかかわらず含まれます。	☐
報酬給与額	10	現物給与（経済的利益）を含めていますか？ 給与所得として所得税が課税される現物給与（永年勤続記念品、食事の提供等）は、福利厚生費勘定等に経理している場合であっても含まれます。	☐
報酬給与額	11	請負や委託に係る支払いを除外していますか？ 請負・委託料の支払いは原則として含まれません。また、派遣労働者の受け入れと異なり契約料の75％相当額を含める必要もありません。	☐
報酬給与額	12	出向者の給与負担金（退職給与負担金を除く）を加算又は減算していますか？ 出向者を受け入れている場合に出向元へ支払った給与負担金（退職給与負担金を除く。）は加算します。一方、出向者を送り出している場合に出向先から受け取った給与負担金（退職給与負担金を除く。）は差し引きます。ただし、負担金のうちに報酬給与額の性質のない金額が含まれる場合は、当該金額を除外します。なお、退職金は、従業者に直接支払う法人の報酬給与額となります。	☐
純支払利子	1	利子税や延滞金（申告期限の延長に係る分に限る。）を支払利子に含めていますか？ 申告期限の延長に係る利子税及び延滞金は支払利子に含まれます。	☐
純支払利子	2	還付加算金を受取利子に含めていますか？ 国税・地方税にかかわらず受取利子に含まれます。	☐
純支払利子	3	税務上、売買又は金銭貸借とされるリース取引について、リース料のうち利息相当額を含めていますか？ 税務上のリース取引において、リース料のうち利息相当額として合理的に区分した金額は含まれます。	☐
純支払賃借料	1	事務所家賃や駐車場の使用料、倉庫の使用料を含めていますか？ 連続1月以上の土地又は家屋の使用の対価は含まれます。	☐
純支払賃借料	2	家賃などから共益費や管理費を除外していますか？ 賃貸契約書や請求書等で共益費や管理費が明確かつ合理的に区分されている場合には除外します。	☐

第3節　資本割の課税標準の計算

純支払賃借料	3	荷物や文書の保管料を含めていますか？	☐
		地代や家賃に限らず、連続1月以上の荷物や文書の保管料も含まれます。この場合の「1月以上」とは、個々の荷物の実際の保管期間ではなく、契約によりいつでも保管できる状態の全期間をいいます。	
	4	従業者から受け取った社宅の使用料を受取賃借料に含めていますか？	☐
		法人が賃借した家屋を社宅としている場合、法人が支払う賃借料は支払賃借料となり、従業者から支払いを受ける賃借料は受取賃借料に含めます。	
単年度損益	1	繰越欠損金控除前の所得を単年度損益としていますか？	☐
		単年度損益の算定については、原則として、繰越欠損金の控除を行いません。	
資本割	1	法人税法上の資本金等の額（法人税の別表5(1)「利益積立金額及び資本金等の額の計算に関する明細書」36欄④）を、申告書（第6号様式）の最下段の右側部分「法人税の期末現在の資本金等の額又は～」欄に記載し、さらにその額に無償増減資等の加減算を行った額を申告書（第6号様式）の右上「期末現在の資本金等の額」欄に記載していますか？	☐
		法人税法上の資本金等の額に法72条の21第1項各号に規定する無償増減資等の加減算を行った金額と、資本金と資本準備金の合算額を比較して大きい方が課税標準となります。また、申告時に法人税別表5(1)の添付をお願いいたします。	
	2	自己株式を取得した場合、法人税法上の資本金等の額の計算において、取得資本金額を計算しその額を資本金等の額から減算しましたか？	☐
		交付した金銭等の額のうち、取得資本金額を減算します。	
	3	適格合併を行った場合、法人税法上の資本金等の額の計算において、抱合株式と被合併法人が保有していた合併法人株式の税務上の帳簿価額を減算しましたか？	☐
		適格合併を行った場合、被合併法人の法人税法上の資本金等の額を加算したうえで、抱合株式と被合併法人が保有していた合併法人株式の税務上の帳簿価額を減算します。	
	4	無償増資の金額を法人税法上の資本金等の額に加算していますか？	☐
		平成22年4月1日以後に利益準備金・その他利益剰余金による無償増資を行った場合には、法人税法上の資本金等の額に加算します。	
	5	資本の減少や資本準備金による資本の欠損填補又はその他資本剰余金による損失の填補の金額を法人税法上の資本金等の額から減算する場合は、その事実及び金額を証する書類を添付しましたか？	☐
		株主総会議事録、取締役会議事録、登記事項証明書、貸借対照表、株主資本等変動計算書、損失処理案（承認済みのもの）、損益計算書、債権者に対する異議申立の公告、官報の抜粋等の添付が必要です。	

課税標準等（地）

資本割	6	その他資本剰余金による損失の塡補の金額を法人税法上の資本金等の額から減算する場合、損失の塡補に充てたその他資本剰余金は、1年以内に減資や準備金の減少により計上したものですか？ 減算できる金額は、損失の塡補に充てた日以前1年間において資本金又は準備金を減少しその他資本剰余金として計上したものに限られます。自己株式の処分等によりその他資本剰余金として計上したものは、要件に該当しないため減算の対象とはなりません。	☐
	7	被合併法人が合併前に資本の欠損塡補等に充てた金額を、法人税法上の資本金等の額から減算していませんか？ 合併前に無償減資による資本の欠損塡補等を行った法人が被合併法人となる適格合併が行われた場合に、合併法人はその額を減算することはできません。	☐
	8	資本金等の額と、貸借対照表の資本金と資本準備金の合算額との比較はしましたか？ 資本金等の額（無償増減資等の加減算後の額）と、貸借対照表の資本金の額と資本準備金の額の合算額を比較し、大きい額が課税標準となります。	☐
	9	特定子会社株式等の控除措置を適用する場合、その適用要件を満たしていますか？ 特定子会社株式等の控除措置は、いわゆる持株会社を想定した特例措置で、総資産に占める特定子会社株式の割合が50％超の法人が適用となります。	☐
	10	特定子会社株式等の控除措置の控除額の計算で用いる「総資産の帳簿価額」は貸借対照表を基にしていますか？ 「総資産の帳簿価額」は、貸借対照表に計上されている会計上の帳簿価額に、政令及び通知で示されている項目を加減算します。	☐
その他	1	東京都における税率を適用していますか？ 都では、超過税率を実施しており、あわせて、資本金の額（又は出資金の額）と所得の大きさなどによって異なる税率を適用する不均一課税を行っています。	☐
	2	所得割における繰越欠損金控除額は、控除限度額の範囲内となっていますか？ H24.4.1～H27.3.31開始事業年度は欠損金控除前所得の80/100、H27.4.1～H28.3.31開始事業年度は65/100、H28.4.1～H29.3.31開始事業年度は60/100、H29.4.1～H30.3.31開始事業年度は55/100、H30.4.1～開始事業年度は50/100が控除限度額となります。（ただし、更正計画認可の決定の日以後7年及び設立の日以後7年の特例が適用となる事業年度を除きます。）	☐

第3節　資本割の課税標準の計算

その他	3	製造業で他の道府県に支店等がある場合、従業者の数を分割基準とし、工場の従業者には当該従業者の数の2分の1を加算していますか？ 分割基準は、法人の業種（製造業・ガス供給業・倉庫業・電気供給業・鉄道事業・軌道事業・それ以外）により異なります。	☐
	4	申告書(第6号様式)の他に提出する別表等はそろっていますか？ 外形標準課税関係別表等は、主たる事務所等所在都道府県・その他の都道府県別に提出義務の有無が異なります。	☐
	5	申告書（第6号様式）と各別表との間で、数字を正しく転記していますか？ 東京都に本店を有する外形標準課税法人の記載例は、こちらをご覧ください。	☐
	6	付加価値額に係る雇用者給与等支給増加額の控除の計算において、付加価値額に係る雇用安定控除が適用となっている法人の場合には所要の調整をしていますか？ 雇用安定控除が適用となっている法人の場合には、付加価値額に係る雇用者給与等支給増加額の控除の計算において、所要の調整が必要です。	☐
	7	H28.4.1～H31.3.31開始事業年度の負担変動の軽減措置を適用する際の控除額の計算に用いる「旧税率」は、H28.3.31現在において適用される税率を用いていますか？ H27.4.1～H28.3.31開始事業年度の控除額の計算に用いる「旧税率」は、H27.3.31現在において適用される税率を用います。	☐
	8	前事業年度に申告した課税標準額と大きく変動している場合については、その理由は明らかですか？ 前事業年度の金額と大きく乖離しているにもかかわらずその理由が不明である場合は、計算ミスや転記ミスの可能性が考えられます。	☐

〔出所〕東京都主税局資料を一部修正

第4節　所得割の課税標準の計算

1　所得割の課税標準の算定の方法

各事業年度の所得（第1節P434）は、次表の法人の区分に応じ、それぞれの算式により算定する（地法72の23①）。

法人の区分	算　式
内国法人 （第2節6）	各事業年度の益金の額から損金の額を控除した金額によるものとし、この法律又は政令で**特別の定め**をする場合を除くほか、**各事業年度の法人税の課税標準である所得の計算の例により算定する**。
外国法人	各事業年度の恒久的施設に帰せられるべき国内源泉所得（法141一イ）に係る所得の金額及びその他の国内源泉所得（法141一ロ）に係る所得の金額の合算額によるものとし、この法律又は政令で**特別の定め**をする場合を除くほか、**各事業年度の法人税の課税標準である同号イの国内源泉所得に係る所得及び同号ロの国内源泉所得に係る所得の計算の例により算定する**。

✓　**特別の定め**とは、法人税の各事業年度の所得の計算の例によらない法人事業税の調整措置であり、その主なものとして次の規定がある。

(1)　中間申告における繰戻しによる還付に係る災害損失金額の益金算入規定（法27）の不適用（地法72の23②）

　　【参考】法人税における災害損失金額の繰戻しについては、**第2編第1章第5節16 P203**を参照のこと。

(2)　内国法人の残余財産の確定の日の属する事業年度に係る法人事業税等の損金算入規定（法62の5⑤）の不適用（地法72の23②）

(3)　グループ通算制度による損益通算（法64の5）の不適用（地法72の23②）

　　【参考】法人税におけるグループ通算制度による損益通算については、**第2編第3章第3節1 P335**を参照のこと。

(4)　グループ通算制度による欠損金の通算（法64の7）の不適用（地法72の23②）

　　【参考】法人税におけるグループ通算制度による欠損金の通算については、**第2編第3章第3節3 P339**を参照のこと。

(5)　海外投資等損失準備金制度（措法55）の不適用（地法72の23②）

　　ただし、資源開発事業法人等の特定株式等のうち国内において行う資源開発事業に係る部分については、法人税と同様に所得の金額を計算する（地法令21の6、地法規4）。

(6)　医療法人等の社会保険診療報酬に係る所得の課税除外（地法72の23②③）

　　医療法人又は医療施設に係る事業を行う農業協同組合連合会（特定農業協同組合連合会を除く。）が社会保険診療につき支払を受けた金額は益金の額に算入せず、また、その社会保険診療に係る経費は損金の額に算入しないものとされる。

　　ただし、農業協同組合連合会が設置した医療施設のうち、社会保険診療報酬に

第4節 所得割の課税標準の計算

係る収入金額が医療に係る収入金額の概ね常時30％以下であると道府県知事が認めたものは、所得の課税除外の対象外となる（地法令21の7）。

(7) 繰越欠損金の損金算入の調整（地法令20の3）

法人事業税がグループ通算制度を採用せず、各法人単位で所得を計算することから、法人税法第57条の規定について、調整されている。

(8) 欠損金の繰戻還付制度の不適用による繰越欠損金の損金算入の特例（地法令21）

法人事業税においては、法人税における欠損金の繰戻還付制度が設けられていないため、法人税において繰戻還付制度を受けた場合でも、その欠損金額が生じた事業年度の翌事業年度以後で欠損金の繰越控除を行う。

【参考】法人税における欠損金の繰戻還付制度については、第2編第2章第4節3 P326を参照のこと。

(9) 所得税額及び復興特別所得税額の損金不算入（地法令21の2の2）

法人税において、所得税額の控除の規定（法68等）の適用を受けずに各事業年度の所得の金額の計算上損金の額に算入する場合であっても、法人事業税においては、損金不算入とされる。

【参考】法人税における所得税額の控除については、第2編第2章第2節1 P298を参照のこと。

(10) 分配時調整外国税相当額の損金不算入（地法令21の2の3）

法人税において、分配時調整外国税相当額の控除の規定（法69の2等）の適用を受けずに各事業年度の所得の金額の計算上損金の額に算入する場合であっても、法人事業税においては、損金不算入とされる。

(11) 寄附金の損金算入限度額の調整（地法令21の3）

法人事業税の特別の定めにより、法人税の所得の金額と法人事業税の所得の金額が異なる場合であっても、計算の簡素化を図るため、寄附金の損金算入限度額は、法人税における寄附金の損金算入限度額とされた金額と同一とする。

(12) オープンイノベーション促進税制（特定事業活動として特別新事業開拓事業者の株式の取得をした場合の課税の特例）における所得基準額の調整（地法令21の4）

法人事業税の特別の定めにより、法人税の所得の金額と法人事業税の所得の金額が異なる場合であっても、計算の簡素化を図るため、特定事業活動として特別新事業開拓事業者の株式の取得をした場合の課税の特例における所得基準額は、法人税における金額と同一とする。

(13) 内国法人の外国法人税額の損金算入（地法令21の5）

法人税において、外国税額の控除の規定（法69）を適用して、外国法人税額を損金不算入とした場合であっても、法人事業税においては、外国税額の控除の規定がないため、その内国法人のその外国において行う事業に帰属する所得以外の所得に対して課されたものは、損金の額に算入する。

【参考】法人税における外国税額の控除については、第2編第2章第2節2 P300を参照のこと。

第2章　課税標準及び税率等

> **コラム**　－法人事業税の特別の定めにより法人税と繰越欠損金額が異なる場合の管理－
>
> 　法人税において繰戻還付制度が適用された場合など、法人事業税の特別の定めにより、法人税と法人事業税の繰越欠損金額が異なる際には、地方税法施行規則様式第6号様式別表9による繰越欠損金額の管理が重要となる。
> 　また、上記の規定の他、特定内国法人（下記2）に該当する場合、非課税事業（第1章第5節1(2) P430）をあわせて行う場合で繰越欠損金が生じているときは、同じく法人税と繰越欠損金額が異なる。
> 　適格合併が行われた場合又はその内国法人との間に完全支配関係がある他の内国法人でその内国法人が発行済株式若しくは出資の全部若しくは一部を有するものの残余財産が確定した場合において、被合併法人等の繰越欠損金額を引き継ぐときも、被合併法人等の繰越欠損金額が法人税と異なる場合は、合併法人等への引き継ぎ額が法人税と異なることとなる（地法令21③）。

2　この法律の施行地外において事業を行う内国法人の所得割の課税標準の算定

　特定内国法人（第2節6 P441）の所得割の課税標準は、その特定内国法人の事業の所得の総額からこの法律の施行地外（外国）の事業に帰属する所得を控除して得た額とする。この場合において、外国の事業に帰属する所得の計算が困難であるときは、外国の恒久的施設の従業者数であん分して計算した金額をもって、その特定内国法人の外国の事業に帰属する所得とみなす（地法72の24、地法令21の9）。

【イメージ】

| 課税標準となる所得 | ＝ | 所得の総額 | － | 外国の事業に帰属する所得 |

　法人事業税の外国の事業に帰属する所得は、原則として次により計算する。

《外国の事業に帰属する所得の計算式》

| 外国の事業に帰属する所得 | ＝ | ア　国外事業所等帰属所得（法人税）
　　法人税法第69条の規定による計算の例 | － | イ　控除対象外国法人税額
　　アの計算上損金不算入とされるもの |

・法人税の国外事業所等帰属所得の計算上、損金算入しない「控除対象外国法人税額」は、外国の事業に帰属する所得の計算においては損金とする（上記イ）。

第5節　収入割の課税標準の計算

(ア) 法人税で外国税額控除に関する明細書を提出している場合

・「国外事業所等得帰属所得に係る所得の金額の計算に関する明細書」（法人税別表6(2)付表1）に記載すべき国外事業所等帰属所得を用いる。

(イ) 上記(ア)以外の場合

・上記計算方法によることが原則であるが、これにより難い場合は「上記(ア)に準じた区分計算方法」（東京都が定める区分計算）とすることも認められる。
・区分計算が困難な場合は、従業者数按分によって計算する（地方令21の9）。

（東京都主税局資料を一部修正）

◆関連通知◆
・国外所得の算定に当たっての留意点（通知「事業税における国外所得等の取扱い」（平成16年4月1日総税都第16号））

第5節　収入割の課税標準の計算

1　収入割の課税標準の算定の方法

各事業年度の収入金額（第1節P434）は、次表の法人の区分に応じ、次の算式により計算した金額となる（地法72の24の2）。

法人の区分	算式	
電気供給業及びガス供給業（**導管ガス供給業**及び**特定ガス供給業**に限る。） （地法72の24の2①、地法令22） ◆関連通達◆ ・収入すべき金額（県通3章「4の9の1」）	各事業年度においてその事業について収入すべき金額の総額	－ 各事業年度において国又は地方団体から受けるべき補助金、固定資産の売却による収入金額その他一定の収入金額
保険業を行う法人のうち生命保険会社又は外国生命保険会社等 （地法72の24の2②、地法令22の2） イ　**個人保険**のうち貯蓄保険以外のもの 　✓ 団体保険以外の保険をいう。	各事業年度の収入保険料（再保険料として収入する保険料を除く。） × 24/100	
ロ　**貯蓄保険** 　✓ 個人保険のうち貯蓄を主目的とする保険で一定のものをいう。	各事業年度の収入保険料 × 7/100	

第2章　課税標準及び税率等

ハ　**団体保険**のうち団体年金保険以外のもの ✓　普通保険約款において、団体の代表者を保険契約者とし、その団体に所属する者を被保険者とすることとなっている保険をいう。	各事業年度の収入保険料※　× 16/100 ※　被保険者が団体から脱退した場合に保険金以外の給付金を支払う定めのある保険につき収入した保険料については、その給付金に対応する部分の金額を控除した金額
ニ　**団体年金保険** ✓　団体保険のうち団体に所属していた者に対する退職年金若しくは退職一時金又はこれらに準ずる年金若しくは一時金の支払を目的とする保険をいう。	各事業年度の収入保険料　× 5/100
保険業を行う法人のうち損害保険会社又は外国損害保険会社等 （地法72の24の2③） イ　**船舶保険** ✓　船舶を保険の目的とする保険をいう。	各事業年度の正味収入保険料※　× 25/100 ※　各事業年度において収入した、又は収入すべきことの確定した保険料（その保険料のうちに払い戻した、又は払い戻すべきものがあるときは、その金額を控除した金額）及び再保険返戻金の合計額から事業年度において支払った、又は支払うことの確定した再保険料及び解約返戻金の合計額を控除した金額をいう。以下この表において同じ。
ロ　**運送保険**及び**貨物保険** ✓　陸上運送中の運送品を保険の目的とする保険をいう。 ✓　貨物保険契約に係る保険をいう。	各事業年度の正味収入保険料　× 45/100
ハ　**自動車損害賠償責任保険** ✓　自動車損害賠償保障法第3章に規定する保険をいう。	各事業年度の正味収入保険料　× 10/100
ニ　**地震保険** ✓　その保険契約が地震に関する法律第2条第2項各号に掲げる要件を備える保険をいう。	各事業年度の正味収入保険料　× 20/100
ホ　イからニに掲げる保険以外のもの	各事業年度の正味収入保険料　× 40/100

第5節　収入割の課税標準の計算

保険業を行う法人のうち少額短期保険業者 （地法72の24の2④） イ　生命保険等に係るもの（保険業法3④一、二）	各事業年度の正味収入保険料	× 16/100
ロ　損害保険等に係るもの（保険業法3⑤一）	各事業年度の正味収入保険料	× 26/100
貿易保険業を行う株式会社日本貿易保険 （地法72の24の2⑤）	各事業年度の正味収入保険料	× 15/100

2　収入金額課税事業とその他の事業を併せて行う法人の取扱い

収入金額課税事業、収入金額等課税事業、特定ガス供給業又は**所得等課税事業**（第1章第3節1 P424参照）のうち複数の部門の事業を併せて行う法人の事業税の計算は、原則として事業部門ごとにそれぞれ課税標準額及び税額を算定し、その税額の合算額によるべきものであるが、従たる事業が主たる事業に比して社会通念上独立した事業部門とは認められない程度の軽微なものであり、主たる事業の附帯事業として行われていると認められる場合においては、事業部門ごとに別々に課税標準額及び税額を算定せずに主たる事業に対する課税方式によって課税して差し支えないものとされる。

この場合において、従たる事業のうち「軽微なもの」とは、一般に、従たる事業の売上金額が主たる事業の売上金額の1割程度以下であり、かつ、売上金額など事業の経営規模の比較において従たる事業と同種の事業を行う他の事業者と課税の公平性を欠くことにならないものをいう。

この点、特に従たる事業が収入金額によって課税されている事業である場合には、当該事業を取り巻く環境変化に十分留意しつつ、その実態に即して厳に慎重に判断すべきとされる（県通3章「4の9の9」）。

- ✓ **収入金額課税事業**とは、地方税法第72条の2第1項第2号に掲げる電気供給業（小売電気事業等、発電事業等及び特定卸供給事業を除く。）をいう（県通3章「1の2」）。
- ✓ **収入金額等課税事業**とは、地方税法第72条の2第1項第3号に掲げる小売電気事業等、発電事業等及び特定卸供給事業をいう（県通3章「4の2の17」）。
- ✓ **特定ガス供給業**とは、地方税法第72条の2第1項第4号に掲げる事業をいう（県通3章「1の2」）。
- ✓ **所得等課税事業**とは、地方税法第72条の2第1項第1号に掲げる事業（上記事業以外の事業）をいう（県通3章「4の2の17」）。

3　この法律の施行地外において事業を行う内国法人の収入割の課税標準の算定

特定内国法人（第2節6 P441）の収入割の課税標準は、特定内国法人の事業の収

第2章　課税標準及び税率等

入金額の総額からこの法律の施行地外（外国）の事業に帰属する収入金額を控除して得た額とする。この場合において、外国の事業に帰属する収入金額の計算が困難であるときは、外国の恒久的施設の従業者数であん分して計算した金額をもって、特定内国法人の外国の事業に帰属する収入金額とみなす（地法72の24の3、地法令23）。

【イメージ】

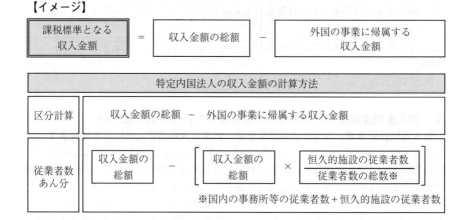

第6節　外形標準の特例及び課税標準の算定の特例

外形標準課税対象法人（第1章第3節(1)イ）以外の法人の行う事業（電気供給業、ガス供給業、保険業及び貿易保険業を除く。）に対する事業税の課税標準については、事業の情況に応じ、所得（地法72の12三、第1節P434）と併せて、資本金額、売上金額、家屋の床面積又は価格、土地の地積又は価格、従業員数等を用いることができる（地法72の24の4）。

なお、道府県が上記の取扱いにより事業税を課する場合における税率は、地方税法第72条の24の7第1項から第5項まで及び第9項の税率による場合における負担と著しく均衡を失することのないようにしなければならない（地法72の24の7⑩）。

【裁判例・裁決例】
・東京高判平成15年1月30日（判時1814号44頁）「東京都銀行税訴訟」

第7節　税率

法人事業税の税率は、標準税率（下記1及び2）を基準にして、道府県が条例で定める。

第7節 税率

1 法人の事業税の標準税率等

(1) いわゆる一般の法人の場合

　法人の行う事業(電気供給業、ガス供給業、保険業及び貿易保険業を除く。)に対する事業税の額は、法人の区分(下記イ～ハ)に応じ、それぞれに定める金額となる(地法72の24の7①)。

　イ　外形標準課税対象法人(第1章第3節1(1)イ P424)

　　次の金額(課税標準×標準税率)の合計額

〔令和4年4月1日以後開始する事業年度〕

事業税の区分 課税標準	標準税率
付加価値割 　各事業年度の付加価値額 　　　　(第1節 P434)	1.2%
資本割 　各事業年度の資本金等の額 　　　　(第1節 P434)	0.5%
所得割 　各事業年度の所得 　　　　(第1節 P434)	1.0%

(地法72の24の7①一)

【参考】令和元年10月1日～令和4年3月31日までに開始する事業年度

事業税の区分 課税標準	標準税率	
付加価値割 　各事業年度の付加価値額	1.2%	
資本割 　各事業年度の資本金等の額	0.5%	
所得割 　各事業年度の所得	イ　軽減税率適用法人	
	年400万円以下所得	0.4%
	年400万円超 年800万円以下所得	0.7%
	年800万円超所得	1.0%
	ロ　軽減税率不適用法人 　　　1.0%	

第2章　課税標準及び税率等

✓　**軽減税率不適用法人**とは、3以上の道府県において事務所又は事業所を設けて事業を行う法人で資本金の額又は出資金の額が1,000万円以上のもの（外形標準課税対象法人を除く。）で、軽減税率が適用されない法人をいう（地法72の24の7⑤）。

ロ　**特別法人**
　次の金額（課税標準×標準税率）

〔令和元年10月1日以後開始する事業年度〕

事業税の区分 課税標準	標準税率	
所得割 　各事業年度の所得 　（第1節P434）	イ　軽減税率適用法人	
	年400万円以下所得	3.5%
	年400万円超所得	4.9%
	ロ　軽減税率不適用法人 　　　　　　　4.9%	

（地法72の24の7①二、⑤）

✓　**特別法人**とは、農業協同組合、消費生活協同組合、信用金庫、漁業協同組合、農林中央金庫及び医療法人などの法人をいう（地法72の24の7⑦）。

ハ　**その他の法人**
　次の金額（課税標準×標準税率）

〔令和元年10月1日以後開始する事業年度〕

事業税の区分 課税標準	標準税率	
所得割 　各事業年度の所得 　（第1節P434）	イ　軽減税率適用法人	
	年400万円以下所得	3.5%
	年400万円超 年800万円以下所得	5.3%
	年800万円超所得	7.0%
	ロ　軽減税率不適用法人 　　　　　　　7.0%	

（地法72の24の7①三、⑤）

【留意点】

・　事業年度が1年に満たない場合における上記取扱いについては、「年400万円」とあるのは「400万円にその事業年度の月数を乗じて得た額を12で除して計算した金額」と、「年800万円」とあるのは「800万円にその事業年度の月数を乗じて得た額を12で除して計算した金額」とする。この場合における月数は、暦に従い計算し、1月に満たない端数を生じたときは、1月とする（地法72の24の7⑥）。

(2) 電気供給業（小売電気事業等、発電事業等及び特定卸供給事業を除く。）、導管ガス供給業、保険業及び貿易保険業
　　次の金額（課税標準×標準税率）

〔令和元年10月1日以後開始する事業年度〕

事業税の区分 課税標準	標準税率
収入割 　各事業年度の収入金額 　　　　　　（第1節P434）	1.0%

（地法72の24の7②）

(3) 電気供給業のうち小売電気事業等、発電事業等及び特定卸供給事業
　イ　外形標準課税対象法人
　　　次の金額（課税標準×標準税率）の合計額

事業税の区分 課税標準	標準税率
収入割 　各事業年度の収入金額 　　　　　　（第1節P434）	0.75%
付加価値割 　各事業年度の付加価値額 　　　　　　（第1節P434）	0.37%
資本割 　各事業年度の資本金等の額 　　　　　　（第1節P434）	0.15%

　ロ　その他の法人（上記イ以外の法人）
　　　次の金額（課税標準×標準税率）の合計額

事業税の区分 課税標準	標準税率
収入割 　各事業年度の収入金額 　　　　　　（第1節P434）	0.75%
所得割 　各事業年度の所得 　　　　　　（第1節P434）	1.85%

（地法72の24の7③）

第2章 課税標準及び税率等

【留意点】
- 電気供給業のうち小売電気事業等及び発電事業等についての上記の表の適用事業年度は、令和2年4月1以後に開始する事業年度となる。
- 電気供給業のうち特定卸供給事業についての上記の表の適用事業年度は、令和4年4月1以後に終了する事業年度となる。

(4) 特定ガス供給業
次の金額（課税標準×標準税率）の合計額

〔令和4年4月1日以後開始する事業年度〕

事業税の区分 課税標準	標準税率
収入割 　各事業年度の収入金額 　　　　　（第1節P434）	0.48%
付加価値割 　各事業年度の付加価値額 　　　　　（第1節P434）	0.77%
資本割 　各事業年度の資本金等の額 　　　　　（第1節P434）	0.32%

（地法72の24の7④）

コラム －特別法人事業税－

法人は、特別法人事業税を納める義務がある（特別法人事業税及び特別法人事業譲与税に関する法律4）。

✓ 令和元年10月1日以後開始する事業年度から実施。

法人の区分	税額
外形標準課税対象法人	所得割額×260%
特別法人	所得割額×34.5%
その他の法人	所得割額×37%
電気供給業（小売電気事業等、発電事業等及び特定卸供給事業を除く。）、導管ガス供給業、保険業及び貿易保険業	収入割額×30%
電気供給業のうち小売電気事業等、発電事業等及び特定卸供給事業	収入割額×40%
特定ガス供給業	収入割額×62.5%

なお、平成20年10月1日以後開始する事業年度から、令和元年9月30日まで

第7節 税率

に開始する事業年度までは、地方法人特別税が課されていた。

2 2以上の道府県において事務所又は事業所を設けて事業を行う法人の特例

2以上の道府県において事務所又は事業所を設けて事業を行う法人の上記1の各事業年度の所得は、関係道府県に分割（地法72の48）される前の各事業年度の所得によるものとし、3以上の道府県において事務所又は事業所を設けて事業を行う法人で資本金の額又は出資金の額が1,000万円以上のもの **CHECK**（第1章第3節1(1)イの法人P424を除く。）が行う事業に対する事業税の額は、上記1にかかわらず、次表の法人の区分に応じ、それぞれの金額となる（地法72の24の7⑤）。

法人の区分	事業税の額
特別法人	各事業年度の所得×4.9％
特別法人以外の法人	各事業年度の所得×7％

> **CHECK** －1,000万円以上の法人であるかどうかの判定－
>
> 上記2の取扱いを適用する場合において、資本金の額又は出資金の額が1,000万円以上の法人であるかどうかの判定は、各事業年度の所得（清算中の各事業年度の所得を除く。）を課税標準とする事業税にあっては、各事業年度の終了の日（仮決算による中間申告納付（第3章第3節1ロP473）又は地方税法第72条の48第2項ただし書の規定により申告納付すべき事業税にあっては、同法第72条の26第1項に規定する6月経過日の前日）の現況により、清算中の各事業年度の所得を課税標準とする事業税にあっては、解散の日の現況による（地法72の24の7⑧）。

3 標準税率を超える税率

標準税率を超える税率で事業税を課することは条例の定めによることができるが、その場合でも、それぞれの標準税率の1.2倍（上記1(1)の所得割1.0％は1.7倍）を超えることはできない（地法72の24の7⑨）。

4 法人の事業税の税率の適用区分

法人の行う事業に対する事業税の税率は、各事業年度終了の日現在における税率による。ただし、仮決算による中間申告納付又は地方税法第72条の48第2項ただし書の規定により申告納付すべき事業税にあっては、その事業年度開始の日以後6月を経過した日の前日現在における税率による（地法72の24の8）。

第8節　税額控除

1　仮装経理に基づく過大申告の場合の更正に伴う事業税額の控除及び還付

(1)　仮装経理事業税額の控除

　　事業を行う法人の各事業年度開始の日前に開始した事業年度の付加価値割、資本割、所得割又は収入割につき道府県知事が更正をした場合において、その更正につき下記の(2)の適用があったときは、その更正に係る仮装経理事業税額（既に還付すべきこととなった金額及びこの(1)の規定により控除された金額を除く。）は、その各事業年度（更正の日以後に終了する事業年度に限る。）の付加価値割額、資本割額、所得割額又は収入割額から控除する（地法72の24の10①）。

(2)　仮装経理事業税額の還付又は充当の不適用

　　事業を行う法人が提出した申告書に記載された各事業年度の付加価値額、資本金等の額、所得又は収入金額がその事業年度の課税標準とされるべき付加価値額、資本金等の額、所得又は収入金額を超え、かつ、その超える金額のうちに事実を仮装して経理したところに基づくものがある場合において、道府県知事がその事業年度に係る付加価値割、資本割、所得割又は収入割につき更正をしたときは、その事業年度に係る付加価値割、資本割、所得割又は収入割として納付された金額で一定のもののうち更正により減少する部分の金額でその仮装して経理した金額に係るもの（以下「仮装経理事業税額」という。）は、地方税法第72条の24の10第3項又は第7項の規定の適用がある場合のこれらの規定により還付すべきこととなった金額を除き、還付しないものとし、又は、その法人の未納に係る地方団体の徴収金に充当しない（地法72の24の10②）。

　【参考】法人税法との対比

　　この「仮装経理事業税額の取扱い」の内容は、法人税法第70条《仮装経理に基づく過大申告の場合の更正に伴う法人税額の控除》と同様の考え方である（第2編第2章第2節3 P302）。

2　租税条約の実施に係る還付すべき金額の控除

　　事業を行う法人について下記の〔適用要件〕に該当するときは、その更正の日の属する事業年度開始の日から1年以内に開始する各事業年度の付加価値額、資本金等の額、所得又は収入金額について納付すべき事業税額から租税条約の実施に係る還付すべき金額を順次控除する（地法72の24の11①）。

〔適用要件〕
　イ　租税条約等の実施に伴う所得税法、法人税法及び地方税法の特例等に関する法律第7条第1項に規定する合意に基づき国税通則法第24条又は同法第26条の規定による更正（移転価格税制の適用）が行われたこと。
　ロ　その更正に係る法人税の所得に基づいて道府県知事が更正（地法72の39①③、72の41①③、72の41の2①③）をしたこと。

第8節　税額控除

ハ　その更正に伴い、還付することとなる金額（地法17、72の41の4）が生ずること。
ニ　その更正があった日が更正に係る更正の請求があった日の翌日から起算して3月を経過した日以後である場合ではないこと。

3　**特定寄附金に係る事業税額の控除（企業版ふるさと納税）**
　青色申告法人が、地域再生法の一部を改正する法律の施行の日から令和7年3月31日までの間に地域再生法第8条第1項に規定する認定地方公共団体（以下「認定地方公共団体」という。）に対してその認定地方公共団体が行うまち・ひと・しごと創生寄附活用事業（その認定地方公共団体の作成した同条第1項に規定する認定地域再生計画に記載されている同法第5条第4項第2号に規定するまち・ひと・しごと創生寄附活用事業をいう。）に関連する寄附金（以下「特定寄附金」という。）を支出した場合には、支出した特定寄附金の額（法人税の所得の金額の計算上損金の額に算入されたものに限る。）の合計額（2以上の道府県又は市町村に事務所又は事業所を有する法人にあっては、法人事業税の課税標準の分割基準（第3章第8節2(2)P480）により按分して計算した金額）の20％に相当する金額を控除する。この場合において、その金額が法人事業税額の20％を超えるときは、その控除する金額は法人事業税額の20％に相当する金額となる（地法附則9の2の2①）。

【留意点】
・　1回当たり10万円以上の寄附が対象となる。
・　寄附を行うことの代償として経済的な利益を受けることは禁止されている。
　　例：×　寄附の見返りとして補助金を受け取る。
　　　　×　寄附を行うことを入札参加要件とする。
　　　　○　公正なプロセスを経た上での地方公共団体との契約などは問題ない。
　　（参考）「寄附を行うことの代償として経済的な利益を供与すること」等に係るＱ＆Ａ（企業版ふるさと納税ポータルサイト）
・　本社が所在する地方公共団体への寄附については、本制度の対象とならない。この場合の本社とは、地方税法における「主たる事務所又は事業所」をいう。
　　例：Ａ県Ｂ市に本社が所在⇒Ａ県とＢ市への寄附は制度の対象外
・　次の都道府県、市区町村への寄附については、本制度の対象とならない。
　　ⅰ．地方交付税の不交付団体である都道府県
　　ⅱ．地方交付税の不交付団体であって、その全域が地方拠点強化税制における地方活力向上地域以外の地域に存する市区町村（※）
　　　　※首都圏整備法で定める既成市街地・近郊整備地帯など

〔出所〕内閣府資料を一部加工

第2章 課税標準及び税率等

【イメージ】企業版ふるさと納税の概要

地方公共団体が行う地方創生の取組に対する企業の寄附について法人関係税を税額控除

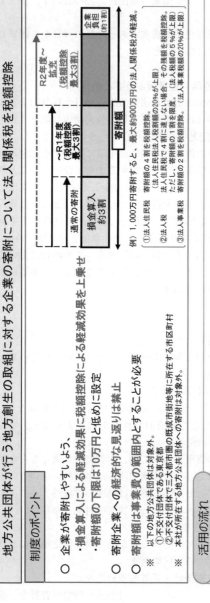
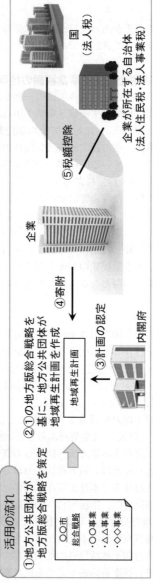

[出所] 内閣府資料

◆ 地域再生計画の認定を受けた地方公共団体の数：46道府県1,564市町村（令和5年8月18日時点）

第3章　申告納付

第1節　徴収の方法

　法人の行う事業に対する事業税の徴収については、申告納付の方法によらなければならない（地法72の24の12）。このように法人事業税については、法人がその納付すべき法人事業税の課税標準額及び税額を申告し、その申告した税金を納付することとなる。

第2節　中間申告を要しない法人の申告納付

1　中間申告を要しない法人の確定申告納付

　対象法人（下記2）は、第3節に該当する場合を除くほか、対象事業税（下記3）を各事業年度終了の日から2月以内に、確定した決算に基づき、事務所又は事業所所在の道府県に申告納付しなければならない（地法72の25①）。

2　対象法人

　事業を行う法人で次に該当するものは中間申告を要しない（地法72の25①、72の26①⑧⑪）。

- イ　清算中の法人、公益法人等（第1章第5節2(1)P430）、人格のない社団等（第1章第5節2(2)P431）、特別法人（第2章第7節1(1)ロP462）
- ロ　外国法人 CHECK で中間申告期限までに納税管理人を定めないで国内に事務所又は事業所を有しないことになったもの（既に中間申告書を提出したもの又は納税管理人を定めないことについて道府県知事の認定を受けたものを除く。）
- ハ　新たに設立した内国法人で適格合併により設立されたもの以外のもの（設立後最初の事業年度）
- ニ　公共法人又は公益法人等（収益事業を行っていないもの）が公共法人又は公益法人等以外の法人に該当することとなったもの（その最初の事業年度）
- ホ　国内における事業の形態を変更した外国法人（その変更日の属する事業年度）
- ヘ　法人税法第71条第1項に規定する普通法人で同項第1号に掲げる金額（同条第2項又は第3項の規定の適用がある場合には、その適用後の金額）が10万円以下であるもの若しくはその金額がないもの又は同法第144条の3第1項ただし書の規定により法人税の中間申告書を提出することを要しない法人

　　よって、法人税において中間申告を要しない法人は、原則として法人事業税においても中間申告を要しないこととなる。

　　ただし、外形標準課税対象法人、収入金額課税事業を行う法人、収入金額等課税事業を行う法人及び特定ガス供給業を行う法人（第1章第3節P424）は、中

第3章　申告納付

間申告を行う必要がある（地法72の26⑧）。

> **CHECK** －外国法人の申告期限－
>
> 　外国法人が納税管理人（地法72の9①）を定めないでこの法律の施行地に事務所又は事業所を有しないこととなる場合（地方税法第72条の9第2項の認定を受けた場合を除く。）には、その事業年度終了の日から2月を経過した日の前日と事務所又は事業所を有しないこととなる日とのいずれか早い日までに申告納付しなければならない（地法72の25①）。

3　対象事業税
イ　各事業年度に係る所得割等（第1章第3節1(1)イの法人の付加価値割、資本割及び所得割又は同(1)ロの法人の所得割をいう。P424）

ロ　各事業年度に係る収入割等（同(2)の事業を行う法人の収入割、同(3)イの法人若しくは同(4)の事業を行う法人の収入割、付加価値割及び資本割又は同(3)ロに掲げる法人の収入割及び所得割をいう。P425）

4　確定申告書の提出期限の延長
(1)　申請

　申告書を提出すべき法人（外国法人で第72条の9第1項に規定する納税管理人を定めないでこの法律の施行地に事務所又は事業所を有しないこととなるもの（同条第2項の認定を受けたものを除く。）を除く。下記5において同じ。）が、災害その他やむを得ない理由（下記5の規定の適用を受けることができる理由を除く。）により決算が確定しないため、各事業年度に係る所得割等又は収入割等をそれぞれ申告書の提出期限までに申告納付することができないときは、第20条の5の2第1項又は第2項の規定（災害等による期限の延長）によりその期限が延長されたときを除き、事務所又は事業所所在地の道府県知事（2以上の道府県において事務所又は事業所を設けて事業を行う法人にあっては、主たる事務所又は事業所所在地の道府県知事。以下同じ。）の承認を受け、その指定した日までに申告納付することができる（地法72の25②）。

　この申請は、申告書に係る事業年度終了の日から45日以内に、その申告書の提出期限までに決算が確定しない理由、その指定を受けようとする日その他必要な事項を記載した申請書を事務所又は事業所所在地の道府県知事に提出しなければならない（地法令24の3）。

【参考】法人税における確定申告書の提出期限の延長（法75①）は、第2編第2章第3節5 P323参照のこと。

第2節　中間申告を要しない法人の申告納付

(2)　延滞金
　上記(1)の申請により確定申告書の提出期限が延長された場合は、その延長期間についての延滞金は徴収されない。

5　確定申告書の提出期限の延長の特例
(1)　申請
　申告書を提出すべき法人が申請要件（下記イ）に該当する場合には、事務所又は事業所所在地の道府県知事の承認を受け、その事業年度以後の各事業年度に係る所得割等又は収入割等を当該各事業年度終了の日から3月以内（下記ハに該当する場合は、各延長期間内）に申告納付することができる（地法72の25③）。
　イ　申請要件
　　　定款、寄附行為、規則、規約その他これらに準ずるもの（以下「定款等」という。）の定めにより、又はその法人に特別の事情があることにより、その事業年度以後の各事業年度終了の日から2月以内にその各事業年度の決算についての定時総会が招集されない常況にあると認められること
　ロ　手続
　　　この申請は、申告書に係る事業年度終了の日までに、定款等の定め又は特別の事情の内容、指定を受けようとする場合にはその指定を受けようとする月数（やむを得ない事情があること（下記ハ）によりその指定を受けようとする場合には、その事情の内容を含む。）、指定に係る月数の変更をしようとする場合にはその変更後の月数その他一定の事項を記載した申請書（第13号の2様式）を事務所又は事業所所在地の道府県知事に提出しなければならない（地法令24の4②）。
　　　この申請書には、同項の法人が定款等の定めにより各事業年度終了の日から2月以内にその各事業年度の決算についての定時総会が招集されない常況にあることをその申請の理由とする場合には、その定款等の写しを添付しなければならない（地法令24の4③）。
　ハ　延長期間の特例

	申請理由	延長期間
(イ)	その法人が会計監査人を置いている場合で、かつ、定款等の定めによりその事業年度以後の各事業年度終了の日から3月以内にその各事業年度の決算についての定時総会が招集されない常況にあると認められる場合（(ロ)の場合を除く。）	その定めの内容を勘案して3月を超え6月を超えない範囲内においてその道府県知事が指定する月数の期間内
(ロ)	特別の事情があることによりその事業年度以後の各事業年度終了の日から3月以内にその各事業年度の決算についての定時総会が招集されない常況にあることその他やむを得ない事情があると認められる場合	その道府県知事が指定する3月を超える月数の期間内

(2) 延滞金の特例

上記(1)の適用を受ける法人は、その適用に係る各事業年度に係る所得割等又は収入割等を納付する場合には、その税額に、その各事業年度終了の日後2月を経過した日から上記(1)により指定された提出期限までの期間の日数に応じ、年7.3% **CHECK** の割合を乗じて計算した金額に相当する延滞金額を加算して納付しなければならない（地法72の45の2①）。

CHECK －延滞金の年7.3%の割合－

延滞金（地法72の45の2①）の割合

期　　間	延滞金に係る特例基準割合
令和3年1月1日～令和3年12月31日	1.0%
令和4年1月1日～令和4年12月31日	0.9%
令和5年1月1日～令和5年12月31日	0.9%
令和6年1月1日～令和6年12月31日	0.9%

第72条の45の2第1項に規定する延滞金の割合は、当分の間、各年の平均貸付割合（各年の前々年の9月から前年の8月までの各月における銀行の新規の短期貸出約定平均金利の合計を12で除して計算した割合として各年の前年の11月30日までに財務大臣が告示する割合）に年0.5%の割合を加算した割合が年7.3%の割合に満たない場合には、その年中においては、その年における当該加算した割合とする（地法附則3の2②）。

【参考】法人税における確定申告書の提出期限の延長の特例（法75の2①）は、第2編第2章第3節6 P324参照のこと。

第3節　中間申告を要する法人等の申告納付

1　事業年度の期間が6月を超える法人等の中間申告納付

事業を行う法人（中間申告を要しない法人（第2節2 P469）を除く。）は、事業年度が6月を超える場合には、予定申告に係る事業税額（下記イ）をその事業年度開始の日以後6月を経過した日から2月以内に、事務所又は事業所所在の道府県に申告納付しなければならない（予定申告納付）。ただし、その対象法人は、予定申告納付に代えて仮決算による中間申告納付（下記ロ）をすることができる（地法72の26①）。

イ　予定申告に係る事業税額

その対象事業年度開始の日以後6月を経過した日の前日までにその対象事業年度の前事業年度の事業税として納付した税額及び納付すべきことが確定した税額の合計額をその対象事業年度の前事業年度の月数で除して得た額にその対象事業年度開始の日からその前日までの期間（以下「中間期間」という。）の月数を乗

第3節　中間申告を要する法人等の申告納付

　　じて計算した額に相当する額の事業税
　ロ　仮決算による中間申告納付
　　　中間期間を1事業年度とみなして、その期間の付加価値額、資本金等の額、所得又は収入金額を計算した場合には、その付加価値額、資本金等の額、所得又は収入金額を課税標準として算定した事業税額が予定申告に係る事業税額（上記イ）を超えないときに限り、その付加価値額、資本金等の額、所得又は収入金額を課税標準として算定した事業税額を申告納付することができる。
　【参考】法人税における中間申告（法71）は、第2編第2章第3節P320参照のこと。

2　みなす申告
　上記1の法人が上記1の期間内に申告納付しなかった場合には、その期間を経過した時において、事務所又は事業所所在地の道府県知事に対し予定申告納付により提出すべき申告書の提出があったものとみなされる。この場合においては、その法人は、申告納付すべき期限内に、その提出があったものとみなされる申告書に係る事業税に相当する税額の事業税を事務所又は事業所所在の道府県に納付しなければならない（地法72の26⑤）。

3　災害等による期限の延長に係る中間申告納付の特例
　地方団体の長が災害その他やむを得ない理由による期限の延長の規定に基づく条例の定めるところにより（地法20の5の2①）、又は総務大臣が地方税関係手続用電子情報処理組織等の故障その他やむを得ない理由により（地法20の5の2②）、申告及び納付に関する期限を延長した場合において、上記1による中間申告納付に係る期限とその中間申告納付に係る事業年度の下記4による確定申告納付に係る期限とが同一の日となるときには、上記1の中間申告納付をする必要はない（地法72の27）。

4　中間申告を要する法人の確定申告納付
　事業を行う法人は、中間申告納付（上記1）に該当する場合には、その事業年度終了の日から2月以内に、確定した決算に基づき、その事業年度に係る所得割等又は収入割等を事務所又は事業所所在の道府県に申告納付しなければならない（地法72の28①本文）。この場合において、その法人の納付すべき事業税額は、その申告書に記載した事業税額から中間申告書に記載した事業税額又は中間申告書の提出があったとみなされる場合において納付すべき事業税額を控除した金額に相当する事業税額となる。
　【留意点】
　・　法人が中間申告書を提出した場合において、この確定申告納付の期限までに修正申告書の提出があったとき、又は更正があったときは、その法人がこの確定申告書に記載した事業税額から控除すべき事業税額は、中間申告書に記載した事業税額、その修正申告により増加した事業税額及び更正に係る不足税額の合計額となる（地法72の28①ただし書）。

第3章　申告納付

- 確定申告書の提出期限の延長（第2節4 P470）及び確定申告書の提出期限の延長の特例（第2節5 P471）の規定は、中間申告を要する法人の確定申告納付についても準用される（地法72の28②）。
- 事業を行う法人は、上記1の事業年度について納付すべき事業税額がない場合においても、上記1に準じて申告書を提出しなければならない（地法72の28③）。

第4節　清算中の法人の申告納付

1　清算中の法人の各事業年度の申告納付

清算中の法人は、その清算中に事業年度（残余財産の確定の日の属する事業年度を除く。）が終了した場合には、その事業年度の付加価値額、所得又は収入金額を解散をしていない法人の付加価値額、所得又は収入金額とみなして、その事業年度の付加価値額、所得又は収入金額及びこれらに対する事業税額を計算し、その税額があるときは、その事業年度終了の日から2月以内に付加価値割、所得割又は収入割を事務所又は事業所所在の道府県に申告納付しなければならない（地法72の29①）。

2　清算中の法人の残余財産確定の日の属する事業年度が終了した場合の申告納付

清算中の法人は、その清算中に残余財産の確定の日の属する事業年度が終了した場合には、その事業年度の所得を解散をしていない法人の所得とみなして、その事業年度の所得及びこれに対する事業税額を計算し、その税額があるときは、その事業年度終了の日から1月以内（その期間内に残余財産の最後の分配又は引渡しが行われるときは、その行われる日の前日まで）に、その事業年度に係る所得割を事務所又は事業所所在の道府県に申告納付しなければならない（地法72の29③）。

【留意点】
- 清算中の法人は、清算中の各事業年度について納付すべき事業税額がない場合においても、上記1又は2に準じて申告書を提出しなければならない（地法72の29⑦）。

◆関連通知◆
・清算中の外形対象法人等の申告納付の留意事項（県通3章「6の15」）

清算中の外形対象法人、法第72条の2第1項第3号イに掲げる法人及び特定ガス供給業を行う法人の申告納付については、次の諸点に留意すること。
(1)　清算中の外形対象法人、法第72条の2第1項第3号イに掲げる法人及び特定ガス供給業を行う法人については、法第72条の21第1項ただし書の規定により資本金等の額はないものとみなされることから、資本割を申告納付することは要しないものであること（法72の21①ただし書・72の29①）。

ただし、通算子法人が事業年度の中途において解散した場合（破産手続開始の決定を受けた場合を除く。）については、当該解散の日において事業年度が区切れないことから、事業年度開始の日から解散の日までの期間については、資本割

を課すものであること。
(2) 残余財産の確定の日の属する事業年度については、付加価値割を申告納付することは要しないものであること（法72の29③〜⑥）。

第5節　期限後申告及び修正申告納付

1　期限後申告納付
申告書を提出すべき法人（第2節から第4節に係る法人）は、その申告書の提出期限後においても、決定の通知（地法72の42）があるまでは、第2節から第4節に基づき申告納付することができる（地法72の31①）。

2　修正申告納付
申告書若しくは修正申告書を提出した法人又は更正若しくは決定を受けた法人は、その申告書若しくは修正申告書に記載した、又は更正若しくは決定に係る付加価値額、資本金等の額、所得若しくは収入金額又は事業税額について不足額がある場合（納付すべき事業税額がない旨の申告書を提出した法人にあっては、納付すべき事業税額がある場合）には、遅滞なく、修正申告書を提出するとともに、その修正により増加した事業税額を納付しなければならない（地法72の31②）。

3　法人税に係る更正又は決定による修正申告納付
申告書を提出した法人（収入割のみを申告納付すべきものを除く。）は、上記2によるほか、その申告に係る事業税の計算の基礎となった事業年度に係る法人税の課税標準について税務官署の更正又は決定を受けたときは、その税務官署が更正又は決定の通知をした日から1月以内に、その更正又は決定に係る課税標準を基礎として、修正申告書を提出するとともに、その修正により増加した事業税額を納付しなければならない（地法72の31③）。

第6節　更正及び決定

1　法人税の更正又は決定等に伴う所得割の更正又は決定
(1)　更正
道府県知事は、事業を行う法人で事業税の納税義務があるもの（下記2の法人を除く。）が申告書又は修正申告書を提出した場合において、その申告又は修正申告に係る所得割の課税標準である所得が、その法人のその所得割の計算の基礎となった事業年度に係る法人税の申告若しくは修正申告又は更正若しくは決定において課税標準とされた所得を基準として算定した所得割の課税標準である所得（以下「所得割の基準課税標準」という。）と異なることを発見したときは、その所得割の基準課税標準により、その申告又は修正申告に係る所得割の計算の基礎となった所得及び所得割額を

第3章　申告納付

更正するものとし、申告書又は修正申告書に記載された所得割額の算定について誤りがあることを発見したときは、所得割額を更正するものとする（地法72の39①）。

(2)　決定

道府県知事は、事業を行う法人で事業税の納税義務があるものが申告書を提出しなかった場合において、その法人のその事業年度に係る法人税の課税標準があるときは、その法人税の課税標準を基準として、その法人の所得割に係る所得及び所得割額を決定するものとする（地法72の39②）。

(3)　再更正

道府県知事は、上記(1)(2)又はこの規定によりその法人のその所得割に係る所得及び所得割額を更正し、又は決定した場合において、法人税に係る更正又は修正申告があったことによりその更正又は決定の基準となったその法人の法人税の課税標準が増加し、又は減少したときは、その増加し、又は減少した法人税の課税標準を基準として、その所得割に係る所得及び所得割額を更正するものとし、その更正し、又は決定した所得割額の算定について誤りがあることを発見したときは、その所得割額を更正するものとする（地法72の39③）。

2　道府県知事の調査による所得割、収入割の更正及び決定

(1)　更正

道府県知事は、電気供給業、ガス供給業、保険業若しくは貿易保険業を行う法人、通算法人（通算子法人にあっては、その通算子法人の事業年度がその通算子法人に係る通算親法人の事業年度終了の日に終了するものに限る。）、医療法人等の社会保険診療報酬に係る所得の課税除外の規定（第2章第4節1(6)P454）の適用を受ける医療法人若しくは農業協同組合連合会、特定内国法人（第2章第4節2 P456）、法人税が課されない法人又は事業税を課されない事業とその他の事業とを併せて行う法人が申告書又は修正申告書を提出した場合において、その申告又は修正申告に係る収入金額若しくは所得又は収入割額若しくは所得割額がその調査したところと異なるときは、収入金額若しくは所得又は収入割額若しくは所得割額を更正するものとする（地法72の41①）。

(2)　決定

道府県知事は、上記(1)の法人が申告書を提出しなかった場合においては、その調査によって、収入金額又は所得及び収入割額又は所得割額を決定するものとする（地法72の41②）。

(3)　再更正

道府県知事は、上記(1)(2)又はこの規定により更正し、又は決定した収入金額若しくは所得又は収入割額若しくは所得割額について過不足額があることを知つたときは、その調査によって、これを更正するものとする（地法72の41③）。

3 道府県知事の調査による付加価値割、資本割の更正及び決定

(1) 更正

　道府県知事は、外形標準課税対象法人、収入金額等課税事業を行う法人及び特定ガス供給業（第1章第3節1 P424）を行う法人が申告書又は修正申告書を提出した場合において、その申告又は修正申告に係る付加価値額若しくは資本金等の額又は付加価値割額若しくは資本割額がその調査したところと異なるときは、これを更正するものとする（地法72の41の2①）。

(2) 決定

　道府県知事は、上記(1)の法人が申告書を提出しなかった場合においては、その調査によって、付加価値額及び資本金等の額並びに付加価値割額及び資本割額を決定するものとする（地法72の41の2②）。

(3) 再更正

　道府県知事は、上記(1)(2)又はこの規定により更正し、又は決定した付加価値額若しくは資本金等の額又は付加価値割額若しくは資本割額について過不足額があることを知つたときは、その調査によって、これを更正するものとする（地法72の41の2③）。

第7節　更正の請求

1　更正の請求

(1) 通常の場合

　申告納付に係る地方税の申告書（以下「申告書」という。）を提出した者は、その申告書に記載した課税標準等若しくは税額等の計算が地方税に関する法令の規定に従っていなかったこと又はその計算に誤りがあったことにより、次のいずれかに該当する場合には、その申告書に係る地方税の法定納期限から5年以内に限り、地方団体の長に対し、その申告に係る課税標準等又は税額等（課税標準等又は税額等に関し更正があった場合には、その更正後の課税標準等又は税額等）につき更正をすべき旨の請求をすることができる（地法20の9の3①）。

　　イ　申告書の提出により納付し、又は納入すべき税額（その税額に関し更正があった場合には、更正後の税額）が過大であるとき。

　　ロ　申告書に記載した欠損金額等（その金額等に関し更正があった場合には、更正後の金額等）が過少であるとき、又は申告書（その申告書に関し更正があった場合には、更正に係る通知書）に欠損金額等の記載がなかったとき。

　　ハ　申告書に記載したこの法律の規定による還付金の額に相当する税額（その税額に関し更正があった場合には、更正後の税額）が過少であるとき、又は申告書（その申告書に関し更正があった場合には、更正に係る通知書）に還付金の額に相当する税額の記載がなかったとき。

第3章　申告納付

(2) 後発的事由に基づく場合

　申告書を提出した者又は申告書に記載すべき課税標準等若しくは税額等につき決定を受けた者は、次のいずれかに該当する場合（申告書を提出した者については、次のいずれかに掲げる期間の満了する日が上記(1)に掲げる期間の満了する日後に到来する場合に限る。）には、次のいずれかに掲げる期間において、その該当することを理由として上記(1)による更正の請求をすることができる（地法20の９の３②、地法令６の20の２）。

　イ　その申告、更正又は決定に係る課税標準等又は税額等の計算の基礎となった事実に関する訴えについての判決（判決と同一の効力を有する和解その他の行為を含む。）により、その事実が計算の基礎としたところと異なることが確定したとき。

　……その確定した日の翌日から起算して２月以内

　ロ　その申告、更正又は決定に係る課税標準等又は税額等の計算に当たってその申告をし、又は決定を受けた者に帰属するものとされていた所得その他課税物件が他の者に帰属するものとする当該他の者に係る地方税の更正、決定又は賦課決定があったとき。

　……その更正、決定又は賦課決定があった日の翌日から起算して２月以内

　ハ　その他その地方税の法定納期限後に生じた上記イ又はロに類する一定のやむを得ない理由があるとき。

　……その理由が生じた日の翌日から起算して２月以内

２　更正の請求の特例

(1) 法人事業税について修正申告の提出又は更正若しくは決定を受けたことに伴う更正の請求

　申告書に記載すべき付加価値額、資本金等の額、所得若しくは収入金額又は事業税額につき、修正申告書を提出し、又は更正若しくは決定を受けた法人は、その修正申告書の提出又は更正若しくは決定に伴い、その修正申告又は更正若しくは決定に係る事業年度後の事業年度分の申告書に記載すべき付加価値額、資本金等の額、所得若しくは収入金額又は事業税額が過大となる場合には、その修正申告書を提出した日又は更正若しくは決定の通知を受けた日から２月以内に限り、道府県知事に対し、付加価値額、資本金等の額、所得若しくは収入金額又は事業税額につき、更正の請求をすることができる。この場合においては、更正請求書（第10号の３様式）には、その修正申告書を提出した日又は更正若しくは決定の通知を受けた日を記載しなければならない（地法72の33①）。

(2) 法人税について更正又は決定を受けたことに伴う更正の請求

　申告書又は修正申告書を提出した法人（収入割のみを申告納付すべきものを除く。）が、その申告又は修正申告に係る事業税の計算の基礎となった事業年度に係る法人税の課税標準について国の税務官署の更正又は決定を受けたことに伴い、その申告又は修正申告に係る付加価値額、資本金等の額若しくは所得又は事業税額が過大となる場

合には、国の税務官署がその更正又は決定の通知をした日から2月以内に限り、道府県知事に対し、その付加価値額、資本金等の額若しくは所得又は事業税額につき、更正の請求をすることができる。この場合においては、更正請求書には、同項に規定する事項のほか、国の税務官署がその更正又は決定の通知をした日を記載しなければならない（地法72の33②）。

【個別事例】
　法人事業税の所得割は、法人税において確定した所得金額及び法人税額により計算するため、法人税において更正を受けるまで地方税の更正ができない。法人税の更正を理由とした地方税の更正の請求を行う場合は、法人税において更正があった日から2月以内に、更正請求書に法人税の更正通知書の写しを添付して、所管の道府県税事務所等へ提出する。
　道府県知事は、地方税の更正の請求が行われない場合であっても、法人税において更正があった場合は、法人税の更正により確定した所得金額に基づき更正するものとされている。

〔出所〕東京都主税局資料を一部修正

【参考】法人税における更正の請求の特例（法81）は、第2編第2章第4節4 P328参照のこと。

第8節　2以上の道府県において事務所又は事業所を設けて事業を行う法人（分割法人）の申告納付等

1　納税地

　法人事業税の納税地は、主たる事務所又は事業所（以下「事務所等」という。）の所在地である。
　2以上の道府県において事務所等を設けて事業を行う法人（以下「分割法人」という。）においては、各道府県内における主たる事務所等の所在地がそれぞれ納税地となる。
　また、その法人としての主たる事務所等の判定にあたっては、原則として法人税の納税地と一致させる。
　【参考】法人税における納税地（法16）は、第1編第6章P19参照のこと。

◆関連通知◆
・主たる事務所又は事業所の判定（県通3章「6の18」）

> **コラム**　－分割法人の確定申告書の提出期限の延長－
> 　分割法人の確定申告書の提出期限の延長の承認等の申請書（第2節5 P471）

第3章　申告納付

は、主たる事務所等の所在地の道府県知事が提出先となる（地法72の25③）。
　　また、主たる事務所等所在地の道府県知事が申告納付期限の延長の承認を与えたときは、速やかにその旨を関係道府県知事に通知するものとされている（県通3章「6の19」）。

2　分割法人の申告納付等
(1)　概要

　分割法人が事業税を申告納付し、又は事業税を修正申告納付する場合には、その事業に係る課税標準額の総額 CHECK を分割基準（下記(2)）により関係道府県ごとに分割し、その分割した額を課税標準として、関係道府県ごとに事業税額を算定し、これを関係道府県に申告納付し、又は修正申告納付しなければならない。この場合において、関係道府県知事に提出すべき申告書又は修正申告書には、課税標準額の総額の分割に関する明細書（第10号様式）を添付しなければならない（地法72の48①、地法規5①(三)）。

CHECK　－課税標準額の総額（所得割）－

法人の区分に応じ、それぞれの金額とする。

	法人の区分	金額
イ	軽減税率適用法人（その他の法人）（第2章第7節1(1)ハ）で各事業年度の所得の総額が年400万円を超え年800万円以下のもの	各事業年度の所得の総額を年400万円以下の部分の金額及び年400万円を超える部分の金額に区分した金額とする。
	軽減税率適用法人（特別法人）（第2章第7節1(1)ロ）で各事業年度の所得の総額が年400万円を超えるもの	
ロ	軽減税率適用法人（その他の法人）（第2章第7節1(1)ハ）で各事業年度の所得の総額が年800万円を超えるもの	各事業年度の所得の総額を年400万円以下の部分の金額、年400万円を超え年800万円以下の部分の金額及び年800万円を超える部分の金額に区分した金額とする

(2)　分割基準

　法人の事業の区分に応じ、一定の基準により課税標準額の総額を関係道府県ごとに分割する基準をいう（地法72の48③）。

第8節　2以上の道府県において事務所又は事業所を設けて事業を行う法人(分割法人)の申告納付等

	事業の区分		一定の基準
イ	製造業		課税標準額の総額を申告書又は修正申告書に記載された関係道府県に所在する事業所等の従業者の数に按分する。
ロ	電気供給業	小売電気事業等	課税標準額の総額の1/2に相当する額を事業所等の数に、課税標準額の総額の1/2に相当する額を事業所等の従業者の数に按分する。
		一般送配電事業 送電事業 配電事業 特定送配電事業	A　Bに掲げる場合以外の場合…… 　課税標準額の総額の3/4に相当する額を事業所等の所在する道府県において発電所又は蓄電用の施設の発電等用電気工作物と電気的に接続している電線路の電力の容量に、課税標準額の総額の1/4に相当する額を事業所等の固定資産の価額に按分する。 B　事業所等の所在するいずれの道府県においても発電所又は蓄電用の施設の発電等用電気工作物と電気的に接続している電線路がない場合…… 　課税標準額の総額を事業所等の固定資産の価額に按分する。
		発電事業等 特定卸供給事業	A　Bに掲げる場合以外の場合…… 　課税標準額の総額の3/4に相当する額を事業所等の固定資産で発電所又は蓄電用の施設の用に供するものの価額に、課税標準額の総額の1/4に相当する額を事業所等の固定資産の価額に按分する。 B　事業所等の固定資産で発電所又は蓄電用の施設の用に供するものがない場合…… 　課税標準額の総額を事業所等の固定資産の価額に按分する。
ハ	ガス供給業及び倉庫業		課税標準額の総額を事業所等の固定資産の価額に按分する。
ニ	鉄道事業及び軌道事業		課税標準額の総額を事業所等の所在する道府県における軌道の延長キロメートル数に按分する。
ホ	上記イからニに掲げる事業以外の事業		課税標準額の総額の1/2に相当する額を事業所等の数に、課税標準額の総額の1/2に相当する額を事業所等の従業者の数に按分する。

第3章　申告納付

(3) **分割基準となる数値**
　上記(2)の分割基準の数値の算定については、次表の区分に応じ、それぞれの数値となる（地法72の48④）。

区　分		数　値
従業者の数 〔算定方法〕 県通3章「9の1、9の2」	イ　ロ以外の事務所等	事業年度終了の日現在における数値
	ロ　資本金の額又は出資金の額が1億円以上の製造業を行う法人の工場である事業所等	事業年度終了の日における数値に、その数値（数値が奇数である場合には、その数値に1を加えた数値）の1／2に相当する数値を加えた数値
事業所等の数 〔算定方法〕 県通3章「9の10」		事業年度に属する各月の末日現在における数値を合計した数値（その事業年度中に月の末日が到来しない場合には、その事業年度終了の日現在における数値）
電線路の電力の容量、固定資産の価額及び軌道の延長キロメートル数 〔算定方法〕 地法規6の2の2④⑤ 県通3章「9の5、9の7、9の8」		事業年度終了の日現在における数値

✓　**従業者**とは、俸給、給料、賃金、手当、賞与その他これらの性質を有する給与の支払を受けるべき者をいう。この場合において、その事業の経営者である個人及びその親族又は同居人のうち事業に従事している者で給与の支払を受けない者は、給与の支払を受けるべきものとみなす（地法規6の2の2①）。

✓　上記の表に掲げる**従業者の数**について、次のイからハに掲げる事業所等に該当する場合には、それぞれの数（その数に一人に満たない端数を生じたときは、これを一人とする。）を従業者の数とみなす（地法72の48⑤、地法令35）。
　　イ　事業年度の中途において新設された事業所等
　　……　事業年度終了の日現在における従業者の数に、その事業年度の月数に対する事業所等が新設された日からその事業年度終了の日までの月数の割合を乗じて得た数
　　ロ　事業年度の中途において廃止された事業所等
　　……　その廃止の日の属する月の直前の月の末日現在における従業者の数に、その事業年度の月数に対する廃止された事業所等がその事業年度中において所在していた月数の割合を乗じて得た数
　　ハ　事業年度中を通じて従業者の数に著しい変動がある事業所等（各月の末日現在の従業者の数のうち最大値が最小値の2倍を超えるもの）

第8節　2以上の道府県において事務所又は事業所を設けて事業を行う法人(分割法人)の申告納付等

……　その事業年度に属する各月の末日現在における従業者の数を合計した数をその事業年度の月数で除して得た数

◆関連通知◆
・従業者とは（県通3章「9の1」）
・新設、廃止、従業者数の著しい変動がある事務所等の留意点（（県通3章「9の2」）
・製造業を行う法人の工場とは（県通3章「9の3」）
・電線路の電力の容量（県通3章「9の5」）
・固定資産の価額（県通3章「9の7」）
・軌道の延長キロメートル数（県通3章「9の8」）
・事務所等の数（県通3章「9の10」）
・「資本金の額又は出資金の額が1億円以上の製造業を行う法人の事業税の分割基準である工場の従業者の取扱いについて」（昭和37年5月4日自治丙府発第39号自治省税務局長通達）

3　分割法人の更正等
(1)　課税標準額の総額の更正等
　法人の行う事業に係る課税標準額の総額についてすべき更正又は決定（第6節P475）は、その法人の主たる事務所等の所在地の道府県知事が行う（地法72の48の2①）。

　また、法人の主たる事務所等の所在地の道府県知事は、法人が提出した申告書若しくは修正申告書に係る分割課税標準額（関係道府県ごとに分割された又は分割されるべき課税標準額をいう。以下同じ。）の分割基準又はこの規定による修正若しくは決定をした分割基準に誤りがあると認める場合（課税標準額の総額についてすべき分割をしなかった場合を含む。）には、これを修正し、その法人が申告書を提出しなかった場合には、その分割基準を決定する（地法72の48の2③）。

(2)　更正の請求
　法人が主たる事務所等の所在地の道府県知事に申告書若しくは修正申告書を提出した場合又は更正若しくは決定を受けた場合において、その申告若しくは修正申告又はその更正若しくは決定に係る分割課税標準額の分割基準に誤りがあったこと（課税標準額の総額についてすべき分割をしなかった場合を含む。）により、分割課税標準額又は事業税額が過大である関係道府県があるときは、その法人は、その関係道府県知事に対し、その過大となった分割課税標準額又は事業税額につき、更正をすべき旨を請求することができる（地法72の48の2④）。

　この場合においては、その請求に係る更正後の課税標準等又は税額等、その請求に係る更正前の納付すべき税額及び申告書又は修正申告書に記載すべき還付金の額に相当する税額その他参考となるべき事項を記載した更正請求書（第10号の2様式、第10号の3様式）を関係道府県知事に提出しなければならない（地法72の48の2⑤）。

第9節 その他

1 地方税関係手続用電子情報処理組織による申告

　特定法人である内国法人は、法人の事業税の申告について、令和2年4月1日以後に開始する事業年度から地方税関係手続用電子情報処理組織（eLTAX）を使用し、かつ、地方税共同機構を経由して行う方法により事務所又は事業所所在地の道府県知事に提供することにより、行わなければならない。ただし、その申告のうち添付書類に係る部分については、光ディスクその他の一定の記録用の媒体を事務所又は事業所所在地の道府県知事に提出する方法により、行うことができる（地法72の32①、地法規5の2）。

　上記の取扱いにより行われた申告は、申告書記載事項が地方税共同機構の使用に係る電子計算機（入出力装置を含む。）に備えられたファイルへの記録がされた時に道府県知事に到達したものとみなす（地法72の32④）。

✓ **特定法人**とは、次に掲げる法人をいう（地法72の32②）。
　A　納税申告書に係る事業年度開始の日現在における資本金の額又は出資金の額が1億円を超える法人
　B　保険業法に規定する相互会社
　C　投資法人（Aに掲げる法人を除く。）
　D　特定目的会社（Aに掲げる法人を除く。）

【参考】法人税における電子情報処理組織による申告は、第2編第2章第3節7
　　　　P325参照のこと

2 地方税関係手続用電子情報処理組織による申告が困難である場合の特例
(1) 概要

　上記1の内国法人が、電気通信回線の故障、災害その他の理由により地方税関係手続用電子情報処理組織（eLTAX）を使用することが困難であると認められる場合において、書面により納税申告書を提出することについて事務所又は事業所所在地の道府県知事の承認を受けたときは、道府県知事が指定する期間内に行う申告については、上記1の申告書及び添付書類を書面により提出することができる（地法72の32の2①、地法規5の2の2）。

【留意点】
・　法人税法第75条の5第2項の規定により e-Tax による申告が困難である場合の特例の申請書を納税地の所轄税務署長に提出した内国法人が、同法第75条の5第1項の承認を受け、又は却下の処分を受けていない旨を記載した一定の書類を、納税申告書の提出期限の前日までに、又は納税申告書に添付してその提出期限までに、事務所又は事業所所在地の道府県知事に提出した場合における税務署長が指定する期間（その期間として指定があったものとみなされた期間を含む。）内に行う上記の上記1の申告についても、同様とする（地法72の32の2①）。

(2) 申請

上記(1)の承認を受けようとする内国法人は、上記(1)の適用を受けることが必要となった事情、指定を受けようとする期間その他一定の事項を記載したeLTAXによる申告が困難である場合の特例の申請書に一定の書類を添付して、その期間の開始の日の15日前まで（上記(1)の理由が生じた日が申告書又は修正申告書の提出期限の15日前の日以後である場合は、その期間の開始の日まで）に、これを事務所又は事業所所在地の道府県知事に提出しなければならない（地法72の32の2②）。

3　申告書等の様式及び申告納付に関する雑則

イ　法人の事業税及び特別法人事業税について、次の表の左欄に掲げる申告書等の様式は、それぞれ同表の右欄に定めるところによるものとする。ただし、別表に掲げる様式によることができないやむを得ない事情があると認める場合には、総務大臣は、別にこれを定めることができる（地法規5①）。

申告書等の種類	様式
(イ) 確定申告書及び中間申告書並びにこれらに係る修正申告書	第六号様式、第六号様式（その2）又は第六号様式（その3）（別表五から別表十四まで）
(ロ) 予定申告書及びこれに係る修正申告書	第六号の三様式、第六号の三様式（その2）又は第六号の三様式（その3）
(ハ) 課税標準額の総額の分割に関する明細書（地方税法第72条の48第1項の課税標準額の総額の分割に関する明細書）	第十号様式

ロ　道府県内に恒久的施設を有する外国法人の第六号様式別表五及び同様式別表九から同様式別表十三の三までの記載については、法人税法第141条第1号イに掲げる恒久的施設に帰せられるべき国内源泉所得に係る所得の金額及び同号ロに掲げるその他の国内源泉所得に係る所得の金額の計算の別を明らかにする（地法規5②）。

ハ　法人が事業税及び特別法人事業税に係る地方団体の徴収金を納付するとき（口座振替の方法又は地方税法第747条の6第2項に規定する方法により納付する場合を除く。）は、その地方団体の徴収金に第十二号の二様式による納付書（その様式によることができないやむを得ない事情があると認める場合において、総務大臣が別の様式を定めたときは、その様式による納付書）（その書類に記載すべき事項を記録した電磁的記録を含む。）を添えて納付する（地法規5③）。

用語索引

> 第3編「法人事業税」に関する用語には、用語の語尾に（地）と記している。

あ

青色申告制度 ……………………406
青色申告の承認申請 ……………406
青色申告の承認取消し …………409
青色申告の特典 …………………407
圧縮記帳 …………………………157
暗号資産信用取引 ………………241

い

1,000億円（地） …………………447
一定の帳簿書類 …………………256
一般試験研究費 …………………304
一般の法人（地） ………………461
移転価格税制 ……………………381
移転補償金 ………………………170
移動平均法 ………………………63
隠蔽仮装行為に要する費用 ……194

う

受取配当等 ………………………38
売上原価等 ………………………58

え

益金の額 ………………………25, 27
円換算 ……………………………378

お

親法人（グループ通算） ………332

か

外貨建債権 ………………………261
外貨建債務 ………………………261
外貨建資産等 ……………………261
外貨建取引 ………………………259
外貨建有価証券 …………………262
会計期間 …………………………17
外形標準課税対象法人（地） ……424, 461
外国子会社合算税制 ……………380
外国子会社配当益金不算入制度 …379
外国税額の控除 …………………300
外国政府 …………………………11
外国法人 …………………………10
外国法人税 ……………300, 368, 378
会社役員賠償責任保険 …………223
確定した決算 ……………………26
確定申告 …………………………322
確定申告書の提出期限の延長 …323
確定申告書の提出期限の延長の特例 …324
確定申告納付（地） ……………473
貸倒実績率 ………………………186
貸倒損失 …………………………223
貸倒引当金 ………………………180
過少資本税制 ……………………387
課税標準 …………………………25
課税標準（地） …………………434
仮装経理 …………………………302
仮装経理事業税額（地） ………466
仮装経理（地） …………………466
仮装経理法人税額 ………………302
過大支払利子税制 ………………388
過大な使用人給与等 ……………133
過大な役員給与 …………………129
過大な役員退職給与 ……………131
価値の減少しない資産 …………80
合併法人 …………………………271
稼働休止資産 ……………………79
株式移転完全親法人 ……………272

用語索引

株式移転完全子法人 …………………272
株式交換完全親法人 …………………272
株式交換完全子法人 …………………272
株式交換等完全親法人 ………………272
株式交換等完全子法人 ………………272
空売り ……………………………………251
仮決算による中間申告 ………………321
為替予約差額 …………………………262
完全子法人株式等 ………………………38
完全支配関係 …………………………273
完全支配関係（グループ通算）……333
完全支配関係法人に対する寄附金 …143
還付金等の益金不算入 …………………45
簡便法（所得税額控除）……………299
関連法人株式等 …………………………38

き

企業版ふるさと納税（地）…………467
期限後申告納付（地）………………475
寄附金の意義 …………………………141
期末時換算法 …………………………261
旧国外リース期間定額法 ………86, 93
旧生産高比例法 …………………85, 93
旧定額法 …………………………85, 93
旧定率法 …………………………85, 93
給与等課税額 …………………………189
業績悪化改定 …………………………118
業績連動給与 …………………………125
協同組合等 ………………………………9
協同組合等の事業分量配当等 ………208
業務執行役員 …………………………126
寄与度利益分割法 ……………………383

く

国等に対する寄附金 …………………148
繰越欠損金額の切捨て ………………344
繰延資産 ………………………………104
繰延資産の償却 ………………………108
繰延消費税額等 ………………………405
繰延ヘッジ処理 ………………………255

グループ調整計算 ……………………330
グループ通算制度 ……………………329

け

経営に従事している者 ………………114
軽減税率不適用法人（地）…………462
形式基準 ………………………………130
形式上の貸倒れ ………………………227
継続雇用者給与等支給増加割合 ……315
経費補償金 ……………………………170
契約者配当 ………………………207, 222
決算調整事項 ……………………………26
欠損金 …………………………………288
欠損金額 ………………………………197
欠損金繰戻還付（解散）……………327
欠損金繰戻還付（通常）……………326
欠損金の繰越し ………………………197
欠損金の通算 …………………………339
欠損金の通算による全体再計算 ……340
欠損金の通算の遮断措置 ……………339
欠損金引継（適格合併等）…………288
欠損等法人 ……………………………201
原価基準法 ……………………………383
原価差額の調整 …………………………66
減価償却資産 ……………………………70
減価償却資産の取得価額 ………………81
減価償却資産の償却費 …………………68
減価償却の方法 …………………………85
減価償却費の計算 ………………………89
原価法 ……………………………………61
建設 PE ………………………………353
原則法（所得税額控除）……………299
現物出資法人 …………………………272
現物分配法人 …………………………272
権利金の認定課税 ……………………230
権利金の認定見合せ …………………232

こ

公益法人等 …………………………9, 391
公益法人等（地）……………………430

用語索引

恒久的施設 ………………………13, 353
恒久的施設帰属所得 …………………355
公共法人 ………………………………9
公共法人（地）………………………430
交際費 ………………………………208
工事進行基準 ………………………291
工事の請負 …………………………291
工事負担金 …………………………164
公社債投資信託 ……………………399
控除限度額 ……………………301, 370
控除限度超過額 ……………………377
控除対象外国法人税の額 ……301, 368
控除対象外消費税額等 ……………404
控除対象雇用者給与等支給増加額 …317
控除余裕額 …………………………377
公正処理基準 ………………………292
更正に関する特例 …………………303
更正の請求（地）……………………477
更正の請求の特例 …………………328
更正の請求の特例（地）……………478
合同運用信託 ………………………399
後発的事由 …………………………478
国外関連者 …………………………382
国外関連取引 ………………………382
国外源泉所得 ………………………374
国外事業所等 ………………………372
国外事業所等帰属所得 ……………372
国外支配株主等 ……………………388
国外所得金額 …………………301, 370
国税関係書類 ………………………411
国税関係帳簿 ………………………411
国内源泉所得 …………………………13
国内雇用者 …………………………315
国庫補助金等 ………………………160
固定資産 ………………………………70
個別評価金銭債権 …………………183
個別法 …………………………………62
子法人（グループ通算）……………332
雇用者給与等支給額 ………………317
雇用者給与等支給増加割合 ………317

さ

災害損失金額 ………………………203
災害等による期限の延長（地）……473
最終仕入原価法 ………………………63
再販売価格基準法 …………………383
先入先出法 ……………………………62
先物外国為替契約等 ………………260
残余財産確定（地）…………………474
残余利益分割法 ……………………383

し

CP法 …………………………………384
CUP法 ………………………………384
時価評価資産（グループ通算開始）…346
時価評価除外法人（グループ通算開始）…346
時価評価除外法人（グループ通算加入）…348
時価評価損益の計上 ………………241
時価ヘッジ処理 ……………………257
事業年度（原則）………………………17
事業年度（地）………………………431
事業年度（特例）………………………18
事業年度の特例（地）………………432
事業の用に供した日 …………………79
資金供与者等 ………………………388
試験研究 ……………………………304
試験研究費の額 ……………………307
試験研究費割合 ……………………308
資産の販売 ……………………………28
資産の評価益 …………………………44
資産の評価損 ………………………111
事実上の貸倒れ ……………………226
事前確定届出給与 ……………121, 125
実質基準 ……………………………129
実質所得者課税 ………………………14
指定寄附金 …………………………148
支店 PE ……………………………353
使途秘匿金 …………………………298

— 489 —

用語索引

支配関係 ································272
資本金等の額（地）··················447
資本的支出 ···························96
資本割（地）··················423, 444
社会保険料 ···························214
借地権の設定等 ·····················230
遮断措置（損益通算）············336
収益事業 ······························10
収益事業課税 ·······················391
収益事業（地）······················431
収益の計上額 ························35
収益の計上時期 ·····················32
収益の計上単位 ·····················30
収益補償金 ···························170
修正申告納付（地）···············475
修正の経理 ····························36
修繕費 ···································96
集団投資信託 ···················16, 399
収入割（地）··················423, 457
収用換地等 ···························169
受益者段階課税 ····················398
受益者等課税信託 ············16, 399
受益者等が存在しない信託 ····400
受益証券発行信託 ················400
主権免税 ······························13
受贈益 ··································44
出向（在籍出向）···················135
出向者 ·································138
純支払賃借料（地）···············439
純支払利子（地）···················437
少額の減価償却資産 ···············72
償却限度額 ····························93
償却費 ··································69
償却率 ··································91
証券投資信託 ·······················399
譲渡制限期間 ·······················189
譲渡制限付株式 ····················189
譲渡制限付新株予約権 ··········192
譲渡損益調整資産 ················266
使用人給与 ···························133

使用人兼務役員 ····················116
使用人賞与 ···························134
消費税等 ······························402
消耗品費等 ····························59
除却損失等 ···························102
所得税額等の還付 ················326
所得税額の控除 ····················298
所得の金額 ····························25
所得割（地）··················423, 454
所有権移転外ファイナンス・リース取
　引 ····································289
人格のない社団等 ····················9
人格のない社団等（地）········431
申告書等の様式（地）···········485
申告納付（地）············423, 469, 474
信託段階法人課税 ················398
信託（地）····························429
信用取引 ······························252

す

スキャナ保存 ················411, 415

せ

税込経理方式 ·······················402
生産高比例法 ···················85, 94
清算中（地）························474
税抜経理方式 ·······················402
生物 ····································70
税務訴訟資料 ························57
税務調整 ······························26
生命保険料等 ·······················216
セールアンドリースバック取引 ····290
接待飲食費 ···························209
全体再計算（損益通算）········336
前年度実績による予定申告 ····320

そ

増加償却 ······························95
増減試験研究費割合 ·············308
相当の地代の改訂 ················232

用語索引

総平均法 ……………………………62
組織再編成 …………………………271
租税公課 ……………………………153
租税条約 ……………………………365
租税条約（地）……………………466
その他有価証券 ……………………245
ソフトウエア ……………82, 101, 103
損益通算 ……………………………335
損害保険料等 ………………………222
損金の額 ……………………………25
損金不算入 …………………………117

た

対価補償金 …………………………170
第三分野保険 ………………………217
対象純支払利子等の額 ……………388
退職給与 ………………………138, 140
退職年金等信託 ………………16, 400
耐用年数 ……………………………91
耐用年数省令 ………………………71
耐用年数の短縮 ……………………94
代理人 PE …………………………354
抱合株式 ……………………………44
棚卸資産 ……………………………58
棚卸資産の強制評価減 ……………67
棚卸資産の取得価額 ………………59
棚卸資産の評価方法 ………………61
棚卸資産の法定評価方法 …………65
短期外貨建債権 ……………………262
短期外貨建債務 ……………………262
短期売買商品等 ……………………237
短期保有株式等 ……………………40
単年度損益（地）…………………440

ち

地方税関係手続用電子情報処理組織
　（地）……………………………484
地方税（地）………………………423
中間申告（地）………………469, 472
中間申告納付（地）………………472

中間納付額の還付 …………………326
中小企業技術基盤強化税制 ………304
中小企業者（試験研究）…………310
中小企業者等 …………………75, 187
中小企業者等が機械等を取得した場合
　の特別償却 ……………………313
中小企業者等における賃上げ促進税
　制 ………………………………317
中小企業者等の少額減価償却資産 ……75
中小企業者等の判定 ………………77
中小法人等（欠損金）……………198
超過使用時間 ………………………95
長期大規模工事 ……………………291
長期の損害保険契約 ………………222
徴収の方法（地）…………………469
調整国外所得金額 ……………302, 370
賃上げ促進税制 ……………………315

つ

通算承認 ……………………………331
通算承認の失効 ……………………334
通算除外法人 ………………………333
通算対象欠損金額 …………………335
通算対象所得金額 …………………336
通常改定 ……………………………118

て

TNMM 法 …………………………385
DCF 法 ……………………………385
低額譲渡 ……………………………29
定額法 …………………………85, 93
低価法 ………………………………64
定期付養老保険等 …………………220
定期同額給与 ………………………118
定期保険 ……………………………217
ディスカウント・キャッシュ・フロー
　法 ………………………………383
定率法 …………………………85, 94
低廉譲渡等 …………………………395
適格合併 ……………………………273

用語索引

適格株式移転 …………………… 283
適格株式交換等 ………………… 281
適格株式分配 …………………… 280
適格現物出資 …………………… 278
適格現物分配 …………………… 280
適格分割 ………………………… 275
適用除外事業者（試験研究）… 310
デリバティブ取引 ……………… 253
電子情報処理組織による申告 … 325
電子帳簿等保存 ………………… 411
電子帳簿保存制度 ……………… 410
電子取引 ………………………… 411
電子取引保存 …………… 411, 417
転籍（移籍出向）……………… 135
転籍者 …………………………… 140

と

同族関係者 ……………………… 4
特殊の関係のある個人 ………… 4
特殊の関係のある法人 ………… 5
特定寄附金（地）……………… 467
特定欠損金額 …………………… 342
特定公益信託等 …………… 16, 400
特定公益増進法人 ……………… 150
特定事業非課税（地）………… 430
特定資産に係る譲渡等損失額 … 287
特定資産に係る譲渡等損失額の損金不算入 … 343
特定資産の買換え ……………… 173
特定支配関係 …………………… 201
特定受益証券発行信託 ………… 399
特定譲渡制限付株式 …………… 190
特定同族会社 …………………… 297
特定内国法人（地）…… 441, 447, 456, 459
特定有価証券 …………………… 253
特定新株予約権 ………………… 194
特別試験研究費 ………………… 304
特別法人（地）………………… 462
特約に係る保険料 ……………… 221
独立価格比準法 ………………… 383

独立企業間価格 ………………… 382
届出 ……………………………… 125
取引単位営業利益法 …………… 383

な

内国法人 ………………………… 9
内部取引 …………………… 356, 372

に

任意的調整事項 ………………… 26
認定特定非営利活動法人等 …… 150

の

納税義務者 ……………………… 9
納税義務者（地）……………… 424
納税義務の成立 ………………… 11
納税地 …………………………… 19
納税地の指定 …………………… 21
納付確定日 ……………………… 378
ノンキャンセラブル …………… 290

は

売価還元法 ……………………… 63
売買目的有価証券 ……………… 245
発行日取引 ……………………… 252
発生時換算法 …………………… 261
払済保険 ………………………… 221

ひ

RP 法 …………………………… 384
PE ………………………………… 353
PE が果たす機能 ……………… 355
PE において使用する資産の範囲 … 356
PS 法 …………………………… 384
非営利型法人 …………………… 391
比較雇用者給与等支給額 ……… 317
比較試験研究費の額 …………… 308
比較対象取引 …………………… 385
比較利益分割法 ………………… 383
非課税国外所得金額 …………… 370

用語索引

非課税（地） …………………429
被合併法人 …………………271
非関連者間取引 ……………385
引受け ………………………252
引継 …………………………288
非減価償却資産 ………………79
被現物出資法人 ……………272
被現物分配法人 ……………272
被支配会社 …………………297
非支配目的株式等 ……………38
必須的調整事項 ………………26
非特定欠損金額 ……………342
標準税率（地） ………………461

ふ

ファイナンス・リース取引 …290
付加価値割（地） ……423, 434
負債利子控除額 ………………39
不正行為等に係る費用 ……194
普通法人 ………………………9
物損等の事実 ………………67, 111
不要 …………………………125
フルペイアウト ……………290
分割基準（地） ……………480
分割基準となる数値（地） …482
分割承継法人 ………………271
分割法人 ……………………271
分割法人（地） ……………480
文理解釈 ………………………8

へ

ヘッジ対象資産等損失額 …255
ヘッジ対象有価証券評価差額 …258

ほ

報酬給与額（地） …………435
法人課税信託 …………16, 400
法人事業税（地） …………423
法人による完全支配関係 …143
法定繰入率 …………………186

法定償却方法 …………………87
法的整理の事実 ……………68, 111
法律上の貸倒れ ……………224
保険会社の契約者配当 ……207
保険金等 ……………………165
保険契約の転換 ……………221
保険料 ………………………214
本店所在地 ……………………9
本店等 ………………………356

ま

満期保有目的等有価証券 …245

み

未決済デリバティブ取引 …254
みなし寄附金 ………………394
みなし決済損益額 …………254
みなし納付外国法人税 ……369
みなし配当 ……………………41
みなし役員 …………………114
みなす申告（地） …………473

む

無形減価償却資産 ……………70
無償取引 ………………………28
無償による資産の譲渡 ………28
無償による資産の譲受け ……29

や

役員 …………………………113
役員給与 ……………………113, 117
役員退職給与 ………………131

ゆ

有価証券 ……………………242
有価証券譲渡損益 …………242
有価証券の区分 ……………245
有価証券の取得価額 ………246
有形減価償却資産 ……………70
有効決済損益額 ……………256

用語索引

有効性の判定時期 …………………256
有償による資産の譲渡 ………………28
優良な電子帳簿 ……………………413

よ

用語の解釈 ……………………………8
養老保険 ……………………………217

り

リース期間定額法 ………………86, 94

リース資産 …………………………290
リース取引 …………………………290
利益分割法 …………………………384
利子税の特例 ………………………325
臨時改定 ……………………………118

ろ

労働保険料 …………………………216

法令索引

【法人税法】

第1編　総則
第1章　通則

第1条　（趣旨）	3
第2条　（定義）	3
1号　（国内）	4
2号　（国外）	4
3号　（内国法人）	9
4号　（外国法人）	10
5号　（公共法人）	9
6号　（公益法人等）	9
7号　（協同組合等）	9
8号　（人格のない社団等）	10
10号　（同族会社）	4
11号　（被合併法人）	271
12号の7の3　（投資法人）	6
12号の7の4　（特定目的会社）	6
13号　（収益事業）	10
14号　（株主等）	6
15号　（役員）	113
16号　（資本金等の額）	6
18号　（利益積立金額）	6
19号　（欠損金額）	6
21号　（有価証券）	242
22号　（固定資産）	70
23号　（減価償却資産）	70
24号　（繰延資産）	104
25号　（損金経理）	6
29号　（集団投資信託）	16
29号の2　（法人課税信託）	16
30号　（中間申告書）	6
31号　（確定申告書）	7
31号の2　（国際最低課税額確定申告書）	7
32号　（退職年金等積立金中間申告書）	7
33号　（退職年金等積立金確定申告書）	7
34号　（期限後申告書）	7

法令索引（法）

　35号　（修正申告書） …………………………………………… 7
　36号　（青色申告書） …………………………………………… 7
　37号　（更正請求書） …………………………………………… 7
　38号　（中間納付額） …………………………………………… 7
　39号　（更正） …………………………………………………… 7
　40号　（決定） …………………………………………………… 8
　41号　（附帯税） ………………………………………………… 8
　42号　（充当） …………………………………………………… 8
　43号　（還付加算金） …………………………………………… 8
　44号　（地方税） ………………………………………………… 8
第3条　（人格のない社団等に対するこの法律の適用） ……… 10

第2章　納税義務者
第4条 ……………………………………………………… 9, 10, 391

第2章の2　法人課税信託
第4条の2　（法人課税信託の受託者に関するこの法律の適用） ……… 400
第4条の3　（受託法人等に関するこの法律の適用） ………… 400

第3章　課税所得等の範囲等
第1節　課税所得等の範囲
第5条　（内国法人の課税所得の範囲） ………………………… 13
第6条　（内国公益法人等の非収益事業所得等の非課税） … 13, 391
第8条　（外国法人の課税所得の範囲） ………………………… 13

第2節　課税所得の範囲の変更等
第10条 ……………………………………………………………… 14

第4章　所得の帰属に関する通則
第11条　（実質所得者課税の原則） ……………………………… 15
第12条　（信託財産に属する資産及び負債並びに信託財産に帰せられる収益及び費用の帰属） ……………………………………………… 16, 399

第5章　事業年度等
第13条　（事業年度の意義） ………………………………… 17, 335
第14条　（事業年度の特例） ………………………………… 18, 335
第15条　（事業年度を変更した場合等の届出） ………………… 17

第6章　納税地
第16条　（内国法人の納税地） …………………………………… 19

第17条　（外国法人の納税地） ………………………………………………… 19
第17条の2　（法人課税信託の受託者である個人の納税地） ……………… 20
第18条　（納税地の指定） ………………………………………………………… 21

第2編　内国法人の法人税
第1章　各事業年度の所得に対する法人税
第1節　課税標準及びその計算
第1款　課税標準

第21条　（各事業年度の所得に対する法人税の課税標準） …………………… 25

第2款　各事業年度の所得の金額の計算の通則

第22条 …………………………………………………………………………… 25, 292

第3款　益金の額の計算
####### 第1目　収益の額

第22条の2 …………………………………………………………………… 27, 32, 46

####### 第1目の2　受取配当等

第23条　（受取配当等の益金不算入） …………………………………………… 38
第23条の2　（外国子会社から受ける配当等の益金不算入） ………………… 41, 379
第24条　（配当等の額とみなす金額） …………………………………………… 42

####### 第2目　資産の評価益

第25条 …………………………………………………………………………………… 44

####### 第3目　受贈益

第25条の2 ……………………………………………………………………………… 44

####### 第4目　還付金等

第26条　（還付金等の益金不算入） ……………………………………………… 45

第4款　損金の額の計算
####### 第1目　資産の評価及び償却費

第31条　（減価償却資産の償却費の計算及びその償却の方法） ………… 68, 85, 89
第32条　（繰延資産の償却費の計算及びその償却の方法） ………………… 104

####### 第2目　資産の評価損

第33条 …………………………………………………………………………… 67, 110

第3目　役員の給与等

第34条　（役員給与の損金不算入）……………………………………………… 117
第36条　（過大な使用人給与の損金不算入）…………………………………… 133

第4目　寄附金

第37条　（寄附金の損金不算入）………………………………………………… 141, 394

第5目　租税公課等

第38条　（法人税額等の損金不算入）…………………………………………… 153
第39条　（第二次納税義務に係る納付税額の損金不算入等）………………… 153
第39条の2　（外国子会社から受ける配当等に係る外国源泉税等の損金不算入）… 153
第40条　（法人税額から控除する所得税額の損金不算入）…………………… 154
第41条　（法人税額から控除する外国税額の損金不算入）…………………… 154

第6目　圧縮記帳

第42条　（国庫補助金等で取得した固定資産等の圧縮額の損金算入）……… 160
第43条　（国庫補助金等に係る特別勘定の金額の損金算入）………………… 163
第44条　（特別勘定を設けた場合の国庫補助金等で取得した固定資産等の圧縮額の損金算入）…………………………………………………………………… 163
第45条　（工事負担金で取得した固定資産等の圧縮額の損金算入）………… 164
第46条　（非出資組合が賦課金で取得した固定資産等の圧縮額の損金算入）……… 179
第47条　（保険金等で取得した固定資産等の圧縮額の損金算入）…………… 165
第48条　（保険差益等に係る特別勘定の金額の損金算入）…………………… 168
第49条　（特別勘定を設けた場合の保険金等で取得した固定資産等の圧縮額の損金算入）…………………………………………………………………… 168
第50条　（交換により取得した資産の圧縮額の損金算入）…………………… 179

第7目　貸倒引当金

第52条　……………………………………………………………………………… 182

第7目の2　譲渡制限付株式を対価とする費用等

第54条　（譲渡制限付株式を対価とする費用の帰属事業年度の特例）……… 189
第54条の2　（新株予約権を対価とする費用の帰属事業年度の特例等）…… 193

第7目の3　不正行為等に係る費用等

第55条　……………………………………………………………………………… 194

第8目　繰越欠損金

第57条　（欠損金の繰越し）……………………………………………………… 197, 289

法令索引（法）

第57条の2 （特定株主等によって支配された欠損等法人の欠損金の繰越しの不適用） …… 201
第58条 （青色申告書を提出しなかった事業年度の欠損金の特例） …… 203
第59条 （会社更生等による債務免除等があった場合の欠損金の損金算入） …… 205

第9目　契約者配当等
第60条 （保険会社の契約者配当の損金算入） …… 207
第60条の2 （協同組合等の事業分量配当等の損金算入） …… 208

第10目　特定株主等によって支配された欠損等法人の資産の譲渡等損失額
第60条の3 …… 203

第5款　利益の額又は損失の額の計算
第1目　短期売買商品等の譲渡損益及び時価評価損益
第61条 …… 237

第1目の2　有価証券の譲渡損益及び時価評価損益
第61条の2 （有価証券の譲渡益又は譲渡損の益金又は損金算入） …… 242
第61条の3 （売買目的有価証券の評価益又は評価損の益金又は損金算入等） …… 245, 253
第61条の4 （有価証券の空売り等に係る利益相当額又は損失相当額の益金又は損金算入等） …… 252

第2目　デリバティブ取引に係る利益相当額又は損失相当額
第61条の5 （デリバティブ取引に係る利益相当額又は損失相当額の益金又は損金算入等） …… 253

第3目　ヘッジ処理による利益額又は損失額の計上時期等
第61条の6 （繰延ヘッジ処理による利益額又は損失額の繰延べ） …… 255

第4目　外貨建取引の換算等
第61条の8 （外貨建取引の換算） …… 260
第61条の9 （外貨建資産等の期末換算差益又は期末換算差損の益金又は損金算入等） …… 261
第61条の10 （為替予約差額の配分） …… 263

第5目　完全支配関係がある法人の間の取引の損益
第61条の11 …… 265, 267

— 499 —

第6款　組織再編成に係る所得の金額の計算

第62条　（合併及び分割による資産等の時価による譲渡） ……………………… 285
第62条の2　（適格合併及び適格分割型分割による資産等の帳簿価額による引継ぎ） ……………………………………………………………………………… 286
第62条の3　（適格分社型分割による資産等の帳簿価額による譲渡） ………… 286
第62条の4　（適格現物出資による資産等の帳簿価額による譲渡） …………… 286
第62条の5　（現物分配による資産の譲渡） ………………………………… 285, 286
第62条の7　（特定資産に係る譲渡等損失額の損金不算入） …………………… 288
第62条の8　（非適格合併等により移転を受ける資産等に係る調整勘定の損金算入等） ……………………………………………………………………………… 288
第62条の9　（非適格株式交換等に係る株式交換完全子法人等の有する資産の時価評価損益） ……………………………………………………………………… 288

第7款　収益及び費用の帰属事業年度の特例

第63条　（リース譲渡に係る収益及び費用の帰属事業年度） …………………… 291
第64条　（工事の請負に係る収益及び費用の帰属事業年度） …………………… 291

第8款　リース取引

第64条の2　（リース取引に係る所得の金額の計算） …………………………… 290

第11款　完全支配関係がある法人の間の損益通算及び欠損金の通算
第1目　損益通算及び欠損金の通算

第64条の5　（損益通算） …………………………………………………………… 335
第64条の6　（損益通算の対象となる欠損金額の特例） …………………… 337, 338
第64条の7　（欠損金の通算） ……………………………………………… 339, 341

第2目　損益通算及び欠損金の通算のための承認

第64条の9　（通算承認） …………………………………………………………… 331
第64条の10　（通算制度の取りやめ等） ………………………………………… 334

第3目　資産の時価評価等

第64条の11　（通算制度の開始に伴う資産の時価評価損益） ………………… 345

第2節　税額の計算
第1款　税率

第66条　（各事業年度の所得に対する法人税の税率） …………………………… 295
第67条　（特定同族会社の特別税率） ……………………………………… 296, 297

第2款　税額控除

第68条　（所得税額の控除） ………………………………………………… 153, 298

法令索引(法)

第69条　（外国税額の控除）··154, 300, 368, 370
第69条の2　（分配時調整外国税相当額の控除）···························304

第3節　申告、納付及び還付等
第1款　中間申告
第71条　（中間申告）··321
第72条　（仮決算をした場合の中間申告書の記載事項等）··············321

第2款　確定申告
第74条　（確定申告）···322, 394
第75条　（確定申告書の提出期限の延長）··323
第75条の2　（確定申告書の提出期限の延長の特例）······················324

第2款の2　電子情報処理組織による申告の特例
第75条の4　（電子情報処理組織による申告）··································325

第3款　納付
第77条　（確定申告による納付）··325

第4款　還付
第78条　（所得税額等の還付）···153, 326
第79条　（中間納付額の還付）···326
第80条　（欠損金の繰戻しによる還付）··326

第5款　更正の請求の特例
第81条···328

第3章　青色申告
第121条　（青色申告）··406
第122条　（青色申告の承認の申請）··406
第123条　（青色申告の承認申請の却下）··408
第126条　（青色申告法人の帳簿書類）··407
第127条　（青色申告の承認の取消し）··409

第4章　更正及び決定
第129条　（更正に関する特例）···303
第135条　（仮装経理に基づく過大申告の場合の更正に伴う法人税額の還付の特例）
···302

第3編　外国法人の法人税
第1章　国内源泉所得

第138条　（国内源泉所得） ……………………………………………………… 13, 355
第139条　（租税条約に異なる定めがある場合の国内源泉所得） ……………… 367

第2章　各事業年度の所得に対する法人税
第1節　課税標準及びその計算
第1款　課税標準

第141条 ……………………………………………………………………………… 13

第4編　雑則

第148条　（内国普通法人等の設立の届出） ……………………………………… 19
第150条　（公益法人等又は人格のない社団等の収益事業の開始等の届出） …… 19, 393
第150条の2　（帳簿書類の備付け等） …………………………………………… 407

【法人税法施行令】

第1編　総則
第1章　通則

第4条　（同族関係者の範囲） ……………………………………………………… 4, 5
第4条の3　（適格組織再編成における株式の保有関係等） …………………… 273
第4条の4　（恒久的施設の範囲） ………………………………………………… 353
第5条　（収益事業の範囲） ………………………………………………………… 391
第6条　（収益事業を行う法人の経理の区分） …………………………………… 394
第7条　（役員の範囲） ……………………………………………………………… 113, 114
第8条　（資本金等の額） …………………………………………………………… 6
第9条　（利益積立金額） …………………………………………………………… 6
第10条　（棚卸資産の範囲） ………………………………………………………… 58
第11条　（有価証券に準ずるものの範囲） ………………………………………… 242
第12条　（固定資産の範囲） ………………………………………………………… 70
第13条　（減価償却資産の範囲） …………………………………………………… 70
第14条　（繰延資産の範囲） ………………………………………………………… 104, 203
第14条の2　（委託者が実質的に多数でない信託） ……………………………… 399
第14条の4　（特定受益証券発行信託） …………………………………………… 399
第14条の5　（法人が委託者となる法人課税信託） ……………………………… 400

第3章　所得の帰属に関する通則

第15条　（信託財産に属する資産及び負債並びに信託財産に帰せられる収益及び費用の帰属） ……………………………………………………………………… 16

第4章　納税地

第16条　（特殊な場合の外国法人の納税地） ················· 19
第17条　（納税地の指定） ················· 21

第2編　内国法人の法人税
第1章　各事業年度の所得に対する法人税
第1節　各事業年度の所得の金額の計算
第1款　益金の額の計算
第1目　収益の額

第18条の2 ················· 36

第1目の2　受取配当等

第19条　（関連法人株式等に係る配当等の額から控除する利子の額） ················· 39
第20条　（益金に算入される配当等の元本である株式等） ················· 40
第23条　（所有株式に対応する資本金等の額の計算方法等） ················· 44

第2目　資産の評価益

第24条　（資産の評価益の計上ができる評価換え） ················· 44
第24条の2　（再生計画認可の決定に準ずる事実等） ················· 112

第3目　還付金等

第25条　（外国税額の還付金のうち益金の額に算入されないもの） ················· 45
第26条　（控除対象外国法人税の額が減額された部分の金額のうち益金の額に算入するもの等） ················· 45

第2款　損金の額の計算
第1目　棚卸資産の評価の方法

第28条の2　（棚卸資産の特別な評価の方法） ················· 64
第29条　（棚卸資産の評価の方法の選定） ················· 64
第30条　（棚卸資産の評価の方法の変更手続） ················· 65
第31条　（棚卸資産の法定評価方法） ················· 65

第2目　棚卸資産の取得価額

第32条　（棚卸資産の取得価額） ················· 59
第33条　（棚卸資産の取得価額の特例） ················· 61

第5目　減価償却資産の償却の方法

第48条　（減価償却資産の償却の方法） ················· 85, 93
第48条の2 ················· 85, 93
第49条　（取替資産に係る償却の方法の特例） ················· 86

法令索引（令）

第50条　（特別な償却率による償却の方法）……………………… 86
第51条　（減価償却資産の償却の方法の選定）…………………… 86
第52条　（減価償却資産の償却の方法の変更手続）……………… 86
第53条　（減価償却資産の法定償却方法）………………………… 87

第6目　減価償却資産の取得価額等

第55条　（資本的支出の取得価額の特例）………………………… 98
第57条　（耐用年数の短縮）………………………………………… 94

第7目　減価償却資産の償却限度額等

第58条　（減価償却資産の償却限度額）………………………… 89, 93
第60条　（通常の使用時間を超えて使用される機械及び装置の償却限度額の特例）… 95
第63条　（減価償却に関する明細書の添付）……………………… 90

第8目　繰延資産の償却

第64条　（繰延資産の償却限度額）………………………………… 108
第65条　（繰延資産の償却超過額の処理）………………………… 109
第67条　（繰延資産の償却に関する明細書の添付）……………… 109

第9目　資産の評価損

第68条　（資産の評価損の計上ができる事実）………………… 67, 111
第68条の2　（再生計画認可の決定に準ずる事実等）………… 68, 112
第68条の3　（資産の評価損の計上ができない株式の発行法人等）… 68, 113

第10目　役員の給与等

第69条　（定期同額給与の範囲等）………………………………… 118
第70条　（過大な役員給与の額）………………………………… 129, 130
第71条　（使用人兼務役員とされない役員）…………………… 114, 116
第71条の3　（確定した数の株式を交付する旨の定めに基づいて支給する給与に係る費用の額等）………………………………………… 130, 131, 190
第72条　（特殊関係使用人の範囲）………………………………… 133
第72条の3　（使用人賞与の損金算入時期）……………………… 133

第11目　寄附金

第73条　（一般寄附金の損金算入限度額）……………………… 147, 394
第75条　（法人の設立のための寄附金の要件）…………………… 148
第76条　（指定寄附金の指定についての審査事項）……………… 148
第77条の2　（特定公益増進法人に対する寄附金の特別損金算入限度額）…… 148, 150
第77条の3　（公益社団法人又は公益財団法人の寄附金の額とみなされる金額に係る事業）………………………………………………… 395

第77条の4　（特定公益信託の要件等）············ 144
第78条　（支出した寄附金の額）············ 147

第12目　圧縮記帳

第79条　（国庫補助金等の範囲）············ 161
第79条の2　（国庫補助金等の交付前に取得した固定資産等の圧縮限度額）········ 162
第80条　（国庫補助金等で取得した固定資産等についての圧縮記帳に代わる経理方法）············ 160, 163
第81条　（国庫補助金等に係る特別勘定の金額の取崩し）············ 163
第82条　（特別勘定を設けた場合の国庫補助金等で取得した固定資産等の圧縮限度額）············ 163
第82条の3　（工事負担金の交付前に取得した固定資産の圧縮限度額）············ 165
第83条　（工事負担金で取得した固定資産等についての圧縮記帳に代わる経理方法）············ 165
第83条の2　（事業の範囲）············ 164
第84条　（保険金等の範囲）············ 165
第85条　（保険金等で取得した代替資産等の圧縮限度額）············ 165
第86条　（保険金等で取得した固定資産等についての圧縮記帳に代わる経理方法）············ 166
第88条　（代替資産の取得に係る期限の延長の手続）············ 168
第89条　（保険差益等に係る特別勘定への繰入限度額）············ 168
第90条　（保険差益等に係る特別勘定の金額の取崩し）············ 168
第91条　（特別勘定を設けた場合の保険金等で取得した固定資産等の圧縮限度額）············ 168
第93条　（圧縮記帳をした資産の帳簿価額）············ 159

第13目　貸倒引当金

第96条　（貸倒引当金勘定への繰入限度額）············ 182

第13目の2　譲渡制限付株式を対価とする費用等

第111条の2　（譲渡制限付株式の範囲等）············ 189
第111条の3　（譲渡制限付新株予約権の範囲等）············ 193

第13目の3　不正行為等に係る費用等

第111条の4············ 196

第14目　繰越欠損金

第112条の2　（通算完全支配関係に準ずる関係等）············ 337
第113条の2　（事業の再生が図られたと認められる事由等）············ 200
第113条の3　（特定株主等によって支配された欠損等法人の欠損金の繰越しの不適用）············ 201

第114条　（固定資産に準ずる繰延資産） ……………………… 203
第115条　（災害の範囲） ……………………………………… 203
第116条　（災害損失金額の範囲） …………………………… 203
第116条の2　（会社更生等の場合の欠損金額の範囲） ………… 206
第117条の3　（再生手続開始の決定に準ずる事実等） ………… 205
第117条の5　（解散の場合の欠損金額の範囲） ………………… 206

第15目　契約者配当金
第118条の2　（契約者配当の損金算入額） ……………………… 207

第2款の2　利益の額又は損失の額の計算
第1目　短期売買商品等の一単位当たりの帳簿価額及び時価評価金額
第118条の4　（短期売買商品等の範囲） ………………………… 237

第1目の2　有価証券の一単位当たりの帳簿価額及び時価評価金額
第119条　（有価証券の取得価額） ……………………………… 246
第119条の2　（有価証券の一単位当たりの帳簿価額の算出の方法） ……… 244, 245
第119条の5　（有価証券の一単位当たりの帳簿価額の算出の方法の選定及びその手続） ……………………………………………………… 244
第119条の7　（有価証券の一単位当たりの帳簿価額の法定算出方法） ……… 244
第119条の10　（空売りをした有価証券の一単位当たりの譲渡対価の額の算出の方法） ……………………………………………………… 251
第119条の11　（有価証券の区分変更等によるみなし譲渡） ……… 253
第119条の12　（売買目的有価証券の範囲） ……………………… 245

第3目　ヘッジ処理における有効性判定等
第121条　（繰延ヘッジ処理におけるヘッジの有効性判定等） ………… 256
第121条の2　（繰延ヘッジ処理に係るヘッジが有効であると認められる場合） ……… 257
第121条の3　（デリバティブ取引等に係る利益額又は損失額のうちヘッジとして有効である部分の金額） ………………………………………… 257
第121条の7　（時価ヘッジ処理におけるヘッジの有効性判定等） ……… 258
第121条の8　（時価ヘッジ処理に係るヘッジが有効であると認められる場合） ……… 258
第121条の9　（売買目的外有価証券の含み損益のうちデリバティブ取引等に係る利益額又は損失額に対応する部分の金額） ……………………… 259
第121条の11　（時価ヘッジ処理における時価評価差額の翌事業年度における処理等） ………………………………………………………… 259

第4目　外貨建資産等の換算等
第122条の4　（外貨建資産等の期末換算方法の選定の方法） ……… 262
第122条の5　（外貨建資産等の期末換算の方法の選定の手続） …… 262

第122条の7　（外貨建資産等の法定の期末換算方法）‥‥‥‥‥‥‥‥‥‥‥‥ 262
第122条の9　（為替予約差額の配分）‥‥‥‥‥‥‥‥‥‥‥‥‥‥‥‥‥‥ 263

第5目　完全支配関係がある法人の間の取引の損益
第122条の12‥‥‥‥‥‥‥‥‥‥‥‥‥‥‥‥‥‥‥‥‥‥‥‥‥‥‥‥ 266, 267

第3款の5　完全支配関係がある法人の間の損益通算及び欠損金の通算
第1目　損益通算及び欠損金の通算
第131条の7　（損益通算）‥‥‥‥‥‥‥‥‥‥‥‥‥‥‥‥‥‥‥‥‥‥ 336
第131条の8　（損益通算の対象となる欠損金額の特例）‥‥‥‥‥‥‥‥ 337, 339

第2目　損益通算及び欠損金の通算のための承認
第131条の11　（通算法人の範囲）‥‥‥‥‥‥‥‥‥‥‥‥‥‥‥‥‥‥ 331

第3目　資産の時価評価等
第131条の15　（通算制度の開始に伴う資産の時価評価損益）‥‥‥‥‥‥ 346
第131条の16　（通算制度への加入に伴う資産の時価評価損益）‥‥‥‥‥ 349

第4款　各事業年度の所得の金額の計算の細目
第1目　資本的支出
第132条　（資本的支出）‥‥‥‥‥‥‥‥‥‥‥‥‥‥‥‥‥‥‥‥‥‥ 96

第2目　少額の減価償却資産等
第133条　（少額の減価償却資産の取得価額の損金算入）‥‥‥‥‥‥‥‥ 72
第133条の2　（一括償却資産の損金算入）‥‥‥‥‥‥‥‥‥‥‥‥‥‥ 73
第134条　（繰延資産となる費用のうち少額のものの損金算入）‥‥‥‥‥ 110

第4目　借地権等
第137条　（土地の使用に伴う対価についての所得の計算）‥‥‥‥‥‥‥ 231
第138条　（借地権の設定等により地価が著しく低下する場合の土地等の帳簿価額の
　　　　　一部の損金算入）‥‥‥‥‥‥‥‥‥‥‥‥‥‥‥‥‥‥‥‥‥ 233
第139条　（更新料を支払った場合の借地権等の帳簿価額の一部の損金算入等）‥‥ 236

第7目　資産に係る控除対象外消費税額等
第139条の4　（資産に係る控除対象外消費税額等の損金算入）‥‥‥‥‥‥ 404

第2節　税額の計算
第1款　税率
第139条の7　（被支配会社の範囲）‥‥‥‥‥‥‥‥‥‥‥‥‥‥‥‥‥ 297

第2款　税額控除

- 第140条の2　（法人税額から控除する所得税額の計算）……………………298
- 第141条　（外国法人税の範囲）……………………………………………300, 368
- 第141条の2　（国外所得金額）……………………………………………………370
- 第141条の3　（国外事業所等帰属所得に係る所得の金額の計算）………………372
- 第141条の4　（国外事業所等に帰せられるべき資本に対応する負債の利子）……372
- 第142条　（控除限度額の計算）……………………………………………302, 370
- 第142条の2　（外国税額控除の対象とならない外国法人税の額）……301, 369
- 第144条　（繰越控除限度額）………………………………………………………377
- 第145条の2　（国外事業所等に帰せられるべき所得）……………………………372
- 第145条の3　（国外にある資産の運用又は保有により生ずる所得）……………374
- 第145条の4　（国外にある資産の譲渡により生ずる所得）………………………374
- 第145条の5　（人的役務の提供を主たる内容とする事業の範囲）………………374
- 第145条の6　（国外業務に係る貸付金の利子）……………………………………375
- 第145条の7　（国外業務に係る使用料等）…………………………………………375
- 第145条の8　（事業の広告宣伝のための賞金）……………………………………375
- 第145条の9　（年金に係る契約の範囲）……………………………………………376
- 第145条の10　（匿名組合契約に準ずる契約の範囲）………………………………376
- 第145条の11　（国際運輸業所得）……………………………………………………376
- 第145条の12　（相手国等において租税を課することができることとされる所得）…376
- 第145条の13　（国外に源泉がある所得）……………………………………………376
- 第145条の14　（債務の保証等に類する取引）………………………………………372

第3節　申告及び還付

- 第155条の2　（欠損金の繰戻しによる還付）………………………………………327

第3編　外国法人の法人税
第1章　国内源泉所得

- 第177条　（国内にある資産の運用又は保有により生ずる所得）…………………356
- 第178条　（国内にある資産の譲渡により生ずる所得）……………………………357
- 第179条　（人的役務の提供を主たる内容とする事業の範囲）……………………358

【法人税法施行規則】

第1編　総則
第2章の3　恒久的施設の範囲

- 第3条の4………………………………………………………………………………354

第4章の2　信託の通則

第8条の3　（特定受益証券発行信託）･････････････････････････････････････ 399
第8条の3の2　（資産の区分）･･･ 400

第2編　内国法人の法人税
第1章　各事業年度の所得に対する法人税
第1節　各事業年度の所得の金額の計算
第1款の3　棚卸資産の評価

第9条　（特別な評価の方法の承認申請書の記載事項）･････････････････････ 64

第2款　減価償却資産の償却

第10条　（取替資産の範囲）･･･ 86
第12条　（特別な償却率によることができる減価償却資産の範囲）･･････････ 86
第14条　（償却の方法の選定の単位）･････････････････････････････････････ 86
第16条　（耐用年数の短縮が認められる事由）･･････････････････････････････ 94
第20条　（増加償却割合の計算）･･･ 95

第3款の2　資産の評価損

第22条の2　（資産の評価損の損金算入に関する書類）･･･････････････････ 113

第4款　寄附金

第22条の4　（一般寄附金の損金算入限度額の計算上公益法人等から除かれる法人）･･ 148
第24条　（公益の増進に著しく寄与する法人の証明書類等）･･･････････････ 150

第5款　圧縮記帳

第24条の2　（国庫補助金等の対象となる助成金の使途）･････････････････ 161
第24条の9　（保険差益等に係る特別勘定の設定期間延長申請書の記載事項）･･････ 168

第7款　繰越欠損金

第26条の3　（欠損金に係る帳簿書類の保存）･･･････････････････････ 200, 407
第26条の6　（会社更生等により債務の免除を受けた金額等の明細等に関する書類）･･ 207

第7款の2　短期売買商品等

第26条の7　（短期売買商品等に該当する旨の記載の方法）･･･････････････ 238
第26条の9　（短期売買商品等の譲渡損益の発生する日）･････････････････ 238

第8款　有価証券

第27条の4　（有価証券の空売り等）･････････････････････････････････････ 251

法令索引(規)

第27条の5　(売買目的有価証券に該当する旨の記載の方法) ……………… 245
第27条の6　(有価証券の空売り等に係る利益相当額又は損失相当額) ……… 252

第9款　デリバティブ取引
第27条の7 ……………………………………………………………………… 253

第11款　外貨建資産等の換算等
第27条の11　(外貨建資産等の決済時の円換算額を確定させる先物外国為替契約等) …………………………………………………………………… 260
第27条の12　(外貨建有価証券) ……………………………………………… 262

第11款の2　完全支配関係がある法人の間の取引の損益
第27条の13の2 ………………………………………………………………… 266

第11款の3　組織再編成に係る所得の金額の計算
第27条の15　(特定資産に係る譲渡等損失額の損金不算入) ……………… 266, 348, 349

第11款の6　完全支配関係がある法人の間の損益通算及び欠損金の通算
第27条の16の8　(通算承認の申請書等の記載事項) ………………………… 331
第27条の16の10　(通算制度の開始に伴う資産の時価評価の単位) …………… 348
第27条の16の11　(通算制度への加入に伴う資産の時価評価の単位等) ……… 349

第11款の7　少額の減価償却資産等
第27条の17の2　(一括償却資産の主要な事業として行う貸付けの判定) …… 74

第2節　税額の計算
第28条の5　(共通費用の額の配分に関する書類) …………………………… 372

第3節　申告、納付及び還付
第1款　中間申告
第31条　(中間申告書の記載事項) ……………………………………………… 321
第32条　(仮決算をした場合の中間申告書の記載事項) ……………………… 321
第33条　(仮決算をした場合の中間申告書の添付書類) ……………………… 322

第2款　確定申告
第35条　(確定申告書の添付書類) ……………………………………… 323, 394

第3章　青色申告
第53条　(青色申告法人の決算) ……………………………………………… 407
第54条　(取引に関する帳簿及び記載事項) ………………………………… 407

第55条	（仕訳帳及び総勘定元帳の記載方法）	407
第56条	（たな卸表の作成）	407
第57条	（貸借対照表及び損益計算書）	407
第59条	（帳簿書類の整理保存）	200, 407

第4編　雑則

第63条	（設立届出書の添付書類）	19
第65条	（収益事業の開始等届出書の添付書類）	393
第66条	（取引に関する帳簿及びその記載事項等）	407
第67条	（帳簿書類の整理保存等）	407

【法人税基本通達】

第1章　総則
第3節　同族会社

1-3-2	（名義株についての株主等の判定）	6
1-3-3	（生計を維持しているもの）	5
1-3-4	（生計を一にすること）	5
1-3-5	（同族会社の判定の基礎となる株主等）	6

第5節　資本金等の額及び資本等取引

| 1-5-4 | （資本等取引に該当する利益等の分配） | 293 |
| 1-5-6 | （募集株式の買取引受けに係る株式払込剰余金） | 293 |

第7節　仮決算における経理

| 1-7-1 | （仮決算における損金経理の意義） | 322 |

第2章　収益並びに費用及び損失の計算
第1節　収益等の計上に関する通則
第1款　資産の販売等に係る収益計上に関する通則

2-1-1	（収益の計上の単位の通則）	30
2-1-1の2	（機械設備等の販売に伴い据付工事を行った場合の収益の計上の単位）	32
2-1-1の3	（資産の販売等に伴い保証を行った場合の収益の計上の単位）	32
2-1-1の5	（技術役務の提供に係る収益の計上の単位）	32
2-1-1の6	（ノウハウの頭金等の収益の計上の単位）	56
2-1-1の7	（ポイント等を付与した場合の収益の計上の単位）	32

第1款の2　棚卸資産の販売に係る収益

2－1－2　（棚卸資産の引渡しの日の判定） ……………………… 46
2－1－3　（委託販売に係る収益の帰属の時期） …………………… 46
2－1－4　（検針日による収益の帰属の時期） ……………………… 46

第2款　固定資産の譲渡等に係る収益

2－1－14　（固定資産の譲渡に係る収益の帰属の時期） ………… 47
2－1－16　（工業所有権等の譲渡に係る収益の帰属の時期の特例） ……… 47
2－1－18　（固定資産を譲渡担保に供した場合） ………………… 47
2－1－19　（共有地の分割） ………………………………………… 48
2－1－20　（法律の規定に基づかない区画形質の変更に伴う土地の交換分合） ……… 48
2－1－21　（道路の付替え） ………………………………………… 48

第3款　役務の提供に係る収益

2－1－21の2　（履行義務が一定の期間にわたり充足されるものに係る収益の帰属の時期） ……………………………………… 48
2－1－21の3　（履行義務が一時点で充足されるものに係る収益の帰属の時期） … 49
2－1－21の4　（履行義務が一定の期間にわたり充足されるもの） ……… 49
2－1－21の5　（履行義務が一定の期間にわたり充足されるものに係る収益の額の算定の通則） ………………………………… 49
2－1－21の6　（履行義務の充足に係る進捗度） ………………… 50
2－1－21の7　（請負に係る収益の帰属の時期） ………………… 50
2－1－21の8　（建設工事等の引渡しの日の判定） ……………… 50
2－1－21の9　（不動産の仲介あっせん報酬の帰属の時期） …… 51
2－1－21の10　（技術役務の提供に係る報酬の帰属の時期） …… 51
2－1－21の11　（運送収入の帰属の時期） ………………………… 52

第4款　短期売買商品等の譲渡に係る損益

2－1－21の12　（短期売買商品等の譲渡に係る損益の計上時期の特例） ………… 239
2－1－21の14　（暗号資産信用取引に係る現渡しの方法による決済を行った場合の損益の計上時期） ……………………… 239

第5款　有価証券の譲渡による損益

2－1－22　（有価証券の譲渡による損益の計上時期） ………… 244
2－1－23　（有価証券の譲渡による損益の計上時期の特例） … 244
2－1－23の2　（短期売買業務の廃止に伴う売買目的有価証券から満期保有目的等有価証券又はその他有価証券への区分変更） …………… 244
2－1－23の3　（現渡しの方法による決済を行った場合の損益の計上時期） …… 244
2－1－23の4　（売却及び購入の同時の契約等のある有価証券の取引） ………… 244

第6款 利子、配当、使用料等に係る収益

2－1－24 （貸付金利子等の帰属の時期） ……………………………… 52
2－1－25 （相当期間未収が継続した場合等の貸付金利子等の帰属時期の特例） … 53
2－1－27 （剰余金の配当等の帰属の時期） ……………………………… 53
2－1－28 （剰余金の配当等の帰属時期の特例） ………………………… 54
2－1－29 （賃貸借契約に基づく使用料等の帰属の時期） ……………… 55
2－1－30 （知的財産のライセンスの供与に係る収益の帰属の時期） … 55
2－1－30の2 （工業所有権等の実施権の設定に係る収益の帰属の時期） ……… 55
2－1－30の3 （ノウハウの頭金等の帰属の時期） …………………… 56
2－1－30の4 （知的財産のライセンスの供与に係る売上高等に基づく使用料に係る収益の帰属の時期） ………………………………………… 55
2－1－30の5 （工業所有権等の使用料の帰属の時期） ……………… 55

第2節 費用及び損失の計算に関する通則
第2款 販売費及び一般管理費等

2－2－15 （消耗品費等） ……………………………………………… 59

第3節 有価証券等の譲渡損益、時価評価損益等
第2款 有価証券の取得価額

2－3－7 （通常要する価額に比して有利な金額） ………………… 246
2－3－8 （他の株主等に損害を及ぼすおそれがないと認められる場合） ……… 247
2－3－9 （通常要する価額に比して有利な金額で新株等が発行された場合における有価証券の価額） ………………………………………… 247

第6款 デリバティブ取引に係る損益等

2－3－35 （その他のデリバティブ取引の範囲） ………………… 254
2－3－36 （受渡決済見込取引） …………………………………… 254
2－3－37 （未決済デリバティブ取引の意義） …………………… 254
2－3－39 （みなし決済損益額） …………………………………… 255

第3章 受取配当等
第1節 受取配当等の益金不算入

3－1－8 （自己株式等の取得が予定されている株式等） ………… 41
3－1－9 （完全子法人株式等に係る配当等の額） ………………… 39

第5章 棚卸資産の評価
第1節 棚卸資産の取得価額
第1款 購入した棚卸資産

5－1－1 （購入した棚卸資産の取得価額） ……………………… 60
5－1－1の2 （棚卸資産の取得価額に算入しないことができる費用） ……… 60

第2款　製造等に係る棚卸資産

5－1－3　（製造等に係る棚卸資産の取得価額）·················60
5－1－4　（製造原価に算入しないことができる費用）·················60
5－1－5　（製造間接費の製造原価への配賦）·················60
5－1－6　（法令に基づき交付を受ける給付金等の額の製造原価からの控除）·····60
5－1－7　（副産物、作業くず又は仕損じ品の評価）·················60

第2節　棚卸資産の評価の方法
第1款　原価法

5－2－1　（個別法を選定することができる棚卸資産）·················62
5－2－3　（月別総平均法等）·················63
5－2－3の2　（6月ごと総平均法等）·················63, 64
5－2－4　（半製品又は仕掛品についての売価還元法）·················64
5－2－5　（売価還元法の適用区分）·················64
5－2－6　（売価還元法により評価額を計算する場合の期中に販売した棚卸資産の対価の総額の計算）·················64
5－2－7　（売価還元法により評価額を計算する場合の通常の販売価額の総額の計算）·················64
5－2－8　（原価の率が100％を超える場合の売価還元法の適用）·················64
5－2－8の2　（未着品の評価）·················64

第3款　評価の方法の選定及び変更

5－2－13　（評価方法の変更申請があった場合の「相当期間」）·················65

第3節　原価差額の調整

5－3－1　（原価差額の調整）·················66
5－3－2　（原価差額の範囲）·················66
5－3－3　（原価差額の調整を要しない場合）·················67
5－3－5　（原価差額の簡便調整方法）·················67

第7章　減価償却資産の償却等
第1節　減価償却資産の範囲
第1款　減価償却資産

7－1－1　（美術品等についての減価償却資産の判定）·················80
7－1－2　（貴金属の素材の価額が大部分を占める固定資産）·················81
7－1－3　（稼働休止資産）·················79
7－1－4　（建設中の資産）·················79
7－1－4の2　（常備する専用部品の償却）·················81
7－1－4の3　（工業所有権の実施権等）·················81
7－1－5　（織機の登録権利等）·················72

法令索引(基通)

7－1－6　（無形減価償却資産の事業の用に供した時期） ……………………… 80
7－1－8の2　（研究開発のためのソフトウエア） ………………………………… 81

第2款　少額の減価償却資産等

7－1－11　（少額の減価償却資産又は一括償却資産の取得価額の判定） ……… 73
7－1－11の2　（一時的に貸付けの用に供した減価償却資産） ………………… 73
7－1－11の3　（主要な事業として行われる貸付けの例示） …………………… 73
7－1－13　（一括償却資産につき滅失等があった場合の取扱い） ……………… 74

第3節　固定資産の取得価額等
第1款　固定資産の取得価額

7－3－1　（高価買入資産の取得価額） …………………………………………… 84
7－3－1の2　（借入金の利子） …………………………………………………… 84
7－3－3　（固定資産の取得に関連して支出する地方公共団体に対する寄附等） … 85
7－3－3の2　（固定資産の取得価額に算入しないことができる費用の例示） … 81
7－3－4　（土地についてした防壁、石垣積み等の費用） ……………………… 82
7－3－5　（土地、建物等の取得に際して支払う立退料等） …………………… 83
7－3－6　（土地とともに取得した建物等の取壊費等） ………………………… 84
7－3－7　（事後的に支出する費用） ……………………………………………… 84
7－3－8　（借地権の取得価額） …………………………………………………… 82
7－3－9　（治山工事等の費用） …………………………………………………… 82
7－3－10　（公有水面を埋め立てて造成した土地の取得価額） ………………… 82
7－3－11　（残し等により埋め立てた土地の取得価額） ………………………… 82
7－3－11の5　（私道を地方公共団体に寄附した場合） ………………………… 85
7－3－12　（集中生産を行う等のための機械装置の移設費） …………………… 85
7－3－15　（出願権を取得するための費用） ……………………………………… 72
7－3－15の2　（自己の製作に係るソフトウエアの取得価額等） ……………… 83
7－3－15の3　（ソフトウエアの取得価額に算入しないことができる費用） … 83
7－3－16の2　（減価償却資産以外の固定資産の取得価額） …………………… 82
7－3－17の2　（固定資産について値引き等があった場合） …………………… 84
7－3－17の3　（被災者用仮設住宅の設置費用） ………………………………… 85

第2款　耐用年数の短縮

7－3－18　（耐用年数短縮の承認事由の判定） ………………………………… 95
7－3－19　（耐用年数の短縮の対象となる資産の単位） ……………………… 95
7－3－24　（耐用年数短縮が届出により認められる資産の更新に含まれる資産の取得等） …………………………………………………………………… 95

第4節　償却限度額等
第1款　通則
7－4－1　(改定耐用年数が100年を超える場合の旧定率法の償却限度額)　………92

第2款　償却方法を変更した場合の償却限度額
7－4－3　(定額法を定率法に変更した場合等の償却限度額の計算)　……………88
7－4－4の2　(旧定率法を旧定額法に変更した後に資本的支出をした場合等)　…89

第3款　増加償却
7－4－5　(増加償却の適用単位)　………………………………………………………96
7－4－6　(中間期間で増加償却を行った場合)　………………………………………96
7－4－7　(貸与を受けている機械及び装置がある場合の増加償却)　………………96

第5節　償却費の損金経理
7－5－1　(償却費として損金経理をした金額の意義)　………………………………89
7－5－2　(申告調整による償却費の損金算入)　………………………………………90

第7節　除却損失等
第1款　除却損失等の損金算入
7－7－1　(取り壊した建物等の帳簿価額の損金算入)　………………………………102
7－7－2　(有姿除却)　……………………………………………………………………102
7－7－2の2　(ソフトウエアの除却)　…………………………………………………103

第2款　総合償却資産の除却価額等
7－7－3　(総合償却資産の除却価額)　…………………………………………………103
7－7－4　(償却額の配賦がされていない場合の除却価額の計算の特例)　…………103
7－7－5　(償却額の配賦がされている場合等の除却価額の計算の特例)　…………103

第3款　個別償却資産の除却価額等
7－7－6　(個別償却資産の除却価額)　…………………………………………………103
7－7－7　(取得価額等が明らかでない少額の減価償却資産等の除却価額)　………103
7－7－8　(除却数量が明らかでない貸与資産の除却価額)　…………………………104
7－7－9　(個別管理が困難な少額資産の除却処理等の簡便計算)　…………………104
7－7－10　(追加償却資産に係る除却価額)　……………………………………………104

第8節　資本的支出と修繕費
7－8－1　(資本的支出の例示)　…………………………………………………………98
7－8－2　(修繕費に含まれる費用)　……………………………………………………99
7－8－3　(少額又は周期の短い費用の損金算入)　……………………………………100
7－8－4　(形式基準による修繕費の判定)　……………………………………………100

7－8－5　（資本的支出と修繕費の区分の特例）………………………………… 101
7－8－6の2　（ソフトウエアに係る資本的支出と修繕費）……………………… 101
7－8－9　（耐用年数を経過した資産についてした修理、改良等）……………… 102

第8章　繰延資産の償却
第1節　繰延資産の意義及び範囲等
8－1－3　（公共的施設の設置又は改良のために支出する費用）………………… 106

第2節　繰延資産の償却期間
8－2－1　（効果の及ぶ期間の測定）………………………………………………… 106
8－2－3　（繰延資産の償却期間）…………………………………………………… 106
8－2－4　（港湾しゅんせつ負担金等の償却期間の特例）………………………… 108
8－2－5　（公共下水道に係る受益者負担金の償却期間の特例）………………… 108

第3節　償却費の計算
8－3－1　（固定資産を公共的施設として提供した場合の計算）………………… 109
8－3－2　（償却費として損金経理をした金額）…………………………………… 109
8－3－3　（分割払の繰延資産）……………………………………………………… 110
8－3－4　（長期分割払の負担金の損金算入）……………………………………… 110
8－3－5　（固定資産を利用するための繰延資産の償却の開始の時期）………… 109
8－3－6　（繰延資産の支出の対象となった資産が減失した場合等の未償却残額の損金算入）………………………………………………………………… 110
8－3－7　（繰延資産の償却額の計算単位）………………………………………… 109
8－3－8　（支出する費用の額が20万円未満であるかどうかの判定）…………… 110

第9章　その他の損金
第1節　資産の評価損
第2款　棚卸資産の評価損
9－1－4　（棚卸資産の著しい陳腐化の例示）……………………………………… 68
9－1－5　（棚卸資産について評価損の計上ができる「準ずる特別の事実」の例示）………………………………………………………………………… 68
9－1－6　（棚卸資産について評価損の計上ができない場合）…………………… 68

第4款　固定資産の評価損
9－1－16　（固定資産について評価損の計上ができる「準ずる特別の事実」の例示）………………………………………………………………………… 91

第2節　役員給与等
第1款　役員等の範囲
9－2－1　（役員の範囲）………………………………………………………………114

法令索引(基通)

9－2－4　（職制上の地位を有する役員の意義） ……………………………… 116
9－2－5　（使用人としての職制上の地位） ……………………………………… 116
9－2－6　（機構上職制の定められていない法人の特例） ……………………… 116

第2款　経済的な利益の供与

9－2－9　（債務の免除による利益その他の経済的な利益） …………………… 119
9－2－11　（継続的に供与される経済的利益の意義） ………………………… 119

第3款　定期同額給与

9－2－12　（定期同額給与の意義） ……………………………………………… 119
9－2－12の2　（特別の事情があると認められる場合） ……………………… 119
9－2－12の3　（職制上の地位の変更等） ……………………………………… 119
9－2－13　（経営の状況の著しい悪化に類する理由） ………………………… 119

第4款　事前確定届出給与

9－2－14　（事前確定届出給与の意義） ………………………………………… 122
9－2－15の2　（過去の役務提供に係るもの） ………………………… 122, 125
9－2－15の3　（確定した額に相当する適格株式等の交付） ………………… 125

第5款　損金の額に算入される業績連動給与

9－2－16の2　（業績指標に応じて無償で取得する株式の数が変動する給与）… 128
9－2－17　（業務執行役員の意義） ……………………………………………… 126
9－2－17の2　（利益の状況を示す指標等の意義） …………………………… 127
9－2－17の3　（有価証券報告書に記載されるべき金額等から算定される指標の範囲） …………………………………………………………………………… 127
9－2－17の4　（利益の状態を示す指標等に含まれるもの） ………………… 127
9－2－18　（確定した額等を限度としている算定方法の意義） ……………… 127
9－2－19　（算定方法の内容の開示） …………………………………………… 128
9－2－19の2　（一に満たない端数の適格株式等の価額に相当する金銭を交付する場合の算定方法の内容の開示） …………………………………………… 128
9－2－20　（業績連動指標の数値が確定した日） ……………………………… 128
9－2－20の2　（引当金勘定に繰り入れた場合の損金算入額） ……………… 128

第6款　過大な役員給与の額

9－2－21　（役員に対して支給した給与の額の範囲） ………………………… 129
9－2－25　（海外在勤役員に対する滞在手当等） ……………………………… 131
9－2－26　（他の使用人に対する賞与の支給時期と異なる時期に支給したものの意義） ……………………………………………………………………… 129
9－2－27　（使用人が役員となった直後に支給される賞与等） ……………… 131

第7款　退職給与

- 9−2−28　（役員に対する退職給与の損金算入の時期） ……………… 132
- 9−2−29　（退職年金の損金算入の時期） ………………………………… 133
- 9−2−32　（役員の分掌変更等の場合の退職給与） ……………………… 131
- 9−2−36　（使用人が役員となった場合の退職給与） …………………… 131
- 9−2−38　（使用人から役員となった者に対する退職給与の特例） …… 131

第8款　使用人給与

- 9−2−40　（生計の支援を受けているもの） ……………………………… 133
- 9−2−43　（支給額の通知） ………………………………………………… 135
- 9−2−44　（同時期に支給を受ける全ての使用人） ……………………… 135

第9款　転籍、出向者に対する給与等

- 9−2−45　（出向先法人が支出する給与負担金） ………………………… 136
- 9−2−46　（出向先法人が支出する給与負担金に係る役員給与の取扱い） ……… 138
- 9−2−47　（出向者に対する給与の較差補塡） …………………………… 137
- 9−2−48　（出向先法人が支出する退職給与の負担金） ………………… 139
- 9−2−49　（出向者が出向元法人を退職した場合の退職給与の負担金） ……… 140
- 9−2−50　（出向先法人が出向者の退職給与を負担しない場合） ……… 138
- 9−2−52　（転籍者に対する退職給与） …………………………………… 140

第3節　保険料等

- 9−3−1　（退職金共済掛金等の損金算入の時期） ……………………… 215
- 9−3−2　（社会保険料の損金算入の時期） ……………………………… 215
- 9−3−3　（労働保険料の損金算入の時期等） …………………………… 216
- 9−3−4　（養老保険に係る保険料） ……………………………………… 217
- 9−3−5　（定期保険及び第三分野保険に係る保険料） ………………… 217
- 9−3−5の2　（定期保険等の保険料に相当多額の前払部分の保険料が含まれる場合の取扱い） ……………………………………… 218
- 9−3−6　（定期付養老保険等に係る保険料） …………………………… 220
- 9−3−6の2　（特約に係る保険料） ……………………………………… 221
- 9−3−7の2　（払済保険へ変更した場合） ……………………………… 221
- 9−3−8　（契約者配当） …………………………………………………… 222
- 9−3−9　（長期の損害保険契約に係る支払保険料） …………………… 222
- 9−3−10　（賃借建物等を保険に付した場合の支払保険料） …………… 222
- 9−3−11　（役員又は使用人の建物等を保険に付した場合の支払保険料） ……… 222
- 9−3−12　（保険事故の発生による積立保険料の処理） ………………… 223

第4節　寄附金
第1款　寄附金の範囲等

9－4－1　（子会社等を整理する場合の損失負担等）･････････145
9－4－2　（子会社等を再建する場合の無利息貸付け等）･････145
9－4－2の3　（仮払経理した寄附金）･････････････････････147
9－4－2の4　（手形で支払った寄附金）･･･････････････････147

第3款　国等に対する寄附金

9－4－3　（国等に対する寄附金）･････････････････････････149
9－4－4　（最終的に国等に帰属しない寄附金）･････････････149
9－4－5　（公共企業体等に対する寄附金）･････････････････149

第4款　被災者に対する義援金等

9－4－6　（災害救助法の規定の適用を受ける地域の被災者のための義援金等）
･･･149
9－4－6の2　（災害の場合の取引先に対する売掛債権の免除等）･････149
9－4－6の3　（災害の場合の取引先に対する低利又は無利息による融資）･････149
9－4－6の4　（自社製品等の被災者に対する提供）･････････149

第5節　租税公課等
第1款　租税

9－5－1　（租税の損金算入の時期）･･･････････････････････155
9－5－2　（事業税及び特別法人事業税の損金算入の時期の特例）･････157

第6節　貸倒損失
第1款　金銭債権の貸倒れ

9－6－1　（金銭債権の全部又は一部の切捨てをした場合の貸倒れ）･････224
9－6－2　（回収不能の金銭債権の貸倒れ）･････････････････226
9－6－3　（一定期間取引停止後弁済がない場合等の貸倒れ）･････227

第7節　その他の経費
第4款　その他

9－7－20　（費途不明の交際費等）･････････････････････････298

第10章　圧縮記帳
第1節　圧縮記帳の通則

10－1－1　（特別勘定の経理）･････････････････････････････163
10－1－2　（資産につき除却等があった場合の積立金の取崩し）･････160
10－1－3　（積立金の任意取崩しの場合の償却超過額等の処理）･････160

法令索引（基通）

第2節　国庫補助金等で取得した資産の圧縮記帳

10－2－1　（返還が確定しているかどうかの判定） ……………………………… 161
10－2－1の2　（資本的支出がある場合の圧縮限度額） ………………………… 163
10－2－3　（地方公共団体から土地等を時価に比して著しく低い価額で取得した場合の圧縮記帳） ……………………………………………………………… 163
10－2－4　（地方税の減免に代えて交付を受けた補助金等） ………………… 163
10－2－5　（山林の取得等に充てるために交付を受けた国庫補助金等） …… 163

第5節　保険金等で取得した資産等の圧縮記帳

10－5－2　（圧縮記帳をする場合の滅失損の計上時期） ……………………… 167
10－5－3　（同一種類かどうかの判定） ………………………………………… 167
10－5－4　（代替資産の範囲） …………………………………………………… 167
10－5－5　（滅失等により支出した経費の範囲） ……………………………… 166

第11章　引当金
第1節　通則

11－1－1　（貸倒引当金の差額繰入れ等の特例） ……………………………… 188

第2節　貸倒引当金
第1款　通則

11－2－1の2　（個別評価金銭債権に係る貸倒引当金と一括評価金銭債権に係る貸倒引当金との関係） ………………………………………………………… 189

第2款　個別評価金銭債権に係る貸倒引当金

11－2－2　（貸倒損失の計上と個別評価金銭債権に係る貸倒引当金の繰入れ） …………………………………………………………………………………… 188
11－2－3　（貸倒れに類する事由） ………………………………………… 184, 189
11－2－5　（担保権の実行により取立て等の見込みがあると認められる部分の金額） ………………………………………………………………………………… 184
11－2－6　（相当期間の意義） …………………………………………………… 183
11－2－7　（人的保証に係る回収可能額の算定） ……………………………… 185
11－2－8　（担保物の処分以外に回収が見込まれない場合等の個別評価金銭債権に係る貸倒引当金の繰入れ） ……………………………………………… 183
11－2－9　（実質的に債権とみられない部分） ………………………………… 185

第3款　一括評価金銭債権に係る貸倒引当金

11－2－16　（売掛金、貸付金に準ずる債権） ………………………………… 184
11－2－18　（売掛債権等に該当しない債権） ………………………………… 184

第12章　繰越欠損金
第1節　欠損金の繰越し

12－1－5　（最後に支配関係を有することとなった日） ··················· 345

第2節　災害損失金

12－2－1　（滅失損等の計上時期） ································· 204
12－2－2　（災害損失の対象となる固定資産に準ずる繰延資産の範囲） ············ 204
12－2－3　（災害損失の額に含まれる棚卸資産等の譲渡損） ················· 204
12－2－4　（災害損失の額に含まれない費用の範囲） ····················· 204
12－2－6　（災害損失特別勘定の設定） ····························· 204
12－2－7　（災害損失特別勘定の繰入限度額） ························· 204

第3節　会社更生等による債務免除等があった場合の欠損金

12－3－1　（再生手続開始の決定に準ずる事実等） ······················ 205
12－3－7　（残余財産がないと見込まれるかどうかの判定の時期） ·············· 207
12－3－8　（残余財産がないと見込まれることの意義） ···················· 207

第12章の5　リース取引
第1節　リース取引の意義

12の5－1－1　（解除をすることができないものに準ずるものの意義） ·········· 290
12の5－1－2　（おおむね100分の90の判定等） ······················· 291
12の5－1－3　（これらに準ずるものの意義） ························· 291

第12章の7　完全支配関係がある法人の間の損益通算及び欠損金の通算
第1節　損益通算及び欠損金の通算

12の7－1－4　（共同事業に係る要件の判定） ························· 337

第2節　損益通算及び欠損金の通算のための承認等
第2款　通算制度の取りやめ等

12の7－2－10　（通算制度の取りやめの承認事由） ····················· 334

第13章　借地権の設定等に伴う所得の計算

13－1－2　（使用の対価としての相当の地代） ························· 231
13－1－3　（相当の地代に満たない地代を収受している場合の権利金の認定） ······ 230
13－1－5　（通常権利金を授受しない土地の使用） ······················ 230
13－1－7　（権利金の認定見合せ） ································ 232
13－1－8　（相当の地代の改訂） ································· 232
13－1－13　（更新料等） ······································ 236
13－1－14　（借地権の無償譲渡等） ······························· 236
13－1－16　（貸地の返還を受けた場合の処理） ························ 237

第13章の2　外貨建取引の換算等
第1節　外貨建取引に係る会計処理等

13の2－1－1	（いわゆる外貨建て円払いの取引）	259
13の2－1－2	（外貨建取引及び発生時換算法の円換算）	260
13の2－1－3	（多通貨会計を採用している場合の外貨建取引の換算）	260
13の2－1－4	（先物外国為替契約等がある場合の収益、費用の換算等）	261
13の2－1－5	（前渡金等の振替え）	261
13の2－1－8	（海外支店等の資産等の換算の特例）	261

第14章　特殊な損益の計算
第4節　受益者等課税信託による損益

14－4－8	（受益者とみなされる委託者）	399

第15章　公益法人等及び人格のない社団等の収益事業課税
第1節　収益事業の範囲
第1款　共通事項

15－1－1	（公益法人等の本来の事業が収益事業に該当する場合）	391
15－1－6	（付随行為）	391

第2節　収益事業に係る所得の計算等

15－2－1	（所得に関する経理）	394
15－2－2	（固定資産の区分経理）	394
15－2－5	（費用又は損失の区分経理）	394
15－2－9	（低廉譲渡等）	395
15－2－10	（収益事業に属する固定資産の処分損益）	395
15－2－12	（補助金等の収入）	395
15－2－14	（公益法人等の確定申告書の添付書類）	394

第16章　税額の計算
第3節　外国税額の控除
第2款　外国法人税の控除

16－3－9の2	（複数の国外事業所等を有する場合の取扱い）	373
16－3－12	（国外事業所等帰属所得に係る所得の金額の計算における共通費用の額の配賦）	372
16－3－13	（国外事業所等帰属所得に係る所得の金額の計算における負債の利子の額の配賦）	372

第3款　その他

16－3－47	（外国法人税の換算）	378

第17章　申告、納付及び還付
第2節　還付

17－2－3　（還付請求書だけが期限後に提出された場合の特例） …… 327

第20章　外国法人の納税義務
第1節　恒久的施設
第1款　外国法人の国内にある支店等

20－1－1　（その他事業を行う一定の場所） …………………………… 353
20－1－2　（準備的な性格のものの意義） …………………………… 355
20－1－3　（補助的な性格のものの意義） …………………………… 355

第2節　国内源泉所得
第1款　恒久的施設帰属所得

20－2－1　（恒久的施設帰属所得の認識に当たり勘案されるその他の状況） …… 356
20－2－3　（恒久的施設が果たす機能の範囲） …………………………… 355
20－2－4　（恒久的施設において使用する資産の範囲） ……………… 356

第2款　国内にある資産の所得

20－2－7　（資産の運用又は保有により生ずる所得） ………………… 356

第3款　人的役務提供事業の所得

20－2－12　（機械設備の販売等に付随して行う技術役務の提供） …… 358

第4款　不動産等の貸付けによる所得

20－2－13　（船舶又は航空機の貸付け） ……………………………… 359

【租税特別措置法】

第2章　所得税法の特例
第6節　その他の特例

第41条の12　（償還差益等に係る分離課税等） ……………………… 353
第41条の12の2　（割引債の差益金額に係る源泉徴収等の特例） …… 353

第3章　法人税法の特例
第1節　中小企業者等の法人税率の特例

第42条の3の2 ………………………………………………………… 295

第1節の2　特別税額控除及び減価償却の特例

第42条の4　（試験研究を行った場合の法人税額の特別控除） …… 296, 304

法令索引(措法)

第42条の6 (中小企業者等が機械等を取得した場合の特別償却又は法人税額の特別控除) ······ 313
第42条の12の5 (給与等の支給額が増加した場合の法人税額の特別控除) ···· 315, 317

第2節 準備金等
第57条の9 (中小企業者等の貸倒引当金の特例) ······ 182

第4節 認定農地所有適格法人の課税の特例
第61条の3 (農用地等を取得した場合の課税の特例) ······ 179

第4節の2 交際費等の課税の特例
第61条の4 (交際費等の損金不算入) ······ 209

第5節 使途秘匿金の支出がある場合の課税の特例
第62条 ······ 298

第6節 資産の譲渡の場合の課税の特例
第4款 特定の資産の買換えの場合等の課税の特例
第65条の7 (特定の資産の買換えの場合の課税の特例) ······ 173
第65条の8 (特定の資産の譲渡に伴い特別勘定を設けた場合の課税の特例) ······ 175, 178
第65条の9 (特定の資産を交換した場合の課税の特例) ······ 180
第65条の10 (特定の交換分合により土地等を取得した場合の課税の特例) ······ 180
第66条 (特定普通財産とその隣接する土地等の交換の場合の課税の特例) ······ 180

第6節の2 株式等を対価とする株式の譲渡に係る所得の計算の特例
第66条の2 ······ 287

第7節の2 国外関連者との取引に係る課税の特例等
第66条の4 (国外関連者との取引に係る課税の特例) ······ 144, 382

第7節の3 支払利子等に係る課税の特例
第1款 国外支配株主等に係る負債の利子等の課税の特例
第66条の5 ······ 388

第2款 対象純支払利子等に係る課税の特例
第66条の5の2 ······ 388
第66条の5の3 ······ 388

第7節の4　内国法人の外国関係会社に係る所得等の課税の特例
第1款　内国法人の外国関係会社に係る所得の課税の特例
第66条の6 ……………………………………………………………… 381

第8節　その他の特例
第66条の10　（技術研究組合の所得の計算の特例）……………………… 180
第66条の11の3　（認定特定非営利活動法人に対する寄附金の損金算入等の特例）
　………………………………………………………………………… 151
第67条の2　（特定の医療法人の法人税率の特例）……………………… 295
第67条の4　（転廃業助成金等に係る課税の特例）……………………… 180
第67条の5　（中小企業者等の少額減価償却資産の取得価額の損金算入の特例）…… 75
第68条　（特定の協同組合等の法人税率の特例）……………………… 296
第68条の6　（公益法人等の損益計算書等の提出）……………………… 396

第7章　利子税等の割合の特例
第93条　（利子税の割合の特例）……………………………………… 325

【租税特別措置法施行令】

第3章　法人税法の特例
第1節　中小企業者等の法人税率の特例
第27条の3の2 ………………………………………………………… 296

第1節の2　特別税額控除及び減価償却の特例
第27条の4　（試験研究を行った場合の法人税額の特別控除）………… 308
第27条の6　（中小企業者等が機械等を取得した場合の特別償却又は法人税額の特別控除）……………………………………………………………… 313
第27条の12の5　（給与等の支給額が増加した場合の法人税額の特別控除）……… 315

第2節　準備金等
第33条の7　（中小企業者等の貸倒引当金の特例）……………………… 187

第4節の2　交際費等の課税の特例
第37条の4　（資本金の額又は出資金の額に準ずるものの範囲等）……… 209
第37条の5　（交際費等の範囲）………………………………………… 210

第6節　収用等の場合の課税の特例
第39条　（収用等に伴い代替資産を取得した場合等の課税の特例）…… 171

第7節　特定の資産の買換えの場合等の課税の特例
第39条の7　（特定の資産の買換えの場合等の課税の特例）…………………… 174

第7節の2　株式等を対価とする株式の譲渡に係る所得の計算の特例
第39条の10の2 ………………………………………………………………… 287

第8節の2　国外関連者との取引に係る課税の特例等
第39条の12　（国外関連者との取引に係る課税の特例）………………… 144, 382

第9節　その他の特例
第39条の28　（中小企業者等の少額減価償却資産の取得価額の損金算入の特例）…… 76
第39条の37　（損益計算書等の提出を要しない公益法人等の範囲等）………… 396

【租税特別措置法施行規則】

第3章　法人税法の特例
第20条の3　（中小企業者等が機械等を取得した場合の特別償却又は法人税額の特別控除）……………………………………………………………………… 313
第21条の18の4　（交際費等の損金不算入）………………………………… 209
第22条の7　（特定の資産の買換えの場合等の課税の特例）……………… 177
第22条の18　（中小企業者等の少額減価償却資産の取得価額の損金算入の特例）…… 76
第22条の22　（公益法人等の損益計算書等の記載事項等）………………… 396

【租税特別措置法関係通達（法人税編）】

第1章の2　特別税額控除及び減価償却の特例
第42条の12の5　《給与等の支給額が増加した場合の法人税額の特別控除》関係
42の12の5－1の4　（給与等の範囲）……………………………………… 315
42の12の5－2　（補塡額の範囲）…………………………………………… 316

第2章　準備金等
第57条の9　《中小企業者等の貸倒引当金の特例》関係
57の9－1　（実質的に債権とみられないもの）…………………………… 187
57の9－3　（適用事業区分）………………………………………………… 187
57の9－4　（主たる事業の判定基準）……………………………………… 187

法令索引(措通)

第8章　交際費等の課税の特例
第61条の4 《交際費等の損金不算入》関係
第1款　交際費等の範囲

- 61の4(1)— 1　（交際費等の意義）……………………………………………213
- 61の4(1)— 2　（寄附金と交際費等との区分）………………………………213
- 61の4(1)— 9　（広告宣伝費と交際費等との区分）…………………………213
- 61の4(1)—10　（福利厚生費と交際費等との区分）…………………………213
- 61の4(1)—15　（交際費等に含まれる費用の例示）…………………………212
- 61の4(1)—22　（交際費等の支出の相手方の範囲）…………………………211
- 61の4(1)—23　（交際費等の支出の方法）……………………………………212
- 61の4(1)—24　（交際費等の支出の意義）……………………………………211

第10章　資産の譲渡の場合の課税の特例
第64条～第65条の2 《収用等の場合の課税の特例》関係
第1款　収用等の範囲

- 64(1)— 9　（長期先行取得が認められるやむを得ない事情）………………171

第2款　補償金の範囲等

- 64(2)— 1　（対価補償金とその他の補償金との区分）………………………170
- 64(2)— 5　（収益補償金名義で交付を受ける補償金を対価補償金として取り扱うことができる場合）……………………………………………………170
- 64(2)— 7　（事業廃止の場合の機械装置等の売却損の補償金）……………170
- 64(2)— 8　（ひき（曳）家補償等の名義で交付を受ける補償金）…………170
- 64(2)— 9　（移設困難な機械装置の補償金）…………………………………170
- 64(2)—21　（借家人補償金）……………………………………………………170
- 64(2)—30　（収用等をされた資産の譲渡に要した経費の範囲）……………172

第3款　圧縮記帳等の計算

- 64(3)— 6　（資産の譲渡をすることとなることが明らかとなった日）……171

第11章　国外関連者との取引に係る課税の特例等
第66条の4 《国外関連者との取引に係る課税の特例》関係
第2款　独立企業間価格の算定方法の選定

- 66の4(2)— 1　（最も適切な算定方法の選定に当たって留意すべき事項）………385

第3款　比較対象取引

- 66の4(3)— 3　（比較対象取引の選定に当たって検討すべき諸要素等）……385

【電子帳簿保存法】
（電子計算機を使用して作成する国税関係帳簿書類の保存方法等の特例に関する法律）

第2条　（定義） ･･･ 411
第4条　（国税関係帳簿書類の電磁的記録による保存等） ･････････ 411
第7条　（電子取引の取引情報に係る電磁的記録の保存） ･････････ 411
第8条　（他の国税に関する法律の規定の適用） ･････････････････ 413

【電子帳簿保存法取扱通達】

法第8条《他の国税に関する法律の規定の適用》関係
8－5　（「あらかじめ」の意義） ･･････････････････････････････ 414

【地方税法】

第1章　総則
第1節　通則
第1条　（用語） ･･･ 423

第14節　雑則
第20条の9の3　（更正の請求） ･･････････････････････････････ 477, 478

第2章　道府県の普通税
第2節　事業税
第1款　通則
第72条　（事業税に関する用語の意義） ･･････････････････････････ 423
第72条の2　（事業税の納税義務者等） ････････････････････････ 424, 426
第72条の2の3　（収益の帰属する者が名義人である場合における事業税の納税義務者） ･･･ 429
第72条の3　（事業税と信託財産） ･･････････････････････････････ 429
第72条の4　（事業税の非課税の範囲） ･･････････････････････････ 430
第72条の5　（法人の事業税の非課税所得等の範囲） ･･････････････ 431
第72条の9　（事業税の納税管理人） ････････････････････････････ 470

第2款　法人の事業税に係る課税標準及び税率等
第72条の12　（法人の事業税の課税標準） ･････････････････････ 434, 460

法令索引(地法)

第72条の13　（事業年度）……………………………………………………… 431
第72条の14　（付加価値割の課税標準の算定の方法）………………………… 434
第72条の15　（報酬給与額の算定の方法）………………………………… 435, 436
第72条の16　（純支払利子の算定の方法）………………………………… 437, 438
第72条の17　（純支払賃借料の算定の方法）……………………………………… 439
第72条の18　（単年度損益の算定の方法）……………………………………… 440
第72条の19　（この法律の施行地外において事業を行う内国法人の付加価値割の課税標準の算定）…………………………………………………… 424, 441
第72条の20　（収益配分額のうちに報酬給与額の占める割合が高い法人の付加価値割の課税標準の算定）……………………………………………… 442
第72条の21　（資本割の課税標準の算定の方法）………………………… 445, 446
第72条の22　（この法律の施行地外において事業を行う内国法人等の資本割の課税標準の算定）……………………………………………………… 447
第72条の23　（所得割の課税標準の算定の方法）……………………………… 454
第72条の24　（この法律の施行地外において事業を行う内国法人の所得割の課税標準の算定）……………………………………………………… 456
第72条の24の2　（収入割の課税標準の算定の方法）………… 457, 458, 459
第72条の24の3　（この法律の施行地外において事業を行う内国法人の収入割の課税標準の算定）……………………………………………………… 460
第72条の24の4　（法人の事業税の課税標準の特例）………………………… 460
第72条の24の7　（法人の事業税の標準税率等）………… 460, 461, 462, 463, 464, 465
第72条の24の8　（法人の事業税の税率の適用区分）………………………… 465
第72条の24の10　（仮装経理に基づく過大申告の場合の更正に伴う事業税額の控除及び還付）…………………………………………………………… 466
第72条の24の11　（租税条約の実施に係る更正に伴う事業税額の控除）…… 466
第72条の24の12　（法人の事業税の徴収の方法）……………………………… 469
第72条の25　（中間申告を要しない法人の事業税の申告納付）……………… 469
第72条の26　（事業年度の期間が六月を超える法人等の中間申告納付）… 472, 473
第72条の27　（災害等による期限の延長に係る中間申告納付の特例）……… 473
第72条の28　（中間申告を要する法人の確定申告納付）……………………… 473
第72条の29　（清算中の法人の各事業年度の申告納付）……………………… 474
第72条の31　（法人の事業税の期限後申告及び修正申告納付）……………… 475
第72条の32　（地方税関係手続用電子情報処理組織による申告）…………… 484
第72条の32の2　（地方税関係手続用電子情報処理組織による申告が困難である場合の特例）…………………………………………………………… 485
第72条の33　（更正の請求の特例）……………………………………………… 478
第72条の48　（分割法人の申告納付等）………………………… 465, 480, 482

【地方税法施行令】

第2章　道府県の普通税
第2節　事業税

第10条　（恒久的施設の範囲）……………………………… 423
第15条　（収益事業の範囲）………………………………… 431
第20条の2　（法第72条の15第1項の政令で定める金額）……… 435
第20条の2の2　（法第72条の15第1項の報酬給与額の計算）…… 435
第20条の2の3　（法第72条の15第1項第2号の政令で定める掛金等）……… 435
第20条の2の4　（法第72条の15第2項第1号の政令で定める金額）……… 436
第20条の2の5　（法第72条の16第1項の政令で定める支払利子の額）……… 437
第20条の2の6　（法第72条の16第2項の支払う負債の利子に準ずるもの）……… 438
第20条の2の7　（法第72条の16第3項の支払を受ける利子に準ずるもの）……… 438
第20条の2の8　（法第72条の17第1項の政令で定める支払賃借料）……… 439
第20条の2の9　（法第72条の17第2項の役務の提供の対価）……… 439
第20条の2の13　（損金の額に算入した所得税額がある法人の単年度損益の算定の特例）……………………………………………… 441
第20条の2の14　（損金の額に算入した分配時調整外国税相当額がある法人の単年度損益の算定の特例）……………………………………………… 441
第20条の2の15　（単年度損益に係る寄附金の損金算入限度額）……… 441
第20条の2の16　（特定事業活動として特別新事業開拓事業者の株式の取得をした場合の単年度損益の算定の特例）……………………………………………… 441
第20条の2の17　（単年度損益に係る法人の外国税額の損金の額算入）……… 441
第20条の2の19　（内国法人の法の施行地外に有する事業が行われる場所）…… 424, 441
第20条の2の20　（特定内国法人の法の施行地外の事業に帰属する付加価値額の算定の方法）……………………………………………… 441
第20条の2の21　（法第72条の20第3項の政令で定める金額）……… 442
第20条の2の24　（法第72条の22第1項の政令で定める金額）……… 447
第20条の3　（繰越欠損金の損金算入の特例等）……………… 455
第21条　…………………………………………………… 455
第21条の2の2　（損金の額に算入した所得税額がある法人の所得の算定の特例）……… 455
第21条の2の3　（損金の額に算入した分配時調整外国税相当額がある法人の所得の算定の特例）……………………………………………… 455
第21条の3　（所得に係る寄附金の損金算入限度額）………… 455
第21条の4　（特定事業活動として特別新事業開拓事業者の株式の取得をした場合の所得の算定の特例）……………………………………………… 455
第21条の5　（所得に係る法人の外国税額の損金の額算入）…… 455
第21条の9　（特定内国法人の法の施行地外の事業に帰属する所得の算定の方法）…… 456
第22条　（法第72条の24の2第1項の収入金額の範囲）……… 457

法令索引（地法令）（地法規）（取扱通知（県））

第23条　（特定内国法人の法の施行地外の事業に帰属する収入金額の算定の方法）460

【地方税法施行規則】

第3条の13の3　（政令第10条第9項の総務省令で定める特殊の関係）……………423
第3条の16　（法第72条の21第1項に規定する剰余金として計上したもの等）……445
第5条　（法人の事業税及び特別法人事業税に係る申告書等の様式）………………485
第5条の2　（地方税関係手続用電子情報処理組織による申告）……………………484
第5条の2の2　（地方税関係手続用電子情報処理組織による申告が困難である場合の特例）……………………………………………………………………………484
第6条の2の2　（課税標準額の総額の分割基準である従業者及び固定資産の価額の定義等）……………………………………………………………………………482

【地方税法の施行に関する取扱いについて（道府県税関係）】

第1章　一般的事項
第1節　通則

6　（事務所又は事業所）……………………………………………………………………428

第3章　事業税
第1節　通則
第1　納税義務及び納税義務者

1の2 …………………………………………………………………………………………459

第2　課税客体及び非課税の範囲

2の2(2) ………………………………………………………………………………………431

第2節　法人事業税
第3　事業年度

3 ………………………………………………………………………………………………432

第4　課税標準の算定
1　付加価値額総論

4の1の1 ……………………………………………………………………………………434
4の2の1 ……………………………………………………………………………………436
4の2の2 ……………………………………………………………………………………436
4の2の3 ……………………………………………………………………………………436
4の2の6 ……………………………………………………………………………………436

— 532 —

2　報酬給与額の算定

4の2の7 ……………………………………………………………… 436
4の2の8 ……………………………………………………………… 436

2　報酬給与額の算定

4の2の9 ……………………………………………………………… 436
4の2の14 …………………………………………………………… 436
4の2の15 …………………………………………………………… 437
4の2の16 …………………………………………………………… 436
4の2の17 …………………………………………………………… 459

3　純支払利子の算定

4の3の1 ……………………………………………………………… 438
4の3の2 ……………………………………………………………… 438
4の3の5 ……………………………………………………………… 438
4の3の6 ……………………………………………………………… 438

4　純支払賃借料の算定

4の4の1 ……………………………………………………………… 440
4の4の2 ……………………………………………………………… 440
4の4の3 ……………………………………………………………… 440
4の4の4 ……………………………………………………………… 440
4の4の5 ……………………………………………………………… 440
4の4の9 ……………………………………………………………… 440

6　資本金等の額の算定

4の6の1 ……………………………………………………………… 445
4の6の3 ……………………………………………………………… 448
4の6の8 ……………………………………………………………… 446

9　収入金額の算定

4の9の1 ……………………………………………………………… 457
4の9の9 ……………………………………………………………… 459

第6　申告納付並びに更正及び決定

6の15 ………………………………………………………………… 474

第9　2以上の道府県において行う事業に係る課税標準の分割

9の1 …………………………………………………………… 482, 483
9の2 …………………………………………………………… 482, 483
9の3 ………………………………………………………………… 483

法令索引（取扱通知（県））

9の5 …………………………………………………………………………… 482, 483
9の7 …………………………………………………………………………… 482, 483
9の8 …………………………………………………………………………… 482, 483
9の10 ………………………………………………………………………… 482, 483

〔主な参考文献等〕

金子宏著『租税法〔第24版〕』(弘文堂)
清永敬次著『税法』(ミネルヴァ書房)
全国女性税理士連盟編『地方税Q&A〔令和6年版〕』(大蔵財務協会)
地方税制度研究会編『地方税ハンドブック〔令和6年版〕』(ぎょうせい)
地方税制度研究会編『地方税取扱いの手引〔令和6年10月改訂〕』(清文社)
成松洋一著『法人税セミナー－理論と実務の論点－〔六訂版〕』(税務経理協会)
中村忠・成松洋一著『税務会計の基礎－企業会計と法人税－』(税務経理協会)
松尾公二編著『法人税基本通達逐条解説〔十一訂版〕』(税務研究会出版局)
渡辺淑夫著『法人税法〔令和4年版〕』(中央経済社)
河﨑照行著『最新中小企業会計論』(中央経済社)
多田雄二・藤曲武美監修『法人税申告の実務全書〔令和6年度版〕』(日本実業出版社)
中里実・増井良啓・渕圭吾編『租税法判例六法〔第6版〕』(有斐閣)
岡村忠生・酒井貴子・田中晶国著『租税法〔第4版〕』(有斐閣)
志場喜徳郎ほか共著『国税通則法精解〔令和4年改訂〕』(大蔵財務協会)
大林督編『寄附金の税務〔令和2年版〕』(大蔵財務協会)
馬場光徳編『図解法人税〔令和6年版〕』(大蔵財務協会)
中村慈美著『図解組織再編税制〔令和6年版〕』(大蔵財務協会)
森高厚胤著『図解グループ通算税制〔令和6年版〕』(大蔵財務協会)
石橋茂編著『図解地方税〔令和6年版〕』(大蔵財務協会)
櫻井幸枝監修『図解とQ&Aによる外形標準課税の実務と申告〔第4版〕』(大蔵財務協会)
武田昌輔「課税所得の基本問題(中)—法人税法22条を中心として—」(判時952号4頁)
税務大学校講本『法人税法(基礎編)〔令和6年版〕』
内閣府ホームページ
財務省ホームページ
国税庁ホームページ
総務省ホームページ
経済産業省ホームページ
法務省ホームページ
東京都主税局ホームページ

〔著者紹介〕

森高 厚胤（もりたか あつたね）

東京国税局課税第一部審理課（不服申立担当・組織再編／子会社支援）、国税庁課税部審理室（法人税担当）、麹町税務署統括国税調査官（法人税調査担当）、国税不服審判所東京支部審査官（法規審査担当）、国税庁審理室課長補佐（法人税担当・訴訟／争訟担当）等を経て2020年7月退官、現在森高厚胤税理士事務所所長。
〔主な執筆書〕『図解グループ通算税制〔令和6年版〕』（大蔵財務協会・2024）、『Advance グループ通算制度』（大蔵財務協会・2021）（いずれも単著）、『新株予約権ハンドブック〔第5版〕』（商事法務・2022）、『連結納税基本通達逐条解説〔二訂版〕』（税務研究会出版局・2013）（いずれも共同執筆）

清水 一郎（しみず いちろう）

東京国税局課税第二部法人課税課（源泉所得税担当）、国税庁課税部法人課税課（源泉所得税担当）、国税庁課税部審理室（所得税担当）、国税不服審判所東京支部審査官、麻布税務署審理専門官（源泉所得税担当）等を経て退官、2017年に税理士登録、現在税理士法人タックス・マスター社員税理士。
〔主な執筆書〕『定額減税の実務チェックポイント』（共著、大蔵財務協会・2024）

柳谷 憲司（やなぎや けんじ）

2006年4月東京国税局に入局。同局管内の税務署において、個人事業主や海外取引を行っている個人への税務調査及び申告相談事務等、東京国税局課税第一部国税訟務官室及び国税庁課税部審理室において訟務（税務訴訟）事務、国税不服審判所東京支部において審査請求の調査事務に従事。2021年7月退官後、勤務税理士を経て、現在柳谷憲司税理士事務所所長。
〔主な執筆書〕『関与先から相談を受けても困らない！デジタル財産の税務Q＆A』（共著、ぎょうせい、2023）、『定額減税の実務チェックポイント』（共著、大蔵財務協会・2024）、『税理士が知っておきたい精選税務事例50』（共同執筆、中央経済社・2024）、「デジタル財産の税務最前線」（月刊税理連載・2023年4月号〜）

大場 智（おおば さとる）

2002年4月東京都庁に入庁。千代田都税事務所固定資産税課及び主税局資産税部固定資産評価課において固定資産税（償却資産）事務、港都税事務所法人事業税課において法人事業税・都民税の調査事務等に従事。2012年10月退官後、税理士法人勤務を経て、現在大場智税理士事務所所長。
〔主な執筆書〕『図解中小企業税制〔令和6年版〕』（共著、大蔵財務協会・2024）、『詳解会社税務事例』（共著、第一法規）、『償却資産実務と調査の基本』（単著、大蔵財務協会・2021）、『同族会社のための税務〔改訂版〕』（共著、大蔵財務協会・2018）

大蔵財務協会は、財務・税務行政の改良、発達およびこれらに関する知識の啓蒙普及を目的とする公益法人として、昭和十一年に発足しました。爾来、ひろく読者の皆様からのご支持をいただいて、出版事業の充実に努めてきたところであります。

今日、国の財政や税務行政は、私たちの日々のくらしと密接に関連しており、そのため多種多様な施策の情報をできる限り速く、広く、正確にかつ分かり易く国民の皆様にお伝えすることの必要性、重要性はますます大きくなっております。

このような状況のもとで、当協会は現在、「税のしるべ」〔週刊〕、「国税速報」〔週刊〕の定期刊行物をはじめ、各種書籍の刊行を通じて、財政や税務行政についての情報の伝達と知識の普及に努めております。また、日本の将来を担う児童・生徒を対象とした租税教育活動にも、力を注いでいるところであります。

今後とも、国民・納税者の方々のニーズを的確に把握し、より質の高い情報を提供するとともに、各種の活動を通じてその使命を果たしてまいりたいと考えておりますので、ご叱正・ご指導を賜りますよう、宜しくお願い申し上げます。

一般財団法人 大蔵財務協会
理事長 木村 幸俊

令和6年12月改訂　法人税・法人事業税ガイドブック

令和6年11月20日　初版印刷
令和6年12月7日　初版発行

許 不
製 複

著　者　　胤 郎 司 智
　　　　　厚 一 憲
　　　　　高 水 谷
　　　　　森 清 柳 大 場

　　　　　（一財）大蔵財務協会　理事長
発行者　　木 村 幸 俊

発行所　　一般財団法人　大蔵財務協会
〔郵便番号　130-8585〕
東京都墨田区東駒形1丁目14番1号
（販　売　部）TEL03(3829)4141・FAX03(3829)4001
（出版編集部）TEL03(3829)4142・FAX03(3829)4005
https://www.zaikyo.or.jp

印刷　恵友社

乱丁・落丁の場合は、お取替えいたします。
ISBN978-4-7547-3281-3